| 大数据技术与应用 |

丛书主编 朱扬勇 吴俊伟

BIG DATA
IN URBAN
TRANSPORTATION

城市交通大数据

（第二版）

何承 朱扬勇 主编

上海科学技术出版社

内 容 提 要

本书从城市交通大数据的基本概念和研究应用现状出发,分析了大数据背景下的城市交通需求、城市交通大数据中各类数据资源,介绍了一系列适合城市交通大数据组织、描述、管理、处理、分析挖掘和可视化等的技术与方法,并给出了城市交通大数据资源中心和应用服务平台的框架、方案选型、设计等参考建议,提出了面向城市规划、交通管理和公众的典型城市交通大数据服务,并探讨了交通大数据的创新服务模式。

本书立足于城市交通信息技术研究、应用开发和交通信息服务实际工作及成果,理论与实际结合紧密,内容丰富,条理清晰,点面结合,覆盖面广。本书适合城市交通大数据领域的相关技术人员阅读,同时也可以作为城市交通决策、管理和研究人员的参考书。

图书在版编目(CIP)数据

城市交通大数据 / 何承,朱扬勇主编. -- 2版. -- 上海:上海科学技术出版社,2022.9
(大数据技术与应用)
ISBN 978-7-5478-5719-9

Ⅰ. ①城… Ⅱ. ①何… ②朱… Ⅲ. ①城市交通系统—研究 Ⅳ. ①U491.2

中国版本图书馆CIP数据核字(2022)第111302号

城市交通大数据(第二版)
何 承 朱扬勇 主编

上海世纪出版(集团)有限公司
上海科学技术出版社   出版、发行
(上海市闵行区号景路159弄A座9F-10F)
邮政编码 201101   www.sstp.cn
上海盛通时代印刷有限公司印刷
开本 700×1000 1/16 印张30.25 插页1
字数 550千字
2015年1月第1版
2022年9月第2版 2022年9月第1次印刷
ISBN 978-7-5478-5719-9/U·125
定价:148.00元

本书如有缺页、错装或坏损等严重质量问题,请向印刷厂联系调换

| 大数据技术与应用 |

学术顾问

邬江兴　中国工程院院士
梅　宏　中国科学院院士
金　力　中国科学院院士
温孚江　教授，博士生导师
王晓阳　教授，博士生导师
管海兵　教授，博士生导师
顾君忠　教授，博士生导师
乐嘉锦　教授，博士生导师
史一兵　研究员

| 大数据技术与应用 |

编撰委员会

主任

朱扬勇　吴俊伟

委员（以姓氏笔画为序）

于广军　朱扬勇　刘振宇　孙景乐　李光亚　李光耀
杨　丽　杨佳泓　吴俊伟　何　承　张鹏翥　陈　云
武　星　黄林鹏　童维勤　蔡立志

本书编委会

主编

何　承　　上海市城乡建设和交通发展研究院
朱扬勇　　复旦大学

编委

张　扬　　上海市城乡建设和交通发展研究院
廖志成　　复旦大学
杨东援　　同济大学
张　祎　　上海市城乡建设和交通发展研究院
翟　希　　上海市城乡建设和交通发展研究院
段征宇　　同济大学
温宇浩　　北京四维图新科技股份有限公司
顾承华　　上海市城乡建设和交通发展研究院
陈红洁　　上海电科智能系统股份有限公司
冉　斌　　上海美慧软件有限公司
吴超腾　　上海电科智能系统股份有限公司
宋汝良　　上海双杨电脑高科技开发公司
王永朋　　上海双杨电脑高科技开发公司
刘　振　　上海市城乡建设和交通发展研究院
林益平　　上海城市地理信息系统发展有限公司

序

一个城市的交通系统是这个城市的重要形象,是检验城市管理水平的试金石。城市交通特别是大城市的交通是一个庞大而复杂的系统,交通日益拥堵、交通事故频发等问题影响着城市运行效率,困扰着交通管理部门。大数据意味着新的管理方法,使得交通管理部门有可能利用手机数据、交通卡等数据获得人员流向情况,可以根据重大活动、天气预报和节假日等数据来预测未来的拥堵情况,也可能根据某大型商业区开盘、大型居住区的入住等数据判断其周边道路或重要路口交通状况的重大变化,甚至还可能通过微博、微信、电话等互动数据,来了解道路监控系统的一些盲点区域的路况和突发事件。大数据有望从技术手段上提升城市交通管理的管理水平和服务质量。

对于现代城市交通管理,建立一个可用的大数据资源储备,开发一个大数据管理、分析和服务平台,提升交通规划和管理的水平、提高城市交通应急能力、提供精细化和个性化的交通服务,是城市交通大数据研究与开发的目标。城市交通大数据的开发应用面临以下问题:城市交通大数据包括哪些数据?如果获得这些数据?如何管理这些数据?如何使用这些数据?纵观本书,对这些问题的理解和解释是合理的、可行的、系统的。上海作为国内规模较大、交通管理信息化水平较高的城市,从 20 世纪 80 年代就迈开了交通信息化建设的步伐,在城市交通信息化规划和建设、交通信息管理和服务等方面积累了丰富的经验,在城市交通大数据理论、技术和应用方面率先进行探索。本书立足于这些实际工作,既有对上海实践经验的总结,也有通用理论和技术的介绍,还包括对城市交通信息化发展的展望,客观、系统、科学地介绍了城市交通大数据的有关概念、大数据资源组成、大数据技术、大数据应用和服务等内容。

  本书编撰团队长期从事城市交通信息技术研究、应用开发和交通信息服务工作,其研究成果和实际经验凝练成书,对城市交通信息化理论研究和交通大数据应用都具有重要的参考价值。

江绵康

第二版前言

2022年，大数据技术在不断更新迭代中走过了黄金十年的发展阶段，城市交通大数据也完成了从开拓探索到自成体系，从开疆破土到渐入佳境的进化。十年间，城市交通大数据突破性地开创了政府、企业、社会多方发力，协同合作的数据共享模式，开拓了共享单车、网约出租、新能源交通等多元应用领域，一批先进大数据技术和研发手段推动了交通规划、管理与服务的全面升级，不断完善着城市交通发展的质量和品质。

秉承丛书初衷，本书作为《大数据技术与应用》丛书的分册之一，是对交通大数据成果的集中展示，同时也是普及交通大数据技术、推广交通大数据应用的手段之一。本次再版，是在第一版基础上对交通大数据技术与应用近十年来发展内容的整理和回顾，是对原有交通大数据概念、理念、认识上的发展与提升，也是对十年城市交通大数据践行成果的经验总结和亮点提炼。重点增补了新兴方式交通大数据资源、交通大数据资源中心构建技术和丰富多彩的应用案例等内容，同时对原有交通大数据理论与技术进行了拾遗补阙和修改完善。

第二版在内容和篇幅上进行了较大扩容，共增加11个章节，包括增加了5类"互联网+交通"行业交通数据资源的介绍，交通大数据可视化技术、云计算技术的介绍，构建城市交通大数据资源中心的方法介绍，该内容来自2017年上海市科委大数据课题《城市交通大数据应用关键技术研究与示范》的主要研究成果，增加了10余项应用案例，延伸探索了交通大数据的创新服务模式等内容。

第二版仍由何承、朱扬勇研究确定内容结构，并组织上海市城乡建设和交通发展研究院上海交通信息中心、复旦大学、同济大学、北京四维图新科技股份有限公司、北京世纪高通科技有限公司、上海市新能源汽车公共数据采集与监测研究中心、上海电器科学研究所(集团)有限公司等单位合作编写,其中,第1章由顾承华、廖志成编写;第2章、第4章4.2节、4.3节、4.5节、第8章、第9章9.1节、9.5节、9.9节、9.10节由杨东援、段征宇编写;第3章3.1节、3.3节由张扬编写;第3章3.2节、3.4节、第6章6.3.12节、第12章12.3节由翟希编写;第3章3.5.2节、3.5.3节、第11章11.2节由汤奇峰编写;第4章4.1节、4.4节由冉斌编写;第5章、第6章6.3.1节到6.3.5节、第7章7.1节、7.4.2节、第12章12.1节、12.2节、12.5节由廖志成编写;第6章6.1节、6.2节、6.3.1节到6.3.4节、第7章7.2.1节、7.4.5节到7.4.7节由吴超腾、高霄、李玉展、王环编写;第7章7.2节到7.4.1节、7.4.3节、第10章10.3节到10.7节由戴刚毅、邱奉翠、温宇浩编写;第7章7.5节由顾承华、杨涛编写;第9章9.6节由孟华编写,9.2节由王永朋编写;第12章12.4节由孙杨世佳编写。全书由何承、朱扬勇统稿,廖志成、张扬、翟希、汤奇峰、孙杨世佳协助。李家奎、李佳璐、杨彬彬、鞠晨参与了部分资料的收集、整理、录入等工作。

作 者

2022年4月

第一版前言

城市交通是衡量现代化城市管理的重要标志之一。提高现代化城市交通管理水平,既是城市交通发展的客观要求,也是提高现代化城市管理水平的必由之路。随着社会经济和城市化进程的快速发展,解决好城市交通问题已经成为城市可持续发展的一个重要课题。现代化城市交通管理已经进入以信息化为标志的新时期,以交通数据资源和信息技术为支撑的城市交通决策和服务是现代化城市交通的重要标志和举措。

随着信息技术的发展,城市交通信息化,以及智慧城市建设的不断深入,各种城市交通运行管理直接产生的数据、相关行业和领域的数据,以及公众互动提供的数据都对城市交通的管理和运行产生着直接作用或间接影响。这些数据不仅包含来自交通信息化系统、其他行业系统中的结构化数据,也包含按特定数据交换规范组织的半结构化数据,更包含视频、图像、语音、文字、微博、微信等非结构化数据。这些数据汇聚在一起,形成了城市交通大数据。城市交通大数据的产生是在大数据技术促进下城市交通信息化发展到一定阶段的必然结果。可以预见,城市交通大数据将在现代化城市交通规划决策、交通组织管理和社会公众服务等方面体现重要作用。

上海的交通信息化经历了"两个阶段和一个转折点"。从 20 世纪 80 年代的起步阶段开始,经过"十一五"快速发展阶段,形成了覆盖全市干线公路、快速路、地面道路三张路网的交通信息采集、发布和运行状况监控,实现一个平台(上海市交通综合信息平台)管理发布道路交通、公共交通、对外交通综合交通信息数据,形成了交通行业信息整体整合、互联共享的管理机制,初步形成了信息化技术在轨道交通、地面公交、静态交通、对外交通枢纽、航运等交通行业广泛应用的局面，初步形成面向政府决策管理和公众出行的交通信息服务，以及特大型活动交通信息服务保障的能力。借助上海世博交通信息服务保障契机，实现由信息化向智能化发展的转折。虽然上海城市综合交通信息化发展取得了一定的成就，但与上海建设"四个中心"、实现"四个率先"的目标，满足现代化国际大都市综合交通体系信息服务保障需求来看，还存在进一步发展的迫切性，集中体现在上海的交通信息化发展要进一步支撑交通管理和城市规划的决策，为公众提供多样化的服务内容和形式，以及随着信息采集范围和内容的扩大所带来的大数据挑战。

上海作为国内信息化普及率较高的城市，较早看到了大数据带来的挑战和机遇，在行动上也走在全国的前列。上海市科学技术委员会于2012年下半年在医疗和交通这两个基础较好的领域特别设立了大数据专项课题，并于2013年7月12日率先发布了《上海推进大数据研究与发展三年行动计划（2013—2015年）》，同时宣布了"上海大数据产业技术创新战略联盟"正式成立。截至2014年5月，上海市科委已经基本完成了"三年行动计划"所制定的大数据战略布局，上海大数据产业技术创新战略联盟也已正常运转。作为大数据成果的集中展示，同时也作为普及大数据技术、推广大数据应用的手段之一，《大数据技术与应用》丛书正是在这样的背景下诞生。

本书作为丛书的一个分册，立足上海交通信息化发展的已有成果和经验，基于上海市科委大数据课题《城市交通大数据应用关键技术研究与示范》的研究工作，由何承、朱扬勇研究确定内容结构，并组织上海市城乡建设和交通发展研究院上海交通信息中心、复旦大学、同济大学、上海电科智能系统股份有限公司、上海美慧软件有限公司、上海双杨电脑高科技开发公司、上海城市地理信息系统发展有限公司等单位合作组织编写。其中，第1章、第9章由顾承华、廖志成编写；第2章、第4章4.2节、4.3节、4.5节、第8章8.1节、8.2节由杨东援、段征宇编写；第3章3.1节、3.3节、3.4节由张扬编写，3.2节由翟希编写；第4章4.1节、4.4节由冉斌编写；第5章、第6章6.3.5节由廖志成编写；第6章6.1节、6.2节、6.3.1节到6.3.4节、第7章7.1节、7.2.1节、7.2.3节、7.2.4节、7.3节到7.5节由林瑜、吴超腾、李玉展、高霄、王环、潘志毅编写；第6

章 6.3.6 节由宋汝良编写，6.3.7 节到 6.3.11 节、第 7 章 7.6.1 节到 7.6.4 节由吴俊、尤洁云、林益平编写；第 7 章 7.2.2 节由孟华编写，7.6.5 节由王永朋编写；第 8 章 8.3 节由应俊杰编写；附录由顾承华编写。全书由何承、朱扬勇统稿，廖志成、张扬、翟希协助。张兵、李玮峰、陈敏等博士研究生和马超、孙硕、杨一蛟、贾凤娇、罗江邻等硕士研究生，以及刘振参与了部分资料的收集、整理、录入等工作。此外，本书的编写过程得到了上海市科学技术委员会肖菁的大力支持和指导，在百忙之中审阅全稿并提出宝贵意见，上海大数据产业技术创新战略联盟的组织协调也使得本书能够顺利出版，在此一并表示衷心感谢。

城市交通问题是一个相当复杂的系统问题，不能期望某个新技术的出现可以彻底解决，也不存在一劳永逸的方法。城市交通大数据作为城市交通信息化与大数据技术的具体结合，在增强交通决策能力、提高交通管理水平、满足公众服务需求等方面会带来可以预见的好处，也会成为城市交通信息化和智能化加速发展的动力。本书是在总结经验的同时进行一次努力尝试，受限于作者的学识和水平、课题的研究范围等因素，尽管尽了最大努力，但仍难免存在疏漏或不足之处，诚望读者不吝赐教，以利再版时修订完善。

作　者

2014 年 6 月

本书的研究开发成果获得下列项目的支持：

国家自然科学基金重点项目：编号 71331005,61731012

上海市科学技术委员会科研计划项目：编号 12511509600, 14511107300,18511104200,21DZ1203703

上海市青年科技启明星计划项目：编号 14QB1403700

上海市经济和信息化委员会人工智能创新发展专项资金计划,编号 2019－RGZN－01015

上海市住房和城乡建设管理委员会科研项目：沪建科 2021－002－027

目 录

第 1 章 绪论

1.1 城市交通中的数据 _1
1.2 城市交通大数据定义与分类 _3
1.3 城市交通大数据研究与应用基础 _7
    1.3.1 国内外研究基础 _8
    1.3.2 国内外应用基础 _18
参考文献 _23

第 2 章 大数据时代下的城市交通

2.1 交通建设的需求 _28
    2.1.1 交通规划过程中的决策与信息分析 _28
    2.1.2 城市交通的战略调控与决策分析 _30
    2.1.3 交通建设项目可行性研究过程中的信息分析 _32
2.2 交通管理的需求 _35
    2.2.1 交通系统运行状态诊断 _35
    2.2.2 交通需求管理与信息分析 _41
    2.2.3 道路交通控制的技术变革 _41
    2.2.4 提升公共交通服务水平的决策分析 _44
2.3 交通服务的需求 _45
    2.3.1 个性化交通信息服务 _46
    2.3.2 交通诱导信息服务 _48
    2.3.3 现代城市物流服务 _49
    2.3.4 公共交通出行信息服务 _52
参考文献 _53

第 3 章 城市交通领域数据资源

3.1 道路交通 _55

  3.1.1　城市地面道路 _56
  3.1.2　城市快速路 _58
  3.1.3　高速公路 _60
 3.2　公共交通 _61
  3.2.1　公交汽电车 _62
  3.2.2　出租汽车 _65
  3.2.3　轨道交通 _67
  3.2.4　停车场（库） _69
 3.3　对外交通 _70
  3.3.1　铁路 _71
  3.3.2　公路 _73
  3.3.3　航空 _75
  3.3.4　航运 _76
  3.3.5　综合交通枢纽 _78
 3.4　"互联网+"交通 _80
  3.4.1　共享单车 _80
  3.4.2　道路公共停车 _82
  3.4.3　城市网约车 _83
  3.4.4　新能源汽车 _85
  3.4.5　充换电设施 _87
 3.5　重大活动交通 _89
  3.5.1　国际大型运动会 _89
  3.5.2　上海世博会 _93
  3.5.3　进博会 _97

参考文献 _99

第4章　相关领域数据资源

 4.1　气象与环境 _101
 4.2　人口与社会经济 _103
  4.2.1　人口普查数据与城市的社会空间分布 _103
  4.2.2　住宅价格的空间分布 _111
  4.2.3　公共服务设施的空间分布 _113
 4.3　城市规划与土地利用 _115
 4.4　移动通信数据 _119
 4.5　公众互动信息 _120

参考文献 _124

第5章 城市交通大数据组织与描述

5.1 城市交通大数据本体 _125
    5.1.1 本体的含义 _125
    5.1.2 本体的要素及一般表示方法 _128
    5.1.3 城市交通大数据本体概念范围 _137
    5.1.4 城市交通大数据本体概念间的关系 _139
    5.1.5 交通本体文件结构和描述说明 _140
    5.1.6 本体的应用 _145

5.2 城市交通大数据核心元数据和数据资源描述方法 _146
    5.2.1 城市交通大数据核心元数据定义思路 _147
    5.2.2 城市交通大数据核心元数据定义方法 _149
    5.2.3 城市交通大数据核心元数据描述 _150
    5.2.4 城市交通大数据核心元数据扩展原则和方法 _162

参考文献 _163

第6章 城市交通大数据技术

6.1 城市交通大数据基本问题 _165
    6.1.1 数据质量 _165
    6.1.2 数据存储 _166
    6.1.3 数据计算 _167
    6.1.4 网络传输 _168
    6.1.5 数据格式 _169

6.2 城市交通大数据处理 _169
    6.2.1 分布式存储 _170
    6.2.2 分布式计算 _171
    6.2.3 本地计算 _171
    6.2.4 云计算 _172
    6.2.5 开源的分布式框架 Hadoop _173

6.3 城市交通大数据分析挖掘和可视化技术 _178
    6.3.1 数据检索 _178
    6.3.2 分类分析 _181
    6.3.3 聚类分析 _183

  6.3.4　关联分析 _185
  6.3.5　特异群组分析 _188
  6.3.6　OLAP 分析与即席查询 _189
  6.3.7　地理编码 _189
  6.3.8　空间聚类分析 _191
  6.3.9　时空动态分析 _192
  6.3.10　地址自动匹配 _192
  6.3.11　路径拓扑分析 _194
  6.3.12　可视化分析技术 _195
 6.4　语音识别技术 _202
 6.5　智能地址定位技术 _207
参考文献 _210

第7章　城市交通大数据平台建设

 7.1　需求分析 _213
 7.2　系统框架 _215
 7.3　城市交通大数据资源中心设计 _216
  7.3.1　多源数据接入与平台数据交互技术 _216
  7.3.2　分布式数据资源提供方式 _223
  7.3.3　交通大数据资源中心机房构建技术方案 _227
  7.3.4　交通大数据资源中心分布式软件系统选型 _233
  7.3.5　交通大数据混合型存储架构技术 _234
  7.3.6　交通大数据实时处理系统构建 _240
  7.3.7　交通大数据资源中心可视化运营管理系统 _246
 7.4　城市交通大数据应用服务平台设计 _250
  7.4.1　应用服务平台框架 _250
  7.4.2　大数据挖掘分析基础算法库框架 _251
  7.4.3　主要功能模块 _285
  7.4.4　服务组件与二次开发接口 _286
  7.4.5　硬件集群方案 _290
  7.4.6　分布式软件系统方案 _291
  7.4.7　优化方法 _292
 7.5　1+N 层次化交通大数据应用服务平台 _293
  7.5.1　层次化架构 _293
  7.5.2　区级平台功能 _294

    7.5.3 发展方向 _298

  参考文献 _299

第8章 城市交通规划和建设大数据服务

  8.1 城市交通指数对比分析 _300
  8.2 交通需求机理分析 _306
  8.3 交通出行量时空分布分析 _311
  8.4 道路通行能力指标分析 _316
  8.5 居民出行活动模式分析 _322
  8.6 城市建成环境评价 _327
  8.7 城市群空间联系结构分析 _332

  参考文献 _337

第9章 城市交通管理大数据服务

  9.1 区域客流时空分析 _338
  9.2 交通指数基本分析 _341
  9.3 旅游交通追踪分析 _344
  9.4 城市快速路车辆特征分析 _348
  9.5 交通拥堵特征分析 _355
  9.6 交通流关联分析 _367
  9.7 车辆行程时间分析 _374
  9.8 公交运行可靠性分析 _382
  9.9 外牌车辆出行特征分析 _385
  9.10 公交专用道效用评价 _391

  参考文献 _397

第10章 公众智慧出行大数据服务

  10.1 智慧出行在城市出行与城际出行中的应用 _398
  10.2 智慧出行系统的功能介绍 _402
  10.3 基于高精地图的新能源汽车能耗预警 _405
  10.4 基于经验路径库的新一代路径规划 _408
  10.5 基于位置触发的虚拟动态情报板服务 _410
  10.6 多模换乘 _415

10.7 长三角城际交通信息服务与分析 _417
参考文献 _420

第11章 重大活动交通保障大数据服务

11.1 上海世博会交通保障服务 _421
11.2 进博会交通保障服务 _425
参考文献 _429

第12章 交通大数据服务模式创新与实践

12.1 大数据服务模式现状及存在问题 _430
12.2 上海交通大数据应用服务模式研究 _433
  12.2.1 交通大数据应用服务模式研究目标 _433
  12.2.2 交通大数据使用对象 _434
  12.2.3 三种服务模式 _438
  12.2.4 一个交易中心 _442
  12.2.5 一个数据魔方 _444
12.3 数据交易保障 _445
12.4 交通大数据联合创新实验室 _448
12.5 交通大数据试验场 _450
参考文献 _451

第13章 展望

缩略语对照

索引

第1章 绪 论

近年来,在城市快速发展、机动车迅猛增加的背景下,城市交通供需矛盾日益突出,交通拥堵、环境污染日益严重,交通事故频繁发生,这些问题成为了制约大城市社会与经济发展的瓶颈,亟待解决。国内外经验表明,单纯依靠加大交通基础设施建设已不能解决日趋严重的交通问题,在推动城市空间结构调整、加强交通需求管理、优先发展公共交通的同时,依托高新技术手段,积极开展智能交通建设,对最大限度发挥已有交通设施的能力、缓解交通压力、改善交通出行安全以及提高交通运行效率具有直接作用,是解决城市交通问题的重要举措与必然趋势。随着智能交通信息系统的建设与应用,尤其是随着互联网与产业结合的不断升级、物联网-车联网的快速兴起、移动互联网的普及,交通行业数据的累积呈现几何级数增长,而且随着采集技术的发展与成熟,作为交通要素的人、车、路等信息都能够进行实时采集,使得交通数据的来源也日益丰富,形成交通大数据。对这些交通大数据进行存储、管理、分析并加以应用是一大挑战,同时在大数据时代背景下,研究利用交通大数据也是为交通管理决策、公众交通出行提供支撑和服务的一个良好机遇。

1.1 城市交通中的数据

如果要用几个词来描绘城市交通,马上能想到的可能是汽车、自行车、红绿灯、人行横道线、公交车、地铁、过街天桥、电子警察摄像头……如果再发散一些,类似堵车、早高峰晚高峰、停车换乘(Park and Ride,P+R)、导航、车牌识别这样的词语也能映入脑海。如果是一位研究城市交通信息化的专家,想到的可能会是地面线圈、卡口、断面、可变信息标志等专业词汇。

现代城市交通管理已经离不开交通信息系统。很难想象一个城市的交通秩序可以完全依靠车辆驾驶员、行人等交通参与者的自觉或是交警准确无误的指挥来保障。退一步说，即使所有交通参与者能够完全遵守交通法规，交警对瞬时交通状况的判断和指挥也完全无误，依然无法避免交通拥堵的产生。例如，在一个既无交通信号灯控制也没有主次干道之分的十字路口，从东南西北四个方向同时驶来四辆车，每个方向一辆车，均要直行通过路口。按照我国的规定，应该让右侧车辆先行，即东向西行驶的车辆要让北向南行驶的车辆先通过路口，北向南行驶的车辆要让西向东行驶的车辆先行，西向东的车辆要让南向北的车辆先行，而南向北的车辆要等待东向西的车辆先通过路口后才能继续前行。于是四辆车均因遵守交通法规，而在路口分别等待右侧车辆先行，从而导致了四辆车谁也走不了的尴尬地步，而后各个方向的后续车辆也遵守法规排队等候依次通行，道路因此产生了拥堵。此时如果有交警在现场指挥，可以打破僵局，化解拥堵。但是交警只能孤立地管理单个路口或路段，如果不综合考虑相邻路口、路段、车流增量等因素，很难做出正确的判断，而这些数据无法通过人工的方式获得，需要借助信息系统，通过线圈、摄像头等设备采集，通过计算机系统进行快速处理，然后通过后端管理系统对这些数据进行综合加工，再将计算结果反馈给相应的交通控制系统，控制交通信号、可变标志等设施，合理分配道路资源，诱导车辆行驶路线，预防交通拥堵的发生。

随着城市规模的不断扩大，道路上车辆数量的不断增多，以及城市交通信息化的不断发展，交通信息系统产生的数据越来越多，对交通精细管理的要求也越来越高。同时，这些交通数据不仅仅能用在日常的交通管理上，还能对公众出行、交通建设、城市规划等提供服务。例如，如果某人早上出门前已经知道某段必经道路已经拥堵不堪，那么他可能会选择不开车而改为搭乘地铁，或是绕道而行。

影响城市交通的因素不仅仅来自交通本身，其他因素也会直接或间接地影响交通状况。例如下雨天道路通行状况要比晴天糟糕，歌星开演唱会的前后几个小时场馆周边的道路几乎无法通行，春节期间道路畅通不堵车，新建商业区开张后周边道路会堵车等。这些气象、文体活动、节假日安排、城市规划，以及其他相关领域的信息，并不直接反映在交通信息系统中，但却又对城市交通产生了影响。

另一方面，仅依靠线圈、卡口这样的交通信息设施，并不能做到很精细的管理，主要原因是这些设施的布设不密集，而且一些设备长期放置在露天环境下，受设备本身寿命、通信线路质量等因素的影响，也不能保证时刻有效。在这种情况下，其他领域的数据就成为评估交通状况的有益补充。例如可以利用城市出行者几乎人人都有手机的特点,通过统计特定道路或区域内的手机位置信息和基站切换速度,来大致估算出该路段或区域的交通通行状况,再和交通信息系统相互验证,能为快速预判交通状况提供更精准有力的支撑。

现代城市交通管理已经不再单纯依赖交通控制系统的数据,来自不同领域、不同行业的数据,与交通系统自身产生的数据一起为交通控制和交通管理服务。随着声讯电话、公共短信平台、微博、微信等信息技术手段的多样化,公众的参与度也越来越高,例如很多出租车驾驶员会主动将当前拥堵路段报给交通广播电台,私家车司机也会把路上看到的交通事故通过微博或微信进行发布。这些数据放在一起,恰好能用一个词来描述——大数据。

1.2 城市交通大数据定义与分类

提起大数据,人们第一个反应就是数据量要大。其实大数据并不仅仅指数据量大。主题为"数据科学与大数据的科学原理及发展前景"的香山科学会议第462次学术讨论会上,科学家们在科学层面定义大数据为"来源多样、类型多样、大而复杂、具有潜在价值,但难以在期望时间内处理和分析的数据集;通俗地讲,大数据是数字化生存时代的新型战略资源,是驱动创新的重要因素,正在改变人类的生产和生活方式"[1]。上海市科学技术委员会发布的《上海推进大数据研究与发展三年行动计划(2013—2015年)》中,认为"大数据是一个大而复杂的、难以用现有数据库管理工具处理的数据集。广义上,大数据有三层内涵:一是数据量巨大、来源多样和类型多样的数据集;二是新型的数据处理和分析技术;三是运用数据分析形成价值。大数据对科学研究、经济建设、社会发展和文化生活等各个领域正在产生革命性的影响"[2]。

各个领域都有具有领域特点的大数据。提及城市交通大数据,人们的第一反应可能是许多与交通直接相关的数据——探头数据、全球定位系统(Global Positioning System,GPS)数据、可变信息提示板上绿橙红色显示的拥堵程度等,汇聚在一起形成TB级甚至是PB级体量庞大的数据集。在城市交通大数据中,除了交通领域直接产生的数据资源外,还有许多相关领域的数据资源、公众互动的数据资源,这些数据资源共同构成了城市交通大数据,通过大数据的技术方法,为交通规划与建设、交通管理和交通服务提供支持。

1) 城市交通大数据定义

城市交通大数据是指由城市交通运行管理直接产生的数据(包括各类道路交通、公共交通、对外交通的线圈、GPS、视频、图片等)、城市交通相关的行业和领域导入的数据(气象、环境、人口、规划、移动通信等),以及来自公众互动提供的交通相关数据(通过微博、微信、论坛、广播电台等提供的文字、图片、音视频等)构成的,用传统技术难以在合理时间内管理、处理和分析的数据集。可见城市交通大数据中同时包含了来自交通行业的和交通行业之外的格式化和非格式化数据。

从城市交通大数据的定义不难看出,城市交通大数据具有以下特点:

(1) 数据量巨大 城市交通时时刻刻产生大量的数据,各类数据的汇聚,尤其是视频、图片等非结构化数据,以及气象、环境等数据,直接导致城市交通大数据的数据量巨大。对于像上海这样的大城市,仅每天产生的结构化交通数据就达到了 30 GB 以上,如果再算上道路监控视频和卡口照片等非结构化数据,数据量更是巨大。此外,相关行业和领域导入的数据和公众互动提供的数据,数据量也是非常巨大的。

(2) 数据种类多样 从数据来源上看,城市交通直接产生的数据本身就包含了道路交通、公共交通、对外交通等数据,还汇聚和整合了气象、环境、人口、规划、移动通信等多个相关行业的数据,以及政治、经济、社会、人文等领域重大活动关联数据;从数据类型上看,既有结构化数据,也有各种类型的非结构化数据、半结构化数据;从数据形式上看,既有传感器、线圈等产生的流数据,也有以文件形式保存的数据,还有保存在数据库数据表中的记录,以及互联网上的网页文字和图片等。城市交通直接产生的数据超过 30 大类,再算上其他行业的各类相关数据,种类就更多了。

(3) 蕴含丰富的价值 城市交通大数据可以实现智慧交通公共信息服务的实时传递,满足出行者实时准确获取交通出行信息服务的需求;为交通管理部门的交通应急决策系统提供有力的数据分析处理层面的支撑,实现对交通紧急突发状况的快速反应及应急指挥,对维护社会稳定和减少经济损失有重大意义;为城市规划和功能区设置、政府跨部门协同管理提供决策依据,通过城市交通大数据技术来预测规划,例如功能区设置后是否会导致交通拥堵、发生拥堵后是否可以进行有效疏导等;为交通管理及相关产业的科学研究提供数据,例如交通管理措施的效果模拟、深度挖掘影响交通拥堵程度的因素和作用、交通信息服务和产品的研发测试等。

(4) 具有明显的时效性 利用城市交通大数据,在可能发生拥堵之前通过提示板、交通信号灯控制等手段提前进行分流和疏导;在极端天气状况发生前提前预警;在重大活动进行过程中实时干预,保证交通通畅,防止人群滞留、挤踏;在公众出行时根据用户所在地点、附近的交通流量等信息,通过移动终端应用实时给出出行建议和路径规划等。这些都需要在获取到数据后能够及时准确地处理，尤其是对车辆通过线圈、卡口等数据的分析以及利用手机信令来分析交通状态，都需要毫秒级的响应速度。此外，随着城市交通的发展，交通管理和城市规划等决策更注重分析近期数据，历史数据尤其是几年前的历史数据的权重较低，也是时效性的一种体现，亦即历史数据对于交通管理和城市规划决策的参考价值远不如近期数据高。

2）城市交通大数据分类

一般而言，大数据要做的是融合汇聚，将不同来源尤其是不同领域的数据集进行整合，本身就需要打破数据已有的分类，因此大数据是可以不需要分类的，或者说经过整合后的数据已经不再体现出单一的类别特性。但是对城市交通大数据中的数据可以从某些角度进行划分，便于更好地分析、理解和使用城市交通大数据。

（1）按照数据与交通管理和交通信息服务的关联度划分　城市交通大数据可以分为交通直接产生的数据、公众互动交通状况数据、相关行业数据和重大社会经济活动关联数据四类。这四类数据与交通管理、交通信息服务的关联度依次降低。

① 交通直接产生的数据包括了各类交通设施如线圈、摄像头等产生的数据，以及车载 GPS 产生的车辆位置信息等数据，这些数据能够反映出总体的交通状态和局部的交通状况，与城市交通最直接相关。

② 公众互动交通状况数据包括公众通过微博、微信、论坛、广播电台等提供交通状况相关的文字、图片、音视频等数据。例如哪个路段上刚刚发生车祸，这些信息未必会被交通设施直接捕获到，但它们能够直接反映局部的交通状况，因此和城市交通的关联程度也很紧密。

③ 相关行业数据包含了气象、环境、人口、规划、移动通信手机信令以及其他与交通间接相关的数据，这些数据能够用于更准确地分析和预测交通状况和总体交通状态，与城市交通有一定的关系。

④ 重大社会经济活动信息对交通状况也会产生一定的影响。例如大型文体活动会对场馆周边道路的交通产生短时的拥堵、电商促销活动可能会因物流增加对高速公路的流量产生影响等，但总体而言这些活动对交通的影响结果是局部的，而且是可以预见的，在特定场景下与城市交通有关联。

（2）按照数据类型划分　城市交通大数据可以分为结构化数据、非结构化数据和半结构化数据。

① 结构化数据是指数据记录通过确定的数据属性集定义，同一个数据集中的数据记录具有相同的模式。结构化数据具有数据模式规范清晰、数据处理方便等特点。结构化数据通常以关系型数据库或格式记录文件的形式保存，例如

传统的智能交通信息系统采集、加工过的数据。线圈等传感器产生的数据一般来说具有固定的比特流格式,各字段的比特长度和含义固定,可以是视作为比特尺度下的结构化数据。

② 非结构化数据是指数据记录一般无法用确定的数据属性集定义,在同一个数据集中各数据记录不要求具有明显的、统一的数据模式。非结构化数据能够提供非常自由的信息表达方式,但数据处理复杂。非结构化数据通常以原始文件或非关系型数据库的形式保存,例如摄像头采集的视频、公众发布在微博上的图片或是微信上的语音信息等。

③ 半结构化数据是指数据记录在形式上具有确定的属性集定义,但同一个数据集中的不同数据可以具有不同的模式,即不同的属性集。半结构化数据具有较好的数据模式扩展性,但需要数据提供方提供额外的数据之间关联性描述。半结构化数据通常以可扩展标记语言(Extensible Markup Language,XML)文件或其他用标记语言描述数据记录的文件保存,例如在超文本标记语言(HyperText Markup Language,HTML)文件中以<table>标签形式保存的数据、资源描述框架(Resource Description Framework,RDF)格式的本体库文件等。

(3) 按照数据形式划分　城市交通大数据可以分为(传感器)流数据、数据文件、数据库记录、在线文字和图片、音视频流等。

① 流数据是指各类交通设施或传感器以数据流的形式持续不断产生的具有确定格式的数据,其特点就是已经产生的数据无法再现,除了数据处理算法在内存中保存的一部分外,无法重复获取之前的数据记录,对数据的获取和访问存在先后顺序。

② 数据文件是指以文件的形式在介质上持久保存的数据,又分记录文件和无记录文件(如文本文件)。其特点是可以反复获取,并可根据需要随机访问,没有先后顺序要求。

③ 数据库记录是指在关系型数据库系统或非关系型数据库系统中,以数据记录的形式保存的数据,其特点是用户不用自己维护数据记录的存取,提供了处理和计算上的便捷性。

④ 在线文字和图片是指存在于互联网上的、需要通过特定的网络协议才能获取到数据,其特点是以文件形式存在、通过数据流方式可以反复获取(假定服务器端的文件未被删除)。

⑤ 音视频流是指经过数字化的并能够通过某种方法还原的音频或视频信息,属于非结构化数据,往往需要复杂的算法才能从中提取所需要的信息。

(4) 按照数据产生和变化的频率划分　城市交通大数据可以分为基础数

据、实时数据、历史数据、统计数据(结果数据)等。

① 基础数据是指静态的、规范化的、描述城市交通基本元素的数据,其特点是数据定义/产生后基本不会发生变化,例如道路名称、匝道口编号等。

② 实时数据是指随城市交通活动实时产生的、反映城市交通运行情况的数据,其特点是数据会非常频繁地产生和变化,例如线圈数据、温湿度气象数据、微博和微信上的公众互动的交通状况等,这类数据对判断短时交通拥堵等具有重要作用。

③ 历史数据是指实时数据按一定时间周期(如按月)归档后产生的数据,其特点是新数据产生和变化的周期性明显,这类数据可以用来预测未来交通状况的变化趋势。

④ 统计数据(结果数据)是指系统根据一定算法或根据使用者的主观需求,经过计算后所产生的数据,其特点是新数据的产生和变化的周期性不明显,例如拥堵指数、路段平均车速、人流量随时间变化趋势图等,这类数据可以为公众出行服务、管理部门决策做支持。有时候也可以用高频、中频、低频来划分这些数据,基础数据属于低频数据,统计数据和历史数据属于中频数据,实时数据属于高频数据。

1.3 城市交通大数据研究与应用基础

近半个世纪以来,交通道路拥挤、阻塞、事故频发等正制约着人们生活质量的提高以及社会的发展。20世纪90年代以后,美国、英国、德国、法国、日本、澳大利亚、韩国等国家,对智能交通系统(Intelligent Transportation System,ITS)的研究给予了更高的重视。我国关于智能交通系统的基础研究比较薄弱,21世纪以来,智能交通信息系统随着互联网的发展承载了大规模海量的数据和更多的用户需求。传统的智能交通领域在处理海量信息、提供实时交通服务方面,已经越来越难满足用户的需求。

随着物联网、云计算的提出,智慧城市、智慧交通的主题已经深入人心。当前城市交通呈现出的日益严重的拥堵、交通基础设施的老化、资金投入的不足,以及日益严重的环境问题对城市经济竞争力构成了极大压力。在大数据时代的背景下,开发和应用新的智能交通系统需求变得越来越迫切,智能交通的快速发展也面临着新的机遇和挑战。随着硬件技术、自然语言处理、模式识别、机器学习及数据挖掘等软件技术的研究和突破,智能交通系统将气候变化、环境、城市交通规划等各类大数据进行整合分析,能够提高城市交通运转效率,促进公共交通资源合理配置和发展,提升城市交通的智能化管理水平。

1.3.1 国内外研究基础

城市交通大数据领域涵盖了交通数据、气象领域、环境领域等各方面的数据,通过数据挖掘、人工智能、机器学习、模式识别、统计学、数据库、可视化等技术,自动化分析数据,做出归纳性的推理,从中挖掘出潜在的模式,帮助决策者调整市场策略,减少风险,做出正确的决策。通常的研究方法深度学习包括神经网络技术、遗传算法、支持向量机、贝叶斯网络、基于规则和决策树、基于模糊逻辑的工具和粗糙集等方法。

城市交通大数据的研究方向涵盖了传统智能交通系统领域的内容,国内外研究者主要集中在以下七个方面。

1) 城市交通数据与跨行业数据关联挖掘研究

城市交通作为智慧城市的一部分,直接影响着城市居民出行的体验感受。以海量交通数据为基础,整合环境、气象、土地、人口等其他行业领域信息,采用数据挖掘、机器学习等数据分析处理技术,找出环境、气象、土地、人口等与交通状态之间的关系,可以为交通政策制定、城市规划、环境治理等提供决策依据。

Xiaomeng Chang 等利用智能交通技术来估算实时的二氧化碳的排放量[3]。提出的模型将北京市的路网划分为小的路段序列,并利用详细的车辆技术数据(如车辆类型)和路网驾驶模式的数据(如速度、加速度和道路坡度)等信息。通过实验分析和讨论了北京的二氧化碳时空排放的分布,结果表明智能交通系统可以成为一个有效的途径来实时估计二氧化碳排放量。

在推行"按里程付费"汽车保险的大量实证研究背景下,张连增从外部性的视角出发,创新性地研究了行驶里程数对环境、交通和能源的影响[4]。利用 2006～2010 年全国各地区的公路交通氮氧化物排放量、汽油消费量、道路交通事故数、公路里程数、公路交通事故直接财产损失和人均城市道路面积的统计数据,通过建立 31 个省(自治区、直辖市)的平衡面板数据计量模型,研究公路交通氮氧化物排放量、汽油消费量、道路交通事故与公路里程数之间的均衡关系。

贾顺平等的综述详细介绍了交通运输与能源消耗的有关研究成果[5],从社会成本分析角度,吕正昱等认为交通运输政策应关注能源安全问题,将能源、环境、安全等外部成本纳入交通运输的定价体系之中,从而在社会总成本的概念下建立更科学的综合运输系统构成方案的评价指标体系[6]。夏晶等以社会经济关系分析角度,从交通能耗占全社会总能耗的比例、交通产值占国内生产总值的比例及其二者之间的比值等三个方面,整体分析交通能源消耗和经济发展的协调性[7]。陆化普等分析了我国近年来交通能耗占能源消耗比例的变化情况,以及城市各种交通方式的能源消耗情况,指出城市交通结构体系的优化必须将能源消耗纳入模型体系中进行分析,建立了能源消耗约束下的城市交通结构体系优化模型[8]。对交通能源数据的分析和比较的角度,徐创军等比较了各种运输方式对土地占用、能源消耗、客运和货运周转量、污染物排放、环境危害、安全、便捷性等方面的影响[9]。

2)城市交通流预测

交通信息化的快速发展,可供分析的交通流数据量越来越大,如何利用大规模交通流数据进行交通预测分析是智能交通的重要研究。综合考虑各种交通数据、气象数据、手机数据、节假日及特殊突发事件等因素,可以更精确地对城市交通状况进行短时预测,更好地指导城市居民的出行。

交通流密度、速度、通行时间的预测是交通预测的基础内容,从预测模型的角度分析,Fangce Gu 等使用奇异谱分析(Singular Spectrum Analysis,SSA)技术对交通数据进行平滑处理,提出了一种新颖的灰色模型(Gray Model,GM)[10]。通过与季节性差分自回归滑动平均模型(Seasonal Autoregressive Integrated Moving Average,SARIMA)对比,分析了 SSA 模型和非 SSA 模型结构的预测精度,并使用伦敦某路段的正常条件及事故两种状况下的交通数据流来对这些方法进行校准和评估。SSA 模型作为一种数据平滑步骤在机器学习或统计预测方法之前能提高最终的交通预测精度。结果表明,在城市道路正常与有事故两种交通条件下相对新颖的 GM 方法胜过 SARIMA 模型。Stephen Dunne 等利用多分辨率预测框架去建立天气自适应的有效交通预测算法[11]。离散小波变换是常用的多分辨率数据分析方法,利用离散小波变换的平稳形式(即平稳小波变换)建立小波神经算法预测每小时的交通流(考虑降雨强度的影响),解决离散小波变换在转换后的信号中产生时间方差而导致不适合做时间序列分析的问题。通过在爱尔兰都柏林市主干路段的实际数据中做的评估,表明小波神经模型比标准人工神经网络模型效果更好。交通流是典型的时空数据随时间变化的关系,Narjes Zarei 等考虑交通数据时间变化的波动性特征,探讨了高峰和非高峰时期的交通流的基本趋势,针对不同时段训练独立预测模型[12]。Bei Pan 等研究洛杉矶交通网络收集的实时数据,采用时间序列挖掘技术来提高交通预测的精确性。突出利用高峰期和事故发生时的交通流数据来完成更加准确的路段平均车速的短期、长期预测。实验结果表明,采取历史高峰期的数据,与传统方法相比,短期和长期预测的准确性可以提高到 67% 和 78%,融合交通事故数据,可以使预测精确度提高到91%[13]。Jungme Park 等提出了一种基于神经网络的车速预测模型,对加利福尼亚高速公路上的52个传感器提供的数据集进行的实验表明模型具有很好的精度[14]。

伴随着导航设备及智能终端的普及,GPS、手机信令等定位数据可以作为反映人群活动规律的轨迹数据,有别于传统的交通流数据。Javed Aslam 等通过静态的传感器(如摄像头),探测线圈采集的交通数据反映交通拥堵、交通流规模、分布时通常不具有实时性,且难以量化和分析的情况[15]。通过实证验证了利用出租车设备构造动态传感器网,根据历史的或实时的车辆位置、速度数据来准确分析交通信息的可行性。Xiangyu Zhou 等通过 GPS 车载装置和无线通信设备,将车辆信息(如时间、速度、经纬度坐标、方向等参数)实时地传送到浮动车信息中心[16]。创建新的交通模型和数据处理算法,进行全面的交通流分析,进行交通状态估计和交通流预测。Anna Izabel J. Tostes 等利用必应地图提供的应用程序编程接口(Application Programming Interface,API)获取芝加哥道路交通信息,来进行城市范围的交通拥堵信息的建模、分析、可视化[17]。首先获取必应地图来确定道路交通流强度变化的数据,根据强度变化模式对道路分类,然后利用逻辑回归建立道路流强度的预测模型,并采用区域热图来可视化实验结果。Damien Fay 等利用城市中普遍安装的摄像机搜集的图片信息来估计交通密度[18]。设计的平台可以自动获取联网的摄像机数据,收集处理图片数据,在去除异常点,抽取交通的密度信息后,建立了交通流密度预测的回归模型。

数据的分布式存储、计算是解决海量交通数据的一个方向,云计算、MapReduce 等越来越多地在交通预测中运用。Chee Seng Chong 等认为单一固定的预测模型具有一定的局限性,而采用协作分析系统的思路建立多个预测模型作为工作流来完成交通堵塞的预测具有更好的鲁棒性和准确性[19]。设计的系统采用了38种不同的预测模型来构成工作流池,然后根据工作流和数据的特征,建立推荐引擎去匹配最相关的工作流。Cheng Chen 等设计基于MapReduce 框架的分布式数据的交通预测系统,内容包括系统的架构和数据处理算法[20]。在应用到多种交通预测模型时,通过模型融合技术以提高预测系统的数据处理和存储方面的能力。Bei Pan 等从获取交通流信息的传感器数据具有高度的时空冗余和相关性入手,对传感器数据进行数据概括来完成数据规模的约减[21]。通过对位置相关的传感器组的数据进行概括,虽然丢失了一定的精度,却可以减少存储空间。

国内关于交通流预测方法的研究有:Shuangshuang Li 等利用 k 最近邻(k-Nearest Neighbor algorithm,k-NN)局部加权回归方法用来做短时交通流预测,并利用预测的交通流与实际的交通流之间的均方根误差来优化权重[22]。在两个路口的数据上所做的测试表明,相比模式识别方法的均方根误差,此方法在两个路口上分别有提高 20%和 24%,相比 k-NN 方法,则分别提高 26%和 30%。Chenye Qiu 等利用贝叶斯规则化神经网络模型来做交通流速度的短期预测,在杭州市车载设备的速度数据上的实验表明,模型具有很好的泛化能力和精度[23]。为解决大规模交通流数据预测问题,孙占全等提出了一种基于分层抽样与 k 均值(k-means)聚类相结合的抽样方法,并与基于序贯最小优化方法(Sequential Minimal Optimization,SMO)的支持向量机(Support Vector Machine,SVM)结合,进行大规模交通流预测[24]。实例分析结果表明,提出的聚类方法比现有抽样方法的抽样质量有所提高,基于序贯最小优化方法的支持向量机可有效提高交通流预测的精度。沈国江等提出了一种新的短时交通流量智能组合预测模型[25],该智能组合模型包含三个子模型:卡尔曼滤波模型、人工神经网络模型和模糊综合模型。卡尔曼滤波模型具有良好的静态线性稳定特性,人工神经网络模型利用其强大的动态非线性映射能力,对动态交通流量的预测具有较高的精度和满意度。模糊综合模型采用模糊方法来综合这两个单项模型的输出,并把它的输出作为整个组合模型的最终交通流量预测值。实际应用表明,组合模型的预测精度高于单项预测模型各自单独使用时的精度,发挥了两种模型各自的优势,是短时交通流预测的一种有效方法。李松等为了提高反向传播神经网络(Back Propagation Neural Network,BP 神经网络)预测模型的预测准确性,提出了一种基于改进粒子群算法优化 BP 神经网络的预测方法[26]。引入自适应变异算子对陷入局部最优的粒子进行变异,改进了粒子群算法的寻优性能,利用改进粒子群算法优化 BP 神经网络的权值和阈值,然后训练 BP 神经网络预测模型求得最优解。在实测交通流的时间序列上进行有效性验证,表明该方法对短时交通流具有更好的非线性拟合能力和更高的预测准确性。针对目前交通流预测模型对中长期预测效果不佳,钟慧玲等提出了基于历史频繁模式的交通流预测算法,通过挖掘交通流的历史频繁模式,结合实时交通信息进行交通流预测[27]。在真实路网获取的浮动车数据(Floating Car Data,FCD)进行的实验表明该算法支持交通流短时、中长期预测,且中长期预测与短时预测具有同样高的预测精度,受参数影响小。与基于 k-NN 的非参数回归方法进行比较,结果表明基于历史频繁模式的预测算法的预测性能更稳定,预测误差波动更小。

Yang Zhang 和 Yuncai Liu 提出了基于空时状态空间的最小二乘支持向量预测方法[28]和回归修补方法[29],并从工程中实际可操作的角度,给出了在大城市和超大城市进行精准交通预测的可行方法与步骤[30]。美国加利福尼亚州高速公路评测系统 PeMS 的行程时间指数 TTI 数据和上海市徐家汇地面道路交叉口 SCATS 数据的实验表明,与传统的历史平均模型、卡尔曼滤波预测模型、自回归移动平均模型、径向基函数神经网络模型、支持向量回归模型等五种传统模型相比,这两种方法预测的准确率提高了 30% 以上,稳定性 40% 以上,对缺失率 50% 的数据修补准确率相比传统方法也提高了 30% 以上。

3）城市旅游线路推荐及交通诱导

随着人们消费水平的提高,人们在周末或节假日外出旅游的机会越来越多,根据城市的实时道路交通状况,提供给旅行者最佳的旅行线路,预估旅行时间,提供良好的交通诱导服务,为外地居民提供更加个性化的服务。

对于导航服务,从出发点到目的地的时间和距离是最关注的方面,线路的出行时间预测是研究线路规划的一个重要领域。Mehmet Yildirimoglu 和 Nikolas Geroliminis 认为在交通系统中旅行时间是一个非常重要的绩效指标,时间信息可以帮助旅行者进行可靠的决策,如选择路线及启程时间。提出的预测基本框架包括瓶颈识别算法,聚类具有相似特征的交通数据,随机拥堵地图的产生,在线的拥堵搜索算法,以及通过算法结合历史数据分析和实时数据进行旅行时间预测。在美国加利福尼亚州高速公路的基于回路探测器数据上进行的实验结果表明,他们提出的方法在不同交通条件下都有很好的预测效果[31]。Kai Ping Chang 等通过驾驶的轨迹信息,来发现个人驾车时的习惯选择的线路。在此线路发生堵塞时,可以针对性地向特定的用户发送信息。提出的框架首先生成个人的路网信息,然后采用一个有效的线路选择算法,生成起讫点对(Origin Destination Pair, OD Pair 或 OD 对)间的最佳 k 个偏好线路。

对用户的轨迹数据挖掘,可以提供个性化的推荐,如城市消费区、景区内景点的推荐。Amna Bouhana 等结合运输用户的属性和需要,提出了多准则途径来推荐个性化的旅行线路。该方法集成了基于案例推理与模糊推理来建议最匹配用户属性的行程。在给定的语境,通过对比其他有相同喜好的用户来预测行为,帮助用户制定最好的线路[32]。Leon Stenneth 等给定一个多通道 GPS 跟踪,识别 GPS 跟踪旅行者改变运输模式,通过数据挖掘方案来理解移动数据,从数据中发现旅行者在哪里改变了交通方式[33]。结合实际世界的观察,提出算法来自动识别流动转移点。通过手机 GPS 收集现实世界的数据的评价表明其提出的算法是精确的。Chieh-Yuan Tsai 等充分利用先前流行的访问行为作为建议,依据旅游线路建议系统来生成个性化的旅游,形成一个序列模式挖掘[34]。在展览中,访问序列通过一个射频标识(Radio Frequency Identification, RFID)系统持续收集。接下来,提出时间间隔序列模式挖掘算法用来获得流行的旅游路径

（包括访问序列及展品之间的各自访问时间）。根据访问者的个人资料，系统检索一组候选的旅游路径。Wen He 等从用户的历史轨迹数据集中挖掘有规律的路线，并且提供乘车共享建议给一群分享类似路线的用户[35]。有规律的路线意味着一个用户近似地在每天相同的时间可以频繁经过的完整路线。首先划分用户的 GPS 数据为单独的路线，产生在每天相似时间的一族路线，按照滑动时间窗口分组在一起。其次，使用以频率为基础的有规律路线挖掘算法分析数据，并且忽略轨迹数据的轻微干扰。最后，依据挖掘的有规律路线和交通模式，一个基于网格的路线表可以构建从而进行快速匹配。

出租车与公交车是居民出行的重要工具，利用车辆 GPS 轨迹数据，既可以分析居民的出行规律，也可通过预测出租车、公交车的位置信息来帮助用户便捷乘车。Shiyou Qian 等强调发展智能推荐系统可以通过挖掘来自大量城市出租车的大型 GPS 踪迹数据[36]。首先从大规模 GPS 踪迹数据集提取车辆的流动模式。最优化驱动过程可以建模为马尔科夫决策过程（Markov Decision Process，MDP）。解决 MDP 问题可以形成最优驱动策略，给出租车司机智能推荐。公交车作为城市出行的重要工具，其到站牌的时间对乘客而言是一个很重要的信息，Pengfei Zhou 等利用大量普及的智能手机终端来收集信息而不用依赖于公交公司的车辆 GPS 数据[37]。核心的公交车抵站时间预测系统包含三个主要的部分：共享用户群（使用手机内置的传感器来向后端提供轻量级的电话信号与周围环境信息）；查询用户群（使用手机查询特定的公交线路）；后端服务器（汇集共享用户群的数据、分析并预测车辆到达时间）。原型在新加坡进行的七周实验证实了系统具有很高的精度和通用性。

导航应用虽然可以根据实时及历史数据来准确地预测交通流信息，为用户提供优化的导航服务，但也存在解释能力不足的问题。用户无法从导航设备中获取更详细的路况信息，以及导致路况变化的详细原因。博客、微博、微信等社会化网络平台的普及为详细信息的传递和分享带来了便利。Shuo Shang 等认为单纯依靠位置信息的旅游线路推荐难以真实地符合用户的意图，通过考虑用户偏好和线路的环境属性，可以提高推荐的质量[38]。Wenjie Sha 等人提出了一种社会化导航模型，汇集驾驶者提供的路况信息，通过语音微博的形式与根据位置、目的地划分的社会组分享不同的信息[39]。Sílvio S. Ribeiro Jr 等人针对推特（Twitter）这类信息交流平台的广泛使用和推特中交流的信息与真实交通事件的关联性，设计了一个用于检测 Twitter 数据流的文本挖掘系统[40]，通过实验证实这些数据确实可以作为交通摄像头、传感线圈等获取信息的一种补充。Barbara Furletti 等针对 GPS 数据只提供位置信息，缺乏推理人类活动内容的语义信息的问题，提出了一种对人群踪迹进行自动注释的算法[41]。首先分析轨迹数据的停留点信息,根据已有的兴趣地点分类和基于引力规则估计人群在停留时对兴趣点(Point of Interest,POI)的概率分布来推理轨迹的潜在语义。

交通出行对城市的压力在中国更为明显,对于交通诱导、出行线路推荐,国内也存在着大量的研究。张莉等介绍智能出租车呼叫系统的研究现状和云计算在智能交通上的应用,分析基于云计算的手机智能出租车呼叫系统的创新性和优越性[42]。该分析表明,该系统能够有效解决我国目前出租车存在的主要问题,能够实现乘客和出租车直接联系,节约时间、提高效率,而且还可以节能减排,具有很好的开发前景。Jing Yuan等提出了一种基于云计算的交通路况预测与个性化导航系统,系统聚合了出租车GPS数据、网络地图数据、天气数据,在日期、时刻、天气,驾驶策略等多个维度建立模型[43]。模型可以对未来某个时段的道路状况进行预测,并能为特定用户提供个性化的导航服务。在对北京市33 000辆出租车三个月的历史数据上的实验,证明了该系统可以为用户提供准确有效的导航服务。Zhou Shenpei等研究了驾驶者的线路选择和交通控制信号之间的关系,由交通控制信号引起的道路状况影响着驾驶者的路线选择。Hong Zhan等认为线路导航不仅仅依赖地理上的最短线路,更应该考虑实时的路况信息,导航系统应通过连接到网络平台,获取实时的路况信息并计算优化的路线。经验丰富的司机的驾驶行为反映了对当地路况的熟悉,Jing Yuan等通过建立时间依赖的城市地标图,对出租车GPS数据聚类来抽取地标间的路线模式[44]。

4) 车辆识别系统、交通事故预警及安全监控

通过在各个典型交通路段的车辆徽标或车牌号码的识别,可以模式识别分析城市的车辆拥有量及外地车的涌入量,有助于交警部门对城市车辆的管理与监督。同时,对车辆信息的采集,可以管理监控车辆运行,对交通事故的分析及预警、犯罪等行为进行监控分析。

针对车辆标志的检测,Songan Mao等为解决车辆标识检测这个智能交通系统中的重要任务,通过搜索区域的最大有用信息来定位车辆标志[45]。算法通过将水平和垂直滤波器应用于原始图像产生两个新图像,并为每个图像生成一个二进制的显著图,实验表明该算法运行效率高,并能达到一个高的检测率,适用于实时应用程序。Apostolos Psyllos等介绍了基于尺度不变特征转换算法(Scale Invariant Feature Transforms,SIFT)的车辆标识检测技术,并引入了一种增强的SIFT模块,从查询的车牌图片中发现和抽取特征点。利用这些特征点与存储的标识图像的特征点对比[46]。

交通流异常情况探测也是研究的重要领域,在高速公路事故探测方面,Mohamed Ahmed等提出了一个在科罗拉多州的高速公路上进行实时风险评估的框架,通过融合自动车辆识别系统和远程微波传感器两个检测系统的数据、实时的天气数据以及道路几何数据[47]。采用了随机梯度推进(Stochastic Gradient Boosting,SGB)和机器学习技术来校准模型,在高速公路上进行实时风险评估的选择。Rongjie Yu 等认为高速公路事故的发生高度受地理特征,交通状态,天气条件以及司机行为影响。尤其是山地高速公路遭受复杂的天气条件的影响[48]。气象信息和交通数据的融合在事故频次的研究中是非常关键的。采用贝叶斯推理方法来对美国科罗拉多州 I-70 公路的一年事故数据进行建模,可根据地理几何特征变量,在模型中评价实时的天气和交通变量。文献研究了两个场景,一个是基于季节的,一个是基于案例的事故类型。结果表明,天气条件变量,特别是降水,在事故发生模型中具有重要的影响。Chengcheng Xu 等使用美国加利福尼亚州的 I-88N 高速公路的交通、天气和事故数据来建立模型,利用随机森林(Random Forest,RF)技术选择在不拥堵和拥堵的交通状况下影响事故风险的变量,为每一个交通状态建立梯度投影(Gradient Projection,GP)模型[49]。采用接收者操作特征曲线(Receiver Operating Characteristic Curve,ROC 曲线)来评估每个交通状态的 GP 模型的预测性能,验证结果表明 GP 模型的预测性能令人满意。同时在相同的数据集上为每个交通状态建立了二进制逻辑模型,通过比较 GP 模型和二进制逻辑模型对每个交通状态的 ROC 曲线,可以发现,GP 模型的预测性能优于二进制逻辑模型。GP 模型的预测准确率,在不拥堵的情况下比二进制逻辑高出 8.2%,在拥挤的情况下比二进制逻辑高出 4.9%。Mahalia Miller 等采用机器学习的方法,利用高速公路的传感器数据、天气数据,以及警方提供的事故报告的半结构化数据,分析不同时间、路段发生的事故的时空模式,建立了事故影响时间、范围的分类模型[50]。Hongyan Gao 和 Fasheng Liu 在全球移动手机的传播及定位技术为高速公路交通条件的监控提供了机会的基础上,考虑了一个相对简单的聚类方法来区分多部手机一辆车的情况[51]。提出了相对简单的聚类方法来确定手机是否在同一车辆旅行。利用手机数据不仅可以用来车的速度,还可以统计车的数目及密度。一个复杂的模拟覆盖不同的交通条件和定位准确的移动手机已经被用来开发评估该方法。Robert Grossman 等利用芝加哥高速公路上 830 个传感器的数据来探测路况的实时变化,这些传感器搜集了有关的气象、发生的事故说明[52]。实验平台包含了一个自动生成基准模型的引擎,每 2~3 个传感器 1 h 的数据生成一个基准模型,从约一周时间的数据中,生成了超过 42 000 个基准模型。平台读取实时的传感器数据,抽取特征后与基准模型比较,明显偏离基准后发出预警。

国内学者针对交通事故探测与安全监控也开展了大量工作。方青等利用数据挖掘在潜在信息提取等方面的优势,运用关联规则挖掘方法对高速公路交通事故数据进行了研究[53]，发现交通事故数据中存在的关系和规则，从而为高速公路交通事故预警提供数据支撑。刘晓丰等设计了交通安全预警管理平台，用于交通运输部门和企业对交通事故与交通灾害的诱因进行监测、诊断及预先控制，防止和矫正交通事故与交通灾害诱发因素的发生或发展，保证交通运输系统处于有秩序的安全状态[54]。交通安全预警管理平台主要由预警分析和预控对策两部分构成：预警分析是对诱发交通事故与灾害的各种因素和现象进行识别、分析、评价，并由此做出警示的管理活动，它包括三个分析过程：监测、识别和诊断。柯赟提出了一种基于物联网技术的交通状态监测安全预测方法，主要采用物联网技术实时监测道路的交通情况，依据搜集的交通信息设计安全预警指标，建立灰色理论道路交通安全预测模型，并在模型的基础上引入二维马尔科夫链时空模型，建立一种新的二维马尔科夫理论的灰色扩展交通安全预测模型。Huilin Fu 等提出了一种结合 Levenberg-Marquardt 优化的 BP 神经网络模型来实现交通事故预测，避免 BP 神经网络模型迭代过多，收敛速度慢的问题[55]。

5）城市交通布局的评价及城市交通系统规划

从长期历史海量数据中，通过对地铁、出租车信息数据的采集，获得不同细分人群的出行特征，如出行时间、出行距离、出行目的地、出行频率等，挖掘城市居民公共交通出行行为模式挖掘，可以对整个城市的交通布局进行评价，并有利于整个城市交通网络的规划与布局，为城市交通的管理者提供更好的决策支持。利用已经普及的智能手机终端的 GPS 数据、可以获取城市人口分布与流动的真实数据。

YunjiLiang 等引入社会化网络分析方法，从大量的地理轨迹数据抽取人群活动模式。首先引入了一个空间交互矩阵来描述空间区域的交互强度和关系。在此矩阵基础上研究人群活动空间分布规律，并解释了时间因子、职业、年龄等变量与活动规律的作用关系。通过对路段特征提取并分类，可以分析路网的交通流在空间的分布，Farnoush Banaei-Kashani 等通过对洛杉矶市全境的交通传感器信息进行分析，将道路划分为路段后，抽取路段的交通流特征。直观地认为，路段都有其典型的交通流模式来完成对路段的聚类，路段同时还有位置，连接性的特征可进行关联。在此假设的基础上建立了一个分析框架来对城市的路段进行聚类，并通过类中的代表路段来分析方向、位置、连接性上的关系。利用智能手机产生的大量的私人位置信息，对人群行为模式的研究可以深入到个体的级别。Leon Stenneth 等利用手机的 GPS 设备产生的轨迹数据及实时的路网信息，如公车的位置、站点等，来分析个人的出行方式，结合路网的信息可以有效地区分自驾出行、公交车、轨道交通的特征[56]。

针对城市轨道交通的运载需求分析，Lijun Sun 等研究了新加坡城市轨道交通的运载需求规律[57]。采用进出站旅客的刷卡记录,来分析地铁载客的动态特征。首先需要构造一个起讫点对的行驶时间模型,模型通过目标区域间速度最快的旅客数据进行回归建模。在这个模型结果基础上建立位置模型来区别站台和地铁上的乘客。最后利用这个模型确定所有乘客的位置信息,建立旅客规模在不同区域的时空分布规律。Elio Masciari等针对快速、连续地处理交通数据流的需要,提出了一种对城市交通轨迹数据频繁模式的流挖掘方法[58]。首先通过划分输入流来降低轨迹数据的规模,并将轨迹表示为字符串;然后使用一个滑动窗口和计数算法来快速地完成频繁模式的更新。

国内也有不少关于城市交通布局、规划的研究。冉斌利用长期历史手机话单数据,可分析常住人口和就业人口分布、通勤出行特征、大区间起讫点、特定区域出行特征、流动人口出行特征等。手机信令数据能够较完整地识别手机用户的出行轨迹,可进一步应用于分析城市人口时空动态分布、特定区域客流集散、查核线断面或关键通道客流、轨道交通客流特征、出行时耗、出行距离、出行强度、道路交通状态等。根据天津手机话单数据应用案例及上海手机信令数据应用案例,验证了技术可行性。Wangsheng Zhang等研究了拥有数百万人口的城市出租车GPS踪迹,发现代表出租车随机运动的轨迹中蕴含着重要的模式。通过时空数据分析来挖掘这些模式与语义,为探索人类流动性和位置特征提供了新的思路和研究方法。现有的租车系统仅以对空载车辆在城市中的定位进行调度,造成出租车营运效率低、空载率高、乘客等待时间长且满意度不高等诸多问题。张道征等采用浮动车数据和地理建模仿真平台,使用地理信息系统(Geographic Information System,GIS)技术来定量分析给定城市出租车系统的完备及与需求的合适程度,总结出一套基于出租车运营的系统完备度评价体系,从而实现城市出租车系统的良好组织与管理[59]。该体系主要从城市路网、乘客及驾驶员等多维指标,来量化给定城市出租车系统的运营状态和效率,合理制定运营调度策略。

6) 交通大数据挖掘的可视化

社会公众对交通信息的需求包括实时的道路路况信息,轨道公交的线路、班次、时刻、票价信息,公共交通换乘信息,社会公共停车场的停车诱导信息,铁路、民航、水运的对外线路、班次、票务信息等。信息获取的渠道包括路边的可变信息板、电视、广播、互联网、报纸、移动终端、电子站牌等。公众可以通过了解实时路况制定合理的出行方案,如出行时间、出行方式和出行路线等,实现数据挖掘结果的可视化。

7) 基于物联网/车联网的交通大数据应用

随着5G通信、物联网、车联网、自动辅助驾驶等技术的兴起,围绕车路协同、车车协同,在现有道路通行条件下提高交通通行能力、缓解拥堵、降低交通事故发生率和后果的严重性,也成为了交通领域研究热点,并已有部分研究成果开始投入实际应用。例如,美国 INRIX 致力于为全球交通问题带来智能数据和先进的分析方法。INRIX 利用安装在公路上的数十个接收器及近亿台车辆和设备进行数据采集,包括浮动车、移动网络、视频、感应线圈、道路状态信息等多种交通信息数据,形成交通信息数据中心,通过对这些信息的实时处理提供实时交通信息,其核心价值所在是通过对交通大数据的分析处理进行未来交通信息与路况的预判,其交通大数据服务平台具有向全球提供服务的能力[60]。日本 VICS 中心汇聚了来自全日本的感应线圈、视频采集设备、微波检测器等采集的数据,通过调频广播、雷达负载波、红外线信标等手段提供城市道路、高速公路交通信息[61]。国内北上广深等大城市也已重视交通大数据的作用,均建有交通信息中心,实现交通数据汇聚,用信息化技术辅助政府决策和管理,其汇聚的数据主要限于城市区域交通管理部门所采集的数据。各大城市由政府交通运行管理与研究中心牵头,通过利用地面路网、地铁、公交、综合运输等主要检测板块,采集接入包括视频监控、线圈、卡口等设备提供的路网交通运行数据、客流数据、公共交通运行数据等海量的交通数据,通过大数据分析处理,为政府交通管理、决策支持、公众交通出行服务提供数据支持。

1.3.2 国内外应用基础

智能交通系统的开发和使用是交通数据挖掘的主要应用领域,北京、上海等主要城市都在建设政府主导的智能交通系统平台。

1) 北京市

北京市在奥运之后建立了"五大基础应用系统,三大保障支撑系统"的智能交通管理体系。北京市交通委下辖已建成的智能交通信息系统主要有 6 个奥运支撑系统,19 个主要业务系统,8 个交通运输行业业务系统,总共 33 个系统。其中,最核心的部分是交通委的数据信息中心。截至 2011 年 6 月底,初步实现了交通运输行业的业务梳理、目录编制,以及行业信息资源的整合。北京市交管局下辖已建成的智能交通信息系统主要有 5 个奥运支撑系统,8 类共 54 套业务系统,实现综合业务、指挥调度、交通监测、交通控制、信息服务、基础信息与辅助决策、通信网络、安全保障等主要功能。交管局建设的交通管理数据中心,实现了交通流量、路口通行能力、交通拥堵、交通事故、交通违法等数据,以及其他动静态交通情报信息的基本关联整合。

经过多年的发展,北京智能交通信息系统在能够提供多样的交通信息服务。公众出行网发布GPS浮动车实时交通路况信息,五环内道路覆盖率超过75%;道路交通安全管理网站包含交管信息、实时路况、为您指路、网上办事、在线咨询五大板块的60余类服务项目,提供以固定检测器为基础的交通实时路况、施工占路、驾驶员信息查询、交通通告、交通预报等服务;"96166公交服务热线"整合了公交、地铁、一卡通、高速公路、长途客运五大交通行业的交通服务信息,形成统一的公共交通服务热线;"122事故报警呼叫中心"接受事故报警和交通拥堵报告,同时提供路况及交通咨询服务;与媒体和移动通信合作,与中国人民广播电台FM101.8都市之声,合作推出路上说法节目;与北京移动、北京联通开展公益性合作,面向手机用户建设了"掌上交通指南",发布北京市主要双向道路和桥梁的实时路况;路侧诱导屏是交管局独特的交通信息发布平台,实现对车辆的全程连续诱导,截至目前,共计建设249块大屏,发布路况信息、交通意外事件和交通管制等信息;交通专用地理信息图库包含城市道路、机动车维修与检测、停车场等其他交通服务共计七大类行业数据,可提供42层交通专题地图;车载导航示范系统建设的完成,实现了独特的车载导航功能。

2)上海市

上海市的智能交通系统研究和应用一直在国内处于领先的位置,以上海市交通综合信息平台为例,该平台是目前全国首个全面、实时整合、处理全市道路交通、公共交通、对外交通领域车流、客流、交通设施等多源异构基础信息数据资源,实现跨行业交通信息资源整合、共享和交换,为交通管理相关部门进行交通组织管理和社会公众进行交通综合信息服务提供基础信息支持的信息集成系统。

上海市在全国率先实现中心城区快速路交通流等数据采集和视频监控的全覆盖,地面主干道路交通流等数据采集和视频监控的基本覆盖,以及上述范围内道路通行状态实时信息的提供与发布,同时配套建立了交警监控中心信息系统、快速路监控中心信息系统。而交通综合信息平台的出现立足于解决交通流数据及相应的信息系统分属不同交通管理部门,互不交换和共享信息资源,形成的"信息孤岛"问题。上海市的交通综合信息平台是一个分级、跨行业汇聚、处理、共享和交换交通综合信息的集成系统。一级平台是上海市交通综合信息平台,是全市交通综合信息集成、共享、交换和发布的核心主体。二级平台是行业交通信息汇聚、交换的信息系统,并承担着连接一级平台和三级应用系统的重任。三级应用系统是交通综合信息平台数据采集基础层和平台综合信息的具体应用层。

上海已建成交通大数据资源中心,截至2016年6月,已汇集了来自城市道路交通、城际道路交通、城市公共交通、城际客运、出行服务和其他行业的六大类交通数据资源,包含上海本地和全国40多个城市,24类数据、248项实时动态信息和静态基础信息数据资源,日存储交通大数据规模 827 GB,日产生的数据记录 100 亿条,上海交通大数据资源中心存储容量达 2.52 PB,计算能力达到 1 PB。上海基于交通大数据资源中心海量数据资源,通过对交通大数据服务平台构建关键技术的研究,构建完成了交通大数据应用服务平台,该平台具备包含数据存储、交换分析、应用服务支撑和应用服务引擎四个层次模块。上海在交通大数据应用服务平台上,开发完成了城市交通指数对比分析系统、长三角城际高速公路信息服务与分析系统、基于电动汽车能耗模型的汽车安全行驶范围预警系统、基于交通出行 OD 的交通出行量时空分布分析系统、基于经验路径库的新一代路径规划系统等示范应用系统,实现辅助政府交通决策管理、公众交通出行服务及支撑企业交通信息服务功能。

目前,上海市的交通综合信息平台能够实现交通行业信息汇聚整合和交换共享,道路交通状态等实时展示,面向综合交通管理的应用分析,以及对超大型活动的交通信息服务保障。为政府交通管理部门,提供经交通综合信息平台综合处理后的实时交通数据、交通状态展示、视频监控图像和应用分析结果为主,以实时的交通信息和视频以及量化的应用分析,支撑交通管理部门决策和交通组织管理。面向社会公众,通过网站、电台、电视台、路边可变信息标志、车载导航设备等形式,提供实时道路交通状态、动态停车泊位等交通信息服务。面向交通信息服务商,主要提供实时交通信息,由交通信息服务商开展面向用户的交通信息服务内容。面向科研机构、大学,提供历史数据,帮助研究人员运用丰富的交通信息数据,开展课题研究、交通模型开发、基础理论研究等分析研究工作。上海市的智能交通系统基础设施与顶层应用建设为国内其他城市的智能交通发展提供了参照和依据。

3) 深圳市

深圳市作为国内最早的推行智能交通系统的城市之一,建立了交通局信息平台、交警局信息平台、规划局信息平台三个 ITS 体系模式。在 ITS 基础设施建设方面,建立了交警局的交通监控指挥中心系统,交通信号控制系统、网格化机动车识别综合应用系统、干线交通诱导系统、停车诱导系统、交通事件系统、智能交通违章管理系统、闭路电视监控系统等;交通局的出租车 GPS 监管系统,公交图文管理系统,深圳港危险货物监管系统、公路桥梁管理系统、公路路政管理系统、公路设备管理系统、公路养护管理系统、公路工程项目管理系统、公路综合信息查询系统、原市道桥管理处路桥管理系统、公路过路费管理系统、公路网上征费系统、公路行政征稽管理系统等交通基础设施。在 ITS 顶层应用系统方面,新建与扩建了交通运输应急指挥中心,交通运输行政政务与业务服务两大门户网站,构建了深圳港航引航服务系统,整合了出租车、公交巴士、长途公交

GPS监管平台,场站枢纽视频监管系统,机场航班出发/到达信息发布系统,交通运输信息化中心机房升级建设等。根据深圳市智能交通系统的"十二五"规划,针对深圳市目前各系统缺乏信息共享,无法对交通信息进行融合、综合挖掘,市民所接受的交通信息有限的情况,深圳市着手从六个方面入手,建设融合、协调的交通系统:GPS 和视频监控客运车,交通信息数据共享,增加干线诱导屏,建立公交电子站台,建立全市交通地理信息平台,市民多渠道查询交通信息等。目前深圳市已经建立了"一个平台、八大系统"组成的指挥中心,涵盖交通共用信息平台,交通信息采集系统、交通控制系统、网格化机动车识别综合应用系统、干线交通诱导系统、停车诱导系统、交通事件系统、智能交通违章管理系统、闭路电视监控系统等。

4)成都市

成都市智能交通框架体系是以交通信息全面、实时采集为基础,交通数据集成处理、信息共享为核心,交通运行智能控制、协同管理为重点构建的"一枢纽、三平台、多个应用系统"的框架体系。目前成都市已经完成综合集成管理与指挥调度系统、警力定位及无线通信系统、指挥中心技术支撑系统、智能交通综合数据管理及应急指挥平台、干线路网交通视频采集系统、交通事件检测系统、交通视频监控系统、交通诱导系统、交通信息控制系统、交通流量采集系统、二环路智能交通管控系统等一系列智能交通基础设施与顶层应用系统建设,基本实现交通信息的自动采集、分析、处理和信息发布,建立起跨部门的多源数据融合、共享的平台。

5)美国

国际上,美国、欧洲、日本在智能交通系统研制、应用上处于领先地位。以美国为例,美国的智能交通系统研究始于20世纪60年代,制定了统一的ITS标准体系,根据美国国家ITS体系,其智能运输系统的研究内容包括七个基本系统(大系统)、四个用户服务功能(子系统),以及60个市场包,它们共同构成了未来美国ITS的研究领域。美国智能运输系统研究有七大领域和29项用户服务功能,介绍如下:

(1)出行和交通管理系统　该系统包括城市道路信号控制、高速公路交通监控、交通事故处理等公路交通管理的各种功能,以及用来研究和评价交通控制系统运行功能与效果的三维交通模拟系统。系统能够对路网中交通流的实时变化做出及时、准确的反应,帮助交通管理部门对车辆进行有效的实时疏导、控制和事故处理,减少交通阻塞和延误,从而最大限度地发挥路网的通行能力,减轻环境污染,节约旅行时间和运输费用,提高交通系统的效率和效益。该系统有六个子系统,途中驾驶员信息系统、线路引导系统、出行人员服务系统、交通控制系统、突发事件管理系统、排放测试和污染防护系统。

（2）出行需求管理系统　该系统向用户提供有关出行信息，改善交通需求管理，将该系统与出行和交通管理系统结合起来，驾驶员就可以通过车载或处所计算机和无线通信获得各种交通信息（道路条件、交通状况、服务设施位置和导游信息等），合理选择出行方式、时间和路线。驾驶员还可利用车载定位导航仪，在车载计算机上给出出发地点和目的地，计算机便可根据实时交通信息自动选择出最佳行驶路线。避开交通拥挤和阻塞，并促进高乘载率车辆的使用，从而提高运输效率。这个系统包括三个子系统：出发前的出行信息系统、合乘配载和预约系统、需求管理与运营系统。

（3）公共交通运营系统　该系统用以提高公共交通的可靠性、安全性及其生产效率，使公共交通对潜在的用户更具有吸引力。系统包括有公共交通优先（高乘载率车辆专用车道的设置）系统，车辆定位和跟踪系统，以及语音和数据传输系统。该系统将公共交通管理部门与驾驶员直接联结起来，进行实时调度和行驶路线的调整，帮助运输部门增加客运量，降低运营成本，提高运输效益。该系统有四个子系统：公共运输管理系统、途中换乘信息系统、满足个人需求的非定线公共交通系统、出行安全系统。

（4）商用车辆运营系统　该系统在州际运输管理中自动询问和接受各种交通信息，进行商业车辆的合理调度，具体措施包括为驾驶员提供一些特殊的公路信息，如桥梁净高、急弯陡坡路段的限速等，对运送危险品等特种车辆的跟踪，以及车辆和驾驶员的状况进行安全监视与自动报警。在特种车辆自动报警系统中，还装有探测据近障碍物的电子装置，可保证在道路能见度很低的情况下的行车安全。通过这一系统，可使营运车辆的运营管理更加合理化，使车辆的安全性和生产效率得到提高，使公路系统的所有用户都能获益于一个更为安全可靠的公路环境。该系统有六个子系统：商用车辆电子通关系统、自动化路侧安全检测系统、商用车辆管理程序系统、车载安全监控系统、商用车辆交通信息系统、危险品应急反应系统。

（5）电子收费系统　该系统通过电子卡或电子标签由计算机自动收费，可使所有地面交通收费包括道路通行费和停车费等实现自动化，提高道路的通行能力和运行效率，并可为系统管理提供精确的交通数据。电子收费系统采用先进的电子扫描技术和车辆自动识别电子技术，实现收费车道上无人管理、不停车、不用票据的自动收费。该系统只有电子收费一个子系统。

（6）应急管理系统　该系统用以提高对突发交通事件的报告和反应能力以及反应的资源配置能力。该系统有两个子系统：紧急通告与人员安全系统、应急车辆管理系统。

（7）先进的车辆控制和安全系统　该系统应用先进的传感、通信和自动控制技术,给驾驶员提供各种形式的避撞和安全保障措施。系统具有对障碍物的自动识别和报警,自动转向、制动、保持安全距离等避撞功能。系统的这些功能在很大程度上改善和代替了驾驶员对行车环境的感应和控制能力,提高行车安全性,从而也进一步提高了道路的通行能力和运输效益。该系统包括七个子系统:纵向避撞系统、侧向避撞系统、交叉口避撞系统、视觉强化避撞系统、事故前乘员安全保护系统、危险预警系统、自动公路系统。

利用数据挖掘技术,在大量交通信息中发现有价值的模式,以数据驱动的方式分析交通系统的交通状况,建立智能交通系统的分析、评价及预测模型,用于智能交通系统的实时交通控制,提供交通管理决策支持信息,可以显著改善交通的管理和控制水平。

参考文献

[1] 香山科学会议. 数据科学与大数据的科学原理及发展前景——香山科学会议第462次学术讨论会综述[EB/OL]. http://www.xssc.ac.cn/ReadBrief.aspx?ItemID=1060.

[2] 上海市科学技术委员会. 上海推进大数据研究与发展三年行动计划(2013~2015年)[R]. 2013.

[3] X. Chang, B. Y. Chen. Estimating Real-Time Traffic Carbon DioxideEmissions Based on Intelligent Transportation System Technologies [C]. IEEE Transactions on Intelligent Transportation Systems, 2013, 14(1).

[4] 张连增,孙维伟. 行驶里程数对环境、交通和能源的影响:基于外部性视角的省际面板数据研究[J]. 统计与信息论坛,2013,28(11):75-82.

[5] 贾顺平,彭宏勤,刘爽,等. 交通运输与能源消耗相关研究综述[J]. 交通运输系统工程与信息,2009,9(3).

[6] 吕正昱,季令. 考虑能源安全与外部成本的交通运输成本分析[J]. 交通运输工程与信息学报,2004,2(1):92-98.

[7] 夏晶,朱顺应. 中国交通能源消耗与社会经济发展协调性分析[J]. 商品储运与养护,2008:1-3.

[8] 陆化普,王建伟,张鹏. 基于能源消耗的城市交通结构优化[J]. 清华大学学报(自然科学版),2004,44(3):383-386.

[9] 徐创军,杨立中,杨红薇. 运输系统生态可持续性评价指标体系的研究[J]. 铁道运输与经济,2007,29(5):4-7.

[10] Fang Guo. A computationally efficient two-stage method for short-term traffic prediction on urban roads [J]. Transportation Planning and Technology, 2013.

[11] S. Dunne, Bidisha Ghosh. Adaptive Traffic Prediction Using Neurowavelet Models [J]. IEEE Transactions on Intelligent Transportation System, 2013, 14(1).

[12] Narjes Zarei, Mohammad Ali Ghayour and Sattar Hashemi. Road Traffic Prediction Using Context-Aware Random Forest Based on Volatility Nature of Traffic Flows [C]. Intelligent Information and Database Systems, 5th Asian Conference (ACIIDS 2013), proceedings part I, 2013, 196-205.

[13] B. Pan, Cyrus Shahabi, Ugur Demiryurek. Utilizing Real-World Transportation Data for Accurate Traffic Prediction [C]. In Proceedings of the 12th IEEE International Conference on Data Mining (ICDM'12), 2012, 595-604.

[14] J. Park, Dai Li, Y. L. Murphey, et al. Real Time Vehicle Speed Prediction using a Neural Network Traffic Model [C]. In Proceedings of International Joint Conference on Neural Networks, 2011.

[15] J. Aslam, S. Lim, X. Pan. City-Scale Traffic Estimation from a Roving Sensor Network [C]. SenSys'12. 2012.

[16] X. Zhou, W. Wang, L. Yu. Traffic Flow Analysis and Prediction Based on GPS Data of Floating Cars [C]. In Proceedings of the 2012 International Conference on InformationTechnology and Software Engineering. 2012.

[17] A. I. J. Tostes, Fátima de L. P. Duarte-Figueiredo, Renato Assuncäo, Juliana Salles, and Antonio A. F. Loureiro. From Data to Knowledge: City-wide Traffic Flows Analysis and Prediction Using Bing Maps [C]. UrbComp'13: article 12.

[18] Damien Fay, Gautam S. Thakur, Pan Hui, and Ahmed Helmy. Knowledge Discovery and Causality in Urban City Traffic: A study using Planet Scale Vehicular Imagery Data [C]. In Proceedings of the Sixth ACM SIGSPATIAL International Workshop on Computational Transportation Science. 2013, 67–72.

[19] Chee Seng Chong, Bong Zoebir, Alan Yu Shyang Tan, et al. Collaborative analytics for predicting expressway-traffic congestion [C]. In Proceedings of the 14th Annual International Conference on Electronic Commerce, 2012: 35-38.

[20] Cheng Chen, Zhong Liu, Wei-Hua Lin, et al. Distributed Modeling in a MapReduce Frameworkfor Data-Driven Traffic Flow Forecasting [J]. IEEE Transactionson Intelligent Transportation Systems, 2013, 14(1): 22–33.

[21] Bei Pan, Ugur Demiryurek, Farnoush Banaei-Kashani, et al. Spatiotemporal summarization of traffic data streams [C]. In Proceedings of the ACM SIGSPATIAL International Workshop on GeoStreaming, 2010, 4–10.

[22] Shuangshuang Li, Zhen Shen, Gang Xiong. A k-nearest neighbor locally weighted regression method for short-term traffic flow forecasting [C]. In Proceedings of 15th International IEEE Conference on Intelligent Transportation Systems (ITSC), 2012, 1596–1601.

[23] Chenye Qiu, Chunlu Wang, Xingquan Zuo et al. A Bayesian Regularized Neural Network Approach to Short-Term Traffic Speed Prediction [C]. In Proceedings of 2011 IEEE International Conference on Systems, Man, and Cybernetics (SMC), 2011, 2215–2220.

[24] 孙占全,刘威,朱效民. 大规模交通流预测方法研究[J]. 交通运输系统工程与信息, 2013,13(3).

[25] 沈国江,王啸虎,孔祥杰. 短时交通流量智能组合预测模型及应用[J]. 系统工程理论与实践,2011,31(3).

[26] 李松,刘力军,翟曼. 改进粒子群算法优化 BP 神经网络的短时交通流预测[J]. 系统工程理论与实践,2012,32(9).

[27] 钟慧玲,邝朝剑,黄晓宇,等. 基于历史频繁模式的交通流预测算法[J]. 计算机工程与设计,2012,33(4).

[28] Yang Zhang, Yuncai Liu. Traffic Forecasting using Least Squares Support Vector Machines [J]. Transportmetrica, 2009, vol. 5, no. 3, 193–213.

[29] Yang Zhang, Yuncai Liu. Data Imputation using Least Squares Support Vector Machines in Urban Arterial Streets [J]. IEEE Signal Processing Letters, 2009, vol. 16, no. 5, 414–417.

[30] Yang Zhang. How to Provide Accurate and Robust Traffic Forecasts Practically? [M]. Intelligent Transportation Systems (ISBN: 978–953–307–897–7), Vienna, Austria: InTech Education and Publishing Press, Oct. 2011, Chapter 8, 189–206.

[31] M. Yildirimoglu and N. Geroliminis. Experienced travel time prediction for congested freeways [J]. Transportation Research Part B, 2013, 53: 45–63.

[32] Amna Bouhana, Afef Fekih, M. Abed. An integrated case-based reasoning approach for personalized itinerary search in multimodal transportation systems [J]. Transportation Research Part C, 2013, 31(2013): 30–50.

[33] L. Stenneth, K. Thompson, W. Stone. Automated transportation transfer detection using GPS enabled smartphones [C]. In Proceedings of 2012 15th International IEEE Conference on Intelligent Transportation Systems. 2012, 802－807.

[34] Chieh-Yuan Tsai, James J. H. Liou, Chih-Jung Chena, et al. Generating touring path suggestions using time-interval sequential pattern mining [J], in Expert Systems with Applications. 2012, 39(3): 3593－3602.

[35] Wen He, Deyi Li, Tianlei Zhang, et al. Mining Regular Routes from GPS Data for Ridesharing Recommendations [C]. In Proceedings of the ACM SIGKDD International Workshop on Urban Computing. 2012, 79－86.

[36] Shiyou Qian, Yanmin Zhu, Minglu Li. Smart Recommendation by Mining Large-scale GPS Traces [C]. in 2012 IEEE Wireless Communications and Networking Conference. 2012, 3267－3272.

[37] Pengfei Zhou, Yuanqing Zheng, Mo Li. Demo: how long to wait?: predicting bus arrival time with mobile phone based participatory sensing [C]. In Proceedings of the 10th international conference on Mobile systems, applications, and services, 2012, 459－460.

[38] Shuo Shang, Ruogu Ding, Bo Yuan, et al. User Oriented Trajectory Search for Trip Recommendation [C]. In Proceedings of the 15th International Conference on Extending Database Technology (EDBT'12), 156－167.

[39] Wenjie Sha, Daehan Kwak, Badri Nath, et al. Social vehicle navigation: integrating shared driving experience into vehicle navigation [C]. In Proceedings of the 14th Workshop on Mobile Computing Systems and Applications. 2013, article 16.

[40] Silvio S. Ribeiro Jr., Diogo Oliveira, Tatiana Gonçalves, Clodoveu Davis Jr., Wagner Meira Jr. and Gisele Pappa. Traffic observatory: a system to detect and locate traffic events and conditions using Twitter [C]. In Proceedings of the 5th International Workshop on Location-Based Social Networks. 2012, Redondo Beach, California: ACM.

[41] Barbara Furletti, Paolo Cintia, Chiara Renso, and Laura Spinsanti. Inferring human activities from GPS tracks. In Proceedings of the 2nd ACM SIGKDD International Workshop on Urban Computing, 2013, article 5.

[42] 张莉,韩大明,刘洋. 基于云计算的手机智能出租车呼叫系统开发的前景分析[J]. 森林工程,2013.

[43] Jing Yuan, Yu Zheng, Xing Xie, et al. Driving with knowledge from the physical world [C]. In Proceedings of the 17th ACM SIGKDD international conference on Knowledge discovery and data mining, 2011, 316－324.

[44] J. Yuan, X. Xie. T-Drive: Enhancing Driving Directions with Taxi Drivers' Intelligence [J]. IEEE Transactions on Knowledge and Data Engineering, 2013, 25(1): 220－232.

[45] Songan Mao, Mao Ye Xue Li, Feng Pang, et al. Rapid vehicle logo region detection based on informationTheory [J]. Computers and Electrical Engineering, 2013, 39(3): 863－872.

[46] A. Psyllos, C. N. Anagnostopoulos, E. Kayafas. M-SIFT: A new method for Vehicle Logo Recognition [C]. In 2012 IEEE International Conference on Vehicular Electronics and Safety. 2012, Istanbul, Turkey. 24－27.

[47] M. Ahmed and M. Abdel-Aty. A data fusion framework for real-time risk assessment on freeways [J]. Transportation Research Part C, 2013, 26: 203－213.

[48] Rongjie Yu, Mohamed Abdel-Aty, Mohamed Ahmed. Bayesian random effect models incorporating real-time weather and traffic data to investigate mountainous freeway hazardous factors [J]. Accident Analysis and Prevention, 2013, 50(2013): 371－376.

[49] Chengcheng Xu, W. Wang, P. Liu, A Genetic Programming Model for Real-Time Crash Prediction on Freeways [J]. IEEE Transactions on Intelligent Transportation Systems, 2013, 14(2): 574－586.

[50] Mahalia Miller, Chetan Gupta. Mining traffic incidents to forecast impact [C]. In Proceedings of the ACM SIGKDD International Workshop on Urban Computing, 2012, 33－40.

[51] Hongyan Gao, Fasheng Liu. Estimating freeway traffic measures from mobile phone location data [J]. European Journal of Operational Research, 2013, 229(1): 252-260.
[52] R. Grossman, M. Sabala, A. Aanand, et al. Real Time Change Detection and Alerts from Highway Traffic Data [C]. In Proceedings of the ACM/IEEE SC 2005 Conference on Supercomputing, 2005, 69.
[53] 方青,潘晓东,喻泽文. 基于关联规则挖掘技术的高速公路交通事故预警方法研究[J]. 公路工程,2012,37(6).
[54] 刘晓丰,卢建政,程刚. 基于云计算的交通安全预警管理平台[J]. 移动通信,2013(1).
[55] HuilinFu, Yucai Zhou. The Traffic Accident Prediction Based on Neural Network [C]. In 2011 Second International Conference on Digital Manufacturing & Automation. 2011, 1349-1350.
[56] Leon Stenneth, Ouri Wolfson, Philip S. Yu, et al. Transportation mode detection using mobile phones and GIS information [C]. In Proceedings of the 19th ACM SIGSPATIAL International Conference on Advances in Geographic Information Systems, 2011, 54-63.
[57] Lijun Sun, Der-Horng Lee, Alex Erath, et al. Using smart card data to extract passenger's spatio-temporal density and train's trajectory of MRT system [C]. In Proceedings of the ACM SIGKDD International Workshop on Urban Computing, 2012, 142-148.
[58] Elio Masciari, Gao Shi, Carlo Zaniolo. Sequential pattern mining from trajectory data [C]. In Proceedings of the 17th International Database Engineering & Applications Symposium, 2013, 162-167.
[59] 张道征,孙健,彭仲仁. 城市出租车系统综合完备指数研究及GIS平台实现[J]. 交通运输系统工程与信息,2013,13(1).
[60] INRIX. INRIX AI Traffic, The Next Evolution of Real Time Traffic Intelligence to Help You Conquer Congestion[EB/OL]. https://inrix.com/products/ai-traffic/.
[61] The VICS Center. Positioning of the VICS Center[EB/OL]. https://www.vics.or.jp/en/know/about/center.html.

第 2 章 大数据时代下的城市交通

现代交通采集技术的进步,使得对城市交通系统进行全面的连续观测成为可能,形成了日益丰富的城市交通数据环境;而大数据技术的发展,使得对于海量城市交通数据进行存储、加工、分析和挖掘变得愈加方便,同时也在深刻改变着传统的交通技术分析和决策过程。

在交通规划和建设方面,传统的规划和建设决策是建立在以"四阶段法"交通需求预测模型为代表的交通模型体系之上的,但由于传统交通数据采集采用定期抽样的方法,样本数据的代表性和时效性存在固有缺陷,给模型的标定和预测精度带来不少障碍。大数据环境和分析技术为交通决策分析带来新的机遇:一方面,可以通过大样本甚至全样本的连续观测,对交通需求的现状和发展趋势做出准确判断;另一方面,可以通过海量数据的内在关联性挖掘,提炼交通系统发展变化特征,以及交通规划和建设方案的实施效果,消除决策判断的不确定性,为城市交通的战略调控和建设项目的可行性研究提供基础。

在交通管理方面,道路交通管理和控制技术已经从单点控制、干道控制向区域协调控制发展,而车联网技术实现了车辆与车辆、车辆与道路基础设施之间的交互和协同,使道路利用效率和安全性大大提高。大数据技术为实时进行交通系统运行状态的全面分析、问题诊断和方案测试提供了可能,有助于形成高效的交通控制策略。而交通需求管理是从交通需求角度进行减量,减少和抑制弹性交通出行,或调整交通方式结构,促进道路交通资源的高效利用。大数据技术可以对交通需求结构进行深入细致的分析,研究出行者的行为偏好特征,从而制定有针对性的需求管理政策。

在交通服务方面,随着人们生活水平的不断提高,出行者对交通服务的需求也日趋多样化,车载终端、智能手机等移动互联网终端的日益普及也为交通信息服务的获取提供了良好的途径。通过大数据技术,可以为出行者提供个性化、多样化的交通出行信息服务。而对于物流企业,可以通过电子商务的海量数据,分析物流需求的变化,提高物流服务的效率和快速响应能力。

2.1 交通建设的需求

交通规划和建设决策、方案的制定,需要对交通系统的发展和演变过程进行准确的把握。不仅需要关注交通需求总量的变化,还需要了解交通需求的结构;不仅需要关注道路交通设施的建设,还需要加强道路交通系统与地面公交系统、轨道交通系统等之间的有效衔接。因此,需要利用城市交通大数据资源和分析技术,全面分析城市综合交通系统的现状和发展趋势,为交通规划方案制定、交通建设项目的可行性研究提供决策依据。

2.1.1 交通规划过程中的决策与信息分析

我国正处于快速城镇化的阶段,这对于城市交通系统提出了新的挑战。一方面,随着城市空间范围的拓展,在城市外围形成了以中低收入居民为主的新城和大型居住社区,而这些区域通常是公共交通服务薄弱的地区,这就要求城市公共交通系统在兼顾运营经济性的同时,针对快速发展地区进行有效的扩展。另一方面,随着城市产业结构空间布局的调整,中心城区越来越多的土地从第二产业用地转变为第三产业用地。这意味着中心城区的就业岗位数量将进一步增加,加上中心城区居住人口总量的不断下降,城市职住分离有可能进一步加剧。此外,城市群的形成和发展意味着服务职能不断向中心城市集聚,而核心城市的服务范围不断向城镇群拓展。由此产生的交通需求主要为商务、游憩活动,具有高频率、时效反应敏感等特征。

随着快速城镇化的不断推进,城市交通正在从单一城市的交通向具有紧密关联性的城市群交通体系转变,从通勤交通占有主导地位向非日常交通占据重要份额转变,从建设手段为主向采用包含政策等软对策手段的组合对策设计转变,从单一的数量保障向满足多样化需求转变。城市交通的快速变化使传统经验难以应对,以"四阶段法"为代表的传统交通系统分析理论在决策分析过程中也面临诸多困难。

城市交通规划设计技术体系涉及许多项目工作,可以分为交通规划类、交通工程前期类,以及交通专题研究类等三大类。其中,交通规划类又分为整体交通规划、分区交通(改善)规划和片区交通(改善)规划,与城市总体规划、分区规划和详细规划相对应;也可根据实际情况需要,在整体或分区交通规划层次编制分系统交通专项规划。交通工程前期类主要包括重要交通设施建设规划、重要交通设施交通详细规划、道路交通改善设计,以及建设项目交通影响分析等四类项目。交通专题研究类的项目基本包括交通基础调查、交通专项研究等。

城市交通规划业务是在交通模型分析技术的支撑下进行的。交通模型分析技术应用的初期阶段,主要是为避免耗资巨大的交通基础设施所面临的较大经济风险,依托交通模型分析为科学慎重的决策提供支持。其后逐步发展,为了应对机动化带来的各种交通问题,借助交通模型分析交通现状、预测未来趋势,评估对策效果,为编制交通规划、制定政策等提供决策支持。

传统的城市交通模型体系是以每 5~10 年一次的城市综合交通调查所获得的交通需求数据为基础。在交通调查数据的支持下,交通模型工程师采用选定的模型架构(包括"四阶段"交通需求预测模型、网络交通流分析模型、交通行为分析模型等),进行适当的技术组合完成建模工作,并依托实测数据对模型参数加以标定。由于交通模型在传统城市交通决策分析中占有主导性技术地位,因此对交通模型可信度提出了较高的要求。尽管交通模型理论与技术经过几十年的发展,在说明能力和预测能力上有了长足进步,但是交通模型技术与期望水平仍然具有较大的差距。

总体而言,传统交通模型分析技术存在以下不足:

(1)城市居民出行数据主要通过 5~10 年一次的综合交通调查获得,抽样率为 2%~5%,数据调查组织复杂,工作量大,精度难以把握,而且只能采用一日调查数据构建现状 OD 矩阵,存在数据代表性、时效性和调查误差等诸多问题。我国正处于快速城镇化阶段,人口流动量大、土地利用变更频繁,传统出行调查方法很难跟上交通需求的更新步伐。

(2)城市与交通系统的发展演变,使交通决策面临的问题变得更加复杂。决策者不仅关注交通需求的数量,还关注市场细分后不同类型需求的结构;不仅关注交通流在网络上的分布,还关注不同类型参与者对于各种政策的响应;不仅研究某种方式自身交通流的变化,还研究综合交通系统中各种交通方式的相互作用和流量转移。这些问题是传统交通模型分析技术难以胜任的。

大数据技术的发展,为城市交通分析技术带来新的机遇,主要体现在以下三个方面:

(1)在交通需求数据获取方面,以移动通信数据等为代表的新一代交通采集技术具有覆盖范围广、成本低、时效性强、可以实现连续跟踪的优势,为居民出行数据采集提供了新的技术选择。通过大样本甚至全样本的连续观测,以及多源交通检测数据的融合,可以对交通需求现状进行全面描述,对交通系统发展趋势做出较为准确的判断。

（2）在交通分析方法上，面对问题的日益复杂化，决策分析需求要求人们逐渐摆脱交通模型思维束缚，交通数据分析工程师逐步从后台走向前台，试图从交通系统的海量数据中寻求对研究对象更加深刻的认识。根据从中挖掘出来的内在关联性判断未来的走向和趋势，依托从信息中不断提炼出来的新知识支持决策判断。

（3）在交通规划和建设过程中，可以通过对交通系统状态的持续跟踪，提炼交通系统发展变化特征，评价交通规划和建设方案的实施效果，消除决策判断的不确定性，将传统开环模式的交通规划和建设过程，转变为闭环反馈模式的交通战略调控过程。

2.1.2 城市交通的战略调控与决策分析

城市交通战略调控是指通过政策控制、服务引导、设施理性供给等手段，对系统演变过程进行相应的干预。根据可持续发展理念设定目标，在连续观测信息环境支持下对系统的发展轨迹进行监测，针对系统偏离期望轨迹的演变，采用多种组合对策进行及时的调控。而这一切是建立在对于系统演变规律的认识基础上，是一个不断深化的过程。

城市交通战略调控包括需求和供给两个方面。由于资源和环境的制约，城市交通不可能无节制地满足无序的增长需求。必须对不合理的需求加以节制，以保障合理需求得到必要的资源，这就是受控需求的概念，也是传统需求管理概念的一个扩展。对于供给来说，不仅需要关注直面的需求问题，而且需要考虑城市交通模式的演化问题，避免在解决问题的同时制造更大的问题。供需之间的关系不是简单的平衡，而是演化与调控。这意味着二者处于动态互动的过程。因此，把握交通发展趋势、深化交通规律的认识、在实践中提升对策作用的认识、协同考虑对策方案的设计，是交通规划建设、服务引导、管理控制、政策调节等工作的基础。

战略调控决策分析的核心是消除判断的模糊性，从而达到决策的精细化、科学化，以及形成共识的目的。

以推进城市公交系统建设为例。城市公交发展的战略目标，其一是通过公交引导用地开发的模式，引导城市空间结构形成可持续发展的架构；其二是通过提升公共交通服务水平，形成比较竞争力，引导城市交通模式向可持续方向演化。而实现手段包括正确的规划指导、合理的资源配置、优化的运行管理及有效的政策保障等。尽管这些对策获得了理念上的认同和许多实践经验，但是由于涉及多方面关系协调和利益平衡、需求动态变化等问题，其决策过程需要减少判断模糊性,提高说服力,由此产生对决策分析更高的技术要求。

面对推进公交优先决策分析需求,现有研究成果尚不能有效完成相应分析任务。对于公共交通系统分析的已有研究成果,可以分为如下几种类型:

(1) 基于 OD 的公交网络客流分析技术　与道路网络交通流模型相比,其主要特点为网络本身具有随机属性特征,以及多组群、多准则、多模式的乘客随机选择行为。由于在抽样调查基础之上建模,如何避免模型标定中"失之毫厘"导致"差之千里",成为应用中的难题。

(2) 离散交通选择行为模型　在意愿调查基础之上的非集计交通行为模型已经发展成为一个比较完善的体系。针对多项 Logit 模型的缺陷,巢式 Logit(Nested Logit)模型、排序 Logit(Ordered Logit)模型等已经在交通方式选择等问题中得到较为广泛的应用。实际调查数据(Revealed Preference Data,RP 数据)、意向调查数据(Stated Preference Data,SP 数据)联合建模等问题也都取得了重要的研究成果。基于活动的交通行为模型,引入个体生活行为,包含了不同维数的多个意愿决策,从时间和空间两个方面说明选择机理和约束机制。由于这类模型作为基础的意愿调查难以大规模和高频率进行,以及偏好、态度等因素影响造成模型缺乏时间和空间上可移植性等问题,限制了其适用范围。

但即使对于技术作用最强的公交系统设计,在上述技术分析的基础上还不能有效消除决策判断中的模糊性,需要通过大数据分析技术进行补充(表 2-1),形成了如图 2-1 所示的分析流程。

表 2-1　公交系统分析中的消除决策判断不确定性

基本问题	决策过程中需要消除的疑问	决策分析	关联的对策
公交系统与城市空间结构的关联	公交对于城市空间集聚和联系的贡献如何? 公交对于不同性质用地与公共设施连接的贡献如何? 公交在促使城市规划目标实现方面的贡献如何? 综合交通服务模式在城市空间的分布	城市空间交通联系强度; 通过轨道交通形成的客流集聚与区域关联; 通过常规公交所形成的客流集聚与区域关联	完善城市轨道交通或快速公交系统空间拓扑结构; 对于城市空间通道资源的配置; 解决与城市规划的协同
居民活动空间与公交系统的关联	居民的基本交通需求是否得到保障? 居民空间活动是否受到公交供给的制约? 居民空间活动对公交的依赖性如何? 城市拓展过程中是否造成部分居民成为交通弱势群体	居民活动空间的空间分布; 不同公交服务区位条件下的居民活动空间差异; 基于居民活动空间分布的公交服务水平评价	公交网络布局调整; 公交线路调整; 公交运行组织调整

续 表

基本问题	决策过程中需要消除的疑问	决策分析	关联的对策
居民主导交通方式与公交服务区位	居民使用公交的程度是否与公交服务区位相关？ 城市中公交服务区位是否存在严重的不平衡？ 公交服务是否与城市社会空间分布相适应	公交服务区位的空间分布； 不同区域居民轨道交通使用频度； 不同区域居民使用常规公交比较频度； 不同使用频度乘客在常规公交线网的分布特征	公交资源的配置； 公交政策的调控； 局部线路的调整； 运行组织模式调整
公交与其他交通方式衔接	公交在居民出行链中的作用如何？ 城市公交通道与集疏系统是否有效衔接？ 轨道及 BRT 借助其他方式支持所形成的服务覆盖范围	轨道交通乘客在站点周边活动分布特征； 轨道交通与常规公交换乘客流分析； BRT 与常规公交换乘客流分析	综合交通运输组织协调； 枢纽及衔接节点改善； 综合交通体系规划

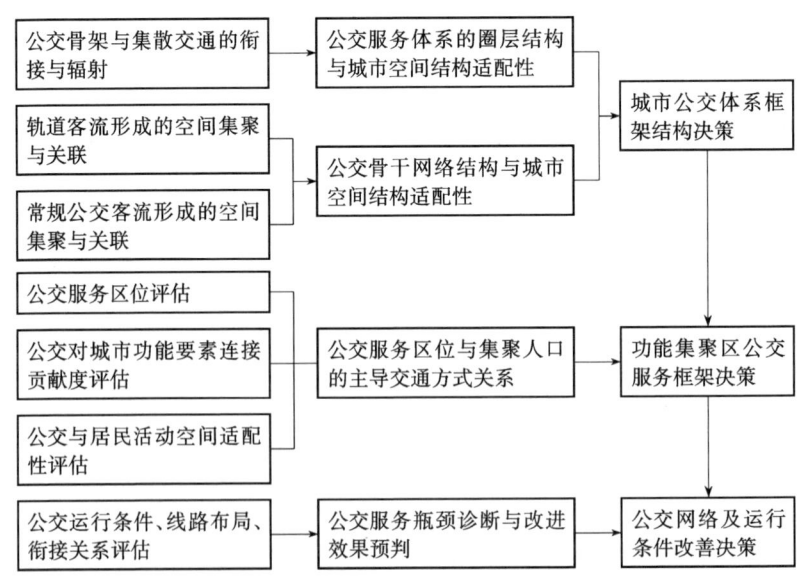

图 2-1 公交系统设计决策分析

2.1.3 交通建设项目可行性研究过程中的信息分析

城市交通发展战略的执行需要依靠交通基础设施项目的实施。交通建设项目牵涉计划的审批、规划的许可、土地的征迁、资金的配套、实施的管理，以及建成后的运营管理等各个环节及其相应的管理部门，各管理部门的决定会对项目的实施形成决定性的作用。

1) 交通项目主体部门

根据目前中国城市行政管理机构的设置情况（不含香港、澳门、台湾地区），交通基础设施项目的主体部门随着各个城市管理机构设置的不同而有所不同，主要有市政园林局（市政管理局）、建筑工务署，以及公路局等部门。另外还有一些交通基础设施的代建机构也参与政府投资项目的建设，成为政府投资项目的主体部门，如各个城市的地铁公司和轨道交通建设公司就成为轨道交通这种政府投资项目的主体部门。

以深圳为例，根据深圳市政府的规定，目前深圳市的交通建设主体单位明确为建筑工务署，借鉴新加坡、日本等国家和地区的管理模式，建筑工务署对交通基础设施项目进行直接管理；另外市政府还规定公路建设项目由公路局负责，轨道交通建设项目由各个地铁公司负责[1]。

在实际运作过程中，各建设主体部门主要代替市政府行使工程项目的管理权，并不具备决策功能。按目前政府部门的职能划分，对于市政道路项目等比较纯粹的公共设施项目，缺乏明确的立项主体。因此，深圳市政府近期又规定，由市规划局承担市政道路立项职能，根据城市建设发展需要受理新建道路立项，建筑工务署作为建设主体。

2) 交通项目审批体制

目前我国各个城市基本上都发布了政府投资项目相关的管理条例、管理办法或管理规定等文件，成为交通基础设施项目审批体制的主要法律依据。

例如，深圳市政府于2006年2月公布的《深圳市重大项目审批制度改革方案》，其中对政府投资项目按"项目建议书""选址用地预审和环评""用地方案图及用地规划许可和工可""工程设计""概算审批""工程规划许可和计划下达""施工许可"共七个阶段进行审批，审批时间为115个工作日，具体流程如图2-2所示。改革方案重点对各工作阶段流程的日程进行了明确、缩短，但基本没有改变目前政府投资项目管理体制工作流程，也没有涉及建设主体单位的责任分工问题。审批流程115个工作日，未包括各阶段前期工作委托、开展、评审、公示等过程，审批事项仍存在工作重叠、审批环节多、深度要求不一等问题。尽管政府已认识并提到交通基础设施项目工程应区别于一般政府投资项目，应进一步优化审批工作流程，但有关具体规定、措施尚未出台[2]。

为了有效地在管理过程中协调多部门之间的关系，需要围绕决策判断内容通过信息共享，消除对项目建设必要性、建设规模、建设影响、建设效益等方面的判断模糊性，以求形成共识。而这正需要一个相关的管理信息平台，有效地将数据组织成信息，从信息中提取与决策相关的知识。

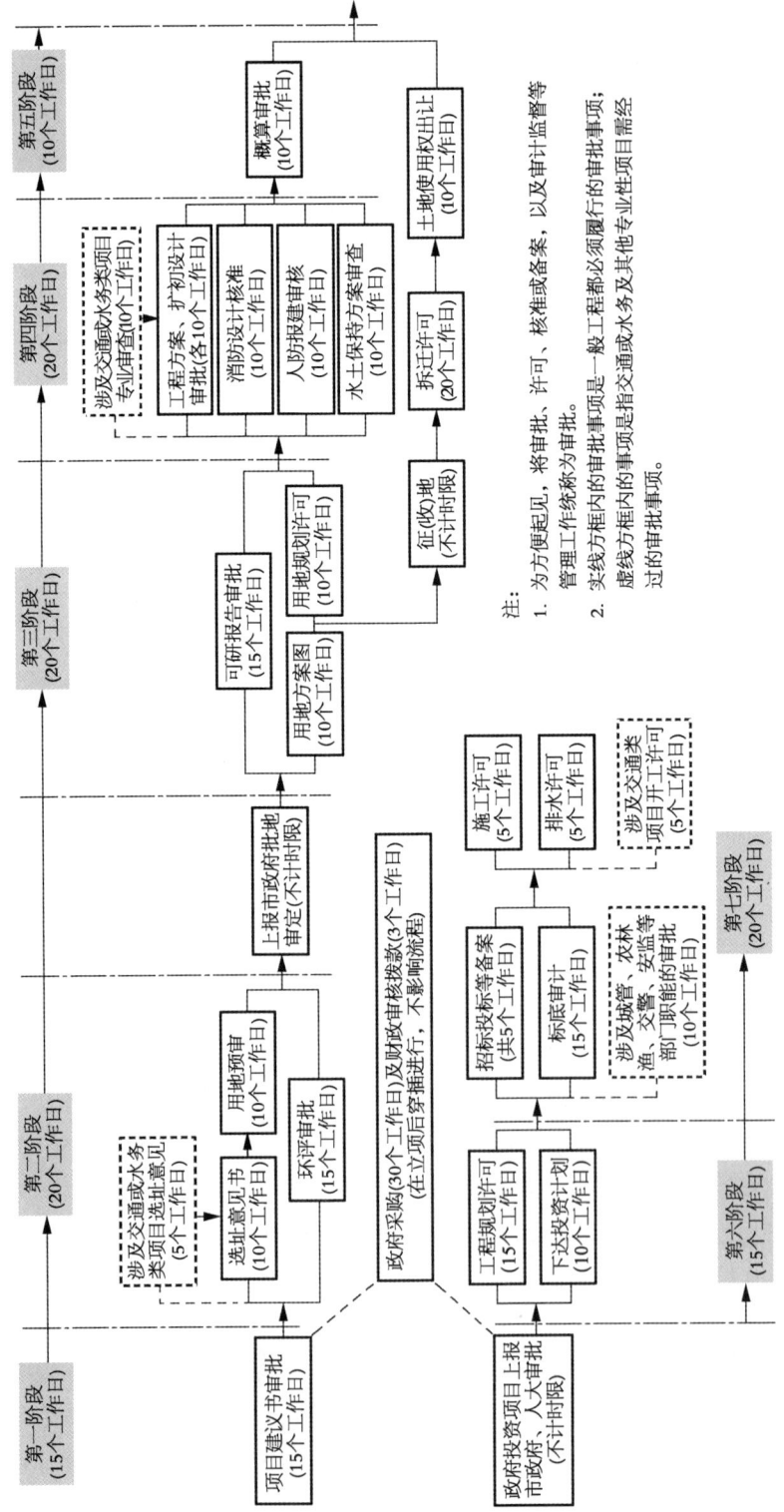

图 2-2 政府投资重大项目审批流程（以深圳为例）

2.2 交通管理的需求

交通管理包括交通供给和交通需求两个方面。对于交通供给,需要分析交通系统的运行状态,诊断系统存在的问题和瓶颈,通过交通管理和控制技术,疏导交通流,实现交通资源的高效利用,保障交通安全。对于交通需求,需要分析交通需求结构组成,不同出行者的行为偏好特征,通过交通方式的转移和调整,弹性交通需求的抑制和调节,缓解城市交通拥堵。

2.2.1 交通系统运行状态诊断

道路交通可以分为断面、路段、区段和路网四个层次,断面、路段是构成区段和路网的基础,也是交通状态分析的基本单元。

1) 断面交通状态识别

断面交通状态识别是根据断面交通流数据确定该断面交通状态所归属的类别(例如拥堵、畅通),因此,需要确定类别划分数量及一个具体断面状态的归属判别方法。下面以城市快速道路断面状态判别为例进行说明。

图2-3所示为上海南北高架东侧主线上10天内(6:00—19:00)检测线圈

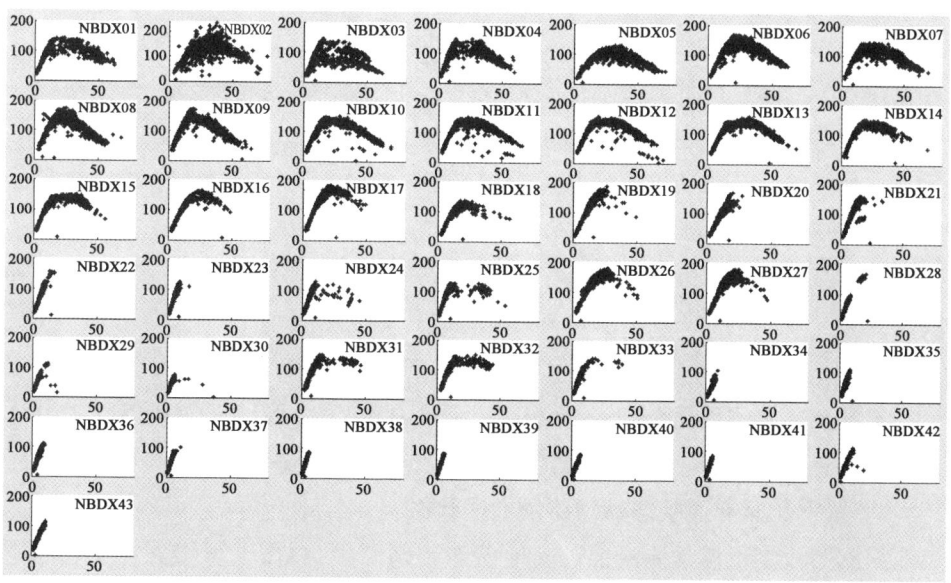

图2-3　10天内(6:00—19:00)南北高架东侧占有率-流量关系图

(注:图中横轴统一表示占有率,单位为%;纵轴统一表示流量,单位为辆/5 min)

数据的占有率-流量关系图。其中,南北高架东侧主线共布置有43个定点线圈,线圈编号(NBDX*)从上游到下游依次增大。

根据占有率-流量关系的不同形式,可将快速路流量-密度关系概括为三类典型情况:第一类表现为统计周期内出现拥堵,顶部数据缺失(图2-4);第二类表现为出现拥堵,顶部数据完整(图2-5);第三类表现为未出现拥堵的情形(图2-6)。

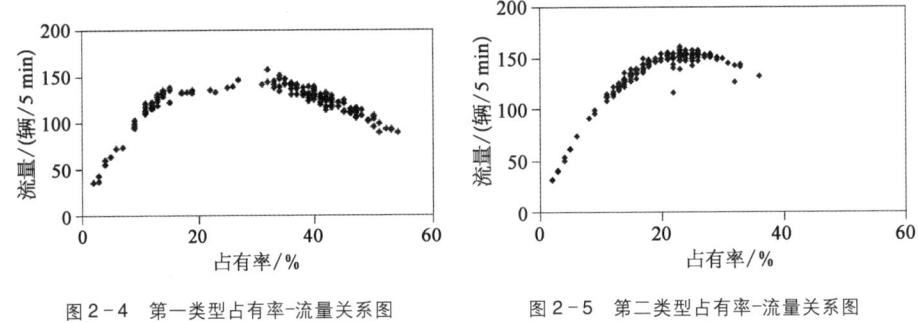

图2-4 第一类型占有率-流量关系图　　　图2-5 第二类型占有率-流量关系图

第一类型占有率-流量图表现出的顶部数据缺失现象又被称为"交通流数据间歇现象"。所谓"交通流数据间歇现象"是指在交通数据的关系图中常可以看到数据点集聚成两部分,一部分代表拥堵状态,另一部分代表畅通状态,两部分之间存在数据很少,甚至没有数据的现象[3]。

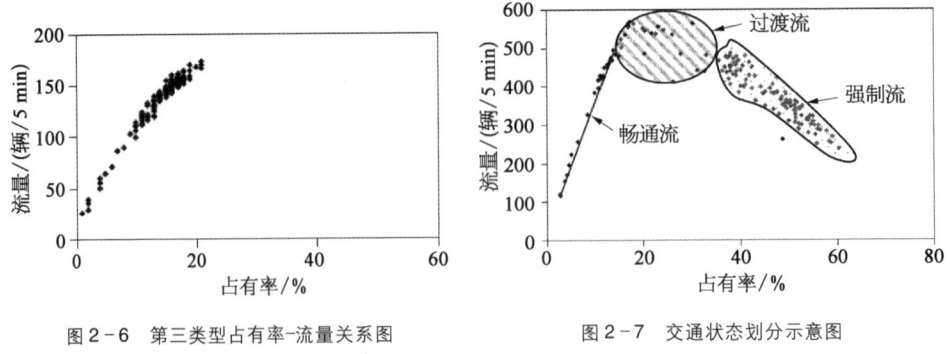

图2-6 第三类型占有率-流量关系图　　　图2-7 交通状态划分示意图

根据上述实测数据分析并参考相关研究成果[4-5],将城市快速路交通状态定义为三种状态:畅通流状态、过渡流状态和强制流状态(图2-7)。

2) 根据断面交通状态判别路段交通状态

根据路段上下游检测断面的交通状态判别结果,总体上可将路段交通状态分为四种模式:模式1(上游畅通-下游畅通)、模式2(上游拥堵-下游拥堵)、模式3(上游拥堵-下游畅通)、模式4(上游畅通-下游拥堵)(图2-8a、b、c、d)。

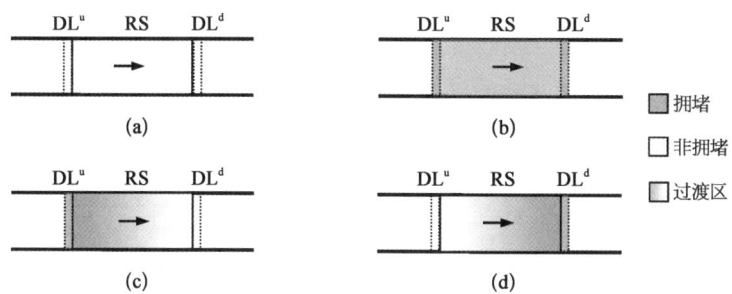

图 2-8 路段模式分类示意图

(a) 模式 1；(b) 模式 2；(c) 模式 3；(d) 模式 4

RS——路段；DL^u——路段上游检测线圈；DL^d——路段下游检测线圈

城市快速道路上检测断面的间距较大（一般为 400 m 以上），两个检测断面之间往往存在上下匝道，由于道路条件变化很大需要划分成为多个基本路段。当路段交通状态处于模式 3 和模式 4 且夹有匝道时，精细分析拥堵影响及确定瓶颈位置会遇到困难。下面采用分模式元胞自动机模型（Cell Transmission Model，CTM），插入虚拟检测断面进行仿真分析。

将上海南北高架 DX01～DX19 间路段划分成 30 个元胞，元胞平均长度为 0.261 km（图 2-9）。图 2-9 中刻度上数字表示各个元胞长度，单位为 m；灰色粗线位置用于标示检测线圈所在位置；各元胞上所标白色数字表示元胞编号 cell*。

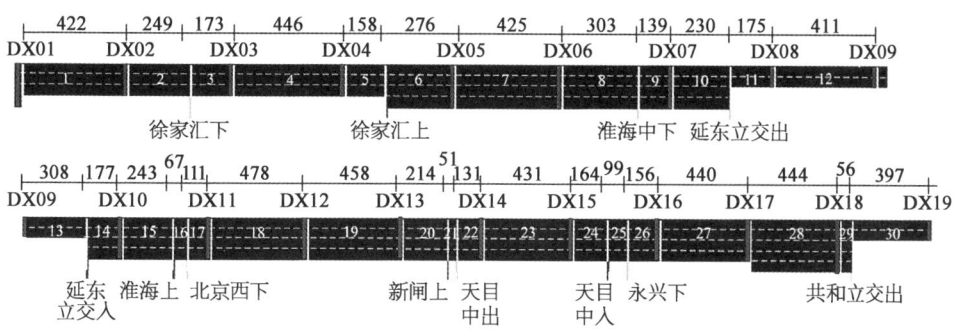

图 2-9 上海南北高架东侧元胞划分示意图

通过分模式 CTM 模型进行仿真，可获得 30 个元胞的密度、空间平均速度、流量。10 天模型运算结果与检测线圈测量值的平均百分比误差（Mean Percentage Error，MPE）计算结果表明（表 2-2），密度估算结果误差为 20% 左右，流量估计结果误差为 10% 左右，说明仿真效果较理想。但是获得的速度误差偏大，其主要原因在于 CTM 模型基本假设认为自由流阶段速度等于定值，与实际测量结果表明自由流阶段速度具有随机性存在差异[6]。

表 2-2 模型仿真结果与检测线圈测量值的 MPE

日　　期	密　　度	流　　量	速　　度
3月20日	27.70%	13.29%	38.55%
3月21日	21.96%	6.12%	35.61%
3月22日	16.81%	5.47%	39.04%
3月23日	28.55%	11.05%	38.11%
3月24日	27.83%	8.79%	36.13%
3月25日	29.85%	11.55%	36.70%
3月26日	39.57%	21.24%	41.41%
3月27日	29.46%	14.42%	39.21%
3月28日	24.93%	7.20%	37.28%
3月29日	16.22%	4.97%	38.61%

3) 道路区段拥堵特征表达

在路段交通状态分析的基础上,可以采用时空图来分析由数个路段组成的区段拥堵的变化情况(图2-10)。

尽管图2-10可以清晰地说明一天之内拥堵的时空分布,但是很难挖掘较长时间(例如一个月)的拥堵变化规律。为了更好地描述拥堵状态的演变,可以

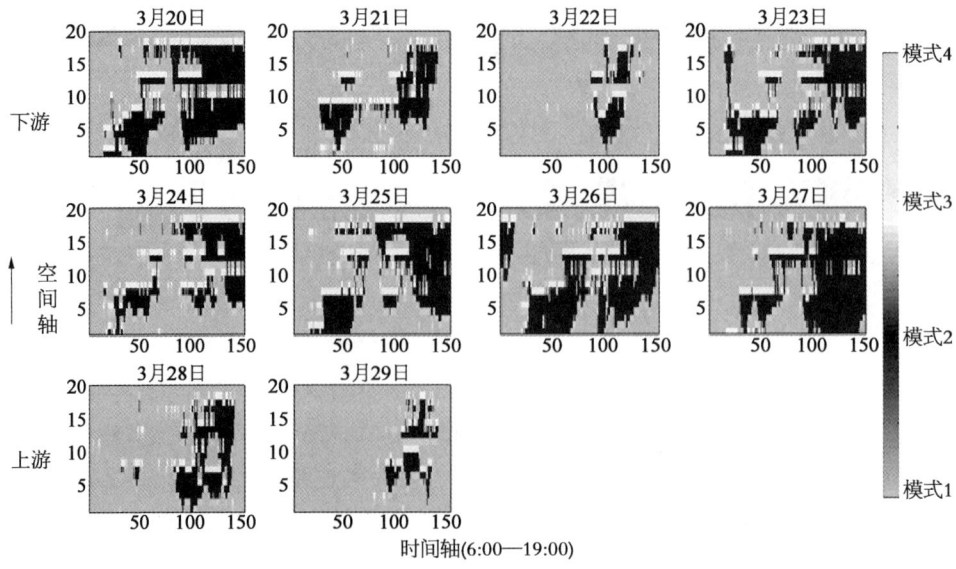

图 2-10 上海南北高架道路(南向北方向)拥堵状态的时空分布

定义两个概念：

(1) 拥堵态势：采用某种特征指标描述道路区段的拥堵程度。

(2) 拥堵模式：拥堵程度指标日变曲线的分类。

对于道路区段的拥堵状态可以采用多种指标,例如通常所用的密度、速度或者延误等,采用主因子分析方法可以对多个指标进行适当综合形成拥堵指数。图2-11所示为综合多项指标后获得的上海南北高架道路(南向北方向)拥堵指数时变曲线。图2-11中的"因子1"是采用主因子分析法得到的影响道路交通拥堵的最主要因素。

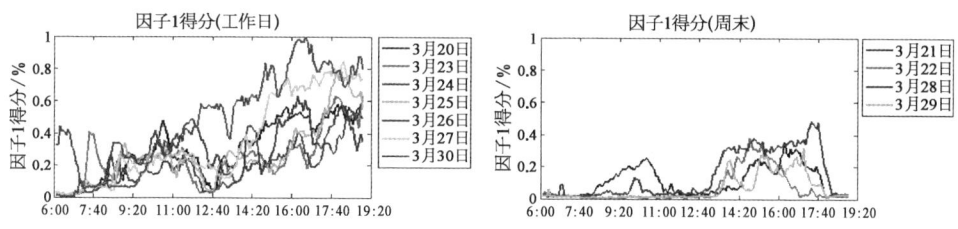

图2-11 采用主因子分析所确定的拥堵指数的时变曲线

由图2-11可见,每天的拥堵指数曲线不尽相同,因此需要按照某种规则对曲线进行适当分类,将每种分类称为一种拥堵模式。图2-12a、b、c、d所示为二、三、四、五类拥堵模式的情况。

在模式分析的基础上,通过对比区段交通拥堵指数曲线与典型拥堵模式的关系,可以检验区段是否出现了异常拥堵。例如,图2-13中所示为2009年9月30日(星期三)南北高架道路的异常因子检验情况。

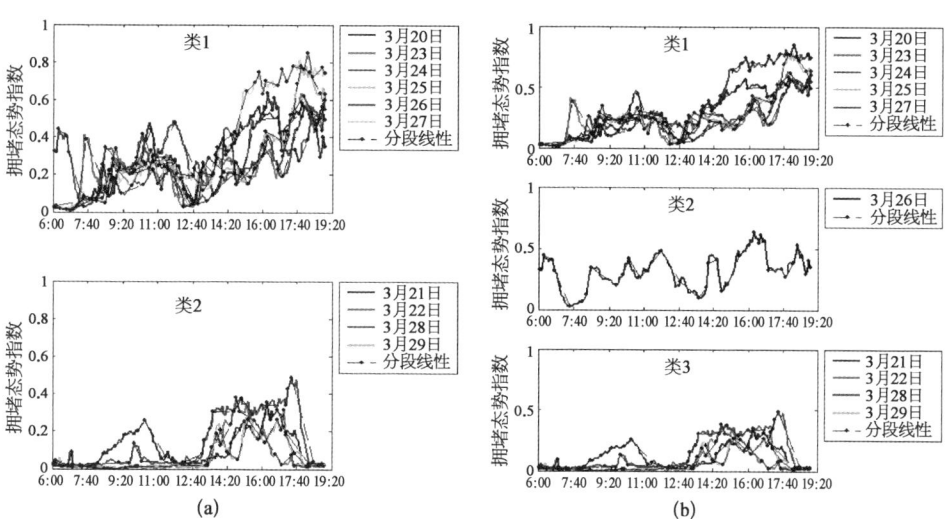

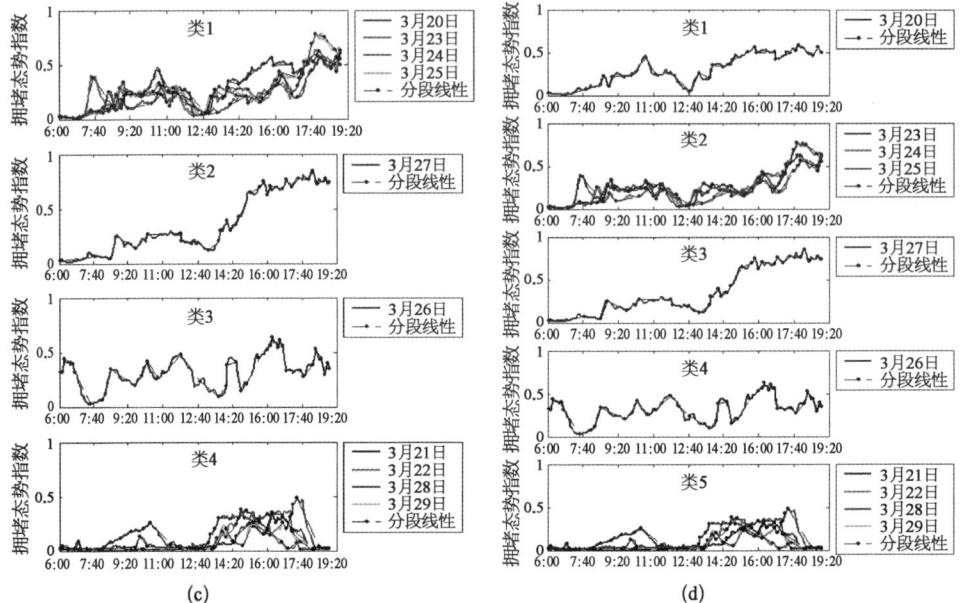

图 2-12 模式分离最终结果

(a) 二类拥堵模式；(b) 三类拥堵模式；(c) 四类拥堵模式；(d) 五类拥堵模式

由图 2-13 可见异常拥堵是从中午 12：00 左右开始出现的，这与一般工作日不同。若当时的交通拥堵在中午不能得到有效疏解而积累到下午，必将导致下午出现更大范围的拥堵。进一步分析发现由于 2009 年 9 月 30 日是国庆长假前的最后一个工作日，部分单位提前放假，以及部分长距离自驾游出行者提前出发，与市内出行的叠加导致该路段在当日中午就出现了严重拥堵。通过交警

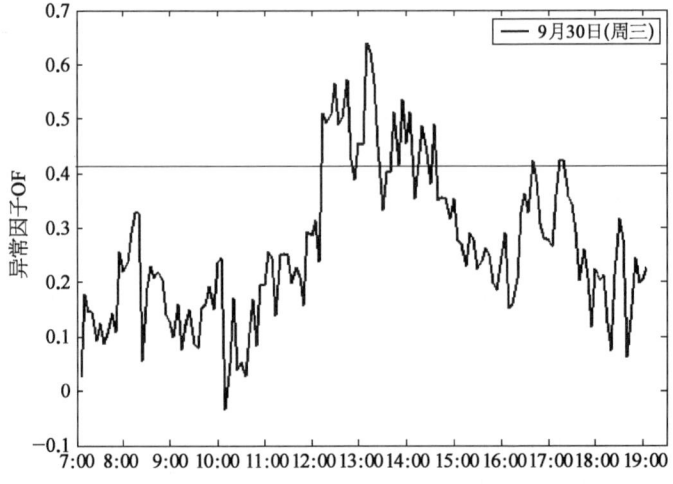

图 2-13 上海南北高架道路（南向北方向）2009 年 9 月 30 日异常因子监测

部门的及时疏导,异常拥堵情况得到及时缓解,从图 2-13 中也可以看出异常因子值从 14 点左右开始下降,直到 17 点左右常规晚高峰时间时出现当日第二个高峰。注意到晚高峰时间的峰值低于中午的全天最高值,且基本未达到拥堵阈值(即图 2-13 中异常因子 0.4 上方的横线)也说明之前判断由于部分单位提前放假造成了本次异常拥堵的理由成立。这个例子很好地说明了通过异常因子检测,可以提前进行交通预警,避免拥堵的进一步加剧。

2.2.2 交通需求管理与信息分析

由于讨论问题范围的差异,国内外相关文献对于交通需求管理(Transportation/Travel/Traffic Demand Management,TDM)定义和概念的表述也不尽相同。但其核心思想是一致的,即交通需求管理是在满足资源和环境容量限制条件下,使交通需求和交通的供给达到基本平衡,促进城市的可持续发展目的的各种管理手段[7]。

Michael D. Meyer 认为 TDM 起源于 20 世纪 70 年代末的 TSM,是在 TSM 策略范围不断扩大基础上于 1975 年开始初步形成的概念[8]。Ryoichi Sakano 等将 TDM 解释为 Transportation/Transport/Travel Demand Management 或拥堵管理(Congestion Management)[9],认为这几种说法的概念是相同的,并给出了简单的定义:TDM 是通过限制小汽车使用、提高载客率、引导交通流向平峰和非拥堵区域转移、鼓励使用公共交通等一系列措施,达到高峰时交通拥堵缓解的需求管理政策总和。Katsutoshi Ohta 对交通需求管理的定义为:通过影响出行者的行为,达到减少或重新分配出行对空间和时间需求的目的[10]。

城市交通拥堵成因可以分别从城市空间布局、车辆拥有及使用、交通基础设施供给、道路交通管控、交通政策调控、公共交通服务水平、公众现代交通意识等多方面加以分析。交通需求管理等政策手段,实质上是将有限的交通资源进行调配,均具有正负两面效应,需要研究如何控制其负面效应,扩大其正面效应的方法,并最大限度地争取社会各方面的支持。

2.2.3 道路交通控制的技术变革

道路交通控制是现代交通管理的重要手段,目的是保障交通安全、疏导交通、提高现有设施的运输效率,同时降低油耗,减少空气污染,降低车辆磨损,增加人们出行的舒适度[11]。

随着数据采集技术、通信技术、计算机技术和控制技术的进步,传统道路交通控制技术逐渐向全局化、主动化和集成化发展。而以车车通信、车路通信技术为基础的车路协同系统的出现,则将道路交通控制技术推进到一个新的发展阶段。

1) 传统道路交通控制技术

传统道路交通控制技术主要采用交通信号控制的方式,向驾驶员或行人发布控制指令信息,达到引导和控制交通流的目的。根据控制范围的不同,可以分为点控制(单个交叉口交通控制)、线控制(干道信号联动控制)和面控制(区域交通信息控制)。

随着以新的交通采集技术和大数据技术为代表的数据处理和分析技术的发展,传统道路交通控制的内涵已经从传统(或狭义)的"信号控制"拓展到现代(或广义)的"信号控制+诱导调控+需求管控",在信息获取网络化和多元化的基础上,追求控制对象的层次化、控制目标的全局化、控制过程的主动化和动态化、控制手段的多样化和集成化,更加重视信号控制、交通诱导、需求控制等不同控制手段的协同联动。

在动态交通信息获取方面,基于新型传感技术、高清数据视频技术、移动通信技术等交通采集技术的应用,可以检测更为丰富的基础交通参数,结合数据融合、处理和分析技术,使实时获取区域路网的全面动态交通信息成为可能。

在控制对象方面,随着社会经济条件的进步,个体出行行为特征的差异也越来越大。通过改变居民出行行为,从而改变城市交通需求的时空分布,是交通需求管理的目标。因此,依托现代交通信息技术和控制技术,研究面向多层次、多方式的出行行为与网络交通流动态优化和调控技术,是区域交通控制的重要内容。

在控制目标方面,控制技术不再局限于单个交叉口或某条道路的交通运行效率,而是以网络范围内居民出行和交通综合效率为目标,实现网络的高效平衡控制。

在控制过程方面,交通控制系统可以根据区域交通状态演化趋势,动态调整控制策略,实现交通运行趋势和控制目标的一致性;此外,信息技术的进步使出行者和控制中心进行实时信息交互成为可能,可以通过诱导和控制结合的方式,实现交通需求的主动调节。

在控制手段方面,交通控制技术不再局限于信号控制系统,通过交通诱导、需求控制等多种方式的协同合作,实现区域交通的高效调控。

2) 车路协同系统

车路协同系统是利用无线通信、探测传感等技术手段,获得道路交通信息和车辆运行信息,并对交通信息进行实时分析和处理,通过车车、车路通信的方式将信息交互传递,实现车辆与车辆、车辆与道路之间的智能协调配合,达到优化利用系统资源、提高道路交通安全、缓解交通拥堵的目标[12]。

车路协同系统实现了交通控制与交通诱导的一体化,将极大提高交通运输效率和安全性,成为新一代道路交通控制系统的发展方向。从 20 世纪 90 年代开始,欧美日等发达国家就着手研究车路协同系统,已取得了一系列的阶段性成果,例如美国的 IntelliDrive 系统、日本的 Smartway 计划和欧盟的 eSafety 项目等。车路协同系统的技术框架如图 2-14 所示。

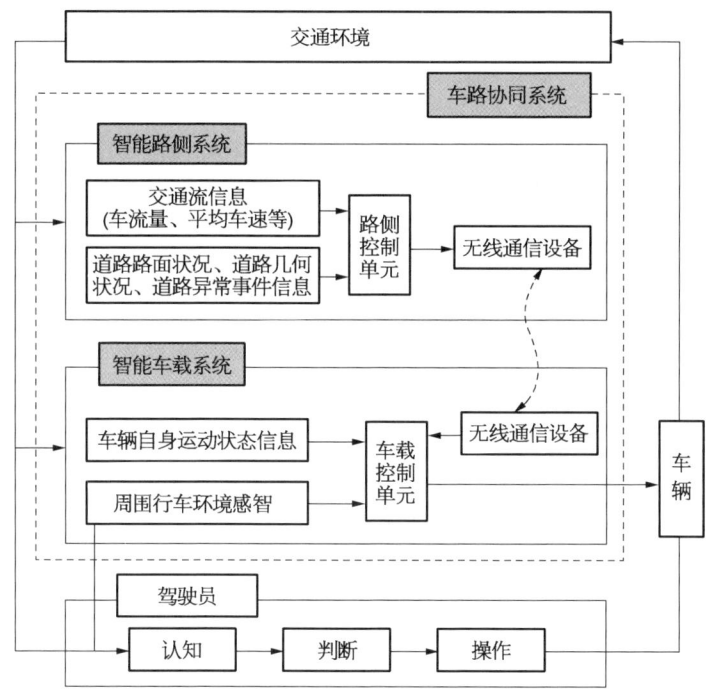

图 2-14　车路协同系统技术框架[13]

车路协同系统主要通过对交通数据的采集和处理实现车辆与车辆之间,车辆与道路之间的智能协调配合。在车辆上配有各种传感器,可以收集到车辆自身运动状态信息及周围环境情况数据,将收集到的数据通过车载控制单元进行处理,并利用无线通信设备与其他车辆和道路设施通信,最终将海量数据转化为对驾驶员有帮助的信息。通过语音警告、数据发布等形式,实现盲点警告、碰撞预警、前车紧急制动提醒、交叉口辅助驾驶、禁行提醒、车速预警等功能,提高驾驶安全性。在路侧同样有各类传感器对交通流数据、道路状态等数据进行收集处理,除了与车辆进行通信外还可以对道路的整体使用情况进行反馈,为匝道控制、信号配时、交通状况预测等提供决策依据,有效地避免或减少交通拥堵的发生,提高整个交通系统的运行效率[12,14]。

美国 IntelliDrive 系统的构成如图 2-15 所示。

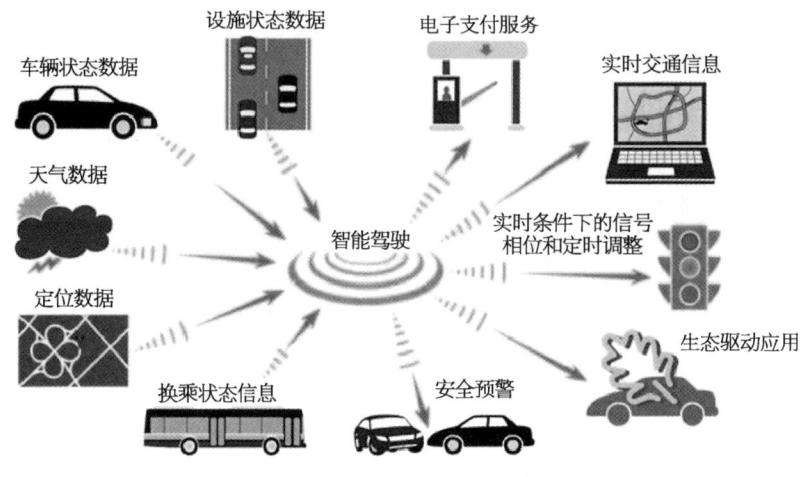

图 2-15 IntelliDrive 系统的构成[15]

2.2.4 提升公共交通服务水平的决策分析

公交优先发展可以分为两大主题内容：公共交通与土地的协调发展，以及政府通过政策调控保证公交服务在市场机制下有效运营。而这两大主题又与规划制定、建设实施、资金保障、运营保障、行业管理等五个方面具有密切的关联。

公交规划的核心是提供一个适应发展需求的公交服务体系，可以进一步划分为提供新服务的系统建设规划，以及改造既有服务的系统运行调整规划。前者主要针对伴随城市扩展和布局调整的公交基础设施建设包括轨道交通建设、快速公交系统(Bus Rapid Transit，BRT)建设、常规公交服务延伸等，后者主要针对既有运行计划调整和常规公交线路调整。对于系统建设规划来说，公交系统与土地开发之间的密切关联。现代城市围绕以公共交通为导向的开发(Transit-Oriented Development，TOD)这一概念，在宏观、中观、微观三个层面协调交通规划与城市规划之间的关系(图2-16)。

利用移动通信数据获取居民活动信息，通过牌照识别数据获取车辆活动信息，通过道路定点检测数据和浮动车数据获取道路交通状态信息，通过公交GPS数据获取公交运行状态信息，通过公共交通卡数据获取公交客流及换乘信息，在这些信息的支持下能够分析土地开发与公交系统的关联，以及公交在综合交通中所处的地位和服务水平比较竞争力，从而使相应的规划决策更加科学化和精细化(图2-17)。在协同规划过程中，基于相关数据的可视化表达能够为决策分析提供有效的支持。

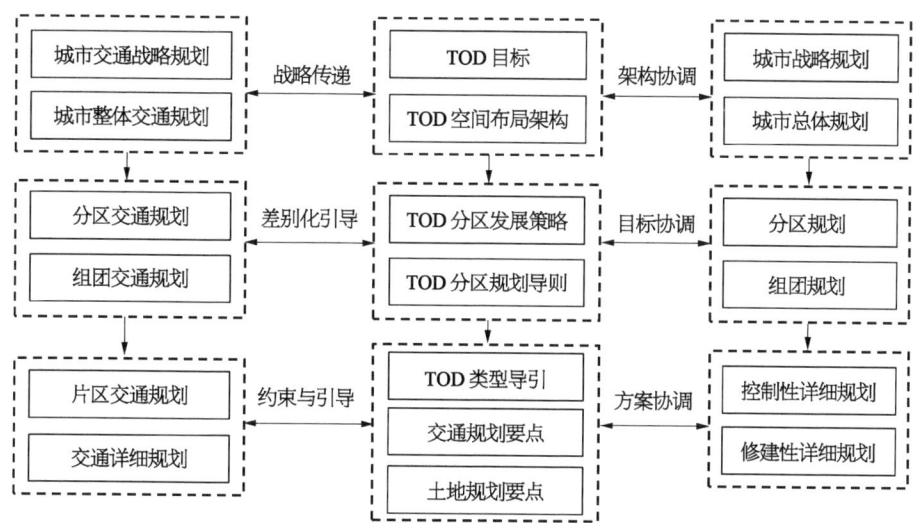

图 2-16 围绕 TOD 概念的交通规划与城市规划协同

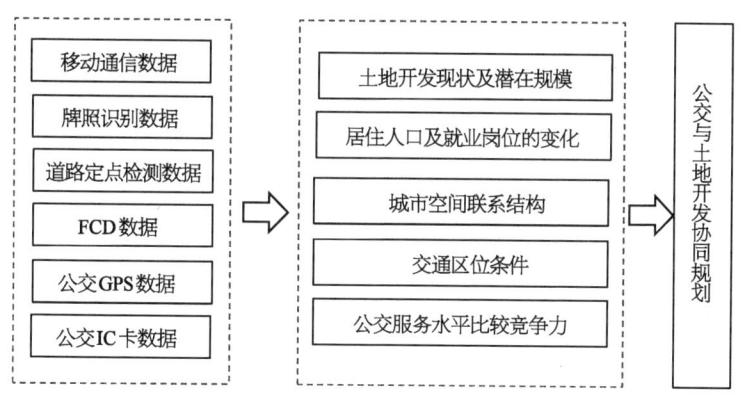

图 2-17 多元数据环境支持下的公交与土地开发协同规划

对于公共交通运营状态的评估,是对运营状态进行动态监测,及时进行政策调整的重要内容,常用的评估指标包括可靠性、安全性、舒适性、便捷性和可持续性等五个方面,通过车载 GPS 数据、公共交通卡数据、车辆运行工况数据等可以实现运营状态的连续监测,为实现公交服务水平的改进提供决策依据[16]。

2.3 交通服务的需求

随着社会经济的发展和生活水平的提高,交通出行用户的服务信息需求日趋多样化,通过大数据技术,可以为出行者提供个性化的交通信息服务、交通诱导信息服务和公交出行信息服务;而对于物流企业,可以通过大数据技术分析物流需求的变化、供应链的运行状态和瓶颈,制定有效措施提高物流系统的效率。

2.3.1 个性化交通信息服务

随着交通数据环境的不断完善,大量基于大数据技术的交通信息服务产品也应运而生,为城市交通出行和区域交通出行提供了多样化、个性化的交通信息服务。

1) 城市交通

在国内,为了缓解城市交通拥堵,满足居民快捷、便利的出行要求,在政府部门出台各种措施进行调控的同时,产业界也推出了许多新的线上服务产品。在线合乘平台和打车软件是近期出现的比较典型的应用。

(1) 在线合乘平台 小客车合乘是指出行线路相同的人共同搭乘其中一人的小客车的出行方式。合乘不但能合理利用小客车的闲置资源,在一定程度上缓解交通压力,也能使私家车车主、乘客达到双赢的目的。对于乘客,合乘能够满足公共交通所不能覆盖的出行需求,也能满足其偶发性的用车需求,免去了养车的负担;对于私家车车主,也可以节省养车成本,甚至解决尾号限行等管制措施所带来的不便。

在线合乘平台为车主和乘客提供了一个供求信息的发布平台,极大扩展了小客车合乘的范围和用户群体,提高了合乘的成功率。在线合乘平台对私家车车主和乘客提供的基本操作流程如图 2-18 所示。

图 2-18 合乘平台所提供的基本服务流程

(2) 打车软件服务 打车软件是指利用智能手机等智能移动终端,实现出租车召车请求和服务的软件。打车软件一般可分为两种客户端,一种是打车者使用的客户端,另一种是驾驶员使用的客户端。当用户有打车需求时,通过在打车软件上展开出租车寻呼,系统自行分配与用户所在位置较近的出租车辆,从而使用户和驾驶员双方达到供需的匹配。

打车软件的出现,使乘客可以通过智能终端方便、快捷地叫到出租车,从而避免长距离的步行至站点或长时间的等待,也能使出租车驾驶员快速发现附近的乘车需求,从而减少出租车空驶率。

通过打车软件,互联网公司也可以获取司乘人员的部分数据信息,通过对这些用户打车路径、打车习惯等数据的积累与分析,叠加地图信息服务、生活信息服务等内容,可实现多重服务并行提供,从而为用户提供更为全面、个性的服务。

例如,德国 SAP 公司在南京采用大数据分析计算出基于顾客现在所处的地理位置与最容易被打车的地理位置之间的差距,从而找出在哪些地方是上、下车最容易的地方[17]。微软亚洲研究院通过对北京市 3.3 万辆出租车在 4 个月的时间里所产生的所有轨迹数据进行机器学习,分析乘客的移动模式和出租车司机揽客行为模式,推出了一套面向乘客和出租车司机的推荐系统,该系统能够向出租车司机推荐更有可能迅速招揽到乘客的地点,并向乘客推荐更容易找到空驶出租车的地点。根据出租车司机提出推荐请求的时间和地点,该系统还可以评估某个停车待客地点可能带来的利润[18]。

2) 区域交通

交通用户在区域交通出行的需求主要体现在旅游出行或商务出行两方面。而随着用户需求的多样化、个性化,许多旅行服务公司也将高科技产业与传统旅游业成功整合在一起,通过对用户区域出行需求信息和起终点的兴趣点信息、交通信息等的汇总分析,向用户提供了集机票预订、酒店预订、旅游度假、商旅管理、无线应用及旅游资讯在内的全方位旅行服务。

以携程为例,携程拥有 1.2 万个坐席的世界最大旅游业服务联络中心,呼叫中心员工超过 1 万名,同全球 234 个国家和地区超过 43.4 万家酒店建立了长期稳定的合作关系,向超过 1.4 亿会员提供全方位的个性化旅行服务,被誉为互联网和传统旅游无缝结合的典范。

在技术上,携程建立了一套完整的现代化服务系统,包括:国际机票预订平台、海外酒店预订平台、呼叫排队系统、房量管理系统、客户管理系统、E-Booking 机票预订系统、订单处理系统、服务质量监控系统等。依靠这些先进的服务和管理系统,携程为会员提供更加便捷和高效的服务[19]。

通过对用户行为的积累,携程建立了自己的客户行为数据库,并研发了相应的系统对酒店和用户的行为进行跟踪,通过机器学习来分析和纠正,能够有效解决酒店行业的预订未按时入住现象等问题。

此外,携程还根据掌握的机票、酒店预订数据,预测可能出现爆满的景区,辅助游客选择旅游目的地。例如,携程根据 2013 年 9 月 30 日至 10 月 7 日黄金周期间,国内主要城市和旅游度假目的地酒店、机票和度假产品的预订情况,并结合网页浏览和关注等数据,在节前公布了"十一"黄金周最热门的境内旅游目的地。其中,北京、三亚、厦门位列前三,九寨沟位居第九位。四川、云南等西部线路处于最佳旅游季节,除了九寨沟,丽江也是当年国庆黄金周最受游客青睐的景区之一[20]。

而手机、车载导航地图数据供应商高德导航,通过分析移动端导航数据的下载量发现在2013年国庆节前两天,广东、浙江和江苏三个省成为导航数据下载最大的省份,由此推断这三省的自驾游会大幅上升,也给了高速公路管理部门很好的提醒信息[20]。

2.3.2 交通诱导信息服务

交通诱导技术是一种更有效的管理现代交通、实现交通流优化的技术。它集成了多种高新技术,包含卫星定位技术、地理信息系统、导航技术和现代无线通信技术等,用于对交通参与者的出行诱导,使交通出行变得方便快捷。

交通诱导系统主要由交通状况信息探测采集、信息的汇总处理、诱导信息的发布等几个方面构成,形成一个完整的系统。

1) 获取过程

从获取过程看,交通诱导信息服务可分为出行前诱导和出行中诱导。

(1) 出行前诱导　出行前诱导是在用户出行前通过计算机、手机、车载导航终端等设备向用户提供出行所需信息。诱导系统通过对道路网络信息、公交网络信息、交通状态信息等汇总分析后,根据用户的出行需求,向用户发送包括当前路况、推荐出行路径、推荐出行方式等在内的诱导信息。

(2) 出行中诱导　出行中诱导,是在用户出行过程中根据交通系统状况的实时变化,对先前的诱导信息不断进行调整,对用户出行进行动态诱导。发布的诱导信息包括路径导航信息、道路拥堵、停车信息等。但由于交通状况的时变性和复杂性,对海量信息的实时采集与处理是实现出行中诱导的关键技术。

2) 获取途径

传统的诱导信息发布方式包括交警疏导、可变信息交通标志(Variable Message Signs,VMS)信息发布、交通广播等。而随着移动通信技术的不断发展,用户也可以通过移动应用获取实时诱导信息。

(1) 定点诱导设施　VMS与交通诱导屏属于定点诱导设备,由指挥中心计算机通过综合通信网实行远程控制,传送并显示各种图文信息,向出行用户及时发布不同路段的交通状态信息、出入口信息、停车位信息等,从而有效疏导交通,保障行车安全。

(2) 移动设备应用　移动终端为诱导信息发布提供了新的途径。例如,2013 年第十五届中国国际工业博览会上展示的"智慧城市交通监测、管理与服务系统",其整合了固定检测器、车载 GPS、监视视频等采集的实时路况信息,事故、施工、交通管制等实时上报信息,以及当地天气、大型公共活动、公众上下班时间等信息。该系统软件可被应用于手机等移动设备中,用户选定目的地后,系统会自动生成出行路线,并提供两地路程、所用时长、费用、油耗、停车、碳排放量、公交线路等信息。相对于传统的交通监测系统,该系统还可向出行者提供主动引导型服务,根据出行者基本意向主动引导出行方式,推荐最优出行时间、区域和路线,节省费用、时间等成本[21]。

2.3.3　现代城市物流服务

物联网技术和电子商务的快速发展,给城市物流服务带来了深刻的变革。物联网技术提供了新的数据采集和管理手段,通过条形码和二维码、无线射频识别技术、红外传感器、激光扫描仪、GPS 等各种物联网传感设备,按约定的通信协议,将物与物、人与物、人与人连接起来,通过各种接入网、互联网进行信息交换,实现货物和设备的智能化识别、定位、跟踪、监控和管理,建立智能化、柔性化的物流服务体系。

利用物联网技术和大数据分析技术,可以实现物流过程的运输、存储、包装、装卸等各环节的整合,使得物流过程更加高效、便捷,以最低的成本为客户提供满意的物流服务。例如,根据生产需求确定库存水平;根据客户需求和交通系统状况,优化运输路径;根据货物的种类和目的地,进行共同配送等。

此外,采用物联网技术和大数据分析技术,可以及时了解物流需求变化,有效监控物流过程,发现物流各环节存在的矛盾和问题,对物流过程进行实时调整。

电子商务技术实现了商流、物流、资金流和信息流的统一,具有市场全球化、交易连续化、资源集约化和成本低廉等优势,近年来呈现出高速增长态势。近年来,我国的电子商务市场交易额保持了年均 30%~40% 的增长速度。2012 年我国网络零售市场交易规模达到 1.3 万亿元,占到社会消费品零售总额的 6.3%。电子商务的快速发展带动了物流快递业的高速增长,2012 年,我国的快递包裹数达到 57 亿件,同比增长 55%;全国规模以上快递业务收入首次突破 1 000 亿元,同比增长 39.2%。快递行业已经连续五年实现超过 27% 的增长,其中 50% 以上的经营收入来自电子商务[22]。

电子商务低成本、快速、提供个性化客户服务等特点,对物流行业的规模、效率和服务提出了更高的要求。为了解决物流服务的瓶颈,电商企业采取了自建物流、与快递企业建立物流联盟等方式,提高物流效率和服务水平。无论是与第三方企业的物流合作模式,还是自营物流模式,物流信息平台都发挥了举足轻重的作用,通过大数据技术,整合物流各环节的资源,预测物流需求,监控物流执行过程,提高了物流作业效率和快速响应能力。

1) 天猫/淘宝物流信息平台

2012年,天猫和淘宝的交易总额(Gross Merchandis Volume,GMV)约合1 700亿美元[22],相当于美国 eBay(750亿美元[23])和亚马逊(930亿美元[24])2012年交易额的总和,相当于2011年全国GDP的2%。特别是"双十一"促销季,天猫和淘宝的交易额达到191亿元[25]。天猫商城占全国 B2C 市场的52.1%,淘宝集市占全国 C2C 市场的96.4%,行业优势明显[22]。

巨额的交易量带来了大量的物流需求。2012年天猫和淘宝的总快递包裹数为37亿件,占全国快递包裹总量的65%[26]。天猫和淘宝平均每天的快递包裹数为1 200万件,"双十一"包裹超过7 200万单,占全国快递包裹总量的60%[27]。

与京东、苏宁等拥有自建物流体系不同,天猫和淘宝的物流主要依靠"四通一达"(申通快递、圆通速递、中通速递、百世汇通和韵达快递)等第三方物流企业完成。为了保证物流服务的效率和质量,天猫建立了物流信息平台,通过物流信息平台整合商家、物流服务商和物流基础设施等物流资源,规范了行业服务秩序,推动了行业总体水平的提升。由此,天猫和淘宝通过物流信息平台,成为物流市场的组织者和基础服务的提供者(图2-19)。

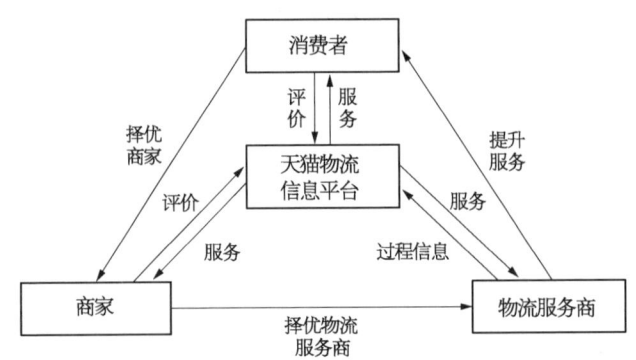

图2-19 天猫物流信息平台

商家可以根据物流信息平台提供的物流服务商信息,选择优质的物流服务商作为合作方;通过平台提供的订单跟踪数据,及时获得不同物流环节的信息;

通过平台提供的运营数据分析提升经营计划性,及时进行补货;同时根据物流的执行情况,对物流服务商进行评价,反馈给平台。

物流服务商将物流执行信息提供给物流信息平台,为卖家和消费者提供实时的物流过程信息;物流信息平台根据广大商家的当前订单和历史销售情况,为物流服务商提供产品销量预测数据,提前准备物流资源和能力,防止出现"爆仓"。

卖家可以通过物流信息平台提供的订单跟踪数据,及时了解物流执行情况;根据物流服务商提供的服务,选择合适的商家和物流服务;对商家和物流服务商的服务进行评价,反馈给平台。

而天猫则利用物流信息平台,对天猫商城的物流状况进行总体分析和监控。一方面,对物流服务商和商家的物流能力进行公示,设置行业服务标准,打击虚假发货等违规行为。另一方面,根据物流数据,对订单流量流向进行分析和预测,优化物流活动组织,为骨干物流网络设施的规划和建设提供依据。

以天猫物流信息平台为基础,阿里巴巴在2013年1月,联合银泰、复星、富春、"四通一达"、顺丰等公司,提出在未来的5~8年,投资1 000亿元,搭建"中国智能物流骨干网"(China Smart Logistic Network,CSN项目)。CSN项目将由8个左右的核心节点、若干个关键节点和更多的城市重要节点组成,将支持日均300亿元网络零售额,实现全国范围24小时送达。CSN项目不再是传统物流意义上的物流基地,而是以物流信息平台为核心,建设全国范围的物流仓储基地网络,并向所有的制造商、网商、快递物流公司和第三方服务公司开放,实现物流资源的共享和集约化利用[28]。

2) 物流配送路径优化

物流配送是承运商把货物从上游企业或配送中心向下游企业、商家或最终消费者运输的过程,在物流过程中占有重要地位,据统计运输费用约占物流总消耗的50%以上[29]。根据国外的经验,采用合理的配送路线,可以使汽车里程利用率提高5%~15%,运输成本大幅减少[30]。由于配送路线的制定与客户空间分布、客户时间窗要求、配送货物数量、货物类型、道路交通条件等多个因素有关,特别是受交通拥堵的影响,道路交通条件存在不确定性,路线优化计算十分复杂。而城市交通数据环境的逐渐完备,特别是车载GPS设备的广泛使用,为制定合理的配送线路提供了新的思路。

例如,美国UPS快递公司利用配送车辆装备的传感器、GPS定位装置和无线适配器,实时跟踪车辆位置、获取晚点信息并预防引擎故障。根据GPS历史数据和派送需求信息,采用历史经验路径学习方法,制定最佳配送线路。同时,在配送线路中尽量减少左转行驶,因为左转穿越交叉路口时更容易导致交通事故的发生,而且左弯待转等待会增加油耗。新的配送路线技术使配送效率大幅提高。2011 年,UPS 的驾驶员们少行驶了近 4 828 万 km 的路程,节约了 300 万 gal(美制加仑)的燃料,并减少了 3 万 t 的二氧化碳排放量。为了技术推广和数据保密的需要,2010 年 UPS 将其物流技术部门卖给了一家私人股本公司,组成了 Roadnet 公司。Roadnet 公司从多个快递公司获得车载 GPS 数据等配送信息,更加丰富的数据使系统的精度进一步提高,这样多家公司均能得到更好的配送路线分析服务[31]。

2.3.4 公共交通出行信息服务

公共交通出行的信息按接收媒介的不同可分为定点接收信息和移动接收信息。前者主要是公交电子站牌,为候车乘客提供公交线路信息及车辆到站信息等;后者主要是安装在手机等智能移动终端中的公交查询应用,根据乘客出行目的地和当前位置向乘客提供最佳乘坐公交班次、换乘及预计出行时间等信息。

1) 公交电子站牌

电子站牌目前已在我国的多个大中城市得到了应用,主要利用公交调度系统的车载 GPS 数据,估算公交车辆的实时到站信息,为候车乘客提供车辆到站预报。此外,还提供线路调整信息、实时视频监控、盲人导乘等功能。

例如,杭州市从 2004 年开始建设智能公交电子站牌,目前中心城区已经建设完成近 500 块公交电子站牌,随着杭州智能公交系统的发展,其普及的区域和范围将进一步扩大。杭州的智能公交电子站牌,采用移动互联网技术和 GPS 定位技术,将公交车辆的实时位置信息及实时车速信息等,通过移动网络传输到后台服务器,系统根据当前位置和车速,以及历史经验数据,估算公交车辆距离某站的行驶距离和预计到达时间,然后通过移动网络,将计算结果实时地发布到相应站牌,以方便乘客掌握当前公交运行状态和出行信息。

2) 移动公交查询应用

(1)"车来了"手机应用软件　"车来了"是一款查询公交实时位置的手机软件。截至 2014 年 2 月,"车来了"软件已覆盖了苏州、杭州、武汉、乌鲁木齐、南京、重庆等多个城市。

该软件是从公交电子站牌得到启发,结合移动设备便携、强交互等特性开发而成的生活助手类 App 软件,旨在让用户不再局限于在公交站台等车,而是随时随地都能知道要等的公交还有几站到,解决人们在各种恶劣天气下等待时间长、候车苦的难题。软件除了基础的线路、站点、换乘查询外,还能查询每条线路上所有行驶公交车的实时位置,以及所有经过候车站点的车辆到站信息。

该软件以公交调度系统提供的原始 GPS 数据为基础,结合相应的数据处理算法和模型,能够有效提高定位信息的精准度。例如在难以获得 GPS 定位数据的高架路段,系统会利用自己的算法估计到站时间。若车辆的行驶轨迹和站点之间的耗时发生变化,软件系统会及时更新数据。此外,该软件还能发布一些其他辅助出行信息,例如站点位置变化、途中地铁修建等信息。

(2) Moovit 手机应用软件　Moovit 手机应用软件是以色列开发的一款结合了用户实时数据录入和公交系统数据开发而成的公交手机应用,于 2012 年正式投入市场。

一方面,用户可以通过 Moovit 获得线路公交车的实时运行信息。例如,当用户打开应用时,系统会根据用户的当前位置,给出下一趟公交车的预计到达时间;当预计时间到的同时,应用会提醒用户预计时间已到,用户可以选择报告车辆晚到,或顺利上车;系统会据此记录该趟公交车是否准时。Moovit 采用与谷歌地图类似的方法采集公交实时运行信息,只要用户在公交上打开应用,车辆的行进速度数据会自动反馈给 Moovit。

另一方面,用户还可通过 Moovit 获得公交体验信息。大多公交出行信息软件只提供公交车到达时刻,不提供车内环境、是否拥挤等信息。Moovit 通过用户乘车体验的评分标记功能,直接收集公交服务信息,包括:车内卫生情况(分"干净""脏"两种)、车内拥挤情况(分"满座""坐了一部分人""无人"三种)、对公交车司机的评价(分"无礼""粗心""有礼貌"三种)、车内是否具备无线网络且是否好用、是否有充电插座、是否有供残疾人使用的设备、是否有空调等。因此,使用该产品的用户越多,它所收集的数据就会越准确,发布的信息也就越为可靠。

参考文献

[1] 林群,宗传苓,杨崇明. 国家铁路深圳地区布局规划[J]. 都市快轨交通,2004,17(s1):16-19.
[2] 林群. 高速发展时期城市交通发展战略实施研究[D]. 上海:同济大学,2000.
[3] 王英平. 城市快速路交通流数据间隙特性研究[D]. 长春:吉林大学,2006.
[4] B. S. Kerner. The Physics of Traffic[M]. New York:Springer, Berlin, 2004.
[5] 关伟,何蜀燕. 基于统计特性的城市快速路交通流状态划分[J]. 交通运输系统工程与信息. 2007(5):42-50.
[6] Gabriel Gomesa, Roberto Horowitza, Alex A. Kurzhanskiya, Pravin Varaiyaa, Jaimyoung Kwonb. Behavior of the Cell Transmission Model and Effectiveness of Ramp Metering[J]. Transportation Research,C. 2008,16(4):485-513.
[7] 罗铭. 交通需求管理及其在北京奥运交通中的应用研究[D]. 北京工业大学硕士学位论文,2004:23-26.

[8] Michael D. Meyer. Demand management as an element of transportation policy:using carrots and sticks to influence travel behavior[J]. Transportation Research Part A 33,1999:575-599.

[9] Ryoichi Sakano, Julian Benjamin, Moshe Ben-Akiva. Evaluating Effects of Travel Demand Management in a Medium-Sized Urban Area[R]. Final Report Submitted to the Urban Transit Institute,2001:1-27.

[10] Katsutoshi Ohta. TDM measures toward sustainable mobility[J]. IATSS Research,1998,22(1):6-13.

[11] 姚伟红. 道路交通的被动控制与主动控制[J]. 科技情报开发与经济,2007,17(17):286-288.

[12] 王云鹏. 车路协同技术发展现状与展望[C]. 第三届智能交通学术论坛,武汉:武汉理工大学,2010.

[13] 王云鹏. 车路协同系统关键技术与发展趋势[EB/OL]. [2011-04-21]. http://www.itschina.org/article.asp?articleid=1566.

[14] Vehicle Infrastructure Integration (VII) Version1.3.1 [R]. Washington, DC:ITS Joint Program Office US Department of Transportation,2008.

[15] Shelley J. Row. Introducing the US-DOT's Connected Vehicle Research initiative [EB/OL]. [2010-08-07]. http://deviceguru.com/introducing-the-us-dot-connected-vehicle-research-initiative.

[16] 日本国土交通政策研究所. 交通可达性指数研究[R]. 日本国土交通政策研究(107),2013.

[17] 张志琦. 用大数据解决交通问题[J]. 智慧城市,2014.03.10(97):95.

[18] 陈琼. 城市计算:寻找出租车轨迹玄机[J]. IT经理世界,2012.01.05(331-332):73-74.

[19] 携程网[EB/OL]. http://www.ctrip.com.

[20] 大数据折射"黄金周" 携程提示"预言"九寨沟客流[EB/OL]. [2013-10-09] http://storage.chinabyte.com/102/12738102.shtml.

[21] 张炯强. 大数据为城市居民出行指路领航[N]. 新民晚报,2013.10.23,第A01版.

[22] 凤凰科技. 天猫淘宝2012年交易额破1万亿 占去年全国GDP 2% [EB/OL]. [2012-12-03] http://tech.ifeng.com/internet/detail_2012_12/03/19779906_0.shtml.

[23] Reuters with CNBC.com. EBay Prediets $300 Billion in Transactions in 2015[EB/OL]. http://www.cnbc.com/id/100601065.

[24] Internet retailer estimates, Top 500 Guide.com company data. Comparing e-commerce giants:Alibaba and Amazon [EB/OL]. http://www.internetailer.com/2013/11/12/comparing-e-commerce-giants-alibaba-and-amazon.

[25] 中国电子商务研究中心. 2012年度中国网络零售市场数据监测报告[R]. 2013.

[26] 王利阳. 阿里物流战略 欲掌控整个电商快递业[EB/OL]. [2013-01-30] http://it.sohu.com/20130130/n365063567.shtml.

[27] 刘夏. 阿里联手"四通一达"打造新型智能物流模式[N]. 中国贸易报,2013.1.29,第A4版.

[28] 庞彪. 马云的"大物流计划"[J]. 中国物流与采购,2013(5):48-52.

[29] 国家发展改革委,国家统计局,中国物流与采购联合会. 2008年全国物流运行情况通报[EB/OL]. http://yxj.ndrc.gov.cn/xdwl/t20090306_264992.htm.

[30] 赵冰洁. 配送中心配送方案优化研究[D]. 成都:西南交通大学,2004.

[31] 维克托·迈尔-舍恩伯格,肯尼斯·库克耶. 大数据时代——生活、工作与思维的大变革[M]. 盛杨燕,周涛,译. 杭州:浙江人民出版社,2013.

第 3 章 城市交通领域数据资源

城市交通数据资源主要由交通行业运行和管理产生,按城市交通特性,可以大体将交通领域的数据来源分为五类:道路交通、公共交通、对外交通、"互联网+"交通和重大活动交通。道路交通数据主要指由布设在地面道路、城市快速路和高速公路的采集设备采集的车流量、车速等数据;公共交通数据主要由公交汽电车、轨道交通、出租车、停车场库等汇聚的调度、客流量等数据组成;对外交通数据包括铁路、民航、航运等行业信息化建设汇集的客流、货流等交通数据;"互联网+"交通主要包括各类新兴交通出行方式和服务产生的数据;重大活动期间,城市交通展现出不同于日常交通的特性,针对国际大型活动的交通信息采集和应用具有较好的借鉴意义。本章将给出国际运动会和世界博览会的交通信息应用案例。

3.1 道路交通

道路交通是城市交通体系的重要组成,根据城市道路的性质划分,可以将其分为城市地面道路、城市快速路和高速公路三大类。各类道路交通担负不同的交通运量,在不同城市中的地位各不相同。总体而言,在各城市的道路交通体系中,地面道路是基础和根本,快速路是提升和飞跃,高速公路是城郊和城际的骨干。在城市交通信息化发展的进程中,由于建设、管理、运维、技术等不同因素,这三类道路交通数据的类型、采集、存储、处理、应用等也体现出不同的特点。

3.1.1 城市地面道路

1) 基础数据及采集

城市地面道路是道路交通体系的主要组成部分,是一座城市市内交通运输的主动脉。按照道路等级分类,城市地面道路主要有主干道、次干道、支路等。各级道路在城市交通中担负的运量各不相同,主干路是城市地面道路网的骨架,连接城市各主要分区,是城市地面道路的大动脉;次干路配合主干路组成城市干道网,起联系各部分和集散交通的作用;支路则是次干路与街坊路的连接线,解决局部交通问题[1]。

我国的地面道路信息化建设起步较早。20世纪80年代,悉尼自适应交通控制系统(Sydney Coordinated Adaptive Traffic System,SCATS)和绿信比、周期、相位差优化技术(Split,Cycle & Offset Optimization Technique,SCOOT)等道路交叉口交通信号控制系统被陆续引入国内,基于信息采集和数据分析,在地面道路交通管理、服务中得到了应用,并在交通数据实时采集与统计、远程维护、交通流控制、通行"绿波带"、公交优先通行等方面取得了很好的效果[2-3]。

SCATS、SCOOT等道路交通信号控制系统,将电感线圈等检测器布设在道路交叉口附近,用于对车流量、占有率、占用时间、拥堵程度等数据的采集,通过中央控制、区域控制、路口控制等多个层面的模型计算,确定配时方案,优化配时参数,实现对交通流的实时最佳配置和控制,从而提高车辆行驶速度,发挥出减少交通停顿、节省旅行时间、降低汽油消耗的实际效用。

随着道路交通管理和服务对信息化需求的提升,地面道路交叉口的相位、绿信比、流量等数据逐渐显现出功能的单一性和局限性。基于电感线圈检测器、微波检测器、视频检测器、全球定位系统等交通数据采集设备,可以采集车流量、车辆速度、车辆类型、牌照、位置等更多丰富的数据和信息。这些不同类型的检测设备,各有优点、互为补充,使采集到更多更全面的交通数据成为可能。

布设在地面道路的这些设备和装置,为交通信息化管理与服务内容的延伸和应用范围的拓展,提供了更多的基础数据支撑。结合地面道路修路、事故、事件、110报警等其他实时或历史交通数据,这些数据和信息已能更好地满足服务交通信息化管理、公众出行信息发布等不同的应用需求。

2) 数据的应用

在地面道路交通原始数据汇聚的基础上,通过数据分析和挖掘,可以开发出多种应用。不论管理者还是出行者,都对道路的运行状态和路况发展趋势十分关心。道路的通行状况,较直接的表述是车速信息。因此,道路的运行状态可以用红、黄、绿等颜色信息,实时或准实时地显示地面道路双向路段的交通路况,用以表征拥堵或畅通等状态。通过城市地理信息系统,可以直观地看到城市地面道路路网的交通运行状态和路况实时变化。实时路况是把握道路运行现状,进行应急处置和指挥的第一手信息,而历史路况信息则可以为数据分析和挖掘积累宝贵的资料。

地面道路交通状态信息的展示应用较为直观,但在区分拥堵量级、分析拥堵成因的时候,却存在明显不足。因此,基于车速、流量等数据分析的交通指数成为各大城市用于细化道路交通状态的重要指标。交通指数是量化的道路状态,介于原始车流量、速度数据和道路交通状态之间的层面,可以从宏观区域到微观路段,以数值或量值的形式细化表达。交通指数的提出、研究和应用,为评判道路服务水平、提供公众出行个性化服务等,奠定了坚实的基础。类似于地面道路路段状态,道路交叉口的运行状况也可以用类似的方法表达。对于经常出现拥堵的区域、路段或道路交叉口,可以结合车流量等各类数据联合分析,找出可能对其进行优化的地方。

事故、事件等报警信息,通过与城市 GIS 的结合,可以挖掘出经常发生事故的"黑点"地段。对这些事故"黑点"进行分析,能够为改善道路通行安全、出行安全提醒等提供支持。同时,这些交通路况、交通指数、事故等信息还可以通过互联网、电视台、电台、车载设备、手机等移动终端应用软件等方式发布,用作出行者对交通出行方式和路径选择的参考依据。

3) 未来发展

地面道路在城市道路体系中占据主体地位,这决定了地面道路交通信息化工作在城市交通信息化发展中的首要位置。虽然起步较早,但是地面道路交通信息化的步幅并不大,这有多方面的原因。首先,地面道路是城市道路体系的主体,难以投入大量的物力、财力较完整地覆盖整个地面道路信息化建设;其次,信息化技术在近些年才在交通领域实现应用和推广,而城市地面道路建设在多年前均已完成,这个时间差使二者的结合受到限制,频繁在现有的道路上布设线圈等数据采集设备,注定会严重影响城市道路日常的交通通行;再次,有些城市的地面道路信息化需求不够明确,在应用没有考虑清晰的情况下,信息化建设的资金投入需十分谨慎。这些原因,都会增加地面道路信息化建设推进的难度。因此,根据地面道路交通现状,理清信息化发展思路是十分重要的。

作为支撑公众出行主体的地面道路交通,如何在数据层面与城市快速路、高速公路、交通枢纽联合,分析出城市地面道路交通的流向、瓶颈和压力点,是解决地面道路交通常发性拥堵,为城市交通规划和基础建设提供依据的方向。

3.1.2 城市快速路

1) 基础数据及采集

城市快速路是道路交通体系的重要组成部分,是联系城市市区各主要区域、主要近郊区、卫星城镇和主要对外公路的快速通道。城市快速路有高架道路和地面封闭道路两类,对向车行道之间设中央分隔带,上下匝道或进出口采用全控制或部分控制,通常采用立体交叉的方式与城市地面道路相交,为较长距离、大流量、高车速出行服务[4]。

一般而言,与城市地面道路相比,城市快速路的建设相对较晚。因此,在快速路道路设计和建设的时候,相应的信息化方案可以同时进行,做到道路基础建设和信息化建设同步。根据不同城市对数据和信息的采集要求,城市快速路的数据采集通常由感应线圈、车辆全球定位系统、牌照识别系统、视频采集系统等支撑。不同的数据采集手段,所获取的数据和信息有很大差别,在设备布设、运行和维护中所耗费的成本也不一样。

这些采集设备和方法的数据覆盖面也不一样,有各自的优势和特点。例如,感应线圈一般埋设在快速路路段或出入口,采用单排或双排断面的形式,用来采集车流量、车型、速度、占有率等信息。这些信息量可以支持相应的应用,但感应线圈采集的数据仅是特定路段的特定点,对整条路段上的车辆空间分布和密度则无法获取,而且布设的成本较高。车辆全球定位系统,可以采集到车辆的瞬时速度和位置,采集周期也可以灵活选择,但由于定位精度的影响,可能会导致相邻地面道路、快速路主线、匝道或出入口位置车辆混淆的问题。牌照识别系统可以有效地抓住流经车牌识别车道和断面的车辆,并可以根据积累的数据找出车辆的起讫点,但是牌照识别的准确率和稳定性是系统评价和应用的基础。视频设备采集到的视频数据,是某特定路段或路口车辆流动、车辆密度等情况的直观记录,但由于视频数据分析难度大,加上可能存在的镜头灰尘、遮挡、移动、天气等各种影响因素,往往使视频数据的利用效率不高。如何发挥采集设备的优势,取长补短,成为有效利用交通数据的重点。

2) 数据的应用

基于城市快速路系统采集、汇聚的各项数据,相应部门的运行管理和面向公众的信息服务等不同需求可以得到有效支撑。作为城市道路交通的快速通道,快速路交通的运行状况是衡量一座城市交通运行是否良好的重要指标。快速路的交通拥堵,会影响到城市的形象。因此,不论是管理者还是出行者,都较为关注城市快速路的交通状况,这也推动了快速路数据的分析、挖掘和应用。

与城市地面道路类似,可以从感应线圈、GPS车速等数据分析中得到快速路的路段、出入口、匝道的状态,并以红、黄、绿等颜色信息或者交通指数等方式来描述道路拥堵或畅通等状态。管理人员可以在指挥中心或监控平台上看到快速路的交通状态,并能够通过信息共享实现跨部门的联动管理;出行者则可以通过布设在道路上的可变信息情报板了解到前方的实时路况,从而决定出行的时间和路线。有些城市引入了快速路出入口控制系统,利用匝道信号灯来调节车辆进入快速路主线的流率,从而提升道路整体或局部的使用效能。信号灯的控制依据就是出入口、匝道、主线的车流量数据,通过适当的控制,可以有效减少拥堵情况或缩短拥堵时间。快速路车牌识别系统的车辆号牌数据,能用来捕捉特定号牌车辆的行驶路径,支撑快速路车辆平均出行距离、出行时间、OD分析、出行高峰限牌管理、公安侦查破案等多种不同的应用。

快速路交通运行管理产生的数据,如事故、事件、道路养护等,也可以与道路路况信息相结合,得到有效的应用。道路养护和夜间封路等信息,可以通过网络向公众发布,为公众信息化出行提供支持。对交通事故等数据的分析,可以定位事故高发地段,找出驾驶行为、路网结构等事故原因,分析事故对交通运行造成的影响等。不同的数据在实际应用中,可以发挥出不同的功用,交通数据的联合挖掘是当前的重点。

3) 未来发展

通常,城市快速路信息化建设在道路交通系统中起步晚、发展快,采集汇聚的交通数据也相对较为全面。如何发挥城市快速路信息化在道路交通大系统中的作用,带动城市全路网的信息化应用和发展,研究快速路与地面道路、高速公路信息的互联、互通显得尤为重要和迫切。目前,不同部门之间的交通数据共享和交换的力度还不够,如何发挥快速路在高速公路和地面道路之间的桥梁作用是关键。城市快速路与地面道路通过出入口或上下匝道相连接,与高速公路通过主线或收费站相连,基于数据交互和共享的动态交通诱导可以为地面道路或高速公路的车辆提供快速路状态、事故等信息。根据车辆进出快速路的需求变化,管理部门可以及时调整出入口或匝道的开关闭,并实现跨部门的联动和应急处置。

城市快速路采集的交通数据多种多样,不同来源、不同类型数据的融合与关联分析,可以为快速路交通数据的应用提供了更为宽广的方向。根据不同交通数据的特性,可以实现基础数据的去伪存真,挖掘应用的优势进行互补,这能更好地为管理部门和公众出行服务,为交通信息化的发展形成强有力的支撑。

3.1.3　高速公路

1) 基础数据及采集

高速公路隶属高等级公路,根据《公路工程技术标准》(JTG B01—2014)规定,高速公路指"专供汽车分方向、分车道行驶,全部控制出入的多车道公路。高速公路的年平均日设计交通量宜在15 000辆小客车以上"[5]。高速公路能够支持城市之间、城乡之间的高速行车,其优点是通行能力大,运输效率高,行车安全舒适,以及能降低能源消耗,但其缺点是工程建设占地多、投资大,造价高、工期长等。总体而言,高速公路的建设情况可以反映一个国家和地区的交通发达程度,甚至经济发展的整体水平。

高速公路覆盖范围广、区域跨度大,这使信息采集的难度相对较大。城市地面道路、快速路的交通数据采集方法不能简单照搬到高速公路系统。依靠密集布设感应线圈获取交通流量、速度数据的方法不可行,因为这直接会导致成本较高;依靠密集布设摄像头获取实时交通运行视频的方法也不可行,因为有些地方没有条件进行电缆或光缆的布设;行经高速公路车辆来自不同城市,依靠车辆GPS数据获取计算道路状态的方法也不可行,因为各城市在车辆安装GPS、GPS信息采集和共享方面尚未形成一套统一的标准。因此,由于管理体制、道路现状、技术成本等方面的原因,高速公路交通数据的采集存在一定难度。

鉴于这些问题和现状,高速公路交通数据的采集主要从以下三个方面展开：① 布设适量的感应线圈、视频监控系统等设施设备,满足高速公路日常管理的需要；② 将数据采集的重点放在收费站,如车牌识别系统、不停车收费(Electronic Toll Collection,ETC)系统、车辆行驶OD、行程时间等流水信息；③ 利用覆盖范围大、数据密集度低的数据采集方式,如手机信令、手机上网数据等。不同省份、不同城市对高速公路管理的权限分工不同,但从总体上看,目前全国大部分城市对高速公路入城段、出城段、城市道路网连接段的交通数据采集较为全面。

2) 数据的应用

高速公路交通数据的挖掘和应用水平,取决于数据采集和汇聚的基础。作为城市对外交通的重要组成部分,相关数据的应用和开发会在3.3.2节具体展开叙述。作为城市道路交通的一部分,高速公路入城段和出城段交通数据采集和汇聚的基础最好,是与城市道路交通关系最为密切的部分。

如果要提高高速公路入城段和出城段管理与服务水平,则需加强入城段或出城段与城市地面道路、快速路交通数据的关联应用。有些城市的高速公路出入城段与城市快速路系统直接连接,有些城市则与城市高等级公路或地面道路相连接,起到了承接不同种类道路路网的重要作用,甚至融入另外两类路网中。因此,在高速公路的出入城段,传统的交通数据采集手段,如车辆牌照识别系统、感应线圈、车辆 GPS、射频识别技术等,都可以形成面向管理和服务的应用,这与城市快速路和地面道路的数据应用类似。但是,建立在高速公路出入城段与城市快速路、地面道路数据互联共享基础上的联动,是数据应用真正的重点。

有些城市已经将高速公路的出入城段归入城市道路交通系统,系统内的数据交互和联动已经初见成果。对于公众出行信息服务,比较有特色的是新兴起的虚拟情报板业务。借助手机 App 软件或其他移动上网终端,可以通过手机的 GPS 定位信息,弹出相应的路况情报板界面,使出行者可以实时获取到前方的交通状态信息。虚拟情报板大大降低了在路面布设真实情报板的成本,而且可以使情报板的密度提高,使出行者路径的选择更加灵活和智能。

3) 未来发展

随着交通数据采集设备成本的降低及高速公路设备布设条件的日趋完善,高速公路的数据采集和汇聚会越来越好。在交通数据的应用上,不会仅局限于现状,而是会慢慢与城市地面道路、城市快速路的信息化管理与服务水平统一起来,从而发挥出更好的效用。

目前,在高速公路信息化推进中新兴的一项数据应用是利用手机信令或手机上网数据挖掘支撑的。在充分保证个人隐私和数据安全的前提下,经过加密的手机信令或上网数据,采用由客流研究车流的技术,可以估算高速公路的交通运行状态,或者检测交通事故的发生。对这类数据的挖掘和分析,非常适用于城市高速公路的实际情况。手机信令和上网数据量级巨大,在数据预处理和分析中计算量大,在验证其应用可靠性和准确性时,需要联合其他来源的数据。

3.2 公共交通

公共交通是城市交通系统的重要部分,是承担城市客运交通的主体。发展以城市轨交为骨干,城市公交为基础,出租汽车为补充的城市公共交通体系,是引领城市交通向集约化发展,解决城市交通拥堵顽症的必然途径和手段。而城市停车系统也是城市公共交通服务的不可或缺环节。为不断提升公共交通服务水平,公共交通系统一直经历着信息化和智能化的技术升级,积累了大量数据,保证日益增长的城市客运出行服务需求。

3.2.1 公交汽电车

1) 基础数据及采集

城市公共交通系统是城市交通运行的重要组成部分。随着城市化进程的不断加速,交通拥堵加剧,公共交通优先发展已成为城市交通发展的重要战略,常规公交系统已成为承担城市中、短程客运交通的主体。公交数据从产生的来源主要分为:公交基础设施资源数据、公交汽电车运行状态数据、公交汽电车运营管理数据、公交客流数据。

公共基础设施资源数据主要是用来描述公交设施的静态基础空间数据。主要包括公交枢纽、站点、线路、路段、场站等空间信息,以及与公交设施相关的基础道路要素。这些信息是公交系统的基础数据,随时间变化较小,一般在公交地理信息系统中,数据来源于系统外部的规划、测绘和建设部门等,数据存储格式多样,常常随所采用的地理信息系统不同而不同。

公交汽电车运行状态数据是指车辆运行过程中产生的各种数据,主要包括公交车辆自动定位信息、实时调度信息、自动计费信息和动态客流信息。其中,公交系统的车辆自动定位系统通过车载 GPS 接收终端,对车辆进行连续定位,测量公交车辆的位置、速度等信息,并以一定的时间间隔将这些信息通过通信网络传输至控制中心。实时调度信息是指运营调度中心后台系统根据车辆的定位信息和乘客信息等,按照一定的算法得出的公交车辆的动态班次、发车时间、进站出站信息、停靠等待时间等控制信息。公交运营调度信息还包括公交优先信号系统、公交动态调度系统所获取的数据,数据实时更新,数据来源于系统外的交通管理部门,用于支撑实时公交调度。而这些信息(如交通拥堵、交通管制、道路突发事件等)无法从现有系统中得到,需通过人工方式收集或从其他系统中集成。

自动刷卡计费信息是指公交卡自动刷卡计费系统记载的,车载智能公交卡收费机记录卡记载的编号、日期、消费金额、消费时间等刷卡信息,以及车队编号、收费记号、线路编号等读卡机内部信息。车载收费终端经过一定运行时间后回到汇总传输点,由管理员用手持式数据采集器连通车载收费终端,把乘客信息下载到手持式数据采集器上,再把该数据转存入汇总传输点数据库中。另外,一些功能综合的智能公交卡自动收费系统还可以采集乘客的基本信息、公交车辆行驶状态信息和运营管理信息等。

公交客流数据通过安装在车站、公交车的乘客检测器来采集。目前的检测技术主要包括红外检测、视频检测、称重检测等,测定乘客的到达率、到达时间、上下车乘客数、上下车时间等信息,以一定的时间间隔将这些信息通过通信网络传输至控制中心。

公交汽电车运营管理数据是指与公交运营效率、运营安全和运营成本等评估性信息有关的数据。主要包括车载终端设备管理、车厢视频监控、机务、票务、车辆燃油管理、线路信息管理、车队信息管理、公司信息管理、站点和停车场信息管理等所产成的数据。这些数据一般通过专业的设备进行检测,并通过无线通信或人工汇总到公交运营公司,实现对驾驶员活动和车辆活动等实现全方位的信息化监控功能。

目前公交系统的动态运行信息数据多样,数据量很大,一些智能化公交管理设备(如车厢视频监控设备和车辆前后端安装的公交专用道侵入执法监测器等)获取的视频图像数据,还具有非结构化的特征,而且随着信息化技术的不断发展,大部分信息数据都实现了实时获取,信息量随着系统运行时间的增长而迅速膨胀。因此,公交系统数据对分析公共交通运行,提供交通总体运行挖掘分析具有重要的价值。

2) 数据的应用

随着信息化技术和智能公交系统技术的不断发展,国内智能公交系统水平和效率也随之不断增加。智能公交信息采集、集群化调度、智能化乘客信息服务、高效运营管理、节能环保等主要功能得到了长足的发展。例如,上海智能公共交通系统以调度系统为核心,实行公交调度中心、分调度中心和公交车队三级管理。公交车实现车辆自动定位,并将定位信息发送给分调度中心,使其能够实时监测车辆的运行状况,并向车辆发布加速、减速、越站、跨线、折返等指令,并依据当前的客流信息、交通流量、占有率等数据合理调度车辆。上海部分公交车辆内还可设有电子收费、乘客计数、电子公告板等装置,实现乘车服务的自动化和信息化,也便于公交公司统计客流情况,为线网规划与行车时刻表的编制提供可靠数据。同时,系统还实现自动车厢乘客信息服务和自动到站预报信息服务,以及智能投币机、POS机与GPS车载终端的数据对接,一旦出现大客流和车厢拥挤状况,该系统会自动调整发车班次,及时投入运能。候车乘客通过智能手机扫描二维码,就可获知车辆离站的距离,这样的线路信息预报二维码覆盖了580多条公交线路所途经各个站点。

广州通过建立智能公交监控调度系统,实行公交集中调度,实现了对公交的实时监控与智能调度;通过电子站牌、呼叫中心、互联网及手机等不同途径向政府、出行者和企业提供交通信息服务;智能公交系统与公交企业的管理信息系统相结合,使智能公交的应用深入到企业运营管理的深层次;建成公交电子自动收费系统、交通信息服务中心、网上交通信息服务、手机交通信息服务、公用交通信息设施等,并编制了广州市公交车智能调度系统及车载信息设备技术规范。

在车辆状态分析方面,郑州市利用控制器局域网络(Controller Area Network,CAN)总线技术,对车辆状态实时监控,实现里程、油耗、驾驶动作等相关分析。在客流分析方面,利用客流调查器、IC 卡刷卡机、投币机等设备提供的数据,实时监控车辆客流满载率、客流分布及其流向。在信息发布方面,在公交站台和公交线路中转站,设立了发光二极管(Light Emitting Diode,LED)点阵型及液晶显示屏(Liquid Crystal Display,LCD)型的电子站牌,直观地为乘客实时提供车辆进站及换乘信息,乘客也能通过手机上网、网站查询等方式了解车辆到站和换乘信息。

苏州市已建成先进的智能公共交通系统,通过建立公共交通智能化调度系统、公共交通信息服务系统、公交电子收费系统等,实现了公共交通调度、运营和管理的信息化、现代化与智能化,为出行者提供了更加安全、舒适、便捷的公交服务,从而吸引公众的公交出行。苏州市智能公交系统主要由数据采集系统、数据交换和共享平台、企业营运系统、行业管理系统、决策分析系统和公众信息发布系统等组成。

香港通过推广使用先进的智能运输系统、运输资讯系统、交通管理架构等技术,推行电子化、智能化,提供公交资讯服务和自动缴费服务。通过结合 GPS、GIS、移动通信等技术,实现了车辆的智能化调度及信息管理的智能化,为公交企业在行车计划的制定、线路的调整、规划等方面的决策提供基础数据。电子站牌设备配有移动通信模块与控制中心沟通,可以通过控制中心将车辆即将到站信息发送至电子站牌,候车乘客就能获取车辆到站距离、时间、路面情况等信息。

3) 未来发展

随着智能公交系统的发展,智能公交系统调度、线路和客流监控、收费等子系统中积累了海量数据。利用先进的数据挖掘技术分析智能公交系统中的海量信息,可以发现其中隐含的公共交通模式及规则,获得高层的、潜在的规律(如车辆运行规律、客流规律等),并评价公交系统的总体特征(如公交系统的可达性、可靠性),发掘公交运营成本节约、污染降低的主要因素,进一步提升公交服务水平和降低社会资源消耗。同时,公共交通卡系统积累了大量的交易数据,详细记录各公共交通运营单位、线路的客流情况,是分析判断公共交通客流状况极有价值的信息。由交通卡数据时序得到的市民出行链信息,是分析日常通勤客流出行特征的重要来源。充分利用现有的数据库中的交易数据和运营管理数据可提供挖掘公交车辆位置信息、行程时间信息、站点上下车人数信息估计等,估计客流在时间、空间上的分布特征,来推算公交动态 OD 矩阵,以及利用行程时间和动态 OD 矩阵信息进行公交系统可达性评估等,可为城市交通规划及管理、公共交通运营管理及乘客出行服务提供技术支撑。

3.2.2 出租汽车

1) 基础数据及采集

城市出租车客运系统是城市公共交通的重要组成,是城市轨道交通和常规公交客运的重要补充,是体现高层次和特殊出行需求的公共交通出行方式。与城市发展规模相关,城市出租汽车发展规模与总量基本处于平稳态势。出租客运系统的数据主要来自城市出租客运调度系统。上海是我国出租车管理水平较高的城市,2005 年上海出租车行业启用智能化营运调度平台,依托先进的通信、计算机及网络技术,构建统一高效的行业信息服务(调度)中心,与出租车车载系统、出租车站点组合成一个现代化调度运作网络,使全市出租车资源达到最优化配置,截至 2013 年该系统可以覆盖全行业 5 万辆出租车。随着技术的不断进步,其他城市也在不断完善出租汽车监控与智能调度系统、统一呼叫管理系统。智能化出租监控调度系统或平台通过设置在出租汽车上的 GPS 车辆位置信息采集系统及调度呼叫系统,将车辆实时 GPS 经纬度坐标、车厢空车重车状态、乘客用车时间、上车地点、车型等信息返回统一调度平台,通过后台数据处理和乘客乘车需求情况,调度员进行快速合理地调度车辆,提供在规定时间内向客人提供用车的服务。

随着软件和无线互联网技术的不断进步,打车软件慢慢进入市民的视野。2013 年,北京市出租车调度中心宣布与滴滴出行平台(原"滴滴打车")进行战略合作,这也是政府设立的传统电调平台与民间手机打车软件的首次合作。以前乘客拨打 96106 出租车预约热线电话约车,然后调度中心人工坐席分配给所辖的出租车车载终端,司机根据路线和需求进行选择。96106 与滴滴打车建立合作后,乘客只需手机下载滴滴打车软件,通过语音发送用车需求,除平台覆盖原有的 2 万余辆服务车辆外,96106 覆盖的 3 万余辆出租车也将可以接到乘客需求[6]。

此外,与城市出租客运管理相关的数据还包括城市出租基础设施数据信息,如出租车扬招站点位置、类型、停车位数量、编号等信息,这些信息通常集成在车辆调度与管理系统中。

2) 数据的应用

出租车车载 GPS 终端返回的信息可以确定出租车的起讫点,还能够反映车辆是空载行驶还是载客行驶。通过建立相应的指标条件来对数据进行处理,剔除无效数据,可为 GPS 数据的有效利用提供数据基础。利用出租车的 GPS 数据可以有效解决许多交通问题(如出租运营状况分析、交通拥堵状态分析、交通出行需求空间分布),以及为交通规划、交通管理提供决策支持依据。

将出租车出行起讫点的 GPS 数据进行处理分析,利用每次出行起讫点的经纬度、速度、时间、载客状态等信息,对出租车的交通运行特性进行分析,可评价出租车平均载客时长、平均出行距离、上下客高峰期、时间和里程空驶率等指标,对出租投放量、运营模式及出租交通分担率等进行支撑。通过出租车 GPS 数据计算上下客热点的时间和空间分布,可以分析出租方式的运营时空特征和分布密度,为出租车的运营调度提供数据支持。出租车上下客高峰期分析可作为居民全方式出行特征的补充,对总体交通出行时间进行优化,增加乘客高峰时段的出租车数量,减少低峰时段出租车营运的数量或频率,从而在时间上进行合理的配置与调度。出租车空驶率则可以较为直观地反映出租车的运营状况,一定程度上反映出这个城市出租车的保有量是否合理。如果空驶率过高,则说明出租车保有量过大;如果空驶率较低,则说明城市出租车的保有量不足。利用 GPS 数据计算出租车停靠站的设置位置与上客空间分布之间的适应性,识别出租车上客热点区域或者路段,可以合理估计乘客最短步行距离,为出租车停靠站设置方案提供依据。

出租车可以作为城市道路上运行的浮动车来反映整个交通流的运行状态,利用出租车的实时位置、行驶速度等信息,通过道路交通流建模,可得到道路的交通流量、道路拥堵程度等指标,为车辆的出行路径优化和短时交通流预测提供基础数据。

当城市 GPS 数据样本达到一定规模时,选取合适的聚类方法对出租车乘客的出行起终点进行聚类,将不同空间位置的出行起终点分为不同的类别,为交通规划中的交通出行调查提供数据模型,为交通规划中的交通小区划分和乘车热点的识别问题提供参考依据。利用出租车 GPS 数据还可以进行居民出行 OD 调查的数据建模或作为人工调查结果的校核,成为全交通方式调查的一个补充,所利用的 GPS 数据经过较好地处理分析后,可提供可靠性比较高的调查资料。而且数据作为客观的因素,所受各方面的影响比较小,耗费的人力物力也更加节省。

3) 未来发展

为了满足日益增长的城市公共出租客运对安全性、效率性、便捷性的服务需求,未来城市出租客运系统正面向智能化管理和智慧化出行的方向发展。智能的出租运营管理系统和出租车辆监控管理系统至少应具备通信、后台监控调度管理、车载检测设备,以无线移动数据网络作为通信平台,综合集成计算机、计算机网络、数据库、无线通信、计算机电信集成(Computer Telecommunication Integration,CTI)等先进技术。通过在每辆车上安装车载终端设备,该设备可进行双向语音通信,车载终端的液晶显示器可以显示调度中心派发下来的业务和其他信息,乘客可以通过系统的嵌入式手机打车软件或拨打调度中心的叫车热线电话,实现叫车服务,驾驶员可通过提示器进行回单响应,避免用手机进行抢单而造成行车安全隐患。通过在出租车辆上安装 RFID 电子标签,实现车辆的路测定位与身份匹配,通过无线网络将数据传送回调度监控中心,在司机遇到危险情况时可通过报警按钮及时向平台中心发出报警信息,利用系统的报警信息可以最大限度地保护驾驶员的人身安全。此外,智能的车辆监控系统还可以配备车辆运营状态监控设备,通过监听功能、拍照功能等,经综合确认后会判断驾驶员的实际情况,如驾驶员有危险,系统会联系 110 报警处理。同时,系统还可以为管理部门提供数据采集、信息发布、克隆车辆识别功能,为出租司机提供定位监控、超速预警、电子地图导航、实时路况采集等多项功能。

3.2.3 轨道交通

1)基础数据及采集

城市轨道交通系统是城市交通运行的主体,是城市公共交通系统发展的核心。在"十五"期间国家将发展城市轨道交通列入国民经济"十五"计划发展纲要,作为拉动国民经济(特别是大城市经济)持续发展的重大战略来推进。我国城市轨道交通系统已经进入了蓬勃发展时期,截至 2021 年 12 月,31 个省(自治区、直辖市)和新疆生产建设兵团共有 51 个城市开通运营城市轨道交通线路 269 条,运营里程 8 708 km[7]。

城市轨交数据主要分为由车辆运行产生的运行控制数据和由运营管理产生的业务数据。列车运行控制系统是设置在线路运行控制中心的最主要系统,除此之外,线路运行控制中心还设置列车监控、电力供应、车站设备、防火报警、票务管理等运营管理系统,负责对突发事件进行统一的指挥处理,和对全线所有信息交换的枢纽、集散地及对外窗口的联络。汇聚到线路运行控制中心的数据包括静态数据和实时动态数据。其中,静态数据是一些与属性相关的信息,包括列车车辆类型、列车速度等级、车长等基本信息;车站基本信息:车站位置、车站股道数量、位置,车站信号灯;线路、设备的基本信息;线路类型、长度,以及各站之间的列车运行时分等参数。实时的动态数据包括列车的动态信息;车站股道占用情况、车站股道开放情况等车站的动态信息;线路、设备状态等线路设备的动态信息;列车、车站、线路数据交互调整的状态和最终状态由已知的静态数据和动态数据推导得出的中间状态信息;推理过程中的暂时调度数据,最终的时刻表数据及统计数据等。

轨道交通自动售检票系统（Auto Fare Collection，AFC）通常包括自动售检票终端设备监控与信息管理的票务处理、通信传输、汇总统计、清分结算、设备监控和运行管理等应用功能，其获取的票务和设备状态数据能够为客流分析、票/卡分析、运载量分析、收益分析、设备故障分析等提供数据来源。轨道交通AFC运营数据库承载着轨道交通售票、检票、设备监控、进出站分类统计、运营结算和日常运营管理等过程生成的交易和数据。因此，AFC中央数据库具有数据量大、访问频率高、结构复杂、安全性要求高等四大应用特点[8]。

除以上数据外，轨道交通数据还包括轨道交通公众信息发布服务系统的信息和数据，主要包括列车上的旅客信息系统、站厅内的旅客引导显示系统和Internet信息发布等。向旅客提供以下各方面的信息：预告列车到达时刻及目的地信息，列车到站的预告广播显示和到站指示广播显示，以及在火灾及阻塞、恐怖袭击等情况下，提供动态紧急疏散指示等信息。

2）数据的应用

轨道交通数据系统的运行过程中产生，同时也为运营、管理、信息服务等系统提供数据反馈与评估。来自列车运行控制系统的轨道运行数据，可为列车自动监控、超速防护、安全行驶提供大量历史数据积累。例如，列车超速防护系统通过采集行驶列车自身运行速度及与前行列车的追踪间隔距离，判断运行速度是否超出列车最高允许速度，追踪间隔是否满足该条件下的最小追踪间隔，当列车超速运行或不满足最小追踪间隔时，采用适当的制动曲线实施列车制动，以保证列车安全运行。

列车自动防护系统主要采集测速、测距、列车紧急制动和通信等信息数据，实现列车的最小追踪间隔防护和列车速度防护，避免列车超速运行和发生追尾事故。列车自动驾驶系统通过集中在列车上的车载检测设备，检测获取地面信息，包括线路坡度和曲线半径，以及前行路段的路面状况等，用来判断机车驱动或制动曲线，实现列车在正常情况下的自动安全驾驶，避免在列车驾驶员失去警觉时发生安全事故。

列车自动监控系统是整个运行控制系统的核心，由现场设备、车载设备与控制中心设备组成，它通过信息采集设备，实时动态显示列车的运行状态和线路设备被占用状况，为列车调度人员和现场工作人员提供清晰真实的动态画面，供其对整个运行系统进行实时监督控制。系统采集的数据包括列车识别与追踪信息、进路控制信息、运行调整信息、运行图管理信息等，实现列车限速和防护的功能，从而实现车速自动调节、车站定点停车、自动开关车门等。

3）未来发展

轨道交通以其突出的运营特性有效地带动了城市公共交通的发展，随着城市人口的不断集聚,城市轨道交通需求激增,对轨道交通运行、运营管理、安全、需求引导与乘客信息服务都带来了前所未有的挑战。通过对设施数据、运营数据、客流数据等的深入挖掘分析,建立适应城市总体交通系统运行的轨道交通运行规律与建设管理方案,提供面向公众轨道出行者完备准确的乘车服务信息,是指导城市轨道交通系统发展的重要方向。

轨道交通数据挖掘的一项重要工作是对运营数据和客流数据的时空挖掘分析。结合轨道交通路网结构和历史 OD 客流统计信息与特征、AFC 系统实时检测到的轨道网络中各车站的进出站实时客流量,分析和预测未来短时段的客流 OD 矩阵,以及进行 OD 分配,可以帮助掌握客流产生和吸引时空分布规律,合理规划建设轨道交通信息的诱导方案,及时采取应对措施和在严重拥堵的情况下制定疏导预案,进一步提升轨道交通服务水平。

轨道交通吸引的大量客流也需要足够的出行信息和诱导信息,乘客凭借诱导信息选择出行起始点之间的最优路径,同时在各车站进出通道、上下车门附近及其他换乘空间等可以避免盲目拥堵,需要对城市轨道交通线路客流在整个轨道网络中实时分布情况进行分析和掌握,以平衡地铁运营效率和效益。同时,对轨道交通系统运营而言,实时客流分布预测能够使运营公司实时了解轨道网络中客流的分布情况,指导运营公司更加合理地安排发车时间,合理配备出行车辆车厢节数,提高服务水平和运营能力。出行者亦可根据客流诱导信息系统提示的行程时间、换乘时间、换乘次数和拥堵程度等信息,提前选择相关路径,避开拥堵线路,提高出行者的出行效率和舒适度。城市交通决策和管理者也能宏观掌握轨道客流聚集程度,合理分布整个城市客流,有助于提高轨道交通的利用率,也能够缓解城市道路交通压力。

3.2.4　停车场(库)

1) 基础数据及采集

随着机动车保有量的快速增长,我国城市停车问题越来越凸显出来,在信息技术、物联网技术等的推动下,城市停车场(库)的信息化建设、管理、经营水平不断提升,城市停车场(库)的信息化管理效率和公众服务能力也逐渐跃升,纳入城市停车诱导信息采集系统的停车场(库)比例不断提高。

城市停车场(库)包括公共停车场和专用停车场,即路内、路外停车场。通常路内停车一般采用人工收费或自动停车管理系统,停车信息采集设备(如咪表系统),将车位采集信息通过通信模块汇聚到停车信息系统。路外停车场包括社会停车场、小区停车场及特殊场合停车场等,利用车辆检测器采集停车信息的采集方式,在停车场进出口或车位上方安装车辆检测器(如感应线圈、微波检测器、超声波检测器等车辆检测设备),车辆检测器采集停车场进出车辆数或车位占有情况,空车位采集器计算停车场空车位数,车位变化数据通过无线网络由停车场诱导管理系统进行汇聚,经后台计算处理,生成对应相关停车场的空余泊位数据,并对相应信息诱导显示空余泊位进行分配。对应停车场的空余泊位数据再通过无线通信网络,下达到相应信息显示屏显示空余泊位,从而向驾驶员提供各停车场的有效空位信息。

2) 数据的应用

先进的城市停车场(库)信息化管理通常可以实现泊位管理、停车引导、收费计费、经营管理、服务管理等功能。借助停车数据挖掘分析为城市停车建设管理提供决策依据,利用每日积累的停车信息实时数据,逐步建立静态交通管理体系,使动态、静态管理结合,大大提高城市开放式停车场管理效率和交通综合管理水平,提高城市信息化管理水平。收费终端的每一步操作在后台都有详细记录,其采集的车辆信息,还可与城市车辆管理天网、车管所、交警执法数据对比,及时发现套牌、盗抢、报废、事故逃逸、未年检、涉案、违法未处理等车辆,并及时协助公安交警执法、与110联动等。

3) 未来的发展

智能停车场(库)是未来停车管理和服务的重要发展方向,实现安全、便捷、高效的车辆停车管理与信息化服务是其主要目标,未来的停车信息服务还将实现个性化的预约、定制、特殊需求等其他功能,使驾驶者能够在驾驶中就可以方便地通过路边的停车诱导系统、电话、网络等各种方式得到停车场及其是否有停车位等信息。停车场内部车位引导和车辆位置指示等系统可以帮助驾驶者在进入停车场时,在交费、寻找车位、寻找自己的车等环节获得便捷的服务。车位预订、特殊人群的特殊停车需求也要求便利快捷的停车保障,能避免盲目找车位而空驶。随着技术的发展,通过对停车信息的历史数据挖掘分析,可以累积驾驶者的出行与停车行为偏好信息,制定均衡的停车诱导策略,提升社会资源利用率和信息服务的准确率。对停车车位数据的利用率分析,可以判断城市停车需求的增长趋势,评估停车场设施建设规模与效益,为调控和制定城市车辆发展策略提供依据。

3.3 对外交通

对外交通是城市交通对外的门户,是车流、客流、货流交互的通道。一般而言,一座城市的对外交通体系包含铁路、公路、航空、航运和交通枢纽等几大组成部分,而其又与城市道路交通、公共交通这两大体系紧密相连。由于它们分属不同的管理和运营主体,其信息化推进与发展的程度各不相同,数据与信息的共享与汇聚也存在一定难度。由于城市对外交通对整个城市交通体系具有巨大的影响力,甚至可以改变城市原有的交通特征,对其进行数据资源的联合挖掘与应用开发成为决策管理、出行服务共同的关注点。

3.3.1 铁路

1) 基础数据及采集

作为城市对外交通重要组成部分的铁路运输体系,担负着客流和货流进出市域运输的重任。随着对管理和服务实时性与精细化要求的提高,铁路客运与货运信息化建设已经在中国铁路总公司和各局全面展开,并取得了丰硕的成果。

铁路货运信息化系统建设较早,网络覆盖铁路总公司、路局,以及全国多个货运车站,主要完成运输计划自动下达、货车自动跟踪等功能,由基层站段本地存储货票、集装箱等原始数据,上报区域中心、路局、铁路总公司,各级独立建设原始信息库和动态信息资源库,对本级原始信息分级进行加工、处理,分别落地、逐级上报;铁路客票系统从 1996 年上线,通过车票信息在车站内部共享实现了车站窗口联网售票,后经不断升级,推出 12306 互联网售票系统,实现了客票数据在全路范围内的互通共享,并支持异地联网购票[9-10]。

数据汇聚并集中在铁路总公司、路局等各层面,通过已建的信息化系统,汇聚的数据种类十分丰富,涉及管理、运营、生产、安全等各个方面。随着信息化建设的不断推进,由静态和动态数据组成的这些基础数据,以及数据分析和挖掘获取的结果数据,发挥出越来越重要的作用。

其中,与城市交通密切相关的数据主要包括:客运与货运调度信息、列车时刻表信息、实际发车和到站时间、车次延误信息、客流量和货运量信息等。客运和货运行车调度信息,主要包括时间、地点、车速、行车方向等用于车辆运行管理和指挥方面的数据;列车时刻表信息,主要指各车次制定好的计划发车时间、计划到站时间等用于车次和时间查询的相关数据;实际发车和到站时间信息,主要指根据列车实际运行情况,记录车辆发车和到站的实际时间,并通过与列车时刻表的计划时间比较,获取车次的延误或早到等相关信息;客流量和货运量信息,主要指列车所承载的客流、货流数量,以及客运上座率和货运周转量等相关数据与信息。

随着铁路信息化的建设、发展与完善,基于数据采集和分析的应用系统有了坚实的基础,使铁路运输系统在管理和服务两个方面,全面迈进了数字化时代。

2）数据的应用

在铁路数据采集、存储的基础上,如何进一步挖掘,找出数据的潜在规律,用合适的表现形式来展示表述,并在实际中运用,提高工作效率,是信息化建设和完善的目的与方向。就铁路数据的应用来讲,主要有两个方向:一是管理决策参考;二是公众信息服务。铁路数据的高度集中和实时性,可以很好地支撑这两方面的需求。

管理决策参考有两个层面:一是满足铁路系统内部的管理需要;二是满足城市交通相关管理部门的决策参考。客运和货运行车调度数据,可用于评价车辆调度水平与效率,通过长时间的数据积累,可以为集中调度和自动调度提供参数和依据;实际发车和到站时间、车次延误信息等数据,可用于辅助计算相应指标,评估列车运行的准点率和延误率;客流量和货运量等数据,可以与行车调度、准点率或延误率指标结合,评判车辆运行和调度的效率,为调度效率的提升和自动调度参数的调整提供依据。铁路运输体系担负客流和货流进出市域运输的任务,客流和货流的出入必将对城市自身交通产生影响。城市交通管理部门主要将注意力集中在从工作日、休息日、节假日时间维度,分析两类数据对城市交通的影响度,以及从火车站、铁路货运中心及其辐射范围的空间维度,分析两类数据对城市铁路相关热点区域的影响度。

公众信息服务主要体现在三方面:一是在客票售票系统对社会公众的服务上,公众可以从售票窗口、12306互联网售票系统、95105105电话订票,以及使用自助服务终端预定、改签及退票;二是票务信息的互联互通还可以与管理系统有机结合,票务系统每天产生的交易数据,结合票务管理数据,可以为公众提供更可靠、便捷的购票服务;三是与火车站的信息化建设相结合,票务服务还可以通过手机App软件、售票大厅显示屏等显示终端,为公众提供及时的信息发布与推送,满足不同用户的需求。

3）未来发展

目前,铁路总公司在参考国内外各行业信息化经验的基础上,拟建设覆盖到车站的高性能骨干网,将部署在车站的IT设备向路局、铁道部层面进行汇聚,实现设备的物理集中,提升维护效率,降低车站维护压力。在不改变应用系统逻辑架构基础上,对服务器和存储设备逐步虚拟化,构建铁路总公司和路局两个层面的云数据中心,实现路局内部,以及路局与总公司之间的IT资源动态复用,为类似春运售票等突发业务提供足够的性能支撑。

铁路云数据中心建设是继网络融合、IT资源集中后,真正使信息化发挥巨大作用的关键步骤。国外铁路信息化数据中心的建设已经体现出突出的应用优势,中国铁路数据中心建设可在充分吸收借鉴各行各业数据中心应用经验的基础上,以开放性国际标准对铁路现有庞大的 IT 资源进行虚拟池化,打破原有专网应用瓶颈,使 IT 资源发挥更大的价值。云数据中心所具备的资源动态调配、虚拟机集群、自助申请特性,将赋予铁路应用系统处理能力自动扩展、新业务上线快等诸多新特色,能很好地应对铁路春运高峰的突发处理压力,提供更高的可靠性。对于跨领域、跨行业的数据共享,云数据中心的建设也将为统一数据出入口、动态挖掘和应用提供良好的平台和基础[11]。

3.3.2 公路

1) 基础数据及采集

作为连接城市之间、城乡之间陆路交通的重要纽带,公路网系统包括了高速公路、一级公路、二级公路、三级公路、四级公路等,是进出市域陆路交通的重要组成部分。随着城市公路网信息化建设的大力发展和不断推进,公路管理运营水平和公众出行信息服务质量日益提高。

高速公路收费站,可以对过往的车辆本身,以及其行程信息等数据进行全面的采集;具备条件的高等级公路,可以布设线圈、雷达、红外线车辆检测器等设备,全天、全方位地采集车辆的行驶速度、车辆类型、车辆长度、行驶方向和车流量等信息;视频图像设备能采集并记录真实的车辆及路况视频和图像信息;气象检测设备可采集路段温度、湿度、雨量、风向、风速、能见度、结冰情况等;隧道环境检测设备可采集隧道内一氧化碳浓度、火灾、能见度、视频图像、照度等有关信息;车辆超限管理(称重)系统的称重设备可以采集车辆轴重、车速等数据[12]。这些基础数据的采集,是支撑管理和服务应用的基石。

数据和信息采集后,通过光缆和电缆,统一传送汇聚在各信息分中心,并经过实时的处理,将数据转化为运行管理和公众服务需要的信息。各信息分中心就能够将公路通行情况、本地养护施工信息、交通事故事件等突发信息、异常天气信息等影响公路安全和畅通的情况及时通过网站、出行咨询服务热线、公路情报板、广播电台等方式及时向社会发布,从而有效减少交通拥堵,使采集的数据产生实际价值。

公路网信息中心,作为公路网信息化架构的顶端,连接各信息分中心,汇总其采集的数据,并加以分析和挖掘。由公路网信息中心构建的路网交通信息平台,可以从宏观、中观层面,有效评判公路网的整体运行状况、维护成本、服务质量等,指导公路信息分中心的工作,使采集的数据发挥出更大的效益。

2) 数据的应用

通过分析公路网采集的各项数据,可以为管理措施的制定提供依据和参考,还能为公众出行提供更高质量的服务。对高速公路收费站收费流水数据的分析,可以从收费时间、进站车速、收费车辆数、收费站规模、排队车辆数等因素之间的关联性考虑,合理解决可能的收费车辆积压问题,用以提高收费站的运行效率和服务水平;也可以从车辆ID标识、进站位置和时间、出站位置和时间数据进行挖掘,分析车辆的行程车速、车辆类型、出行OD等信息,用以评估公路路网的运行效率,定位交通压力关键节点,寻找相应的解决途径等。对公路网采集的视频信息,可以实时监控路网交通运行,及时发现事故、事件等突发问题,提高相应部门的应急反应速度和应急处置水平;通过对车辆号牌的存储、调用与分析,可以为公安破案提供线索和证据,直接为国家安全和公共安全服务。公安道口卡口数据,采集了经由不同等级公路进出城市的车辆数、车型等信息,对这类数据的挖掘分析,可以从整体上估算出进出城市的车辆和客流的时空分布、规模和总量等信息。

通过分析单一来源数据所获得的信息,能在一定程度上提高管理与服务的效率和水平,而将多源数据进行关联挖掘,可以发现更多规律,为提升公路网运行与服务,发挥出更大的作用。结合公路网天气、事故等数据,经过长时间的积累和分析,可以找出事故多发地段和成因,通过道路状态信息板发布提示信息,提醒车辆降速慢行,降低事故的发生率。结合长途客运站的长途客车和乘客的发送、到达数据与进出市域公路系统的车辆数,可以分析评价公路网在陆路城际交通中发挥的作用;结合收费站流水和公安道口数据,可以分析节假日、工作日车流进出市域的时间和空间高峰,制定相应政策进行分流;结合ETC卡和收费数据,评估车辆通行效率,大力推广不停车收费系统ETC,进而解决车辆通过收费站的积压等问题。

3) 未来发展

作为连接城市间陆路交通的主干线网,公路网系统不仅可以是横跨城市的桥梁,更可以是城市间交通信息与数据共享、交换的重要渠道。随着城市交通信息化建设和发展进程的加速,公路网交通数据和信息的采集、存储与应用,必将在城市交通管理和公众服务中,发挥出越来越重要的作用。

在城乡一体化建设过程中,公路网系统作为城市之间、城市与城郊的通道和桥梁,在信息与数据的交换和共享方面,肩负着纽带的重要作用。首先,在入城和出城两个方向上,公路网及其沿线城市的道路交通状态等相关信息,可以通过公路网、城市路网的信息发布系统发布,提高公路网公众出行信息服务的质量与水平;其次,基于公路网系统的城市间数据信息的共享和交换,能够规范统一不同城市交通数据采集格式、采集周期、汇聚内容、共享与通信等,突破目前面临的城市交通信息采集存在差异的发展瓶颈;再次,公路网数据可以与城市交通数据和信息相结合,分析并预判出城市车流、客流对公路和城市交通设施、资源的需求,为公路网和城市交通建设与发展提供管理和决策的依据。

3.3.3 航空

1) 基础数据及采集

与其他交通运输方式相比,民航的国际、城际间交通运输效率最高。自20世纪50年代起,民航服务范围不断扩大,成为一个国家的重要经济部门。由于快速、安全、舒适和不受地形限制等一系列优点,民航在交通运输结构中占有独特的地位,它促进了国内和国际贸易、旅游及各种交往活动的发展,使得在短期内开发边远地区成为可能。"十二五"期间,我国民航固定资产的投资力度进一步加大,支撑信息化的通信网络、数据链、传输网建设不断完善。目前,我国甚高频地空数据通信网络的基础已经建成,为飞机和地面的实时信息交换提供了可靠平台[13]。这些基础建设,是民航数据采集,信息传输和交换的根基。

民航管理局、机场和航空公司对信息和数据采集不同层面的需求,反映出管理者、服务商和社会公众等多方对信息化发展和数据采集的不同需要。民航系统采集的数据种类繁多,已经具备了大数据挖掘的基础。在民航管理方面,民航数据交换传输网络为汇聚全国民航数据,制定宏观发展规划和决策参考准备了数据基础;在机场和航空公司管理与运营方面,机务维修管理系统、运行控制系统、订座离港系统、常旅客系统、财务管理系统等系统的开发与应用,为提高运营效率发挥出信息化的巨大优势;在信息服务方面,自助服务设备、手机平台、网上值机等应用应运而生,为乘客出行提供了更便捷、高效的实时动态信息服务。

2) 数据的应用

目前,基于信息化系统支持的民航决策管理和服务体系已经初具规模,中国民用航空局、各地区管理局、机场和航空公司各层面的数据仓库建设逐步展开,相应的民航数据分析和挖掘系统,业已投入了实际应用,取得了明显效果。这些信息化发展的进展和成果,为建设和打造"中国数字民航"奠定了基础。

机载快速存取记录器(Quick Access Recorder,QAR)真实、准确地记录了飞行过程中的各种参数,可以监控、检查飞行员操纵的每一个细节,及时发现不符合飞行标准的不规范动作,避免飞行事故的发生。通过分析历史数据,对燃油、飞行情报、直飞统计、飞机性能监控、进离场统计、高度层统计、签派运行分析和跑道起降等统计分析,可以实现对飞行和运行过程实施精细化管理,最终提升安全水平和运行质量[14]。空管系统调度数据的积累和分析,可以为提升调度效率和指挥水平提供依据,支撑智能化调度系统与信息化平台的建设与应用。信息化技术在订座系统、安检系统、行李系统的应用,为乘客购票、安全等需求提供了坚实的保障;航班班次、延误等数据和信息的及时采集和汇聚,为公众信息查询和服务提供了便利,信息发布和个性化服务已经贯穿了从飞机到港后机位引导,到旅客下飞机、出港,从离港旅客办理登机手续、候机、离港的全过程[15]。

数据的分析、挖掘和应用,已经渗透到民航管理、运营、商业、服务等各个领域,管理和业务系统、信息化平台的使用,大大提升了民航系统的整体服务管理水平。

3) 未来发展

虽然我国民航信息化经过了多年发展,具备了一定的应用基础和规模,相比过去而言,无论在系统数量还是应用水平上已经有了显著的提升。但是,随着近些年信息的爆炸式增长,管理、运营、服务各层面纷纷建立的信息中心和数据仓库尚未形成更有效的合力,有些相对孤立的系统依然有很大的提升空间,并可用以有效支撑全国范围民航新业务的开展。

民航信息化发展的必然走向是整个行业的一体化,民航信息化建设的关键和趋势是对信息资源的整合,如果能够将航空公司、机场、中航信、空管等信息系统进行整合,我国的民航信息化会有更好的发展。基于云平台新一代数据中心的概念已经兴起,基于网络支撑的云服务模式,不仅能减少系统投资及运行维护人员和费用,还能有效解决数据搬移和信息共享中存在的不畅等各种难题。面对巨大的发展机遇和挑战,我国民航将进一步加快信息化建设,不断结合新型信息化技术,实现智慧空港、智慧民航,不断提升整个民航业的发展水平,从而增强我国民航的国际竞争力。

3.3.4 航运

1) 基础数据及采集

航运是水上运输的统称,可以分为内河航运、沿海航运和远洋航运三大类,涉及客流、物流运输等主要业务。20 世纪 80 年代,我国航运业信息化建设开始起步,经历了管理信息系统、电子数据交换和国际互联网应用等几个重要的发展阶段。在多年的信息化建设和发展中,计算机网络在航运生产运营中发挥了重要作用,航运智能化管理与服务有长足的进步[16]。

各种新兴的信息技术在航运信息化进程中的试点,取得了显著的成果。例如,航运物流信息化条形码技术和航运物流信息化射频识别技术,可以提高航运物流企业信息采集效率和准确性;基于网络互联的航运电子数据交换技术,对航运物流信息化企业内外信息传输,实现航运物流信息化订单录入、处理、跟踪、结算等业务处理的航运物流办公无纸化形成重要支撑;航运预先发货通知、航运送达签收反馈、航运订单跟踪查询,航运库存状态查询、航运货物在途跟踪、运行航运绩效监测、航运管理报告等,是构成第三方航运物流服务的根本;航运物流企业可以通过提升航运客户财务、航运库存、技术和数据航运管理等,继而在航运客户供应链管理中发挥出战略性作用[17]。

国际航运中心的建设,信息技术的应用至关重要。作为航运中心的港口城市,应具有对航区和全球航运资源的配置能力,能提供与航运有关的高端服务,具有航运运价指数发布权,掌握运价调整和增强航运保险定价机制的话语权,成为能满足经济、贸易、航运业发展需求的,依托港口的物流中心,建成高效航运集疏运服务体系。航运信息化建设是支撑上述能力的基础和重要抓手。目前,信息化发展水平较高的世界航运中心是纽约、伦敦、东京、新加坡、中国香港等,基于数据汇聚、整理、发布的航运中心信息平台和国家电子商务系统在港口、航运业务管理、航运资源配置和集装箱物流集疏运管理中体现出高效率和高水平[18]。

2)数据的应用

随着航运信息化的推进,"智慧航运"的概念应运而生。利用航运数据分析和挖掘技术的信息化管理、营运、服务等,是推动并实现"智慧航运"的基础。各个层面的航运信息管理平台、航运信息服务平台、航运营运系统等,已经开始建设并逐步投入使用,并在政府管理与引导、企业管理与营运等各方面发挥出了重要的作用。各类信息化系统的构建和应用,迅速推进了航运智能化的进程。

航运信息化建设也存在一些问题有待解决。例如,航运业务的信息化管理与服务需求在不断地变化和完善,但信息化软件系统的开发具有一定的刚性,往往难以不断改进和拓展;航运信息化建设的地域性、行业性较强,虽然开发的信息化系统在本领域发挥了较好的效果,但在跨地域、跨行业系统兼容时会遇到困难等。因此,管理与服务多方之间的信息资源整合与应用系统集成,是满足信息化系统协同、功能拓展的前提,也是提高管理效率和市场竞争力的关键。

3)未来发展

在已有信息化系统和应用成果的基础上,进一步推动航运信息化的发展,离不开自上而下的设计,这需要在宏观上进行协调与创新。同时,自下而上的信息化系统的握手与对接,是发展的必然趋势。这可能会面临多个问题:一是标准问题,包括数据标准的统一、系统接口的统一等,这是信息技术层面就可以解决的问题;二是管理和运营模式的创新问题,这应该更需要从机制和政策上加以保障与支撑,才能获得共赢和多赢的格局。

3.3.5 综合交通枢纽

1) 基础数据及采集

作为城市多种交通方式集成的有机整体,综合交通枢纽在城市对外交通运输中,发挥着中枢的作用。综合交通枢纽可能涵盖民航、高速公路、城际铁路、磁浮交通、城市轨道交通、公交巴士、长途客运、出租车、停车场(库)等多种交通系统,这必将使其成为多种交通方式一体化的中转枢纽,而且是一座城市交通的关键节点。综合交通枢纽所带来的一系列市内交通需求,成为影响市内日常交通出行的重要因素。因此,交通枢纽信息化建设对综合交通管理、公众信息服务、各部门间的协调与联动等愈发重要。

从综合交通枢纽数据采集和信息化建设的目标来看,信息化系统需要综合考虑各种交通方式的交通需求、交通安全、相互影响与制约、多种交通方式换乘衔接、客流和车流的组织诱导、公共区域的综合管理等需求,最终为实现各种交通方式的协同运营、资源优化配置、交通需求的平衡、信息资源共享以及交通安全协调应急指挥等服务,实现综合交通枢纽交通环境的和谐与均衡。

从综合交通枢纽数据采集和信息汇聚模式来看,可以大体分为两种类型:一类是由综合交通枢纽统一进行数据采集和信息化工程建设;另一类是由综合交通枢纽汇聚多个交通部门采集的数据和信息。两类模式各有利弊,但前提是枢纽信息化建设的管理体制与枢纽现行的管理机制相匹配。枢纽的信息化系统只有与枢纽现行的管理体制和管理模式匹配后,才能更好地为交通枢纽服务目标的实现和日常管理工作的开展发挥积极作用。

因此,数据的采集要以信息化管理和服务的需求为主要依据,既要满足信息化管理和服务平台建设应用的需要,又要保证在管理体制和运行机制上切实可行,给系统预留一定的拓展空间。

2) 数据的应用

综合交通枢纽具有多种交通方式汇集、客流大量聚集的特点。为更好地协调各个交通部门,提高旅客换乘效率、减少驻站时间,实现交通换乘的无缝衔接,需要基于采集的交通数据,分析挖掘枢纽各类交通方式运行特点,找出规律,及时发现、应对突发状况,实现综合枢纽多种交通方式的协同运营,提升交通枢纽的综合管理水平;需要实时提供枢纽换乘诱导信息服务、枢纽内动态交通信息服务、安全疏散信息服务等,以满足乘客安全、便捷、高效的出行服务需要。

综合交通枢纽交通数据和信息的应用,主要在两个层面得以实现：一是多种交通相应管理和服务部门,这是满足最基本的应用需求,即保证相应管理部门实现内部业务管理和服务的需求,保证乘客在选择特定交通方式中得到最优质的信息服务,这是数据和信息应用的最低要求;二是由交通枢纽相应部门发挥协调作用,承担不同交通管理和服务间的桥梁纽带,即满足不同交通管理部门之间的合作和协同,为换乘中的乘客提供相应的信息化服务,并能在突发事故、事件出现时,实现跨部门的应急处置。其中,第一个层面是数据应用的基础和保障,第二个层面则是综合交通枢纽信息汇聚与应用的重点和难点。

基于采集的民航、高速公路、城际铁路、磁浮交通、城市轨道交通、公交巴士、长途客运、出租车、停车场(库)等多种交通系统的调度、班次、车流、客流等数据,综合交通枢纽在规范管理模式,理清管理架构、部门职责、部门管理流程的前提下,构建综合性数据库,存储、分析各类交通数据,寻找其关联性,构建具有实用性、扩展性、综合性、经济性和先进性的信息化平台系统。以交通枢纽数据中心、数据交换平台、应用支撑平台为抓手,构建管理子系统、枢纽日常监测与联动支持子系统、动态信息服务子系统、周边区域交通诱导子系统、交通信息共享服务子系统、决策支持与应急管理子系统等,实现在不同层面上对数据和信息的最大化程度的利用。

3) 未来发展

综合交通枢纽信息化建设和数据应用的目的是更好地保障枢纽交通的运行良好和高效。首先,作为综合交通枢纽辅助运行决策支持的信息化系统,不应在枢纽主体设施建设完成后,再进行规划与设计,而应该在枢纽规划和设计时,同步考虑枢纽信息化的建设问题。其次,在综合考虑枢纽信息化的来源和应用管理权属的多样化和复杂性的基础上,统一交通数据的结构、格式与内容,形成不同交通部门、不同子系统之间最有效的对接与反馈。再次,在多源数据挖掘和应用中,要能实现有效的信息互联与共享,确保一定的权限配置,并在操作流程上加以规范和保障,真正实现交通枢纽内部多部门的协调联动。

综合交通枢纽作为城市的对外交通门户和窗口,数据资源的应用和分析不能仅局限于综合交通枢纽内部,更要与城市日常交通管理和服务关联与结合。因为综合交通的一体化发展,不仅在交通枢纽内部得到体现,由交通枢纽本身带给城市日常交通的巨大交通量,足以使已渐陷困境的城市交通难上加难。因此,综合交通枢纽有必要与城市日常交通管理和服务部门实现数据信息的互联互通、实时共享,这有利于从城市宏观层面上对交通进行协调和管理,进而更好地发挥出交通枢纽和城市交通数据资源集中的优势。

3.4 "互联网+"交通

随着社会经济的发展及互联网技术的进步,城市交通出行方式呈现多元化,共享运营模式也逐渐应用到城市交通出行领域。共享单车、网约车、道路公共停车、共享充电等"互联网+"交通模式如雨后春笋般涌现出来。与传统交通方式相比,这些新型交通模式更加便捷、经济和具有个性,这使其深受城市出行者,尤其是年轻人群的青睐,并迅速成为城市交通出行的重要补充。

3.4.1 共享单车

1) 基础数据及采集

互联网租赁自行车(以下简称"共享单车")是以互联网技术为依托,由运营企业投放车辆,为市民提供日常短距离出行和接驳公共交通等主要功能的自行车租赁服务。自2016年4月共享单车率先在上海亮相以来,仅几个月内,摩拜、ofo、小鸣单车、永安行等各色共享单车就遍布了北京、广州、上海、成都、杭州等城市的街头巷尾。共享单车的出现丰富了人们的出行方式,为生产、生活提供了便利,也为环境的治理和改善提供新途径,尤其是在有效解决城市交通"最后一公里"问题上发挥了积极作用。

共享单车数据来源于单车企业运营、行业监管和车辆运行状态三个主要环节。共享单车企业对车辆的运营管理主要包括对车辆完好状态、周转次数、车辆投放时空分布、热点区域投放数量与密度等方面进行数据采集和在线监控分析,动态跟踪查扣车辆、淘汰车辆、暂扣车辆、置换车辆,对损毁车辆及时实施回收、安置,及时进行新车投放与清运,保证车辆管理各环节的质量与衔接效率。

政府部门对共享单车运营企业实行市场监管和运营监督,定期开展评分与考核,及时纠正扰乱市场秩序、影响城市管理的行为,采取全面监测与分析、行政监督与处罚并举等方式,帮助企业科学分析交通运行规律、准确研判交通发展趋势。政府主管部门一般会建设共享单车监测分析大数据平台,依托平台监测分析全市共享单车运营企业,统计各企业已上牌车辆数、共享单车保有量、按各企业车辆实时分布情况和车辆状态,准确掌握共享单车数据和严控投放区域,实现对企业基本信息、车辆运营数据和服务用户数据的接入,以及企业相关申请资料数据的传输汇总、各区县受理的车辆登记信息汇总等。依托共享单车监测分析大数据平台,分析企业正常运营车辆,加强对异常车辆、"僵尸"车辆、虚假车辆的分析与控制,并与交警进行信息共享以实现车辆上牌业务,实现对车辆牌照登记与违法信息的比对。计划与制定各区车辆控制额度、许可企业投放数量、服务要求,对车辆异常和区域单车密度进行监测。定期形成分析研判报告,发布企业车辆牌照登记和违法信息、相关监管数据、统计数据、特性数据,监督企业提高服务水平。

投入使用中的共享车辆需要实时监测车辆骑行次数、活跃车辆数、在线车辆数、在线车辆是否异常、零部件是否异常和报修状态、热点区域运营情况、开关锁状态和时空分布轨迹、潮汐特性等主要指标性数据,掌握共享单车总体运营状态,为动态合理的调度与服务提供量化分析依据。

2)数据的应用

通过运营分析小工具、监管 App 等手段,对不同对象提供的共享单车数据进行时空分布热力图可视化,可以综合分析共享单车的总体运营状况。如采用 3 m×3 m 网格划分,显示车辆落锁状态下的位置图,可从宏观角度查看单车的密度集中区域,查询所属企业实时运营的每一辆共享单车的位置、状态、数量,分品牌与区域对每一辆车进行轨迹分析。企业扫码核查移动终端后,现场扫码结果将展示在监管平台中,对企业上报车辆数、上传基础车辆数据、动态车辆数据不一致,部分企业基础数据没有上传,以及企业动态车辆数据有一定量的车辆 ID 不在基础车辆数据中等情形进行监管,起到对企业数据质量评估的作用。

综合分析车辆运营规律、车辆运营特性与用户行为特征,包括骑行时长、骑行距离等,将用户的分布和行为属性进行统计分析,对车辆的停放和骑行数据、轨交换乘数据的时空及相关性进行统计分析,分析不同区域的车辆供需关系,并且统计分析用户违停数据,归纳总结禁停区域的设置原理和方法,可以制定科学的禁行路线,指导运营企业科学调度,为政府和行业管理部门决策提供科学依据。

通过在手持设备中安装共享单车监管 App,实现在移动网络环境下对共享单车进行定位、数据采集、证照拍摄,完成数据的采集和上传等工作。监管 App 对行业主管部门相关人员开放单车巡查功能,主要巡查车辆是否注册电子牌照、车辆基础信息是否与企业上传一致、车辆投放的具体时间、投放区域、车辆状态、现场图片等信息,便捷、有效地规范了共享单车运营企业的有序投放行为,达到监管目标。

3)未来发展

共享单车是"互联网+"在交通出行领域发展出的新生事物,除了运营企业、政府监管部门和用户三大主体渠道汇集的行业自身数据外,共享单车还累积了大量互联网特征的其他数据,如用户画像、出行轨迹、运营特性及具有商业用途的各类增值大数据。例如,通过对运营总量、区域运营总量和热点商圈运营总量的分析,可用于交通出行需求的预测,判断城市商业活力和交通活跃度,对单车运行轨迹数据的聚类分析可以找出"最后一公里"交通方式的衔接特征,为共享单车管理、慢行交通规划、基础设施完善和公共交通资源配置优化提供数据支持。

3.4.2 道路公共停车

1) 基础数据及采集

道路公共停车是在城市公共停车场(库)以外,利用有限的道路内资源提供公共停车服务的一种公共交通方式。随着智慧城市、智慧停车、互联网技术的不断进步,道路公共停车的智慧化管理与服务水平也在不断提升,道路停车智慧导航、智能停车位预约、停车换乘、错峰共享、智慧停车位、便捷停车支付等多元化功能不断创新与发展,有限的道路停车资源利用率得到不断提高。

与传统道路停车采用人工方式或咪表等道路设施完成停车收费过程相比,智慧道路公共停车借助信息化技术,开发停车管理与服务信息系统,实现对车位和车辆的自动识别、无感支付、自动停车交易记录与确认、线上缴费等全方位智慧管理功能。利用POS机或高位摄像机采集停车车辆的进出时间、车牌号码、停车时长、收费价格、车位剩余泊位、收费设备工作状态等信息。完成停车支付交易后,对后台大数据分析,归纳停车需求规律、出入口流量分布、区域停车密度、泊位利用率、剩余泊位计算、道路泊位利用率、收费数量与交易金额统计,为道路停车位设置、停车道路规划、停车管理措施提供决策依据。

为提高车辆泊位使用率、周转率,提高公众使用信息透明度和便捷性,基于公共停车服务开发App、小程序,提供在安卓市场和苹果市场下载安装,可在微信、支付宝App直接查询使用,面向社会公众提供停车信息查询、停车预约、停车缴费、电子票据等服务,方便用户出行停车。驾驶员在出行前,可通过手机App查询停车场道路地址、行驶路线及路况、经营泊位数、收费价格、服务时间等信息,只要输入目的地名称或通过导航设定目的地,即可查到目的地周边1公里范围内停车位信息。离场时还可通过App在线支付停车费用,并一键获取停车电子票据。

针对特定场景,如满足上海进口博览会大型活动的停车需求,缓解医院、学校等城市热点区域的"停车难"问题,增加停车预约、导航指引、在线付款、电子发票、停车证打印、进出场监控、分析统计等停车全流程管控,提供真正一站式的用户停车服务。

2）数据的应用

道路公共停车将不同区域、不同停车点、不同主体的停车数据汇聚,利用移动互联网、大数据、云计算等先进技术将其盘活,可以实现行业监管、质量评价、数据分析及公众交通服务等功能,并借助这些数据为城市停车设施规划、场库配建、道路停车建设及对道路交通拥堵、多模式换乘、公共交通衔接,资源优化配置等提供科学分析和数据支持。

通过停车数据能够间接了解出行者的交通模式与潜在出行需求。基于对城市停车道路位置与车位数、道路分布与密度等基础数据的分析,叠加停车流量或使用频率,根据各个停车路段的车辆进出位置,形成进出流量的时空分布,分析停车路段拥堵时间的分布规律,对拥堵点进行识别与预警,可以为车位使用效率分析、交通出行需求与特征分析、出行者交通模式偏好、停车管理措施的合理性等方面提供量化分析依据,为道路和区域的停车位规划建设、定价模型提供参考依据。

道路公共停车服务是一项行政性服务,政府通过购买服务的方式,获取停车收费的支付费用,收费金额全部上交政府财政账户,用于地方性财政。因此,面对逃缴费、漏缴费、违规拖欠等一系列情况,需要采取相应监管手段,保障公共资源的公平性属性,同时提升公共资源的使用效率。上海市道路公共停车平台率先在停车服务中引入出行信用体系建设管理,全市范围的公共停车道路可自主缴费、在线取票、欠费追缴,以及开展先离场后付费的信用支付功能,并将收费设备管理、收费人员登记排班、欠费信息共享、跨区欠费追缴等信息在平台管理员权限上共享交互,对逃缴费、漏缴费、违约、违停等行为以信用积分形式记录在黑名单中,在线违规行为监控提醒,实现基于信用的支付体系。

3）未来发展

随着道路公共停车基础信息服务平台的建设和新技术的不断使用,公共停车服务更加突出综合性停车服务的拓展,更大范围地联网公共停车场(库)、小区和商业停车场(库)信息,使城市范围实现停车"一盘棋"管理,可以为进一步推进错峰停车、车辆路径溯源和车辆 OD 识别、停车诱导和交通管理决策等领域提供支撑。

3.4.3 城市网约车

1）基础数据及采集

城市网约车是"互联网+"时代涌现出的智能交通新业态,移动互联网信息平台为网约车的实现提供了前提条件,满足消费者灵活的、个性化的出行需求是其追求的目标,中高端消费者是其主要服务对象。城市网约车的本质是互联网共享经济驱生和技术支撑下的高品质出行服务。

网约车的始祖来自英国,1998年首次出现了"Private Hire Vehicles"[19]新型租车模式,即出行者通过在网络上向交通服务公司提交交通出行请求,由交通服务公司运营的网络在线平台分配和撮合乘客与提供非营运私家车辆的车主,形成客运服务的新租车模式。经过近三十年的发展和进化,城市网约车的模式更加丰富和多元,形成了以互联网运营商应用服务平台为核心,各种共享模式共存的新型网约车结构组成,比如以"互联网调度"代替传统"电调"方式的传统出租车模式,以滴滴为代表的商务出行信息应用服务平台模式、拼车模式、顺风车模式,以"神州租车"为代表的长租、短租租车模式,定制班车,代驾模式,以及随着新能源车辆和城市公共充电桩普及率不断提升的条件下,出现的电动汽车分时租赁模式,还有未来的无人驾驶出租车模式等,新的互联网出行服务模式为满足各种个性化城市出行需求提供了大量的服务支撑,是城市公共交通出行系统的越来越重要的组成部分。

对于网约车而言,最重要的环节是考虑乘客的出行安全,其次是保障出行服务的质量和运营水平,以及政府、市场、承租方和乘客方各方利益的均衡、合理性问题。因此,正规有序的监管方式,应该是在公共交通服务行业主管部门建立备案制度,对各式网约车运营平台进行总体监控和评估,网约车公司对营运主体进行严格的制度化管理。一般而言,网约车行业采集的信息内容包含以下几个方面:采集行业从业人员信息、车辆信息、车辆运营状态信息、车辆监控信息及用于识别车辆和驾驶员身份的信息等,确保各环节信息真实有效;采集预约、行程、交易、订单、发票等营运信息;采集驾驶员驾驶行为信息,如打转向灯、超速、逆行、加减速度频率等信息,用于规范驾驶行为评估;针对经营性质的网约车模式,还有必要合理合规地采集出行过程监控信息,保留图像或音频等作为潜藏安全风险的法律依据。

另外,由于网约车相较于出租车的准入门槛更低,必须对从业者提出更严格的管理要求。在这方面国外起步较早具有较多经验,如英国对车辆的准入要求一般为15年车龄以内的非改装车辆,配备足够第三方公共责任保险额,对驾驶员的准入要求为无严重犯罪记录、无重大交通肇事记录、驾龄、保险、身体素质要求等多项规定,因此建立网约车从业人员信息库,采集相关的信用、保险、培训、财务、健康等领域资料,利用大数据综合分析评估网约车运营安全服务质量,也是未来监管的发展趋势。

与其他公共交通方式类似,网约车的营运数量、分布、服务水平等,也直接或间接地影响着城市交通的运行状况,例如,采集总体网约车辆的运行里程与分布数据，为网约车投放总量控制、服务质量评估、交通瓶颈发现、特殊交通需求响应起到数据支撑的作用。

2）数据的应用

城市网约车从本质上来讲，仍旧是公共出租汽车的一种，对于城市交通优化而言，网约车数据的应用领域与出租车数据相同，是分析城市交通运行的重要手段，尤其对于分析城市交通出行需求，研究不同人群出行偏好与出行特征需求，完善交通出发与到达矩阵，具有重要价值。同时，网约车运行成本与利润受调度算法模型的影响非常大，涉及运营车辆人员成本、能耗比、订单奖励分配、服务质量、商业吸引力等，是网约车运营企业的市场竞争力核心，因此用于支撑成本与效益分析的相关信息数据也具有重要价值。

另一方面，由于网约车具有互联网服务的特征，因此网约车数据可以更广泛地支撑互联网相关应用。比如网约车独有的出行场景大数据在金融领域有着非常广泛的应用前景，未来可与银行、保险、支付和理财等机构深入合作，帮助传统金融机构提升资源配置效率，降低获得客户和风险管理成本。出行场景大数据在交易欺诈识别、风险定价、精准营销、全生命周期风险管理、增长运营等方面都有着重要商业价值。掌握大数据的应用分析能力，正在成为金融机构未来发展的核心竞争要素。

3）未来发展

借助网约车的互联网服务，用户端的需求更加明显，越来越多的领域选择搭载网约车平台来扩展其服务渠道，多维度商业服务将成主要趋势[20]。网约车市场用户的使用习惯逐渐养成后，企业便通过跨界资源整合和多元业务拓展对用户资源进行多维度商业开发。在资源整合方面，网约车平台接入城市客运出行服务系统，打造"MaaS一站式"出行服务模式；网约车企业与旅行、招聘等企业合作，分享客户资源进行跨界营销推广。在业态衍生方面，可以拓展延伸共享概念，强化共享汽车、智能出租车等新兴模式。

3.4.4 新能源汽车

1）基础数据及采集

在应对世界气候变化的愿景下，绿色低碳和加快电动化转型是汽车产业迈向碳中和的主要路径，发展新能源汽车已经成为交通领域达成"碳达峰、碳中和"目标的重要举措之一。2021年10月，国务院印发《2030年前碳达峰行动方案》明确指出，应大力推广新能源汽车，逐步降低传统燃油汽车在新车产销和汽车保有量中的占比，推动城市公共服务车辆电动化替代，推广电力、氢燃料、液化天然气动力重型货运车辆。到2030年新增新能源、清洁能源动力的交通工具比例达到40%左右。2021年,新能源汽车产销量分别完成354.5万辆和352.1万辆,同比均增长1.6倍,新能源汽车产业正迎来产业规模加速扩张、形成良性发展产业循环的关键时期。

为了监测和掌握新能源汽车的使用、推广、运行及车辆出行情况,建立城市新能源汽车的数据采集、监测与研究,揭示新能源汽车的出行规律、充电规律、运营特征,为企业提供深度数据挖掘与分析服务,为政府合理引导新能源汽车的使用和制定相关产业政策提供数据支撑。

在监测新能源汽车的使用和推广方面,通常采集上牌车辆数量,车辆注册信息,车辆的种类,如按照车辆使用属性划分为乘用车、客车、物流车,按照充电能源划分为充电车辆、加氢车辆和换点车辆,以及各类车辆所占有的比例、出行总量等数据。车辆运行方面,采集新能源车辆的运行状态、车速、运行模式等驾驶数据,以及驱动电机状态、电池状态和燃料状态等车辆运行特征数据。掌握车辆出行特征,获取的数据内容包括各类车辆的交通组成、车辆行驶里程、出行频率、出行时间、出行位置等数据。

新能源汽车充电大数据主要分为桩端采集的充电数据和车端采集的充电数据。其中车端采集是持续记录车辆的运行数据,当车辆进行充电行为时,运行数据即和充电行为相互关联。车端数据采集,数据质量受到采集装置和环境影响,数据载体是每个移动的车辆,信息维度高。

2) 数据的应用

新能源汽车交通大数据,是一个既成熟又崭新的应用领域。得益于车联网技术的快速发展,新能源汽车正成为一种新的交通数据采集媒介。新能源汽车目前能以1~30 s的时间间隔持续采集车辆行驶速度、空间坐标等数据,随着新能源汽车保有量的逐步提升和采集频率的进一步提高,相关数据对于交通研究的重要性正在逐步凸显。相比传统以运营车为主的车辆出行数据,私人用户车辆出行数据的加入,也极大地提升了交通数据的丰富度,扩展了交通大数据的研究空间。

新能源汽车的出行特征数据,可支撑交通出行需求分析与出行偏好分析,能够为城市交通管理、城市规划、交通规划提供数据支持,为改善交通状况起到重要作用。通过采集和分析海量新能源汽车运行和充电数据,融合路网、交通等多源数据,运用大数据挖掘手段,集成不同场景的分析算法,构造新能源汽车领域的数据生态圈,最终形成新能源汽车"数据底座",服务于城市数字化转型,不断创造大数据的社会价值与经济价值。

除交通外,电动汽车的六大商业应用场景[21],包括产品规划与零部件评价场景、电池健康度与安全监管场景、交通出行与城市规划场景、保险与汽车残值场景、充电桩习惯、充电规划与电力配置预测场景、汽车共享网点规划场景,可以为基于新能源汽车大数据的车辆销售、充电行为、市场营销、事故分析等提供专项应用支持,提升数据赋能价值。

3) 未来发展

随着新能源汽车保有总量和占比的不断提升,新能源汽车的行为数据将更具代表性,可以更准确地反映城市路网运行情况,其数据价值和数据应用深度将显著提升,为交通等领域的研究注入新的活力。未来,社会上运行的每辆汽车都是数据的采集者,与之相对应的数据体量将大幅提升,这对大数据存储和大数据分析技术提出了更高的要求。目前新能源汽车运行数据的采集频率主要为每10 s一次和每30 s一次,部分车企已经采用每1 s一次进行数据采集。数据采集频率的提升是未来的发展趋势,这将提高数据精度,在车路协同等研究应用上实现更大的价值。目前新能源汽车大数据的采集、存储和分析技术正在快速发展,而与之相关的大数据应用和实践尚显滞后。加大利用新能源汽车大数据进行精准赋能,联合政府、企业和研究机构开展创新示范应用,将是推动未来行业高效发展的关键。

3.4.5 充换电设施

1) 基础数据及采集

在生态环保型社会、能源节约型社会发展战略的指导下,新能源汽车正朝着规模化、常态化方向发展。新能源汽车配套充换电设备设施对于新能源汽车的推广和应用发挥着基础性作用,同时新能源汽车产业的发展也是充换电设施产业发展的助推剂,两者相辅相成、相互促进。

根据充电方式,新能源汽车充电桩主要分为交流充电桩和直流充电桩。交流充电桩结构简单、体积小、成本低,通常安装于城市公共停车场、商场和居民小区;直流充电桩可直接为汽车动力电池充电,通常安装于充电站场所,但成本高且电压电流大,影响电池寿命。充电基础设施建设规模持续高速增长,2015年我国充电桩保有量仅9.9万个;截至2020年12月底,我国充电桩保有量已经达到167.2万个,充电站保有量达到6.36万座,规模持续保持世界首位。

新能源汽车换电技术是指将已经衰减或能量耗尽的动力电池从车身中取出并替换全新动力电池的技术。主流的换电模式主要分为底盘换电、换电箱换电等。无论采用哪一种方式,其所需时间都远远短于用充电桩充满电所需时间。换电模式有利于缩短能源补给时间,提高效率,延长电池使用寿命,弥补电动汽车续航里程短板。截至2020年12月底,我国换电站保有量555座。

充换电设施大数据主要分为桩端采集的充电数据和车端采集的充电数据。其中车端采集是持续记录车辆产生充电行为的数据,当车辆进行充电时,车载设备即对充电运行数据进行采集并通过无线网络传到后台系统。通过车端数据采集终端,可以获取以下基础数据:充电电流、充电电压、充满电时长、充电量等。

桩端采集终端主要由充电桩采集模块、ARM数据处理模块和后台远传模块组成。其中,充电桩数据采集模块通过CAN总线或者RS485总线与充电桩控制器连接,从充电桩控制器中获取充电桩实时数据;ARM数据处理模块则依靠ARM微控制器的强大处理能力,对不同厂家和型号的充电桩数据进行协议解析、数据转发和存储;后台数据远传模块根据现场的网络布线环境,可选择有线和无线方式将采集数据传到后台系统。通过充电桩数据采集终端可以获取设备状态、电气信息、故障警报、开关状态、通讯报文、计量信息等基础数据,同时通过对充电桩端采集数据的汇总、分析和计算,可以得到以下数据:充换电设施数量、充换电设施覆盖率、充换电设施利用率、充换电设施充电量、充电订单量等。

2)数据的应用

基于车端的充电数据研究,从提取每一辆汽车的每一次充换电行为数据开始,相关数据可以进行车辆自身充电性能、电池性能的研究;可以结合桩端数据,进行车桩匹配性的研究,促进充电桩与车辆的协同;可以聚焦用户,结合用户时空出行行为,进行用户充电行为和出行行为的特征研究;可以聚焦充电站,通过构建车辆充电行为与充电站的时空关联,进行充电站的运营研究,制定精细化运营策略;可以聚焦换电站,通过对换电站的合理布局、可更换电池的合理配置来实现换电效率最大化;可以聚焦各种充电场景,不管是社区交流充电桩、公共快充、高速超级快充,还是移动式储能充电,车端数据都可以摆脱空间限制,实现有效覆盖;可以聚焦城市空间,车辆的移动特性赋予了车端充电数据丰富的内涵价值,其与城市用户、城市空间、城市路网和电网紧密关联,通过聚合区域内各类用户的充电行为和停留行为,精准描述区域充电需求和供给情况,并结合车辆出行行为和城市交通特征,优化城市充电网络规划,完善新能源汽车大规模应用下的城市电网建设。

此外,通过建设区域范围内的充换电数据中心平台,可以为管理部门开展工作提供数据支撑。自2016年底上海充换电公共数据采集与监测市级平台上线运营以来,实现了对全市公用、专用充换电设施的数据对接与实时监测,提高了本市对充换电设施建设与运营单位及充换电设备的有效管理。市级平台整合了全市公共及专用充换电设施运营企业的充电设施信息,截至 2020 年底,市级平台已对接 140 余家充换电企业的一万多个站点。市级平台按月度和年度发布包括本市充电设施建设、场站经营情况、不同类型充电设施充电量及利用率、不同类型站点充电量及利用率、各运营商下属站点充电运营情况等数据的统计报告,为管理部门开展工作提供了数据支撑。同时,市级平台制定了《数据对接协议》及《支付对接协议》,形成了标准化的对接流程,为运营企业互联互通工作提供技术指导。

3)未来发展

我国在新能源汽车产业的竞争中已处于世界领先地位,而充换电设施产业是新基建的重要内容之一,也是助推我国汽车强国建设的重要环节,正迎来产业规模加速扩张、形成产业良性发展的关键时期。

目前,我国公共充电桩中交流充电桩占比较高,未来交流充电桩将不断提升智慧化程度;随着成本下降,大功率直流快充占比有望增长;更具便利性的换电模式将作为重要补充,未来增长空间显著。与传统充换电站、充电桩相比,无线充电具有充电设施布置灵活的特点,只需改造现有停车场(库)、路边停车位,就能给电动车充电,甚至可以把发射端埋在部分路面之下,届时电动车可以在这些路段实现边行驶边充电,不会占用过多城市空间,用户使用更加方便。在新基建背景下,充电桩与通信、智能电网、车联网等技术将有机融合,不仅利用大数据优化位置布局、提高利用率,而且围绕充电桩将出现更多的商业模式及应用场景。

3.5 重大活动交通

重大活动期间的城市交通有不同于日常交通的特性,由大型活动所带来的交通压力与通勤交通叠加,给城市交通带来了更大的挑战。本节以国际大型运动会、世界博览会和进博会等重大活动为例,阐述交通信息化建设和发展在重大活动交通管理和服务中发挥的关键作用。

3.5.1 国际大型运动会

1)北京奥运会

第 29 届夏季奥林匹克运动会(以下简称"奥运会")即 2008 年北京奥运会,从 2008 年 8 月 8 日开幕至 8 月 24 日闭幕,其间除赛事活动外,还有大量的休闲、旅游、购物、娱乐和文化活动。来自国际奥委会、200多个国家和地区奥委会、28个国际单项体育组织的官员、运动员和随队官员、技术官员、持证媒体人员、工作人员和志愿者有近10万人,还有几百万观众共聚北京。其中,奥林匹克公园高峰日观众数量约30万人次,且主要集聚在奥运公园中心区内,使工作人员及观众具有高度集聚的特性。除日常交通出行和观看奥运赛事外,奥运期间的北京还是旅游观光的热点,城市的交通需求达到历史最高水平[22]。

保障奥运会交通畅通不是一个简单的疏堵问题,而是一个庞大的交通工程,这面临着巨大的挑战。为解决交通难题,北京市投入了大量的人力物力来进行环境和交通改造,提出了从加快交通设施建设、基于智能交通的科学化管理、提升交通参与者素质、适当限行等多个方面共同解决奥运期间交通问题的策略。

基于智能交通的科学管理系统是交通信息化在北京奥运会交通管理和服务中应用的集中体现。遍布全市快速路、主干路网和奥运专用路线,交通综合监测系统的上万个检测线圈、超声波/微波检测设备,是城市交通管理的神经末梢,24小时自动准确采集路面交通流量、速度、占有率等运行数据。这些信息化建设,为基于智能交通策略的科学管理打下了坚实的基础。基于智能交通的科学管理系统具体包括智能化的检测系统、区域协调优化系统、快速路控制系统、预测系统与智能化的调度系统等[23]。

(1)智能化的检测系统 通过安装在道路的上百台交通事件检测器组成的交通事件检测系统,将各种交通事故、路面积水等交通事件在指挥中心实时展示。通过实时检测信息,帮助指挥人员使用警力定位系统迅速显示事件区域的警员、警车分布,并指派距离最近的民警在最短时间内到达现场进行处置。这些检测设备,对每天上路的几百万车辆进行自动检测,协助执法人员有效保证道路的通畅。固定安装在路面上的1 100套的电子警察全部联网,可以对闯红灯、超速行驶等九种路面违法行为进行24小时自动监测,并将违法信息上传中心数据库,与42个车辆检测场、车管所、执法站信息共享,实现了科学的闭环执法管理。

(2)智能化的区域协调优化系统 根据北京路网结构和行人、机动车、非机动车混合的交通特点,建立交通信号区域控制系统,系统通过处理和分析交通流检测器采集到的交通流信息,对路口交通信号进行实时优化,可以实现单点的感应优化控制、干线绿波协调控制和区域优化协调控制,并能在监控中心随时查看路口信号控制的实时界面。利用分布在全市主干路、环路的大型路侧可变情报信息板,每两分钟一次将相应区域以红、黄、绿三种颜色分别表示拥堵、缓行和畅通的实时路况信息,并提供给道路交通管理者和出行者,同时,每天发布奥运交通管制、道路限行、绕行路线等交通服务信息,实现对奥运车辆和社会车辆的全程连续诱导。

（3）智能化快速路控制系统　利用布设在市内快速路各主要出入口的信号灯,根据车流量的变化自动关闭或开启快速路的出入口,可以实现出入口交通流量的智能控制。当快速路主线流量达到拥堵预警时,通过信号灯控制进出主线的车流,诱导驾驶员从辅路通行；当出现拥堵造成快速路主线出口车流不畅时,出口信号灯则控制出口上游的辅路车流量,为主线出口提供更为顺畅的通行条件,从而保证主动脉的畅通。采取可变信息板及时提示驾驶员选择路线,注意进出口车流量,有效预防了出入口位置的交通事故。

（4）智能化的预测系统　深入分析和挖掘各种交通检测设备采集的路网交通流数据,可以准确掌握路网的实时运行状态。建立智能化、精度高的预测模型,能够预测路网的车流量变化和趋势。在预测系统的支撑下,利用互联网、手机 WAP 网站和各种媒体,可以为公众提供实时交通路况信息、交通管制信息、交通预报和行车路线参考等出行信息,为市民提供最权威、最及时、最准确的个性化交通信息服务,实现随时随地贴身服务。

（5）智能化调度系统　通过制定预案进行智能化的指挥调度,实现快速反应。当出现突发事件时,可及时通过警力定位系统,从全局实时掌握路面警力部署,动态调整警力投入；也可以根据需要,调派装备卫星通信、无线传输、图像采集等设备的交通指挥通信车赶赴现场协调工作。同时,在指挥调度集成系统的可视化图形界面下,实现电视监控、交通控制和交通诱导等多个技术系统的联动,一方面利用信号系统对事件周边路口、快速路出入口进行控制,减少附近车辆向事件地点的汇聚,另一方面利用路侧大型可变情报信息板发布诱导信息,提示附近的驾驶员绕行,缓解事件发生点附近的交通拥堵。

2）广州亚运会

第 16 届亚洲运动会(以下简称"亚运会")于 2010 年 11 月在广州举行,比赛项目共设 42 个大项,476 个小项,使用场馆 70 个,这给广州带来了大量突发、集中且具有冲击性的交通需求,尤其是场馆布局分散、空间距离远等问题,给亚运会期间的交通组织带来了严峻挑战。亚运会期间的交通需求主要包括城市居民日常交通需求和举办亚运会增加的亚运会交通需求[24]。

针对广州市亚运会期间的日常交通出行需求和交通运行状况,分析亚运会交通需求特性,通过建立亚运会智能交通管理系统、亚运会车辆调度系统、合理分配交通资源、强化公共交通的运力和加强加大宣传,以交通管控与方便出行并重为出发点,确保了亚运会的交通安全顺畅、高效有序的运行[25]。

（1）亚运智能交通管理系统　通过采集亚运会交通网络基础数据、亚运会交通需求数据、亚运会交通系统运行数据为亚运会交通仿真集成系统提供基础信息,为建立基础信息平台做好了准备。通过搭建亚运会交通基础信息平台,实现了按照统一标准完成多源异构数据的输入、存储、管理、处理等各项功能。统一的亚运会智能交通管理系统,包括智能交通指挥系统、事件检测和车牌识别系统、交通流量监测系统、交通控制系统、闭路电视监控系统,有效实现了对亚运会交通的实时监控和交通诱导。

（2）道路交通信息化系统 高清卡口系统可以清晰地抓拍车辆号牌及驾驶人员的面貌特征,联动船舶交通管理信息系统、自动识别与视频监控系统、水下地形三维显示系统,统调公安、海事、港航、救捞等部门,使亚运会水上、水下、路面交通的安保得以保证。亚运会通道及城市主干道等重点路段布设了微波交通流量检测点,用于检测交通流量,可以用于及时调节疏导交通。亚运会交通管制车辆的特征化管理也是信息技术在重大活动中的应用特点。机动车牌照单双号自动识别系统的安装,可以确保单双号限行措施的有力推行,系统覆盖了东风路、中山大道、环市路、广州大道、天河北路和广园路等主干道、亚运会专用道和亚运会通道。这些高级电子眼可以在极短的时间内分辨路过车辆是否违反了单双号限行规定,同时,系统识别的号牌还可以与数据库比对,发现涉嫌盗抢、套牌、假牌的车辆,并自动报警。根据广州市机动车的保有量和出行特点,对包括电动三轮车、电动自行车、摩托车、残疾人机动车和拼改装报废车等多类车辆在内的交通管制车辆进行特征化,即在电动自行车、机动车辆上装载RFID芯片,存储驾驶员个人身份信息,以便比对核查,进行道路交通、社会治安等方面的实时管理和预期性的交通管制,这是亚运会交通安保应用的一项重要内容。

（3）亚运会公交车辆调度系统 根据亚运会交通运输服务的要求,结合车辆调度和组织架构,构建了亚运会车辆调度系统,有效实现了亚运会期间车辆的管控。具体包括:

① 建立包括车辆、驾驶员、工作人员、场站、交通路线等交通相关的基础信息数据库;建立包括各类注册人员的注册信息、抵离信息、住宿信息、竞赛信息的收集,以及交通服务出行信息的信息数据库;建立车辆运行、事故、维修保养、车辆预订（预约）等信息的数据库。

② 根据运动员抵离、竞赛、住宿、预订（预约）等相关信息和既定的交通运行计划编制原则,生成交通运行计划,作为所有交通服务运行的基本依据。

③ 根据交通运行计划或突发情况,对车辆、驾驶员进行实时调度管理,包括车辆调配、驾驶员排班、报(销)班、运行监控等。同时,利用 GPS 系统对车辆运行情况进行全面的可视化监控,并实现了调度中心、调度分中心与车辆之间的

调度指令、行驶信息等双向互通。

④ 根据交通调度指挥体系,对突发事件报警进行应急响应和应急车辆调度。

(4) 合理分配交通资源　由于亚运会历时长、活动和比赛场次多,不同活动和比赛场次参与的人员级别和数量也不同,因此要合理配置交通资源,实现亚运会期间安全有序的交通运行。对于亚运会期间客流高峰日、高峰时段,以及客流量巨大的大型活动,重点建立以轨道交通为主体、临时公交专线为补充、轨道接驳公交线和小汽车换乘点为辅助的三级公共交通客运集散体系,依托公共交通的强大集散能力给予交通资源保障。同时,通过制定不同亚运会参与者的进散场时序,实现各类交通流在时间上的分离;此外,通过划分不同交通通道和活动空间(如不同的停车场、行人集散区等),使各类交通流在空间上实现分离,从而降低各类亚运会参与人员的不同车流与车流、车流与客流、客流与客流之间的相互干扰,保障亚运会交通安全顺畅。

(5) 强化公共交通的运力　亚运会期间通过采取"以调整市民正常出行方式和出行目的为主,以削减出行强度为辅"的交通需求管理政策,实施小汽车单双号通行、黄标车限行、扩大货车限行范围等交通政策,减少赛事期间道路上机动车交通出行总量,尽可能为亚运会交通提供更多的道路交通资源。同时,在机动车单双号限行基础上,通过对公共交通实施票价优惠,在限行区外围设置小汽车停车换乘系统,增加发车频率、延长服务时间、加开新专线和夜间线路等措施,提高公共交通的运力,鼓励和引导观赛观众出行和市民日常出行使用公共交通,适度限制个体交通,缓解道路的交通压力。

(6) 加大宣传,交通管控与方便出行并重　在保障亚运会交通安全的基础上,实行弹性化的交通管控措施,尽量减少交通管控的时间和范围,并设置限行区域过境通道系统,保障过境交通的分流和绕行,降低亚运会活动及亚运会交通出行对市民日常出行的干扰和影响。通过拓宽宣传渠道,分测试、临赛、赛时和赛后四个阶段向市民全方位介绍和解释亚运会交通组织工作,确保市民和亚运会交通参与者能清晰地了解自己的出行路线,实现亚运会交通组织与市民日常出行和谐共处。

3.5.2　上海世博会

中国 2010 年上海世界博览会(以下简称"上海世博会")于 2010 年 5 月 1 日至 10 月 31 日在上海市举行[26]。上海世博会期间,根据上海市日常交通和世博交通管理和服务要求,上海市交通信息中心以上海市交通综合信息平台为依托,根据世博交通信息服务保障方案,建设了世博交通信息保障服务系统,并开发了世博热点交通和世博客流等应用软件。通过深入的交通数据分析和挖掘,形成了一系列有代表性的应用成果,为相关管理部门提供了可靠的决策依据。

上海市交通信息中心通过上海市交通综合信息平台"一机三屏"远程终端系统和七种服务方式,向世博交通指挥和管理部门及时有效地提供世博热点交通、世博客流等交通信息数据和视频监控图像,为世博游客提供世博出行公交换乘、道路交通状态、世博客流量等交通信息服务。中心所提供的交通信息全面、准确、有效、及时,在世博交通组织管理、公共交通运能运力调配、世博交通与日常交通协调运行、公众出行信息获取等方面均发挥出了重要的支撑和服务保障作用。

(1) 前期准备　世博会前,为保障交通数据采集、处理和分析等工作,并以扩展信息汇集和共享能力、优化性能结构和改造处理应用为主要目标,上海市交通信息中心对已有系统各个部分进行了优化和改造。主要包括如下几个方面:

① 以上海市交通信息中心承担建设的全市交通信息化工程成果为依托,针对世博交通信息服务需求,全力建设并完成世博交通信息服务保障系统。全力组织实施道路交通采集发布系统工程,形成全市整体性世博交通信息化环境。通过工程的实施,基本建成了覆盖城市快速路、城市地面道路、郊区主干公路三张路网交通信息采集发布系统。

② 通过快速路上匝道控制系统,均衡地面道路和快速路交通流量,为世博专线车等集约化交通工具的优先通行创造条件;通过交通综合信息平台扩容建设,为接入全面的交通信息数据创建了良好的硬件环境。

③ 建成世博交通信息服务应用平台,形成支撑世博交通网站、世博服务热线、电台电视台、手机等移动终端向世博游客发布交通信息的能力。

④ 建成世博园区交通信息子系统,实现了园区内外交通信息的实时互联和共享的功能,将上海市交通综合信息平台打造为世博园区内外信息互通的枢纽。

⑤ 为了向世博交通指挥管理部门提供交通综合信息平台所展示和分析的世博交通信息,建成了"一机三屏"远程终端系统,通过通信网络和显示终端,将交通综合信息平台所展示的道路交通、公共交通、对外交通、世博交通等信息,实时传输到世博安保指挥部指挥中心、世博园区运营指挥中心、世博交通协调保障组调度指挥中心、市府办公厅、市城乡建设交通委等8个世博交通指挥管理部门。

(2) 数据汇聚和处理　将上海市日常交通分为道路交通、公共交通和对外交通三大类，针对不同情况分别对各类交通提出数据采集需求，并通过方案制定、具体建设和实施，开展各项数据的采集、汇聚和处理工作。针对不同路网的各自特点，选择采用感应线圈、GPS 浮动车、SCATS 系统、手机信令、车牌识别、视频处理等主要采集方式，根据历史、实时数据的不同特点，分别进行数据的预处理和再加工。以轨道交通、地面公交和停车场库等动态、静态数据为主采集公共交通的数据。通过世博园区运营指挥中心信息系统、世博园区交通信息子平台，上海市交通信息中心汇聚了园区出入口入园客流量实时数据、园区内客流量及分布数据、园区出入口及主要场馆周边视频数据、园区票务系统数据、园区内公共交通数据、园区停车场实时泊位数据、园区预约团体客流数据、园区气象数据等各类信息，为掌握园区内的客流和交通状况提供了第一手资料。根据世博会对客流分析的整体目标与业务需求，开发了世博客流数据管理与发布系统，实现世博会期间每日进出市域客流数据与世博在途客流的汇聚、处理与发布工作。

（3）世博交通信息化管理 以采集、汇聚、分析、处理各类交通数据为基础，上海市交通综合信息平台成为汇聚全市交通综合信息资源和支撑各类应用服务的核心主体，是各类交通数据综合的主要应用成果。交通综合信息平台汇聚了道路交通、公共交通、对外交通和世博交通等信息资源，面向世博交通指挥管理部门提供交通信息保障服务和管理决策依据。

① 信息化管理的基本构成。世博交通信息主要包括"道路交通组织""交通客运服务""综合管理措施""世博热点交通""世博客流"和"世博园内交通"六大专题。各专题分别从不同角度，采用动态、静态相结合的方法，展示了世博交通保障的所有信息。

"道路交通组织"包含 P+R 换乘、世博保障通道、园区周边交通组织三个方面的内容；"交通客运服务"包含长三角旅游巴士、轨道交通、世博直达线、世博公交线、远郊接驳线、周边常规公交、周边临时停车场、园内停车场八个方面的内容；"综合管理措施"包括世博管控区公告、世博期间本市在建工地管理方案、世博期间扩大禁止摩托车通行范围方案、世博专用停车场管理办法等内容；"世博热点交通"包含主要安检道口、涉博越江桥隧、周边道路三个方面的内容；"世博客流"包含进入市域客流、世博在途客流、园区出入口客流、园内客流、P+R 停车换乘、园内停车场、周边临时停车场七个方面的内容；"世博园内交通"包括园内轨道交通、公交线、轮渡的交通和客流等相关内容。

② 信息化管理的亮点。以"世博热点交通"和"世博客流"为主的世博交通专题信息服务，是世博交通信息化管理的亮点。

"世博热点交通"专题可以让世博交通指挥管理部门及时掌握 11 个主要入

沪道口进入市域的车流量和道路交通状态、黄浦江上主要越江设施和管控区周边主要道路的交通状态；通过视频实时观察和监控11个主要入沪道口车辆排队情况、越江设施运行状况和管控区周边主要道路的交通运行状态，展示世博园区出入口客流实时信息、出入口视频信息、世博P+R停车场、世博园区停车场和世博临时停车场实时泊位信息，为世博交通指挥管理部门实时掌控道口、越江设施、园区周边道路运行状态、实施进入市域车辆控制、调节平衡浦东浦西交通流量、实施园区周边道路交通控制管理措施等提供信息支撑和决策依据。同时，通过交通综合信息平台，生成全市主要入境高速公路、快速路、地面道路和世博园区周边道路在早高峰和晚高峰时段实时平均车速，协助世博交通指挥管理部门精确、实时掌握全市主要道路运行状态。

"世博客流"专题，主要是开发出世博在途客流和入园客流预测系统。通过采集涉博轨道交通、世博直达专线、世博公交线、常规公交线、世博专用出租车和世博预约大巴在途客流等各项分量，开发世博在途客流测算软件，每天7:00~12:00时间段内，间隔15 min动态发布世博在途客流数量。

根据采集到的海量实时交通数据，上海市交通信息中心自主研发出世博客流预测算法，可以精确预测出当天的入园人数，并在每天开园前，通过交通综合信息平台发布客流预测结果，为世博交通指挥管理部门掌握当天世博客流变化趋势、预警大客流超大客流、及时采取措施防范大客流产生的冲击、调整客流运力结构等提供了可靠的依据[27-28]。从2010年6月20日正式发布预测结果到世博结束，入园客流预测的平均准确率在96%以上，其中，对103万超大客流的及时预警，是提前决策管理的关键[29-30]。

（4）世博交通信息服务 面向世博游客的世博交通信息服务系统，主要依托世博交通信息服务应用平台，开发了七种世博交通信息服务方式，即上海世博交通网、世博交通指南、电台电视台、世博交通服务咨询热线、可变信息标志、手机与车载导航等移动终端、触摸屏等，向世博游客提供世博公共交通换乘、世博园区入园客流动态等世博交通信息和日常交通信息服务，引导世博会游客选择合适的出行方式、出行路径、换乘方案，从而保障世博会游客安全、便捷抵离世博会园区，引导市民避开车流、客流集中的区域，缓解世博会对日常交通的冲突和影响[31]。

历时184天的上海世博会证明，上海世博交通信息服务保障系统为世博交通指挥和管理部门及时有效地提供世博热点交通、世博客流等交通信息，为世博游客提供世博出行公交换乘、道路交通状态、世博客流量预警等交通信息服务，做到了交通信息汇聚全面、展示准确、辅助有效、发布及时，在世博信息化保障工作中发挥出了重要作用[32-33]。

3.5.3 进博会

中国国际进口博览会(以下简称"进博会")为世界上第一个以进口为主题的国家级展会,是中国着眼推进新一轮高水平对外开放作出的一项重大决策,是中国主动向世界开放市场的重大举措。进博会不仅是推动对外贸易的商务展会,也是展示自身及友国风貌的博览会,兼具外交、商务、博览性质,同一般展会相比具有规格高、规模大、多样化的特点。第二届进博会最大客流量达到22.7万人次,为举办场所——上海国家会展中心落成以来最大单日客流量,比首届同日增加25%。进博会客流的特点和地区交通的特殊性,对进博会的交通保障工作提出了更高的要求。进博会的交通保障不仅要提供"进得去、出得来"的基本交通途径,还需要实现"行得畅"的高品质交通服务。

为保障进博会周边交通运行有序,公众参展方便快捷,相关单位整合了会场周边地铁、出租车、公交、停车场等多路大数据,通过实时采集重点区域信息,利用云计算、大数据、人工智能、移动互联网等技术与交通行业的跨界融合,为实现智能化、精细化交通服务保障提供大数据和技术支撑。

1) 进博会 5G+智慧地铁平台[34]

上海申通地铁集团联合多家合作伙伴共同打造的"进博会 5G+智慧地铁平台"正式上线,为进博会提供智能化轨道交通信息化支撑。该平台基于对 5G 高速网络的应用,可实现上海地铁 2 号线、10 号线、17 号线"进博三线"之间的运营协调,以及徐泾东站、虹桥火车站站、诸光路站"进博三站"之间的联动指挥,从而形成进博会相关"三线三站"的区域化联合指挥体系,大幅提升地铁行车组织、客运组织及维护保障等服务能力。

在客流管理方面,该平台能够实时监测"三线三站"的客流信息和进博会场馆的客流数据,并结合历史数据进行分析预测,准确预测未来 15 min 的客流情况。该平台不仅能够获取乘客的信息,还能实时获取车辆称重信息,从而计算列车运能,当客流与运能不匹配时,及时给出黄色、橙色、红色三色预警,并给出开启疏散通道建议、闸机或电扶梯等设备运行方式建议、出入口开启关闭建议以及地面客流疏散引导建议等。同时,大数据分析也实时跟进。"三线三站"客流风险监控系统有 5 min 内的进站客流数、与昨天的同比数据、与上周的环比数据。比如,整个徐泾东站有 17 个风险点,根据客流量设置风险指数,70 分以下属于正常状态;70~80 分为三级大客流,需要进行客流引导;80~90 分为二级大客流,将关闭部分栏杆;90 分以上为一级大客流,将启动附近公交进行分流。此外,徐泾东站、诸光路站的消防设施图也可直观显示险情,如有火警可直接通知消防局采取救援。

地铁工作人员的管理也采用了全新的数字化模式,如:利用定位手环,站务员可实时同步到位布岗情况;利用移动终端,站务员可与指挥室实现可视对讲;通过部署更多的移动摄像头,可有效弥补既有视频监控的盲区;通过增强现实(Augmented Reality,AR)眼镜,指挥室人员可通过第一视角指导站务人员处理突发情况。在运维管理方面,该平台也新增了维护保障人员待命状态、基于AR的远程排故、维保人员值班信息等,实时监视设备故障情况,实现运营与运维的智能联动,高效排除故障。

2)上海交通 App[35]

上海交通 App 整合了会场周边地铁、出租车、公交、停车场等多路大数据,继续沿用进博会主题,提供包括出行导航、进博会 3D 导览、交通攻略、资讯消息和停车预约五大版块功能。

观众只需下载上海交通 App,即可对进博会期间国家会展中心附近的交通了如指掌,包括一键导航抵离场馆、实景导览场馆及周边环境、视觉模拟步行导航和预约停车位等。观众打开 App,点击"进博会 3D 导览"即可进入进博会虚拟现实世界。"进博会 3D 导览"对进博会场馆、场馆进出口、连廊、道路等进行了细节性的刻画和展示,真实还原了进博会场馆及周边环境。直观立体的画面带给观众身临其境的体验。观众可以通过移动、放大、缩小、旋转等操作在虚拟现实世界中漫游。该 App 覆盖地铁站、公交站、停车场、出租车上下客点和公交接驳线等展馆周边交通信息,提供出行导航和模拟步行导航两大功能,实现交通方式无缝接驳。出发前,观众可通过出行导航版块确定出行方式和线路。抵达场馆附近后,步行到达场馆具体展区。观众可以在"进博会 3D 导览"功能中,通过点击起讫点位置,直观、详细地了解步行线路,并通过开启模拟步行导航功能,体验立体的模拟导航。展会期间,该 App 将通过资讯消息版块实时发布进博会公告,以及上海市域内交通动态、会展区域内人流、车流状况和交通组织等信息,使观众及时了解场馆周边的交通组织与交通现状,合理选择离场时间及交通方式。一旦遇到离场大客流,该 App 将第一时间发布应急短驳公交的交通疏散信息,引导观众迅速离开展馆。

停车预约版块包含"场库简介""停车预约""停车规则"三大功能,观众可以通过"场库简介"了解场库基础信息(名称、位置、收费、接驳线路等)和可预约情况;通过"停车预约"进行开放式预约、预约支付、预约撤销、预约退费、停车证申请下载及发票申请下载;通过"停车规则"查询本次预约环节中的注意事项。为方便观众和参展人员乘坐公交车抵离场馆,在原 App 中拓展国家会展中心周边实时到站预报线路,场馆周边 90 条公交线路及中心城区线路数据都已全部接入。同时,观众也可以使用 App 中的查询功能,了解地铁、高铁、飞机、长途客运、轮渡、机场巴士的运营情况,选择后续的出行方式。

参考文献

[1] 中华人民共和国住房和城乡建设部. CJJ37-2012 城市道路工程设计规范[S]. 北京:中国建筑工业出版社,2012.
[2] Transpt Roads & Maritime Services [EB/OL]. http://www.scats.com.au/
[3] SCOOT-The world's leading adaptive traffic control system [EB/OL]. http://www.scoot-utc.com/
[4] 丁士昭. 市政公用工程管理与实务[M]. 北京:中国建筑工业出版社,2012.
[5] 交通运输部公路局,中交第一公路勘察设计研究院股份有限公司. JTG B01-2014 公路工程技术标准[S]. 北京:人民交通出版社股份有限公司,2014,12
[6] 何毅. 滴滴打车联姻北京出租车调度中心[EB/OL]. http://article.pchome.net/content-1607754.html
[7] 中国交通新闻网. 城市轨道交通运营里程达 8 708 公里[EB/OL]. 2022 年 1 月 7 日. https://www.zgjtb.com/2022_01/07/content_303088.html.
[8] 李为为. 城市轨道交通调度指挥智能集成系统研究[D]. 北京交通大学,2006.9.
[9] 畅想网. 中国铁路信息化建设与展望[EB/OL]. 2004-5-23. http://www.vsharing.com/k/2004-5/477124.html.
[10] 智能交通网. 我国铁路信息化建设现状及发展规划[EB/OL]. 2009 年 5 月 8 日. http://www.21its.com/Common/DocumentDetail.aspx?ID=2009050809391209757.
[11] CIO 时代网-IT 商业新闻. 信息化行业案例:建设铁路云计算数据中心[EB/OL]. 2011 年 12 月 19 日. http://www.ciotimes.com/industry/jt/57781.html.
[12] 刘美莲,朱瑞新. 高速公路信息化管理[J]. 辽宁交通科技,2004(3):60-63.
[13] 海南飞行服务站. 通信导航监视[EB/OL]. 2013 年 7 月 26 日. http://www.ufly.com.cn/zlhb/55.jhtml.
[14] 周新颖,谭朝阳,刘倩. 挖潜"大数据"时代 QAR 如何改变飞行运营?[EB/OL].《中国民航报》,2013 年 10 月 25 日. http://news.carnoc.com/list/264/264405.html.
[15] 比特网. 强 IT 之翼,翔民航高远——H3C 伴随民航成长[EB/OL]. 2012 年 12 月 27 日. http://network.chinabyte.com/79/12498079.shtml.
[16] 中国社会科学院语言研究所词典编辑室. 现代汉语词典[M]. 6 版. 北京:商务印刷馆,2012.
[17] 王凌峰. 未来中国大陆航运物流企业信息化的前进方向[EB/OL]. [2010-7-20]. http://www.ciotimes.com/show.php?contentid=8640.
[18] 龙海泉. 信息化:航运中心的必由之路[J]. 上海信息化,2009(5).
[19] 侯登华. 共享经济下的网约车法律制度研究[M]. 华中科技大学出版社,2021.
[20] 温程辉. 2018 年中国网约车行业现状与趋势分析市场发展进入新阶段. 2018-06-27. https://www.qianzhan.com/analyst/detail/220/180627-bafad48a.html.
[21] 上海市新能源汽车公共数据采集与监测研究中心. 上海新能源汽车大数据研究报告 2021. 2021.6.
[22] 中国奥委会官方网站. 2008 北京奥运会[EB/OL]. http://2008.olympic.cn/
[23] 中央政府门户网站. 北京介绍 10 大奥运智能交通管理系统建设应用情况[EB/OL]. [2008-7-14]. http://www.gov.cn/gzdt/2008-07/14/content_1044262.htm.
[24] 人民网. 第十六届亚洲运动会[EB/OL]. http://sports.people.com.cn/GB/198868/index.html.
[25] RFID 世界网. 广州亚运会智能交通管理系统应用案例[EB/OL]. 2011 年 4 月 28 日. http://success.rfidworld.com.cn/2011_04/307b4ce96583c72d.html.

[26]　世博网. 中国 2010 年上海世博会官方网站[EB/OL]. http://www.expo 2010.cn.
[27]　Zhang Y. Daily visitor volume forecasts using least squares support vector machines for World Exposition 2010 Shanghai China[C]. Transportation and Urban Sustainability. 15th International Conference of Hong Kong Society for Transportation Studies, Hong Kong, 2010: 433-440.
[28]　Zhang Y. Daily visitor volume forecasts for Expo 2010 Shanghai China[C]. 14th International IEEE Conference on Intelligent Transportation Systems (ITSC 2011). Washington DC, USA, 2011: 496-500.
[29]　何连弟. 智能交通"网住"世博客流, 入园人数预测准确率达 96%[N].《文汇报》, 2010 年 8 月 18 日.
[30]　沈文敏. "中国速度"彰显城市智慧[大型活动的组织管理. 上海世博会成果转化系列报道(3)].《人民日报》. 2010 年 10 月 11 日.
[31]　上海交通出行网. 通畅交通, 和谐上海[EB/OL]. http://www.jtcx.sh.cn/
[32]　薛美根, 朱洪, 邵丹. 上海世博交通研判技术与实践[M]. 上海: 上海社会科学院出版社, 2012.
[33]　世博会交通协调保障组. 上海世博交通[M].
[34]　中国政府网. 上海地铁"进博会 5G+智慧地铁平台"正式上线[EB/OL]. 2019 年 10 月 14 日. https://www.gov.cn/xinwen/2019-10/31/content_5447225.htm.
[35]　光明网. 升级版进博会交通 app 上线! 全 3D 模型+5 大功能助你快速抵达场馆[EB/OL]. 2020 年 11 月 1 日. https://m.gmw.cn/2020-11/01/content_1301746618.htm.

第4章 相关领域数据资源

在城市交通管理决策和提供公众出行服务过程中,除了会使用到交通数据资源外,还会涉及来自其他行业领域与交通相关的数据资源,例如气象数据就是一个很重要的相关数据资源。不同的天气状况(如晴天或雨天)对交通管理和公众出行行为的影响有着明显的差异。而引入其他一些相关领域的数据资源,如移动通信、城市人口分布等数据资源,采用大数据技术手段,能为城市交通管理决策提供更精准的方法。

4.1 气象与环境

通俗地说,气象是指发生在天空中的风、云、雨、雪、霜、露、虹、晕、闪电、打雷等一切大气的物理现象。而环境既包括以大气、水、土壤、植物、动物、微生物等为内容的物质因素,也包括以观念、制度、行为准则等为内容的非物质因素;既包括自然因素,也包括社会因素;既包括非生命体形式,也包括生命体形式。环境是相对于某个主体而言的,主体不同,环境的大小、内容等也就不同。通常与气象共同表达的环境,是狭义的环境,往往指相对于人类这个主体而言的一切自然环境要素的总和。

1)气象环境数据获取

气象环境数据,通常可以通过两个层面获取:

(1)传统的气象、环境监测管理部门统计发布的报表 传统的气象、环境监测部门的统计发布数据,具有准确性高、完整性强的特点,但其实时性通常较差,数据颗粒度较粗,不利于多源数据的关联性分析。

(2)通过互联网获取气象、环境监测站的实时数据 随着互联网的发展及数据透明度的提高,使得直接获取监测站实时或准实时的数据成为可能。此类实时数据同时具有较细的颗粒度,能够反映一个监测区域的精细化气象及环境状况,使得精细化、定量化的气象环境与其他行业领域关联分析应用成为可能。

国内比较有名的网上气象台有天气在线、中国天气网、上海天气网等;而环境监测站点有中国环境网、生态部网站等。

2) 气象环境数据属性

常见的气象环境数据包含以下属性:

(1) 气温　一般指大气的温度。天气预报中的气温,指在野外空气流通、不受太阳直射下测得的空气温度。

(2) 露点　指空气湿度达到饱和时的温度。当空气中水汽已达到饱和时,气温与露点相同;当水汽未达到饱和时,气温一定高于露点温度。

(3) 湿度　表示大气干燥程度的物理量。在一定的温度下在一定体积的空气里含有的水汽越少,则空气越干燥;水汽越多,则空气越潮湿。

(4) 气压　是气体对某一点施加的流体静力压强,来源是大气层中空气的重力,即为单位面积上的大气压力。国际单位是帕斯卡(简称"帕",符号是Pa)。气象学中一般用千帕(kPa)或百帕(hPa)作为单位。

(5) 能见度　又称可见度,指观察者离物体多远时仍然可以清楚看见该物体。气象学中,能见度被定义为大气的透明度。因此在气象学里,同一空气的能见度在白天和晚上是一样的。能见度的单位一般为 m 或 km。

(6) 风向　指风吹来的方向。通常是通过基本方向或方位来表示。

(7) 风速　是指空气相对于地球某一固定地点的运动速率,在日常生活中通常称之为"风"。

(8) 天气状况　天气状况分为:晴、多云、阴、霾(灰霾)、轻雾、大雾、浓雾、强浓雾、特强浓雾、小雨、阵雨、雷阵雨、中雨、大雨、暴雨、大暴雨、特大暴雨、冰粒、阵雪、雨夹雪、中雪、大雪、冰雹等。

3) 气象环境数据特征

气象环境数据具有以下几个特征:

(1) 连续性　气温、湿度、气压的变化,在一定程度上体现出连续性的特征,通过定量分析,往往能够得到气象环境属性值随时间变化的连续曲线。

(2) 可预测性　可预测性是指应用大气变化的规律,根据当前及近期的天气形势,能够对某一区域未来一定时期内的天气及环境状况进行预测。通常可以根据对卫星云图和天气图的分析,结合有关气象资料、地形和季节特点、群众经验等综合研究后作出。

按照预测的时效,可将气象预测分为:

① 短时预报。短时预报是指根据雷达、卫星探测资料,对局部地区进行实况监测,对未来 1～12 h 的气象状况进行预报。

② 短期预报。短期预报是指针对未来 24～72 h 的气象状况进行预报。

③ 中期预报。中期预报是指对未来 3～15 天的气象状况进行预报。

④ 长期预报。长期预报是指对未来 1 个月至 1 年的气象状况进行预报。

⑤ 超长期预报。预报时效在 1 年以上的称为超长期预报,也称为气候展望。

按照预测覆盖区域范围,可将气象预测分为:

① 大范围预报。一般指全球预报、半球预报、大洲或国家范围的气象状况预报。主要由世界气象中心、区域气象中心及国家气象中心制作。

② 中范围预报。常指省(区)、州和地区范围的预报,由省、市或州气象台和地区气象台制作。

③ 小范围预报。如一个县范围的预报、城市预报、水库范围的预报和机场、港口的预报等,这些预报由当地气象台站制作。

(3) 区域性　气象环境数据同时具有区域性的特点,城市与城市之间,甚至是一个城市内的各个区域的气象环境状况都各不相同,在大中型城市里这种情况更为明显。"东边日出西边雨"描述的就是这种情形。

4.2　人口与社会经济

城市人口分布、社会经济活动都会对城市交通产生重要的影响。人是交通的主要参与者,年龄、职业、家庭收入、受教育程度等在很大程度上决定了他的出行习惯,社会经济活动及城市商业设施、公共服务设施的布局,也对城市交通有一定的诱导作用。这部分数据也是城市交通大数据的重要组成部分之一。

4.2.1　人口普查数据与城市的社会空间分布

人口普查是在统一规定的时间、按统一的方法对全国人口进行逐户逐人的调查活动,可以获得性别、年龄、民族、受教育程度、职业、住房等社会经济属性信息,这对于城市社会空间分析、交通行为和活动建模具有重要意义。在交通领域中,这部分数据通常用于人口结构、家庭结构和就业结构的分析。下面以上海为例,说明这部分数据的分析和应用。基本数据来源于 2010 年第六次人口普查的调查统计。

1) 人口结构空间分布特征

(1) 人口数量和密度的空间分布　人口数量和密度决定了交通需求的产生量，表4-1给出了上海市的人口比例和密度的空间分布情况。从空间分布上看上海市常住人口的分布，浦东新区占总人口的21.9%，为上海市人口最多的一个区。闵行、宝山、嘉定、松江几个外围的行政区也占有较多的人口，中心城区人口相对较少。从人口密度上看，中心城区人口密度较高，外围区域人口密度较低，最低的崇明县为594人/km^2，而上海市平均人口密度达到了3 631人/km^2，远大于长三角地区平均人口密度。除此之外，即使最低的崇明县的人口密度也远远超过了全国平均水平(140人/km^2)。可见，上海不仅人口密度过大，而且中心城区人口分布不合理。

表4-1　上海市人口比例和密度的空间分布

区域	人口密度	人口比例	区域	人口密度	人口比例
黄浦区	34 641	1.9%	闵行区	6 553	10.6%
卢湾区	30 904	1.1%	宝山区	7 029	8.3%
徐汇区	19 816	4.7%	嘉定区	3 169	6.4%
长宁区	18 031	3.0%	浦东新区	4 168	21.9%
静安区	32 387	1.1%	金山区	1 250	3.2%
普陀区	23 507	5.6%	松江区	2 613	6.9
闸北区	28 383	3.6%	青浦区	1 613	4.7%
虹口区	36 306	3.7%	奉贤区	1 576	4.7%
杨浦区	21 624	5.7%	崇明县	594	3.1%

(2) 性别结构的空间分布　从性别比例上看，上海市总体常住人口中男性占52%，女性占48%，但在各区的男女比例中可明显看出，中心城区的性别比例较平均，而上海外围区域(如闵行、宝山、嘉定、松江、青浦、奉贤等区)中男性比例高于女性将近10%(图4-1)。

(3) 年龄结构的空间分布　从年龄结构上看，全市的年龄结构组成呈现锥形，其中，20~29岁人群最多，30~60岁的人群为主力，社会呈现"成年型"(图4-2)。值得注意的是，60岁以上老年人占15.1%，65岁以上老人占10.13%，而老龄化社会按照联合国的传统标准是一个地区60岁以上老人达到总人口的10%，新标准是65岁老人占总人口的7%，即该地区视为进入老龄化社会。上海市的这一比例已远超过该标准，人口已呈现老龄化。

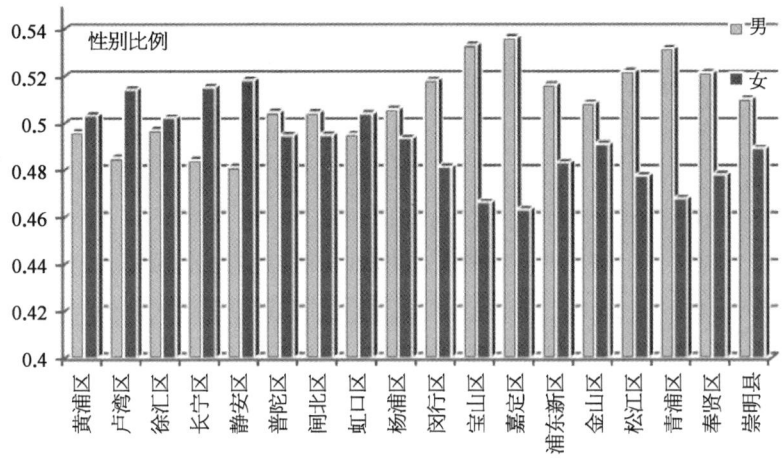

图 4-1 上海人口性别比例的分区分布

上海中心城区如黄浦、卢湾、徐汇、长宁、静安、普陀、闸北、虹口、杨浦各区中年龄结构比较接近,50 岁以上的老年人占 40%,外围的闵行、宝山、嘉定、浦东、金山、松江、青浦、奉贤等区 30 岁以下年轻人的比例明显高出中心各区,接近 40%,而 50 岁以上老年人的比例为 20% ~ 30%(图 4-3)。但崇明县虽然位于上海外围,但其年龄结构与中心城区类似,30 岁以下年轻人为 22% 左右,50 岁以上老年人占 45%。

(4) 人口教育结构 图 4-4 给出了上海人口各年龄段的受教育程度。从受教育结构上看,受教育人口年龄分布与总人口年龄分布基本一致,除 6~9 岁年龄段外,其余

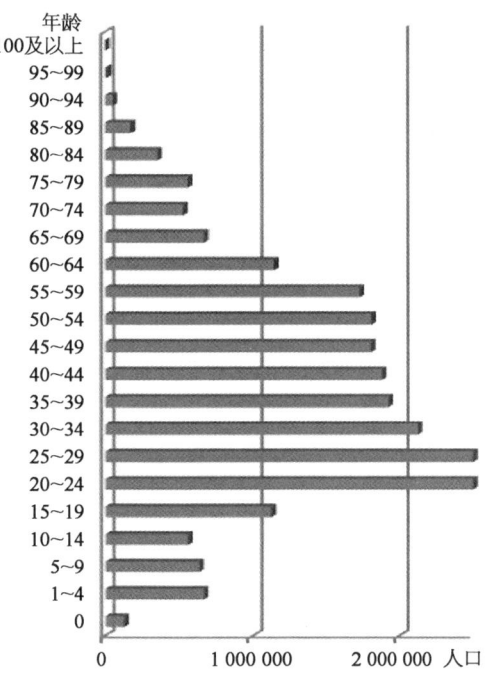

图 4-2 上海人口的年龄构成

年龄段的未上学人口数量呈现随着年龄逐步上升的趋势,且女性未上学人口为男性未上学人口的 3.8 倍。由于我国的法定上学年龄是 6 周岁,条件不具备地区可以推迟到 7 周岁,因此 6~9 岁年龄段显示出较高的未达法定上学年龄的未上学人口。在受教育人口中,学历越高,人口越少,由于中国九年制义务教育为小学和初中,所以初中文化程度的人比例最高。除学龄青少年外,小学学历比

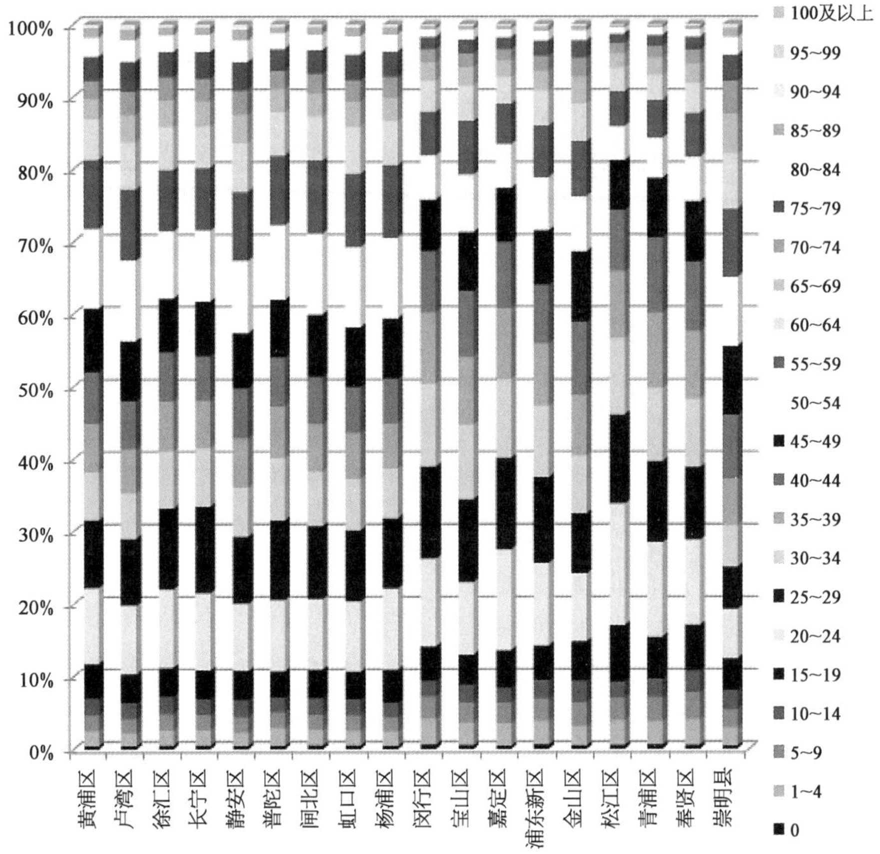

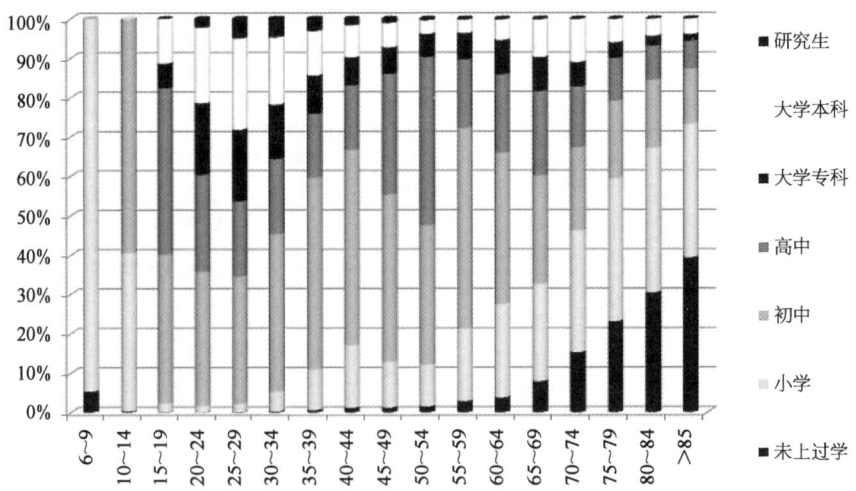

图4-3 上海人口年龄构成的分区分布

图4-4 上海人口各年龄段的受教育程度

例随着人群的年龄增加而增大,20~60 岁的人群均有 30%~40%为初中学历,高中学历分布相对较平均,各年龄段均占 10%~20%,但 45~55 岁的人群中高中学历比例达到 30%~40%,与当时中国刚恢复高考的政策有关。研究生与本科学历主要集中在 20~35 岁的人群中。

2) 家庭结构的空间分布

上海市平均户规模为 2.50 人/户,各行政区中,金山区的平均家庭户规模最高,为 2.78 人/户,崇明县的平均家庭户规模最低,为 2.22 人/户(图 4-5)。上海的平均户规模低于全国的 3.1 人/户,并呈逐年下降趋势。

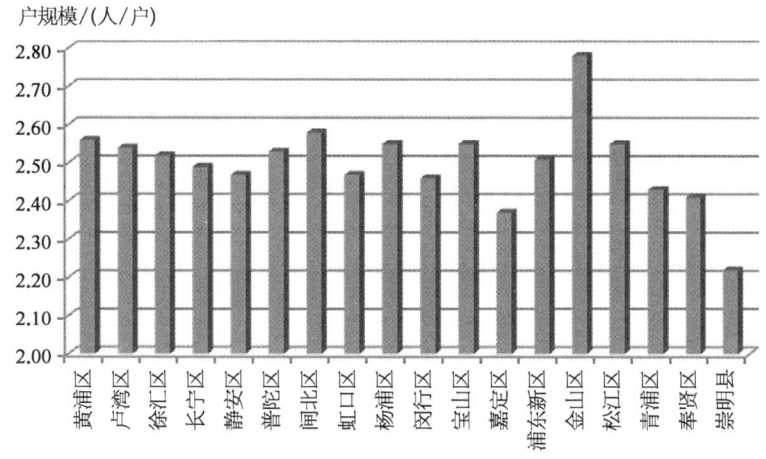

图 4-5 上海市平均家庭规模的分区分布

家庭中老年人的数量直接影响家庭的活动安排及产生的出行行为。上海各区家庭中有一个、两个或三个 60 岁以上老年人的户数与各区的总人口数变化趋势基本吻合,但单个家庭中有三个老年人的户数远低于前二者(图 4-6)。

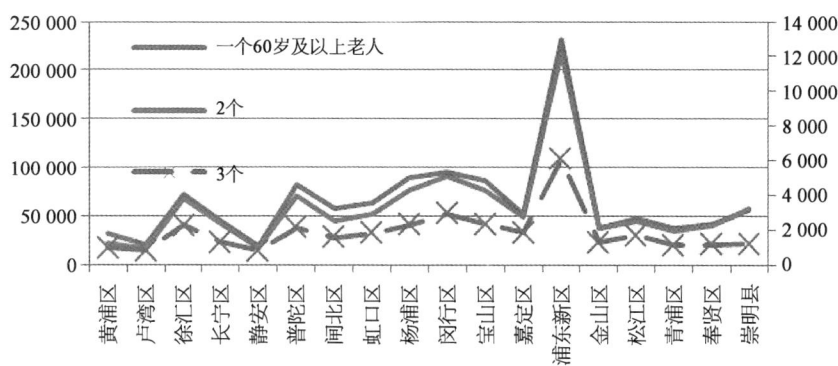

图 4-6 上海市家庭中老年人数量的分区分布

3) 就业的空间分布结构

（1）就业人口比例　上海全市平均就业人口的比例为55.6%，外围地区就业比例普遍偏高，此现象与各区域年龄结构相关，中心城区老年人较外围地区多，所以就业比例会相对低于外围地区（图4-7）。

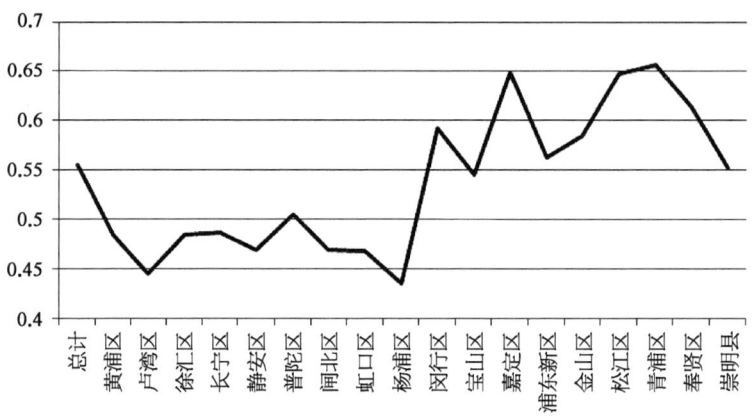

图4-7　上海市常住人口就业比例分区分布

（2）不同职业就业人口比例　上海市居民就业职业结构中，最多的为生产运输设备操作人员及有关人员，为35%；其次为商业服务人员，为29%；国家机关党群组织企业事业单位负责人及农林牧渔水利业生产人员较少（图4-8）。

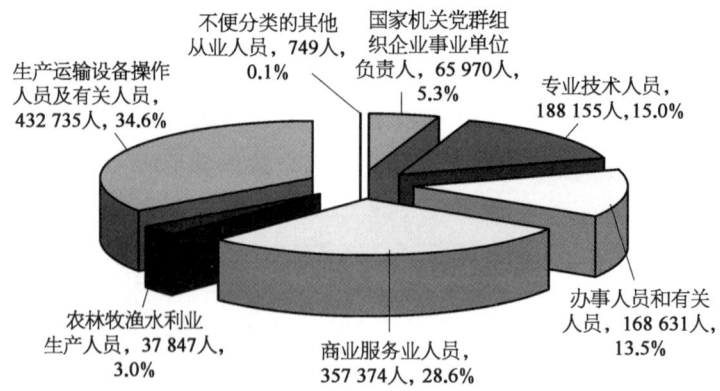

图4-8　上海市常住人口不同职业就业结构

上海市分区不同职业就业人口比例如图4-9所示。由图可以看出，各区居民的职业划分中，商业服务业人员在中心的几个行政区中分布比例较大，生产运输设备操作人员在外围的几个行政区中分布比例较大。农林牧渔水利业生产人员主要集中在崇明县。这样的分布与各区地域性与发展重点相关相适应。

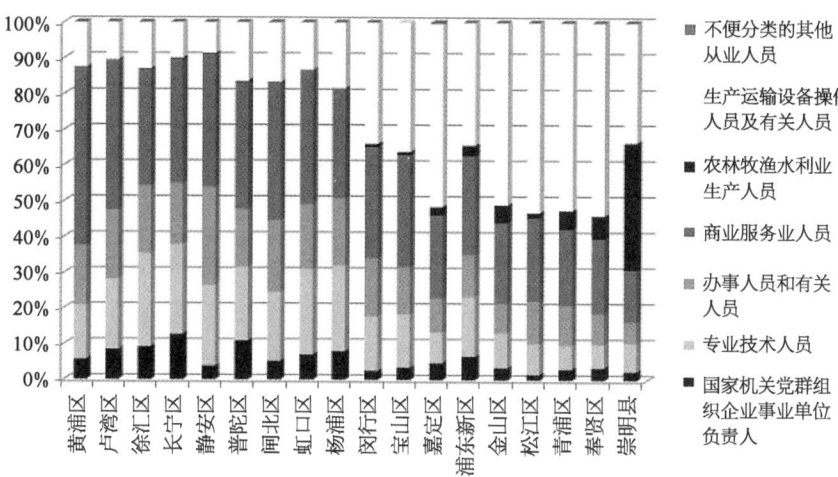

图4-9 上海市分区不同职业就业人口比例

从年龄组成上看,生产运输设备操作人员在青年与中年人群中所占比例较高,农林牧渔水利业人员集中在60岁以上人群,商业服务人员与办事人员在各年龄段分布较均匀,专业技术人员在20~40岁人群占有较高比例,单位负责人比例普遍较低,30~60岁人群中比例相对较高(图4-10、图4-11)。

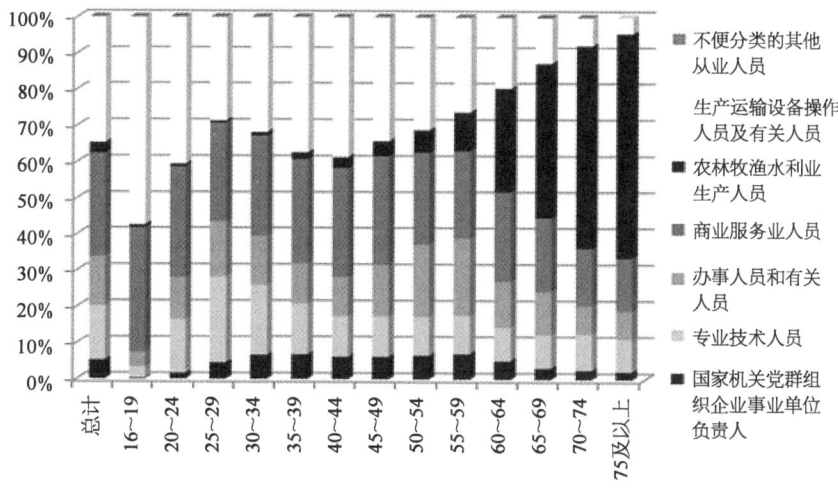

图4-10 上海市常住人口不同职业就业在不同年龄段上的分布

(3)不同行业的就业分布　上海居民就业行业结构中,制造业所占比例最大,为35%;其次为批发和零售业,为16%;再次为交通运输仓储邮政行业,为8%;其余各行业比例为0~6%。上海市常住人口在不同行业就业的分区分布如图4-12所示。

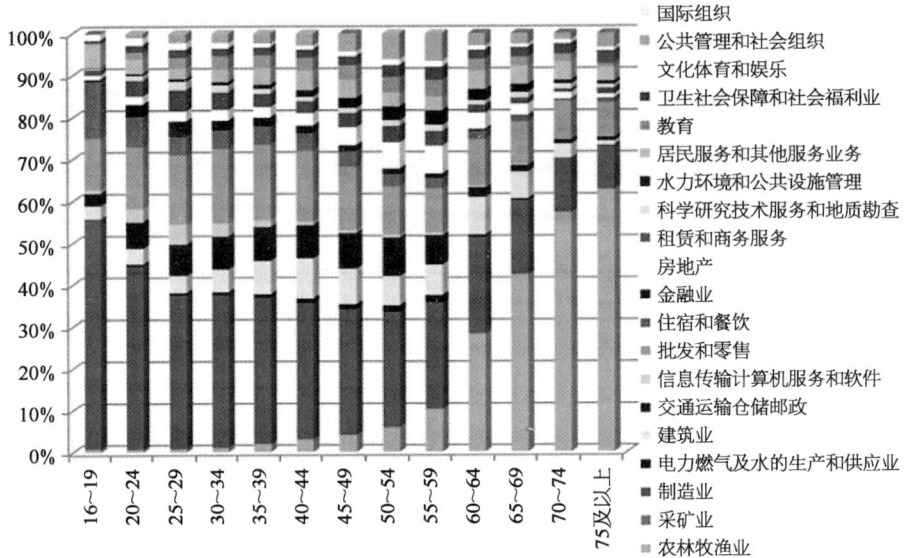

图4-11 上海市常住人口在不同行业就业结构在不同年龄段的分布

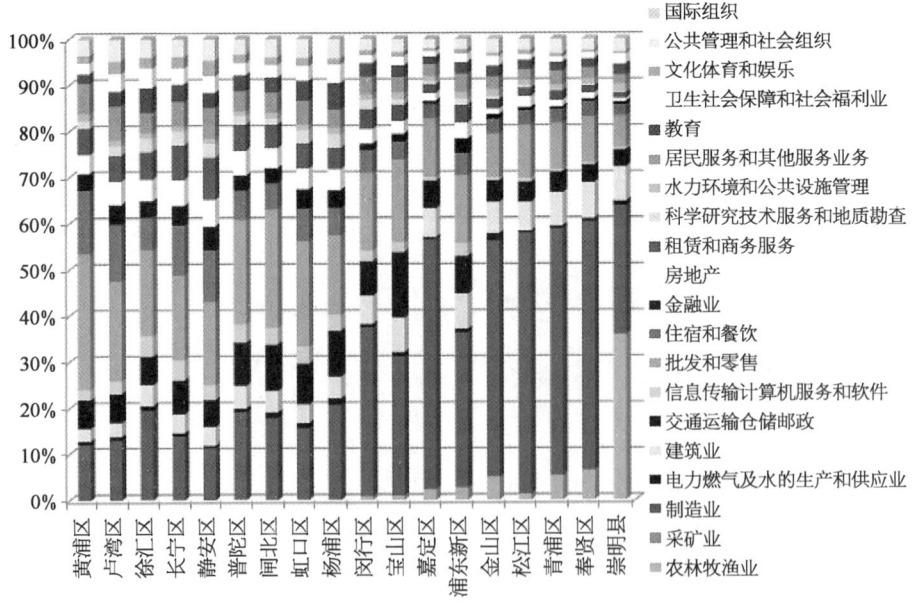

图4-12 上海市常住人口在不同行业就业的分区分布

从图4-12中可以看出：各区居民的行业划分中,农林牧渔水利业主要集中在崇明县；制造业在各区所占比例均较大,尤其在上海外围区域,最高达50%。

4) 就业人口的平均工作时间

全市平均周平均工作时间为44.39 h,平均每天8.9 h,城市居民周平均工作时间为 43.84 h,镇居民周平均工作时间为 46.45 h,乡村居民周平均工作时间为 45.36 h。总体上看,中心城区工作时间(42~44 h)普遍低于外围区域(44~47 h)。其中,金山区与青浦区周平均工作时间最高,为 47.7 h,崇明县最低,为 39.7 h(图 4-13)。

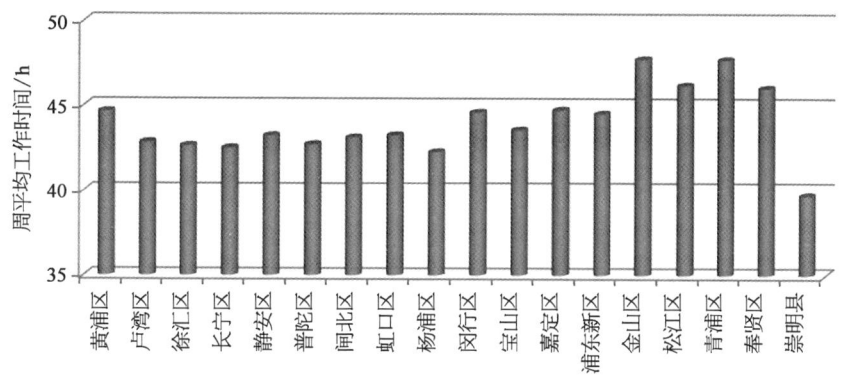

图 4-13　上海市周平均工作时间分区分布

图 4-14 显示:从年龄族群分析,15~50 岁的人群周平均工作时间均在 44 h 左右,50 岁以上人群随年龄增加平均工作时间逐渐减少。

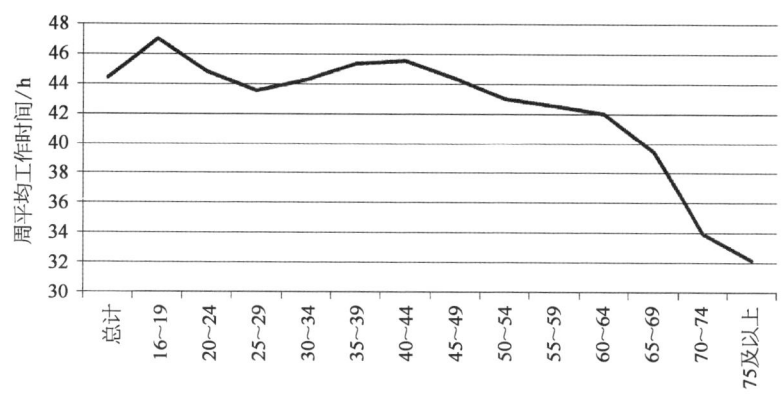

图 4-14　上海市周平均工作时间在不同年龄段上的分布

4.2.2　住宅价格的空间分布

从房地产行业中可以获取关于住宅价格的历史变化信息(图 4-15),以及当月住宅价格信息(表 4-2)。

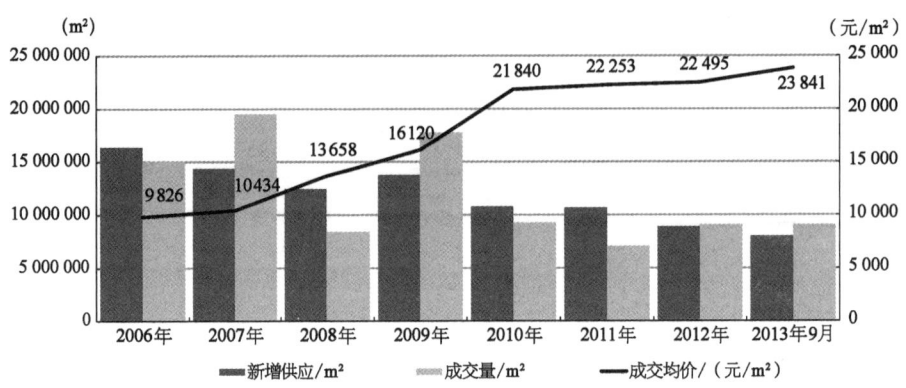

图 4-15 上海市商品住宅整体市场供需分析(2006—2013 年)

表 4-2 2013 年 9 月上海市公寓市场分区供求及价格情况

行政区域	新 增 供 应		成 交 量		成 交 价 格	
	套数	面积/m²	套数	面积/m²	交易均价/(元/m²)	交易金额/元
奉贤区	349		641			114 657.90
金山区	590		546			62 823.97
宝山区	834		1 141			229 721.10
杨浦区	715		230			175 858.20
虹口区	0		19			16 030.09
静安区	0		15			13 496.46
闸北区	0		118			62 576.85
普陀区	319		424			299 821.70
黄浦区	2		30			48 012.87
徐汇区	0		77			87 997.06
卢湾区	0		22			30 301.94
长宁区	6		24			18 754.64
闵行区	1 931		788			309 959.50
嘉定区	1 124		1 828			361 468.50
松江区	1 103		1 114			240 544.30
青浦区	1 901		769			166 253.90
南汇区	1 224		1 738			291 559.10
崇明县	144		49			6 397.64
浦东新区	523		995			539 873.40

在这些数据的基础上,对于时间影响进行适当修正,可以获得 2013 年上海市部分地区的房价空间分布信息,如图 4-16 所示。从城市规划和交通规划角度出发,人们关注的是房价的相对关系,从而研究城市交通区位与房价的关系、城市居民的空间迁移,以及城市功能的空间集聚等。

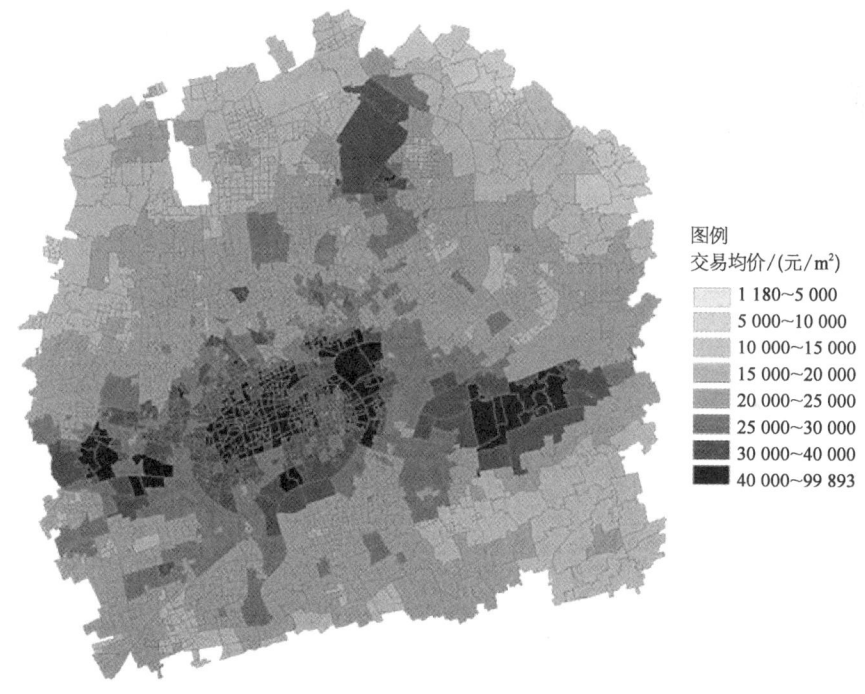

图 4-16 上海市部分地区房价分布

4.2.3 公共服务设施的空间分布

公共服务设施是指为公众提供公共服务的基础性、公共性、服务性设施,按对应的城市用地类型,可以分为:行政办公、商业金融、文化娱乐、体育、医疗卫生、教育科研设计和社会福利设施等[1]。行政办公设施主要是指党政行政机关、党派和团体等行政管理部门的办公设施。商业金融设施主要是指商业和服务业、金融业和保险业等设施。文化娱乐设施主要是指广播电视和出版、图书和展览、文化艺术和游乐等各类文化和娱乐设施。体育设施主要是指各级体育场馆及训练场地等设施。医疗卫生设施主要是指医疗、保健、防疫、康复、急救、疗养等设施。教育科研设计设施主要是指高等院校、中等专业学校、中小学、科研和勘察设计院所、信息和成人高等培训学校等设施。社会福利设施主要是指为孤儿、残疾人、老龄人等社会弱势群体所设置的学习、康复、服务和救助等设施。公共服务设施是吸引人员到达并进行活动的主要地点，是交通需求的主要吸引地。

公共服务设施与交通相关的信息主要包括：

① 公共服务设施基本情况，包括设施名称、地址（位置）、类型、建筑面积、土地面积、人均用地标准、业务规模、服务人口数量、服务半径、营业时间、停车场面积等。

② 从业人员信息，包括从业人员数量、年龄、性别、职业、收入、居住地址、出行方式等。

③ 来访者信息，包括来访者数量、年龄、性别、职业、居住地址、出行方式等。

公共服务设施数据可以从规划部门获取。随着互联网地图服务的发展和信息的不断丰富，也可以从POI数据中获取公共服务设施数据。POI数据主要包括名称、类别（行业类别）、经纬度等信息，是基于位置的地图服务、出行信息查询、出行路径规划等服务的基础。

通过公共服务设施的空间布局与交通网络（道路、公交、轨道）的关联，可以进行公共服务设施的可达性分析。图4-17所示为某市中心某地点通过公交网络45 min内能到达的教育设施数量，反映了该地点到达附近公共设施的方便程度或可达性。

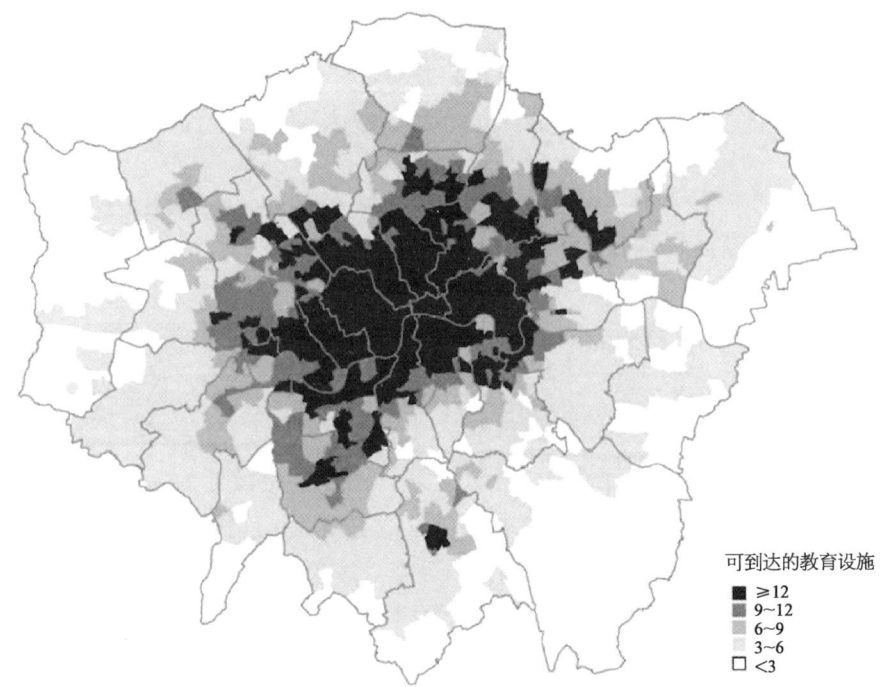

图4-17 某市中心某地点通过公交网络45 min内能到达的教育设施数量[2]

4.3 城市规划与土地利用

1）土地开发强度与交通需求的关联信息

土地开发强度反映的是土地的利用程度。一方面，某区域的交通区位越好，土地利用的经济效益就越高，土地开发强度也就越大；另一方面，某区域的土地开发强度越高，其交通需求的产生量和吸引量也就越大，对配套的交通基础设施和交通服务设施的要求也就越高。

土地开发强度通常采用容积率、建筑密度、建筑高度等指标进行衡量。

土地开发强度与交通发生量（交通产生量与吸引量之和）之间存在相关性，可以通过回归分析方法建立二者之间的关联关系。戚浩平等利用常州市的数据建立了如下的回归公式[3]：

$$\begin{aligned}交通发生量 =& 小区总面积\times0.06+建筑密度\times0.082+总建筑面积\times0.278+\\&建筑容积率\times0.281-工业用地\times0.061-市政公用设施\times\\&0.054+公共设施\times0.023+居住用地\times0.304-仓储用地\times\\&0.076-道路广场用地\times0.009-对外交通用地\times0.045-\\&水域\times0.008-绿地\times0.009+特殊用地\times0.018\end{aligned}$$

可以看出常州市的居住用地、建筑容积率、总建筑面积和建筑密度与交通发生量之间存在较强的正相关关系。

由于土地利用变量之间存在多重相关性，进一步分析土地利用各变量与交通发生量之间的相关关系，见表 4-3。居住用地、建筑容积率、总建筑面积和建筑密度与交通发生量之间的相关系数分别为 0.912、0.847、0.844、0.361，这说明居住用地、建筑容积率、总建筑面积和建筑密度对交通发生量的影响很大。

此外，还可以采用职住比（就业岗位与居住人口的比值）表示某区域的职住数量的平衡程度，职住比越高，表明该区域的就业功能越强，交通吸引量也越大；职住比越低，则表明该区域的居住功能越强，交通产生量也越大；若该区域的就业岗位与居住人口中的劳动者数量接近，则表明该区域达到职住平衡，也就是劳动者都可能就近就业，此时产生的通勤出行距离和出行时间最小，对城市交通的拥堵影响也越小[4]。

2）居住与就业的空间分布

影响城市客运交通结构的重要因素是城市中的居住与就业，而这种空间分布关系的表达可以划分为静态和动态两种类型。例如日本东京都市圈的居住人口密度空间分布情况如图 4-18 所示，东京都市圈就业岗位密度的空间分布情况如图 4-19 所示。

表 4-3 土地利用各变量与交通发生量之间的相关系数[3]

变量与发生量	小区总面积	建筑密度	总建筑面积	建筑容积率	工业用地	市政设施用地	公共设施用地	居住用地	仓储用地	道路广场用地	对外交通用地	水域	绿地	特殊用地	交通发生量
小区总面积	1														
建筑密度	-0.142	1													
总建筑面积	0.279	0.561	1												
建筑容积率	-0.188	0.652	0.851	1											
工业用地	0.445	0.229	0.010	-0.229	1										
市政设施用地	0.005	0.028	-0.085	-0.051	-0.219	1									
公共设施用地	-0.133	0.614	0.395	0.476	-0.025	0.219	1								
居住用地	-0.058	0.364	0.764	0.854	-0.295	-0.113	0.198	1							
仓储用地	0.091	-0.131	0.013	-0.050	-0.036	-0.133	0.211	-0.061	1						
道路广场用地	0.103	-0.079	-0.057	-0.121	-0.058	0.120	-0.039	0.003	-0.045	1					
对外交通用地	-0.213	0.048	-0.088	0.0503	-0.186	-0.126	0.323	-0.118	-0.075	-0.061	1				
水域	0.668	-0.319	0.069	-0.271	0.144	-0.094	-0.548	-0.171	-0.095	0.051	-0.242	1			
绿地	0.657	-0.174	0.160	-0.181	0.486	-0.134	-0.424	-0.186	0.066	-0.053	-0.175	0.634	1		
特殊用地	-0.162	0.058	0.005	0.109	-0.317	-0.061	0.188	0.142	0.151	0.732	-0.111	-0.259	-0.276	1	
交通发生量	0.025	0.361	0.844	0.847	-0.182	-0.134	0.189	0.912	-0.161	0.064	-0.075	-0.086	-0.071	0.080	1

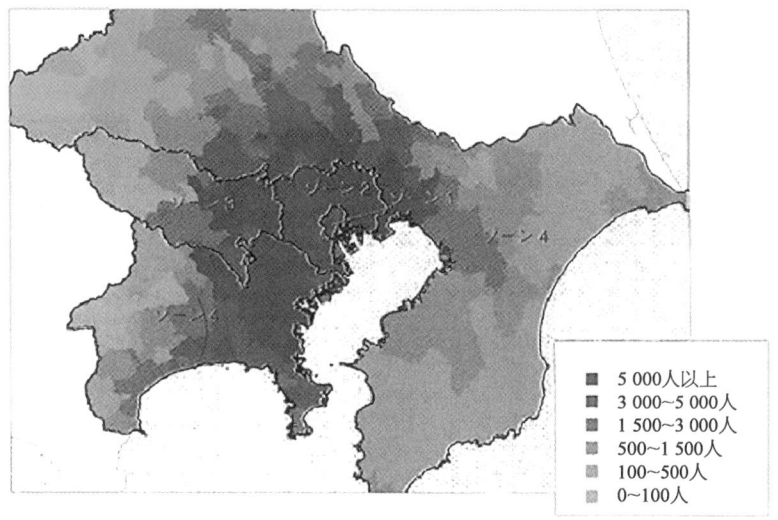

图 4-18　东京圈居住人口密度分布示意图[5]

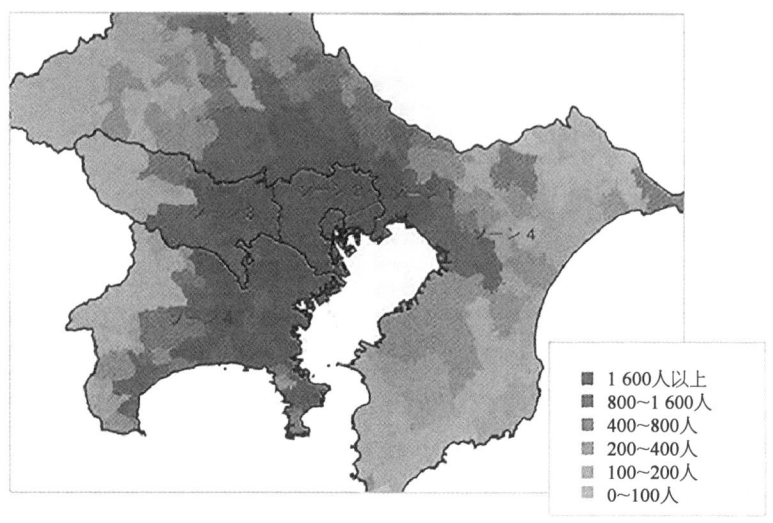

图 4-19　东京圈就业岗位密度分布示意图

与城市规划相比,交通规划等更加关注的是城市居住与就业的空间联系,正是这种联系形成了城市交通刚性需求的主要部分。图 4-20 说明了这种空间联系的结构。与图 4-21 所示的城市交通 OD 期望路线图相比,图 4-20 不仅更加直观地说明了通勤通学客流的空间流向和流量,而且说明了从外围流向东京 23 区(中心城)的流量与 23 区内自身产生的流量的比例关系,以及外围各区流向东京 23 区流量占各区流出总量的比例结构。通过这样的方法,更加清晰地表达出城市居住与就业空间结构的联系。

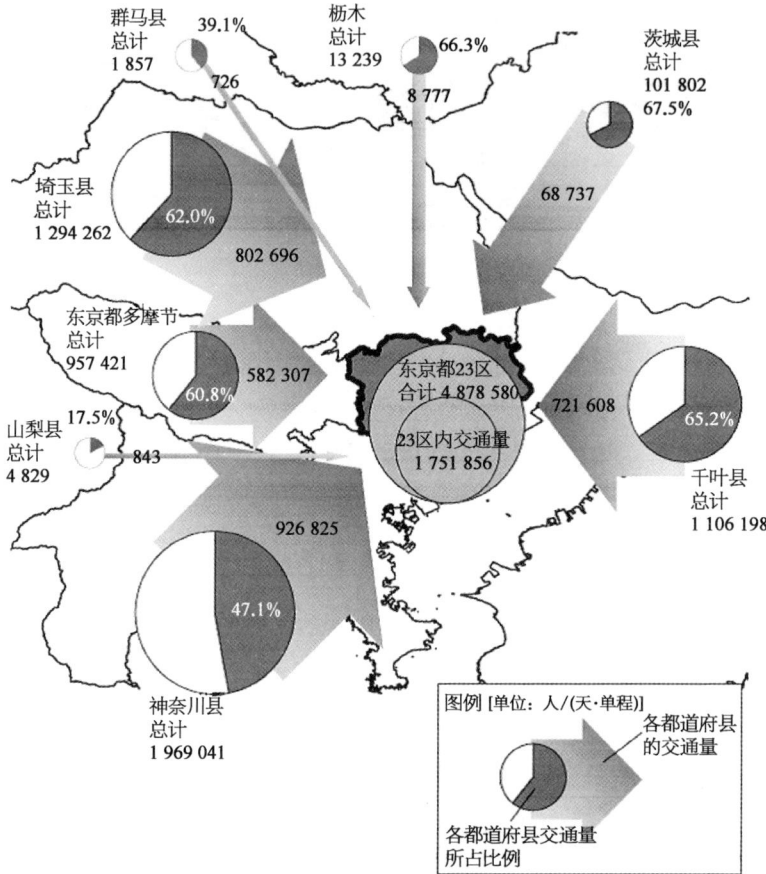

图 4-20 周边各县以东京 23 区为目的地的通勤、通学流动示意图[6]

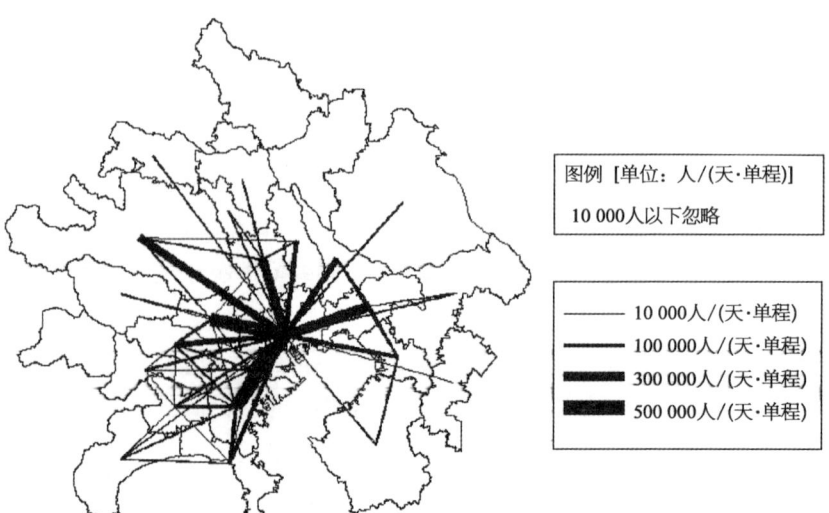

图 4-21 2010 年东京圈轨道交通通勤、通学客流 OD 期望线图[6]

4.4 移动通信数据

移动通信数据,是指用户在移动通信网络中产生的数据。当前应用于交通领域的移动通信数据,主要包括话单数据及信令数据两类。

话单指通信原始记录信息,又称为详单。而通信设备之间任何实际应用信息的传送总是伴随着一些控制信息的传递,它们按照既定的通信协议工作,将应用信息安全、可靠、高效地传送到目的地。这些信息在计算机网络中叫作协议控制信息,而在通信网中叫作信令(Signal)。由于信令及话单数据能够记录设备的基于基站小区的位置信息,故在交通领域有着较为广泛的应用。国内现阶段,移动通信终端主要是指手机终端,故后文除特别说明外,手机与移动通信(终端)不作区分。

1) 移动通信数据的获取

通常,运营商会保存一段时间的用户话单,作为话务量统计及网络优化的依据。交通规划及管理部门可以通过与运营商建立合作机制,获取与个人用户无关的统计数据及其分析结果。而信令数据的获取,则需要在移动通信网络的相关接口设置采集装置,由运营商负责采集和解析后通过一定的方式呈现给数据使用部门。关于移动通信网络各接口的位置、含义及相关信令类型,可以参考移动通信领域的文献,在此不进行赘述。

2) 移动通信数据的属性

根据移动通信网络的覆盖特性,以及移动通信网络需具备为移动通信用户连续提供服务的功能,移动通信用户的终端会定期或不定期地、主动或被动地与移动通信网络保持联系,这些联系被移动通信网络识别成一系列的控制指令。通过对这些指令的记录分析,能够获取到一系列移动通信数据,包括以下这些:

(1) 加密后的设备标识号　为了保证通信用户的绝对隐私,移动通信数据记录的用户编号是单向加密的结果,保证加密过程的不可逆性。

(2) 时间戳　移动通信数据,包含时间戳信息,记录数据产生时刻。

(3) 位置区编号　即移动通信系统中的位置区码,是为寻呼而设置的一个区域,覆盖一片地理区域。

(4) 小区编号　移动通信网络中小区编号,在移动、联通的网络中,位置区加上小区编号能够唯一确定终端所处位置,电信网络略有不同。

(5) 事件类型　即通信数据产生的事件类型,通常包含通话、短信、切换、位置更新等不同类型。

3) 移动通信数据的特征

移动通信数据具有以下特征：

（1）数据量大　例如上海移动通信网络中记录的数据,能应用于交通分析的信令数据约为 200 GB/天,一周数据量超过 1 TB,一个月这些记录所需的存储空间约为 30 TB,考虑到数据备份的需求,系统整体存储容量需求约为 1 PB/年。

（2）实时性强　移动终端在网络中,会与网络保持着密切的联系,产生的信令数据会被信令采集平台实时记录并保存,故具有很强的实时性。

（3）空间覆盖密度高　随着用户数量的不断增加,无线通信网络日趋完善,服务水平也日益提高。以上海为例,市域范围内平均基站间距<500 m,基本不存在通信信号覆盖盲区,所以数据的空间覆盖密度很好。

4.5 公众互动信息

公众互动信息是指公众通过社交网络、广播互动平台、咨询投诉热线、移动终端应用等渠道,进行投诉、发表评论、传播交通信息、上传与交通状况或交通事件相关的图片、语音、视频等,可以从这部分数据源中提取有关交通状态、交通事件、交通设施状况、公众对交通政策和措施的看法等信息。根据来源可以分为社交网络数据、广播电视数据和咨询投诉数据等几大类,各类数据的来源、类型和包含的交通信息等见表 4-4。

表 4-4　公众互动信息表

数 据 来 源			主要数据类型	主要包含的信息
社交网络	微博：政务、企业、个人		文字、图像、视频、音频	道路交通状况、交通事故等的信息,以及其他交通资讯,用户观点
	网站：门户网站、政务网站、专业网站（论坛）等			
	移动应用	微信等	出行轨迹数据、图像等	用户共享的出行轨迹数据、路况等出行信息
		导航软件信息交互服务		
		路况交通眼、六只脚行踪等		
广播电视	交通广播		音频	交通资讯、路况、听（观）众互动信息
	移动电视		视频	
咨询投诉	电话、信件、网上、现场		文字、图像、视频、音频	公众对于交通事故、设施、管理等交通问题的反映、观点

1) 社交网络数据

社交网络包括微博微信、网站和移动应用等多种形式。

(1) 微博微信数据　自 2009 年新浪网推出新浪微博,2011 年腾讯公司推出微信后,微博、微信等新型网络媒体已成为中国网民主要社交网络活动之一。截至 2013 年上半年,新浪微博注册用户已达到 5.36 亿,2013 年第四季度,微信月活跃用户数达到 3.55 亿。

根据注册用户类型,可以将微博或微信分为政务、企业和个人三种类型。

① 政务微博或微信。政务用户是指由政府部门推出的官方账户。据国家行政学院电子政务研究中心发布的《2013 年中国政务微博客评估报告》显示,截至 2013 年底,新浪网、腾讯网、人民网、新华网等四家微博网站共开通政务微博客账号 258 737 个,其中,党政机构微博客账号 183 232 个,党政干部微博客账号 75 505 个。在交通行业方面,交通、铁路系统数量在党政机构微博客中占比为 11.5%,仅次于公安系统(36%)和党委系统(12.7%)[7]。

对于交通行业,一方面,政府部门可以通过这些政务新媒体,及时发布公众关切的交通事件和政策法规等权威政务信息;另一方面,政府部门还可通过新媒体的评论、转发等互动功能,及时了解网络舆情对所发布信息的反应态势,应对网络上关于所发布信息的负面舆论影响。

② 企业微博或微信。企业用户通过微博、微信等打造属于自己的基于客户关系的信息传播、分享以及获取平台,可以通过网页及各种客户端组建(企业)专属社区,并实现即时商业分享。

我国各大城市的公交、地铁、公共交通卡公司、运输公司等交通行业企业,通过微博或微信发布相关交通线路及时刻表、公共交通卡技术服务、运输班次及时刻表、票价、优惠或促销信息等。例如,2013 年 7 月 1 日,北京公交集团官方微信正式开通,开设的栏目有"关于公交""服务台""线路信息"三大模块,具有九大功能。民众通过关注公交微信不仅可以随时了解最新出行信息,还可以查询定制公交招募线路、车厢遗失物信息、一日游线路、公共交通卡退卡点、长途线路、驾校班车等信息。10 月 1 日,公交集团官方微信升级后,增加了公交线路查询、公交换乘信息两大功能,用户可以通过微信可查询公交集团、地铁及沿途公交的线路信息和换乘信息。

③ 个人微博或微信。个人用户占微博、微信等新媒体的绝大多数,也是与政务用户和企业用户互动的主力。在交通方面,个人用户通过微博或微信发表交通设施状况、交通状况、交通事故,以及对交通政策或措施的评价等信息。通过对个人用户产生的社交网络数据进行挖掘分析,可以发现一些交通问题的信息,以及公众对交通政策或措施的看法,为交通管理部门及时处理交通问题或

制定有效的交通管理措施提供依据。例如，当有交通事故等突发事件发生时，可能会有很多目击者利用微博、微信等个人账号将所掌握的事故发生时间、地点、起因等信息发布于网上，即产生所谓的社交网络数据，其数据格式可能包含有文本、图像、视频、音频等多种类型，通过对这些数据的挖掘与分析，能够对交通事故等异常事件的检测、原因分析、责任判定等提供支持。

（2）网站数据　与微博、微信等新媒体类似，各级政府的交通管理部门及大中型交通企业都建立了自己的官方网站，交通管理部门可以通过网站发布交通资讯，公开最新的交通信息政策，交通企业单位也可以通过网站进行产品信息的宣传和品牌形象的推广。此外，也有一些交通行业网站、论坛等平台供网友进行交流互动，包括事件投诉、问题解答、政策讨论等。

网站的主办单位或企业通过网站进行信息的发布，同时还可以建立相应的网络舆情监测系统，通过对信息的浏览次数、转载次数、评论次数及反馈信息的时间密集度等数据来分析民众对于所公布的交通政策、管理措施、交通事件通报、交通产品发布等信息的反响，识别出给定时间段内的交通热点问题，并对其进行倾向性与趋势分析。有助于主办单位或企业及时了解网络舆情动态，建立网络舆情预警机制，为部门危机公关或品牌形象营销等提供数据支持。

（3）移动应用数据　随着智能手机的日益普及，产业界从出行安全及出行服务质量等角度，推出了一些基于位置服务的移动应用软件。交通出行用户可通过这些应用来发布路况、行驶状况信息，向指定人群分享自己的出行轨迹等，即产生带有位置属性的数据（如图像、轨迹数据等）。而通过对这些数据的挖掘分析，可以了解路网的交通状况、热门景点或经典旅行线路，从而为出行用户（尤其是户外爱好者）提供更好的出行路径选择和相关推荐服务。

例如，"路况交通眼"的路况信息每 5 min 更新一次，确保了路况等交通信息的实时性，通过简图路况显示模式，能直观准确地展示相关道路的路况。此外，该应用还提供路况分享服务，用户可通过该服务将道路交通信息（包括无良驾驶、交通事故、道路施工、交通拥堵、交通管制等）拍照并分享给微博好友。又如，"六只脚行踪"是面向户外爱好者的浏览、记录、分享户外线路（GPS 轨迹）的客户端，与"六只脚网站"相结合，为用户提供 GPS 轨迹记录与分享服务。用户可在徒步、自驾车、摩托车、山地骑行、越野、登山、滑雪、航海、观光旅游等户外活动时用作行程记录，并可与家人及好友分享。

2）广播电视数据

广播电视，是通过无线电波或导线向广大地区播送声音、图像节目的传播媒介，具有形象化、及时性和广泛性等特点。交通广播较早在各大城市得到应用,通过交通广播发布道路交通状况信息,对交通诱导起到了重要作用;此外,交通广播电视在公交、地铁中也得到了广泛应用,进行公交、地铁的到站信息发布等。

例如,上海交通广播电台是国内第一家以播报交通信息为主导的专业广播媒体,采用双频率(FM105.7 MHz/AM648 kHz)和双直播室(广播直播室/交警直播室)播出,每小时 7 次定点播报道路状况信息,并 24 小时播出,覆盖人群超过 1 亿,有效受众近 260 万。

上海交通广播与城市交通管理部门合作,通过技术手段,将城市路网交通流量 GIS 地图直接接入直播室,使得直播室能实时观测城市主要交通节点的动态图像。同时,通过 GPS 定位技术,上海交通广播可随时掌握近 3 万辆出租汽车运行状况;并通过与任意一辆行驶的出租车驾驶员通话,了解其所在位置的道路通行情况。此外,铁路、水运、航空,以及交通清障救援系统都与上海交通广播保持着紧密联系,并通过与长三角城市交通广播联盟等广播媒体的合作,及时发布城际间的高速公路状况信息。

交通广播虽能了解到道路拥堵路况,但多数情况下不能解释拥堵的成因。而许多网友通过微信向交通广播公众账号分享了其所在地点的道路通行状况,包括出行过程中所目睹的交通事故、交通违规事件等信息,结合网友提供的互动信息及监控摄像头的实时视频画面,交通广播可推测出相当比例交通拥堵的原因,并与交通管理部门实时信息共享。

3) 咨询投诉数据

城市的交通主管部门一般都开设有专门的咨询投诉热线、邮箱、电子信箱、网站和移动终端应用等,针对交通领域所出现的各种问题收集民众的疑问与意见,接受民众的咨询与投诉。

例如,2013 年度上海市交通运输和港口管理局(以下简称"上海交港局")共接受市民咨询 3 864 次,其中电话咨询 2 627 次,现场咨询接待 339 次,网上咨询 898 次[8]。一方面,上海交港局等政府主管部门对重大交通基础设施建设、重大活动及交通政策等通过广播电视、微博等渠道向民众征求意见及公布时,民众会通过电话、现场、网站等渠道进行咨询反馈,通过对这些反馈内容进行梳理分析,可以从中得出民众对该类问题的看法和观点,从而为交通基础设施的建设与管理提供决策信息。另一方面,道路交通系统或公共交通系统在运行过程中,如果某些环节发生异常,例如交通拥堵、交通事故、交通设施故障等,就可能会引来民众投诉,而通过投诉,交通主管部门可以及时发现问题,了解问题产生的原因,制定相应的解决方案。

参考文献

[1] 中华人民共和国建设部. 城市公共设施规划规范(GB50442—2008)[S]. 中华人民共和国国家标准,2008.
[2] Mayor of London. Trvael in London, Report 4[R]. Transport for London, 2011.
[3] 戚浩平,张利,王炜,等. 基于偏最小二乘回归法的城市土地利用与交通发生量关系模型研究[J]. 公路交通科技,2011,28(3):138-142.
[4] 孟晓晨,吴静,沈凡卜. 职住平衡的研究回顾及观点综述[J]. 城市发展研究,2009(6):23-28.
[5] 东京市政调查会. 大都市的城市交通:世界四大都市的比较研究[M]. 日本出版社,1999.
[6] 日本国土交通省. 2010年大都市圈交通统计[R]. 2012.
[7] 中国国家行政学院电子政务研究中心. 2013年中国政务微博客评估报告[R]. 2014.
[8] 上海市交通运输与港口管理局. 2013上海市交通运输和港口管理局政府信息公开工作年度报告[R]. 2014.

第 5 章　城市交通大数据组织与描述

第 3 章和第 4 章介绍了城市交通大数据中的主要数据资源,事实上,与交通相关的其他数据资源还有很多。每一类数据资源中,大量应用系统产生着几乎无穷无尽的数据。面对无法穷举的数据资源,怎样才能有效地组织这些数据资源,表达它们之间的关系,如何才能让用户和计算机能够轻松找到想要的数据,是需要解决的问题。本章将重点讨论这些问题。

5.1　城市交通大数据本体

本体论(ontology)最早是一个在哲学上使用的概念。近年来,在语义网络、知识发现等研究领域兴起了一股本体研究热潮。人工智能及信息技术相关领域的学者开始将本体论的观念用在知识表达上,即借由本体论中的基本元素——概念及概念间的关联,作为描述真实世界的知识模型;知识工程领域的学者也在开发知识系统时用本体来实现领域知识的获取。在大多数情况下,在计算机科学与信息技术领域,提及"本体"一词,更多的是指本体论所代表的有关本体的学问统称。习惯上,说到本体是指 ontology,即本体论。

本体很适合用来定义一个领域的基本概念、概念间的关系,以及它们之间固有的推理逻辑,可以很清晰地描述领域数据的固有性质和数据之间的关联,因此本体可以用来组织、表达城市交通大数据。

5.1.1　本体的含义

1) 本体的由来和定义

在计算机科学与信息技术领域,明确本体的定义经历了一个过程。1991

年,罗伯特·内奇斯(Robert Neches)等人最早给出本体的定义:"一个本体定义了组成主题领域的词汇的基本术语和关系,以及用于组合这些术语和关系以定义词汇的外延的规则[1]。"这个定义确定了本体在人工智能领域中的基本含义,即本体至少应定义某个领域的基本术语及这些术语之间的关系。此后,很多研究者在这个定义的基础之上,对本体的定义进行了更深入的探讨。1995年,汤姆·格鲁伯(Tom Gruber)给出了计算机科学术语"ontology"的审慎定义,即"本体是概念体系(conceptualization,概念表达或概念化过程)的明确的规范说明(specification)"[2]。威廉·波斯特(Willem N. Borst)在此基础上,给出了本体的另外一个定义,即"本体是共享概念模型的形式化规范说明"[3]。迪特·芬塞尔(Dieter Fensel)对格鲁伯和波斯特的两个定义进行了深入的研究,认为"本体是对一个特定领域中重要概念的共享的形式化规范描述"[4]。这个定义包含了四层含义:概念模型(conceptualization)、明确规范的(explicit)、形式化(formal)和共享(share)。"概念模型"指通过抽象出客观世界的一些现象的相关概念得到的模型。概念模型所表现出的含义独立于具体的环境状态。"明确规范的"指所使用的概念及使用这些概念的约束都有明确的、无二义性或暗示性的定义。"形式化"指本体是计算机可读的,即能被计算机处理。"共享"指本体中体现的是共同认可的知识,反映的是相关领域中公认的概念集,即本体针对的是团体而非个体的共识。

本体提供的是一种共享词表,也就是特定领域之中那些存在着的对象类型或概念及其属性和相互关系。或者说,本体实际上就是对特定领域之中某套概念及其相互之间关系的形式化表达。换而言之,本体就是一种特殊类型的术语集,具有结构化的特点,且更加适合在计算机系统之中使用。本体是人们以自己兴趣领域的知识为素材,运用信息科学的本体论原理而编写出来的作品。本体一般可以用来针对该领域的属性进行推理,亦可用于定义该领域,也就是对该领域进行建模。作为一种关于现实世界或其中某个组成部分的知识表达形式,本体目前广泛应用于人工智能、语义网络、软件工程、生物医学信息学、图书馆学及信息架构等研究领域,以及在其他一些研究领域作为一种新方法被提及。借助于来自哲学本体论的灵感,一些研究人员继而把计算机本体论视为一种应用哲学。

2) 本体的一般性分类

从详细程度对本体进行划分,详细程度高的,即描述或刻画建模对象程度高的被称为参考本体,反之称为共享本体。

从领域依赖程度对本体进行划分,分为顶级本体、领域本体、任务本体和应用本体等四类。这种划分方法更为常用。

(1) 顶层本体 指最常见的概念和这些概念之间的关系,如时间、空间、事件和行为等，顶层本体无关乎具体的领域或应用，可在多个领域之间共享。

（2）领域本体　指某一个特定的领域内的概念和这些概念之间的关系，如交通和证券等。

（3）任务本体　指特定任务或行为中的概念和这些概念之间的关系，如预测和规划等。

（4）应用本体　指针对具体问题的概念和这些概念之间的关系，可以同时引用领域本体和任务本体的概念。

除了从详细程度和领域依赖程度对本体进行分类之外，还可以根据研究主题，将本体划分为知识表示本体、通用或常识本体、领域本体、语言学本体和任务本体等；或者根据本体表示的形式化程度划分为完全非形式化本体、结构非形式化本体、半形式化本体、形式化本体等。

3）本体的特点

尽管本体的定义方式多种多样，但各个定义都把本体当作是领域内部不同主体之间进行交流的一种语义基础，即由本体提供一种明确定义的共识，本体提供的这种共识是为机器服务的。本体具有以下特点：

（1）本体可以在不同的建模方法、范式、语言和软件工具之间进行翻译和映射，以实现不同系统之间的互操作和继承。

（2）功能上本体和数据库有些相似，但是本体比数据库表达的知识丰富得多。定义本体的语言，在词法和语义上都比数据库所能表示的信息丰富得多。更重要的是本体提供的是一个领域严谨丰富的理论，而不单单是一个存放数据的结构。

（3）本体是领域内重要实体、属性、过程及其相互关系形式化描述的基础。这种形式化的描述可成为软件系统中可重用和共享的组件。

（4）本体可以为知识库的构建提供一个结构。以描述对象的类型而言，有简单事实及抽象概念，这些可以描述成一个本体的静态实体部分，它们主要描述的是事物或概念的各个组成部分及其之间的静态联系，可以描述事物或概念的运动和变化。应用本体，知识库就可以运用这类结构去表达现实世界中浩如烟海的知识和常识。

（5）对于知识管理系统而言，本体就是一个正式的词汇表。本体可以将对象知识的概念和相互之间的关系进行较为精确的定义。在这样一系列概念的支持下，进行知识搜索、知识积累和知识共享的效率将大大提高。

（6）本体适合表示抽象的描述。企业模型是对企业或者企业的某些业务模型的抽象描述，因此在企业逻辑建模中，本体可以清楚地表示企业特定领域的相关元素、概念和关系，让知识表达更加准确便捷，帮助管理者更好地进行企业决策。

5.1.2　本体的要素及一般表示方法

1）本体的主要要素及属性

一般来说,一个本体可以由概念、实例、关系、函数和公理等五种元素组成,即 $O=\{C, I, R, F, A\}$,其中 O 表示本体(ontology),C 表示概念(concept),I 表示实例(instance),R 表示关系(relationship),F 表示函数(function),A 表示公理(axiom)。

本体中的概念是广义上的概念,可以是具体的概念,也可以是任务、功能、行为、策略、推理过程等。本体中的这些概念通常构成一个分类层次。

实例是指属于概念类的基本元素,即某概念类所指的具体实体,特定领域的所有实例构成的领域概念类在该领域中的指称域。

本体中的关系表示概念之间的一类关联,典型的二元关联如子类关系形成概念类的层次结构,一般情况下用 $R: C_1 \cdot C_2 \cdot \cdots \cdot C_n$ 表示概念类 $C_1, C_2, \cdots, C_n$ 之间存在 n 元关系 R。

函数是一种特殊的关系,其中,第 n 个元素相对于前 $n-1$ 个元素是唯一的。可以理解为 C_n 可以由 $C_1, C_2, \cdots, C_{n-1}$ 确定。一般情况下,函数用 $F: C_1 \cdot C_2 \cdot \cdots \cdot C_{n-1} \rightarrow C_n$ 表示。

公理用于表示一些永真式,即无须证明或推理即可知其断言为真,用来表示本体间最基本的相互语义逻辑的集合。更具体地,在许多领域中,函数之间或关联之间也存在着关联或约束,这些约束(restriction)有时候也被视为公理的一部分。约束公理分为值约束(value constraint)和基数约束(cardinality constraint)两种,值约束限制属性的取值范围(值域),基数约束限制属性取值的个数。

从语义上分析,实例表示的就是对象,而概念表示的则是对象的集合,关系对应于对象元组的集合。概念的定义一般采用框架结构,包括概念的名称与其他概念之间关系的集合,以及用自然语言对该概念的描述。

2）概念间的基本关系

在本体中,概念间的基本关系有四种:part-of、kind-of、instance-of 和 attribute-of。part-of 表达概念之间部分与整体的关系;kind-of 表达概念之间的继承关系;instance-of 表达概念的实例和概念之间的关系,类似于面向对象中的类和对象之间的关系;attribute-of 表达某个概念是另外一个概念的属性。

（1）kind-of 关系　又被称为 subClassOf 关系或 is-a 关系,描述了概念之间典型的二元关系和上下位关系,用于指出事物之间在抽象概念上的类属关系,是概念之间的逻辑层次分类结构形成的基础。例如 kind-of(A,B),表示概念 A

是概念 B 的子类(子概念);相应地,概念 B 称为概念 A 的父类(父概念)。

kind-of 关系表明的是一种继承关系,即子概念自动具有父概念的 attribute-of 类关系,这种关系是可传递的(transitive)。相对父概念来说,子概念更具体,通常体现在对于父概念的某些属性(attribute)来说,子概念的这些属性的值可能是有限制的(包括为固定值);最常见的情况是,子概念基于父概念的某个属性的值进行分类。例如,图 5-1 表示概念"公交车"和概念"出租车"是概念"交通工具"的子类。

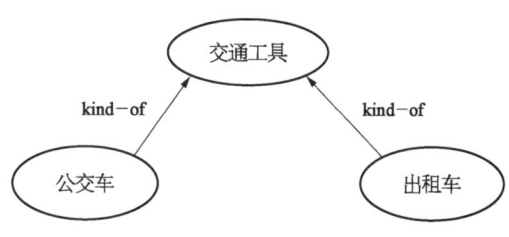

图 5-1　kind-of 实例

(2) part-of 关系　也可以称之为 member-of 关系,描述的是概念之间部分/成员与整体的关系。通常使用 part-of(A,B)表示概念 A 是概念 B 的一部分,或者概念 A 是概念 B 的成员。这一关系是很容易被误解的,因为严格来说,只有实例之间才能具有部分与整体的关系,两个一般概念之间并不会有 part-of 关系。当说两个一般概念具有 part-of 关系时,实际上说的是前者的所有实例与后者的对应实例具有 part-of 关系;当说一个实例概念和一个一般概念具有 part-of 关系时,实际上说的是实例与后者的某个实例具有 part-of 关系。

(3) instance-of 关系　instance-of 关系描述的是典型的概念与个体之间的二元关系,而个体则是来自实例集合的一个元素。instance-of(a,A)表示个体 a 是概念 A 的一个实例。与 kind-of 关系不同之处主要有两点:一是实例不能再被继承,即构成了继承关系图中的末端;二是从理论上来说,在一定的时空内,实例的属性值是确定的(虽然不一定知道是什么),而概念的属性值通常是无法确定的。例如图 5-2 表示个体"100 路公交车"是概念"公交车"的一个实例。

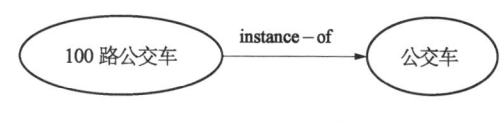

图 5-2　instance-of 实例

(4) attribute-of 关系　attribute-of 关系表明的是属性概念与其对应概念的关系,这种关系是不可传递的。例如 A 是 B 的属性概念,B 是 C 的属性概念,A 未必是 C 的属性概念。只有当 A 与 B 是 attribute-of 的关系,而 A1 是 A 的子概念(子属性)时,A1 与 B 也具有 attribute-of 的关系。

在实际应用中,不一定要严格地按照概念、实例、关系、函数、公理这五类元素来构造本体。同时概念之间的关系也不限于上面列出的四种基本关系,可以根据特定领域的具体情况定义相应的关系,以满足应用的需要。

3) 本体的一般表示方法

本体中的关系表示概念之间、概念和个体实例之间的关联。分析两个资源之间的二元关系后,可以建立资源的语义链。语义链表示为从一个资源到另一个资源类型化的指针,而语义链的集成构成语义网络图。语义网络图可以看成是语义链替代现有 Web 超链接结构的语义 Web 模型。其中,结点表示资源,有向边表示类型化的语义链。

本体描述语言起源于人工智能(Artificial Intelligence, AI)领域对知识表示的研究,这方面的本体描述语言主要有:KIF(Knowledge Interchange Format)、Ontolingua、OKBC(Open Knowledge Base Connectivity)、OCML(Operational Conceptual Modeling Language)、Frame-logic、Loom 等。近年来,随着 Web 技术的发展,Web 与本体理论的结合成为必然趋势,诞生了一些 Web 本体描述语言,主要有 RDF(Resource Description Framework)、RDFS(RDF Schema)和 SHOE(Simple HTML Ontology Extension)等。

描述逻辑(Description Logics, DLs)是人工智能领域研究的一种重要的知识表示语言,描述逻辑可以用于知识表示的逻辑语言和以其为对象的推理方法,主要用于描述概念分类及其概念之间的关系,目前正被积极应用于本体的描述。以描述逻辑为基础的本体描述语言主要有 OIL、DAML+OIL 和 OWL 等。

网络本体语言(Web Ontology Language, OWL)是万维网联盟(World Wide Web Consortium, W3C, 又称 W3C 理事会)2004 年推荐的本体描述语言的标准,是在互联网上发布和共享本体的语义标记语言。OWL 作为 RDF/RDFS 的扩展,是在 DAML+OIL 的基础上发展起来的,目的是提供更多的原语以支持更加丰富的语义表达并支持推理。

本体库模型是通过本体描述语言对本体进行形式化表示。一个好的本体描述语言应该具有定义完善的语法和语义,能够有效支持规则推理,表达充分而且使用方便。目前主流的本体描述语言有 XML、RDF/RDFS、OWL 等。

(1) XML XML 是一种机器可读文档的规范,描述了文档的数据布局和逻辑结构,使用可嵌套的标签来对文档的内容进行标记。XML 是一种采用标准化方法来定义其他语言的元语言,因为可以由用户自定义标签,并使用文档类型定义来规范自定义的标签和文档结构,所以具有非常好的可拓展性,可以应用于多种文件格式。XML 最基本的语法单位是标记元素,包括起始标签、文字内容和结束标签。每个标记元素的属性对可以有一个或多个,为了保证可读性,元素嵌套时标签不能有交叉,XML 对层级结构的要求是十分严格的。XML 不会对数据本身做出解释,也就是说没有指出数据的用途和语义,故对于用于交换的 XML 内部数据,须在使用前定义它的词汇表、用途和语义。

下面是一个利用 XML 语言描述本体的例子,其中"交通工具"是一个类,"汽车"是它的子类,而"汽车"并不是"火车"的一个子类。

```
<class-def>
        <class name="交通工具"/>
        <subclass-of>
            <class name="汽车"/>
            <NOT>
              <class name="火车"/>
            </NOT>
        </subclass-of>
</class-def>
```

XML 利用文档类型定义和 XML 框架来实现对文档结构的有效性验证,对文档逻辑结构进行描述/约束来表示数据的语义。XML 对本体的描述,就是使用文档类型定义或 XML 框架对本体所表达的领域知识进行结构化定义,接着使用 XML 文档结构和 XML 内容之间的关系实现对本体知识的描述,从而完成对数据内容的语义描述,具体过程如图 5-3 所示。

图 5-3　基于 XML 的本体定义过程

XML 的缺点是不能很好地描述一个完整的本体系统,不能有效地进行规则推理,也不具有提供数据语义互操作的能力。XML 的语法标准为 Web 内容的个性化和统一化提供了基础,同时 Web 页面的语义知识内容也可使用标签和属性来表示。鉴于 XML 在语义知识表示方面的优势所在,许多本体论语言都是以之为基础发展而来的。

(2) RDF/RDFS　资源描述框架(Resource Description Framework,RDF)是万维网联盟(W3C)提出的一组标记语言的技术标准,以便更为丰富地描述和表达网络资源的内容与结构。RDF 可以用来描述各类网络资源,如网页的标题、作者、修改日期、内容,以及版权信息等。RDF 是一种描述和使用数据的方法,是关于数据的数据,即元数据。它为互联网上应用程序间交换机器能理解的信息互操作性提供了基础。RDF 模型位于 XML 层次之上,它支持对元数据的语义描述和元数据之间的互操作性,同时支持基于推理的知识发现而非全文匹配检索,因此 RDF 为互联网中信息的表达和处理提供了语义化支持。

RDF 使用资源、属性和属性的值这个三元组来对互联网上的资源进行描述。其中资源是在互联网上被命名、具有统一资源标识符(Uniform Resource Identifier,URI)的事物,属性用来描述某个资源特定的方面、特征、性质和关系,资源可以通过属性与其他资源或者基本类型建立联系。另外,描述是对资源属性的一个声明,用来表示资源的特性或多个资源之间的关系;框架则是跟被描述资源无关的通用模型。

RDF 声明由属性的资源(主体)、属性名(谓词)和属性值(客体)所组成。声明的客体可以是另一个资源或文字,即客体既可以是由特定 URI 指定的资源,又可以是简单的字符串或者数据类型。RDF 的本质是使用{主体,谓词,客体}三元组作为基本建模原语,并引入标准语法。

以"Peter is the creator of the resource http://www.w3.org/HomePage/PeterWang"为例,可以从表 5-1 和图 5-4 看出 RDF 的三个组成部分。

表 5-1 RDF 的组成部分示例

组成部分	详情
主体(资源)	http://www.w3.org/HomePage/PeterWang
谓词(属性)	Creator
客体(值)	Peter

图 5-4 RDF 的组成部分示例

用 RDFS 描述语言表示如下:

<rdf:RDF>
 <rdf:Description about="http://www.w3.org/HomePage/PeterWang">
  <s:creator>Peter</s:creator>
 </rdf:Description>
</rdf:RDF>

其中,"s"指的是一个特定的命名空间前缀。

在 RDF 体系中,都柏林核心元数据倡议组织(Dublin Core® Metadata Initiative,DCMI)已创建了一些供描述文档的预定义属性。表 5-2 所示是 1995 年都柏林核心元数据倡议组织定义的第一份都柏林核心属性,Web 中的资源通常都会具有这些属性。在这份列表中,可以发现 RDF 是非常适合用来表示都柏林核心属性。

表 5-2 都柏林核心属性表

属　　性	定　　义
Contributor	一个负责为资源内容作出贡献的实体(如作者)
Coverage	资源内容的范围或作用域
Creator	一个主要负责创建资源内容的实体
Format	物理或数字的资源表现形式
Date	在资源生命周期中某事件的日期
Description	对资源内容的说明
Identifier	一个对在给定上下文中的资源的明确引用
Language	资源内容所用的语言
Publisher	一个负责使得资源内容可用的实体
Relation	一个对某个相关资源的引用
Rights	有关保留在资源之内和之上的权利的信息
Source	一个对作为目前资源的来源的资源引用
Subject	一个资源内容的主题
Title	一个给资源起的名称
Type	资源内容的种类或类型

RDF 中的主体和对象可以是某一个资源,也可以是另外一个{资源、属性,属性的值}三元组或三元组集合,如图 5-5 所示。

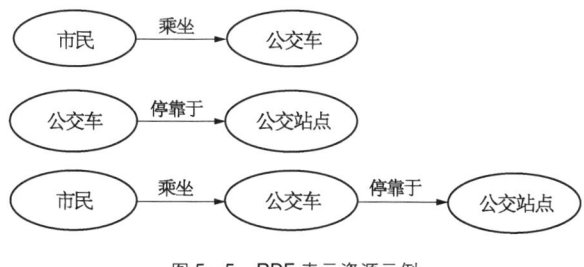

图 5-5　RDF 表示资源示例

图 5-5 的三个例子中,前两个都是单个的三元组,第三个例子是由两个三元组构成的图,也被称作三元组集合。前两个三元组之和与第三个图这两种表

示是等价的,它的意思非常简单,就是市民乘坐公交车,公交车停靠于公交站点。从这个例子里可以看出,主体和对象可以是三元组集,亦即图中的每个节点都可以是另一个图。

RDF 不仅可以用来定义本体,还可以用来进行查询和推理。假如对上面提到的这个简单的语义网络进行以下查询:谁乘坐公交车?公交车停靠在哪里?谁乘坐公交车,同时公交车停靠在哪里?对于这几个查询,用图的形式来表示,如图 5-6 所示。

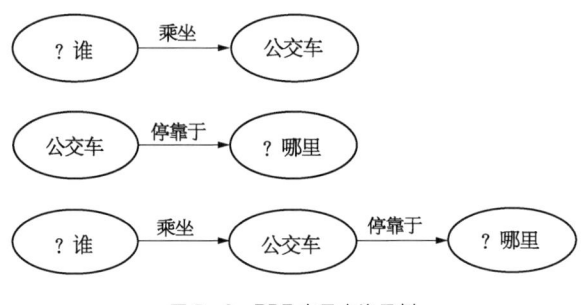

图 5-6 RDF 表示查询示例

上面的查询是包含变量的图匹配。实际上,RDF 查询就是经典的子图匹配问题。

可以把 RDF 声明的序列,划分为一些由连通子图构成的集合,或者称之为三元组集合。在进行语义查询时,按照带有一定规则的子图匹配算法与知识库中的每个三元组集合进行匹配。在这个过程中,会用到闭包、闭包路径和归结等技术来解决多匹配与匹配带有规则的集合等复杂的问题。

资源描述框架模式(RDF Schema,RDFS)是经常与 RDF 配套使用的一种模式规范语言。RDFS 作为语义网络上信息表示和交换的标准,为在 Web 上进行数据交换的应用开发提供了技术支持。RDFS 并不提供实际的应用程序专用的类和属性,而是提供了描述应用程序专用的类和属性的框架。RDFS 中的类(class)与面向对象编程语言中的类非常相似,一个 RDFS 类就是一个 RDF 资源,这就使得资源能够作为类的实例和类的子类来被定义。

RDFS 提供了由一组核心概念构成的类型系统和一套领域建模机制。RDFS 定义了可以扩充到不同领域的核心概念,以及这些概念的层次和实例关系,充当元模型;同时它提供了扩充机制,由核心模型中的层次化类型系统派生出特定领域的主要词汇,以及词汇关联合附加在这些词汇本身和词汇关联上的约束,并进行领域建模,形成可以定义和描述特定应用领域的领域建模语言,充当模型。这种建模语言可以以实例化形式描述具体的应用领域中本体、本体关联,以及相关约束。

在 RDFS 里定义了一种模式定义语言,提供了一个定义在 RDF 之上抽象的词汇集。RDFS 在 RDF 基础之上定义了一组可清晰描述本体的元语集合。RDFS 中的资源、类和属性等概念如图 5-7 所示。在 RDFS 中,最上层的抽象根类结点是 rdfs:Resource,它又派生出两个子类:rdfs:Class 和 rdf:Property,任何领域的知识都可以认为是这两个子类的实例。rdfs:Class 语义上代表了领域中的本体,rdf:Property 代表了领域中本体的属性。在 RDFS 规范中,特别定义了 rdfs:subClassOf 作为 rdf:Property 的实例来表示 rdfs:Class 的实例属性。这样,就可以定义不同本体之间类的从属关系,从而建立知识表达中最基本的本体语义层次结构。类似的 rdfs:subPropertyOf 作为 rdf:Property 的实例表示 rdf:Property 的实例属性,可以定义不同 Property 之间的从属关系。在 RDFS 规范中,定义了 rdfs:domain 和 rdfs:range,表示 rdf:Property 的实例所应用的范围。

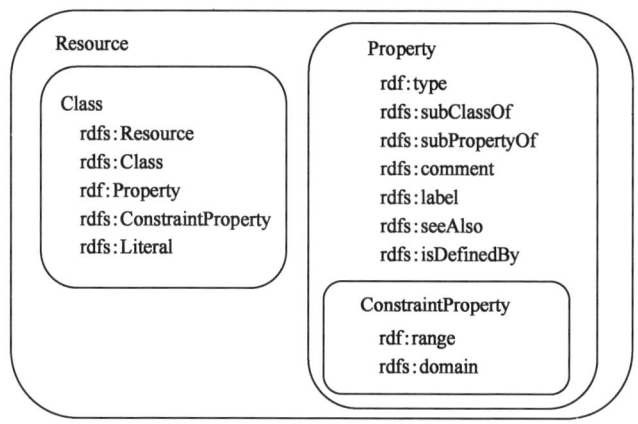

图 5-7 RDFS 中的资源、类和属性等概念

RDFS 定义的主要类介绍如下:

① rdfs:Resource RDFS 中最通用的类。它有两个子类,即 rdfs:Class 和 rdf:Property。当定义一个特定领域的 RDFS 模式时,这个模式定义的类和属性将成为这两个资源的实例。

② rdfs:Class 表示关于资源的所有类的集合。

③ rdf:Property 与 rdfs:Class 定义一样,即在一个特定应用的 RDFS 定义中每一个属性是一个 rdf:Property 的实例。

④ rdfs:subClassOf 说明类之间的子类/超类关系。rdfs:subClassOf 属性是可传递的,即如果类 A 是某一更抽象的类 B 的子类,B 是 C 的子类,则 A 同样是 C 的子类。因此,rdfs:subClassOf 定义了类的层次关系。

⑤ rdfs:subPropertyOf 定义了一种属性的层次关系,它是 rdf:Property 的

一个实例,用于说明一个属性是另一个属性的特殊化。

⑥ rdfs：domain、rdfs：range　允许定义与属性相关的领域和范围的约束。

⑦ rdfs：ConstraintProperty　定义了 rdf：Property 的一个子类,其所有的实例都用于说明约束的属性。

在语义网的体系结构中,RDFS 可以定义类、子类、超类,并且可以定义属性和子属性,以及它们的约束,如领域和范围等。因此,在某种意义上说,RDFS 本身就是一种简单的本体语言,但是 RDF/RDFS 对特定应用领域的词汇的描述能力比较弱,需要进行扩展。

（3）网络本体语言(Web Ontology Language,OWL)　OWL 主要被用来描述语义网络中术语的明确含义并确定它们之间的关系。随着互联网信息的飞速增长,人们面对的信息量变得非常巨大,用户对于互联网应用的需求不再仅限于提供可阅读的文档,更希望它能够自动处理文档内容信息。而运用网络本体语言能够使词汇表中的词条的含义和词条之间的关系清楚明了地表达出来。语义网络是源于对网络中的所有信息都被赋予了明确的含义,使得机器可以根据需求自动处理网络上的全部信息的一个设想。

OWL 提供了分别用于特定用户群体的子语言 OWL Lite、OWL DL 和 OWL Full,其表达能力依次递增。

OWL 精简版(OWL Lite)用于提供给只需要一个分类层次和简单约束的用户。例如,虽然 OWL Lite 支持基数限制,但只允许基数为 0 和 1,也就是说只支持要么属性无取值(相当于 NULL),要么属性只能在值域范围内取一个值。提供支持 OWL Lite 的工具应该比支持其他表达能力更强的 OWL 子语言更简单,并且从词典和分类系统转换到 OWL Lite 更为迅速。相比 OWL DL,OWL Lite 还具有更低的形式复杂度。

OWL 描述逻辑版(OWL Description Logics,OWL DL)用于需要较强的表达能力和最强的推理能力的情形,即用户需要能够同时保持计算的完备性和可判定性的知识表示,确保所有的结论都可以被计算出来,并且所有的计算都能在有限的时间内完成。OWL DL 的命名是因为它对应于描述逻辑(Description Logics)。OWL DL 包括了 OWL 语言的所有语言成分,但是使用时必须符合一定的约束,例如,一个类可以是多个类的子类,但它不能同时是另一个类的实例。

OWL 完整版(OWL Full)支持最强的表达能力和完全自由的 RDF 语法,但是 OWL Full 没有可计算性保证。例如,在 OWL Full 中,一个类可以在本身作为一个个体,同时又被看作多个个体的一个集合。它允许在一个本体上增加预定义的 RDF、OWL 词汇的含义。由于 OWL Full 的复杂程度和开放的自由度很高,不太可能有推理软件能支持对 OWL Full 所有成分的完全推理。

OWL Full 可以看成是对 RDF 的扩展，而 OWL Lite 和 OWL DL 可以看成是对一个受限 RDF 版本的扩展。所有的 OWL 文档都是一个 RDF 文档，所有的 RDF 文档都是一个 OWL Full 文档，但只有一些 RDF 文档是一个合法的 OWL Lite 和 OWL DL 文档。

实际应用中进行 OWL 子语言的选择时，选择 OWL Lite 还是 OWL DL 主要取决于用户在多大程度上需要 OWL DL 所提供的更强的表达能力；而选择 OWL DL 还是 OWL Full 则主要取决于用户在多大程度上需要 RDFS 的元建模机制，如定义关于类的类，以及为类赋予属性等。相对于 OWL DL，OWL Full 对推理的支持是更难预测的，如果用户倾向于利用 OWL 来完成自动推理，OWL DL 会是更好的选择。

OWL 设计的最终目的是提供一种可以用于各种应用的语言，在这些应用中，除需要提供给用户或应用程序可读的文档内容，还需要用户或应用程序可理解并处理文档内容。作为语义网络的一部分，XML、RDF 和 RDFS 提供支持针对术语描述的词汇表，共同推进机器表达的可靠性。相对于 RDFS、DAML+OIL，OWL 拥有更多的机制来表达语义。因此，基于 OWL 的知识表示成为研究和应用的热点。

5.1.3 城市交通大数据本体概念范围

城市交通大数据本体就是将城市交通大数据中的概念、涉及的相关领域的外部概念，以及它们之间的关系用明确的形式化方式进行描述说明。由于城市交通本身包含许多概念，涉及的相关领域外部概念也很多，如果完全描绘在一个本体中，势必会过于复杂。以道路交通、公共交通、对外交通等为代表的城市交通不同术语集之间的区分度较为明显，交叉概念所占比例较低，因此可以将交通本体拆成若干个小范围概念集合的本体（子本体），这样比较容易表达清楚集合内的概念之间的关系。这些城市交通子本体的全体及描述子本体核心概念之间关系的本体（可以看成是本体的本体）构成交通本体库。

在前面的章节中已经介绍了城市交通大数据中的主要数据资源类型、来源、构成等。城市交通大数据本体的概念也将围绕这些数据资源，以及城市交通的规划、决策、管理、参与者等各方面所涉及的内容进行抽象归纳和梳理，按分层定义、逐步细化的思想，从顶层出发，逐步形成交通本体库。

在顶层本体之下，划分出交通事件、交通地理、交通工具、交通指标、交通线路、交通设施、交通角色、交通信息和交通相关信息等九个抽象概念集，或称为领域本体，并以此为基础继续向下划分。对这九类抽象概念的定义，将形成关键的九个核心抽象类。交通实体中的各个具体概念类和实例都将从这些抽象核心类派生出来,并不断具体化。

(1) 交通事件　交通事件是指在道路上出现的同时会对交通运行状况产生影响的情况。交通事件又包含了交通事故和设施维护两个子类。交通事故是指车辆在道路上因过错或者意外造成人身伤亡或者财产损失的事件。设施维护是指为防止道路设施性能劣化或失效,按规定对其进行维护和保养。

(2) 交通地理　交通地理是交通运输的基础,是指交通网络和枢纽的地域结构。在本体库中交通地理本体包含匝道、单位、桥梁、立交、站点、路口、路段、道路和隧道等子本体。

(3) 交通工具　交通工具是指人造的用于人类代步或运输的装置。在本体库中交通工具包含公交车、出租车、地铁、大型客车、大型货车、有轨电车、火车、私家车、轮船、飞机等子本体。

(4) 交通指标　交通指标是指用于衡量交通运输状态的方法和标准,一般用数据表示。在本体库中交通指标包含占有率、流量、车速和通行状态等子本体。

(5) 交通线路　交通线路是指按一定技术标准与规模进行修建,并具备必要运输设施和技术设备,旨在运送各种客货运的交通道路。在本体库中,交通线路还包括公交车线路、出租车线路和轨交线路等子本体。

(6) 交通角色　交通角色是指交通运输及管理过程中可能涉及的各种类型的人物。在本体库中,交通角色包括乘客、交通警察、养护工人、行人、驾驶员等子本体。

(7) 交通设施　交通设施是指城市交通系统保障安全正常运营而设置的设施。在本体库中包含信息板、可变限速板、摄像机、收费站、气象站、线圈、能见度仪和车检器等子本体。

(8) 交通相关信息　交通相关信息是指非交通领域的但是与交通运行状况有一定联系的其他领域信息。在本体库中交通相关信息包含活动信息、人口信息、气象信息等子本体。

(9) 交通信息　交通信息是指由交通信息系统收集整理并存储以供查询使用的数据。在本体库中交通信息包含交通流采集信息、交通事件采集信息、交通设施采集信息、交通管理控制信息、运营信息和客流信息等子本体。

一个简单的交通本体例子如图5-8所示。

其中道路、交通工具、公交线路、单位是抽象概念(抽象类),公共汽车、小型汽车是具体概念(子类),路口、公交站点是属性概念,人是外部概念。概念间的关系使用交通领域的部分术语对概念间的基本关系进行了扩展。从这个本体中,可以推理出(即分解得到的子图,可以简单理解为从某个概念出发沿箭头方向叙述概

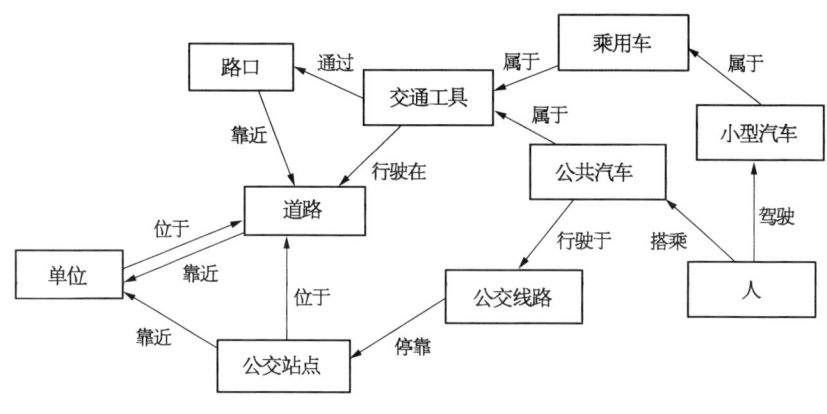

图 5-8 交通本体示例

念间的关系）：公共汽车是交通工具,行驶在道路上；人搭乘行驶于某条公交线路上的公共汽车,在停靠的公交站点,靠近想去的单位；小型汽车不能停靠至公交站点(因为没有一条路径可以从小型汽车到达公交站点,而到达公交站点这个概念的关系只有"停靠")；小型汽车属于交通工具("属于"关系通过乘用车进行传递)。

5.1.4 城市交通大数据本体概念间的关系

交通本体库中的本体概念之间并不是各自孤立的点,通过数据分析,发现这些概念之间除了父子、从属等关系外,还或显或隐地存在着一定的关联关系。在交通本体库中提出了 16 种本体关系,分别是乘坐、位于、停靠、去往、经过、处理、实施、属于、影响、搭载、收集、显示、行驶于、靠近、驾驶和维护等。

(1) 乘坐关系 乘坐关系是本体乘客和交通工具之间的关系。例如乘客"乘坐"交通工具。另外这个关系是可继承的,因此,本体乘客和本体公交车、出租车、地铁等的关系都可以是乘坐的关系。

(2) 位于关系 位于关系表示多个本体和交通地理本体的关系。例如交通事故"位于"路口,交通设施"位于"路段等。

(3) 停靠关系 停靠关系表示本体交通工具和交通地理之间的关系。例如交通工具"停靠"交通地理,公交车"停靠"公交站点等。

(4) 去往关系 与停靠关系相似,去往关系也表示本体交通工具与交通地理之间的关系。例如交通工具"去往"交通地理,出租车"去往"单位等。

(5) 经过关系 经过关系与去往关系相似,表示本体交通工具与交通地理之间的关系。

(6) 处理关系 处理关系表示本体交通警察和本体交通事故之间的关系。

例如交通警察"处理"交通事故。

（7）实施关系　实施关系表示本体养护工人和本体设施维护之间的关系。例如养护工人"实施"设施维护。

（8）属于关系　属于关系表示本体公交车与公交车线路，出租车与出租车线路，地铁与轨交线路之间的关系。例如公交车"属于"公交车线路，地铁"属于"轨交线路等。

（9）影响关系　影响关系表示本体交通事件与交通指标之间的关系。例如交通事件"影响"交通指标。

（10）搭载关系　搭载关系表示本体交通工具与乘客之间的关系。例如交通工具"搭载"乘客。

（11）收集关系　收集关系表示本体交通设施与交通相关信息之间的关系。例如交通设施"收集"交通相关信息。

（12）显示关系　显示关系表示本体交通设施与交通指标以及交通信息之间的关系。例如交通设施"显示"交通指标，交通设施"显示"交通信息，在信息板上"显示"附近停车场的信息等。

（13）行驶于关系　行驶于关系表示本体交通工具与交通地理之间当前相对位置状态的关系。例如公交车"行驶于"路段。

（14）靠近关系　靠近关系表示本体交通地理子本体之间的关系。例如公交站点"靠近"单位。

（15）驾驶关系　驾驶关系表示本体驾驶员与交通工具之间的关系。例如驾驶员"驾驶"交通工具。

（16）维护关系　维护关系表示本体养护工人与交通设施和交通地理之间的关系。例如养护工人"维护"桥梁，养护工人"维护"交通设施等。

5.1.5　交通本体文件结构和描述说明

OWL本体的元素大多数涉及类、属性、类的实例和这些实例之间的关系。OWL本体描述语言的总体结构为：

<本体>∷=[<命名空间定义>]<本体头定义>[<类定义>][<个体定义>][<属性定义>]

其中命名空间的定义语法为：

<命名空间定义>∷=[<实体集定义>][<封闭在 RDF 的 XML 命名空间>]
<实体集定义>∷=<! DOCTYPE rdf:RDF [{<实体定义>}1_n]>

<实体定义>::=<! ENTITY <实体名> " <URL>" >
<封闭在 RDF 的 XML 命名空间>::=<rdf:RDF{<XML 命名空间>}1_n>
<XML 命名空间>::=<xmlns|<xml[:<引用术语>]="{<实体名>|<URL>}"

本体头定义语法为：

<本体头>::=<owl:Ontology rdf:about="<本体名>">
　　　　[<注释说明>][<版本控制>][<其他本体的包含>][<本体标签>]
</owl:Ontology>
<注释说明>::=<rdfs:comment><说明内容></rdfs:comment>
<版本控制>::=<owl:<版本控制标记><资源说明>/>
<版本控制标记>::={versionInfo|priorVersion|backwardCompatibleWith|inCompatibleWith|DeprecatedClass|DeprecatedProperty}
<包含本体>::=<owl:imports<资源说明>/>
<资源说明>::=<rdf:resource="<资源>">
<本体标签>::=<rdfs:label><标签名></rdfs:label>

类定义语法为：

<类定义>::=<owl:Class rdf:ID="<类名>">
　　　　[{<标签定义>}1_n[{<子类定义>}1_n][{<复杂类定义>}1_n][<约束定义>][<类映射定义>]
　　　　</owl:Class>
<标签定义>::=<rdfs:label<标签设置>>
　　　　<标签名>
　　　　</rdfs:label>

<子类定义>::=<rdfs:subClassOf rdf:resource=["#<类名>"]["&{,类名}1_n"]/>
<约束定义>::=<rdfs:subClassOf>
　　　　<owl:onProperty rdf:resource="#<属性名>">
　　　　<owl:<部分属性约束 1> rdf:resource="#<类名>"/>|
　　　　<owl:<部分属性约束 2> rdf:datatype="<数据类型>">基数值</owl:<部分属性约束 2>>
　　　　</rdfs:subClassOf>
<部分属性约束 1>::={allValuesFrom|someValuesFrom|hasValue}
<部分属性约束 2>::={Cardinality|maxCardinality|minCardinality}

<复杂类定义>::=[<部分复杂类定义>][<补操作定义>][<枚举类定义>][<不相交类定义>}1_n]
<部分复杂类定义>::=<owl:<部分集合操作符> rdf:parseType="Collection">
　　　　　　　　{<对应类定义>}1_n|<约束定义>
　　　　　　</owl:<部分集合操作符>>
<部分集合操作符>::={intersectionOf|unionOf}
<对应类定义>::=<owl:Class rdf:about="#<类名>">
<补操作定义>::=<owl:Class rdf:ID="#<类名>">
　　　　　　　<owl:complementOf rdf:resource="#<类名>">
　　　　　　</owl:Class>
<枚举类定义>::=<owl:one of rdf:parseType="Collection">
{<枚举类设置>}1_n
　　　　　　</owl:one of>
<枚举类设置>::=<<类名> rdf:about="#<枚举值>">
<不相交类定义>::=<owl:disjointWith rdf:resource="#<类名>" />
<等价类定义>::=<owl:equivalentClass rdf:resource="&<{,类名}1_n>" />

个体定义语法为：

<个体定义>::={<<类名>rdf:ID="<个体名>" />}|
　　　　{<<类名>rdf:ID="<个体名>">
　　　　　<个体恒等定义>|<不同个体定义>
</<类名>>}
<个体恒等定义>::=<owl:sameAs rdf:resource="#<个体名>" />
<不同个体定义>::={<differentFrom 定义>}1_n|<AllDifferent 定义>
<differentFrom 定义>::=<owl:differentFrom rdf:resource="#<个体名>" />
<AllDifferent 定义>::=<owl:AllDifferent>
　　　　　　　　　　<owl:distinctMembers rdf:parseType="Collection">
　　　　　　<{<成员定义>}1_n>
　　　　　　　　　　</owl:distinctMembers>
　　　　　　　　　</owl:AllDifferent>
<成员定义>::=<<类名>rdf:about="#<个体名>" />

属性定义语法为：

<属性定义>::=<owl:<属性类型>rdf:ID=<属性名>>

[<领域特征定义>][<领域定义>][<范围定义>][<属性约束>]
             </owl:<属性类型>>
<属性类型>::={ObjectProperty|DatatypeProperty}
<属性特征定义>::=<rdf:type rdf:resource="&owl;<属性特征>">|
              <owl:inverseOf rdf:resource="#<属性名>">
<属性特征>::={TransitiveProperty|SymmetricProperty|FunctionalProperty}
<领域定义>::=<rdfs:domain rdf:resource="#<类名>" />
<范围定义>::=<rdfs:range rdf:resource="#<类名>" />
            <rdfs:range rdf:resource="<数据类型>">(针对属性类型是DatatypeProperty)
<数据类型>::={string|normalizedString|Boolean|
            decimal|float|double|
            integer|nonNegativeInteger|positiveInteger|
            nonPositiveInteger|negativeInteger|
            long|int|short|byte|
            unsignedLong|unsignedInt|unsignedShort|unsignedByte|
            hexBinary|base64Binary|
dateTime|time|date|gYearMonth|gYear|gMonthDay|gDay|gMonth|
            anyURI|token|language|
            NMTOKEN|Name|NCName}

　　在定义本体时，先初始声明 XML 命名空间，该命名空间被封装在 rdf：RDF 开始的标记中，提供一种明确解释文档中后续出现的所有标识符的方法，使本体的主体部分更加容易理解。命名空间建立以后，通常包括一个关于本体的断言集，即本体头，使用 owl：Ontology 标记标明。本体头中的标记用于支持关键性的内部管理工作，如注释说明、版本控制和其他本体的包含声明等。

　　在 OWL 中，每个个体是类 owl：Thing 的一个成员，也就是说每个用户自定义的类都是 owl：Thing 的一个子类。类定义包含名字介绍和约束表两个部分。类的基本分类构造器是 rdfs：subClassOf，表示父类与子类的关系，这个关系是可传递的。如果 A 是 B 的一个子类，那么每个 A 的实例也是 B 的实例。属性是被用来说明类的共同特征以及某些个体的专有特征的。一个属性是一个二元关系。属性类型有两种：DatatypeProperty 和 ObjectProperty，前者表示类元素和 XML 数据类型之间的关系，后者表示两个类元素之间的关系。OWL 提供了五种属性特征：传递属性、对称属性、函数属性、逆属性和逆函数属性。

下面给出一个简单的例子,说明 OWL 是如何描述本体的。在该例中,有两个父类"交通工具"和"交通角色",分别具有"汽车""火车""飞机"三个子类和"乘客""驾驶员"两个子类:

```xml
<? xml version = "1.0" ? >
<rdf:RDF xmlns = "http://www.semanticweb.org/ontologies/2013/6/traffic-ontology#"
    xml:base = "http://www.semanticweb.org/ontologies/2013/6/traffic-ontology.owl"
    xmlns:rdfs = "http://www.w3.org/2000/01/rdf-schema#"
    xmlns:owl = "http://www.w3.org/2002/07/owl#"
    xmlns:xsd = "http://www.w3.org/2001/XMLSchema#"
    xmlns:rdf = "http://www.w3.org/1999/02/22-rdf-syntax-ns#" >
    <owl:Ontology rdf:about = "交通"/>
    <owl:Class rdf:about = " #乘客">
        <rdfs:subClassOf rdf:resource = " #交通角色"/>
    </owl:Class>
    <owl:Class rdf:about = "交通工具"/>
    <owl:Class rdf:about = " #交通角色"/>
    <owl:Class rdf:about = " #汽车">
        <rdfs:subClassOf rdf:resource = " #交通工具"/>
    </owl:Class>
      <owl:Class rdf:about = " #火车">
        <rdfs:subClassOf rdf:resource = " #交通工具"/>
    </owl:Class>
        <owl:Class rdf:about = " #飞机">
        <rdfs:subClassOf rdf:resource = " #交通工具"/>
    </owl:Class>
    <owl:Class rdf:about = " #驾驶员">
        <rdfs:subClassOf rdf:resource = " #交通角色"/>
    </owl:Class>
</rdf:RDF>
```

完整的城市交通大数据本体定义可从上海市数据科学重点实验室网站下载。

5.1.6 本体的应用

本体的应用主要涉及两方面,一是作为一种能在知识层提供知识共享和重用的工具在语义网中的应用;二是在信息系统中的应用。

在 XML2000 国际学术会议上,蒂姆·伯纳斯-李(Tim Berners-Lee)正式提出了语义网络的概念。语义网络是基于本体和元数据的语义和知识的表达,是对现有万维网的扩展,将万维网从一个仅仅显示信息的结构改变为一个可以对信息进行解释、交换和处理的结构。语义网络的目标是使用语义分析的搜索代理从多种来源收集机器可读的数据,对它们进行处理并推理出新的事实,使得不兼容的程序可以共享原先不相容的数据。语义网络的体系结构如图 5-9 所示。

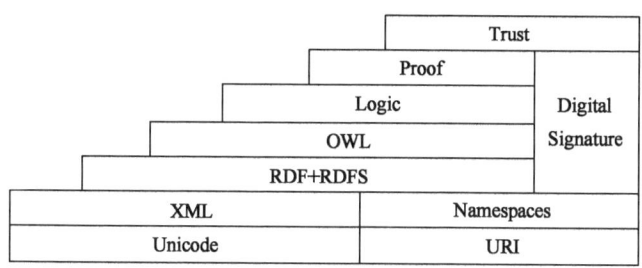

图 5-9 语义网络的体系架构

语义网络中,与本体相关的研究和应用主要包括以下几方面:
(1) 元数据和本体形式化语言的研究。
(2) 基于逻辑的断言机制的研究。
(3) 查询语言的研究。
(4) 支持 RDF 等元数据和本体表达语言的软件接口 API。
(5) 软件建设应用。
(6) 本体互操作研究。
(7) 智能主体研究。
(8) 语义服务。

本体具有良好的概念层次结构和对逻辑推理的支持,因此在信息检索特别是基于知识的检索中得到了广泛的应用。基本设计思想如下:
(1) 在领域专家的帮助下,建立相关领域的本体。
(2) 收集信息源中的数据,并参照已建立的本体,把收集来的数据按规定的格式存储在元数据库(关系数据库或知识库)中。
(3) 对用户检索页面获取的查询要求,查询转换器能按照本体把查询请求转换成规定的格式,在本体的帮助下从元数据库中匹配出符合条件的数据集合。

(4)检索的结果经格式定制处理后,返回给用户。

如果检索系统不需要太强的推理能力,本体可以以概念图的形式表示并存储,数据可以保存在一般的关系库中,采用图匹配技术来完成信息检索;否则一般需要用一种描述语言(如 Loom and Ontolingua)表示本体,数据保存在知识库中,采用描述语言的逻辑推理能力来完成信息检索。

在城市交通大数据中,本体起着重要的作用。交通信息综合平台作为多种交通方式耦合的城市交通出行信息基础,注重交通方式的高效衔接并协调其运行,诱导公众出行及换乘,基于现有智能交通系统,通过大粒度的信息服务集成,实现面向公众信息服务的动态智能集成平台。该平台一方面要满足面向公众的综合出行信息服务需求,未来交通信息服务呈现出智能化、个性化、规范化、集成化的特点,需要方便出行者随时获取全方位信息服务,以体现以人为本的交通理念;另一方面要解决综合信息服务的管理、集成和发布问题,能跨职能部门跨系统地集合现有交通信息服务资源,并对其进行有效的管理,达到以服务为导向为公众提供所需信息的目的。

若想为公众出行实现如交通工具对比、最佳路径查询及费用计算等多元化的信息服务,就需要能够从各种不同的内容服务供应商那里获取服务授权,并将特色服务集成在一起满足用户出行的个性需求。这些服务供应商包括公交、地铁、出租车等不同交通系统运营商,城市交通运输部门等政府职能机构,以及提供特色交通项目服务的企业单位。

通过把不同业务部门的私有业务过程或功能封装为服务,并对这些服务进行统一的语义描述、注册,然后对所建立的领域本体和服务本体进行管理,使参与集成的各应用系统基于开放的标准、技术和公共的语汇,来屏蔽不同部门或企业之间的差异性,降低业务流程与具体业务实现之间的耦合程度,从而实现跨部门跨企业的业务过程集成。在这个过程中需要一个本体库作为统一规范,来保证发布服务与请求服务具有一致的描述术语。针对资源本身的语义信息采用本体描述方法和描述规范来整合并扩充服务描述语义信息,并对语义信息进行管理,在服务发布时实现服务信息存储,将服务的操作信息按照规范存储在服务管理器中,同时将描述服务的语义信息存储在本体库中。

5.2 城市交通大数据核心元数据和数据资源描述方法

元数据(metadata)作为计算机可以自动解析的、用以描述数据的方法,已经有许多成熟的应用。元数据具有良好的扩展能力和自解释功能,常常用来定义数据集(数据资源),被称为"描述数据的数据"。城市交通大数据中的数据资源,可以通过定义一系列核心元数据来描述和定位,使用户和计算机能够很方便地找到这些数据资源。

5.2.1 城市交通大数据核心元数据定义思路

所谓元数据(metadata),是描述数据的数据,主要是描述数据属性的信息,用来支持如指示储存位置、历史资料、资源寻找、文件记录等功能。metadata 一词起源于1969年,由杰克·梅尔斯(Jack E. Myers)提出,metadata 是关于数据的数据,可以认为是一种标准,是为支持互通性的数据描述所取得一致的准则。metadata 的基本定义出自 OCLC 与 NCSA 所主办的"Metadata Workshop"研讨会,与会专家将 metadata 定义为"描述数据的数据",此后各种有关 metadata 的定义纷纷出现。现存很多 metadata 的定义,主要视特定群体或使用环境而不同,例如有关数据的数据,有关信息对象的结构化数据,描述资源属性的数据等。无论何种定义,对于元数据的作用认同都是一样的,即元数据主要用在数据共享和信息服务过程中,使不同用户、应用程序间可以很方便地获得有关数据属性的基本信息,从而能够方便地获得自己想要的数据,而不需要数据生产者或拥有者代为获取数据。这类似于去超市购物,根据超市摆放在货架上的标签信息和物品包装上提供的信息,就能找到想要的物品,而不必拿着清单请售货员帮忙提货。

随着我国交通规划、建设、生产、生活和管理过程等领域信息资源的积累及数字化技术应用不断深入,交通信息共享与服务的需求已经变得越来越迫切。一方面,各地的交通信息平台之间需要进行数据共享和交换,例如各省市违章监控信息的交换;另一方面,其他行业和公众也迫切需要获得交通信息,为出行、旅游等提供参考,企业也可以通过交通信息深加工,为用户提供更好的服务。此外,政府相关部门的城市规划、交通建设和管理政策制定等活动,也都需要交通数据作为基础;科研机构也需要真实的交通数据来支持科研活动,以确保研究成果真实可用,这不是模拟数据可以达到的效果。如何充分利用这些数据资源,如何使用户迅速有效地发现、存取和使用所需的信息就变得非常关键,因此需要一个交通信息资源核心元数据的标准,以满足数据共享和交换的需要。

我国在2009年由交通运输部科技司提出、交通运输部信息通信及导航标准化技术委员会负责起草,发布了《JT/T 747—2009 交通信息资源核心元数据》《JT/T 748—2009 公路水路交通信息资源业务分类》《JT/T 749—2009 交通信息资源标识符编码规则》等一系列与交通元数据相关的推荐性标准。其中《交通信息资源核心元数据》标准规定了如何编制交通信息资源元数据，以及元数据中必须要包含的内容；《公路水路交通信息资源业务分类》和《交通信息资源标识符编码规则》则是详细地规定了在业务分类和交通信息资源标识符方面如何编码，并定义了部分编码的标准代码及其含义。虽然这些标准不是强制标准，但在交通数据共享和交换方面还是具有非常重要的指导作用。

《交通信息资源核心元数据》规定了描述交通信息资源特征所需的核心元数据及其表示方式，给出了各个核心元数据的语义定义和著录规则，用来描述有关交通信息资源的标识、内容、管理、服务及维护等信息，并给出了元数据的扩展原则与方法。该标准适用于交通信息资源的编目、建库、发布及共享有关的数据交换和网络查询服务等。在这个标准里，它定义了元数据是定义和描述其他数据的数据；元数据由一系列元数据元素构成，元数据元素是元数据的基本单元，用以描述信息资源某个特性；由一组描述数据同类特征的元数据元素的集合被称为元数据实体，元数据实体可以是单个实体，也可以是包括一个或多个实体的聚合实体。在这个标准中所称的交通信息资源，是指从公路水路交通规划、建设、生产、生活和管理过程中产生的、有利用价值的信息资源，这些信息资源内容主要分布在交通运输行业政府、公路运输、水路运输、民航运输、邮政运输、海事系统、搜救打捞系统等交通行业管理机构及企事业单位中。

可见，该标准主要侧重在制定一个用于描述交通行业信息的元数据定义规范。交通行业信息可以看作是在城市交通大数据定义中所说的"由交通直接产生的数据"，以及与交通直接相关的部分"交通管理设施产生的非结构化数据"。从这个意义上说，交通行业信息完全涵盖了城市交通大数据中"由交通直接产生的数据"以及"交通管理设施产生的非结构化数据"所涉及的数据资源。一方面，交通信息资源核心元数据是可以用来表达城市交通大数据中的这部分数据资源，亦即城市交通大数据的元数据应该完全包含交通信息资源核心元数据。另一方面，对那些来自公众互动交通状况数据、相关的行业数据，以及政治、经济、社会、人文等领域重大活动数据，《交通信息资源核心元数据》中并没有给出一个明确的定义方法，但是根据该推荐标准所阐述的元数据扩展方法，可以遵循其编制思路，对交通信息资源核心元数据进行适当扩展，形成城市交通大数据资源核心元数据，以满足对城市交通大数据中所有可能的数据资源的描述需要。

5.2.2 城市交通大数据核心元数据定义方法

采用规范化方式来定义和描述城市交通大数据资源核心元数据的元数据实体及元数据元素，需要用到的属性描述包括：中文名称、定义、英文名称、数据类型、值域、短名、注解。

（1）中文名称是元数据元素和元数据实体的中文名，如"信息资源名称"等。

（2）对应的英文名称，一般用英文全称，要求所有组成词汇为无缝连写。元数据元素的首词汇全部采用小写字母，其余每个词汇的首字母采用大写；元数据实体的每个词汇的首字母大写。

（3）定义是用来描述元数据实体或元数据元素的基本内容，给出城市交通大数据资源某个特性的概念和说明。

（4）数据类型指元数据元素的数据类型，需要对元数据元素的有效值域及允许的有效操作进行了规定。例如，整型、实型、布尔型、字符串、日期等。

（5）值域则是元数据元素可以取值的范围。

（6）短名是元数据元素的英文缩写名称，具体缩写规则应遵循以下规则：

① 短名在标准范围内应唯一。

② 对存在国际或行业领域惯用英文缩写的词汇等元数据实体或元数据元素对象，采取该英文缩写为其标识符。

③ 对于根据英文名称或其他认知自定义的标识符，在保持唯一性的前提下，统一取每个单词前三个字母作为其短名缩写标识。当如此取词不能保证唯一性时，应延展取词位数，通常仅增加一位；如此仍不能保证唯一性时，如前继续延长取词，直至保证唯一性为止。

④ 对于元数据实体的标识短名的写法是，所有组成词汇的缩写为无缝连写，并且每个词汇缩写的首字母大写。

⑤ 对于元数据元素的标识短名的写法是，所有组成词汇的缩写为无缝连写，首词汇全部采用小写字母，其余每个词汇的缩写的首字母采用大写。

（7）有额外需要解释的内容，可用注解对元数据元素的含义的进一步解释，包括该元数据元素的约束（必选、可选）和最大出现次数等。约束是用来说明元数据实体或元数据元素是否必须选取的属性。包括以下两种：

① 必选：表明该元数据实体或元数据元素必须选择。

② 可选：根据实际应用可以选择、也可以不选的元数据实体或元数据元素。已经定义的可选元数据实体和可选元数据元素，可指导部门元数据标准制定人员充分说明其交通信息资源。可选元数据实体可以包含必选元数据元素，

但只当可选实体被选用时才成为必选。如果一个可选元数据实体未被使用,则该实体所包含的元素(包括必选元素)也不选用。

最大出现次数则是指元数据实体或元数据元素可以具有的最大实例数目。只能出现一次的用"1"表示,多次重复出现的用"N"表示。允许不为1的固定出现次数用相应的数字表示,如"2""3"等。

5.2.3 城市交通大数据核心元数据描述

城市交通大数据资源核心元数据由10个元数据元素和9个元数据实体构成,其中6个为必选,用字母M标明;13个为可选,用字母O标明。19个城市交通大数据资源核心元数据基本名称见表5-3,各元数据的具体定义见表5-4~表5-11。

表5-3 城市交通大数据资源核心元数据一览表

序号	名称	类型	约束
1	信息资源名称	元数据元素	M
2	信息资源发布日期	元数据元素	O
3	信息资源摘要	元数据元素	M
4	信息资源语种	元数据元素	O
5	数据志说明	元数据元素	O
6	信息资源提供方	元数据实体	M
7	限制信息	元数据实体	O
8	关键字说明	元数据实体	O
9	信息资源分类	元数据实体	M
10	在线资源链接地址	元数据元素	O
11	信息资源标识符	元数据元素	M
12	时间范围信息	元数据实体	O
13	空间表示信息	元数据实体	O
14	坐标系信息	元数据实体	O
15	服务信息	元数据实体	O
16	信息资源维护信息	元数据实体	O
17	元数据标识符	元数据元素	M
18	元数据维护方	元数据元素	O
19	元数据更新日期	元数据元素	O

第 5 章　城市交通大数据组织与描述

表 5-4　城市交通大数据资源核心元数据定义表

序号	中文名称	英文名称	短名	定义	数值类型	值域	注解	取值示例
1	信息资源名称	resource Title	resTitle	缩略描述信息资源内容的标题	字符串	自由文本	必选项；最大出现次数为1	××交通委人员数据库
2	信息资源发布日期	date Of Publication	pubDate	信息资源提供方发布共享信息资源的日期	日期型	按 GB/T 7408—2005 执行，格式为 CCYY-MM-DD	可选项；最大出现次数为1	2014-05-10
3	信息资源摘要	abstract	abstract	对资源内容进行概要说明的文字	字符串	自由文本	必选项；最大出现次数为1	××交通委员会数据库建立××范围内乘务员个人档案，包含××范围内公交车辆驾驶员的基本信息、服务簿信息、合格证信息等
4	信息资源语种	language	language	描述信息资源采用的语言	字符串	采用 GB/T 4880.2—2000	可选项；最大出现次数N	eng,chi
5	数据志说明	statement	statement	资源生产者有关数据来源、处理等信息的一般说明	字符串	自由文本	必选项；最大出现次数为1	××交通委数据通过××交通人员管理系统进行管理统计，包括××交通委管理范围内所有注册登记的人员最新信息记录
6	信息资源提供方	Point Of Contact	IdPoC	对信息资源的完备性、正确性、真实性等负有责任的交通行业管理部门的名称和地址信息	复合型	包括 3 个元素：〈资源提供方单位〉〈资源提供方地址〉〈电子邮件地址〉各元素定义见表 5-5	必选项；最大出现次数N	参见表 5-5 示例

续表

序号	中文名称	英文名称	短名	定义	数值类型	值域	注解	取值示例
7	资源限制信息	Constraints Information	ConstsInform	管理者对信息资源访问、使用、安全等施加限制所需的信息	复合型	包括4个元素：〈使用限制名称〉〈编码〉〈安全访问限制级别〉〈访问级别编码〉各元素定义见表5-6	可选项；最大出现次数为1	参见表5-6示例
8	关键字说明	Descriprive Keywords	DescKeys	说明共享交通信息资源的关键字内容及其依据	复合型	包括2个元素：〈关键字〉〈词典名称〉各元素定义见表5-7	可选项；最大出现次数为N	参见表5-7示例
9	信息资源分类	Resource Category	ResCat	说明信息资源分类方法及其相应的分类信息	复合型	包含4个方式：〈分类方式〉〈分类方式名称〉〈类目名称〉〈类目编码〉各元素定义见表5-8	可选项；最大出现次数为N	参见表5-8示例
10	在线资源链接地址	online Source	onlineSrc	可以获取到共享数据资源的网络地址	字符串	自由文本 按RFC2396规定	可选项；最大出现次数为N	http://www.moc.gov.cn
11	信息资源标识符	resource ID	resID	数据资源的唯一不变的标识编码	字符串	自由文本 取值遵循JT/T 749—2009 第四章和第五章的规定	必选项；最大出现次数为1	100000/YK0003（此标识符说明该信息资源属于交通运输部可公开的业务信息，编码的分段含义详见 JT/T 749—2009）

续 表

序号	中文名称	英文名称	短名	定义	数值类型	值域	注解	取值示例
12	时间范围信息	Time Period	Timeperiod	城市交通大数据资源的时间覆盖范围	复合型	包含2个元素：〈起始时间〉〈结束时间〉各元素定义见表5-9	可选项；最大出现次数为1	参见表5-9示例
13	空间表示信息	Spatial Representation	SpatRep	用于表示基于坐标和地理标识的空间参照信息	复合型	包含3个元素：〈空间范围〉〈大地坐标参照系统名称〉〈垂向坐标系参照系统名称〉各元素定义见表5-10	可选项；使用参照对象的约束条件，最大出现次数为使用参照对象的最大出现次数	参见表5-10示例
14	坐标系信息	Coordinate System	CoorSys	有关坐标系统的信息	复合型	包含2个元素：〈坐标系类型名称〉〈类型编码〉各元素定义见表5-11	可选项；使用参照对象的约束条件，最大出现次数为使用参照对象的最大出现次数	参见表5-11示例
15	服务信息	Service Information	ServInfo	描述信息资源提供者所提供的计算机服务功能接口的基本信息	复合型	包含2个元素：〈服务地址〉〈服务类型〉各元素定义见表5-12	可选项；最大出现次数为1	参见表5-12示例
16	信息资源维护信息	Maintenance Information	MaintInfo	对信息资源数据进行日常维护、更新所需的元数据信息	复合型	包含2个元素：〈发布日期〉〈维护更新周期〉各元素定义见表5-13	可选项；最大出现次数为N	参见表5-13示例

续 表

序号	中文名称	英文名称	短名	定义	数值类型	值域	注解	取值示例
17	元数据标识符	metadata Identifier	mdId	元数据（描述文件）的唯一标识	字符串	自由文本	必选项；最大出现次数为1；一般是第一个著录项目标识符需唯一，由字母（含下划线（—）、短划线（-）、点（.）、逗号（,）和空格或数字组成，可由系统自动随机产生	jimetadata_100000/YK0003（表示这是与资源100000/YK0003对应的元数据描述）
18	元数据维护方	metadata Contact	MdContact	对元数据内容负责的交通行业主管部门的名称和地址信息	复合型	包括2个元素：〈元数据联系单位〉〈元数据维护方地址〉各元素定义见表5-14	必选项；最大出现次数为N	参见表5-14示例
19	元数据更新日期	Metadata Date Update	mdDateUpd	更新元数据的日期	日期型	按GB/T 7408—2005执行,格式为CCYY-MM-DD	必选项；最大出现次数为1	2014-05-16

表5-5 "信息资源提供方"值域元素定义

中文名称	英文名称	短名	定义	数值类型	值域	注解	取值示例
资源提供方单位	organisation Name	rpOrgName	提供信息资源的单位名称	字符串	自由文本	必选项；最大出现次数为1	××交通委
资源提供方地址	address	mtAdd	资源提供单位的联系地址	字符串	自由文本	可选项；最大出现次数为1	××省××市××区××大街××号

续表

中文名称	英文名称	短名	定义	数值类型	值域	注解	取值示例
电子邮件地址	electronic Mail Address	eMailAdd	资源提供人或者负责单位的电子邮件地址	字符串	自由文本	可选项；最大出现次数为N。采用"用户名@域名"的格式，如果电子邮件地址有不止一个，电子邮件地址之间用西文符号中的分号（";"）分隔	user@abc.com; abcguest@msa.gov.cn

表5-6 "资源限制信息"值域元素定义

中文名称	英文名称	短名	定义	数值类型	值域	注解	取值示例
使用限制名称	use Constraints Name	useConstsName	为保护隐私权或知识产权，对使用资源施加限制和约束的名称	字符串	见表5-15"中文名称"列	必选项；最大出现次数为1	受限制
使用限制编码	use Constraints Code	useConstsCode	为保护隐私权或知识产权，对使用资源施加的限制和约束的编码	字符串	见表5-15"代码"列	必选项；最大出现次数为1	8
安全访问限制分级	security Access Classification	secAccClass	对资源访问处理的限制级别的名称	字符串	见表5-16"中文名称"列	必选项；最大出现次数为1	内部
安全访问限制分级编码	Security Access Classification Code	secAccClassCode	对资源安全限制级别的编码	字符串	见表5-16"代码"列	必选项；最大出现次数为1	3

表 5-7 "关键字说明"值域元素定义

中文名称	英文名称	短名	定义	数值类型	值域	注解	取值示例
关键字	keyword	keyword	用于概括共享交通信息资源主要内容的通用词,形式化词或短语	字符串	自由文本	必选项;最大出现次数为 N	××交通委,人员,信息
词典名称	thesaurus Name	thesaName	关键字所属的专业关键字词典的名称	字符串	自由文本	可选项;最大出现次数为 1	

表 5-8 "资源限制信息"值域元素定义

中文名称	英文名称	短名	定义	数值类型	值域	注解	取值示例
分类方式	categroy Standard	cateStd	说明信息资源所采用的分类方式	字符串	见表 5-17"中文名称"列	必选项;最大出现次数为 1	业务分类
分类方式编码	categroy Standard Code	cateStdCode	分类方式对应的编码	字符串	见表 5-17"代码"列	必选项;最大出现次数为 1	002（表示）Y（表示）
类目名称	category Name	cateName	给出对应某种交通信息资源分类方式中某个具体类目的名称	字符串	交通信息资源业务分类名称取值根据 JT/T 748—2009 表 A.1 中的"名称"列	必选项;最大出现次数为 1	人员管理
类目编码	category Code	cateCode	类目名称对应的编码	字符串	交通信息资源业务分类名称取值根据 JT/T 748—2009 表 A.1 中的"代码"列	必选项;最大出现次数为 1	BC08

表 5-9 "时间范围信息"值域元素定义

中文名称	英文名称	短名	定义	数值类型	值域	注解	取值示例
起始时间	beginning Date	begDate	资源的起始时间	日期型	按照 GB/T 7408—2005 执行，格式为 CCYY-MM-DD	必选项；最大出现次数为 1	2012-05-11
结束时间	ending Date	endDate	资源的结束时间	日期型	按照 GB/T 7408—2005 执行，格式为 CCYY-MM-DD	必选项；最大出现次数为 1	2014-05-11

表 5-10 "空间表示信息"值域元素定义

中文名称	英文名称	短名	定义	数值类型	值域	注解	取值示例
空间范围	spatial Domain	sptDom	资源涉及的空间或地理范围	字符串	自由文本可参照 GB/T 2260—2002	可选项；最大出现次数为 1	上海市，山东省
大地坐标系参照坐标系统名称	coordinate Reference System Identifier	coorRSID	描述空间范围所采用的大地坐标系参照系统名称	字符串	见表 5-18 "中文名称"列	可选项；最大出现次数为 1	1980 年国家大地坐标系
垂向坐标系参照坐标系统名称	vertical Reference System Identifier	verRSID	描述空间范围所采用的垂向坐标系参照系统名称	字符串	见表 5-19 "名称"列	可选项；最大出现次数为 1	1985 年国家高程系

表 5-11 "坐标系信息"值域元素定义

中文名称	英文名称	短名	定义	数值类型	值域	注解	取值示例
坐标系类型名称	coordinate System Type Name	coorName	使用的坐标系类型名称	字符串	见表 5-20 "中文名称"列	可选项；最大出现次数为 1	大地坐标系
坐标系类型编码	coordinate System Type Code	coorType	使用的坐标系类型	字符串	见表 5-20 "代码"列	可选项；最大出现次数为 1	002

表 5-12 "服务信息"值域元素定义

中文名称	英文名称	短名	定义	数值类型	值域	注解	取值示例
服务地址	service URL	servURL	可以访问服务的网络地址	字符串	自由文本	必选项；最大出现次数为1	http://192.168.0.3:8080/service
服务类型	service Type	serv Type	服务所属的类型	字符串	见表 5-21 "中文名称"列	必选项；最大出现次数为1	目录服务

表 5-13 "信息资源维护信息"值域元素定义

中文名称	英文名称	短名	定义	数值类型	值域	注解	取值示例
发布日期	release Date	relDate	信息资源发布的日期	日期型	按照 GB/T 7408—2005 执行，格式为 CCYY-MM-DD	必选项；最大出现次数为 N	2011-03-09
维护更新周期	Maintence Update Frequency	mainFreq	对信息资源进行日常维护和更新的频率	字符串	见表 5-22 "代码"列	必选项；最大出现次数为1	006（表示数据更新频率为每季度更新一次）

表 5-14 "元数据维护方"值域元素定义

中文名称	英文名称	短名	定义	数值类型	值域	注解	取值示例
元数据联系单位	Mdorganisation Name	MdOrgName	负责元数据维护的单位名称	字符串	自由文本	必选项；最大出现次数为1	××市××局
元数据维护方地址	Mdaddress	MdAdd	元数据联系人或联系单位的地址	字符串	自由文本	必选项；最大出现次数为1	中国××省××市××区××街××号

城市交通大数据各代码示例见表 5-15 至表 5-22。核心元数据涉及的其他代码表参见以下这些标准：

GB/T 4880.2　　　　　语种名称代码第 2 部分：3 字母代码（eqv ISO 639-2：1998）

GB/T 7408—2005　　　数据元和交换格式信息交换日期和时间表示法（eqv ISO 8601：2000，IDT）

GB/T 21063.2—2007　　政务信息资源目录体系第 2 部分：技术要求

GB/T 21063.3—2007　　政务信息资源目录体系第 3 部分：核心元数据

JT/T 748—2009　　　　公路水路交通信息资源业务分类

JT/T 749—2009　　　　交通信息资源标识符编码规则

表 5-15　使用限制代码表

代　码	中文名称	英文名称	定　　义
000	无限制	noRestriction	没有限制
001	版权	copyright	法律批准的作家、作曲家、艺术家、发行者在确定的时间内，对出版、创造或销售文学、戏剧、音乐或艺术品的专有权利，或使用商业印刷品或商标的权利
002	专利权	patent	政府已经批准的制造、出售、使用或特许发明或发现的专门权利
003	专利权	patentPending	等待专利权的生产或销售信息
004	商标	trademark	正式注册标识产品的、法律上只限于所有者或厂商使用的名称、符号或其他图案
005	许可证	license	正式许可做某事
006	知识产权	intellectualPropertyRights	从创造活动生产的无形资产的分发或分发控制获得经济的权利
007	受限制	restricted	控制一般的流通或公开
009	其他限制	otherRestriction	未列出的限制

表 5-16　安全访问限制代码表

代　码	汉语拼音代码	中文名称	英文名称	定　　义
001	GK	公开	disclosure	可以公开
002	NB	内部	confine	一般不公开，限制在一定范围内专用

续表

代码	汉语拼音代码	中文名称	英文名称	定 义
003	MM	秘密	confidential	受委托者可以使用该信息
004	JM	机密	secret	除经过挑选的一组人员外,对所有的人都保持或必须保持秘密,不为所知或隐藏
005	UM	绝密	topsecret	最高机密
006	WFJ	未分级	unclassified	一般可以公开

表 5-17 城市交通大数据资源分类方式代码表

数字代码	字母代码	中文名称	英文名称	定 义
001	Z	政务主题分类	aTopicCategory	按照描述的内容对资源进行主题分类
002	Y	业务分类	aDomainCategory	按照交通运输行业范畴,以主干业务为描述内容对信息资源进行分类
003	K	科技资源分类	aScienceAndTechnologyCategory	根据信息资源的属性或特征,将其按照交通科技信息资源进行分类
004	Z	重大社会活动分类	aActivityCategory	
005	Q	气象与环境分类	aEnvironmentCategory	
006	R	人口与社会经济分类	aPopulationCategory	
007	C	城市规划与土地利用	aCityPlanning	
008	YD	移动通信信息	aMobileCommunication	
009	S	社会网络	aSocialNetwork	

注:政务主题分类的值引自 GB/T 21063.3—2007。

表 5-18 大地坐标参照系统名称代码表

代码	中文名称	英文名称	说 明
001	1954 年北京坐标系	BeijingCoordinateSystem	
002	1980 年国家大地坐标系	NationalCoordinateSystem	
003	地方独立坐标系	RegionalCoordinateSystem	相对独立于国家坐标系的局部坐标系

表 5-19 垂向坐标参照系统名称代码表

代码	名称	说明
100	高程	
101	1956 年黄海高程系	1961 年以后全国统一采用
102	1985 年国家高程系	经国务院批准,国家测绘局于 1987 年 5 月 26 日公布使用
103	地方独立高程系	
200	深度	
201	略最低低潮面	1956 年前采用
202	理论深度基准面	1956 年起采用
300	重力相关	
301	国家 1985 重力控制网	重力基准由苏联引入,属波兹坦重力基准
302	国家重力基本网	综合性的重力基准
303	维也纳重力基准	世界重力基点:维也纳系统(1900 年)
304	波茨坦重力基准	世界重力基点:波茨坦系统(1894—1904 年)
305	国际重力基准网 1971	1971 年 IUGG 决定采用 IGSN71 代替波茨坦国际重力基准
306	国际绝对重力基准网	
400	相对高度	

表 5-20 坐标系类型代码表

代码	中文名称	英文名称	定义
001	笛卡尔坐标系	Cartesian	相互正交于原点的 n 个数轴组成的 n 维坐标系
002	大地坐标系	Geodetic	用经度和维度所表示的地面点位置的球面坐标
003	投影坐标系	Projected	由不同的投影方法所形成的坐标系
004	极坐标系	Polar	用某点至极点的距离和方向表示该点位置的坐标系
005	重力相关坐标系	GravityRelated	重力测量及其计算的一种基准

表 5-21 服务类型代码表

代码	中文名称	英文名称	定义
001	目录服务	CatalogService	按照 GB/T 21063.2—2007 目录服务接口要求建立的目录服务,用于资源发现与定位的服务

表 5-22 维护和更新频率代码表

代码	中文名称	英文名称	定义
001	连续	Frequently	数据重复地频繁地进行更新
002	按日	Daily	数据每天更新一次
003	按周	Weekly	数据每周更新一次
004	按两周	Fortnightly	数据每两周更新一次
005	按月	Monthly	数据每月更新一次
006	按季	Quarterly	数据每季更新一次
007	按半年	Biannually	数据每半年更新一次
008	按年	Annually	数据每年更新一次
009	按需要	AsNeeded	数据按需要更新
010	不固定	Irregular	数据不定期更新
011	无计划	Noplanned	尚无更新计划
012	未知	Unknown	数据维护频率未知
013	按旬	EveryTenDay	数据每十天更新一次

5.2.4 城市交通大数据核心元数据扩展原则和方法

允许对核心元数据进行的扩展包括：增加新的元数据元素；增加新的元数据实体；建立新的代码表，代替值域为"自由文本"的现有元数据元素的值域；创建新的代码表元素（对值域为代码表的元数据的值域进行扩充）；对现有元数据施加更严格的可选性限制；对现有元数据施加更严格的最大出现次数限制；缩小现有元数据的值域。在扩展元数据之前，应仔细地查阅现有的元数据及其属性，根据实际需求确认是否缺少适用的元数据。

对于每一个增加的元数据，采用摘要表示的方式，定义其中文名称、英文名称、数据类型、值域、短名、约束条件，以及最大出现次数，最后给出合适的取值示例。对于新建的代码表和代码表元素，应说明代码表中每个值的名称、代码，以及定义。

新建元数据需要遵循以下基本原则：

（1）选取元数据时，既要考虑数据资源单位的数据资源特点，以及工作的复杂、难易程度，又要充分满足交通信息资源的利用，以及用户查询、提取数据

（2）选取的元数据不但要满足当前阶段交通行业信息化建设的标准化需求，更应该考虑将来一定时间内可能产生的标准化需求。扩展过程中，可以参考国内和国外先进标准。

（3）新建的元数据不应与已定义的元数据中的现有的元数据实体、元素、代码表的名称、定义相冲突。

（4）增加的元数据元素应按照确定的层次关系进行合理的组织。如果现有的元数据实体无法满足新增元数据的需要，则可以新建元数据实体。

（5）新建的元数据实体可以定义为复合元数据实体，即可以包含现有的和新建的元数据元素作为其组成部分。

（6）允许以代码表替代值域为"自由文本"的现有元数据元素的值域。

（7）允许增加现有代码表中值的数量；扩充后的代码表应与扩充前的代码表在逻辑上保持一致。

（8）允许对现有的元数据元素的值域进行缩小。

（9）允许对现有的元数据的可选性和最大出现次数施以更严格的限制（如定义为可选的元数据，在扩展后可以是必选的；定义为可无限次重复出现的元数据，在扩展后可以是只能出现一次）。

参考文献

[1] Robert Neches, Richard E. Fikes, Tim Finin, et al. Enabling Technology for Knowledge Sharing [J]. AI Magazine, 1991, 12(3): 37-53.
[2] Thomas R. Gruber. Toward Principles for the Design of Ontologies Used for Knowledge Sharing [J]. International Journal of Human-Computer Studies, 1995, 43(5-6): 907-928.
[3] Willem N. Borst. Construction of Engineering Ontologies for Knowledge Sharing and Reuse [D]. PhD. Thesis, Enschede, University of Twente, 1997.
[4] Dieter Fensel. Ontologies: A Silver Bullet for Knowledge Management and Electronic Commerce [M]. 2nd ed.. Springer, 2003.

第 6 章　城市交通大数据技术

城市交通大数据技术并不是能够以某个概念或名词来定义的单一技术内容或方法,它是一个技术体系,早在大数据概念出现之前,交通数据挖掘和分析中就面临以下几个层面的客观现实问题:

(1) 基础交通数据很多来自电子检测设备,无论是路上固定检测器还是车上移动检测器,都常年处于复杂的自然环境和电磁环境的状态下全年无休地持续工作,因此有可能产生数据完整性、质量等问题,而这些问题会随着数据的转移和转化,带入到存储、计算、传输和后续各项应用中。

(2) 城市交通虽然是一个整体,但交通数据却是由不同数据来源获取且由不同的职能部门进行管理,分散在各职能部门数据库系统中的数据资源仅能部分反映交通特征,然而交通应用和分析需要整合各方面的数据才能获得更加真实可靠、符合人们真实感受的"信息产品"。因此,在传统模式下的数据共享、汇聚等集聚问题就自然被大数据时代的分析纳入考虑。

(3) 存储于数据库中的交通数据,就如同堆放在"物流仓库"中的货品,当这个"仓库"比较小时,通过一个管理员或者一个小团队可以实现有效管理。但随着交通数据量的急速膨胀,每个"仓库"都在迅速增大,对于一个管理员或者一个小团队而言,数据的种类、规模、复杂性、流动性等的管理变得更加困难。

(4) 交通数据应用的核心是挖掘与分析,如何从海量数据中发现城市交通运行的整体特征,掌握人们日常出行的普遍规律,发现当前交通建设、管理、服务等方面存在的现实问题等,都需要从深度数据挖掘与分析中来寻求答案。

(5) 交通数据挖掘和分析的根本目的是为了人们能更好地理解数据中折射出的社会问题和交通问题,相比那些生硬、过于结构化、专业性很强的数字、表格、公式和文件,生动的图形更能易于人们理解和接受。因此,数据分析的一项重要工作就是如何对接需求,实现对数据分析产品的结果呈现。

这些问题是城市交通领域数据挖掘和分析每天需要处理的众多现实问题总结，在大数据概念快速普及的趋势下，交通数据分析与挖掘将在城市交通大数据技术上面临新环境、新模式和新挑战。

6.1 城市交通大数据基本问题

近年来，无论是国家还是地方都对交通信息化建设投入了巨大的精力，也进行了大量的财力和物力投入。随着城市智能交通系统建设规模的不断扩大，交通数据采集的范围、广度和深度急剧增加，正在形成以微波、线圈、GPS、车牌等交通流检测数据，交通监控视频数据，以及系统数据和服务数据等为主体的海量交通数据；受制于数据存储技术的传统习惯，目前交通领域采集的数据大多转化为结构化数据，如时间、地点、车辆信息、采集设备状态等，主要存储在关系型数据库中，而新型的车牌、电子警察等图片、视频等半结构化数据则存储在文件系统中。

在数据量上，传统关系型数据库的存储逐渐无法满足海量的数据，达到物理限制的周期在变短，例如原来可以存储一年数据量的设备，逐渐变成存放了半年、三个月的数据就已经没有剩余空间；在数据格式上，不再只是单一的结构化数据，也有来自更多的领域很多非结构化的数据，例如公共交通、出租车上的语音记录数据、路上电子警察、车牌识别提供的录像和图片数据等与交通密切相关的数据信息。

在处理方式上，传统的集中式存储和处理方式，效率低下，所有数据都要集中传输到一台或几台机服务器上进行计算，存在网络传输的问题，也无法充分利用计算资源；在数据可视化处理方面，当前也缺乏一种有效的分析工具，把结构化和非结构化的数据串联起来，挖掘出有效的信息，展现在用户面前。

除了以上问题，交通数据还有它自己的特点，如存储分散、数据资源条块化分割、数据缺乏统一标准等问题；再者，交通中的各类数据来源往往涉及多个部门，每个部门为了自己的利益通常情况下并不愿意共享这些数据，由此造成了数据很难集聚的问题；在这样的现实背景下，尤其是当前信息量增长日益加剧的情况下，城市交通大数据不得不面临若干基本问题。

6.1.1 数据质量

理论上说，数据并不是孤立存在的，数据之间往往存在着各种各样的约束，这种约束描述了数据的关联关系。数据必须能够满足这种数据之间的关联关系，而不能够相互矛盾。数据的真实性、完备性、自洽性是数据本身应具有的属性，这是保证数据质量的基础。

  从很多事件上都能发现这种约束。例如，战争题材的影视作品总有一个情报室收集从四面八方汇聚来的信息，然后由参谋人员分析汇总，整编情报是否正确，是否可以采纳等，最后在依托这些情报的基础上，做出合理的假设和分析，支撑战争决策。如果信息来源错误，那么影响就是巨大的，甚至会直接导致战争的失败。从根本上说，这也是数据质量的问题。由此可见，人们已经非常注重数据质量的问题了。

  从现代来看，这个问题更加重要，无论从企业经营还是投资分析，数据质量都是至关重要的。当然在交通领域也一样，大到道路的规划与建设决策，小到每条路的车流量与人流量统计等，都与数据质量分不开。可以说高质量的数据质量能够引导正确的决策，促使人们的决策行为向好的方向发展。

  目前，交通领域以前遗留的数据并没有考虑要整合、分析，为后续行为提供决策，所以很大一部分数据在质量上是无法满足要求的。高质量的交通数据是智能交通系统有效发挥其功能的基础，也是进行道路规划与设计、交通信号优化、交通信息发布等的基础，同样也是大数据分析的前提。没有高质量的数据，大数据分析的结果就无法反映现实，因此也就没有了分析的意义。由于进入大数据平台的数据来源不一，涉及部门众多，道路交通、公共交通、对外交通和重大活动交通等，其辖下又细分多种数据来源，而且数据产生的标准不统一，所以目前交通大数据建设面临的第一个问题就是数据质量的问题。为了解决数据质量的问题，要联合与交通相关联的多个部门，制定统一的策略，有效整合，多层清洗，以求达到数据分析的基本要求。

6.1.2 数据存储

  传统交通领域里数据存储到底有哪些问题呢？还是得从自身说起。由于以前并没有统一的规划和管理，各个部门都是各自为政，建立自己的信息处理系统，管理和计算自己关心的问题，这在当时是没有什么问题的。随着信息化建设的加快，各地城市智能交通的加速建设，好多交通部门的数据来源和数据量都发生了巨大的变化，除了自动化采集的各类系统数据外，同时也产生了更多的服务性数据。由于没有规划和预估，这些数据千差万别，大多仍存储在以磁盘、磁带为主的存储设备上。在磁盘上主要以关系型数据库为主，受限于关系数据库范式的特性，由此产生了大量的数据表，维护起来相当的麻烦。关系型数据库能够有效管理以 GB 为单位的数据，这在当下动辄就达到 TB 或 PB 级的数据来说,基本无法满足要求,虽然可以扩充,但仍然限制重重,麻烦很多。此外,磁带库受限于其顺序读写的技术特性,要想在上面进行一些查询代价十分巨大,因此一般只用作数据备份。

存储技术发展很快,涌现了许多具有代表性的存储技术,从直连式存储（Direct-Attached Storage,DAS）、到网络附加存储（Network Attached Storage,NAS）、存储区域网络（Storage Area Network,SAN）,从独立硬盘冗余阵列（Redundant Array of Independent Disks,RAID）到 iSCSI、PCIe 闪存卡,每种技术都代表了一定的市场细分。国内外互联网行业的迅速发展,也给存储行业的发展也带来了很大的外部推动力,特别是分布式存储系统、固态硬盘（Solid State Disk,SSD）、大容量闪存技术在互联网行业的大量运用,已经明显影响到传统企业的存储解决方案,而且这种趋势越来越明显。

要想实现统一的大数据平台,首先要解决存储上的这些问题,一是要解决数据来源的统一管理,二是解决数据容量的自由扩展问题,解决了这两个基本问题,将为大数据基本打下一个好的基础。

6.1.3　数据计算

当今时代,计算机已经无处不在,时时刻刻影响着人们的生活,当然交通领域也不例外。现在社会交通四通八达,各类运输工具层出不穷,为社会的发展带来了极大的便利,但是,极具膨胀的城市交通,也给人们的出行带来了严重的影响,于是人们开始考虑引入信息技术来解决这些问题。在二三十年前,或许这不是个问题,各国城市都有一套自己的信号系统,通过计算机技术的运用,监控整个城市的交通运行状况。但是近年来,尤其是国内城市建设的发展速度太快,而规划却没有进步,很快就遇到了大城市病。虽然国外很早就遇到了这种状况,但至今仍没有有效的解决办法。信息技术的运用仅仅缓解了过早遇到的麻烦,远没有找到最终的解决办法。可是城市仍旧在发展,基础建设也在不断扩大,采集的交通类数据越来越多,已有的交通解决方案逐渐无法满足这样海量的数据计算。

在分布式计算出现以前,几乎没有人想到现在这样的状况:海量的交通基础数据和更多的服务性数据的融合。举例来说,现在无论什么都讲行业融合,但在交通领域,用什么技术来实现交通管理系统跨区域、跨部门的集成和组合的融合呢?究其原因,无非是受限制于技术上的瓶颈,传统以关系数据库为基础的交通数据分析方法,在 GB 为单位的数据量面前,配合高性能的硬件,还是能够游刃有余地处理,但如果考虑融合其他相关行业的数据,这就不容易了,本来交通行业采集的数据已经逐步攀升到 TB 或 PB,有些问题已经无法分析出来,再加上数倍于自己的其他行业数据,已有的方法已很难有效支撑这么庞大的数据的开发与利用了。

数据量大是计算要面对的一个问题,另一个问题是数据源的问题,传统数据是以数据库为主存储的,相对比较规整,有较好的定义,在自己的范围内操作方便。现在要考虑其他服务性数据,由于约束较少,无法实现约定,所以以后的大数据平台要考虑融合计算的问题,以适应不同的数据来源。

6.1.4 网络传输

大数据时代,很多数据都是以一种松散的、没有严格约束的格式,利用便捷的网络,存储在分布式文件系统上,通过构建在分布式文件系统之上的分布式处理系统,对存储在里面的数据进行高效的计算。而在大数据处理技术出现以前,各个企业或机构都自己建立独立的数据中心,所有的数据都集中式存储,每次执行数据计算任务,所有的数据都从存储中心传输到计算中心,如果计算任务特别集中,这就给网络传输带来了严重的压力。

虽然网络传输技术发展得很快,但人们的要求却增长得更快。随着云计算时代的到来,传统的网络流量模型发生了很大的变化,经调查发现16%的流量集中在运营商网络,14%在企业网络,而70%的流量将全部流向了数据中心内部。数据中心流量和带宽的指数级增长,已经远超出了人们对传统网络的想象。大带宽,高扩展能力已成为大数据时代用户最主要的诉求。

不妨先回顾一下以太网的发展历程。以太网经过近 30 年的发展,带宽从 10 Mb 开始,分别经历了 100 Mb、1 000 Mb、10 Gb、40 Gb、100 Gb 的发展阶段。现阶段 10 GbE 的以太网已经批量应用,40 GbE 和 100 GbE 的以太网开始逐步应用。以太网的发展历程其实是见证了数据中心流量快速增长的趋势。从 x86 服务器迈入虚拟化开始,虚拟机的逐渐增多,以及虚拟机之间的数据交互通信逐渐频繁,使服务器对于网络带宽的需求越来越强烈;当数据中心开始进入到云计算时代时,数据中心的服务器、存储,以及网络所有 IT 基础架构资源都趋向于虚拟化,这意味着整个数据中心需要有强有力的网络带宽来满足这种趋势;现在,数据中心在逐渐完成云计算数据中心的改造之时又迎来了大数据时代,如果说云计算使数据中心内部资源高度虚拟化从而大幅提升数据中心网络带宽需求,那么大数据时代的到来则让数据中心的数据来源变得无比广泛,数据设备接入变得多样化,数据容量变得无比庞大,数据处理需要更加快速与高效,这一切无疑对数据中心网络提出了更高层次的要求。

当看到谷歌、脸谱、亚马逊、百度、腾讯、阿里巴巴这些用户所拥有的超大型数据中心,能够体会到云计算、社交网络、大数据、移动化等趋势浪潮对于数据中心发展的影响。正是有这些变革性的浪潮,使以太网带宽升级的间隔正在大幅缩短。因此,面向云计算和大数据的数据中心新一代核心网络交换机必须要在带宽和容量上具备超强的能力,能够支持更高密度的接口。交通领域现在正处于云计算和大数据建设的前期,根据以往经验,做好城市交通大数据中心网络的规划,有利于应对将要面对的网络问题。

6.1.5 数据格式

数据格式是数据保存在文件或记录中的编排格式,可以是数值、字符或二进制数等形式,由数据类型及数值长度来描述。数据格式应满足一定条件:

(1) 保证记录所需要的全部信息。
(2) 提高存贮效率,保证存贮空间的充分利用。
(3) 格式标准化,保证有关数据处理系统间数据的交换。

根据数据记录长度的特点,一般分为定长格式和变长格式。前者文件中记录具有相同的长度,后者长度由记录值长短确定。

计算机领域的数据格式并不是什么新鲜概念,但在交通领域数据格式却有着更加丰富的含义。在大数据概念出现之前,动态交通数据主要以关系型数据表为主,依托 Oracle、IBM DB2、SQL Server 等关系型数据库,将道路上固定检测设备、移动检测设备的数据转换成标准结构的表文件。然而,随着采集交通信息的手段不断丰富,尤其是视频图像、语音记录、交通网站、智能手机等方式获取交通信息的手段不断增加,存储的交通数据由传统的表,增加了文本文件、视频文件、音频文件、图片、网站等半结构化和非结构化数据。

数据格式的复杂,带来了数据组织管理方式和使用方法的改变,单纯依赖关系型数据库已经不能满足大数据的交通数据分析要求。因此,需要引入分布式文件系统和非关系型数据库作为有益补充。城市交通大数据的格式问题是数据分析需要面临的永恒问题,随着物联网、云计算、移动互联网的深度发展和繁荣,大量的智能终端设备都将具备生产数据的能力,千差万别的交通数据种类将会在大数据这个"熔炉"里进行整合淬炼,最终加工出信息产品,服务全社会。

6.2 城市交通大数据处理

"大数据"本身是一个内涵和外延极其丰富的概念,并不局限于某种具体的技术、方法或系统,但人们在实际积累数据、组织数据、查询数据和分析应用数据时,却需要有实实在在的方法、模式或者系统,这是信息技术领域乃至交通行业的工程技术人员最希望看到的,工程师和数据分析师们对理念等内容的兴趣远没有实实在在的系统和工具来得高。

城市交通大数据本质上是"大数据"理念和技术在交通行业的应用,更偏重面向用户的应用服务和产品生成,而底层的数据库系统、操作系统的基本原理和方法却是"拿来主义"。目前市场上面向大数据应用的数据管理系统层出不穷,受到了热烈的追捧,无论是老牌的 IT 精英公司,还是一些新锐公司都在"大数据"的大旗下奋勇前进,开发出了大量的系统产品,但其基本原理和模式却是大同小异,主要是基于 MapReduce 的分布式数据文件存储和计算,本节将就分布式存储、分布式计算和本地计算进行简单的原理性介绍和说明,并重点对 Hadoop 系统的数据管理系统进行介绍。

6.2.1 分布式存储

为了保证高可用、高可靠和经济性,大数据一般采用分布式存储的方式存储数据,并采用冗余存储的方式进一步保证数据的可靠性,基于 Hadoop 的分布式文件系统(Hadoop Distributed File System,HDFS)信息存储方式是目前较为流行的数据存储结构,如图 6-1 所示。通过构建基于 HDFS 的云存储服务系统,解决智能交通海量数据存储难题,降低实施分布式文件系统的成本。Hadoop 分布式文件系统是开源云计算软件平台 Hadoop 框架的底层实现部分,具有高传输率、高容错性等特点,可以以流的形式访问文件系统中的数据,从而解决访问速度和安全性问题。

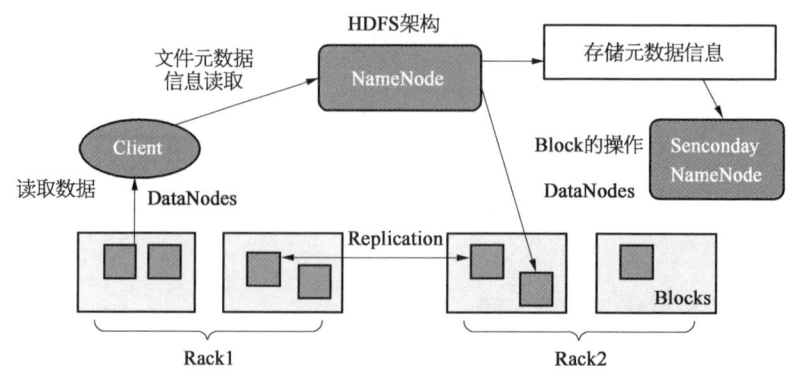

图 6-1 HDFS 逻辑架构图

6.2.2 分布式计算

城市交通大数据的强大计算能力能对庞大、复杂而又无序的交通数据进行分析处理。基于大数据平台的交通数据建模及时空索引、历史数据的挖掘、交通数据的分布式处理和融合及交通流动态预测,都需要大数据平台的分布式计算能力,即高性能并行计算模型 MapReduce。MapReduce 是一个用于海量数据处理的编程模型,它简化了复杂的数据处理计算过程,将数据处理过程分为"map"阶段和"reduce"阶段,其执行逻辑模型如图 6-2 所示。MapReduce 通过把对数据集的大规模操作分散到网络节点上实现可靠性。每个节点会周期性地把完成的工作和状态的更新传报告回来,如果一个节点保持沉默超过一个预设的时间间隔,主节点记录下这个节点状态为"死机"状态,然后把分配给这个节点的任务发到别的节点上。MapReduce 是完全基于数据划分的角度来构建并行计算模型的,具有很好的容错能力。

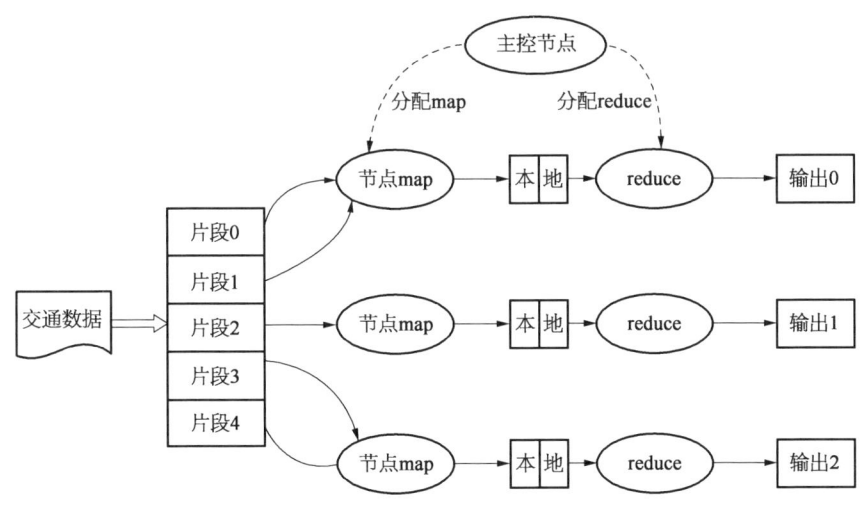

图 6-2 MapReduce 执行逻辑模型

6.2.3 本地计算

如果分布式计算是利用网络完成数据共享和计算,那么本地计算就是传统的以数据库为中心的计算模式,分布式计算无疑拥有巨大潜力和优越性。

所谓数据库中心的本地计算模式,就是将软件系统的处理能力和负载主要集中在一两台数据库服务器。如果要提高计算处理能力,只能不断提高数据库服务器的硬件水平,从普通双核多核 PC 机到小型机,直至中型机和超级计算机,随着处理能力提高,系统的建设成本也越来越高。

两种计算模式有着鲜明的对比,分布式计算通过软件来管理所有的数据和计算任务,资源都通过网络共享,计算任务下发后,被分发到多个计算机上进行计算。本地计算则把所有需要计算的资源统统传输到计算中心的计算机上进行处理。对比可以发现,二者都是多任务的管理,但一个是集中式多任务管理,一个是分布式多任务管理,在数据量巨大的情况下各有优缺点,能够形成互补优势,需要根据实际应用的需求选取合适的技术。

6.2.4 云计算

2006 年,AWS(Amazon Web Services)开始以 Web 服务的形式向企业提供 IT 基础设施服务,现在通常称为云计算。云计算的主要优势之一是能够以根据业务发展来扩展的较低可变成本来替代前期资本基础设施费用。利用云,企业无需再提前数周或数月来计划和采购服务器及其他 IT 基础设施,而是可以在几分钟内即时运行成百上千台服务器并更快达成结果。

云计算统一管理计算、存储、网络、平台和应用等各种软硬件资源,然后以服务的形式供用户使用,已经成为世界主要国家抢占新一轮经济和科技发展制高点的重大战略选择。云计算作为一种计算模式,是传统计算的模式转型。从 2009 年开始,虚拟机部署数量开始超过物理机,云计算成为 IT 领域的热点。通过 2010—2014 年的探索和实践,支撑云计算的传统技术不断迭代发展、新技术不断涌现。云计算作为面向大数据等新一代信息技术的核心,已经成为 ICT 技术和服务领域的常态。

云计算本质上也是分布式计算的一种,但又有别于传统的并行计算、超算等分布式计算模式,其主要有四个特点:一是使用成本低,使用者用多少付多少,无前期费用,不需要投入大量的硬件成本,无论用户需要一个还是数千个虚拟服务器,无论用户需要运行几个小时还是全天候运行,仍然只按实际用量付费;二是灵敏性和即时弹性,用户能够快速创新、试验和迭代,可以即时部署新应用程序,随工作负载增长即时增大,并根据需求即时缩小,而不是花数周或数月时间等待硬件;三是开放、灵活,用户可以选择对业务最有意义的开发平台或编程模型,可以选择使用哪些服务,一种还是几种,并选择其使用方式,这种灵活性使用户能够专注于创新,而不是基础设施;四是安全,云服务提供商提供的服务和数据中心拥有多层操作和物理安全性,以及技术架构本身具备的数据多副本机制和计算故障自动迁移机制,可以确保数据的完整和安全。

6.2.5 开源的分布式框架 Hadoop

前文从系统的角度阐述大数据普遍遵循的技术原理和方法,从存储、计算的角度阐述了 MapReduce 的基本原理和实现逻辑,本节将进一步介绍大数据领域最热门的开源分布式系统 Hadoop。在详细阐述 Hadoop 之前,先介绍几种目前在工业界(学术界)里比较流行的分布式计算框架(平台):

(1) MapReduce(MR) 这是最为常见和流行的一个分布式计算框架,Hadoop 是其开源实现之一,已经得到了极为广泛的运用,同时在 Hadoop 基础上发展起来的项目也有很多(例如 HBase、Hive 等),另外类似于 Cloudera、Hortonworks、MapR 这样的在 Hadoop 基础上发展起来的公司也有很多。

(2) Pregel Pregel 也是谷歌发明的一种分布式计算框架,其优势是可以更为高效地完成一些适合于抽象为图算法的应用,Giraph 是一个比较好的开源实现。

(3) Storm Storm 是推特的项目,号称是 Hadoop 的实时计算平台,对于一些需要实时性高性能的任务可以拥有比 MR 更高的效率。

(4) Spark Spark 是 UC Berkeley AMPLab 的项目,其很好地利用了 JAVA 虚拟机中的堆处理技术,对于中间计算结果可以有更好的缓存支持,因此其在性能上要比 MR 高出很多,因为侧重于堆计算,所以对内存要求较高。Shark 是其基础上类似于 Hive 的一个项目。

(5) Dryad 和 Scope 这两个都是微软研究院推出的 MR 类的项目,Dryad 是一个更为通用的计算框架,支持有向无环图类型数据流的并行计算,通过通道实现通信,二者组成一个二维的管道流模型;而 Scope 有点类似于 Hive 和 Shark,都是将某种类似于 SQL 的脚本语言编译成可以在底层分布式平台上计算的任务。但是这两个项目因为不开源,所以资料不多,也没有开源项目那样的社区支持。

除了以上一些有名气的系统外,还有一些例如谷歌的 Dremel 系统,Yale 的 HadoopDB 等,这些分布式计算系统基本都是以 MR 为原理,在此不再赘述,有兴趣的读者可以参阅相关技术文献。以下详细引述使用最广泛的 Hadoop 框架。

Hadoop 由 Apache 软件基金会于 2005 年秋作为 Lucene 的子项目 Nutch 的一部分正式引入。它受到最先由谷歌开发的 MapReduce 和谷歌文件系统(Google File System,GFS)的启发。2006 年 3 月份,MapReduce 和 Nutch 分布式文件系统(Nutch Distributed File System,NDFS)分别被纳入 Hadoop 项目中。发展到现在,围绕着 Hadoop 已经形成了一个丰富的生态圈,主要由 HDFS、

MapReduce、HBase、Hive 和 ZooKeeper 等成员组成。其中，HDFS 和 MapReduce 是两个最基础最重要的成员。HDFS 是谷歌 GFS 的开源版本，是一个高度容错的分布式文件系统，它能够提供高吞吐量的数据访问，适合存储海量（PB 级）的大文件。MapReduce 则是用于并行处理大数据集的软件框架。因此，Hadoop 是一个能够对大量数据进行分布式处理的软件框架，它是一种技术的实现，并且在其上整合了包括数据库、云计算管理、数据仓储等一系列平台，其已成为工业界和学术界进行云计算应用和研究的标准平台。

通俗地说，Hadoop 是一套开源的、基于 Java 的分布式计算框架，能够让数千台普通、廉价的服务器组成一个稳定的、强大的集群，使其能够对 PB 级的大数据进行存储和计算。基于 Hadoop，用户可编写处理海量数据的分布式并行程序，并将其运行于由成百上千个结点组成的大规模计算机集群上。Hadoop 已被全球几大 IT 公司用作其云计算环境中的重要基础软件，亚马逊公司则基于 Hadoop 推出了亚马逊简单存储服务（Amazon Simple Storage Service，Amazon S3），提供可靠、快速、可扩展的网络存储服务。

Hadoop 分布式文件系统（HDFS）被设计成适合运行在通用硬件上的分布式文件系统。它和现有的分布式文件系统有很多共同点，但区别也是很明显的。HDFS 是一个高度容错性的系统，适合部署在廉价的机器上。HDFS 能提供高吞吐量的数据访问，非常适合大规模数据集上的应用。HDFS 放宽了一部分 POSIX 约束，来实现流式读取文件系统数据的目的。Hadoop 从发布至今已经发布到了 2.×.×版本，其中 1 和 2 两种版本是有很大区别的。Hadoop2.0 其实与 Hadoop1.0 建立在完全不同架构上，针对 Hadoop1.0 时代的缺陷做了很大的变革，架构对比图 6-3 所示。

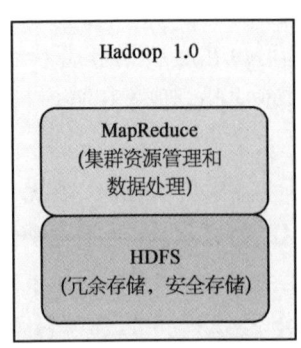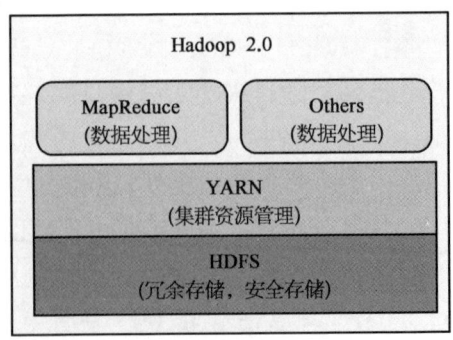

图 6-3　Hadoop1.0 与 Hadoop2.0 架构对比

Hadoop1.0 下 MapReduce 实现流程如图 6-4 所示。
从图 6-4 中可以清楚地看出原 MapReduce 程序的流程及设计思路：

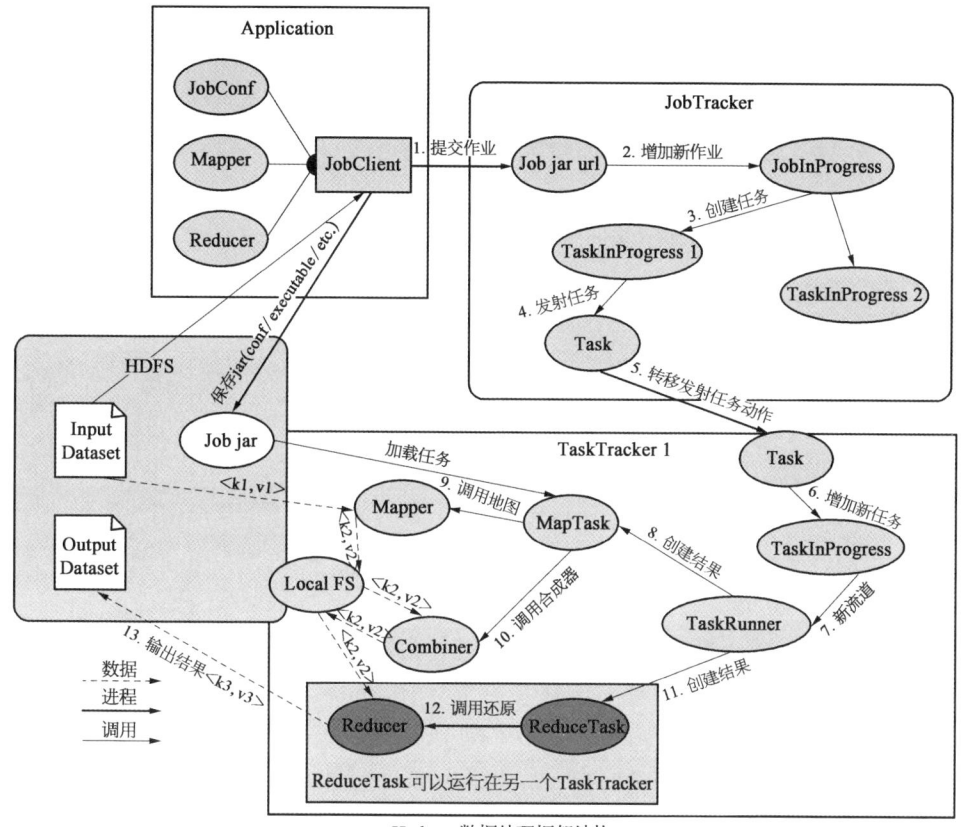

图 6-4　Hadoop1.0 下 MapReduce 实现流程

（1）首先用户程序（JobClient）提交了一个作业（job），job 的信息会发送到 JobTracker 中，JobTracker 是 Hadoop MapReduce 框架的中心，它需要与集群中的机器定时检测心跳（heartbeat），需要管理哪些程序应该在哪些机器运行，需要管理所有 job 的失败、重启等操作。

（2）TaskTracker 是 Hadoop 集群中每台机器都有的一个部分，主要是监视自己所在机器的资源情况。

（3）TaskTracker 同时监视当前机器的任务运行状况。TaskTracker 需要把这些信息通过心跳（heartbeat）发送给 JobTracker，JobTracker 会搜集这些信息以确定新提交的作业分配到哪些机器上运行。图 6-4 中虚线箭头就是表示消息的发送—接收的过程。

总结 Hadoop 的架构，其由如下部分组成：

（1）NameNode　Hadoop 集群中只有一个 NameNode，它负责管理 HDFS 的目录树和相关文件的元数据信息。

（2）SencondaryNameNode　它有两个作用，一是镜像备份 NameNode 上的元数据，二是日志与镜像定期合并，并传输给 NameNode。SencondaryNameNode 可以在 NameNode 崩溃时提供恢复集群的能力。

（3）DataNode　负责实际的数据存储，并将信息定期传输给 NameNode。

可以看得出原来的 Hadoop 架构是简单明了的，在最初推出的几年，也有众多的成功案例，获得业界广泛的支持和肯定。但随着分布式系统集群的规模和其工作负荷的增长，原框架的问题逐渐浮出水面，主要的问题集中如下：

（1）JobTracker 是 Hadoop 的集中处理点，存在单点故障。

（2）JobTracker 完成了太多的任务，造成了过多的资源消耗，当作业非常多的时候，会造成很大的内存开销，也增加了 JobTracker 失效的风险，这也是业界普遍总结出的规律：Hadoop 的 Map-Reduce 只能支持 4 000 个节点主机的上限。

（3）在 TaskTracker 端，以 map/reduce 任务的数目作为资源开销的表示过于简单，没有考虑到中央处理器、内存的占用情况。如果两个大内存消耗的任务被调度到了一台机器上，很容易出现内存不足（Out of Memory）的情况。

（4）在 TaskTracker 端，把资源强制划分为 map 任务槽（task slot）和 reduce 任务槽。如果当系统中只有 map 任务或者只有 reduce 任务的时候，会造成资源浪费，也就是前面提过的集群资源利用不足的问题。

（5）源代码层面分析的时候，会发现代码非常难读，常常因为一个 Java 类（class）做了太多的事情，代码量过大，造成类的任务不清晰，增加缺陷（bug）修复和版本维护的难度。

（6）从操作的角度来看，现在的 Hadoop MapReduce 框架在有任何重要的或者不重要的变化（例如缺陷修复、性能提升）时，都会强制进行系统级别的升级更新。更糟的是，它不管用户的喜好，强制让分布式集群系统的每一个用户端同时更新。这些更新会让用户为了验证之前的应用程序是否还适用新的 Hadoop 版本而浪费大量时间。

从业界使用分布式系统的变化趋势和 Hadoop 框架的长远发展来看，JobTracker-TaskTracker 机制需要大规模的调整来修复它在可扩展性、内存消耗、线程模型、可靠性和性能上的不足。Hadoop 开发团队做了一些缺陷的修复，但是随着时间的推移，这些修复的成本越来越高，这表明对原框架做出改变的难度越来越大。

为从根本上解决旧框架的性能瓶颈，促进 Hadoop 框架的更长远发展，从 0.23.0 版本开始，Hadoop 的 MapReduce 框架完全重构，发生了根本的变化。新的 Hadoop MapReduce 框架命名为 MapReduceV2，也被称为下一代的资源管理系统（Yet Another Resource Negotiator，YARN）。

重构的基本思想是将 JobTracker 的两个主要功能分离成单独的组件,这两个功能是资源管理和任务调度/监控。新的资源管理器(ResourceManager)全局管理所有应用程序计算资源的分配,每一个应用的应用管理器(ApplicationMaster)负责相应的调度和协调。一个应用程序是一个单独的传统 MapReduce 任务或者一个有向无环图任务。ResourceManager 和每一台机器的节点管理器(NodeManager)能够管理用户在那台机器上的进程,并能对计算进行组织。

事实上,每一个应用的 ApplicationMaster 是一个详细的框架库,它从 ResourceManager 获得资源,并与 NodeManager 协同工作来运行和监控任务。

ResourceManager 支持分层级的应用队列,这些队列享有集群一定比例的资源。从某种意义上,它就是一个纯粹的调度器,它在执行过程中不对应用进行监控和状态跟踪。同样,它也不能重启因应用失败或者硬件错误而运行失败的任务。ResourceManager 是基于应用程序对资源的需求进行调度的;每一个应用程序需要不同类型的资源,因而需要不同的容器。资源包括:CPU、内存、磁盘、网络等。可以看出,这同之前的 Hadoop 固定类型的资源使用模型有显著区别。ResourceManager 提供一个调度策略的插件,它负责将集群资源分配给多个队列和应用程序。调度插件可以基于现有的能力调度和公平调度模型。

Hadoop2.0 中的 MapReduce 实现流程如图 6-5 所示。图 6-5 中 NodeManager 是每一台机器框架的代理,是执行应用程序的容器,监控应用程序的资源使用情况(CPU、内存、磁盘、网络等),并向调度器汇报。

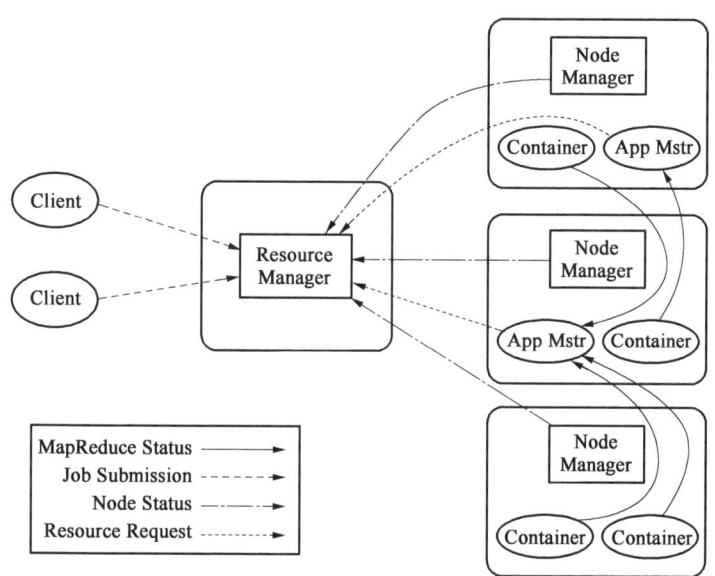

图 6-5　Hadoop 2.0 中的 MapReduce 实现流程

每一个应用的 ApplicationMaster 的主要职责是向调度器索要适当的资源容器,运行任务,跟踪应用程序的状态和监控它们的进程,处理任务的失败原因。

Hadoop2.0 主要由以下几部分组成:

(1) ResourceManager:负责集群中的所有资源的统一管理和分配,接受来自各个节点(NodeManager)的资源汇报信息,并把这些信息按照一定的策略分配给各种应用程序(ApplicationMaster)。

(2) NodeManager:与 ApplicationMaster 承担了 MapReduce1 框架中的 tasktracker 角色,负责将本节点上的资源使用情况和任务运行进度汇报给 ResourceManager。

(3) DataNode:负责实际的数据存储(这点没有发生变化)。

本节主要介绍城市交通大数据的基础处理技术,重点对 MapReduce、Hadoop 系统进行了引述。Hadoop 系统是当前非常热门的分布式系统之一,其与大数据的有机结合为整个 IT 行业带来的影响已经渗透到各个方面。由于这个系统本身也在不断成长和进化,且详细讨论其运行机理和版本差异已经不属于本书的核心内容,在此不再展开介绍,有兴趣的读者可进一步阅读 Hadoop 的相关文献。

6.3 城市交通大数据分析挖掘和可视化技术

数据分析挖掘有许多成熟的技术,其中不乏适用于城市交通大数据的技术。限于篇幅,在此选择数据检索、数据分类、数据聚类、数据关联等城市交通大数据分析中常用的技术来讨论大数据背景下交通数据分析挖掘方法,并以一些实际案例来说明这些方法的使用。由于城市交通大数据尚处于刚刚起步阶段,还没有形成成熟的和普遍认同的城市交通大数据处理方法,这些案例仅为读者了解这些技术在交通领域应用提供参考。但随着大数据技术的快速进步,城市交通大数据分析和挖掘主题的深度交叉和融合,可以创新出很多新方法、新技术、新流程和新思维。其中,6.3.1~6.3.5 节主要介绍城市交通大数据分析挖掘技术,6.3.6~6.3.12 节主要介绍交通大数据可视化分析相关技术。

6.3.1 数据检索

1) HDFS 文件检索与 Oracle 检索对比

在交通领域,数据检索主要是以关系型数据库的库表检索为主体,这是当下主流的数据组织和检索环境。然而随着很多半结构化、非结构化数据的到来,基于图片、视频流、文本自然语义(如 110 报警记录)的信息检索会越来越多地出现在日常的数据分析中。前文在介绍 Hadoop 系统时,曾经提及 HDFS 数据检索模式,在这里简单对比介绍一下 Oracle 和 HDFS 的数据检索机制。

在关系数据库中,索引是一种与表有关的数据库结构,它可以使对应于表的 SQL 语句执行得更快。索引的作用相当于图书的目录,可以根据目录中的页码快速找到所需的内容。Oracle 检索是使用 B 树的形式进行的,通过层层查找,最终找到索要的记录。

Oracle 基于 B 树索引原理如图 6-6 所示。根节点记录 0~50 条数据的位置,分支节点进行拆分记录 0~10,……,42~50,叶子节点记录数据的长度和值,并由指针指向具体的数据。最后一层的叶子节点是双向链接,它们是被有序地链接起来,这样才能快速锁定一个数据范围。

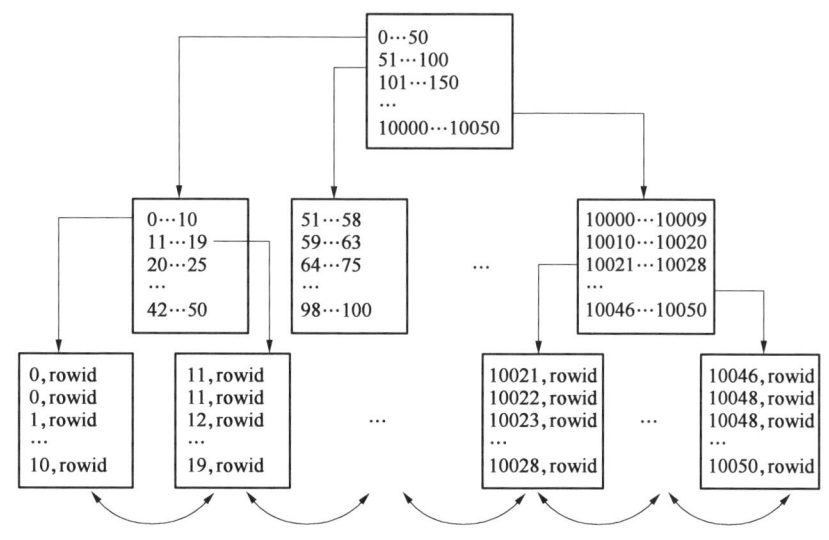

图 6-6 Orcale 基于 B 树索引原理

大数据的检索与 Oracle 不同,其原理是使用多台主机,每台主机中存放部分数据,然后生成多个子任务,子任务分别进行计算,最后统一返回结果。为了进一步的性能提升,可以将磁盘上的数据加载到内存中进行运算,如图 6-7 所示。

之所以采用 HDFS 系统的检索机制就是因为其多子任务分别计算的机制,能够在数据文本检索条件下显著提升检索效率,随着数据规模的增大,其启动和准备动作的固有时间消耗占比会越来越小,检索效率的强大性能会显现出来。下面就以城市交通大数据平台某次测试来从一个侧面了解城市交通大数据平台 Hadoop 的数据处理效率。

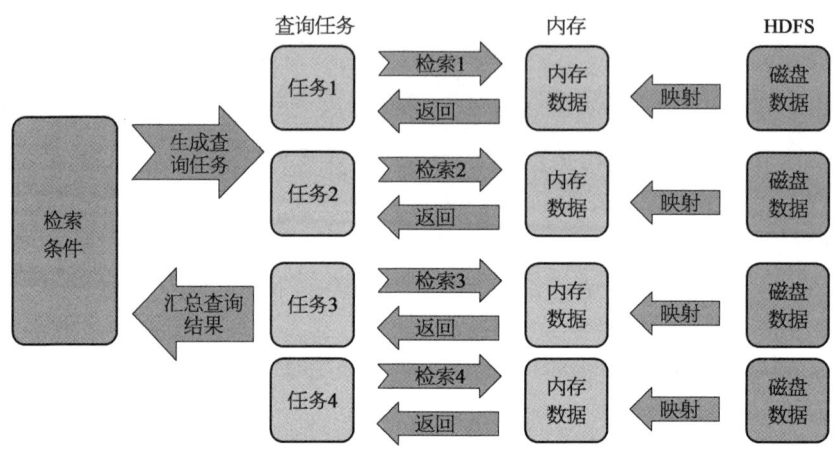

图 6-7　HDFS 基于内存映射的检索原理

2）数据检索应用案例

（1）实验 1　根据车牌出现规律统计出现天数,以 5、10、15、…分组。数据来源为 2010 年 1 月至 2012 年 10 月共 34 个月,超过 60 亿条车牌采集记录,数据量约为 810GB。设定三组测试,查询的时间条件分别为：2010.01.01—2012.10.31、2011.10.20—2012.10.31、2012.02.20—2012.10.31（表 6-1）。

表 6-1　基于 Hadoop 与 Oracle 数据检索对比测试（实验 1）

HIST_CPVEHICLEID	数 据 量	用　　时
测试 1	2025200230 行（2012.02—2012.10）	Hadoop = 18 min 04 s,Oracle = 18 m 32 s
测试 2	3006092973 行（2011.10—2012.10）	Hadoop = 29 min 18 s,Oracle = 8 h+
测试 3	6892156378 行（2010.01—2012.10）	Hadoop = 1 h 11 min 57 s,Oracle = 23 h+

根据表 6-1 结果分析得出结论：Hadoop 执行时间以"分钟"计,Oracle 执行时间以"小时"计,数据量越大,越能体现 Hadoop 的优势。

（2）实验 2　计算车辆 OD 集散分析数据的出行平均时间,根据 20 天的数据进行处理,计算 D 的出行时间减去 O 的出行时间,并计算平均值（表 6-2）。

表 6-2　基于 Hadoop 与 Oracle 数据检索对比测试（实验 2）

LS_ODDMPP	数　据　量	用　　时
测试 1	10652335 行	Hadoop = 44 s,Oracle = 50 s
测试 2	223699035 行	Hadoop = 84 s,Oracle = 209 s

根据以上结果分析得出结论：Hadoop 执行时间超过 84 s,Oracle 执行时间超过 200 s。数据量增长后,执行时间差异更大。

作为一种参考案例,上述对比分析虽然不具有权威性,但从测试结果不难发现,随着测试数据规模的膨胀,Hadoop 的性能损失要小于 Oracle 的性能损失。换句话说,在同等服务器规模下,基于 HDFS 的数据组织和检索机制更加适合城市交通大数据的海量分析处理。

6.3.2 分类分析

分类分析简单讲就是把一个大的数据包,根据内在数据特征划分成若干个类别或组别。在交通领域,数据分类是几乎每天都需要面对的问题,大量的连续型、复合型数据批量进入数据库中,需要根据其地域、交通流特征、属性进行分类。数据分类技术种类很多,如 k 最近邻法(k-NN)、支持向量机、神经网络等等。数据分类和数据聚类是一对孪生的技术组合,本节仅以决策树为案例简介其基本原理和构建方法。

1) 决策树算法简介

决策树方法的起源是概念学习系统(CLS 算法),然后发展到多叉树(ID 3 算法)方法,最后又演化为能处理连续值的树 C 4.5。著名的决策树方法还有 CART(classification regression tree)和 Assistant 等算法。

总体上看,决策树方法是利用信息论中的信息增益寻找示例数据库中具有最大信息量的属性字段,建立决策树的一个节点,再根据该属性字段的不同取值建立树的分枝；在每个分枝集中重复建立树的下一个节点和分枝的过程。决策树的根节点是整个数据集合空间,每个分节点是对一个单一变量的测试,该测试将数据集合空间分割成两块或更多块。每个叶节点是属于单一类别的记录。

决策树分为分类树和回归树两种,分类树对离散变量做决策树,回归树对连续变量做决策树。树的质量取决于分类精度和树的大小。一般来说,决策树的构造主要由两个阶段组成：

（1）建树阶段　选取部分受训数据建立决策树,决策树是按广度优先建立直到每个叶节点包括相同的类标记为止。

（2）调整阶段　用剩余数据检验决策树,如果所建立的决策树不能正确回答所研究的问题,用户要对决策树进行调整(剪枝和增加节点)直到建立一棵正确的决策树。

这样在决策树每个内部节点处进行属性值的比较,在叶节点得到结论。从根节点到叶节点的一条路径就对应着一条规则,整棵决策树就对应着一组析取表达式规则。

决策树技术之所以能够被广泛地应用,主要得益于以下几点:

(1) 决策树可以生成可理解的规则。数据挖掘产生的模式的可理解度是判别数据挖掘算法的主要指标之一,相比于一些数据挖掘算法,决策树算法产生的规则比较容易理解,并且决策树模型的建立过程也很直观。

(2) 决策树在进行分类时所需的计算量不大。

(3) 决策树既支持离散数据也支持连续数据。

(4) 决策树的输出包含属性的排序。生成决策树时,按照最大信息增益选择测试属性,因此决策树中可以大致判断属性的相对重要性。

决策树技术也存在着一定的不足。例如训练一棵决策树的耗费很大,在类标签过多的情况下分类容易出错等。

2) 决策树构造方法描述

决策树构造的输入是一组带有类别标记的例子,构造的结果是一棵二叉树或多叉树。二叉树的内部节点(非叶子节点)一般表示为一个逻辑判断,形式为 $a_i = v_i$,其中 a_i 是属性,v_i 是该属性的某个属性值,树的边是逻辑判断的分支结果。多叉树的内部节点是属性,边是该属性的所有取值,有几个属性值,该节点下就有几条边。树的叶子节点都是类别标记。

构造决策树的方法是采用自上而下的递归构造。以多叉树为例,其构造思路是,如果训练例子集合中的所有例子是同类的,则将之作为叶子节点,节点内容即是该类别标记;否则,根据某种策略选择一个属性,按照属性的各个取值,把例子集合划分为若干子集合,使每个子集上的所有例子在该属性上具有同样的属性值;然后再依次递归处理各个子集。这种思路实际上就是"分而治之"的道理。二叉树同理,差别仅在于要选择一个好的逻辑判断。

构造决策树的一般步骤包括:数据准备、数据预处理、构造决策树、决策树检验。

通过递归分割的过程构建决策树的过程大致如下:

(1) 寻找初始分裂 把整个训练集作为产生决策树的集合,该训练集的每个记录必须是已经分好类的。寻找初始分裂即是决定将哪个属性域作为目前最好的分类指标。一般的做法是穷尽所有的属性域,对每个属性域分裂的好坏做出量化,计算出最好的一个分裂。重复直至每个叶节点内的记录都属于同一类。

(2) 数据的修剪 剪枝是一种克服噪声的技术,同时它也能使决策树得到简化而变得更容易理解。分为两种剪枝策略:向前剪枝和向后剪枝。向前剪枝方法是在生成树的同时决定是继续对不纯的训练子集进行划分还是停止。向后剪枝方法是一种两阶段法：拟合-化简。首先生成与训练数据完全拟合的一棵决策树，然后从树的叶子开始剪枝，逐步向根的方向剪。剪枝时要用到一个调优数据集合，如果存在某个叶子剪去后能使在调优集上的准确度或其他测度不降低（不会变得更坏），则剪去该叶子，否则停止。理论上讲，向后剪枝优于向前剪枝，但计算复杂度大。剪枝过程中一般要涉及一些统计参数或阈值，如停止阈值。值得注意的是，剪枝并不是对所有的数据集都好，就像最小树并不是最好（具有最大的预测率）的树。当数据稀疏时，要防止过分剪枝。从某种意义上讲，剪枝也是一种偏向，对有些数据效果好而对有些数据则效果差。

构造好的决策树的关键就在于如何选择好的逻辑判断或属性。对于同样一组例子，可以有很多决策树能符合这组例子。一般情况下，从概率的角度，树越小则树的预测能力越强。要构造尽可能小的决策树，关键在于选择恰当的逻辑判断或属性。由于构造最小的树是一个非定常多项式时间复杂性类难题，因此只能采取用启发式策略选择好的逻辑判断或属性。

类似决策树这种分类技术还有很多，这些算法能够在智能交通的事故事件检测、异常交通特征在线识别，以及交通状态预测等问题发挥很好的作用。尤其在大数据背景下，很多需要数据抽样、小样本分析的研究主题，将能够在全样本、海量数据规模下进行处理和运算，使得分类算法对现实问题的表达能力进一步提高。

6.3.3 聚类分析

城市交通大数据常用的另一类数据挖掘技术就是聚类分析。传统的聚类分析方法包括系统聚类法、分解法、加入法、动态聚类法、有序样品聚类、有重叠聚类和模糊聚类等。采用 k-均值、k-中心点等算法的聚类分析工具已被加入许多著名的统计分析软件包中，如 SPSS、SAS 等。

1）聚类分析简介

所谓聚类是指把整个数据分成不同的组，并使组与组之间的差距尽可能大，组内数据的差距尽可能小。与分类不同，在开始聚集之前用户并不知道要把数据分成几组，也不知道分组的具体标准，聚类分析时数据集合的特征是未知的。聚类根据一定的聚类规则，将具有某种相同特征的数据聚集在一起，这一过程也称为无监督学习。而分类，用户则知道数据可分为几类，将要处理的数据按照分类分入不同的类别，也称为有监督学习。

从机器学习的角度来看,簇相当于隐藏模式。聚类是搜索簇的无监督学习过程。与分类不同,无监督学习不依赖预先定义的类或带类标记的训练实例,需要由聚类学习算法自动确定标记,而分类学习的实例或数据对象有类别标记。聚类是观察式学习,而不是示例式学习。

以实际应用的角度来看,聚类分析是数据挖掘的主要任务之一。而且聚类能够作为一个独立的工具获得数据的分布状况,观察每一簇数据的特征,集中对特定的聚簇集合作进一步地分析。聚类分析还可以作为其他算法(如分类和定性归纳算法)的预处理步骤。

常用的聚类方法主要包括:划分方法(k-means、k-medoids 等)、层次聚类方法(BIRCH、CURE 等)、基于密度的方法、基于网格的方法,以及基于模型的方法。

2)基于 k-means 的快速路交通事件影响等级标定模型

k-means 算法是很典型的基于距离的聚类算法,采用距离作为相似度的评价指标,即认为两个对象的距离越近,其相似度就越大。该算法认为簇是由距离靠近的对象组成的,因此把得到紧凑且独立的簇作为最终目标。

k-means 算法的工作过程说明如下:首先从 n 个数据对象任意选择 k 个对象作为初始簇中心,而对所剩下的其他对象,则根据它们与这些簇中心的相似度(距离),分别将它们分配给与其最相似的(簇中心所代表的)簇;然后,再计算每个所获新簇的中心(该簇中所有对象的均值),不断重复这一过程直到标准测度函数开始收敛为止。一般都采用均方差作为标准测度函数,具体定义如下:

$$E = \sum_{i=1}^{k} \sum_{p \in C_i} |p - m_i|^2 \quad (6-1)$$

式中　E——簇中所有对象的均方差之和;
　　　p——代表簇中的一个点,可为多维;
　　　m_i——簇 C_i 的均值,可为多维。

式(6-1)所示的聚类标准,旨在使所获得的 k 个簇具有各簇本身尽可能地紧凑,而各簇之间尽可能地分开的特点。例如将事件对交通的时间影响范围和空间影响范围聚成四类,即 $k=4$,$p=\{时间_p,空间_p\}$,$m_i=\{时间_i,空间_i\}$。

聚类分析是交通领域不可或缺的一项重要技术,尤其对于海量离散时间序列数据集,例如交通事故、长时间大面积拥堵等问题,都是需要在多年历史数据的离散样本中进行聚类获得特征集,然后再定义事件或拥堵类型。数据分类和聚类分析这一对孪生应用,在城市交通大数据时代不仅能够为连续型数据集和离散型数据集分别带来更加细致、多样的单项数据区间域,更能够实现多源、多维数据的多元整合和解析,为全样本数据分析和挖掘注入新的活力。

6.3.4 关联分析

从大数据思维考虑,当大量同时空的跨行业数据同时获得积累后,其彼此之间是否存在关联性往往就变得更加重要,这种关联性分析往往是打开行业交叉和交通特征的社会化深入分析的"数据通道"。本节以灰色关联分析(Grey Relational Analysis,GRA)为技术案例[2],说明其基本原理和方法,并引述其在交通领域的应用,以供参考。

1) 关联分析技术方法

灰色关联分析是基于灰色系统理论的一种分析方法,研究对象是"部分信息已知、部分信息未知"的"小样本""贫信息"不确定性系统。灰色关联分析的基本思想是根据序列曲线几何形状的相似程度来判断其联系是否紧密,曲线越接近,相应序列之间关联度就越大,反之就越小。

灰色关联分析法的具体计算步骤如下:

(1) 设序列 $X_0 = (X_0(1), X_0(2), \cdots, X_0(k), \cdots, X_0(m))$ 和 $X_i = (X_i(1), X_i(2), \cdots, X_i(k), \cdots, X_i(m))$ 分别为系统的参考数列和比较数列。其中 $i = 1, 2, \cdots, n$。

(2) 无量纲化处理。较为常用的有初值化变换、均值化变换、极差变换,以及效果测度变换。对于较稳定的社会经济系统数列作动态序列的关联度分析时,多采用初值化变换,其具体计算公式为

$$X_i = \left(\frac{X'_{i(1)}}{X'_{i(1)}}, \frac{X'_{i(2)}}{X'_{i(1)}}, \cdots, \frac{X'_{i(m)}}{X'_{i(1)}} \right) \quad (6-2)$$

(3) 求灰色关联系数 $\gamma(X_0(k), X_i(k))$。计算公式为

$$\gamma(X_0(k), X_i(k)) = \frac{X(\min) + \zeta X(\max)}{\Delta_{0i} + \zeta(\max)} \quad (6-3)$$

式中 $x(\min) = \min_i \min_k |X_0(k) - X_i(k)|$;

$x(\max) = \max_i \max_k |X_0(k) - X_i(k)|$;

$\Delta_{0i}(k) = |X_0(k) - X_i(k)|$。

$\zeta \in [0, 1]$ 为分辨率系数,一般按最少信息原理取为 0.5,即 $\zeta = 0.5$。

(4) 求关联度 $\gamma(X_0, X_i)$。聚集灰色关联系数 $\gamma(X_0(k), X_i(k))$ 在各点 $k = 1, 2, \cdots, m$ 的值,得到灰色关联度计算公式如下:

$$\gamma(X_0, X_i) = \frac{1}{m}\sum_{k}^{m}\gamma(X_0(k), X_i(k)) \qquad (6-4)$$

这样,便可求到灰色关联度 $R[R = \gamma(X_0, X_i)]$,根据比较数列与参考数列的关联度 R 的大小,判断各因子对交通噪声的影响大小,关联度大则意味着该因子的影响较大,为主要影响因子,关联度小则意味着该因子的影响较小,为次要因子。

2) 交通领域应用案例

以南方某城市 2002—2009 年的交通噪声为例,探讨灰色关联分析法在城市交通噪声影响因素分析中的应用。交通噪声数据来源于该城市四个交通噪声固定监测站的平均值,为真实体现该城市交通噪声状况,在噪声普查的基础上,利用平均值法对噪声监测数据进行优化设定。其步骤如下:

(1) 建立数据序列　机动车辆数、道路行车线长度、行驶机动车辆密度等因素直接影响城市交通噪声,而 GDP、常住人口等因素作为体现城市特征的主要指标,一定程度上也反映了城市交通噪声水平。选用常住人口、GDP、机动车辆数、道路行车线长度、行驶机动车辆密度这五个因素,通过建立数据序列,利用灰色关联分析法分析五个因素与城市交通噪声之间的关系。其中,城市居住人口、GDP、机动车辆数、道路行车线长度、行驶机动车辆密度五个因素作为影响交通噪声的比较数列,即:$X_i = (X_i(1), X_i(2), \cdots, X_i(k), \cdots X_i(m))$;城市交通噪声设为参考数列,即:$X_0 = (X_0(1), X_0(2), \cdots, X_0(k), \cdots X_0(m))$。2002~2009 年这五个因素的基础数据序列见表 6-3。

表 6-3　2002—2009 年五个因素的基础数据序列

年　　份	2002	2003	2004	2005	2006	2007	2008	2009
交通噪声/[dB(A)]	70.42	71.46	71.07	70.23	69.91	70.08	70.78	70.55
常住人口/人	441 637	448 495	465 333	484 300	513 400	538 100	549 200	542 200
GDP/亿元	548	636	822	922	1 137	1 502	1 735	1 693
机动车辆数/辆	122 345	130 472	141 258	152 542	162 874	174 520	182 765	189 863
道路行车线长度/km	341	345.2	362.1	368.2	383.6	400.8	404.4	413.1
行驶机动车辆密度/(辆/km)	358.8	378	390.1	414.3	424.6	435	452	460

利用式(6-3)对这五个因素的基础数据进行初值化处理后,实现了数据的无量纲化,结果见表 6-4。

表6-4 各因素数据初值化处理结果

年 份	2002	2003	2004	2005	2006	2007	2008	2009
交通噪声/[dB(A)]	1	1.015	1.009	0.997	0.993	0.995	1.005	1.002
常住人口/人	1	1.016	1.054	1.097	1.162	1.218	1.244	1.228
GDP/亿元	1	1.161	1.5	1.682	2.075	2.741	3.166	3.089
机动车辆数/辆	1	1.066	1.155	1.247	1.331	1.426	1.494	1.552
道路行车线长度/km	1	1.012	1.062	1.08	1.125	1.175	1.186	1.211
行驶机动车辆密度/(辆/km)	1	1.054	1.087	1.155	1.183	1.212	1.26	1.282

（2）计算灰色关联系数及关联度。令 $\zeta = 0.5$，利用 DPS 统计分析软件计算经初值化的数据，得 $X(\min) = 0$，$X(\max) = 2.161$。则关联系数 $\gamma(X_0, X_i) = \dfrac{0 + 0.5 \times 2.161}{\Delta_{0i}(k) + 0.5 \times 2.161}$。将各关联系数式代入式（6-3），可得到关联度分别为：$\gamma_1 = 0.902$，$\gamma_2 = 0.586$，$\gamma_3 = 0.810$，$\gamma_4 = 0.915$，$\gamma_5 = 0.882$。对关联度进行排序，$\gamma_4 > \gamma_1 > \gamma_5 > \gamma_3 > \gamma_2$。其中 γ_1、γ_4、γ_5 的关联度均大于 0.880。

关联序列表明，道路行车线长度和常住人口对城市交通噪声的关联度最大，关联度分别为 0.915 和 0.902，表明道路行车线长度和常住人口与城市交通噪声具有很大的关联性。总体而言，道路行车线越长，会稀释交通流量，使交通噪声变低，对城市交通噪声的影响为正极性影响；常住人口增加则会导致交通噪声的增加，呈现明显的负极性。

行驶机动车辆密度和机动车辆总数对城市交通噪声的关联度分别为 0.882 和 0.810，表明行驶机动车辆密度和机动车辆总数与城市交通噪声有较大的关联性。一般情况下，车辆密度和机动车辆总数越高，交通噪声也会相应增加。

相对于其他四个因素，国内生产总值 GDP 与城市交通噪声的关联度较小，仅为 0.586。GDP 对城市交通噪声的影响没有明显的正负极性。一般而言，GDP 增加后，政府对城市道路建设的投入也会相对加大，势必会改善城市交通状况，进而减少城市交通噪声污染，但 GDP 的增加也会导致城市机动车辆的增加，机动车辆的增加势必又会导致交通噪声污染加剧，各种因素导致 GDP 这一因素对城市交通噪声的影响变得较小。

6.3.5 特异群组分析

特异群组分析是利用特异群组挖掘(Abnormal Group Mining,AGM)算法对数据进行分析处理,找出数据中有别于大多数数据的一群数据是一种新的数据挖掘任务[3]。特异群组分析的应用领域广泛,具有重要的应用价值。与聚类和异常挖掘分析类似,特异群组挖掘也是根据数据对象的相似性来划分数据集的数据,但特异群组挖掘的目标与聚类和异常挖掘不同。聚类是将大部分具有相似性的数据对象分到若干个簇中的过程;异常挖掘发现数据集当中明显不同于大部分对象(具有相似性)的数据对象;而特异群组挖掘是发现数据集当中明显不同于大部分数据对象(不具有相似性)的数据对象,其在问题定义、算法设计和应用效果都不同于聚类和异常挖掘,不能由现有的聚类、异常等数据挖掘技术实现。

形象地说,特异群组分析就是要在数据中找出有别于大众群体的小群体。这些小群体内的对象具有高度的相似性,即它们之间是类似的。但从对象数量上来说,它们比通常聚类问题给出的簇中的对象数量要少,有时候甚至相差好几个数量级。但它们又不同于异常挖掘所要找的孤立点,孤立点之间一般不具有相似性。这些小团体被称为"特异群组"(Abnormal Group)。例如,以车辆出行行为分析,驾车犯罪团伙行为就是典型的特异群组。以汽车为作案工具的犯罪案件中,一种常见的情况是多辆汽车共同参与作案。作案车辆为熟悉作案地点和行程,通常会提前准备,在多天内共同出现在多个地点,随着智能交通技术的发展,这些信息都将由高清摄像头识别记录。由于城市道路上的车辆行驶是个体主动行为为主的,所以这种有一批车辆在多天共同出现在多个监控点的行为是一种异常现象。从监控数据库中挖掘到这些车辆(特异群组)可以为案件侦破提供线索。

Yun Xiong 等将特异群组挖掘形式化地定义成:在一个数据集中发现特异群组的过程,这些特异群组形成的集合包含 τ 个数据对象,τ 是一个相对小的值 ($\tau \ll n*50\%$,n 是数据集中对象总个数)[4]。这样的特异群组挖掘也称为 τ-特异群组挖掘。对于给定数据集,特异群组挖掘问题就是找到该数据集中所有的特异群组,满足特异群组集合 ζ 的紧致度是最大,且 $|\zeta|=\tau$,其中 $\tau \geq 2$ 是一个给定阈值。所谓紧致度,是指该群组中所有对象的总体特异度评分之和,所谓的特异度评分,即在定义了相似性函数的前提下,一个对象 O_i 和该数据集中其他对象间的最大相似性值。

在此基础上,Yun Xiong 等介绍了一种两阶段特异群组挖掘算法[4]。第一阶段是找到给定数据集中的最相似的数据对象对,并采用剪枝策略将不可能包含特异对象的对象对删除,然后从候选对象对中计算得到特异对象;第二阶段将包含特异对象的对象对划分到特异群组中。

在第一阶段,采用最相似点对查询策略找到前 kp 个最相似点对,在这些相似点对中的对象被认为是候选特异对象,$kp=\tau*(\tau-1)/2$。因为 τ 是一个相对小的数,因此使用一个具有剪枝策略的最相似点对查询算法,它对于较小的 kp 具有良好的运行效率。然后在获得的前 kp 个最相似点对中,找到前 τ 个具有最大特异度评分的对象作为特异对象。根据特异群组定义,特异群组中的每对对象之间必须相似。因此,特异群组事实上是一个最大团,采用最大团挖掘算法可将所有的 τ 个特异对象划分到相应的特异群组中。在该算法中,τ 是一个易于用户设置关键参数,因此整个算法具有较好的实际运行效果。

6.3.6 OLAP 分析与即席查询

在线分析处理(On-Line Analytical Processing,OLAP)是指对数据从各个角度进行分析,从而发现数据内在的规律。例如,针对交通指数的颗粒度来进行分析,可以按照时间信息和空间信息进行分析,时间又可以按照不同颗粒度来进行分析,如 2 min,10 min,1 h 等,这样就可以得到各个不同时间的指数值,还可以对指数进行切片,组合分组分析等,或通过图表的形式展示数据。

即席查询是针对数据按照不同条件和不同查询项等进行即席查询,从而获取到自己想要查看的数据。OLAP 分析和即席查询的实现过程中只需要通过简单的拖拽就能实现。

图形展示技术是将数据以图形化展示的技术,Highcharts 是一款开源、美观、图表丰富、兼容绝大部分浏览器的纯 JavaScript 图表库。它用 R 语言技术做后台计算,用 Highcharts 做前台展示。R 语言是一款统计学上专业的语言,里面封装了很多函数,使用方便,计算速度快。另外,Highcharts 图表丰富,页面展示很美观。

图形与图形之间的关联分析,例如按照空间进行分组,将上海高架 48 个区域进行分组,用饼图展示交通指数的总占比,即双击饼图各个区域的指数值,查看该区域当天的交通指数走势,以线形图展示。

6.3.7 地理编码

地理编码(Geo-coding),也称地址匹配,是指根据各数据点的地理坐标或空间地址(如省市、街区、楼层等),将数据库中数据与其在地图上相应的图形元素一一对应,即给每个数据赋以 X、Y 轴坐标值,从而确定该数据标在图上的位置的过程。借助于 GIS 的地理编码技术,可以将原有信息系统和空间信息进行融合,实现日常城市交通生活中的信息空间可视化,以便于在空间信息支持下进行空间分析和决策应用,从而成为城市交通 GIS 数据中比较重要的一个功能。

分析现有的城市交通数据资源不难发现:非空间资源都有具体的发生地,这也是非空间数据资源与空间数据发生关联的一个关键环节。利用地理位置的编码技术可以在地理空间参考范围中确定数据资源的位置,建立空间信息与非空间信息之间的联系,实现各类信息资源的整合。

通过对交通对象的地理编码,制定出交通对象的编码基本原则和方式,便于交通信息的交流,并能精确表达交通信息的编码规范。通过编码后发布的交通信息能满足大多数用户的需求,让用户可以精确地了解各路网的交通路况,了解交通事故、道路施工等所发生的具体位置及其对道路的影响情况,从而将各交通信息应用系统有机地结合起来,发挥交通信息平台的综合性作用。

整个编码体系分四个层次:基础性应用、专业性应用、扩展性应用、开放性应用。

(1) 基础性应用　直接应用在《上海市道路、路段、节点编码标准》的道路、路段、节点代码和对应的图形要素。主要基础性应用信息包括:地面中心线、高架中心线等。

(2) 专业性应用　继承于基础性对象编码,将道路路段、节点图形要素和编码扩展为有向的双线路段,以及对应的分节点和编码;也可以人为地划分和定义有向的分路段和分节点;对于快速路、高速公路和其他各等级公路,上下匝道和桥接路段也是专业性应用考虑的范围。主要专业性应用信息包括:地面发布段、快速路发布段、高速公路发布段、国省干道发布段等。

(3) 扩展性应用　继承于专业性对象编码,对于实际交通基础设施、设备,根据其具体的物理位置,可以从所属实际有向路段、分节点、匝道等进行扩展编码。主要包括:

① 道路交通:摄像机、情报板、线圈、收费站、路口机、检测器、公安卡口、能见度仪、气象站等。

② 公共交通:停车场、公交线路、公交站点、轨道线路、轨道站点、轮渡码头等。

③ 对外交通:机场、火车站、码头、长途汽车站等。

(4) 开放性应用　只定义编码原则,不定义编码方法。主要包括非地理类型的交通对象,例如气象信息、GPS 信息、车辆信息、事件信息、各种统计信息等。

6.3.8 空间聚类分析

空间聚类作为聚类分析的一个研究方向,是指将集中的空间数据对象分成由相似对象组成的类,同类中的对象间具有较高的相似度,而不同类中的对象间则差异较大。作为一种无监督的学习方法,空间聚类不需要任何先验知识,例如预先定义的类或带类的标号等。空间聚类方法由于能根据空间对象的属性对空间对象进行分类划分,已经被广泛应用于城市规划、环境监测、交通管理等领域,发挥着较大的作用。

GIS 空间聚类分析技术为城市交通大数据提供了新的思路[5]。在城市交通的 GIS 数据中,信息可以分为两类,即反映空间对象的非空间属性的属性信息和反映空间对象的空间位置的空间信息(也称为坐标信息)。所以根据聚类对象的信息,GIS 空间聚类可以分为如下三种类型的操作:

(1) 属性聚类 GIS 对象中的属性信息同一般对象的属性信息并无本质上的不同,只不过在 GIS 中属性信息通过实体关系与空间信息联系了起来,形成了空间实体,所以 GIS 属性聚类与一般对象的多维聚类方法基本相同。

(2) 坐标聚类 空间坐标信息描述了对象的空间位置,空间坐标数据的相似性直观地表现为空间位置的邻近性。GIS 坐标聚类具有三个主要特点:

① 坐标信息的低维性和格式一致性使得聚类操作较为简洁,并且聚类的集簇较为明显,体现了空间坐标聚类的简洁性和有效性。

② 空间坐标信息聚类本质上是发现空间中对象分布的"密集区域",如客流密集区域的测定、城市公交站点分布密度等。从抽象"类别"到具体直观的"区域",空间坐标聚类具有同一般聚类操作不同的意义,同时空间区域的多样性及低维数造成了空间集簇的稠密性,都增加了聚类的复杂度。

③ 空间信息是 GIS 处理对象的基础信息或者称为第一信息,属性信息建立在空间信息之上,并依赖空间信息而存在。因此,对空间坐标信息的处理是对 GIS 对象的数据挖掘,也是聚类操作首先应当处理的问题。

(3) 空间-属性信息混合聚类 GIS 对象是一个将空间信息和属性信息关联起来的空间实体,空间实体是 GIS 中存储和处理的基本单元,所以 GIS 中的各种操作包括数据挖掘、可视化在内,最终都应当能够在空间实体的层次上进行操作。换言之就是要能够将属性信息和空间信息联系起来进行处理。聚类作为空间数据挖掘的一部分,最终也应当能够在同时包含了空间信息和属性信息的混合高维向量上进行操作。但是由于空间信息和属性信息所表述的信息格式和意义的区别,不能简单地将混合向量中的空间信息和属性信息等价看待,所以混合向量对距离的定义及对聚类结果的解释等都是混合聚类需要解决的问题。空间-属性信息混合聚类目前仍然是空间聚类领域的一个前沿问题。

6.3.9 时空动态分析

传统的 GIS 记录的往往是某一时刻的影像,描述的只是数据的一个瞬态(snapshot),不具有处理数据的时间动态性。当数据发生变化时,用新数据代替旧数据,系统成为另一个瞬态,旧数据不复存在,因而无法对数据变化的历史进行分析,更无法预测未来的趋势,这类 GIS 被称为静态 GIS。如果在 GIS 中引入时间这个与空间同等重要的因素,或者说是在二维 GIS 的基础上,增加时间维或者时间变量,就形成了时态 GIS[6-7]。

伴随 GIS 的成熟与发展,越来越多的应用领域要求 GIS 能提供完善的时序分析功能,在时间与空间两方面全面展现 GIS 系统应用功能。例如事故事件导致的路况拥堵的发生和消散、区域通勤客流的汇聚和消散就是时空动态过程,其大部分的时空存在数据具有很强的时间敏感性。基于这一特点,应用时态 GIS 的基本原理和科学计算可视化技术,运用时空索引模型(图 6-8),并利用面向对象的编程语言构建了时空索引对象,进而构造了一个从 GIS 时空角度模拟和展现城市交通时空动态的专业应用模型。

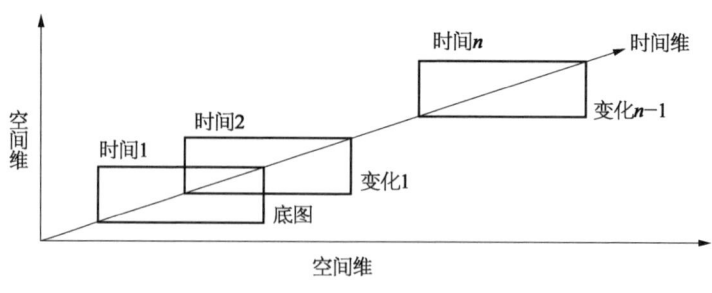

图 6-8 时空索引模型

6.3.10 地址自动匹配

在城市交通大数据中存在很多海量地址数据的情况,要想获取这些海量地址数据的空间位置信息,传统的数据处理方式已经不能满足数据处理的相关要求。

传统的方法是逐条对地址进行拆分解析,并从基础地理数据库中提取与该地址相匹配的空间信息,但这样的做法存在以下问题:

(1)地址数据落地的过程大部分工作需要由人工处理;

(2)地址数据不规范,存在很多垃圾数据,人工处理难度较高;

(3)对于海量地址数据的处理需要耗费大量的时间和精力,处理效率低下;

(4)数据处理过程中存在较多的人为失误。

为解决上述技术问题,可使用基于 GIS 的地址自动分析匹配工具,利用地址自动分析匹配算法,大幅度提高数据处理的效率和精度,节约数据处理的成本。

地址自动分析匹配的具体方法如图 6-9 所示。

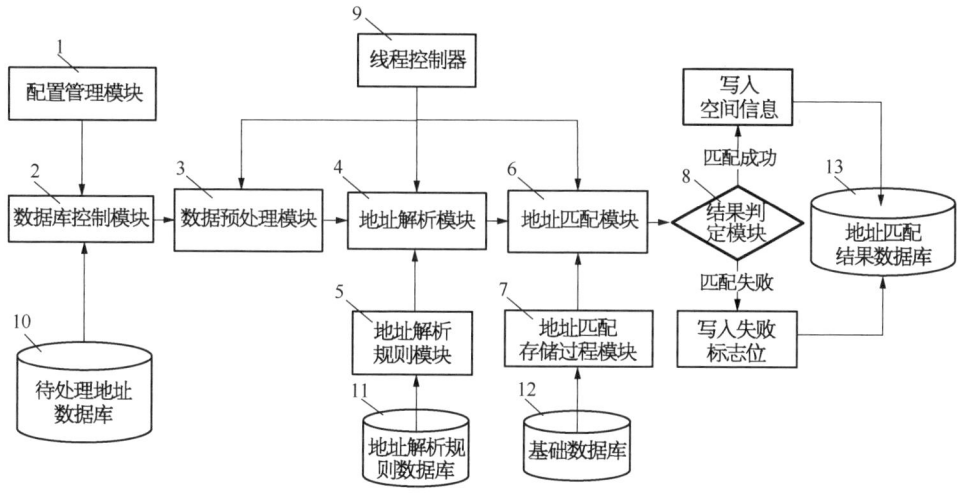

图 6-9 地址自动分析匹配方法

如图 6-9 所示,其关键模块和辅助要素包括:

(1)配置管理模块 1　用来读取系统配置参数,初始化相关处理进程。

(2)数据库控制模块 2　与配置管理模块 1 连接,并用来进行数据库的连接、读取、写入的操作。

(3)数据预处理模块 3　与数据库控制模块 2 连接,并对分析数据进行预处理,剔除相关垃圾数据。

(4)地址解析模块 4　与数据预处理模块 3 连接,并根据地址解析规则 5 对原始地址进行解析,将长地址解析为市、区、镇、村、路、弄、号等。

(5)地址解析规则模块 5　与地址解析模块 4 连接,并用于地址解析规则配置定义,协同地址解析模块一起工作。

(6)地址匹配模块 6　与地址解析模块 4 连接,并负责协调和调用相关模块进行地址匹配分析,地址匹配内容分为精确定位、插值定位、端点定位等。

(7)地址匹配存储过程模块 7　与地址匹配模块 6 连接,并传入解析完成的地址信息对该地址进行匹配,分析空间信息。

(8)结果判定模块 8　与地址匹配模块 6 连接,并对地址匹配结果进行判定。匹配成功则往地址匹配数据库中写入该地址的空间信息,匹配失败则往地址匹配数据库中写入匹配失败标识。

(9)线程控制器 9　与地址解析模块 4 连接,线程控制器 9 对地址解析模块 4 进行多线程控制。

(10)待处理地址数据库 10　与数据库控制模块 2 连接,待处理地址数据库 10 为需要进行地址分析匹配的原始数据库。

(11)地址解析规则数据库 11　与地址解析规则模块 5 连接,地址解析规则数据库 11 包括基本规则、特殊规则、自定义规则。

(12)基础数据库 12　与地址匹配存储过程模块 7 连接,基础数据库 12 是地址匹配的主要数据依据,存储了道路、门牌、小区、村居委会、社区等基本信息。

(13)地址匹配结果数据库 13　与结果判定模块 8 连接,地址匹配结果数据库 13 保存地址匹配的分析结果。

上述地址自动分析匹配系统可以以应用程序、链接库的方式或者 WebService 服务的方式运行,以满足不同应用环境要求。

6.3.11　路径拓扑分析

基于 GIS 技术的道路网络路径分析与优化,是实现高效交通管理和交通出行的关键技术之一。

道路网络路径分析的基础是路径拓扑结构的建立。在建立基础道路图层时,为了作图方便和保持道路属性的完整性,通常将各条道路以一条完整的线或折线来表示,道路之间的相交处(交叉路口)暂不断开,待建好之后采用自动断链技术形成交叉口,由此完成拓扑路网的建立。自动断链技术就是把道路在交点处分成首尾相接的路段,使这些路段除自身的首尾节点外不与其他任何路段相交,它是保证拓扑关系正确性的重要内容。

路网拓扑关系利用节点表达路段与路段之间的连通性,因此构建城市路网拓扑关系的主要内容是提取和处理节点、路段信息,从而建立拓扑关系。具体步骤为:

(1)从路段表第一条记录开始获取路段端点坐标,并创建点对象添加到点表中。

（2）检查点表有无重复记录，若有则删除。

（3）根据节点的 X 或 Y 坐标值大小对节点表重新排序。

（4）按起点的编号顺序排序路段表，这样同一起点的路段会排列在一起。

（5）为点表中每一个点对象的相关属性字段赋值。

（6）为线表中每一个线对象的相关属性字段赋值。

路网拓扑关系的自动建立，可为实现最优路径选择和分析打下基础。最短路径分析就是在指定道路网络中两点间找一条阻抗最小的路径。根据阻抗的不同定义，最短路径不仅仅指地理意义的距离最短，还可以引申到其他的度量，如时间、费用等。

6.3.12 可视化分析技术

1）可计算路网

可计算路网通过数字孪生的模式将参与交通分析与管理计算的交通要素形成多种形式的数字化矢量数据，并按照道路网络的逻辑关系将这些要素数据进行整合，利用高精电子地图的形式进行表达与可视化展示。基于交通语义的关系表达和计算技术的支撑，构建可计算路网模型，可以将所有的交通设施、规则、控制策略实现数字化、信息化，并以能够被计算机所理解的形式进行计算、查阅与存储，从而满足交通路网精细化表达的需求。

可计算路网是对交通路网精准认识，对交通路网容量、需求、状态等动态演变规律精确掌握的重要工具。可计算路网中的核心要素涵盖交通标线、交通标志、交通信号灯、隔离和防撞设施等，能够准确描述各种复杂路网的地形地物，生成道路路段之间的拓扑结构，明确车道与道路的映射关系，并支持道路、交叉口、车道的交通组织计算逻辑，描述路网中要素的时间状态。

（1）道路要素数字化　道路要素，如交通标志、标线经数字化编辑、路网关联后，可支撑诸如轨迹分析、交通流量分配等方面的交通管理应用。经数字化后的交通标志、标线，所展示的效果与路面实际的标线类型、式样、颜色等一致，每个要素配可查详细的属性信息，如图 6-10 所示。

（2）交通要素数字化　交通信号控制要素，如路口位置、车道位置、转向、配时时长、相位方案等与道路网进行逻辑关联，可支撑交通信号分析与优化相关应用，如图 6-11 所示。

通过对路网进行数字化建模与可视化展示，将标志、标线、信号灯等交通设施所涵盖的交通规则进行结构化与数字化，赋予交通图标"交通语义"信息，从

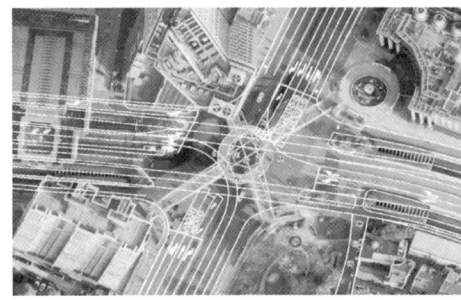

图 6-10 道路要素数字化

图 6-11 交通要素数字化

而实现对路网及其内在逻辑的计算。

结合高精度地图和可计算路网,可以对每一个路口路段、每一块标志、每一条标线,建立对象及关系模型,计算每个路口、路段的通行能力及路段、区域的承载力,掌握路网供给基础量,实现"路网可计算"。同时,可计算路网通过将每一处交通设备对象建模,完成静动态信息与路网的拓扑关联,实现车辆一旦被抓拍,立刻与可计算路网关联,并进入计算流程,开展轨迹监控,做到对每个道路上的个体车辆和驾驶人的行为轨迹测量计算,实现"人车可测量"。

(3) 交通拥堵时空可视化 伴随着经济发展以及经济发达地区交通量的超常增长,城际之间的交通负荷日益增加,尤其是高速公路,在节假日和高峰期通行能力饱和,事故频发,拥堵严重,成为城市尤其是城市群经济一体化发展的新阻力。二维高速公路拥堵时空可视化可以更好地将时空分布特征与交通拥堵结合,辅助专业交通管理人员进行交通瓶颈和拥堵点分析预测。

三相交通流理论(Three-Phase Traffic Theory)认为交通流具有三种交通状态,即:① 自由流(Free flow,F);
② 同步流(Synchronized flow,S);
③ 阻塞流(Wide moving Jam,J)。
其中同步流 S 与阻塞流 J 都属于拥堵状态,判断这两者的标准为:阻塞流造成拥堵状况从拥堵瓶颈向车流上游扩散,而同步流只是在车流瓶颈处拥堵,不会向上游扩散,下游车辆会加速至自由流速度。图 6-12 为三相交通流理论模型图。

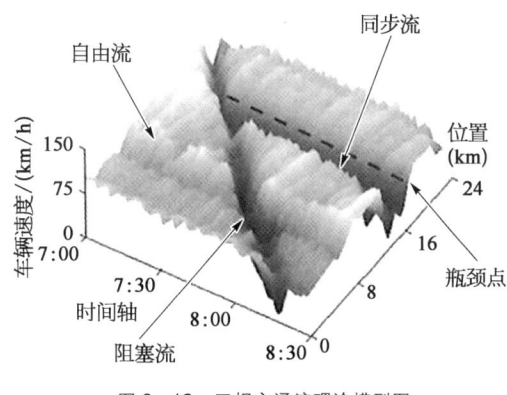

图 6-12 三相交通流理论模型图

与传统的基于交通流基本图的理论相对比,三相交通流理论能够对高速公路上突然发生的交通拥堵现象进行解释,能够更好地反映出实际情况,如图 6-13 所

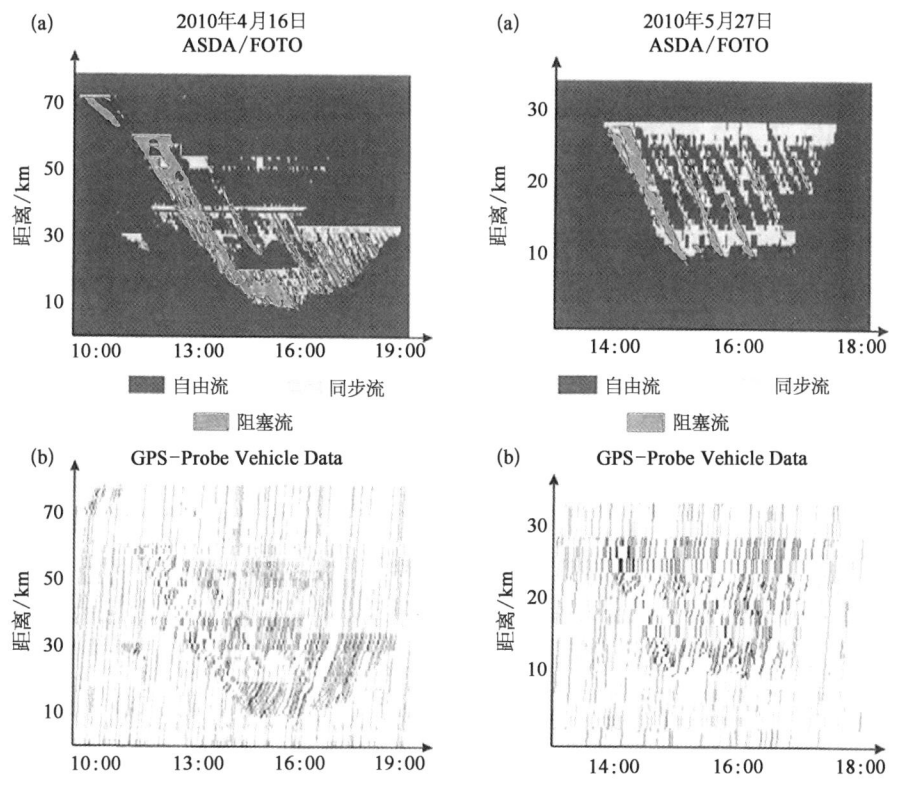

图 6-13 三相交通流理论与线圈实际数据比较

示。其中(a)为根据三相交通流理论所得到的道路交通状况,(b)为线圈数据统计结果。

将高速公路及其收费站、枢纽等信息通过地图进行结合,根据三相交通流理论设计的高速公路时间、空间二维拥堵时空图,能够将两者进行关联,地理位置次序以纵轴标记、时间序列以横轴标记,为分析人员提供方便的路段拥堵区间查询,如图6-14所示。

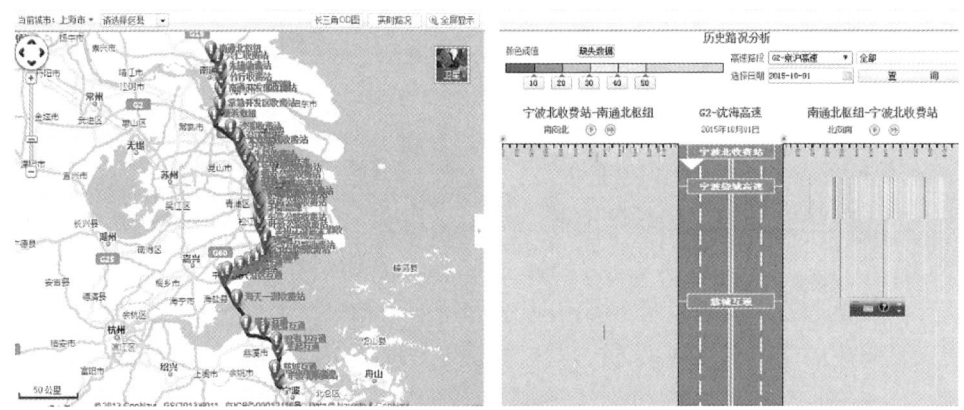

(a) 二维拥堵时空图

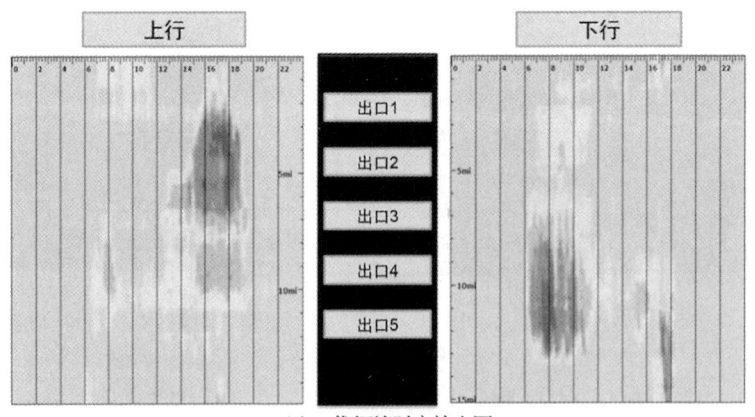

(b) 二维拥堵时空放大图

图6-14 高速公路二维拥堵时空图及其放大图

在图6-14(a)中,将高速公路上下行车方向分开表示,不同的颜色表示不同的拥堵程度,图中横坐标为时间维度,纵坐标为空间维度,高速公路沿线的收费站、枢纽信息同时显示出来,从而可以清晰直观地展示出高速公路的路况信息,明确表达出拥堵路段的空间位置及行驶方向,为道路交通管理和公众出行提供支持。同时,二维拥堵时空图可以对历史数据进行分析,为节假日等特殊时期的高速公路路况预测、交通出行时间安排及管理部门交通分流诱导等应急措施提供支撑。

2）交通大数据可视化工具

交通大数据突出的时空分布特性,需要借助专业可视化工具的快速、直观分析能力,辅助专业技术人员有效挖掘和发现数据隐藏的价值。传统的数据可视化工具,如 Tableau、PowerBI、Echart 等,适用性更广,而交通专业的数据可视化分析工具,如交通宏观、微观仿真、交通大数据可视化挖掘分析等,是基于道路、交通流、车辆的交通特征而构建,可视化逻辑和工具底座更符合交通工程模型与理论,能够帮助专业技术人员更加快捷和轻松上手。

加拿大交通专业仿真软件公司 INRO 除了两款常用仿真软件 EMME 和 Dynamic 外,还针对交通大数据开发了 CityPhi 可视化平台。该平台将常用的交通流可视化展现方式,如交通流点、动点、轨迹线、聚合线、累积线等直接模块化,减少了二次编程从头开发的繁复工作,并且底层软件支撑多线程运算,是普通交通动态分配 DTA 模型运算速度的 4 倍,数据展示和生成的速度较快。以上海为例,基于该工具可以展示和分析城市公共汽车运营轨迹分布和动态变化规律,直观定位车辆延误、线路延误、周边交通状态等数据,还可以直观分析车辆运行区间的道路公交车辆密度、运营里程分布、停靠站情况等,用于公交运营调度和调整优化。图 6-15 是公交轨迹分布的可视化效果,可以支撑每条运营车辆在线路上的延误分析等应用。

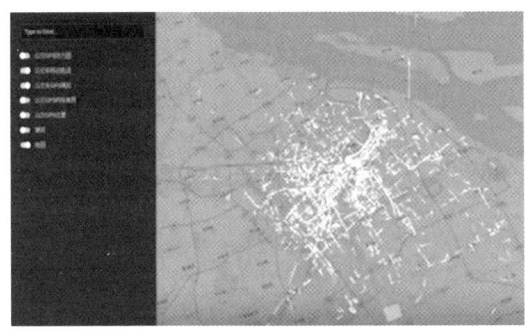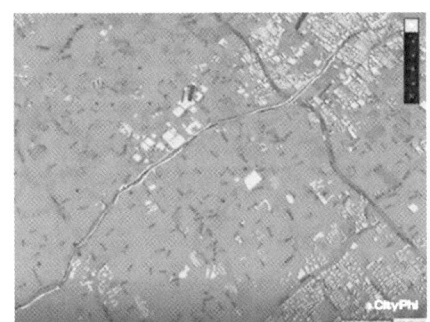

图 6-15 上海市公交轨迹分布和任意线路运营车辆延误分析

路网中运行的各类车辆的种类、数量、时空分布、任意区域的累计流量等都可以可视化的形式来分析。如出租车辆活动半径和热点区域分布,可以用重载车辆数据的轨迹热力图来分析,如图 6-16 左图所示;共享单车在道路上的停放数量以道路聚集网格的立柱高度来表示,平均停留量用颜色来表示,如图 6-16 右图所示。

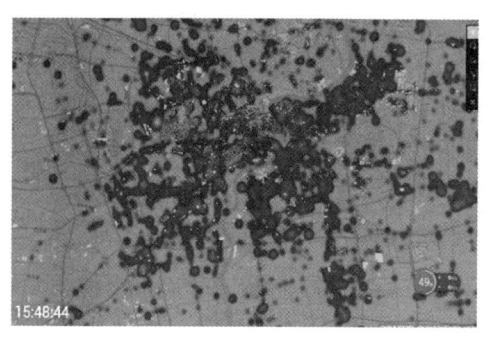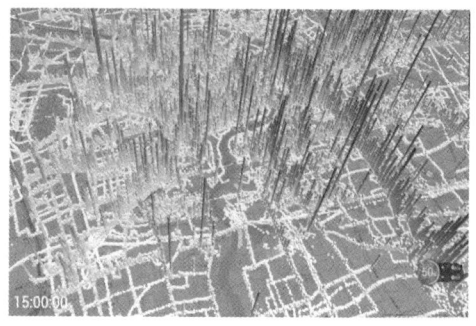

图 6-16　出租车载客车辆分布(左)和共享单车停放数量分析(右)

随着智慧城市大脑、智能网联车、智能交通信号控制技术的发展,更多的需求转向了大规模路网的车道级交通运行状态分析与评价。传统交通评价方法,受限于数据获取范围以及评价理论的方法思维定式,更多针对单点交叉口、路段、路径等小范围区域。而面对全局性路网,为了支撑智能网联路侧技术,解决大范围、精细化城市交通信号控制优化难题,基于物理模型而非数据模型的车道级交通运行评价理论和方法得到了快速发展,可视化方案也得到了突破性创新。

通过上海市城市交通信号控制系统的车道采集检测器,获取车道流量、占有率、饱和度等参数,通过物理模型的方法计算出车道平均车速、行程时间、延误和通行能力,是城市道路间断流交通运行评价指标计算理论的一次重要突破。在该理论方法的基础上,采用 Python3.0 开发了车道级交通运行状态分析评价系统,为支撑全局路网的交通信号优化、交通管理应用、交通拥堵分析等提供了实用理论和工具。

车道级交通运行状态分析评价的可视化内容包括:信号控制配时方案展示,五项核心参数的车道级可视化,路段、路口、车道、断面、任意区域流量分析,车辆运行多维动态模拟等功能。

以秒为滑动窗口最小单元,对实际交通运行的信号控制方案参数进行展示,包含车道位置、车道转向、红绿灯通行相位时间等直接数据,红绿信比、周期长度、相位倒计时等间接数据,实现对真实道路运行状况的"同步播放",以第一视角对交通运行状况进行观测,如图 6-17 所示。

车道运行状况评价指标是车道级信号配时优化的关键。将基于 SCATS 线圈采集数据计算出的车速、行程时间、延误,以及流量和通行能力五项车道级交通状态评价指标参数可视化,分析其时间变化、空间变化情况,可快速量化交通状态变化的程度,判别交通运行畅通、拥堵、加剧或是缓解各个阶段,分析和判断通行能力富余容量,比较车道间、相位间和交叉口间的差异,如图 6-18 左图

图 6-17 相位时间、车道转向流量、饱和度展示图

所示,支撑车道级的交通流量诱导、控制策略制定,为更加精细化的智慧信号控制提供分析依据,全面解析和优化配时效果;利用可视化设置参照系的方法,生成分析切平面,如图 6-18 右图所示,进行交通状态发展趋势判别与分析等。

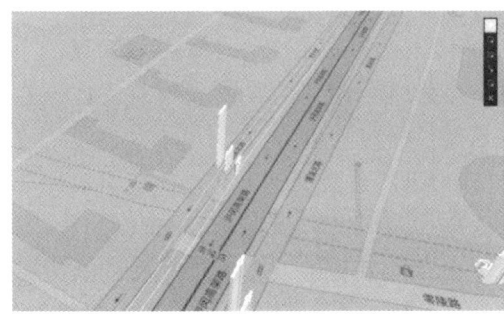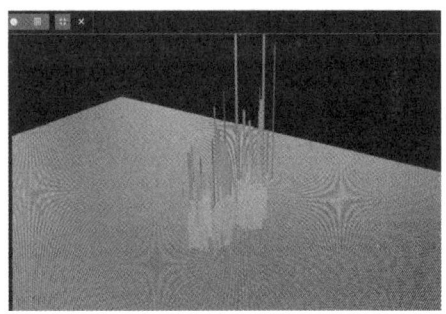

图 6-18 同相位同方向车辆流量差分析(左)和通行能力分析比较(右)

对数据统计处理后,形成并查看交叉口、单向路段、同转向路段、断面、区域的统计性评价指标,如查看重点交叉口高峰时段流量规模,判别子系统关键交叉口设置是否合理,如图 6-19 所示。基于车道级的交通状态分析评价,可以支

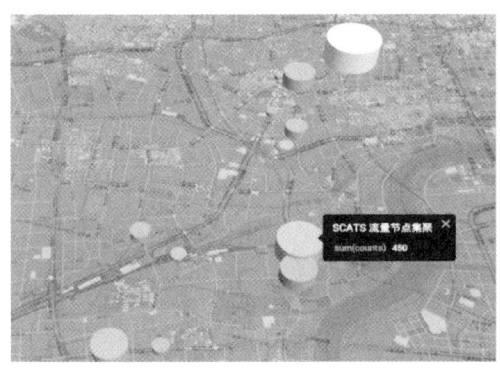

图 6-19 交叉口流量统计和车道累计小时流量分布

撑和深化更多精细化交通管理应用,是未来交通领域分析理论和方法的必然方向。

6.4 语音识别技术

近年来,语音识别技术发展迅速,逐渐从实验室走向市场,形成产品,在信息处理、通信与电子系统等行业应用越来越广泛,逐渐显露出了其强大的技术优势。

语音数据是大数据的一个重要组成部分,包含有复杂的信息,传递了语言文字、语言意图等,是语言符号的一个主要载体。作为一种非结构化的数据,语音数据无法用一个统一的结构进行标识,而且随发音人的不同、方言的影响、环境噪声的不同、连续语音流的长度、同音词等的影响会出现很大的不同。在交通行业中,随着智能交通系统的建设与推广,交管部门对于道路运行状况的监控越来越及时。对于路网上的交通事件,交管部门越来越能够及时发现并通过交通广播台进行发布,从而为交通大数据提供海量的语音数据。

交通事件的定义为指导致道路通行能力下降或者交通需求不正常升高的非周期性发生的情况。如交通事故、故障停车、货物散落、道路维修、车辆逆行、车道变换、交通阻塞等。交通事件具有以下的两个特征:一是事件导致的结果是道路拥堵情况上升;二是其发生具有突发性与随机性。按照事件周期及是否可以预测,交通事件可以划分为长周期可预测事件与不可预测的短期事件。可预测长周期事件如道路养护、道路维修及大型活动等所导致的事件等;不可预测事件如车辆事故、货物散落、天气所引起的事件等。其中长周期事件是可以明确了解其起始时间、影响范围等,此类事件的采集可以通过常规的方式从交通管理部门或者路政部门获取。而不可预测事件包括的都是突发的事件,时间上比较短,发生具有很大的偶然性,无法提前预知。对于此类事件的采集获取难度较大,而这类事件通常都会导致道路交通状况的恶化。如何通过采用语音识别技术及时获取此类信息,如广播台交通事件播报信息,并快速发布,为交通出行提供更加精准的信息服务,及时提醒出行人员避开事件影响路段,是实时交通信息服务领域的一项技术难点。

图 6-20 为广播台交通事件语音识别采集系统整体数据处理流程,包括从广播台实时录音下载、对录音的语音识别及根据时间类型词库所进行的语义解析、道路匹配与数据融合,最后输出事件到事件库进行存储管理与输出到实时信息发布。

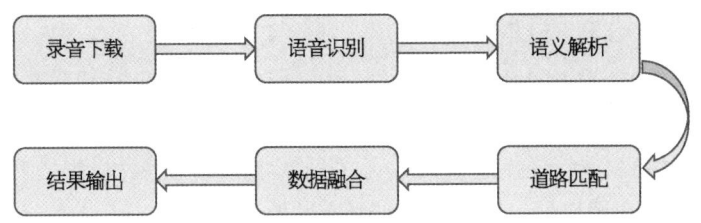

图 6-20 系统数据处理流程

系统功能模块及流程如图 6-21 所示。主要的功能模块包括了：

① 广播录音实时下载模块——将广播录音实时现在下来并发送到识别引擎。

② VCG——语音识别请求队列缓存、负载均衡和与语音识别引擎的协议转换。

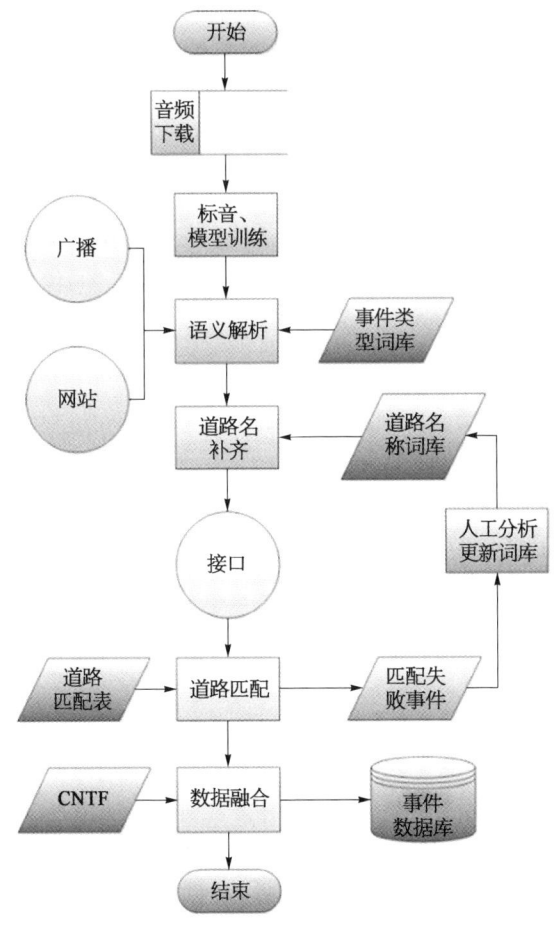

图 6-21 系统功能模块与流程图

③ 语音识别引擎 PSTT——将语音识别成文本结果。

④ 语义理解引擎 PNLP——将识别结果经过预定义的语义模板,抽取出关键信息点,以 XML 形式返回。

语音识别引擎(VCG)是与说话人无关的智能语音识别技术,支持连续语音识别和关键字语音识别,并且针对识别中所面临的方言口音、背景噪声等问题,通过使用涵盖不同方言和不同类型背景噪声的海量语音数据,使用区分性训练方法进行语音建模,提高方言的识别率及去噪率。语音识别主要包括两大模块:

① 前端语音处理,利用信号处理的方法对说话人语音进行检测、降噪等预处理,得到最适合识别引擎处理的语音。

② 后端识别处理,后端识别处理对语音进行识别,得到最适合的结果。

语义理解模块结合大量的事件类型词库进行,主要包括了以下的功能:

① 分析 VCG 结果,获取事件信息文本。通过过滤 VCG 分析结果中的无关信息,如广告、闲聊、观众互动等。采用事件信息筛选算法获取表示事件信息的句子,如"现在北三环的蓟门桥由西向东方向外侧车道有事故发生受事故影响现在后车排队"。

② 中文分词、词性标注。通过创建和维护地点定位词库(如北太平桥、大屯路)、附属定位词库[(桥)上、(隧道)内、辅路]、方向词库(由东向西、由西向东)、事件词库(事故,拥堵)。利用 pachira 中文分词器,基于上述字典进行分词和词性标注。

③ 分词结果修正。修正分词结果,为下一步定位点信息聚合作准备。

④ 地点定位词聚合。在词性标注的基础上进行地点定位词的相关信息聚合。主要将地点、方向及附属定位词进行选择关联。并对一些较短的通用句式,如:西三环北路从紫竹桥到新兴桥,西三环的北段,紫竹桥下等相邻或相近的词进行聚合。

⑤ 定位词的信息提取。包括:记录文本信息,使用词性匹配句式;提取词性进行复杂句式的匹配,利用正则表达式和根据标注得到的大数据量语来训练条件随机场(Conditional Random Field,CRF)匹配模型,进行地点定位词的识别,并计算置信度,采用置信度高的理解结果;根据记录的文本信息恢复,形成最终的位置识别结果。

⑥ 事件词的信息提取。由于录音口语中的事件表述形式多样,故进行类别划分,以交通类别事件标准作为标准,从标注结果中进行总结,暂时划分为 201(事故),101(交通拥堵),108(交通缓慢)三个级别;使用词性匹配上述各级别事故,记录,最后作文本恢复。

⑦ 路况信息整合。在定位点信息提取和事件词提取后,采用路况信息关联算法将对应的定位点和事件信息结合起来。该过程主要是针对一句话中可能有多条路况信息,或由于口语化因素导致的从属关系模糊的情况。

⑧ 组织生成 xml 结果。将理解结果以 XML 形式组织返回。包括识别时间、识别文本及路况分析结果(定位信息,事件信息),结果内容可根据具体需求进行修改。

系统整体架构如图 6-22 所示。

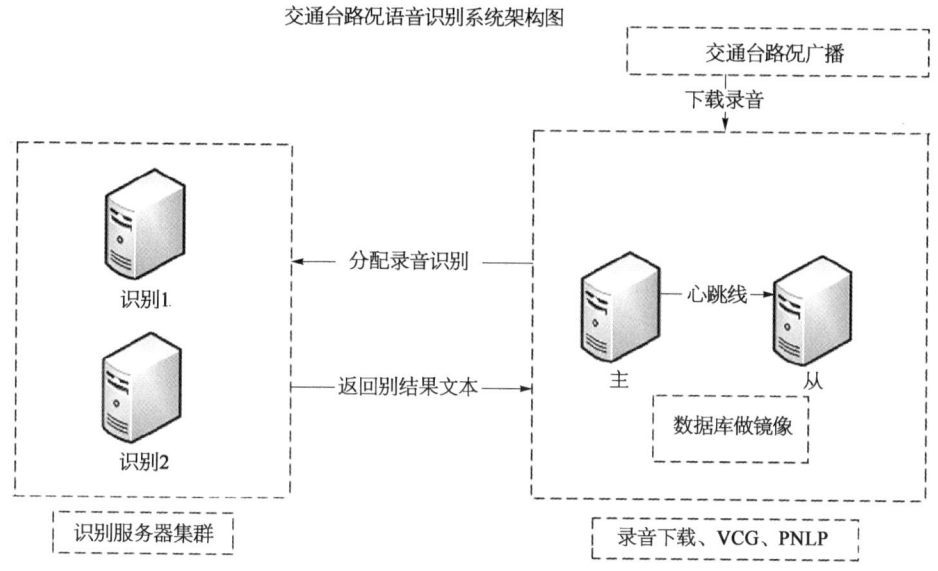

图 6-22 系统整体架构

图 6-23 为系统识别采集的一个实例。针对一段广播语音首先识别出其包括的内容,然后进行分词等处理、匹配等,获取到该段语音所对应的地点及对应的事件状态。

表 6-5 是对 31 个城市的实际识别测试的结果情况,所采用的测试数据集除珠海为半小时外,其他城市的都为 1 h 的数据集。在对事件的识别中将事件分长周期、短周期与拥堵类事件三类进行识别测试,这里的事件定义包括了道路施工、道路/匝道关闭、交通管制、交通事故及交通拥堵等,其中长周期是持续时间大于 8 h 的事件,如持续几天的道路施工,短周期是指持续时间小于 8 h 的事件,如临时交通管制与事故等,而拥堵类事件则是指交通拥堵。测试中珠海、重庆在所采集的广播数据测试时间段内无数据,而成都则无短周期的数据。从测试的情况来看,在事件识别的准确率上大部分城市的准确率高于 80%,短周期的识别率略高于长周期。

```xml
<?xml version="1.0" encoding="UTF-8" ?>
<pachira>
    <time>2015-08-03 13:49:13</time>
    <Sentence>关注一下酒仙桥地区周边道路现在拥堵情况依然还在持续当中酒仙桥路的双方向包括酒仙桥南路的西向东方向现在车辆行驶依然是非常的缓慢建议大家避开这一区域再有就是北部地区成府路的五道口路口现在也是车流非常的集中造成了成府路</Sentence>
    <list>
        <info>
            <position>酒仙桥</position>
            <traffic>拥堵</traffic>
            <gradeid>101</gradeid>
            <gradeinfo>stationary traffic/交通拥堵</gradeinfo>
        </info>
        <info>
            <position>酒仙桥路的双方向</position>
            <traffic>车辆行驶依然是非常的缓慢</traffic>
            <gradeid>108</gradeid>
            <gradeinfo>queuing traffic (with average speeds Q)/交通缓慢</gradeinfo>
        </info>
        <info>
            <position>酒仙桥南路的西向东方向</position>
            <traffic>车辆行驶依然是非常的缓慢</traffic>
            <gradeid>108</gradeid>
            <gradeinfo>queuing traffic (with average speeds Q)/交通缓慢</gradeinfo>
        </info>
        <info>
            <position>成府路的五道口路口</position>
            <traffic>车流非常的集中</traffic>
            <gradeid>101</gradeid>
            <gradeinfo>stationary traffic/交通拥堵</gradeinfo>
        </info>
    </list>
</pachira>
```

图 6-23 广播台交通事件语音识别应用实例

表 6-5 事件语音识别正确率统计

区域	城市	长周期			短周期			拥堵类		
		正确条数	总条数	正确率	正确条数	总条数	正确率	正确条数	总条数	正确率
华北	北京	9	14	64.29%	44	48	91.67%	44	47	93.62%
	长春	23	26	88.46%	28	29	96.55%	47	50	94.00%
	沈阳	16	23	69.57%	28	32	87.50%	43	50	86.00%
	石家庄	17	17	100.00%	34	39	87.18%	46	50	92.00%
	太原	46	50	92.00%	37	45	82.22%	44	50	88.00%
	天津	21	21	100.00%	45	50	90.00%	47	50	94.00%
华南	东莞	2	2	100.00%	1	2	50.00%	23	25	92.00%
	福州	3	5	60.00%	10	10	100.00%	40	47	85.11%
	深圳	3	4	75.00%	29	33	87.88%	37	50	74.00%

续 表

区域	城市	长周期			短周期			拥堵类		
		正确条数	总条数	正确率	正确条数	总条数	正确率	正确条数	总条数	正确率
华南	厦门	14	19	73.68%	29	35	82.86%	45	50	90.00%
	珠海	0	0	—	0	0	—	15	20	75.00%
华中	长沙	11	11	100.00%	21	22	95.45%	42	48	87.50%
	合肥	16	24	66.67%	50	50	100.00%	48	50	96.00%
	济南	30	42	71.43%	43	50	86.00%	48	50	96.00%
	青岛	15	18	83.33%	48	50	96.00%	48	50	96.00%
	武汉	0	12	0.00%	1	2	50.00%	30	49	61.22%
	郑州	50	50	100.00%	45	50	90.00%	38	48	79.17%
苏沪	常州	6	6	100.00%	14	18	77.78%	43	48	89.58%
	南京	17	25	68.00%	38	50	76.00%	48	50	96.00%
	上海	39	50	78.00%	44	46	95.65%	38	49	77.55%
	苏州	27	27	100.00%	23	24	95.83%	47	49	95.92%
	无锡	6	7	85.71%	22	26	84.62%	49	50	98.00%
西部	成都	9	9	100.00%	0	0	—	38	45	84.44%
	重庆	0	0	—	0	0	—	22	26	84.62%
	昆明	4	4	100.00%	20	20	100.00%	36	42	85.71%
	西安	4	4	100.00%	5	5	100.00%	50	50	100.00%
浙江	杭州	13	15	86.67%	14	14	100.00%	48	50	96.00%
	金华	2	5	40.00%	14	15	93.33%	21	26	80.77%
	宁波	4	4	100.00%	7	7	100.00%	45	50	90.00%
	台州	1	1	100.00%	4	4	100.00%	13	13	100.00%
	温州	1	1	100.00%	9	9	100.00%	49	50	98.00%

6.5 智能地址定位技术

地址定位服务是地理信息系统的核心技术之一,快速、准确、智能的地址定位服务可以大幅提高系统的工作效率。在城市交通大数据中,存在大量的地址信息需要在地理空间位置上进行定位,满足各种寻址需求。智能地址定位服务以 WebService 的方式对外提供服务,可以保证良好的效率及兼容性。系统整体结构如图 6-24 所示。

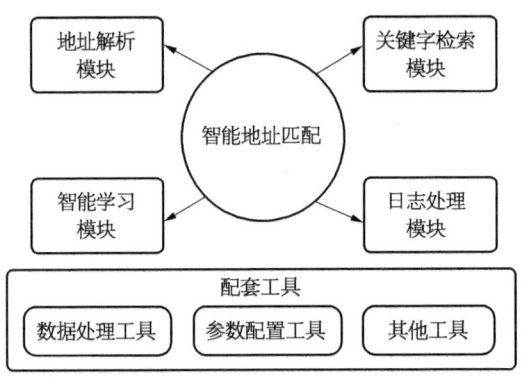

图 6-24 系统整体结构图

1) 地址解析流程

智能地址定位服务首先要做的工作就是要将输入的地址信息转换为可被地址解析引擎准确识别的规范地址信息,这个过程称为地址解析,地址解析结果的精度直接影响到地址匹配的速度及准确率。地址解析流程如图 6-25 所示。图 6-26 给出具体的解析示例。

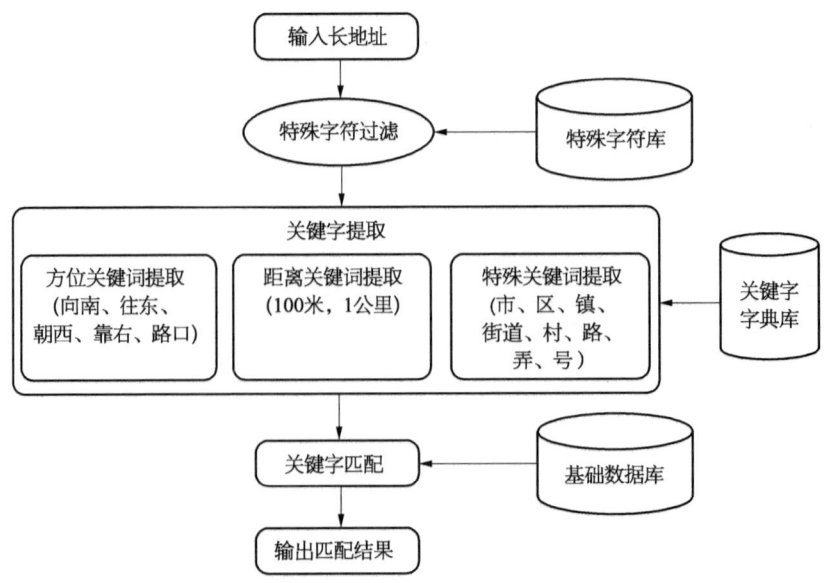

图 6-25 地址解析流程图

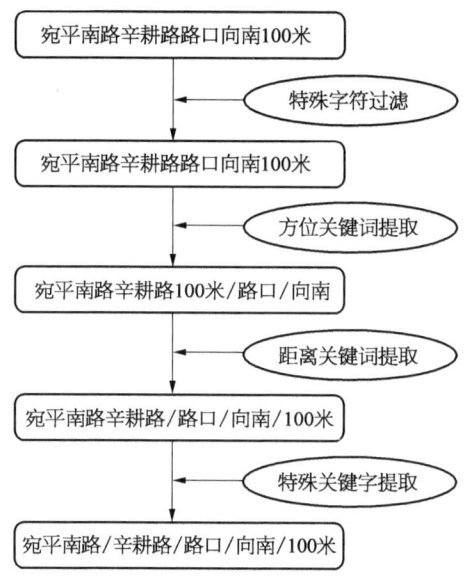

图 6-26 地址解析示例

2）关键字匹配

地址被成功解析后，智能地址定位服务会调用关键字匹配模块从兴趣点数据库进行关键字检索，并查找出相似度最高的匹配结果，关键字匹配流程如图 6-27 所示。

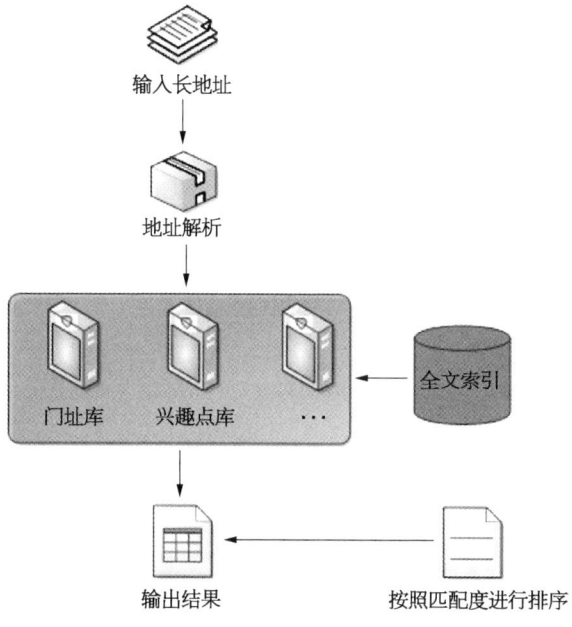

图 6-27 关键字匹配流程图

3) 智能学习

智能地址定位服务还包含智能学习的功能,随着智能地址定位服务的调用次数增加,系统会根据匹配结果日志及客户设定的参数自动完善特殊字符过滤库、地址拆分规则库、基础 POI 库等,从而达到智能学习的目的。智能学习流程如图 6-28 所示,智能地址定位日志匹配过程如图 6-29 所示。

利用城市交通大数据结合时间、空间和天气情况的关系,在数据可视化分析平台上以折线图、饼图、表格等多种形式展,可在相同时间的情况下,对区域、高架不同空间的交通流量数据进行分析、应用、挖掘等。

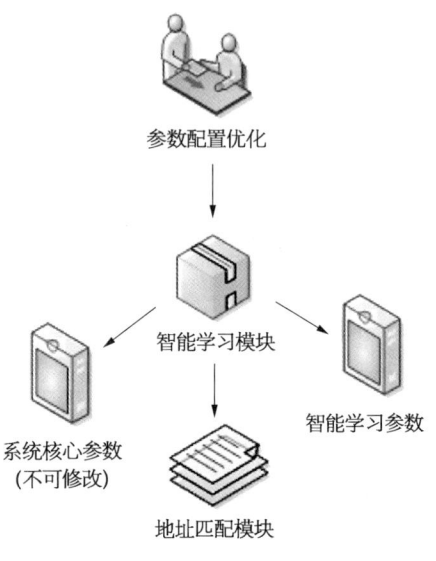

图 6-28 智能学习流程图

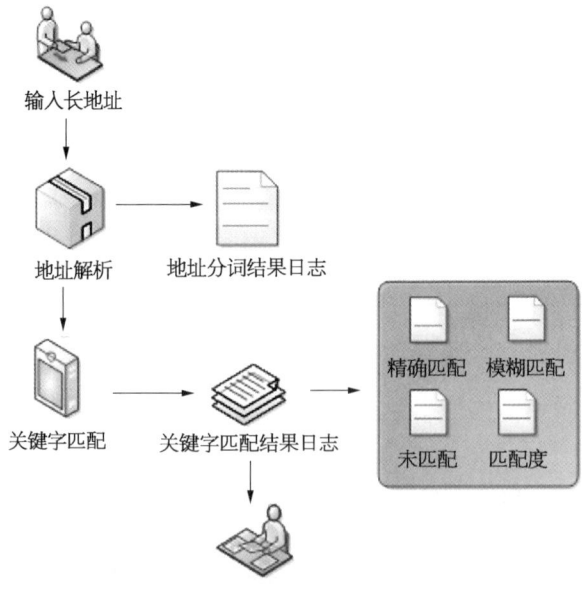

图 6-29 定位服务日志匹配过程

参考文献

[1] 唐清源. Hadoop 新 MapReduce 框架 YARN 详解 [EB/OL]. http://www.ibm.com/develpperworks/cn/opensource/os-cn-hadoop-yarn/

[2] 李辉,彭晓春,钟志强,等. 灰色关联分析法在交通噪声影响因素分析中的应用[J]. 噪声与振动控制,2012,2(1):93-95.
[3] 朱扬勇,熊赟. 数据挖掘新任务:特异群组挖掘[EB/OL]. 北京:中国科技论文在线[2011-11-25]. http://www.paper.edu.cn/releasepaper/content/201111-463.
[4] Yun Xiong, Yangyong Zhu, Philip S. Yu and Jian Pei. Towards Cohesive Anomaly Mining[C]. The Twenty-Seventh AAAI Conference on Artificial Intelligence (AAAI-13), 2013.
[5] 张伟,陈立潮,侯娟,等. 聚类分析及其在 GIS 中的应用研究[J]. 科技情报开发与经济,2007.
[6] 刘刚,周炳俊,安铭刚,等. 时态 GIS 理论及其数据模型初探[J]. 北京测绘,2007.
[7] 吴信才,曹志月. 时态 GIS 的基本概念、功能及实现方法[J]. 地球科学——中国地质大学学报,2002.

第7章 城市交通大数据平台建设

现代交通采集技术的进步,使得对城市交通系统进行全面的连续观测成为可能,形成了日益丰富的城市交通数据环境;而大数据技术的发展,使得对于海量城市交通数据进行存储、加工、分析和挖掘变得愈加方便,同时也在深刻改变着传统的交通技术分析和决策过程。

在交通规划和建设方面,传统的规划和建设决策是建立在以"四阶段法"交通需求预测模型为代表的交通模型体系之上的,但由于传统交通数据采集采用定期抽样的方法,样本数据的代表性和时效性存在固有缺陷,给模型的标定和预测精度带来不少障碍。大数据环境和分析技术为交通决策分析带来新的机遇:一方面,可以通过大样本甚至全样本的连续观测,从而对交通需求的现状和发展趋势做出准确判断;另一方面,可以通过海量数据的内在关联性挖掘,提炼交通系统发展变化特征及交通规划和建设方案的实施效果,消除决策判断的不确定性,为城市交通的战略调控和建设项目的可行性研究提供基础。

在交通管理方面,道路交通管理和控制技术已经从单点控制、干道控制向区域协调控制发展,而车联网技术实现了车辆与车辆、车辆与道路基础设施之间的交互和协同,使得道路利用效率和安全性大大提高。大数据技术为实时进行交通系统运行状态的全面分析、问题诊断和方案测试提供了可能,有助于形成高效的交通控制策略。而交通需求管理是从交通需求角度进行减量,减少和抑制弹性交通出行,或调整交通方式结构,促进道路交通资源的高效利用。大数据技术可以对交通需求结构进行深入细致的分析,研究出行者的行为偏好特征,从而制定有针对性的需求管理政策。

在交通服务方面,随着人们生活水平的不断提高,出行者对交通服务的需求也日趋多样化,车载终端、智能手机等移动互联网终端的日益普及也为交通信息服务的获取提供了良好的途径。通过大数据技术,可以为出行者提供个性化、多样化的交通出行信息服务。而对于物流企业,可以通过电子商务的海量数据,分析物流需求的变化,提高物流服务的效率和快速响应能力。

运用交通大数据分析挖掘技术的最终目的是发掘交通大数据的价值,为政府管理与公众出行提供更加精准与详细的信息服务。基于交通大数据数据量庞大的特点,构建统一的应用服务基础平台是对其进行应用服务的基础。交通大数据应用服务基础平台的构建,是基于智慧交通建设与发展的背景,结合政府交通智能管理、企业共享交通大数据及公众精准出行信息服务的要求,形成满足对交通大数据的应用需求的架构方案,探索基础平台构建关键技术,并为示范系统的搭建奠定基础。

7.1 需求分析

随着交通信息化尤其是智能交通系统的建设与发展,以及移动互联网、车联网-物联网技术的逐步成熟与普及,交通行业已经积累了海量的数据,如何将这些海量、分散、异构的信息数据集成起来,构建交通大数据资源中心、交通大数据应用服务平台,达到共享、融合并形成一定的应用模式,进而分析挖掘和应用其潜在的价值,进一步缓解交通拥堵,并从中创新出新的应用和服务模式,成为交通大数据技术应用的一个迫切需求。

城市交通大数据资源中心与应用服务平台的构建,需要解决四个方面的问题。

一是打破信息孤岛。随着智能交通与交通信息化建设的发展,各地、各管理部门分别建设各自的信息系统,但是这些系统分散各处,从而导致了交通信息的分散、信息内容单一等问题。交通大数据应用服务平台的构建有助于建立综合性的交通信息体系,打破部门之间、地区之间的信息孤岛现象,从而可以将各种可利用的数据纳入系统,构建数据集成利用模式,发挥整体性交通功能,协助管理部门从整体出发来进行交通规划与管理。

二是挖掘交通数据新价值。利用二次开发接口统一共享与提供数据信息,从而提高交通大数据价值的体现,满足政府管理部门、科研院所及第三方企业对交通大数据利用的需求。

三是提高交通出行效率。随着城市化的发展与经济提升,道路交通拥堵问题越显严重。公众出行需要获取更加精准与详细的信息来进行出行前的规划等服务。通过构建交通大数据应用服务平台,基于交通大数据的挖掘分析,利用交通大数据分析结果,为交通出行提供不同的信息服务,提高交通出行效率。

四是形成创新应用。支撑交通大数据新的应用服务模式,提供新模式的展示平台,拓展与体现交通大数据的应用价值。

城市交通大数据资源中心与应用服务平台需要满足一定的技术需求,达到一定的技术指标,才可能实现挖掘数据新价值、支撑应用模式创新。一般而言,需要从存储容量、计算效能、可靠性、并发性、数据安全等五个方面考虑平台所需满足的技术参数。

(1) 存储容量。以现有的交通数据的规模、拟汇集的数据资源总量、单个应用使用的数据的最大时间跨度等参数综合分析评判,平台总共可能汇集多大规模的交通大数据,再结合数据存储的副本数、分析计算时所需的额外临时空间等因素,确定一个比例因子,作为平台最低的存储容量需求。根据经验,若采用 hadoop 技术架构构建大数据平台,以 HDFS 作为文件系统存储数据,比例因子一般可取 5~6,即如果汇集 1 PB 交通大数据资源,需要准备 5~6 PB 的物理存储空间供平台使用。

(2) 计算效能。计算效能是一个综合评判指标,涉及计算资源(如 CPU、内存等)的利用率、请求响应时间、运算速度等多方面,硬件的系统结构、软件的架构、程序代码的效率、算法的复杂性等都会影响计算效能。需要在平台设计阶段根据应用的特点选择合适的平台架构和系统框架。

(3) 可靠性。基于 hadoop 架构构建的大数据平台随着集群规模的扩大,首先要解决的问题就是节点故障问题,如果一个节点发生故障,通常不会对整个集群的计算效率产生太大影响,但是当节点故障数量增加,尤其是同一批次采购的设备,在使用了一定时间后,同时发生故障的可能性大大增加,如果没有办法及时恢复,就会影响用户的使用,因此在平台设计阶段需要根据服务的可靠性要求预留一部分节点余量。其次要解决的问题是大内存的管理问题。由于存储文件的增加,元文件也会增加,Master 机器的内存便会逐渐地增加,逐渐达到了内存的瓶颈。对于数据文件本身,HDFS 文件系统本身具备高可靠性,根据配置可以实现数据块的备份数量,一般建议最多 3 份,可以达到可靠性和 I/O 性能之间的平衡。对于元文件系统本身,由于 Hadoop 存在 NameNode 单点故障,所以基本都需要设计 SecondaryNameNode 实现镜像备份,以及添加 NFS 存储,实现双备份。

(4) 并发性。需要预估潜在的使用者数量,并以此确定平台并发能力,根据经验,通常需要根据计算效能预留 20% 左右的并发用户数,即平台的设计并发数要高于实际可能达到的并发用户数量。需要注意分辨"同时登录使用"和"并发使用"的区别。

(5) 数据安全。平台中的数据安全涉及两方面的内容。一是需要根据汇集的数据特征,划分不同的安全等级,尤其是涉及隐私的数据,需要与普通的数据区分开,采取不同的安全手段加以保护;二是数据存储、使用时本身的安全性,需要有技术手段保障数据不会丢失,数据在进行汇聚、融合时不会错误。

除此之外,平台建设所需的场地空间、投资规模、能耗等因素也是需要综合考虑的问题,通常可以通过选择合适的硬件设备和建设地点来达到一定的平衡。

7.2 系统框架

城市交通大数据资源中心和应用服务平台的建设应当根据城市交通信息化的水平和数据规模而定,虽然无法直接照搬其他城市的平台,但是借鉴其他城市的已有经验对于建设适合自己的城市交通大数据仍有很高的参考价值。

2014—2016 年上海对交通大数据资源中心和交通大数据应用服务平台的系统总体架构及资源中心、平台进行了建设和实践。系统总体框架如图 7-1 所示。

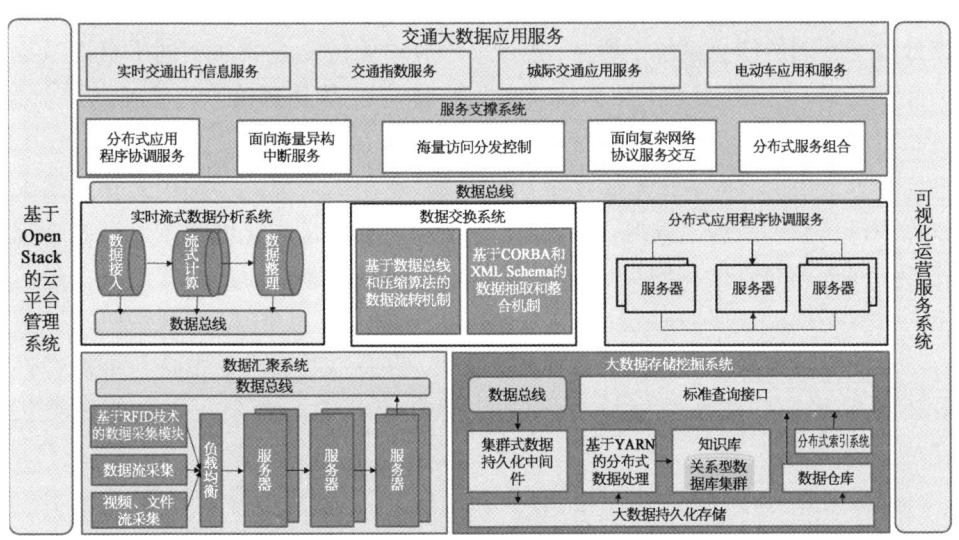

图 7-1 系统总体框架图

系统总体分为城市交通大数据资源中心和应用服务平台两大部分。城市交通大数据资源中心汇聚城市交通直接产生的数据资源和其他相关行业汇入的数据资源,负责数据的获取、清洗、融合、存储等功能,并提供接口供应用服务平台和第三方使用。应用服务平台借助数据处理模块、大数据基础算法库、大数据应用展示系统,对城市交通大数据资源进行统计分析、数据挖掘、可视化等处理,并以各种形式提供交通大数据服务。此外,应用服务平台还同时承担整个系统运营管理的功能。

7.3 城市交通大数据资源中心设计

城市交通大数据来源广泛,格式多样,获取手段繁多。不仅仅有交通直接相关的数据资源,还有其他领域的数据资源;不仅仅有结构化数据,还有图像、音频、视频等非结构化数据;不仅仅有来自已有系统的关系型数据库中的数据,还有文件方式保存的数据及特定设备产生的比特流(bit stream)数据。这些丰富的数据需要融汇在一起,需要有城市交通大数据资源管理中心来汇集、融合和管理。

7.3.1 多源数据接入与平台数据交互技术

交通大数据来源多样,并且随着智能交通信息系统的建设,不同的业务数据分处于不同的信息系统平台上,这些多源数据的接入方式及不同平台间数据的交互方案,是实现交通大数据的共享及挖掘应用,体现其价值的基础。

1) 交通大数据的多源特性与分类

多源是指交通大数据来源于不同的系统、不同的区域。异构则是指交通大数据不仅包括了结构化数据,也包括了半结构化与非结构化的数据。这些特征使得不同来源的数据在种类、规格、通讯方式等方面都不同。这就导致在进行交通大数据接入处理的时候,需要考虑到数据的来源与格式,根据不同来源采取不同的接入方式与数据预处理方式。因此,需要对交通大数据进行多源特性分析并据此进行数据的分类,为交通大数据资源中心的接入方案制定提供支持。

交通大数据的分类根据不同的分类标准与层级,可以进行不同的分类组合。根据数据的来源可以分成交通基础数据、交通动态运行数据、交通背景数据、交通调查数据四类。

(1) 交通基础数据包括交通基础设施信息数据、路网基础信息数据(包括道路等级、长度、交限、收费等道路路网相关信息)、公交线路等公共交通信息数据、交通管理与参与人员信息数据等。

(2) 交通背景数据包括与交通基础设施建设、交通运行相关的土地利用信息数据、人口分布信息数据、交通气象信息数据等。

（3）交通动态运行数据包括各类交通运行管理、监控所采集的数据与车辆行驶轨迹数据、收费信息数据、交通流量、事件及手机 App 信息数据。

（4）交通调查数据则是通过城市综合交通调查、交通出行方式调查等调查活动所获取的各类信息数据。

按照数据表现形式划分，城市交通大数据可以分为流数据、数据文件、数据库记录、在线文字和图片、音视频流等。

（1）流数据是指各类交通设施或传感器以数据流的形式持续不断产生的具有确定格式的数据，其特点就是已经产生的数据无法再现，除了数据处理算法在内存中保存的一部分外，无法重复获取之前的数据记录，对数据的获取和访问存在先后顺序。

（2）数据文件是指以文件的形式在介质上持久保存的数据，又分为记录文件和无记录文件（如文本文件）。其特点是可以反复获取，并可根据需要随机访问，没有先后顺序要求。

（3）数据库记录是指在关系型数据库系统或非关系型数据库系统中，以数据记录的形式保存的数据，其特点是用户不用自己维护数据记录的存取，提供了处理和计算的便捷性。

（4）在线文字和图片是指存在于互联网上的、需要通过特定的网络协议才能获取到数据，其特点是以文件形式存在、通过数据流方式可以反复获取（假定服务器端的文件未被删除）。

（5）音视频流是指经过数字化的并能够通过某种方法还原的音频或视频信息，其特点与流数据类似，但属于非结构化数据，往往需要非常复杂的算法才能从中提取所需要的信息。

按照数据与交通管理和交通信息服务的关联度划分，城市交通大数据可以分为交通直接产生的数据、公众互动交通状况数据、相关行业数据和重大社会经济活动关联数据四类。这四类数据与交通管理、交通信息服务的关联度依次降低。

（1）交通直接产生的数据是指各类交通设施产生并被交通信息系统采集的数据，这些数据能够反映出总体的交通状态和局部的交通状况，与城市交通最直接相关。

（2）公众互动交通状况数据是指由交通参与者手工输入或借助软件程序提供的与交通相关的信息，这些信息未必会被交通设施直接捕获到，但它们能够直接反映局部交通状况，如哪个路段刚刚发生车祸，因此与城市交通的关联程度也很紧密。

（3）相关行业数据是指与交通间接相关行业自身所产生的数据，并被导入到交通大数据中，能够用于更准确地分析和预测交通状况和总体交通状态，与城市交通有一定的关系。

（4）重大社会经济活动关联数据是指在社会经济活动中的发生的带有群体参与特征的事件信息，这些活动对交通的影响结果是局部的而且是可以预见的，在特定场景下与城市交通有关联，对交通状况也会产生一定的影响。

2）交通大数据接入框架

数据接入是交通大数据资源中心的核心功能之一，也是交通大数据分析应用的基础。通过数据接入框架，将各类数据集中到交通大数据资源中心进行统一管理、统一处理，为交通大数据的分析应用提供统一的数据基础。

交通大数据具有典型的多源性、时效性等特征，这些特征对数据接入框架提出了三大需求。

（1）接入框架需要满足多源异构数据的需求。交通大数据的多源性不仅仅表现在数据来源于不同的采集系统，也表现在数据来源于不同的区域。这就要求接入框架能够支持各种来源数据的接入请求，包括不同系统及不同区域的数据。

（2）接入框架能够满足快速处理的需求。时效性是交通大数据的另一个特征，这要求对于交通大数据的分析挖掘必须快速进行，尤其是进行实时交通信息服务方面，对数据的快速处理提出了更高的要求。从而要求数据接入框架传输快、延时小，能够快速接入各种来源的数据。

（3）数据接入扩展的需求。对于扩展的需求包括了两个方面：一是要能够满足接入数据在数据量上的快速增长；二是要能够应对随上海交通大数据资源中心运行而增加的越来越多的数据源，如增加来自车厂的车辆位置数据、来自互联网服务商的定位数据等。

传统的三层网络架构主要包括了接入层、汇聚层、核心层。图7-2（a）所示为一个典型的三层传统网络架构。随着大数据、云计算等新技术与新应用的不断发展，传统的三层网络架构越来越不能适应新业务发展的需求，以下几方面的不足越来越凸显：① 处理环节较多，延迟增大，效能低下；② 不可演进，虚拟化层面的支持度较差；③ 利用率差，对性能提升的考虑相对欠缺；④ 运维复杂，纵向关联度较大，出现故障的排查复杂度非常高。扁平化的网络架构对传统的接入、汇聚、核心三层网络架构进行了简化，减少了汇聚层，从路由器直接到交换机，交换机直接带工作站，降低了对核心层设备交换能力的要求，对于后续扩容只需要以标准的机柜为单位增加即可，从而既满足了对收敛比的要求，又能满足服务器快速上线的需要。整个架构中通过骨干网络节点间分层互联的方式，提供所有接入网络的各类节点间的无差异互访，所有节点可以全互联，也可以分层互联,这样既保证链路的冗余可靠,又提高了整个网络的吞吐量与节点间的连接速率。图7-2(b)为一个二层扁平架构示意图。

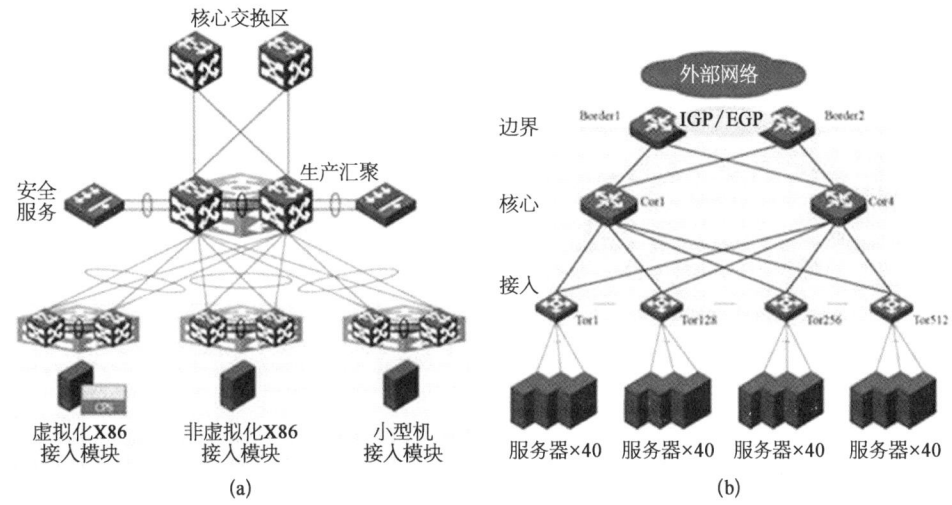

图7-2 大数据环境下传统的三层网络架构逐渐演化成二层扁平架构

基于以上的分析,传统三层架构的网络结果不适合用于数据接入框架的搭建,要采用扁平化的网络架构进行交通大数据接入框架的建设。

3) 交通大数据汇聚管理

交通大数据的汇聚与传统的数据采集在核心意义上是一致的,归纳起来,汇聚管理牵涉两个大的方面:一是如何对不同来源的数据进行管理;二是如何对数据汇聚过程进行管理。

通过对各种源数据的特征进行分析,对其进行抽象建立数据模型,把复杂、混乱的源数据归并到不同的数据模型下,进行统一的接入汇聚处理。以交通出行信息数据为例,根据其特征定义为以下的几个大的数据模型:标准位置源数据(空间位置相关数据)、标准交通流源数据(交通流相关源数据)、标准交通事件源数据(交通事件相关源数据)、标准轨迹源数据(GPS 轨迹源数据)等类型。表7-1为标准位置源数据中的模型定义实例。

表7-1 标准位置源数据定义

序号	字段名称	偏移量/B	字段长度/B	描述
1	UNIQUEID	0	12	记录的唯一 ID
2	DEVICEID	12	40	设备 ID

续　表

序号	字段名称	偏移量/B	字段长度/B	描　　述	
3	Flag	52	4	:1	GPS 有效位， 0：有效 1：无效
	EvelationFlag			:1	高程标记： 0：无效 1：有效
	FilterFlag			:1	过滤标记： 0：没有被过滤 1：被过滤
	Satellite			:5	定位卫星数，值域[0,31]
	Heading			:9	方向，值域[0,360]
	Speed			:9	速度，值域[0,512]，单位 km/h
	EvelationUnit			:3	高程单位 0：1 m 1：10 m 2：100 m 3：1 000 m 4：其他预留
	RFFU			:3	预留
4	Evelation	56	4	:8	高程，值域[-127,127]，注 1
	Status			:4	0：空载 1：满载 2：任务车 3：抢标但任务还没下来 4：其他 4-15：预留
				:4	0：客人下车 1：客人上车 2：锁车门 3：开锁车门 4：其他 4-15：预留
	GPSTime			:16	GPS 的时间，值域[-32767,32767]，注 2
5	Longitude	60	4	加密前的经度，WGS84 经度*10000000	
6	Latitude	64	4	加密前的维度，WGS84 纬度*10000000	
7	EncryLongitude	68	4	加密后的经度，BJ02 经度*10000000	
8	EnccryLatitude	72	4	加密后的维度，BJ02 纬度*10000000	

通过数据模型定义简化后,在进行数据的接入汇聚过程中,采取用TCP的方式进行数据的流转,对于TCP数据包规格进行表7-2的定义,其中数据包头定义了数据类型和包体记录条数;包体为数据存储格式对应的字符串。

表7-2 位置源数据TCP格式数据包规格定义

数据包	数 据 类 型	包体记录条数
包头	数据类型编码,如0x10010	十进制整数,如10000
包体	数据记录(具体形式如各数据类型存储规格下方实例)	—

对于汇聚过程中数据的流转,通过构建运营服务管理系统(OMS)进行监控管理,监控范围包括汇聚过程中的网络状况、汇聚过程中数据流的状况(包括源数据的接入情况、中间数据的处理与流转情况,存储集群中的数据状况),实现对整个大数据汇聚过程的实时监控与管理,保证数据汇聚过程中数据接入、传输与处理的数据安全、流转的高效率。

图7-3为数据源接入中断的OMS信息统计实例,清楚地列出了各个数据源是否有中断,中断的时间多长等信息。

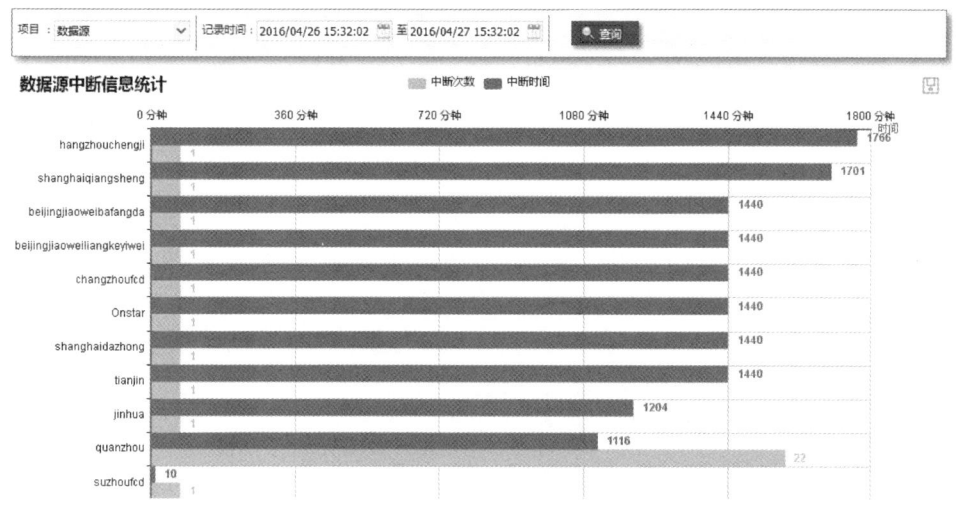

图7-3 数据源中断信息统计

4)交通大数据存储的管理

交通大数据体量巨大,种类繁多,信息模式复杂,格式多样,而且随着智能交通信息系统、移动互联网、车联网的成熟应用,日增量迅速增长,这些对交通数据的存储管理在容量、灵活性方面提出了较高的需求。存储架构必须能够满足数据量快速增加的需求,也需要能够适应交通大数据结构化、半结构化与非结构化混合存在的现状。而且,交通大数据具有显著的时效性,对其分析要求能够快速进行,尤其是进行实时交通信息服务的分析应用,这要求存储架构能够进行快速的响应支持。

从应用场景上来看,对交通大数据的应用分析包括了实时、近线与离线三个层次的应用场景。不同的应用场景,对数据的生命周期、存储系统的响应效率的需求不同。

基于交通大数据的应用场景、数据生命周期与业务需求,需要对数据进行分级保存,可以采用内存数据库加上关系型数据库与 NoSQL 数据库的混合型存储架构。

内存数据库用于热数据的存储管理,能够实现数据的动态存储,可以提供更短的事务响应时间和更大的事务吞吐量,更适用于实时性的业务应用。Redis 与 Memcaced 是两个比较常用的内存中间件。相比于 Memcached,Redis 在以下两方面具有优势:支持更加丰富的数据结构,包括对 Hash、list、set 及功能丰富的 String 的支持,更适合对交通大数据的实时处理;单点的性能效率优于 Memcached。

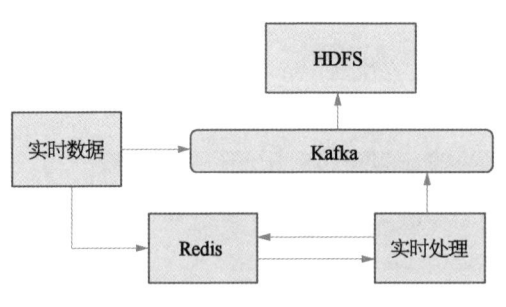

图 7-4 实时数据存储管理逻辑流程

采用 Redis 作为内存数据库进行实时与近线数据的管理,采用 HDFS 进行离线数据的持久化存储管理,关系型数据库(MySQL)则主要用于管理信息的存储。图 7-4 为实时数据存储管理的逻辑流程图。实时数据接入后分成两个流向:一个是热数据进入 Redis 存储以进行实时处理及信息的发布,同时实时处理的结果进入数据总线,进而进行持久化的存储处理,为了保证实时数据的持续性处理,Redis 中对所保存的数据设置过期时间,到期后从 Redis 中删除;另一个方向是直接通过数据总线进入 HDFS 进行持久性存储,为后续的挖掘分析做准备。

对于数据存储过程的管理,通过 OMS(运营服务管理系统)进行监控管理,包括存储集群中的总体存储状况、各 HDFS 数据节点的存储情况,存储任务的总体情况等,图 7-5 为 OMS 系统监控管理的界面实例。

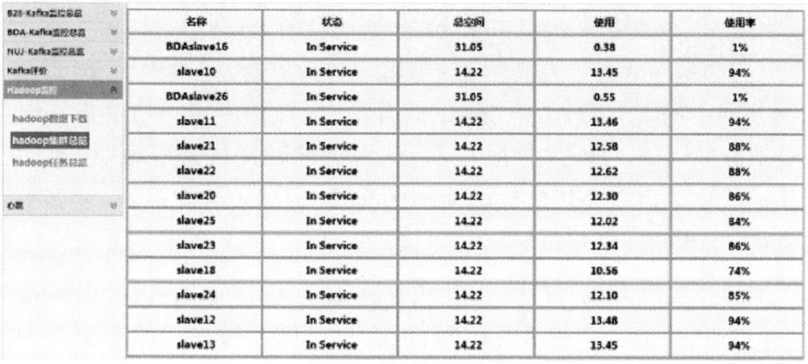

名称	状态	总空间	使用	使用率
BDAslave16	In Service	31.05	0.38	1%
slave10	In Service	14.22	13.45	94%
BDAslave26	In Service	31.05	0.55	1%
slave11	In Service	14.22	13.46	94%
slave21	In Service	14.22	12.58	88%
slave22	In Service	14.22	12.62	88%
slave20	In Service	14.22	12.30	86%
slave25	In Service	14.22	12.02	84%
slave23	In Service	14.22	12.34	86%
slave18	In Service	14.22	10.56	74%
slave24	In Service	14.22	12.10	85%
slave12	In Service	14.22	13.48	94%
slave13	In Service	14.22	13.45	94%

(a) 数据节点存储状况

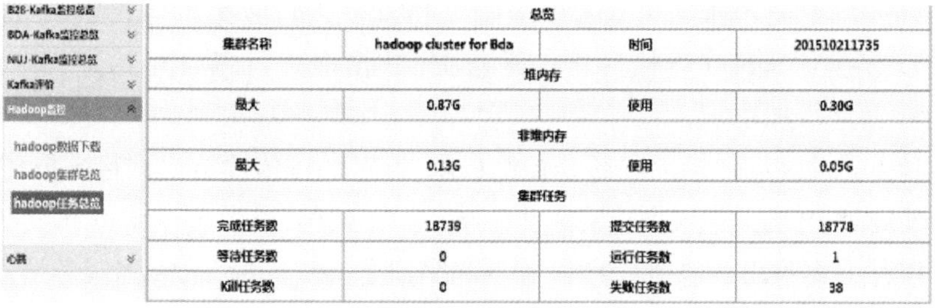

总览			
集群名称	hadoop cluster for Bda	时间	201510211735
堆内存			
最大	0.87G	使用	0.30G
非堆内存			
最大	0.13G	使用	0.05G
集群任务			
完成任务数	18739	提交任务数	18778
等待任务数	0	运行任务数	1
Kill任务数	0	失败任务数	38

(b) 存储任务总览

图 7－5　交通大数据 Hadoop 集群存储监控界面

7.3.2　分布式数据资源提供方式

交通大数据资源中心通过接入汇聚流程把各类政企单位的交通相关数据汇集到一起,形成交通大数据集,进行统一存储管理。同时利用大数据分析和挖掘技术对不同层面、来源的数据进行分析与组合,以数据资源的方式提供给数据提供单位或者其他政企单位与开发者进行应用,打破信息共享的壁障,体现交通大数据的价值。

1）交通大数据资源提供方式比较

基于分布式应用的数据资源提供方式主要包括了 FTP/文件共享方式、Socket 通讯方式、数据库访问方式、消息方式、WebServices 接口方式等。

(1) FTP/文件共享方式　该方式通过搭建一个 FTP/文件共享服务器,并为不同的系统分配账号、密码、目录操作权限等,通过约定来定义好文件服务器地址、文件命名规则与文件内容格式等内容,将数据文件上传到 FTP/文件服务器来实现数据资源的交互提供。交互时,一个系统按照约定的时间将数据写入到 FTP/文件服务器目录中,另一个系统定期取走并进行相应的业务操作。

该种方式的优点包括：① 在数据量大的情况下，通过文件进行传输，不会超时，不占用网络带宽；② 方案简单，避免了网络传输、网络协议等相关的概念，使得实现容易。同时，该种方式的缺点包括：① 这种方式不适合做实时类的业务；② 必须有共同的 FTP/文件服务器，这将会导致文件被篡改、误删除及存在泄密的风险；③ 必须事先约定数据文件的格式，当格式变化时，需要各个系统都同步做修改，工作量大。

（2）Socket 通讯方式　　Socket 方式是典型的 C/S 交互模式，服务器提供数据资源，通过 IP 地址和端口进行访问，而客户机则通过连接服务器制定的端口进行数据资源的交互。其中传输协议可以是 TCP 或 UDP 协议。服务器与客户机之间需要约定请求报文格式和响应报文格式。进行数据资源传输时，要传送数据的双方建立 Socket 连接后再传送数据，数据格式可以自行约定，并可以对传输的数据进行加密。

该种方式的优点包括：① 容易控制权限，通过加密传输协议进行数据传输，使得安全性提高；② 通用型较强，无论客户端是.net 架构，或者 Java、Python 等架构都可以。该种方式的缺点包括：① 服务器和客户端必须同时工作，当服务器端不可用的时候，整个数据交互是不能进行的；② 当传输数据量比较大的时候，严重占用网络带宽，并且可能导致连接超时而使得在数据交互的时候服务变得很不可靠。

（3）数据库访问方式　　此种方式是通过对数据资源存储的数据库进行直接访问来实现，具体的提供方式是通过对数据库中的用一张表的访问来进行。该种方式的优点包括：① 由于数据资源的提供交互是通过同一个数据库进行，交互更加简单；② 通过数据库的事物机制，数据资源的提供交互更加可靠。该种方式的缺点包括：① 当连接数据库的系统越多，由于数据的连接池的限制，可能会导致无可用的数据连接，从而客户端无法连接到数据库；② 由于需要开发数据库，存在安全性的风险。

（4）消息方式　　这种方式通过一个消息服务器进行数据交换，一个系统发送消息到消息服务器，另一个系统如果订阅了该系统发过来的消息，则消息服务器会将消息推送给它。消息的格式需要双方进行约定。Java 消息服务是消息方式的典型实现方式。该种方式比较灵活，可以采取同步、异步、可靠性的消息处理，而且消息中间件也可以独立出来进行部署。但是当面对大数据量的时候，消息可能会产生积压而导致消息延迟、丢失甚至消息中间件的崩溃。

（5）WebService 接口方式　　WebService 接口是一个平台独立、低耦合、自包含的技术，可以使用开放的 XML 标准来描述、发布、配置，适用于开发分布式互操作的应用技术。该方式能够使得运行在不同机器上的不同应用无需借助附加的、专门的第三方软件或硬件，就可以相互进行数据资源的交互。该种方式的优点包括：① 异构平台互通性；② 广泛的软件复用；③ 部署简单、发布迅捷。但是在局域网的情况下其传输效率不如 DCOM 等技术高。

通过对以上各种方式的比较分析，结合交通大数据海量、实时等特性，选取基于 WebService 技术的接口方式进行数据资源的提供与交互，更适合上海的情况。

2）交通大数据服务接口技术

WebService 是一个平台独立、低耦合、自包含的、基于可编程的 Web 应用程序，可使用开放的 XML 标准来描述、发布、发现、协调和配置相应的应用，使用于开发分布式的互操作的应用。其主要的特点是开放性与跨平台性。

接口协议遵循 HTTP REST 风格，访问请求终端通过 HTTP GET 方法进行接口访问，交通大数据资源中心采用两种风格的数据应答风格：JSON 与 XML。应答消息中包括对应的数据结果、应答状态等。为了统一进行服务接口的管理，对响应消息进行统一定义，包括对消息应答头与应答体的结构。表 7-3 为消息应答头的结构定义。图 7-6 为实时交通出行信息服务接口应答体实例。

表 7-3 消息应答头结构定义

头部关键字	描述
Content-Type	分为三种： 1. 使用 XML 应答 2. 使用 JSON 应答，并提供了 callback、args 参数 3. 使用 JSON 应答，无 callback、args 参数
Content-Length	应答体长度

```
<result>
  <cities>
    <city>
      <adcode>310000</adcode>
          <updatetime>201606281856</updatetime>
      <version>1401</version>
      <mesh>
        <code>466172</code>
        <rtic id="65" kind="4" class="2" length="2569">
          <flow>
            <startlen>2569</startlen>
            <traveltime>244</traveltime>
            <los>1</los>
          </flow>
        </rtic>
      </mesh>
    </city>
  </cities>
</result>
```

图 7-6 实时交通出行信息接口应答体实例

根据交通大数据的应用场景、数据源等,将交通大数据资源服务定义成不同的服务接口,每一个接口提供一种具体的数据服务功能。终端请求通过在请求参数中定义不同的接口获取相对应的交通数据资源。从而简化交通大数据资源中心的管理,提高数据资源服务提供的效率。以实时交通出行信息服务为例,目前上海交通大数据资源中心提供以下的接口服务:交通信息查询、路况图形、路况文字、天气等。

3) 交通大数据权限管理

数据安全是大数据时代各个行业必须面对的问题。交通大数据资源的提供同样需要进行数据安全保障的考虑。除了在网络框架构建中建设防火墙、网关等安全措施外,对访问请求数据服务的用户进行权限的设置也是必须考虑的方案。通过对访问用户进行分级,实行数据资源的访问控制,可以防止对任何数据资源进行未授权的访问,保证交通大数据资源的服务提供在合法的范围内进行。

访问控制技术是指通过用户身份及其所归属的某项定义组来限制用户对某些信息项的访问的一种技术,通常用于系统管理员控制用户对服务器、目录、文件等资源的访问。采用基于 Bizcode 的系统安全控制模型进行交通大数据资源服务提供的权限管理方式,其管理流程是通过分配和取消 Bizcode 来完成用户权限的授予和取消。具体操作中,数据安全管理人员根据数据资源的分组及其应用场景定义各种不同的 Bizcode,设置相应的访问权限,而对于数据资源请求访问用户则根据其认证情况再被分配不同的访问权限。这样整个访问控制流程分成两个部分:访问权限与 Bizcode 相关联;Bizcode 再与访问用户相关联。从而整个控制管理流程实现了用户与数据访问权限的逻辑分离,提升了数据安全性,同时简化了对数据权限的管理操作。图 7-7 为整个流程示意图,其中的 Bizcode 可以看成是一个表达访问控制策略的语义结构,定义表示了特定的数据访问权限。

图 7-7 基于 Bizcode 的访问控制流程示意图

交通大数据资源服务提供包括 B2B 与 B2C 两种服务模式,具体的用户权限认证过程根据服务模式不同采取不同流程。其中 B2B 模式下用户后台与交通大数据资源中心进行对接,终端用户访问用户后台,不直接连接交通大数据资源中心,对用户的鉴权要求相对较低,主要基于商业合同约定相应的数据权限;而 B2C 的模式下,终端用户直接访问交通大数据资源中心,连接数量大,对交通大数据资源中心的访问量较大,基于负载均衡与扩展性的考虑,不提供长连接,对鉴权的要求也较高。因此,对于 B2B 服务模式的用户,通过角色认证,将认证的用户名关联到相应的 Bizcode,从而使得用户具有相应的数据访问权限。对于 B2C 模式下的用户,采用如下的流程进行数据权限的管理:首先确定用户有权关联的 Bizcode,然后通过将用户 ID 与 Bizcode 关联生成临时授权码,使用该授权码进行加密等操作生成临时令牌(token),使用该 token 进行数据资源的访问,后台鉴权服务器进行 token 的鉴权处理,合法则返回相应的请求结果,同时通过设置 token 的有效期进行用户访问安全的进一步保障。整个操作流程如图 7-8 所示。

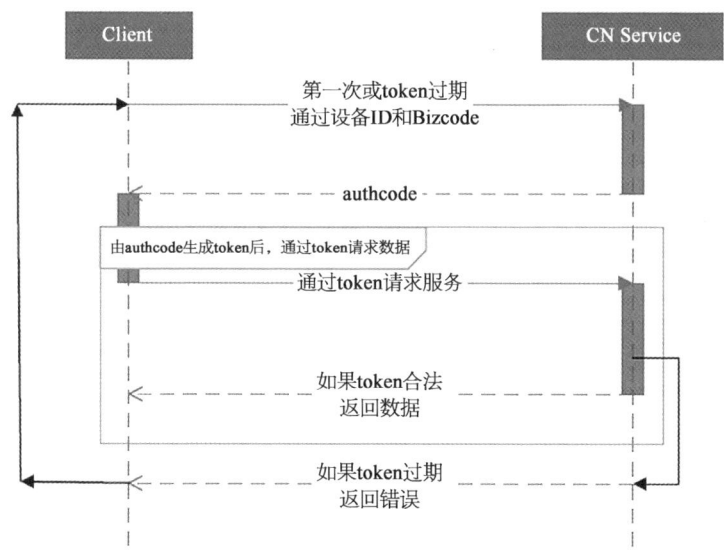

图 7-8　B2C 用户权限管理流程

7.3.3　交通大数据资源中心机房构建技术方案

交通大数据资源中心机房 IDC(Internet Data Center)即 Internet 数据中心,是传统的数据中心与 Internet 的结合,除了具有传统的数据中心所具有的特点外,还具有数据传输速度快、统一集中管理等特点。基于政企交通信息平台互联交互的需求,确定 IDC 的选择与机房建设是交通大数据资源中心建设的基础。

1) 交通大数据资源中心选址技术方案

结合大数据、云计算与虚拟化环境下国内外大型数据中心构建的方案,采用选择稳定、安全的 IDC 机房进行大数据中心的构建。在对 IDC 机房进行调研,从机房等级、交通情况、可扩展性、网络带宽、机房环境、服务、安全及价格等方面进行综合考评。一般考虑机房标准级别应在 Tier3 或以上,ISP 提供至少双线 BGP 接入,机房有足够连续机柜资源并可扩充,机柜及带宽在同等质量情况下成本更低。在此基础上,设计表 7-4 的评分内容,对 IDC 机房进行选择。

表 7-4　IDC 机房调研评估内容

序　号	评　价　项	分数占比/%
1	机房位置交通便捷	5
2	IDC 规格标准	15
3	机柜可扩容性	15
4	机柜价格	20
5	宽带品质	15
6	宽带价格	20
7	机房环境	5
8	机房服务	5

通过综合考核评估,选择坐落于上海的某 IDC 机房作为上海交通大数据资源中心的建设地点。该数据中心交通便利,是商业化较早、较充分的一个。其整体建设严格遵照国际四星级数据中心规格建设,物理设施、网络设备一流。网络直接连入中国移动骨干网,出口带宽 60 Gb,网络质量优越。同时提供 7×24 h 的技术支持服务。网络设计方面采用 CISCO 标准网络设计方法,将网络分为核心、汇聚、接入三层,网络结构采用全网全冗余结构,拥有双冗余 60 Gbps 出口带宽。

2) 交通大数据资源中心硬件集群技术方案

随着云计算与虚拟化技术的兴起与成熟,采用集群化的硬件架构逐渐普及。集群(cluster)是指一组相互独立的、通过高速网络互联的计算机,他们构成了一个组,并以单一系统的模式加以管理。其实质是一组协同工作的服务器,用以提供比单一服务器更具扩展性与可用性的应用服务平台。集群具有以下两个优点:

(1) 可扩展性　集群的性能不限于单一的服务器,新的服务器可以动态地加入集群中,从而增强集群的性能。

(2) 高可用性　在集群中,同样的服务可以有多个服务器提供,如果一个服务器发生故障,则另外一个服务器会接管发生故障的服务器,从而提供从一个出错的服务器恢复到另一个服务器来增强应用的可用性。

上海交通大数据资源中心构建设置了 10 个机柜,具有扩展到 102 台服务器的容量规模。截至 2021 年 12 月底,具有 90 台服务器,主备方式的防火墙 2 台,交换机 11 台。服务器包括计算型与存储型两大类。

交通大数据资源中心最主要的功能是进行交通大数据的接入、政企数据中心的互联交互及交通大数据的汇聚存储,因此采用高可用集群类型方式进行硬件集群的部署。高可用集群类型的最大特点是考虑到计算机硬件和软件的易错性,当集群中的一个系统发生故障时,集群软件迅速做出反应,将该系统的任务分配到集群中其他正在工作的系统上执行,从了保证集群的整体服务尽可能可用。架构上高可用集群的次节点通常是主节点的镜像,其可以在主节点发生故障时代替主节点,并可以完全接管其身份,使系统环境对于用户是一致的。这样的架构能够把因软件与硬件或者人为造成的故障对业务的影响降低到最低程度。上海交通大数据资源中心基于虚拟化技术进行集群与节点的搭建,包括 Hadoop 集群、Kafka/Zookeeper 集群、轨迹应用、数据同步等。表 7-5 为目前上海交通大数据集群情况。其中 Hadoop 集群采用两个名字节点(NameNode),一主一备来保证集群的容灾性与数据安全性,数据节点(DataNode)数量共 70 个,整体容量达到 2.52 PB。

表 7-5 集群节点列表

序 号	应 用 分 类	节 点 数 量
1	Hadoop 集群 NameNode	2
2	Hadoop 集群 DataNode	70
3	Hadoop 写入程序	2
4	Kafka/ZooKeeper 集群	2
5	轨迹应用	6
6	数据同步	4
7	天气数据	2
8	日历存储	2

3) 交通大数据资源中心网络架构技术方案

网络架构方案包括两部分:一是 IDC 内部的网络方案,考虑 IDC 内部集群间的网络优化配置方案;一是 IDC 与其他外部 IDC 之间进行数据交换的网络连接交互方案,根据交互数据的类型进行优化配置。

（1）IDC 内部网络方案　　内部网络用于提供集群内部数据流程的支撑,包括各节点之间的交互、实时数据预处理与处理系统同存储系统之间的数据交互。基于交通大数据总量巨大,汇聚整合等处理要求实时快速进行的需求,IDC 内部网络采用全冗余与高带宽内部互联结构,采用千兆网络进行互联,以保证集群可以进行高数据量运算。为保证数据中心中的数据安全,防火墙采用一主一备的方式部署。交换机的部署考虑到降低单点故障风险及方便管理,部署方式采用以下的方案：部署一台作为 IDC 内部的主干交换机,其他的作为接入层设备。IDC 内部硬件设备与网络架构利用 Whatisup 进行监控,保证集群整体的运行安全。图 7-9 为内部网络结构图。

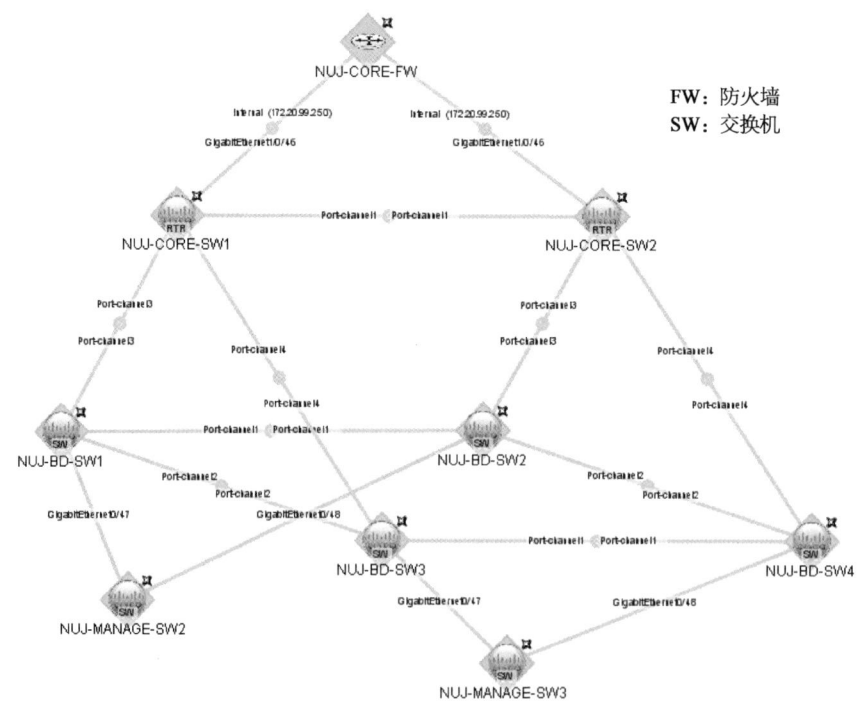

图 7-9　IDC 内部网络图

（2）外部网络交互方案　　上海交通大数据资源中心建设的一个主要探讨目标为打通上海交通信息综合平台与企业上海数据全量备份中心及全国其他的数据中心之间的互联通道,实现政企之间进行交通大数据资源交互、互补的方案与关键技术。基于现有数据与未来可能整合资源的特点,构建基于海量多源异构数据网络传输技术的 IDC 之间的互连方案。

基于交通大数据的来源,各 IDC 之间需要进行交互的数据资源规格如下：

（1）数据类型。包括出租车数据、滴滴出行数据、百度 UGC 数据、实时(历史)路况数据、交通运行指数数据、交通视频、事件及管制信息及处理后的路段路况数据、交通运行指数数据等。

（2）空间范围。以上海为主,覆盖全国范围。

（3）数据格式。主要为二进制文件与文本文件数据。

上海交通大数据资源中心需要接入的 IDC 与平台包括了:数据备份中心、上海交通综合信息平台(IDC 机房)、上海交通信息中心(建科大厦机房)。基于以上的分析,整体框架采用扁平化的网络架构进行实现,各数据源与资源中心的接入协议采用 TCP 协议。采用 TCP 协议的原因是 TCP 所发送的数据包都具有序号,接收端收到数据包后将给出一个反馈,如果发送方在一定时间后没有收到反馈将会自动执行超时重发操作,从而可以监控数据传输过程中的丢包现象,提高数据接入的可靠性。

图 7-10 为交互接入网络连接方案图。其中上海交通综合信息平台与上海交通信息中心之间通过 10 Mbps 专线网络连通。上海交通大数据平台(位于上海交通综合信息平台所在的 IDC 机房)与数据备份中心之间建设有 50 Mbps 企业级 VPN 通道。资源中心通过上海交通综合信息平台接入上海市的各类交通运行管理信息数据。全国交通出行信息数据通过数据备份中心的链路进行汇聚接入。

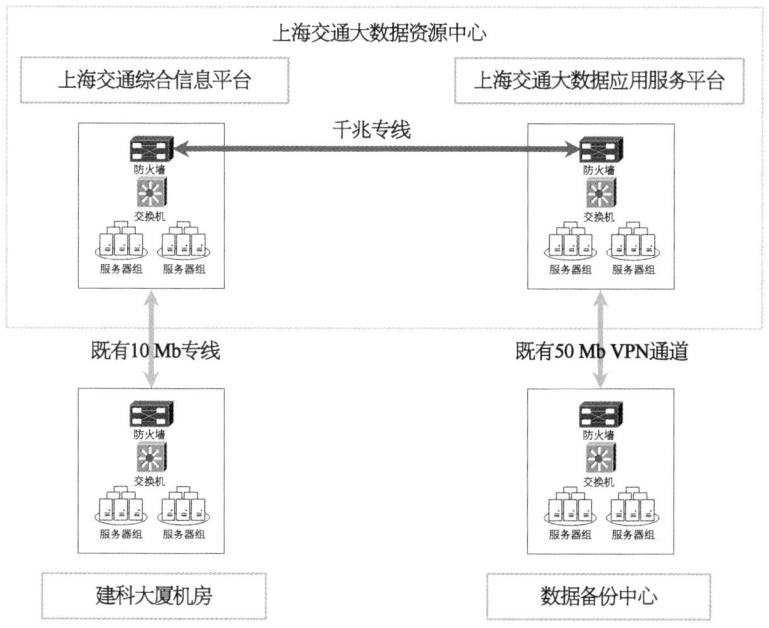

图 7-10 平台(IDC)间网络交互方案

图 7 - 11 为上海大数据数据资源中心与其他 IDC 与平台间的交互分层结构图。各个平台通过 TCP/IP 独立接入资源中心,再通过 Kafka 数据总线进行流转并进入 Hadoop 集群进行持久性存储。

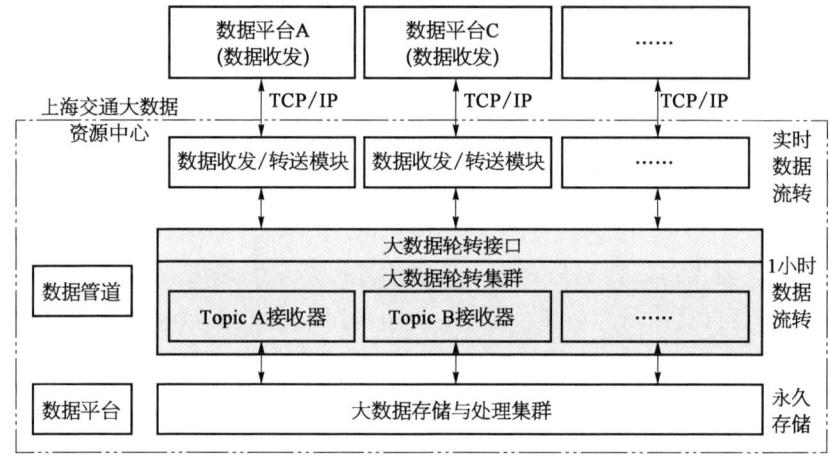

图 7 - 11　平台间交互分层结构图

图 7 - 12 为全国交通出行信息数据接入框架图。整个框架中通过腾讯云接入滴滴全国数据,全国范围内的其他数据源的数据分别接入数据备份中心进行汇聚、实时处理,各数据源与数据备份中心采用 TCP 协议进行数据的传输,数据备份中心与上海交通大数据资源中心通过专用 VPN 通道进行数据同步。

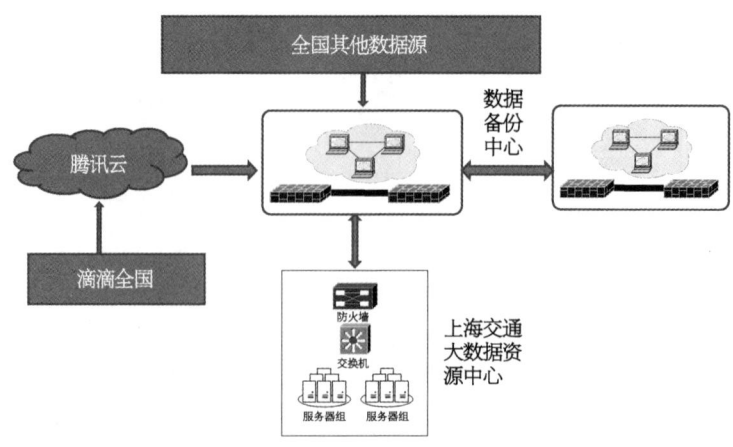

图 7 - 12　全国交通出行信息数据接入框架图

与外部 IDC 及平台间互联的物理网络构建后,为了提高数据传输效率,针对不同的数据交互需求,采用不同的数据交换方式。表 7 - 6 所示为不同数据内容的交换方式。

表 7-6 不同数据内容的数据交换方式

数 据 内 容	数 据 量	实时性要求	交 换 方 式
实时路况数据	小(每分钟10 MB内或≤500 kB/秒)	高	实时交换
交通指数数据	小(每分钟10 MB内或≤500 kB/秒)	高	实时交换
GPS轨迹数据(如局部城市一周样本数据)	中(≤100 GB时)	低	HTTP URL下载,限制最大下载速度
GPS轨迹数据(长周期大范围历史数据)	大(≥100 GB时)	低	使用移动硬盘到机房复制

表 7-7 所示为几种数据交换方案具体实施方法的说明,其中网内是指上海大数据中心内部的局域网连接方式;网间是指上海大数据中心与外部其他 IDC 及平台间的数据交换方式。

表 7-7 不同网络情况下的数据交换支持

交 换 方 式	实 时 交 换	离 线 交 换
网内交换	支持	不支持,没有必要,可直接内网访问
网间交换	支持	支持,提供下载及硬盘复制两种方式

7.3.4 交通大数据资源中心分布式软件系统选型

平台通过一年多的运行,并经过技术团队的大量测试、实验和多次大规模优化升级改造,目前上海交通大数据资源中心所使用的分布式软件系统的稳定版本为:CentOS 6.4、Hadoop-2.5.0-cdh 3.3.2、Hbase-0.98.6-cdh 3.3.2、Kafka 0.8、Spark 1.2.0、Redis 3.0.0、Solr 5.0。

其中 CentOS 是 Linux 发行版之一,具有简约、命令行人性化、稳定、有强大的英文文档与开发社区的支持等特点;Hadoop 与 Hbase 用于交通大数据的存储管理,两者皆基于分布式技术,能够提供高吞吐量来访问应用程序的数据;Kafka 是一种高吞吐量的分布式发布订阅消息系统,主要用于处理活跃的流式数据;Spark 是一种与 Hadoop 相似的开源集群计算环境,启用了内存分布数据集,除了能够提供交互式查询外,还可以优化迭代工作负载,能更好地适用于数据挖掘与机器学习等需要迭代的 MapReduce 的算法;Redis 是一个开源的,支持网络、可基于内存亦可持久化的日志型、Key-Value 数据库;Solr 是一个独立的企业级搜索应用服务器。

7.3.5　交通大数据混合型存储架构技术

交通大数据具有结构化、半结构化与非结构化的特点,并且随着智慧交通信息系统的建设与运行,累计的数据量迅速增长,日增量越来越大,传统的数据存储方案已经不能满足交通大数据的存储管理,需要探讨构建符合交通大数据特征的存储方案。基于交通大数据的特点进行其存储架构的构建,可以解决交通大数据的可存储、可表示、可处理、可靠性及有效传输等几个关键问题。

1）交通大数据存储需求分析

交通大数据来源多样,类型繁多,既有结构化的数据、也有半结构化与非结构化的数据,而且随着智能交通信息系统的建设与应用,非结构化与半结构化的数据所占比例快速增加。另外,交通大数据具有显著的时效性,对其进行的挖掘分析也对应的包括了实时分析、离线的历史数据分析及近线分析。不同的分析处理要求不同的数据存储方式。归纳起来,交通大数据对存储架构有以下两大方面的需求。

（1）数据的存储及处理不仅在于规模之大,更要求传输及处理的响应速度快　相对于以往较小规模的数据处理,在交通大数据资源中心处理大规模数据时,需要服务集群有很高的吞吐量才能够让巨量的数据在应用开发人员可接受的时间内完成任务。这不仅是对于各种应用层面的计算性能要求,更加是对大数据存储管理系统的读写吞吐量的要求。另外,海量数据存储管理系统与传统的数据库管理系统,或者基于磁带的备份系统之间也在发生数据交换,虽然这种交换实时性不高可以离线完成,但是由于数据规模的庞大,较低的数据传输带宽也会降低数据传输的效率,而造成数据迁移瓶颈。因此,大数据的存储与处理的速度是其性能上的重要指标。

（2）交通大数据多源异构特点要求存储系统具有多样性　对于传统的数据库,其存储的数据都是结构化数据,格式规整,相反交通大数据来源多样化,有的是结构化数据,而更多的则是半结构化或者非结构化数据,这也正是传统数据库存储技术无法适应大数据存储的重要原因之一。所谓存储格式,也正是由于其数据来源不同,应用算法繁多,数据结构化程度不同,其格式也多种多样。

例如有的是以文本文件格式存储,有的是一些被序列化后的比特流文件等。所谓存储介质多样性是指硬件的兼容,交通大数据应用需要满足不同的响应速度需求,因此其数据管理上提倡分层管理机制,例如较为实时的流数据的响应可以直接从内存或者 Flash(SSD)中存取,而离线的批处理可以建立在带有多块磁盘的存储服务器上,有的可以存放在传统的 SAN 或者 NAS 网络存储设备上,而备份数据甚至可以存放在磁带机上。因而大数据的存储处理系统必须对多种数据及软硬件平台有较好的兼容性来适应各种应用算法或者数据提取转换与加载。

2) 交通大数据的存储技术方案比较

根据大数据的特点及分析处理技术的要求,目前业界提出了不同的存储方案,归纳起来主要有三种。

(1) 存储海量非结构化数据的分布式文件系统　该类型方式比较有代表性的是 Google 的 GFS 和 Hadoop 的 HDFS。目前 Hadoop 在业界已经被大规模使用,HDFS 对应用程序的数据提供高吞吐量,适用于那些大数据集应用程序,并且具有高容错性的特点。HDFS 将大规模数据分割为多个 64 MB 的数据块,存储在多个数据节点组成的分布式集群中。随着数据规模的不断增长,只需要在集群中增加更多的数据节点即可,具有很强的可扩展性;同时每个数据块会在不同的节点中存储三个副本,具有高容错性。

(2) 存储海量的半结构化数据的 NoSQL 数据库　半结构化的数据介于完全结构化数据和完全无结构的数据之间,一般是自描述的,数据的结构和内容混在一起,没有明显的区分。传统的关系型数据库在处理此类数据时显得力不从心,主要表现在灵活性差、扩展性差、性能差等方面。在这样的背景下,NoSQL 数据库作为对关系型 SQL 数据系统的补充应运而生,其具有以下的几大特点:① 易扩展性,NoSQL 数据库去掉了关系数据库的关系型特性,使得数据之间无关系,从而在架构层面带来了扩展的能力;② 大数据量,高性能特点;③ 灵活的数据模型,无需事先为数据建立字段,随时可以存储自定义的数据格式。

(3) 存储海量结构化数据的分布式并行数据库系统　比较有代表的是 Greenplum,其是基于 PostgreSQL 开发的一款海量并行处理架构的、无共享的分布式并行数据库系统。采用 Master/Slave 架构,Master 只存储元数据,真正的数据被散列存储在多台 Slave 服务器上,并且所有的数据都在其他 Slave 节点上存有副本,从而提高系统可用性。

交通大数据是结构化、半结构化与非结构化数据混合的数据集,而且数据日增量大,总量巨大,分析处理要求高效率。基于上述 3 种较为普遍的存储方案的对比,采用分布式文件系统加关系型数据库的混合存储方案,分布式文件系统采用较为普遍的 Hadoop,同时采用 Kafka 数据总线作为数据管道与消息系统,提升架构内的数据流转效率。

3）基于 Hadoop 与数据总线和关系型数据库的混合型存储架构设计

（1）总体框架设计　混合型存储架构中半结构与非结构化数据利用 Hadoop 进行存储,关系型数据库则继续利用现有智能交通信息系统的数据库资源,避免重复的开发与资源浪费,数据总线的利用可以提升架构中数据流转的效率并为后续分析处理能力的提升奠定基础。

整体框架中,利用 Hadoop 集群进行交通大数据的持久化存储,关系型数据库主要作为交通大数据处理后的知识库,Kafka 数据总线主要实现数据中心内部秒级数据的发布和订阅、跨数据中心的数据实时同步和数据校验及不同生命周期的数据管理和定期处理,Redis 作为内存数据库保存实时数据用于实时与近线分析处理,处理后结果进入 Kafka 数据总线。图 7-13 为整体存储框架。

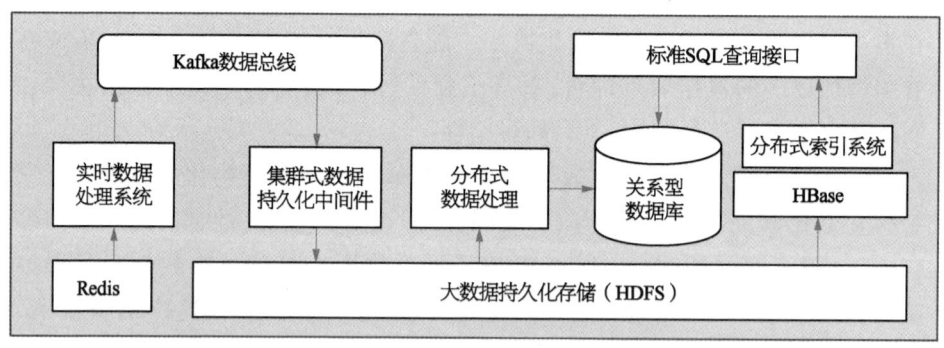

图 7-13　总体存储框架

其中,Hadoop 集群分为两个副本,以确保同一份数据在不同机架上有一备份。部署一台服务器作为 NameNode 和 JobTracker,在每个机架上选用一台服务器作为 secondaryNameNode,用于集权恢复。其他节点作为 Datanode 和 taskTracker,用于执行 Job 和数据管理。图 7-14 为存储架构的逻辑设计图。

存储集群中数据流转的设计基于后续实时与近线数据处理需求进行。实时和近线数据采用分布式实时处理架构,实现每分钟百万级结构化、半结构化、非结构化数据高效处理和数据挖掘。通过 Kafka 数据总线来实现整体架构中数据的流转。如图 7-15 所示。

整体存储架构中通过在一个 Hadoop 集群中设置 Crossnode 节点,实现不同 IDC 之间 Hadoop 集群间的互连,管理不同 IDC 之间数据同步拷贝的进程与控制

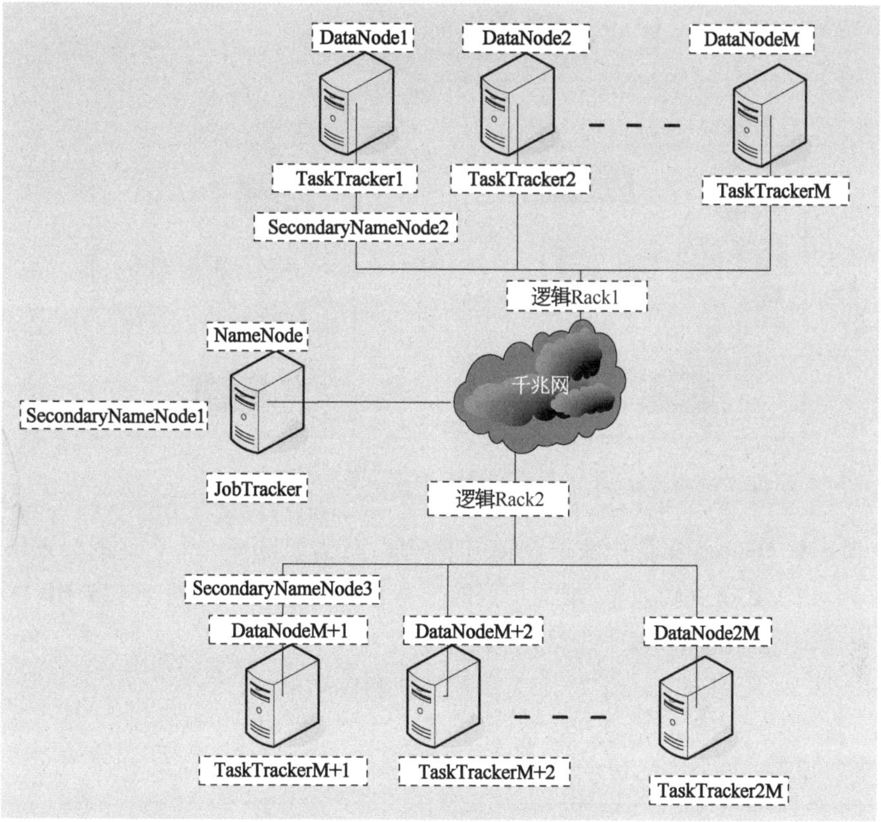

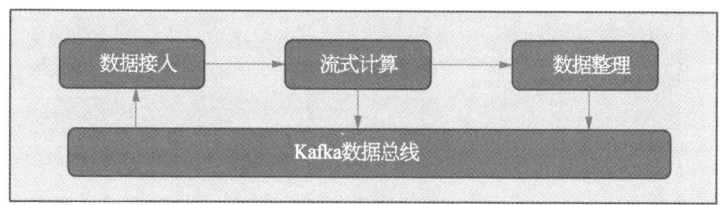

图 7-14 Hadoop 集群逻辑设计图

图 7-15 实时/近线数据流转

对跨 IDC 的数据流量控制。图 7-16 为上海交通大数据资源中心的 Hadoop 集群与数据备份中心内的 Hadoop 集群互连结构图。其中 Crossnode 节点设置在上海集群架构中，NN 为 NameNode 节点，DN 为 DataNode 节点，JT 为 JobTracker 节点，Task 为 taskTracker 节点。

为方便后续的交通大数据挖掘分析等离线处理，混合存储框架中采用基于 HDFS 实现 NoSQL 方案构建了持久化的存储架构，支持海量交通数据在存储管理上的无限扩容，保证数据分布式存储下的统一访问应用。

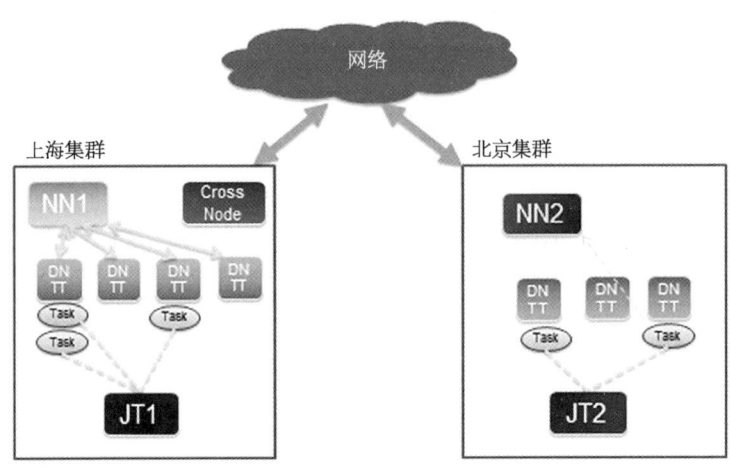

图 7-16 不同 Hadoop 间互连架构图

考虑到 Hadoop 集群中数据流转与处理效率，需要选择一个合适的数据压缩编码器，加快数据流转效率，增加集群的数据存储能力。通过基于 128 MB 文本文件的压缩性能测试，基于处理时间、压缩比率、开发效率等方面的综合考量，最终选择 lzo 压缩方案。表 7-8 为压缩性能测试结果统计表。

表 7-8 Hadoop 压缩性能测试结果表

编码器	压缩时间/s	解压缩时间/s	压缩文件大小/B	压缩比率
Deflate	6.88	6.80	24 866 259	18.53%
gzip	6.68	6.88	24 866 271	18.53%
bzip2	3 012.34	24.31	19 270 217	14.36%
lzo	1.69	7.00	40 946 704	30.51%
lzop	1.70	5.62	40 946 746	30.51%
Snappy	1.31	6.66	46 108 189	34.45%

整体框架中，对于 DataNode 节点的扩展，由于采用的是 Hadoop 集群方式，可以很容易地进行，即在集群架构中增加 DataNode 节点设备，并关联到对应的 NameNode 节点即可。对于 NameNode 节点，随着其管理的 Block 的增多，需要的内存将会以几何级数增加，同时随着请求的 client 端、DataNode 节点及 Job 的增加，也会对其性能带来巨大的压力。因此，在整体架构设计中，采取在 Hadoop 集群中设置多 NameNode 的方案进行对 NameNode 扩展性能的处理。实际建设中，设置两个 NameNode 节点，降低其对内存需求的压力，同时

分散 Client 端及 DataNode 节点的 RPC 请求,从而达到对于 NameNode 扩展性的优化。

(2) 交通大数据资源中心数据存储类别、范围与体量　上海交通大数据资源中心目前存储数据包括 450 TB 日的上海全市交通流视频图像数据与 827 GB 日的其他数据,数据来源覆盖全国 340 多个城市,数据种类 24 类。表 7-9 所示为目前上海交通大数据中心的存储数据规模、数据种类和数据范围。

表 7-9　存储数据种类与体量

数据源	数据项		数据范围	数据情况	更新周期	数据量/每日
交通综合信息平台	快速路、公路线圈交通流信息		上海全市	20 370 个线圈	20 s、1 min	9.2 GB
	地面 SCATS 线圈交通流信息		全上海市	38 771 个线圈	1 min	14.6 GB
	快速路匝道信息		浦西上海	77 个	1 min	0.35 GB
	诱导板信息		上海全市	1 047 块	1 min	0.93 GB
	车辆牌照信息		全市上海	24 个小区 552 个 OD 点	15 min	0.17 GB
	浮动车数据		上海中心城区	25 000 辆出租车	2 min	5 GB
	手机数据		上海移动	1 000 多万用户	2 min	150 GB
	动态航班信息		铁路、航空、港口	—	2 min	5 MB
	交通卡刷卡数据		上海全市公交、轨交	—	1 d、5 min	0.1 GB
	交通流视频图像		上海全市	2 678 个摄像监控设施(存储于交警、市政二级平台)	实时	450 TB
企业	浮动车	FCD	41 城市约 24 万辆	41 城市约 24 万辆	1 min	约 150 GB
		物流车	全国部分城市	数据源供应商有交通运输部两客一危,北交委两客一危,英迪物流,杭州城际大约 8 万辆车	1 min	约 9 GB
		私家车	全国部分城市	数据源供应商有 OnStar,深圳拓途、深圳善领等	1 min	约 0.1 GB
		UGC	全国 340+城市	全国 340+城市约 30 万车	1 min	约 135 GB
		滴滴	全国 340+城市	全国 340+城市约 90 万车	1 min	约 350 GB

续　表

数据源	数据项	数据范围	数据情况	更新周期	数据量/每日
企业	其他数据	动态停车场	全国部分城市	数据源供应商有上海交通信息中心，数据为上海300个，北京3 000个停车场，其他主要城市各100停车场	5 min	0.07 GB
		动态油价	全国部分城市	北上广深至少3 200个加油站信息，全国约7万个加油站	1 d	0.02 GB
		动态航班	全国部分城市	365＊24不间断航班动态数据，覆盖25个航空公司，171个国际机场，99%国内航班	1 d	0.004 GB
		列车时刻	全国部分城市	全国6 000多个站点，每天约1 300对列车	半个月	0.26 GB
		天气数据	全国部分城市	全国约300个主要城市天气、城际道路气象数据	实况：30 min；预报：360 min；预警：实时	0.008 GB
		充电站	全国部分城市	北上广深各10个充电站动态信息，其他主要城市约5个充电站	120 min	0.002 GB
		二次路况	全国部分城市	数据源供应商有Gbook，交科院数据，上海信息中心，香港、广州交警等，每日记录条数约300万	5 min	约2 GB
		加油站数据	全国部分城市	数据源供应商号百，每天约10万条数据	60 min	0.05 GB
		事件	全国300+城市	数据来源有普强，四维外业采集，手工录入等每天处理事件数约有2万条	1 min	0.005 GB
		PM2.5	全国部分城市	全国主要城市的PM2.5的空气质量数据	5 min	0.005 GB

7.3.6　交通大数据实时处理系统构建

交通大数据的多源异构特性决定了交通数据的来源多样、规格多样、格式也是多样的，这些数据接入后，需要先进行数据整合、融合等处理操作，才能对这些数据进行分析挖掘，体现其价值。搭建实时处理系统是对交通大数据进行挖掘分析与应用的基础。

1）系统框架

实时处理系统通过多源数据接入汇聚模块接入数据,使用 Kafka 数据总线进行数据流转,再通过基于 Storm 的实时流式数据处理模块进行处理,最后通过数据格式转换模块进行转换。

图 7-17 为交通大数据实时处理系统总体框架,主要包括 3 个部分:一是多源数据的接入,二是实时数据处理,三是数据交换。实时处理后的数据通过实时交通信息发布应用服务进行路况等实时信息的发布,同时处理后数据与原始数据通过 Kafka 数据总线进入 Hadoop 大数据存储系统进行持久性的存储管理,成为后续挖掘分析的基础数据。

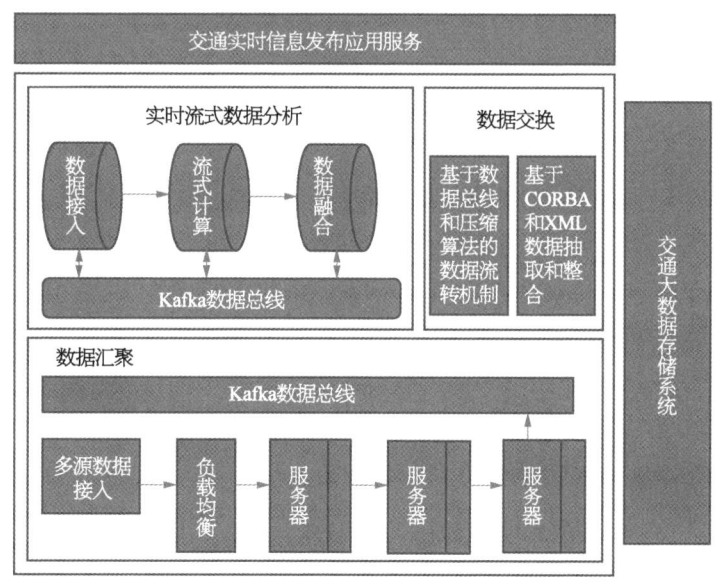

图 7-17 实时处理系统框架图

交通出行信息服务是交通大数据应用服务中最重要的应用之一,通过实时交通信息处理,发现交通拥堵路段,提醒出行者避开拥堵道路,提升交通出行效率。首先,可以对出行信息进行预处理。图 7-18 为交通大数据实时处理系统中交通出行信息数据的处理流转图。具体流向说明如下:

① 系统的数据输入为各种交通信息数据源,包括原始 GPS 轨迹数据,以及已经处理过的其他交通类数据。

② 原始 GPS 轨迹数据实时发送至系统的 GPS 接收接口模块。

③ GPS 接收模块将原始 GPS 轨迹数据进行预处理后,输出为浮动车数据处理模块可以使用的标准格式中间文件。

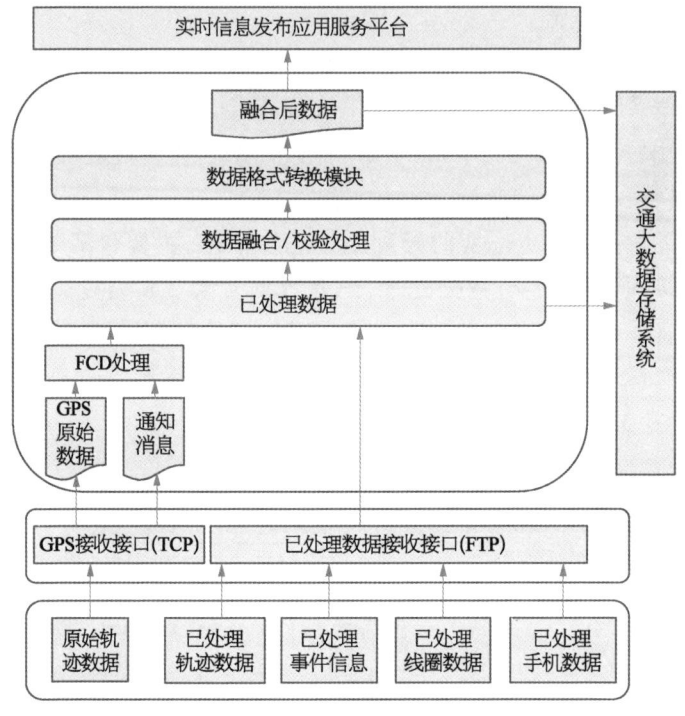

图 7-18　系统数据流图

④ 已处理的数据直接通过 FTP 方式接入到系统平台。

⑤ 已处理数据通过 Kafka 数据总线流入大数据存储系统进行存储管理。

融合后的数据包括两个流向：一是进入实时交通信息发布平台进行发布；一是通过 Kafka 数据总线进行大数据存储系统进行存储管理。

实时处理系统中交通出行信息数据处理功能模块主要包括：

（1）数据接入　采用 Client-Server 的模式，Client 针对不同的数据源对应不同的通信协议，调用 Server 端集成协调环境（Integrated Collabration Environments，ICE）服务将接收到的原始数据发送给 Server 端，Server 端根据数据源，数据类型，将原始数据按照不同的主题保存至 Kafka 中。

（2）解析匹配　按照不同的 Topology 从 Kafka 中读取不同的原始数据，然后将数据按照不同的数据规格解析成统一格式 STL，然后调用匹配的 ICE 服务进行匹配处理。

（3）推测　将匹配服务生成的匹配结果从 Kafka 中读取，然后进行推测。

（4）融合　进行多源融合，将生成的结果数据写入 Kafka 中。

2）多源数据接入框架设计

交通出行信息数据，根据其来源与特点，可以将接入数据划分为 GPS 数据及多源交通信息和事件三大类。其中 GPS 数据包括了浮动车 GPS 轨迹数据及手机 App 所采集的 GPS 数据。交通大数据实时处理系统中将多源数据的接入模块分为三个部分：GPS 数据接入、多源信息接入和事件接入。图 7-19 为多源数据接入模块框架。

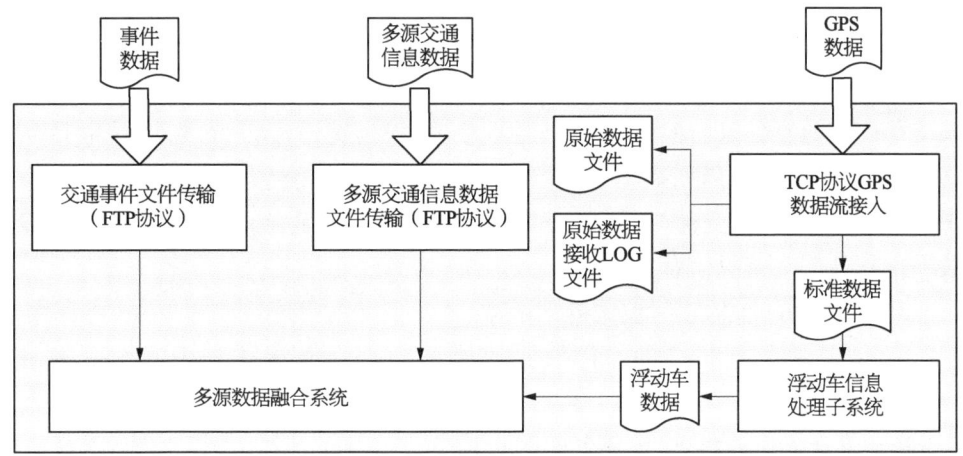

图 7-19　多源数据接入架构图

（1）GPS 数据接入　GPS 数据包括了浮动车 GPS 终端与其他 GPS 终端（如手机、私家车导航终端等）上传的数据。各数据源的数据中心通过网络实时上传原始数据到系统平台中，系统平台完成这些 GPS 原始数据的接收和格式转换后，将整合后的数据提供给后续的浮动车数据处理子系统。图 7-20 为 GPS 原始数据接入模块框架图。整个流程中，数据的接入通过 TCP 协议进行，处理完成后的输出数据是按照浮动车处理系统规定格式输出数据。

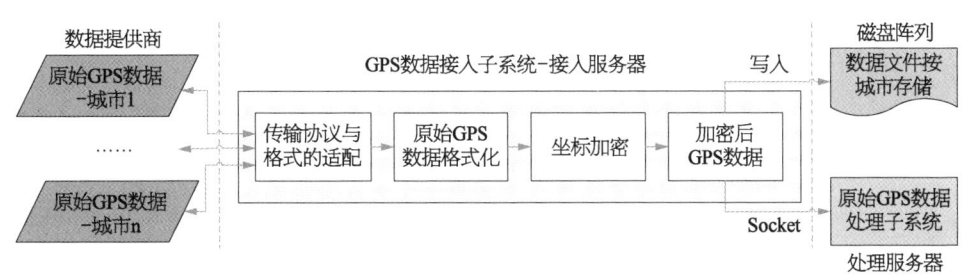

图 7-20　GPS 原始数据接入模块

（2）多源交通信息和事件接入　多源交通信息接入模块所接入的数据包括：浮动车交通信息、固定检测器交通信息接入、视频检测器交通信息和手机交通信息接入。其中固定检测器交通信息是指线圈、微波和红外线等数据源经过处理后,按照融合系统标准格式,采用 FTP 方式上传的交通信息数据;浮动车交通信息是指出租车、运输车、物流车等携带 GPS 设备的车辆,通过移动通信网络将采集到的 GPS 数据上传。固定检测器通过预处理,交通模型处理得出交通路况。

事件信息接入包括自动事件接入和人工事件接入,包括事故、施工、管制及路况等事件信息。各地按照融合系统标准格式,采用 FTP 方式上传交通信息数据。自动事件信息包括采用视频自动检测、微波检测、线圈自动检测、车牌识别系统等固定检测器及传感器采集交通流参数,根据交通流模型,通过异常判断算法得出异常事件,例如拥堵、车辆排队等。人工事件信息主要包括通过交通视频观察交通路况、交通事故、施工等,通过 122 报警、电台热线报料等得到事故、管制、施工及路况信息。

3) 基于 Storm 的实时流式处理框架

Storm 是一个分布式的、可靠的、容错的数据实时流式处理系统。使用 Storm,首先要设计一个实时计算的图状结构,称之为拓扑(Topology),这个 Topology 将会提交给集群,由集群中的主控节点(MasterNode)分发代码,将任务分配给工作节点(WorkerNode)执行。一个拓扑中包括 spout 和 bolt 两种角色,其中 spout 发送消息,负责将数据流以 tuple 元组的形式发送出去;而 bolt 则负责转换这些数据流,在 bolt 中可以完成计算、过滤等操作,bolt 自身也可以随机将数据发送给其他 bolt。由 spout 发射出的 tuple 是不可变数组,对应着固定的键值对。这种 Topology 模型采用消息传递方式交互数据,数据量相比较从硬盘获取要小,而且动态地读取,每一次的读取量较小。

同 Hadoop 一样,Storm 也可以处理大批量的数据,然而 Storm 在保证高可靠性的前提下还可以让处理进行的更加实时。Storm 同样还具备容错和分布计算这些特性,这就让 Storm 可以扩展到不同的机器上进行大批量的数据处理。而且 Storm 的内存处理方式要比 Hadoop 的磁盘处理速度快几个数量级。

交通大数据具有明显的时效性,因此要求进行实时处理来进行实时的交通信息发布服务。基于 Storm 来构建实时数据处理模块。图 7-21 所示为实时处理模块框架图。

模块框架中首先通过多源数据接入入口,配置异构数据源,通过 Storm 进行大数据处理,将数据按照实时处理、分析、匹配、融合等规则进行数据处理,也就是设置 Storm Topology 架构的过程,为了保证实时性能,在处理过程中使用 Kafka 总线进行数据的流转。一方面是为了缓解服务器集群的处理压力,缓冲实时数据接入;另一方面是为了服务器端的处理和持久化保存。考虑到交通大数据海

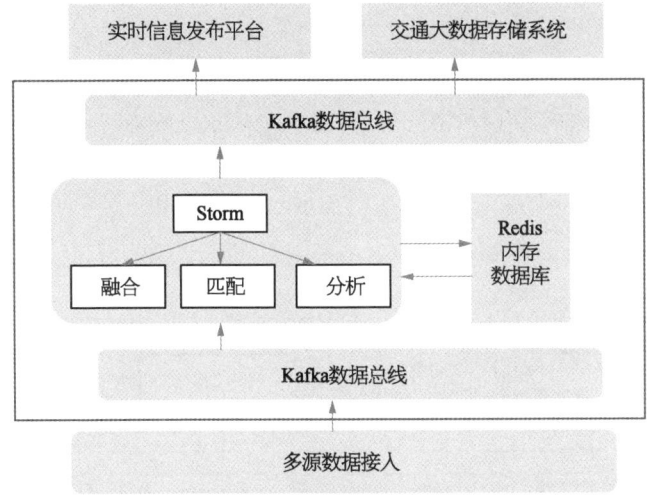

图 7-21 实时处理模块框架图

量与实时性的特点,加入 Redis 内存数据库提升数据交换的效率。整个系统架构通过实现主从同步(master-slave)来提高 Storm 的并行处理能力,链式结构的 Redis 集群通过 HaProxy 做负载均衡对外服务。如图 7-22 所示,客户端访问的时候通过 HAProxy 查询 Redis,如果查到直接返回结果,如果没有找到,查询转向全量数据的 Redis 数据库查询,将结果返回客户端的同时,将数据写入链式结构集群的链头,Redis 的主从复制机制,会把数据逐级将新写入的数据复制到后续的节点上。

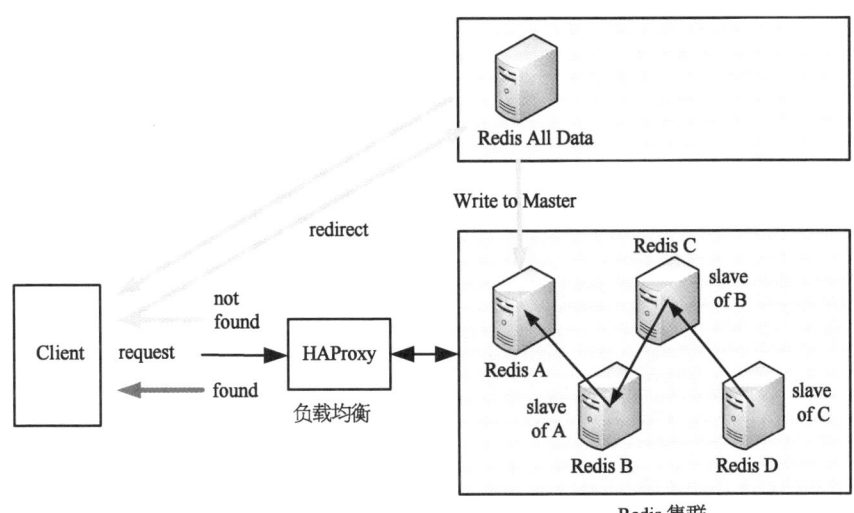

图 7-22 Redis 集群结构

7.3.7 交通大数据资源中心可视化运营管理系统

运营管理系统建设的目的是对数据中心的硬件、软件、数据流、日志等进行有效的监控和管理。图7-23为系统架构,总体架构分为四层：监控源、处理层、存储层、应用层。

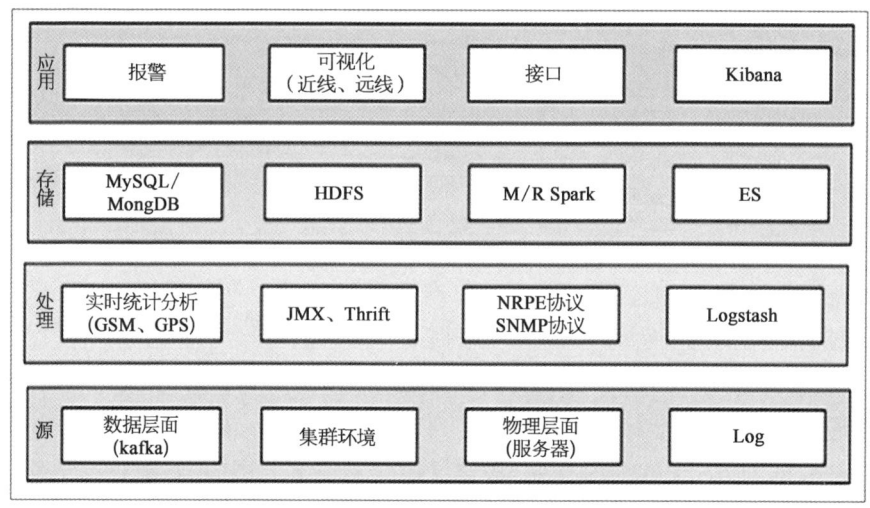

图7-23 运营管理系统总体逻辑图

(1) 监控源 管理监控的输入,即被监控、管理与分析的对象,包括 Kafka 数据总线中的数据流、Hadoop 集群环境、服务器、各种运行日志等。

(2) 处理层 对监控源的监控处理、统计分析等。

(3) 存储层 对处理层输出的结果数据进行存储管理,分为近期存储、长期存储,同时包括对长期存储的数据进行数据分析与挖掘。

(4) 应用层 对监控、管理结果进行应用处理,包括报警、可视化查看,同时提供接口对外发布监控、管理数据及分析挖掘的结果。

运营管理系统主要功能模块包括：数据流管理监控、基础环境管理监控与日志管理监控。图7-24为系统主界面图,其中显示出了数据接入、路况处理与应用发布等数据流监控的实时信息总览,以及 CPU、内存、硬盘与网络等基础环境的实时监控信息总览。

数据流管理监控主要的源为 Kafka 集群中流转的数据,图7-25为数据流管理监控的流程图。其中 Kafka 集群中的源数据直接写入 HDFS 集群中进行持久化保存,GPS 轨迹等数据则进过 Storm 分布式集群实时处理成标准数据后进

第 7 章　城市交通大数据平台建设

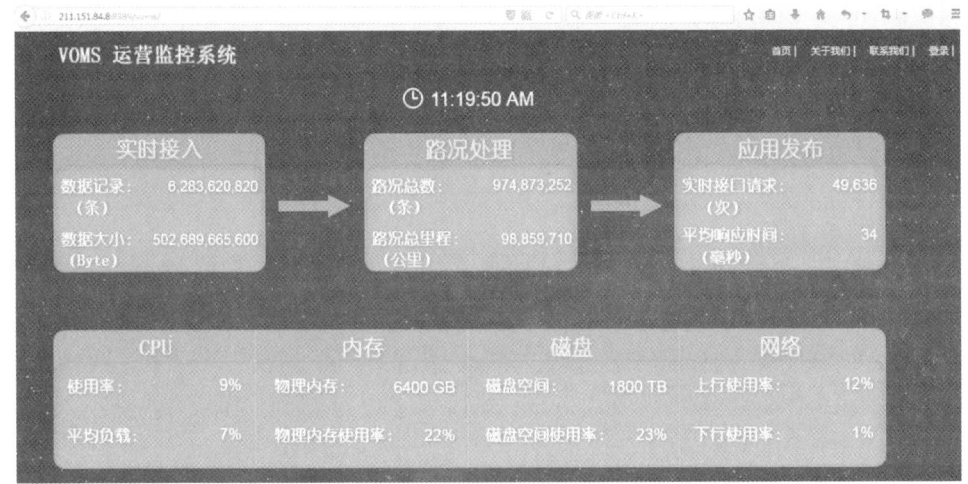

图 7-24　运营管理系统主界面

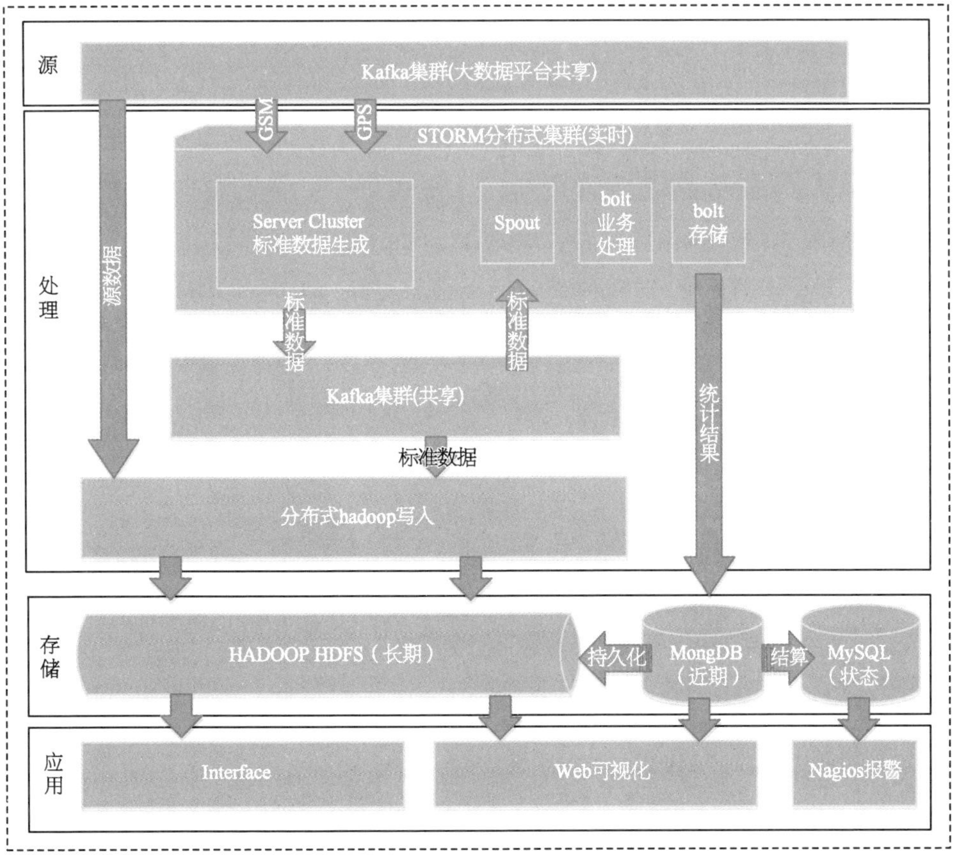

图 7-25　数据流管理监控数据流转图

入 HDFS 集群,同时通过统计分析将统计结果存入 MongoDB 实时/近线数据库中,而实时状态数据则进入 MySQL 数据库中进行监控。

图 7-26 为数据中心接入数据监控总体情况统计,包括了接入数据总条数与总数据量及接入数据情况随一天中时间变化情况曲线图。

图 7-26 数据接入统计界面

图 7-27 为系统基础环境管理监控数据流图。该功能模块对 Kafka 集群、Hadoop 集群、Storm 集群等硬件集群环境进行管理监控,同时对其原始状态信息通过接口进行存储管理,同样分成 3 个类型的存储:Hadoop HDFS 的持久化长

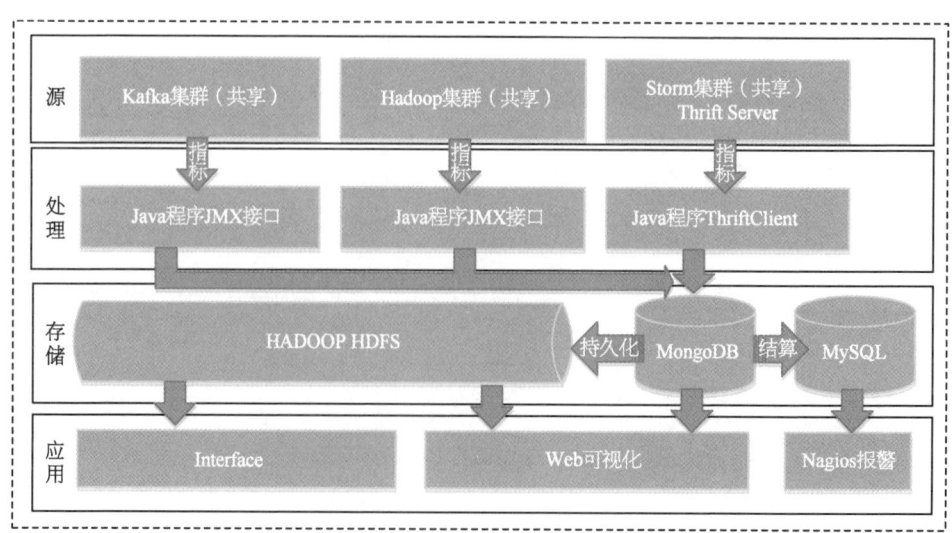

图 7-27 基础环境管理监控数据流图

期存储,MongoDB 的近线存储及 MySQL 的实时状态存储。

图 7-28 是数据中心服务器与网络的总体运行情况监控数据。包括集群中 CPU 的使用统计情况、内存与磁盘的统计情况,以及网络带宽上下行使用情况统计。

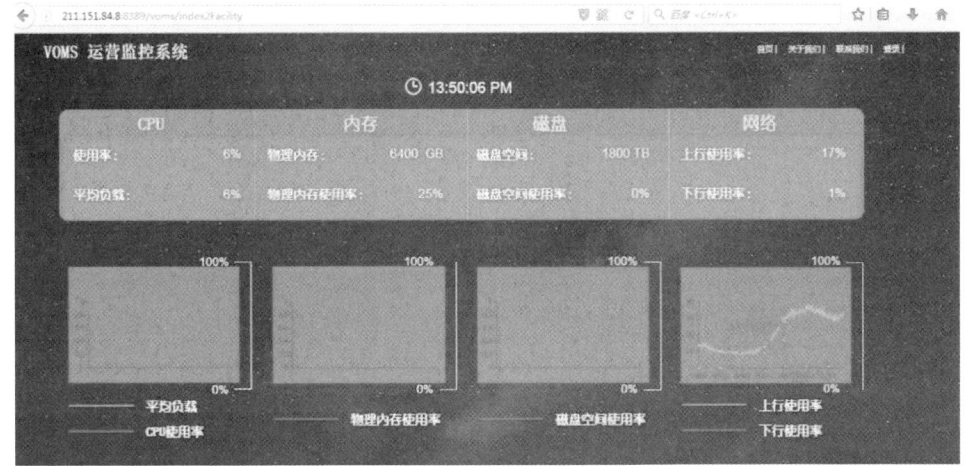

图 7-28 数据中心服务器总体情况监控

日志监控管理包括了对用户日志、访问日志与系统日志的管理与监控。该模块使用 Logstash 结合 Kibana 来实现,工作流程为：Logstash-agent 监控并且过滤日志,然后发给 Redis 进行队列处理,然后通过 Logstash-index 将日志收集到一起发给 ElasticSearch 进行全文搜索处理,之后结合 Kibana 进行搜索和 Web 页面的可视化展示。图 7-29 为日志监控管理数据流图。

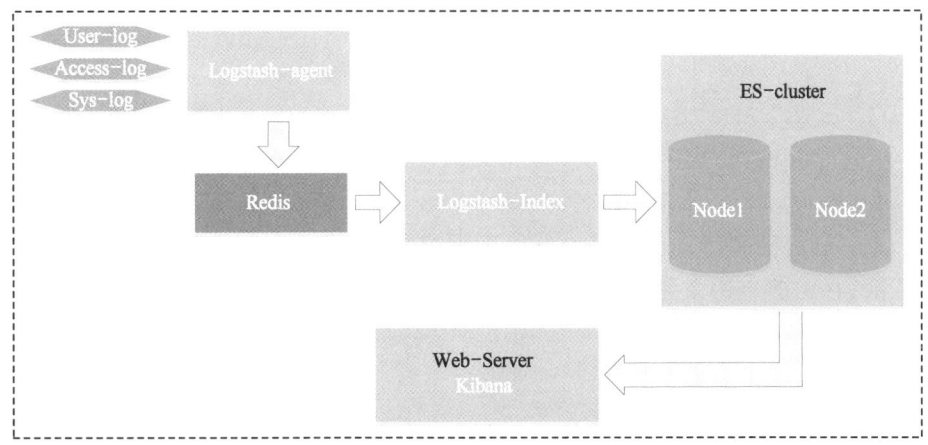

图 7-29 日志监控管理数据流图

7.4 城市交通大数据应用服务平台设计

交通大数据应用服务平台的构建主要从平台框架和主要功能模块着手进行分析,同时通过实现服务组件与二次开发接口为第三方的定制开发提供工具支持。

7.4.1 应用服务平台框架

上海交通大数据应用服务平台在上海交通大数据资源中心基础上进行搭建,以资源中心通过交互汇聚的政企交通大数据为数据基础,通过对数据进行分析提取,运用多种应用技术提供相应的服务提供。平台框架如图 7-30 所示。

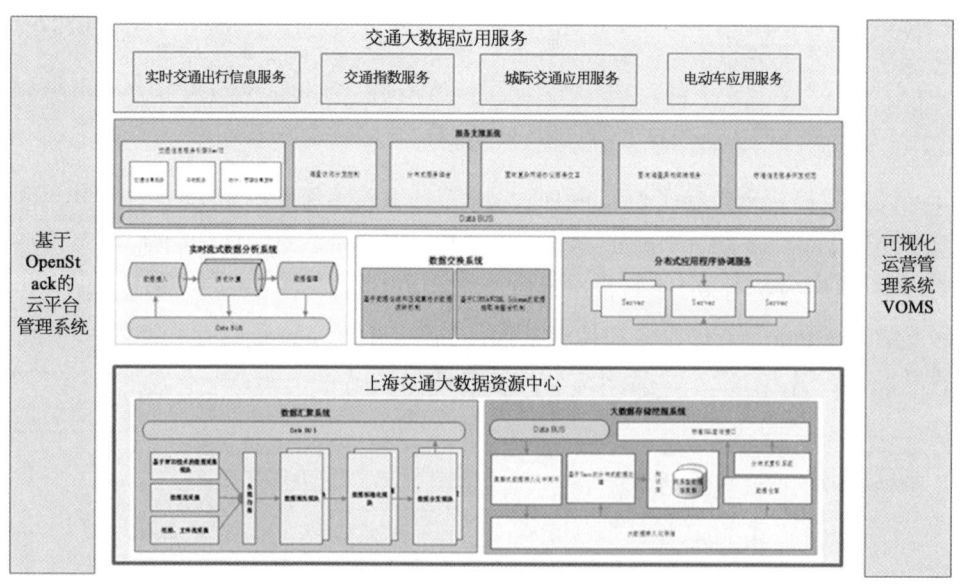

图 7-30 应用服务平台框架图

平台总体框架包括 4 个主要的层次模块,具体为:① 承担交通大数据接入与汇聚、存储的交通大数据资源中心,其通过政企系统交互接入数据并进行汇聚处理后进行存储管理,为整个应用服务平台提供数据基础;② 数据交换与分析系统模块,提供数据交换服务及对数据进行分析处理,包括实时流式数据分析与基于 YARN 的分布式数据分析处理;③ 应用服务支撑系统,包括分布式应用程序协调服务、面向海量异构终端服务、海量访问分发控制、面向复杂网络协议服务交互、分布式服务组合等;④ 应用服务引擎,包括提供实时交通出行信息服务的交通信息服务引擎、交通指数服务引擎、城际交通服务引擎及电动车服务引擎等。各个层次模块之间的数据流转通过 Kafka 数据总线进行。

整体平台 IT 架构采用混合架构如图 7-31 所示。包括一个公有云与 3 个 IDC,构建基于 Openstack 的云平台管理系统对其进行管理。同时通过构建可视化的运营管理系统 VOMS 对整个平台的运营进行监控与管理。

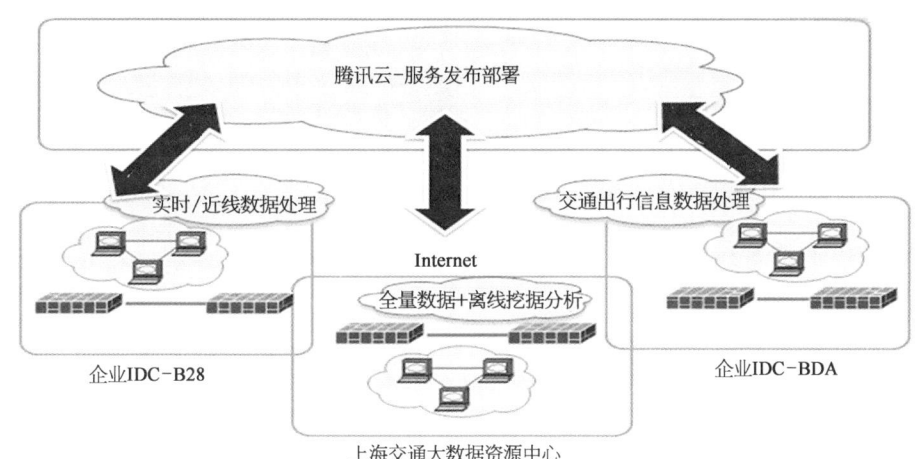

图 7-31　上海交通大数据应用服务平台 IT 架构图

7.4.2　大数据挖掘分析基础算法库框架

交通大数据领域涵盖了交通数据、气象领域、环境领域等各方面的数据,有了数据分析挖掘技术,将这些技术综合运用到对交通大数据的分析挖掘中,并根据交通大数据应用服务平台的架构特点进行优化、改造,形成交通大数据分析挖掘基础算法库及算法服务接口,为交通大数据创新服务应用提供算法支撑。

交通大数据分析挖掘基础算法应该较通用,每一个算法都应该可以用于多个交通大数据服务应用中,上层的交通大数据服务应用应根据具体需求,通过合理组织数据、调用或组合运用分析挖掘基础算法,辅以业务流程控制等,形成创新的服务应用。

7.4.2.1　交通大数据挖掘分析基础算法库框架设计

交通大数据挖掘分析算法库具有算法描述、读取数据、参数加载、任务管理等模块,如图 7-32 所示。为了实现用户的个性化定制,即根据用户的不同需要

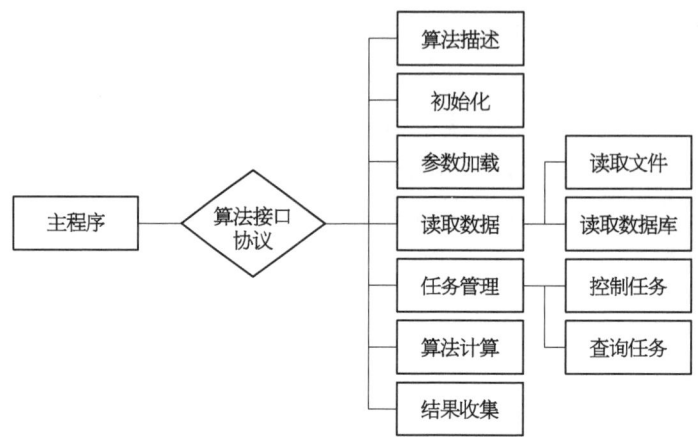

图 7-32　算法包-模块图

完成数据挖掘任务。个性化定制对于代码的重用性和扩展性的要求较高。

如图 7-33 所示,用户主程序与交通大数据挖掘分析算法库的交互,用户主程序与系统的交互大致可以概括为以下 8 个步骤:

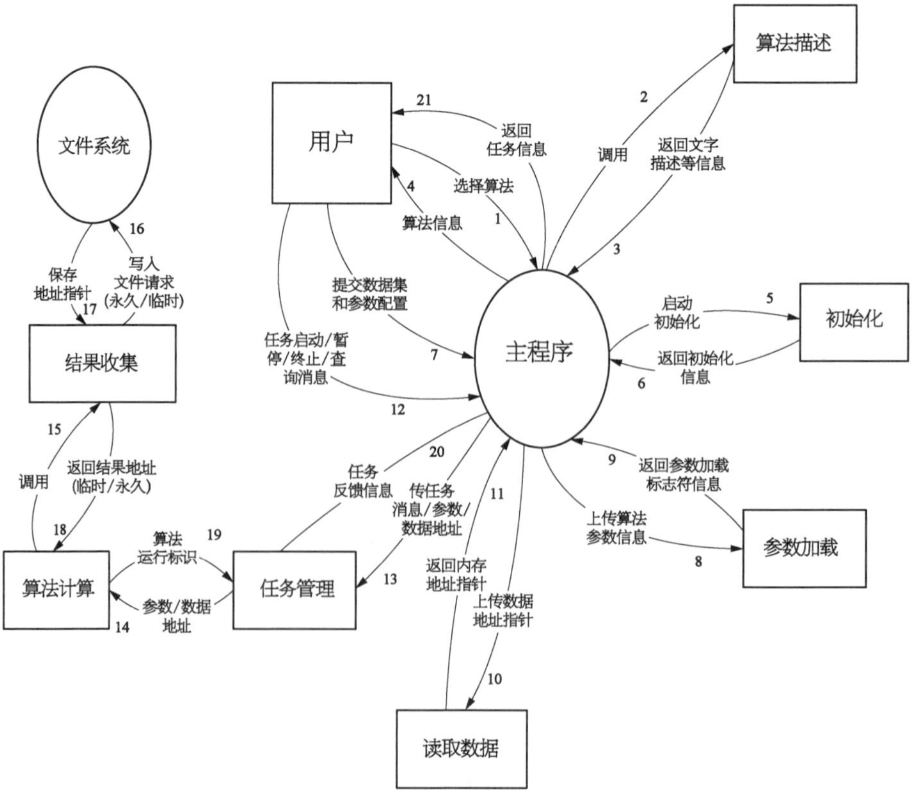

图 7-33　用户-主程序-插件的时序图

① 选择算法,主程序调用算法描述。
② 用户按照规范提交数据集、参数配置。
③ 主程序加载初始化模块,初始化一个算法实例。
④ 主程序根据用户提交的参数配置,将配置内容解析到内存中。
⑤ 主程序将用户提交的数据集读取到内存中,并返回内存地址。
⑥ 用户可以根据任务管理模块实现对于算法任务的开始、暂停、终止和查询功能。
⑦ 若用户启动任务,算法计算模块启动,根据读入内存的参数和数据集的内存地址进行核心算法的计算过程。
⑧ 在算法计算过程中,因为允许用户查询任务状态和中间结果,所以数据的保存分为临时和永久两种,临时主要用于保存中间结果,便于用户查询。

简单地说,首先由用户选择算法、提交规范的参数和数据集配置,然后主程序根据这些信息,经过特定的步骤得出计算结果,并且用户有权限可以控制自己的任务和查询任务的状态,最后就是将计算结果保存起来便于分析。

1) 算法描述

数据挖掘算法种类繁多,大致可以分为聚类分析、分类分析、关联分析、模式分析和特异群组分析等。不同种类算法下有许多成熟的经典算法,如分类有支持向量机、最大熵;聚类有 k-means、Canope 等。不同的算法有不同的参数,如支持向量机的核函数(多项式核、高斯核和线性核)选择,k-means 的簇 K 的数目选择。为了便于用户的使用,提供算法描述模块于主程序调用。算法描述功能模块的流程如图 7-34 所示。

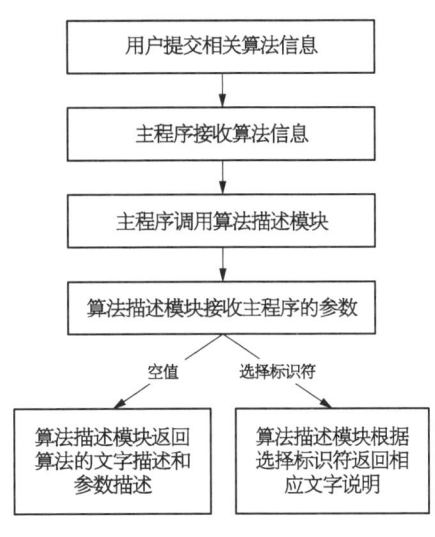

图 7-34 算法描述模块流程图

该模块主要实现了对于选中算法内容的描述及其参数配置的说明,例如 k-means 算法描述为:"k-means 算法是一种得到最广泛使用的基于划分的聚类算法,把 n 个对象分为 k 个簇,以使簇内具有较高的相似度。"

算法描述插件模块主要增强了用户使用的友好性,同时增强了数据挖掘分析算法库的易用性。

2) 初始化

数据挖掘分析算法库的算法是由一个主控线程和运算线程共同承担完成

的。因此需要通过主程序调用初始化模块,来初始化一个算法实例。通过调用实例中的方法来控制算法。初始化的流程如图 7-35 所示。

该模块主要实现了算法类的实例化功能。算法类的实例化,便于主程序控制算法的管理和运算。

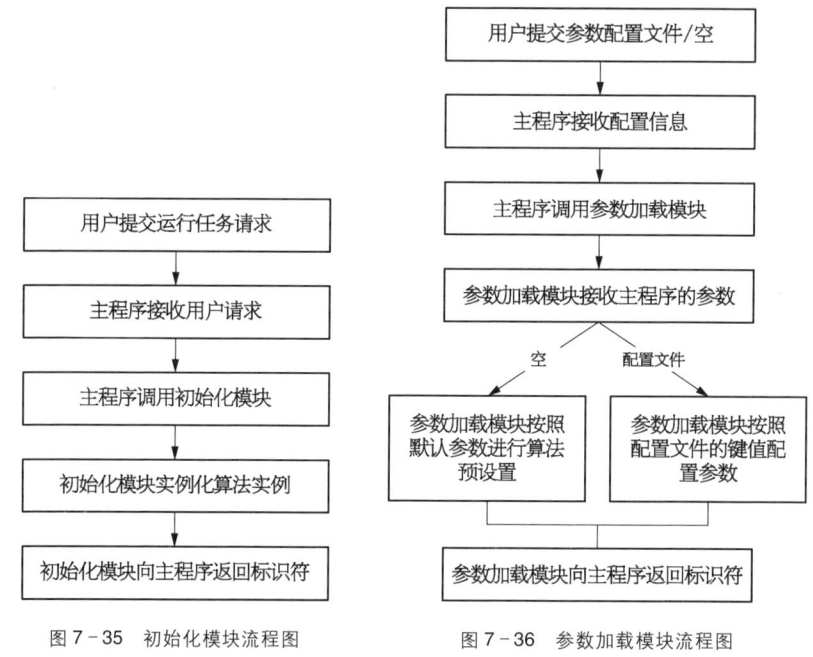

图 7-35　初始化模块流程图　　　图 7-36　参数加载模块流程图

3) 参数加载

用户提交参数配置文件,以支持向量机为例,算法提供了线性、多项式、径向基和 S 形函数四种常用的核函数供选择。用户在配置文件中设定算法的各项参数(算法本身提供默认参数设置),参数加载模块将配置信息读入内存。参数加载的流程如图 7-36 所示。

该模块主要实现了对于算法参数的设置,以及从外部文件中读取参数配置文件,解析配置文件内容,将参数加载到内存中的功能。

该模块提供默认参数和读取参数配置文件两种方式加载参数,增强了数据挖掘分析算法库的通用性。

4) 读取数据

数据源是提供某种所需要数据的器件或原始媒体,数据以数据源为载体来供数据挖掘分析算法库使用。读取数据的过程即数据处理的过程,数据挖掘分析算法库收集用户文件,从而记录数据,加工数据从而产生可用的数据。数据处理主要包括 8 个方面:数据采集、数据转换、数据分组、数据组织、数据预处理、数据计算、数据检索、数据排序。读取数据模块的功能图如图 7-37 所示。

根据数据转换和分组方法划分,数据源可大致分为序列化文件、CSV 文件、数据库链接及文本文件四大类。

（1）序列化文件　针对大数据,Hadoop 序列化文件主要用于解决大量小文件问题,序列化文件是 Hadoop 提供的一种二进制文件支持。这种二进制文件直接将<key,value>对序列化到文件中,一般对小文件可以使用这种文件合并,即将文件名作为 key,文件内容作为 value 序列化到大文件中。

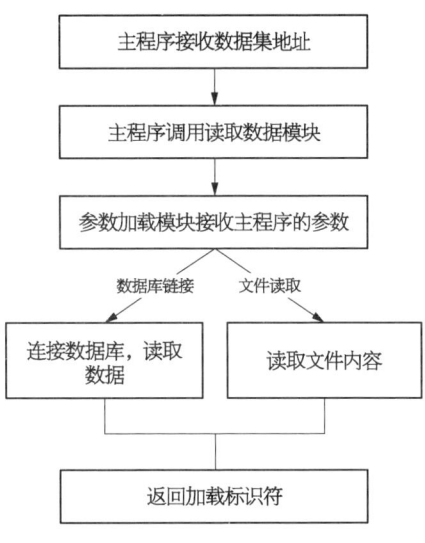

图 7-37　读取数据模块流程图

（2）CSV 文件　CSV 是逗号分隔文件(Comma Separate Values)的首字母英文缩写,是一种用来存储数据的纯文本格式,通常用于电子表格或数据库软件。在 CSV 文件中,数据"列"以逗号分隔,可允许程序通过读取文件为数据重新创建正确的列结构,并在每次遇到逗号时开始新的一列。一般每条记录占一行,以逗号为分隔符。

（3）数据库链接　数据库链接(Database Connectivity)是用来规范客户端程序如何来访问数据库的应用程序接口,提供了诸如查询和更新数据库中数据的方法。通过访问数据库来获取数据进行解析。

（4）文本文件　文本文件是一种由若干行字符构成的计算机文件。文本文件存在于计算机文件系统中。通常,通过在文本文件最后一行后放置文件结束标志来指明文件的结束。由于结构简单,文本文件被广泛用于记录信息。它能够避免其他文件格式遇到的一些问题。

5）任务管理

任务管理模块分为控制任务和查询任务两部分。

（1）控制任务　根据用户提交的运行环境参数,该模块主要实现了在多用户环境下对于任务的控制的功能,其中包括开始任务、打断任务、终止任务,每个用户只需要管理自己任务的开始、暂停、继续和终止。其流程如图 7-38 所示。

任务调度直接影响其实时性能,良好的任务控制可以提高数据挖掘分析算法库的效率。

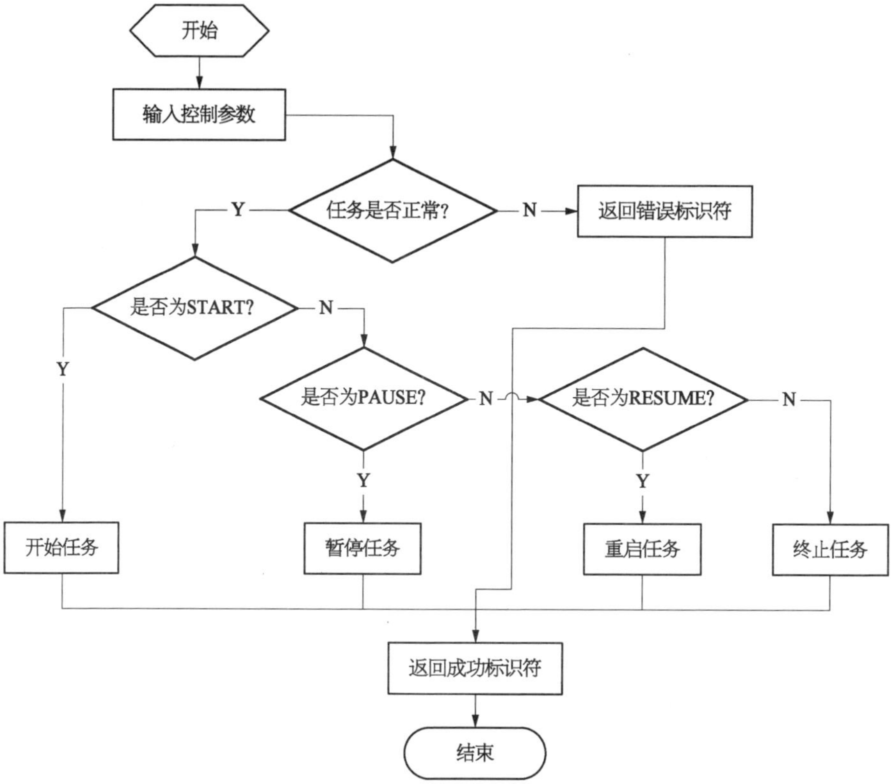

图 7-38 任务控制模块流程图

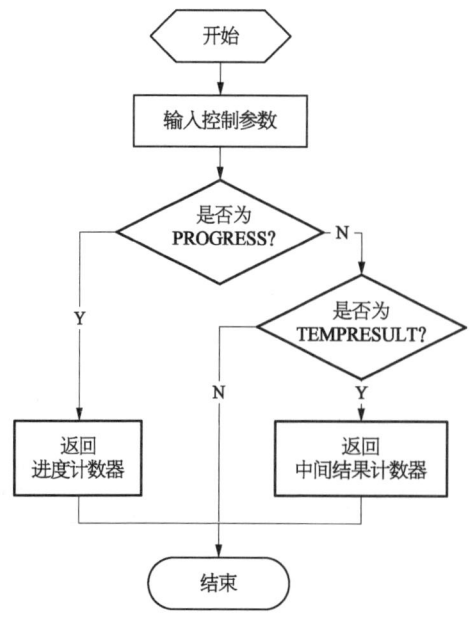

图 7-39 查询任务模块流程图

（2）查询任务　该模块主要实现了在多用户环境下对于任务的查询的功能，每个用户只能查询自己任务的状态和结果，主要通过计数器实现。其流程如图 7-39 所示。

有效的任务查询机制可以使得系统资源得到合理的配置，提高整体效率。

6）算法计算

算法计算即对于用户选中的算法进行运算的过程，它由主程序调用，并接受任务管理模块的控制和查询。算法计算模块不对用户开放，以免用户非正常打断运算或产生错误。算法计算模块的流程如图 7-40 所示。

该模块经由任务管理模块控制和查询,完成不同种类算法的核心计算过程。例如 k-means 算法计算过程,首先从样本数据中任意选择 k 个对象作为初始聚类中心,而对于所剩下其他对象,则根据它们与这些聚类中心的相似度,分别将它们分配给与其最相似的中心;然后再计算每个所获新聚类的聚类中心,不断重复这一过程直到目标函数开始收敛为止。算法计算模块设计为非面向用户,增强了数据挖掘分析算法库的稳定性和可靠性。

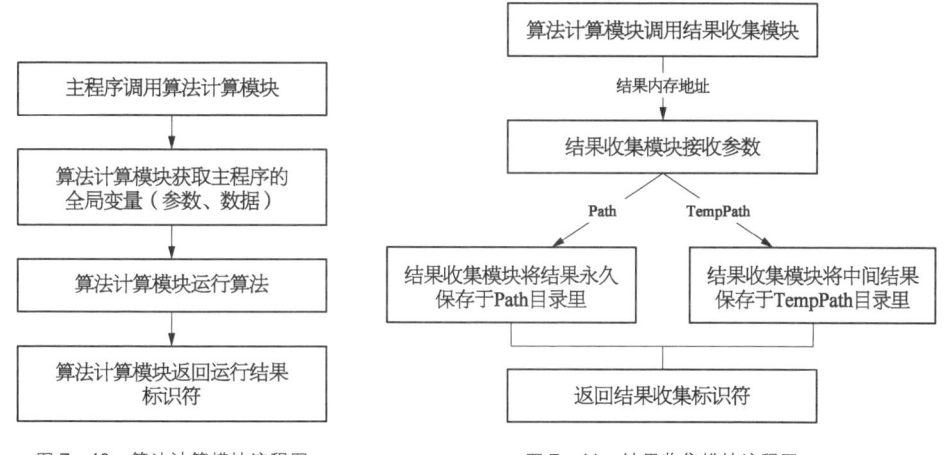

图 7-40　算法计算模块流程图　　图 7-41　结果收集模块流程图

7) 结果收集

算法计算模块会将运算结果缓冲至内存中,所以结果收集模块主要是要将内存中的结果写入文件系统中,以便后期处理和分析。如果数据量极大,需要一边运算一边输出结果。结果收集模块的流程如图 7-41 所示。

该模块主要实现了将算法运行结果从内存中写入文件系统的功能(一边运算一边输出结果),实现永久或临时保存的目的,以便于后期处理和分析数据结果。

将算法运行结果保存至文件系统中,可以实现对于数据的永久或临时保存,并且便于今后对结果进行分析。

7.4.2.2 交通大数据挖掘分析基础算法设计

交通大数据挖掘分析算法库从聚类分析、分类分析、关联分析、模式分析、异常点及特异群组分析等常规数据挖掘分析算法中选取了部分适用于交通大数据的基础算法。

1) 聚类分析

(1) k-means　k-means 算法是基于距离的聚类算法,采用距离作为相似性的评价指标,即认为两个对象的距离越近,其相似度就越大。该算法认为簇是由距离靠近的对象组成的,因此把得到紧凑且独立的簇作为最终目标。其中 k

表示最终希望得到的簇的数量,通常是根据经验人为确定。k 的取值对聚类效果影响较大,非常难以评估其合理性。

算法输入数据格式如图 7－42 所示。

```
1 28.7812 34.4632 31.3381 31.2834 28.9207 33.7596 25.3969 27.7849 35.2479 27.1159 32.8717 29.2171 36.0253 32.337  34.5249 32.8717 34.1173 26.5235 27.6623 26.
  3693 25.7744 29.27   30.7326 29.5054 33.0292 25.04   28.9167 24.3437 26.1203 34.9424 25.0293 26.6311 35.6541 28.4353 29.1495 28.1584 26.1927 33.3182 30.977
  2 27.0443 35.5344 26.2353 28.9964 32.0036 31.0558 34.2553 28.0721 28.9402 35.4973 29.747  31.4333 24.5556 33.7431 25.0466 34.9318 34.9879 32.4721 33.3759 2
  5.4652 25.8717
2 24.8923 25.741  27.5532 32.8217 27.8789 31.5926 31.4861 35.5469 27.9516 31.6595 27.5415 31.1887 27.4867 31.391  27.811  24.488  27.5918 35.6273 35.4102 31.
  4167 30.7447 24.1311 35.1422 30.4719 31.9874 33.6615 25.5511 30.4686 33.6472 25.0701 34.0765 32.5981 28.3038 26.1471 26.9414 31.5203 33.1089 24.1491 28.515
  7 25.7906 35.9519 26.5301 24.8578 25.9562 32.8357 28.5322 26.3458 30.6213 28.9861 29.4047 32.5577 31.0205 26.6418 28.4331 33.6564 26.4244 28.4661 34.2484 3
  2.1005 26.691
3 31.3987 30.6316 26.3983 24.2905 27.8613 28.5491 24.9717 32.4358 25.2239 27.3068 31.8387 27.2587 28.2572 26.5819 24.0455 35.0625 31.5717 32.5614 31.0308 34.
  1202 26.9337 31.4781 35.0173 32.3851 24.3323 30.2001 31.2452 26.6814 31.5137 28.8778 27.3086 24.246  26.9631 25.2919 31.6114 24.7131 27.4809 24.2075 26.805
  9 35.1253 32.6293 31.0561 26.3583 28.0861 31.4391 27.3057 29.6082 35.9725 34.1444 27.1717 33.6318 26.5966 25.5387 32.5434 25.5772 29.9897 31.351  33.9002 2
  9.5446 29.343
4 25.774  30.5262 35.4209 25.6033 27.97   25.2702 28.132  29.4268 31.4549 27.32   28.9564 28.9916 29.9578 30.2773 30.4447 24.3037 24.314  35.0966 25.3679 32.
  0968 33.3303 25.0102 35.3155 31.6264 29.2806 34.2021 26.5077 32.2279 25.5265 24.824  27.5587 28.3714 32.3667 26.9752 35.9346 35.1146 24.3749 27.6083 27.843
  3 29.8557 32.4185 26.8908 31.3209 29.3849 34.3336 24.7381 35.769  31.8725 34.2054 31.156  34.6292 28.7261 28.2979 31.5787 34.6156 32.5492 30.9827 24.8938 2
  7.3659 25.3069
5 27.1798 29.2498 33.6928 25.6264 24.6555 28.9446 35.798  34.9446 24.5596 34.2366 27.9634 25.3216 35.4154 34.862  25.1472 29.4686 33.1739 31.1274 31.3701 26.
  5173 28.6486 31.6565 35.9497 33.0321 24.6081 33.2025 27.4335 32.6355 35.8773 28.0295 33.1247 33.4129 26.9245 30.2123 29.6526 30.8644 24.5119 33.9931 33.309
  4 33.204  31.2651 27.9072 35.111  35.0757 33.833  25.9481 29.1348 24.2875 32.3223 34.9244 27.7218 27.9601 35.7198 27.576  35.3375 29.9993 34.2149 33.1276 3
  1.1057 31.0179
```

图 7－42　k-means 算法输入数据格式示例

每行表示一条记录,以空格分隔字段。每行记录的字段数相同。字段取值只能是数值型,且一般应具有计算“距离”的物理意义,因此需要将某些字段合理地数值化。例如 GPS 数据的经纬度坐标 X、Y 可以作为有意义的输入字段,而车载 GPS 设备的 ID 显然就不具备计算“距离”的物理意义。当数据集较为稀疏时,也可以用键值对的方式来表示,格式为<字段 ID: 值>,键值对之间以空格分隔,值为 0 或空的字段不必出现。在这种表示方法下,系统会用(最大字段 ID+1)来默认每条记录所拥有的字段数量。

(2) Fuzzy k-means　模糊 k 均值算法(Fuzzy k-means)是对 k-means 算法的一个改进,放宽了在 k-means 算法中,将每一个点必须放入某一个簇的限制,允许用户设置一个隶属(membership)参数 $m \geq 1$,表示一个数据点最多可以隶属于几个簇,即允许簇之间有重叠,进而使得簇内数据点的距离关系较 k-means 更具解释性。例如,若以平均速度和峰值速度这两个变量来区分步行、骑自行车和驾驶机动车的出行方式时,那么平均行驶速度较快的电动自行车在 k-means 算法中可能被归入驾驶机动车的簇,而在 Fuzzy k-means 算法中,当 $m=2$ 时,则可能会被分别归入骑自行车和驾驶机动车。相当于单纯从平均速度看,确实比某些路段的机动车快(因为堵车等原因);而从平均速度和峰值速度的关系来看,又接近于骑自行车的模式,即平均速度基本等于峰值速度(且明显高于步行的平均速度,不同于驾驶机动车的峰值速度与平均速度有明显差值)。因此属于两个类更具解释性。实践经验表明,$m=2$ 在大多数情况下能够获得较好的效果。

算法输入数据格式参见 k-means 算法。

（3）Canopy　Canopy 算法解决了 k-means 算法中难以事先指定一个合适的 k 值，因此具有很大的实际应用价值。与其他聚类算法相比，Canopy 聚类虽然精度较低，但其在速度上有很大优势，因此可以使用 Canopy 聚类先对数据进行“粗”聚类，得到 k 值后再使用 k-means 或其他聚类算法进一步“细”聚类。Canopy 算法需要确定两个参数 T1 和 T2，且 T1>T2，可以理解为两个半径。大半径 T1 用以确定某个 Canopy 所能覆盖的范围，即当一个数据点作为 Canopy 的中心点确定下来后，T1 构成的范围内，所有的数据点都数据这个 Canopy。通过设定一个较大的 T1，可以让所有的数据点都落在 Canopy 中，但可能存在一个数据点落在多个 Canopy 中的情况，即 Canopy 有所重叠。T2 则表示在此范围内的数据点可以认为是与中心点的距离“足够近”，因而不该属于其他 Canopy。通过将每个点放置到一个 Canopy 中（在不属于某个 Canopy 时会创建一个新的 Canopy），并仔细处理归属，最终可以将每一个点归属到一个 Canopy 中，最后得到若干个 Canopy，即不太精确的簇。

算法输入数据格式参见 k-means 算法。

2）分类分析

（1）SVM　SVM 即支持向量机（Support Vector Machine）主要思想可以概括为两点：① 针对线性可分情况进行分析，对于线性不可分的情况，通过使用非线性映射算法将低维输入空间线性不可分的样本转化为高维特征空间使其线性可分，从而使得高维特征空间采用线性算法对样本的非线性特征进行线性分析成为可能；② 基于结构风险最小化理论之上在特征空间中建构最优分割超平面，使得学习器得到全局最优化，并且在整个样本空间的期望风险以某个概率满足一定上界。由于 SVM 算法总是试图用线性可分方式来进行分类，故该算法特别适用于解决二分类问题

算法输入数据格式如图 7－43 所示。

```
-1 5:1 7:1 14:1 19:1 39:1 40:1 51:1 63:1 67:1 73:1 74:1 76:1 78:1 83:1
-1 3:1 6:1 17:1 22:1 36:1 41:1 53:1 64:1 67:1 73:1 74:1 76:1 80:1 83:1
-1 5:1 6:1 17:1 21:1 35:1 40:1 53:1 63:1 71:1 73:1 74:1 76:1 80:1 83:1
-1 2:1 6:1 18:1 19:1 39:1 40:1 52:1 61:1 71:1 72:1 74:1 76:1 80:1 95:1
-1 3:1 6:1 18:1 29:1 39:1 40:1 51:1 61:1 67:1 72:1 74:1 76:1 80:1 83:1
-1 4:1 6:1 16:1 26:1 35:1 45:1 49:1 64:1 71:1 72:1 74:1 76:1 78:1 101:1
+1 5:1 7:1 17:1 22:1 36:1 40:1 51:1 63:1 67:1 73:1 74:1 76:1 81:1 83:1
+1 2:1 6:1 14:1 29:1 39:1 42:1 52:1 64:1 67:1 72:1 75:1 76:1 82:1 83:1
+1 4:1 6:1 16:1 19:1 39:1 40:1 51:1 63:1 67:1 73:1 75:1 76:1 80:1 83:1
+1 3:1 6:1 18:1 20:1 37:1 40:1 51:1 63:1 71:1 73:1 74:1 76:1 82:1 83:1
```

图 7－43　SVM 算法输入数据格式示例

每行表示一条记录，以空格分隔字段。二分类，第一字段-1 或+1 为类别标签，无特别含义。特征使用键值对表示，格式为<字段key：字段 value>，取值为 0

或空的字段不出现。训练集的类别标签可通过手工标定或其他方式确定。测试集(预测集)数据的类别标签忽略。

(2) MaxEntropy 最大熵(MaxEntropy)算法基于最大熵模型(Maxium Entropy Model),适用于存在隐性变量(Latent Variable)的问题求解,寻找隐性变量的最大似然估计,多用于文本、图像等数据的多分类问题。其主要思想是,在只掌握关于未知分布的部分知识时,应该选取符合这些知识但熵值最大的概率分布。从原理上说,关于未知分布最合理的推断就是符合已知知识最不确定或最随机的推断,这是可以作出的唯一不偏不倚的选择,任何其他的选择都意味着增加了其他的约束和假设,这些约束和假设根据掌握的信息无法做出(可以简单理解为其他选择都掺杂了主观臆断)。利用 MaxEntropy 得到的分类结果亦即是最符合"仅依据已知知识得出分类结果"。

算法输入数据格式参见 SVM 算法。其中,每行的第一个字段表示多分类的类别标签,所有的类别必须是从 0 开始的连续正整数(比如 4 个类别就是 0,1,2,3),特征使用键值对表示,特征之间空格分隔。

(3) MRLR 并行逻辑回归(Logistic Regression)算法,是 Logistic Regression 的 MapReduce 并行实现,用来进行二分类任务。不同于 SVM 等分类算法,必然为一个数据点打上一个确定的类别标签,MRLR 对于每个数据点,通过使用 logistic 函数(或称为 sigmoid 函数)将自变量映射到(0,1)上,使得结果表示为该数据点属于某个类别的概率。

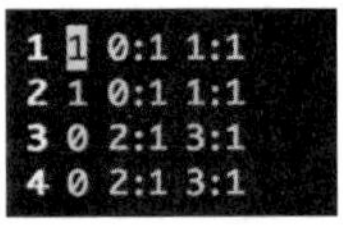

算法输入数据格式如图 7-44 所示。

```
1 1 0:1 1:1
2 1 0:1 1:1
3 0 2:1 3:1
4 0 2:1 3:1
```

图 7-44 MRLR 算法输入数据格式示例

每行表示一条记录,以空格分隔字段。二分类,第一字段 0 或 1 为类别标签,无特别含义。特征使用键值对表示,格式为 <字段 key:字段 value>,取值为 0 或空的字段不出现。训练集的类别标签可通过手工标定或其他方式确定。测试集(预测集)数据的类别标签忽略。为取得最佳的并行加速,输入数据集应保存在分布式文件系统上。

(4) MRME MRME 是 MaxEntropy 算法的 MapReduce 并行实现。参见 MaxEntropy 算法简介。算法输入数据格式参见 MRLR 算法。

3) 关联分析

(1) RuleGrowth RuleGrowth 是序列关联分析算法之一,用于在若干个事件(每个事件在系统中是一条数据记录)中找出序列片段按顺序出现的规律(称之为"规则")。RuleGrowth 算法使用一种"模式增长"(pattern-growth)方法来发现序列规则,较传统方法效率更高,且具有较好的可伸缩性,在低支持度和低置信度下具有更优的表现。

算法输入数据格式如图 7－45 所示。

```
1 1 -1 1 2 3 -1 1 3 -1 4 -1 3 6 -1 -2
2 1 4 -1 3 -1 2 3 -1 1 5 -1 -2
3 5 6 -1 1 2 -1 4 6 -1 3 -1 2 -1 -2
4 5 -1 7 -1 1 6 -1 3 -1 2 -1 3 -1 -2
```

图 7－45　RuleGrowth 算法输入数据格式示例

每行为一条记录,-1 是序列片段之间的分隔符,-2 为记录行结束符。一个“序列片段”(即两个-1 或-1 和-2 之间的内容,如 1 2 3)由若干个“项”组成,项与项之间用空格分割,且所有项必须为大于 0 的整数。

(2) TRuleGrowth　TRuleGrowth 是在 RuleGrowth 算法上的改进,主要解决三个问题,即类似的规则在被打分时可能完全不同、规则被单独考量时完全无意义因而无法被挖掘出、得到的规则太特殊化而无法用来做预测。因此,在借鉴 POSR(Partially-Ordered Sequential Rules)的思想下,在 RuleGrowth 算法基础上,附加了一个滑动窗口(Sliding-Window)约束,从而将规则的发现范围限定在一个额定的时间或次数上。TRuleGrowth 算法的性能表现和适用性 RuleGrowth 类似,但得到的规则在用作预测时具有更高的准确性。

算法输入数据格式参见 RuleGrowth 算法。

(3) AssoRules　AssoRules 是模式关联分析算法之一,用以发现在若干事件中,出现某些字段必然会出现另一些字段的规律。

算法输入数据格式如图 7－46 所示。

```
1 1 3 4
2 2 3 5
3 1 2 3 5
4 2 5
5 1 2 3 5
```

图 7－46　AssoRules 算法输入数据格式示例

每行为一条记录,字段之间用<空格>分割(如 1 3 4)。所有字段取值必须为大于 0 的整数。

(4) ClosedAssoRules　ClosedAssoRules 是 AssoRules 算法的改进版本,在有限项集(itemset,即字段的集合)中寻找模式规律,有效地克服了 AssoRules 算法在全部字段上寻找模式规律导致效率低下、容易忽略掉某些规则等不足。

算法输入数据格式参见 AssoRules 算法。

4) 模式分析

(1) ClaSP　ClaSP 是频繁模式分析挖掘算法之一,通过形成频繁序列 FS 的子集——频繁闭候选集 FCC,再剪枝得到频繁闭序列,从而得到在数据集中频繁出现的字段集合(项集)序列。ClaSP 利用深度优先搜索算法、垂直数据库进行闭合序列模式挖掘,仅需扫描若干次即可得到模式规则,大大提高了获得模式的效率。

算法输入数据格式如图 7‑47 所示。

图 7‑47　ClaSP 算法输入数据格式示例

每行为一条记录,-1 是项集的分隔符,-2 为记录行结束符。一个"项集"(即两个-1 或-1 和-2 之间的内容,如 1 2 3)由若干个"项"组成,项与项之间用空格分割,且所有项必须为大于 0 的整数。

(2) PrefixSpan　PrefixSpan 通过前缀投影来挖掘序列模式。进行投影时,并不考虑所有出现的频繁子序列,而是找出前缀序列,把相应的后缀投影成为一系列的投影数据库,对于每一个投影数据库,递归地发现频繁模式的子集。PrefixSpan 算法的优点是只需找出局部频繁模式,且不产生候选码,计算复杂性小,但需要产生大量的投影数据库,存储开销较大。

算法输入数据格式参见 ClaSP 算法。

图 7‑48
Apriori 算法输入
数据格式示例

(3) Apriori　Apriori 通过候选集生成和情节的向下封闭检测两个阶段来挖掘频繁项集,得到在一系列事件中,几个项(字段)同时出现的规律。其核心思想是依据支持度找出所有频繁项集(频度),再依据置信度产生规则(强度)。在每一次遍历中,都利用前一遍的大模式产生候选模式,然后在完成遍历整个数据集后测试它们的支持度,遍历结束时,候选者的支持度用来确定大模式。在第一次遍历时,大项集阶段的输出用来初始化大 1‑序列的集合。

算法输入数据格式如图 7‑48 所示。

每行为一条记录,字段之间用空格分隔(如 1 3 4)。所有字段取值必须为大于 0 的整数。

(4) FP‑Growth　FP‑Growth 同样用于发现数据集中频繁模式的规律。FP‑Growth 将提供频繁项集的数据集压缩到一棵频繁模式树(Frequent Pattern Tree,FP‑tree),但仍保留项集关联信息。在算法中使用了一种称为频繁模式树的数据结构。FP‑tree 是一种特殊的前缀树,由频繁项头表和项前缀树构成。FP‑Growth 算法基于以上的结构加快整个挖掘过程。FP‑Growth 算法解决了 Apriori 算法时间和空间复杂度较大的问题。

算法输入数据格式参见 Apriori 算法。

(5) CHARM　CHARM 采用在频繁闭项集对结果集进行约束,解决频繁模式挖掘算法对于稠密数据库或者支持度阈值比较小时,频繁模式的数量会以指数形式增长,实际上不可能找出所有的频繁模式的问题。在 CHARM 算法中,通过项集-事务集树(IT-树)同时探索项集空间和事务空间,使用一种高效的混合搜索方法,这样可以跳过 IT-树的许多层,快速地确定频繁闭项集,避免了判断许多可能的子集,并使用快速 hash 方法以消除非封闭项。

算法输入数据格式参见 Apriori 算法。

(6) PPrefixSpan PPrefixSpan 是 PrefixSpan 的 MapReduce 并行实现。参见 PrefixSpan 算法简介。

算法输入数据格式如图 7-49 所示。

字段与字段之间用空格分隔,每个字段由一个或多个数据项组成,数据项之间用逗号分隔。所有项必须为大于 0 的整数。为取得最佳的并行加速,输入数据集应保存在分布式文件系统上。

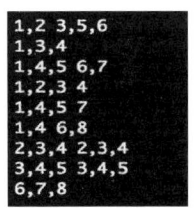

图 7-49
PPrefixSpan 算法输入数据格式示例

(7) PFP-Growth PFP-Growth 是 FP-Growth 的 MapReduce 并行实现。参见 FP-Growth 算法简介。

算法输入数据格式如图 7-50 所示。

每行一条记录,字段之间用半角逗号分隔。为取得最佳的并行加速,输入数据集应保存在分布式文件系统上。

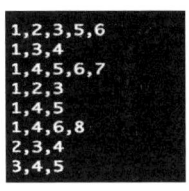

图 7-50
PFP-Growth 算法输入数据格式示例

5) 异常点及特异群组分析

(1) LOF 局部异常因子算法(Local Outlier Factor,LOF)基于局部可达密度(Local Reachability Density)这个概念。即在采用距离作为相似性度量的聚类算法中,不属于任何簇的异常点(或称离群点)其周围点的密度明显低于簇中的各个点,那么可以定义一个所谓"局部可达密度",使得数据集中任何簇中的点都不低于这个密度,亦即密度越高越可能属于同一簇,密度越低越可能是离群点。通过定义数据点的局部离群因子为 p 的相邻点的局部可达密度与点 p 的局部可达密度之比的平均数,如果这个比值越接近 1,说明 p 的其邻域点密度差不多,p 可能和邻域同属一簇;如果这个比值越小于 1,说明 p 的密度高于其邻域点密度,p 为密集点;如果这个比值越大于 1,说明 p 的密度小于其邻域点密度,p 越可能是异常点。通过比较每个点 p 和其邻域点的密度来判断该点是否为异常点,如果点 p 的密度越低,越可能被认定是异常点。由于只比较 p 的相邻若干个点的密度而非所有的点,故该算法名为"局部"异常因子。

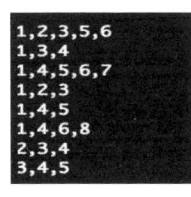

图 7-51
LOF 算法输入数据格式示例

算法输入数据格式如图 7-51 所示。

每行一条记录,字段之间用半角逗号分隔。

（2）MRLDF　MRLDF是局部偏离因子算法(Local Deviation Factor,LDF)的MapReduce实现,主要用于异常检测,通过计算某一个数据点p的k距离范围内的数据点的质心(即某个虚拟的点,这个点到这些k距离范围内的数据点的距离最小,亦即均值点means),定义局部偏离率LDR为p和质心的距离与k距离邻居总数的比值。局部偏离率反映了数据点p和它的k距离邻居数据点的分布情况,LDR越小,说明包括p在内的这些点分部越均匀,则数据点p成为异常点的可能性就越小,反之若LDR越大,则说明p和它的k距离邻居越不相关,数据点p成为异常点的可能性就越大。当LDR为0时,数据点p即为k距离邻居的质心,亦表明p不可能是异常点。将p的每一个k距离邻居都计算一遍LDR,求得LDR的平均值记为局部偏离影响率LIR,则可用LDR/LIR来表示局部偏离因子LDF,用以反映p的k距离邻居内邻近数据点的分散程度。LDF越大,说明p周围越稀疏,p越有可能是异常点,LDF越小,则p周围越稠密,它不可能是异常点。

算法输入数据格式参见LOF算法。为取得最佳的并行加速,输入数据集应保存在分布式文件系统上。

7.4.2.3　交通大数据挖掘分析算法服务接口

交通大数据挖掘分析算法服务采用WebService接口访问,包括算法管理类接口、数据集管理类接口、任务管理类接口、结果管理类接口、结果输出类接口等5大类。

每个算法服务接口描述包含三个部分:

① 接口定义。定义算法服务接口的调用函数原型。

② 输入。解释接口定义中各输入参数。若不需要输入参数,则该部分为"无"。

③ 返回值。罗列该服务接口被调用后可能的返回值。

接口采用形式化定义,用类似JAVA语言格式书写,接口名称、参数名和数据类型大小写相关。

1）算法管理类接口

对所支持的算法进行管理,包括对算法的增删改查等操作。

（1）新增算法

① 接口定义。

Boolean ddNewAlgorithm (String algorithmName, String algorithmDescription, String algorithmInfo)

② 输入。

algorithmName：要添加的算法名,全局唯一,不包含空格。

algorithmDescription：算法的描述信息文字，例如可以包括参数配置，输出数据格式和输出数据格式等。

algorithmInfo：算法的属性信息文字，包括算法提交者，提交时间，版本信息等。

③ 返回值。

true：新增算法成功。

false：新增算法失败。

（2）删除算法

① 接口定义。

Boolean deleteAlgorithm(String algorithmName)

② 输入。

algorithmName：要删除的算法名。

③ 返回值。

true：删除算法成功。

false：删除算法失败。

（3）算法名称修改　对系统中已有算法的算法名称进行修改。

① 接口定义。

Boolean modifyAlgorithmName (String originAlgorithmName, String desAlgorithmName)

② 输入。

originAlgorithmName：原算法名。

desAlgorithmName：新的算法名，全局唯一，不包含空格。

③ 返回值。

true：算法名称修改成功。

false：算法名称修改失败。

（4）算法描述修改　对系统中已有算法的算法描述文字进行修改。

① 接口定义。

Boolean modifyAlgorithmDescription (String algorithmName, String desAlgorithmDescription)

② 输入。

algorithmName：算法名。

desAlgorithmDescription：新的算法描述。

③ 返回值。

true：算法描述修改成功。

false：算法描述修改失败。

（5）列出所有算法

① 接口定义。

List<String,String> getAllAlgorithmsInfo( )

② 输入。

无。

③ 返回值。

所有算法及其描述文字的列表。

（6）特定算法查询

① 接口定义。

String getAlgorithmInfo(String algorithmName)

② 输入。

algorithmName：要查询的算法名。区分大小写。

③ 返回值。

该算法说明文档。

（7）算法加载　将系统中需要调用的算法加载到内存中，加载过程中将算法的输入、输出和参数等信息加载到内存中。

① 接口定义。

Boolean loadAlgorithm(String algorithmName)

② 输入。

algorithmName：算法名。

③ 返回值。

true：加载算法成功。

false：加载算法失败。

2）数据集管理类接口

对数据集进行管理，包括对数据集的增删改查，对数据记录的增删改查及对数据集的子集管理。

（1）新增数据集　新增数据集实际上是添加已存在于系统中的外部数据，同时对新增的数据集进行描述，生成一个数据集说明文档，用于记录数据集的数据格式、数据各个字段的类型和取值范围、数据文件大小、数据提供者等。

① 接口定义。

Boolean addDataset(String datasetPath)

② 输入。

datasetPath：外部数据集路径。

③ 返回值。

true：新增数据集成功。

false：新增数据集失败。

新增的数据集只能是通过其他方式（如通过 ftp 上传，移动硬盘复制，网上下载等），事先上传到系统中的数据集，一般是以文件形式存在，建议一个数据集只包含一个文件。

（2）列出所有数据集

① 接口定义。

List<Integer,String> getAllDataset( )

② 输入。

无。

③ 返回值。

所有数据集 ID 和外部数据集路径的列表。

（3）查看数据集　查看数据的说明文档或者查看数据指定行的记录。

① 接口定义。

String catDataset(Integer datasetID, Long recordLine)

② 输入。

datasetID：数据集 ID。

recordLine：记录行数。

③ 返回值。

若 recordLine 为-1 返回该数据集说明文档。

若 recordLine 为非负整数返回该数据集知道行记录。

（4）删除数据集　删除系统中不需要的数据集，删除数据集不会删除实际的数据文件。

① 接口定义。

Boolean deleteDataset(Integer datasetID)

② 输入。

datasetID：数据集 ID。

③ 返回值。

true：删除数据集成功。

false：删除数据集失败。

（5）修改数据集描述　修改数据集就是对数据集的描述信息进行修改。当数据集正在使用时，对数据集进行的修改不会影响到正在使用该数据集的任务。

① 接口定义。

Boolean modifyDatasetDescription(Integer datasetID, String datasetDescription)

② 输入。

datasetID：数据集 ID。

datasetDescription：数据集描述。

③ 返回值。

true：修改数据集成功。

false：修改数据集失败。

(6) 数据抽样　用于对数据挖掘所需的数据集中的记录做抽样处理,并声称新的数据集。允许多种选择抽样方式,分为"选择前 N 条记录""每隔 N 条记录选取一条""按百分比选取"等。通过对数据抽样,可以减少数据集中记录的规模,为后继的数据挖掘任务构造合适的训练集。

① 接口定义。

Integer dataSample(Integer datasetID, String sampleFormat, Integer N)

② 输入。

datasetID：数据集 ID。

sampleFormat：抽样格式,"选择前 N 条记录""每隔 N 条记录选取一条"和"按百分比选取"。

N：对应抽样格式的 N。按百分比选取时,必须保证 N 取值范围在[0,100],表示整数百分比,如 1%,20%等。

③ 返回值。

抽样处理得到的新数据集 ID。

3) 任务管理类接口

(1) 新增任务

① 接口定义。

Integer addNewDMTask(String taskName, String taskDescription, String taskCnfiguration)

② 输入。

taskName：任务名称。

taskDescription：任务描述。说明任务的目的,数据输入说明,所用的算法,算法的参数等。

taskConfiguration：任务配置。配置数据输入、结果输出、所调用的算法及算法的参数等。

③ 返回值。

Integer 类型,大于 0 表示任务 ID,小等于 0 表示出错。

(2) 编辑任务描述信息

① 接口定义。

Boolean modifyTaskDescription(Integer taskID, String taskDescription)

② 输入。

taskID：要修改的任务 ID。

taskDescription：新的任务描述。对数据挖掘任务编辑一个简单的描述,如,说明任务的目的,数据输入说明,所用的算法,算法的参数等。

③ 返回值。

true：编辑任务描述成功。

false：编辑任务描述失败。

(3) 选择输入数据集

① 接口定义。

String setTaskDataset(Integer taskID, Integer datasetID)

② 输入。

taskID：任务 ID。

datasetID：数据集 ID。

③ 返回值。

String 类型,非空串表示数据集路径,空串表示数据集 ID 或任务 ID。不存在。

(4) 选择数据挖掘算法并配置参数

① 接口定义。

void setTaskParameters(Integer taskID, String algorithmName, String taskParameters)

② 输入。

taskID：任务 ID。

algorithmName：算法名。

taskParameters：本次任务配置的算法参数。

③ 返回值。

无。

(5) 编辑结果输出

① 接口定义。

void setTaskOutput(Integer taskID, Integer datasetID, String outputDir, String outputFormat)

② 输入。

taskID：任务 ID。

datasetID：数据集 ID。

outputDir：结果输出目录。

outputFormat：结果格式，文本文件输出、XML 文件输出、Excel 文件输出。

③ 返回值。

无。

(6) 查看任务描述信息

① 接口定义。

String getTaskDescription(Integer taskID)

② 输入。

taskID：任务 ID。

③ 返回值。

任务的描述信息。

(7) 查看任务配置参数

① 接口定义。

String getTaskConfiguration(Integer taskID)

② 输入。

taskID：任务 ID。

③ 返回值。

任务调用算法所配置的参数等信息。

(8) 查看任务运行状态

① 接口定义。

String getTaskState(Integer taskID)

② 输入。

taskID：任务 ID。

③ 返回值。

查看任务运行的状态信息，包括任务运行的状态、任务开始运行的时间、运行总时间、任务优先级等信息。

(9) 查询任务是否运行

① 接口定义。

Boolean isTaskRunning(Integer taskID)

② 输入。

taskID：任务 ID。

③ 返回值。

true：当前任务正在运行。

false：当前任务不在运行。

（10）修改任务描述信息　仅当 isTaskRunning 为 false 时可以调用。

① 接口定义。

Boolean modifyTaskDescription(Integer taskID, String taskDescription)

② 输入。

taskID：任务 ID。

taskDescription：新的任务描述信息。

③ 返回值。

true：任务描述信息修改成功。

false：任务描述信息修改失败。

（11）修改输入数据集　仅当 isTaskRunning 为 false 时可以调用。

① 接口定义。

Boolean setTaskDataset(Integer taskID, Integer datasetID)

② 输入。

taskID：任务 ID。

datasetID：任务输入的数据集 ID。

③ 返回值。

true：输入数据集修改成功。

false：输入数据集修改失败,维持使用原先设定的数据集。

（12）修改数据挖掘算法和配置参数　仅当 isTaskRunning 为 false 时可以调用。

① 接口定义。

Boolean setTaskParameters(Integer taskID, String algorithmName, String taskParameters)

② 输入。

taskID：任务 ID。

algorithmName：任务所需的算法名。

taskParameters：新的任务配置算法参数。

③ 返回值。

true：修改成功。

false：修改失败,维持使用原先设定的算法和配置的参数。

（13）修改结果输出路径　仅当 isTaskRunning 为 false 时可以调用。

① 接口定义。

Boolean setTaskOutput (Integer taskID, Integer datasetID, String outputDir, String outputFormat)

② 输入。

taskID：任务 ID。

datasetID：数据集 ID。

outputDir：结果输出目录。

outputFormat：结果格式，文本文件输出、XML 文件输出、Excel 文件输出。

③ 返回值。

true：修改成功。

false：修改失败，维持使用原先设定的结果输出路径和格式。

（14）运行任务　运行已经配置好的任务，已经运行的任务不可再运行，想运行已经在运行的任务，要先终止当前的运行才可以重新运行。要开始运行任务的时候，可以对查看任务的信息、对任务进行修改等，相应地就要调用查看任务或者修改任务中相应的模块。

① 接口定义。

Boolean stopTask(Integer taskID)

② 输入。

taskID：任务 ID。

③ 返回值。

true：运行任务成功。

false：运行任务失败，可能是因为任务 ID 不存在、任务已经在运行，或任务所用数据集不存在。

（15）终止任务

① 接口定义。

Boolean stopTask(Integer taskID)

② 输入。

taskID：任务 ID。

③ 返回值。

true：终止任务成功。

false：终止任务失败。

（16）暂停任务

① 接口定义。

Boolean pauseTask(Integer taskID)

② 输入。

taskID：任务 ID。

③ 返回值。

true：暂停任务成功。

false：暂停任务失败。

（17）删除任务　删除系统中的某个不再需要的任务,只能删除没有在运行的任务;想删除运行中的任务的话,要先终止任务的执行才可以删除此任务。

① 接口定义。

Boolean deleteTask(Integer taskID)

② 输入。

taskID：任务 ID。

③ 返回值。

true：删除任务成功。

false：删除任务失败。

4）结果管理类接口

对数据挖掘任务的输出结果进行管理,包括：列出指定任务的输出结果、查看结果文件内容、删除结果文件、结果输出。

（1）列出指定任务的输出结果

① 接口定义。

String listTaskResult(Integer taskID)

② 输入。

taskID：任务 ID。

③ 返回值。

所有结果文件文件所在文件夹路径。

（2）查看结果文件内容

① 接口定义。

String catTaskResult(String filePath)

② 输入。

filePath：文件路径。

③ 返回值。

文件内容。

（3）删除结果文件

① 接口定义。

Boolean deleteTaskResult(String filePath)

② 输入。

文件路径：filePath。

③ 返回值。

true：删除结果文件成功，被删除的文件将不可被恢复。

false：删除结果文件失败。

5) 结果输出类接口

结果输出的功能是把数据挖掘分析之后生成的结果数据再输出到用户指定的文件形式中，目前包括三种类型的子任务：文本文件输出、XML 文件输出、Excel 文件输出。

(1) 文本文件输出　把结果文件以文本文件的形式输出到用户指定的路径中。

① 接口定义。

Boolean translateResultToTxt(String resultPath, String txtOutputPath)

② 输入。

resultPath：结果文件夹路径。

txtOutputPath：TXT 输出文件夹路径。

③ 返回值。

true：转换输出完毕且成功。

false：转换输出失败，任何存在于 txtOutputPath 文件夹下已转换文件都是不可靠的。

(2) XML 文件输出　结果文件以 XML 文件的形式输出到用户指定的路径中。

① 接口定义。

Boolean translateResultToXML(String resultPath, String xmlOutputPath)

② 输入。

resultPath：结果文件夹路径。

xmlOutputPath：XML 输出文件夹路径。

③ 返回值。

true：转换输出完毕且成功。

false：转换输出失败，任何存在于 xmlOutputPath 文件夹下已转换文件都是不可靠的。

(3) Excel 文件输出　结果文件以 Excel 文件(CSV 格式)的形式输出到用户指定的路径中。

① 接口定义。

Boolean translateResultToExcel(String resultPath, String excelOutputPath)

② 输入。

resultPath：结果文件夹路径。

excelOutputPath：Excel 输出文件夹路径。

③ 返回值。

true：转换输出完毕且成功。

false：转换输出失败，任何存在于 excelOutputPath 文件夹下已转换文件都是不可靠的。

7.4.2.4　重点算法应用

各类交通大数据挖掘分析基础算法，配合不同的数据集，可以用来分析若干交通问题：

（1）聚类分析　利用云计算环境的聚类算法，在高维海量历史数据中实现城市道路交通流量特征聚类算法、公共交通客流人群特征聚类算法、车辆行驶路径特征聚类算法等，通过聚类分析归纳交通参与者的出行行为和特点，为进一步挖掘分析提供基础。

（2）分类分析　利用云计算环境下的基于 SVM、神经网络的分类和回归分析方法，实现对上下班通勤、自驾出游、公务、客运货运等车辆出行行为识别算法、道路形成拥堵和恢复畅通能力的分类算法等，通过对实时数据快速分析，将交通参与者按出行行为归类，对城市道路的繁忙程度进行分类，可为出行者提供更加有针对性的交通出行服务和推荐提供算法支持；实现分类算法的自适应动态反馈优化，不断提高分类的准确性。

（3）关联分析　利用云计算环境下的实时数据和历史数据关联分析，挖掘交通状态与时空变化的关联特征分析算法、区域交通状态与公众出行交通方式关联分析算法、重大活动客流疏散效率分析算法等，揭示交通现象和拥堵之间的关联关系，发现交通拥堵的特征行为，为短时交通状态预测、交通导流、制定重大活动预案等提供算法支持。

（4）模式分析　实现道路拥堵特征模式识别算法，车辆行驶路径序列模式识别算法等，省际出行交通工具与路径选择模式识别算法等，归纳总结公众出行的习惯，为节假日、重大活动的交通资源调度和临时道路管制提供决策支持。

（5）特异群组分析　实现在大量正常交通行为中发现具有群体特征的异常行为，实现非法竞速行为识别算法、异常跟车行为识别算法、非法营运车辆行为识别算法等，通过对实时交通数据的特异群组挖掘分析，找到这些潜在的异常行为群体，为交通管理提供支持，也能为公安等第三方提供技术支援。

1) 实验数据描述

使用的实验数据取自 2016 年 1 月 1—7 日的上海区域内行驶的出租车 GPS 轨迹数据,包含 20 个字段,主要信息有设备 ID、时间戳、经纬度、速度、方向等。实验数据如图 7-52 示例。

DataTime	UNIQUEID	DeviceType	Company	DeviceID	Flag	FilterFlag	EvelationFlag	Satellite	Heading	Speed
1451581140	201601010059_184_37_4658134	1	31000003	171047	0	0	0	0	315	0
1451581140	201601010059_184_37_4658179	1	31000003	161845	0	0	0	0	135	0
1451581140	201601010059_184_37_4658410	1	31000003	39508	0	0	0	0	315	0
1451581140	201601010059_184_37_4658432	1	31000003	24145	0	0	0	0		0
1451581140	201601010059_184_37_4658462	1	31000003	161716	0	0	0	0	315	0

EvelationUnit	Evelation	Status	Event	Longitude	Latitude	BJLongitude	BJLatitude	TimeStamp
0	50	1	4	1212330245	310130996	1212374360	310109653	1451581170
0	50	0	4	1214706420	312259407	1214751745	312240045	1451585651
0	50	1	4	1212396163	313918323	1212440588	313898726	1451581087
0	50	1	4	1213111190	310763339	1213156109	310742945	1451581115
0	50	1	4	1213442001	312265758	1213487788	312246770	1451560795

图 7-52 出租车 GPS 轨迹数据示例

原始数据中的 Status 字段表示出租车的载客状态,不同值分别表示:0——客人下车;1——客人上车;2——锁车门;3——开锁车门;4——其他。

对于同一辆出租车(即同一个 DeviceID),一段连续时间内 Status 连续为 1 可以理解为一段出租车载客区间,如图 7-53 中的第 1 到 10 行。

	DeviceID	TimeStamp	Status	Longitude	Latitude
1	159893	1451577614	1	1215539855	311985168
2	159893	1451577794	1	1215566787	311859912
3	159893	1451577824	1	1215575408	311833610
4	159893	1451577854	1	1215580902	311816959
5	159893	1451577884	1	1215585479	311789283
6	159893	1451577914	1	1215587615	311781368
7	159893	1451577944	1	1215594711	311767272
8	159893	1451577974	1	1215598907	311758518
9	159893	1451578004	1	1215608825	311734924
10	159893	1451578994	1	1215819015	311120891
11	159893	1451579066	0	1215825042	311116733
12	159893	1451579164	0	1215782012	311110515
13	159893	1451579185	0	1215755233	311105709
14	159893	1451579225	0	1215703659	311097469
15	159893	1451579245	0	1215687026	311094875

图 7-53 出租车载客区间

2) 基于 GPS 轨迹的出租车载客路径智能推荐

乘客在搭乘出租车时希望尽可能减少等车的时间,还希望尽量避免到远处搭乘。因此,在进行推荐载客地点时不但要分时段,而且这些推荐地点还要代表乘客的集中地。本文依据步行 GPS 轨迹所记录的经纬度等信息,提出了一种基于出租车轨迹的载客点提取方法。具体过程如下:首先,先进行空间层次聚类后再将聚类中心划分到各时段中。先用基于层次的 k-means 聚类法逐级获得代表较小区域的聚类簇,再将聚类结果分到不同时段,其中,标记时间是利用聚类簇包含的各停留点的时间经 k-means 聚类后得到。

并行 k-means 聚类算法

输入:数据集,聚类中心数 k
输出:k-means 模型

定义:
(1)读入数据集,将数据划分至 P 个结点。
(2)初始化 k 个聚类中心,可基于随机方法、Canopy 及其他方法。
(3)重复以下步骤,直至收敛。
① 将当前聚类中心分布至所有结点。
② 针对每个数据分片,对每个数据点计算最近的聚类中心及对应距离:$c = argmin||x_i - u_j||^2$。
③ 按所属的聚类心累加数据点值及计数。
④ 合并计算每个聚类中心的总和。
⑤ 更新计算每个聚类中心的均值,即新的聚类中心。
⑥ 判断当前轮迭代较上轮迭代是否有数据点修改,如果没有则退出循环。
(4)返回生成的模型,输出总的距离和。

---

3) 基于 SVM 的拥堵判别算法

对道路上的拥堵与非拥堵交通流数据进行采集后,应用 SVM 算法进行所设计的三种拥堵模式下的分类,即分别为非拥堵模式下"畅行"、拥堵模式下"一般拥堵"和"严重拥堵"。由于 SVM 本身是一种二分类机器算法,为了实现本算法所设计的"畅行""一般拥堵""严重拥堵"三种模式分类,可以通过两次应用 SVM 算法对所采集的拥堵与非拥堵交通流数据进行算法分类,第一次分类结果为非拥堵模式与拥堵模式,其中非拥堵模式即为道路"畅行"状态,对拥堵模式下的拥堵交通流数据再次应用 SVM 算法进行二次分类,分类结果为"一般拥堵"与"严重拥堵"。

可以将城市道路运行状态宏观上分为非拥堵与拥堵状态两种模式。当道路交通处于非拥堵即畅行状态时,道路交通流相对比较稳定,各种交通流参数变化范围较小、相对稳定且变化过程平缓。当道路运行状态为拥堵(包括一般拥堵、严重拥堵)时,道路交通流会发生较显著的变化,如道路上某一地点发生交通拥堵时,从交通流理论上分析,拥堵事发点会对上游道路交通产生一个拥堵压缩波,此时上游车辆会逐渐聚集,导致上游流量减少、车辆速度降低而道路占有率显著增加。同时,拥堵还会对下游交通产生一个扩张波,在扩张波的影响下,下游交通量亦会变少,车辆分布稀疏,道路占有率降低,车辆速度会趋于正常交通流状态,交通流量低于道路通行能力。鉴于道路交通流在非拥堵与拥堵两种运行状态下的这种变化特性及交通流特征对交通拥堵判别的敏感性,可以选取交通流参数中交通量、速度及占有率这3个最能直观反映交通流变化的特性指标作为SVM模型的输入向量。

并行SVM分类算法

输入:训练集,测试集,采样因子k,更新参数,最大迭代轮数
输出:SVM模型,性能评估结果

定义:
(1) 读入训练数据集,切分数据集至P台计算节点。
(2) 迭代运行以下步骤,直至目标值收敛。
① 在整个数据集上生成采样数据集。
② 在采样数据集上评估当前模型,得到错分样本。
③ 在错分样本上计算更新权重。
④ 将更新权重投影至限定空间。
⑤ 检查与上一轮迭代权重差值,如果收敛则退出循环。
(3) 读入测试数据集,评估性能并输出结果。

---

4) 快速OD数据识别

随着定位技术的迅速发展和相关设备如GPS、Wi-Fi及RFID的普及应用,在产生了大量移动对象轨迹数据的同时,也能够更直观地了解移动对象的行为。这些大量的轨迹数据,提供了前所未有的机会来发现和提取运动轨迹中所隐含的知识和规律。要对这些运动轨迹进行进一步的分析应用,首先要做的就是识别其中的起讫点,即OD数据。

对于从海量GPS数据中识别出租车载客区间起讫点(OD点)的需求,全表遍历的方式效率很低,下面是一个快速获取OD数据的SQL算法。

表7-10(a)中3到7行、9到11行为两个载客区间。首先需要一个连续的编号index1(Oracle数据库可以使用Rownum,SQL Server需要自行生成),单独选取flag=1的行后添加新的编号Index2,Index1-Index2的结果即可作为分组判断载客区间起点和终点的依据。表7-10(a)中3到7行是一个载客区间,经过上述处理后得到了表7-10(b)中连续的2作为分组标记。同理,另一个载客区间即表7-10(a)中的9到11行,经过上述处理后得到了表7-10(b)中连续的3作为分组标记,对分组标记group by后即可通过min(),max()获得载客区间的起点终点。

表 7-10 出租车载客区间起讫点(OD 点)快速识别方法

(a) 原始数据

flag	Index1
0	1
0	2
1	3
1	4
1	5
1	6
1	7
0	8
1	9
1	10
1	11
0	12

(b) 处理后的数据

flag	Index1	Index2	分组标记
1	3	1	2(pickup)
1	4	2	2
1	5	3	2
1	6	4	2
1	7	5	2(dropoff)
1	9	6	3(pickup)
1	10	7	3
1	11	8	3(dropoff)

具体算法的 SQL 代码如下：

```
快速 OD 点计算算法

SELECT
mm. DeviceID, mm. pickup_time, tmin. Longitude, tmin. Latitude, mm. dropoff_time, tmax. Longitude, tmax. Latitude from (SELECT
    DeviceID
    ,MIN(TimeStamp) pickup_time
    ,MAX(TimeStamp) dropoff_time
FROM (SELECT
    DeviceID
    ,cast(TimeStamp as INT) TimeStamp
    ,CAST([Speed] AS INT) [Speed]
    ,keys - ROW_NUMBER() OVER (ORDER BY DeviceID, TimeStamp) AS rn
```

```
        FROM (SELECT
            DeviceID
            , ROW _ NUMBER ( ) OVER ( ORDER BY DeviceID,
TimeStamp) AS Keys
            ,TimeStamp
            ,[Speed]
            ,Status
          FROM STL31000003) t1
        WHERE Status = '1') p1
     GROUP BY    DeviceID
                ,rn
     HAVING AVG([Speed]) > 2
      AND ((MAX(TimeStamp) - MIN(TimeStamp)) > 120)) mm,
STL31000003 tmin,STL31000003 tmax
     WHERE tmin.TimeStamp = mm.pickup_time AND tmin.DeviceID =mm.
DeviceID and tmax.TimeStamp = mm.dropoff_time AND tmax.DeviceID =
mm.DeviceID
     order by DeviceID,pickup_time
```

5）基于 DBSCAN 的出租车载客热点区域识别及可视化

聚类是常用的非监督式学习方法,通过聚类将相似的对象分成不同的组别或者子集,让同一个子集中的对象成员都具有相似的属性。聚类算法在多个领域都具有重要的应用,在基于位置服务的领域,可以通过聚类识别热门区域。

使用 DBSCAN 聚类算法挖掘出租车载客热点区域。DBSCAN 是一个典型的基于密度的聚类算法。该算法的目的在于过滤低密度区域,发现稠密度样本点,跟传统的基于层次聚类和划分聚类的凸形聚类簇不同,该算法可以发现任意形状的类簇。结合出租车载客热点挖掘的应用,先给出算法执行过程涉及的定义：

① 核心载客点。给定 Eps,MinPts,若载客点 p 的 eps 邻域包含的载客点对象个数大于等于 MinPts(|Neps(p) ≥ MinPts |),则称是核心载客点。

② 直接密度可达。给定 eps,MinPts,点 p 是从点 q 出发直接密度可达的,当：P ∈ Neps(q); Neps(p) ≥ MinPts。

③ 密度可达。给定一个载客热点集合 D,当点 p 点 q 间存在直接密度可达的链,则点 p 点 q 也是密度可达的。

④ 载客热点区域。基于密度可达的最大密度相连对象的集合(即聚类所得的簇)称为载客热点区域,也可理解为一个城市发生乘客上车事件密度大的地点(或小范围区域)。

⑤ 噪声点。不属于任何簇的对象称为噪声点。

基于以上定义,DBSCAN 算法的关键思想是:对于集合 D 中的每一个对象 p,查询 p 的 Eps 近邻区域内包含的对象数,若少于给定的最小对象数 MinPts,暂将对象 p 标记为噪声点,否则,p 记为核心载客点,创建包含该点的新类簇 C,继续查询关于 p 密度相连的所有点,将 p 及其密度相连的所有点都归为类簇 C 中。

基于 DBSCAN 的出租车载客热点区域识别算法伪代码如下:

```
输入: D: 原始的 GPS 数据集
      eps: 载客点的领域半径
      MinPts: 载客热点的领域范围内出租车辆数最小阈值(最小支持
              点数)
输出: C: 数据集 D 内所有被识别的载客热点区域(簇)

DBSCAN(D, eps, MinPts) {
  C = 0
  for each point P in dataset D {
      if P 已访问
         continue
      将 P 标记为已访问
      NeighborPts = regionQuery(P, eps)
      if sizeof(NeighborPts) < MinPts
         将 P 标记为噪声点
      else {
         C = 下一个簇
         expandCluster(P, NeighborPts, C, eps, MinPts)
      }
  }
}
```

```
expandCluster(P, NeighborPts, C, eps, MinPts) {
    添加 P 到 簇 C
    for each point P' in NeighborPts {
        if P' 未被访问 {
            将 P' 标记为已访问
            NeighborPts' = regionQuery(P', eps)
            if sizeof(NeighborPts') >= MinPts
                NeighborPts = NeighborPts 合并 NeighborPts'
        }
        if P' 未被添加到任何簇
            将 P' 添加到簇 C    }
}
regionQuery(P, eps)
    return P 及距 P eps 内所有点
```

使用"快速 OD 数据识别"的结果(载客区间起始位置、时间)作为输入 D,见表 7-11。

表 7-11 出租车载客热点区域

	DeviceID	pickup_time	Longitude	Latitude	dropoff_time	Longitude	Latitude
1	159893	1451577614	1215539855	311985168	1451578994	1215819015	311120891
2	159893	1451580993	1214267654	311543941	1451582374	1215149383	311763114
3	159893	1451583237	1215256881	312065753	1451583627	1215183410	311772232
4	159893	1451607329	1215474700	312444324	1451608678	1214622573	312335186
5	159893	1451609565	1215074081	312361717	1451610166	1214990539	312613697
6	159893	1451611205	1215344772	312377395	1451612195	1214768676	312361297
7	159893	1451613358	1215402145	312377891	1451614558	1214764099	312890663
8	159893	1451614815	1214856872	312945690	1451615205	1215074920	313007564
9	159893	1451642195	1215518951	312048301	1451642645	1215172348	312015457
10	159893	1451643516	1215251693	312195568	1451644266	1215523681	312474937

对其中乘客上车位置的经度、纬度,即表 7-11 中的第 3 列和第 4 列进行二维空间上的 DBSCAN 聚类,得到出租车载客热点区域的坐标,见表 7-12,其中每行表示一个出租车载客热点区域的核心点,pickup_lat 是纬度,pickup_lng 是经度。在实际应用时,可以认为在此经纬度的一定半径范围内(例如 100 m 范围)都是载客热点区域。

表 7-12　出租车载客热点区域核心点

pickup_lat	pickup_lng
31.211 6	121.501 1
31.274 8	121.597 1
31.258 9	121.577 5
31.275 2	121.532 8
31.260 0	121.676 4

在 2016 年 1 月 1—7 日的 GPS 数据上进行实验,共得出 621 个热点区域,经纬度分布如图 7-54 所示。通过百度地图映射到上海地图上,如图 7-55 所示,可以直观地看到载客热点的分布,可作为元旦节假日出行用车需求的参考。

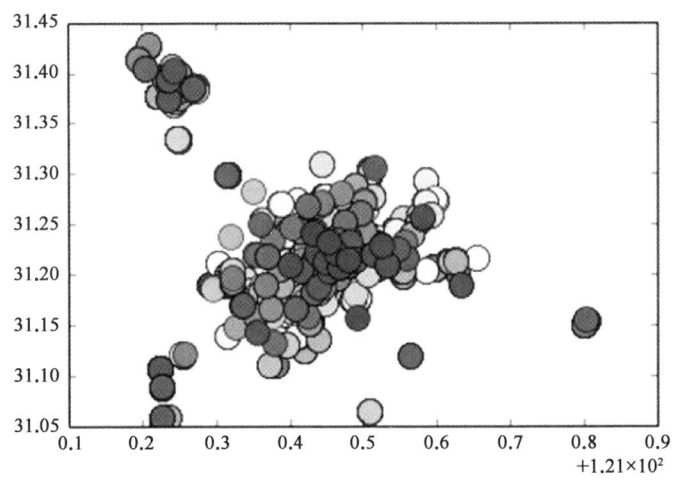

图 7-54　621 个载客热点经纬度分布

6) 基于 MeanShift 的出租车候载位置推荐

在基于 DBSCAN 的出租车载客热点区域识别及可视化的实验得到的载客热点区域基础上,使用 MeanShift 算法进行载客位置推荐。

MeanShift 这个概念最早是由 Fukunaga 等人于 1975 年在一篇关于概率密度梯度函数的估计中提出来的,其最初含义正如其名,就是偏移的均值向量。最初 MeanShift 是一个名词,它指代的是一个向量。但随着 MeanShift 理论的发展,MeanShift 的含义也发生了变化,例如 MeanShift 算法一般是指一个迭代的步骤,即先算出当前点的偏移均值,移动该点到其偏移均值,然后以此为新的起始点,继续移动,直到满足一定的条件结束。

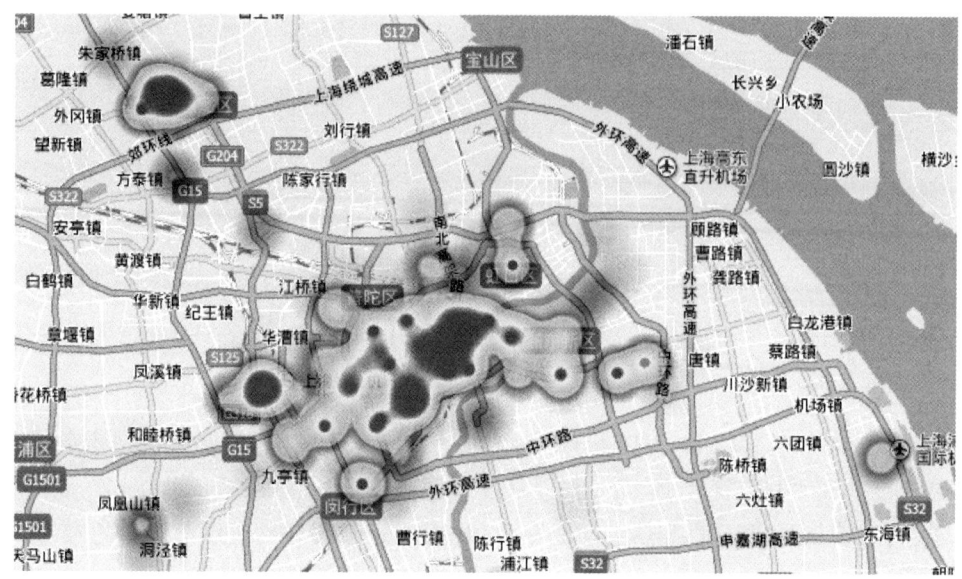

图 7-55 基于 2016 年 1 月 1—7 日数据的上海市出租车载客热点区域分布

数学上的描述是，d 纬度特征空间中的 n 个样本点 $X_i \in \mathbb{R}^d$，使用径向对称核函数 $K(x)$ 的概率密度函数为：

$$\hat{f}_K = \frac{1}{nh^d} \sum_{i=1}^{n} K\left(\frac{x - x_i}{h}\right) \tag{7-1}$$

对式 7-1 求梯度后经过变换后得出：

$$\nabla \hat{f}(x) = \frac{2c_{k,d}}{nh^{d+2}} \left[\sum_{i=1}^{n} g\left(\left\|\frac{x - x_i}{h}\right\|^2\right) \right] \left[\frac{\sum_{i=1}^{n} x_i g\left(\left\|\frac{x - x_i}{h}\right\|^2\right)}{\sum_{i=1}^{n} g\left(\left\|\frac{x - x_i}{h}\right\|^2\right)} - x \right] \tag{7-2}$$

式 7-2 的前半部分 $\frac{2c_{k,d}}{nh^{d+2}} \left[\sum_{i=1}^{n} g\left(\left\|\frac{x - x_i}{h}\right\|^2\right) \right]$ 是 x 点的无参密度估计，后半部分 $\left[\frac{\sum_{i=1}^{n} x_i g\left(\left\|\frac{x - x_i}{h}\right\|^2\right)}{\sum_{i=1}^{n} g\left(\left\|\frac{x - x_i}{h}\right\|^2\right)} - x \right]$ 定义为 mean shift 向量。

算法上的具体实现步骤如下：

① 计算 MeanShift 向量 $m(x_i^t)$，向量指向概率估计窗口的质心。
② 移动概率密度估计窗口中心至质心 $X_i^{t+1} = |X_i^t + m(x_i^t)|$。

③ 重复上述步骤直到收敛，$\hat{\nabla f}(x)=0$。

如图7-56所示，每一轮迭代中，中心都会向样本点更密集的地方移动，最终收敛于使限定窗口覆盖样本点最多的区域。

这里MeanShift算法用于寻找指定搜索范围内，出租车覆盖最多载客热点的位置。输入的数据为DBSCAN聚类得到的热点区域的质心坐标，每行一个载客热点的经度和纬度。利用MeanShift寻优结果，在621个热点中，筛选出117候载位置，即推荐的出租车候载位置，再利用百度地图进行可视化。出租车司机可以进一步根据自己的当前位置、路况等选择前往附近的点位。

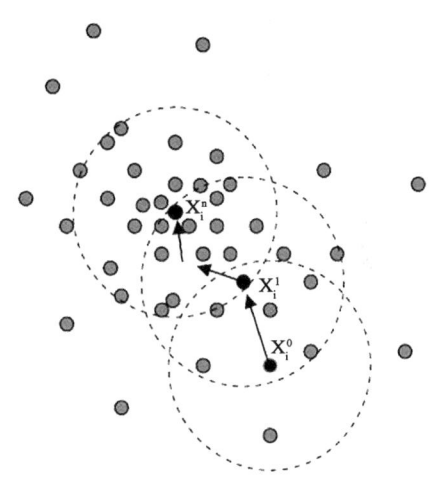

图7-56　迭代过程中的中心点移动示意

城市交通大数据可视化分析(Visual Analytics)技术是利用计算机可视化技术(Computer Visualization,CV)将数据通过特定的计算,以静态的图表、图形或动态变化的图像视频方式展现给用户,用户直接查看图表、图形或图像视频作出决策分析。相较于查看报表和数据,可视化分析具有直观、高效、通俗易懂等优点,部分可视化平台支持交互操作,生成可视结果更灵活,更能符合用户的决策习惯。

7.4.3　主要功能模块

上海交通大数据应用服务平台主要的功能模块包括了实时交通信息服务系统、交通指数对比分析系统、城际交通信息服务系统、OD时空分布分析系统、基于高精地图的电动车安全行驶范围智能预警系统、基于经验路径库的路径规划新引擎、虚拟情报版系统与多模换乘系统等。

实时交通信息服务系统模块通过对交通大数据资源中心所汇聚的路网交通状况信息进行编码处理,形成TMC与RTIC规格的实时交通信息数据,并通过系统对外提供实时交通路况信息服务,包括道路实时路况信息与交通事件信息内容,服务覆盖范围包括了上海在内的国内100多个主要城市与全国主要高速公路。

交通指数对比分析系统通过对城市间的交通指数进行对比,提供不同城市、不同区域的交通运行状况的对比分析数据,为宏观上的交通运行状况分析提供数据支持,同时提供同一城市、同一区域的不同计算模型的交通指数情况的对比,从不同的维度进行交通运行状况的分析,为城市交通管理提供数据支持。同时系统支持上海等多个城市的实时交通指数查询与分析。

城际交通信息服务系统提供以上海为中心的长三角城际高速的实时路况信息服务,同时通过对城际高速历史交通状况进行分析,描述高速路况随时间与空间的变化规律,为高速通行管理及疏导预案提供信息支持。

OD 时空分布分析系统通过基于 OD 的交通出行量时空分布的分析,提供城市交通出行热点区域随时间变化的规律,城市高速各出入口交通出行量随时间的变化规律等。

电动车安全行驶范围预警系统基于高精地图的电动车能耗模型,提供电动车最大或者安全行驶范围查询,以及电动车行驶过程中的智能预警,为驾驶人员提供及时充电提醒与充电桩位置引导等服务。

基于经验路径库的路径规划新引擎功能模块通过对交通大数据资源中所积累的出租车轨迹信息数据的分析与模型训练,建立出租车经验轨迹库,并提供经验路径的规划,为交通出行提供经验路径引导服务,避开拥堵路段,提高出行效率。

虚拟情报板系统基于对虚拟情报板的生成技术,提供基于车辆当前位置的动态情报版信息服务,为车辆提供当前位置前方个方向路网的实时路况信息。

多模换乘功能模块提供基于驾车、地铁、公交及步行四种方式的交通换乘信息与引导服务,提供基于公共交通的较为环保的出行信息服务。

7.4.4　服务组件与二次开发接口

平台主要提供:数据服务组件、数据应用服务组件、二次开发接口。

1) 数据服务组件

目前提供的数据服务组件包括:长三角主要城市及全国其他主要城市实时交通信息查询、地图服务、路况简图服务、动态 POI 查询服务、交通大数据挖掘分析结果查询、大数据可视化等。

图 7-57 为交通大数据可视化组件的一个实例。利用对交通大数据单一维度特征的展现和多维特征对比展现的技术及三相交通流的技术,支持用户直观快速地发现数据集在特定特征上的变化规律及在某一特征维度上的关联关系,并可以进行基于交通现象的成因分析和交通预测。图 7-57(a)图显示北京 6 号线地铁开通前后一个月内沿线道路情况对比,从图上可以直观地看出地铁开通后有效地降低了道路拥堵情况;图 7-57(b)图为道路一天中的拥堵扫

描,从中可以获取道路一天中的拥堵节点与时间段,从而为交通管理部门提供精准的交通疏导方案支持,以及公众交通出行避开拥堵路段与时段提供信息服务。

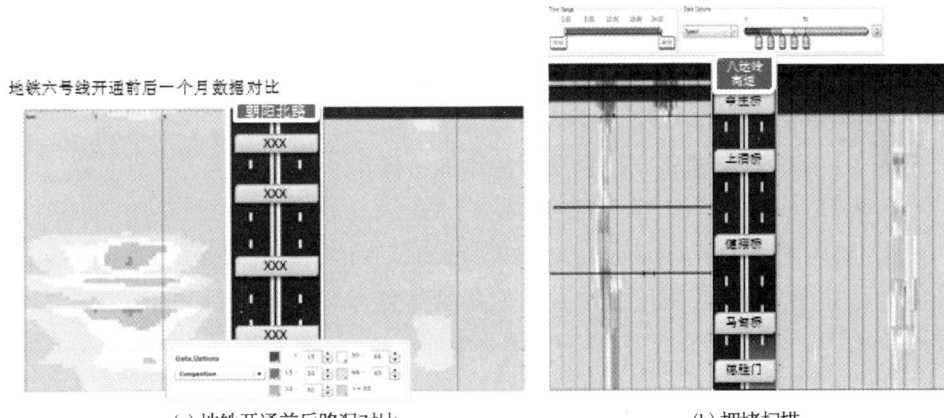

(a) 地铁开通前后路况对比　　　　　(b) 拥堵扫描

图 7-57　大数据可视化案例

2) 数据应用服务组件

数据应用服务组件包括动态路径规划、多模换乘、ECO/EV 应用引擎等。动态路径规划引擎提供基于静态路网和实时交通信息的通用路径规划服务;多模换乘基于实时交通信息,结合实时客流、实时公交、动态停车场等动态数据和高精度地图等静态数据,综合采用 P+R 换乘等技术提供通用多模换乘方案查询服务;ECO/EV 应用引擎基于包含道路坡度,转弯半径等精细信息的高精度地图和电动汽车耗电模型等静态数据和实时路况等动态数据,结合动态路径规划引擎提供环保路径规划和面向电动车的行驶范围查询服务。

3) 二次开发接口

平台搭建中构建了两种规格类型的接口:一是 Javascript 规格的接口,包括了地图基础类、地图图层类、地图控件类、搜索查询类、路径计算类、公交换乘类等接口;二是 Webservice 规格的接口,包括了路况查询、虚拟情报版查询、路径规划计算、公交换乘等接口。

(1) Javascript 类接口。

① 地图基础类。

定义:提供地图加载显示、地图放大缩小等基础操作。

类名:WebtAPI. WMap

构造函数:var map = new WebtAPI. WMap(divWrapper, options),其中 divWrapper 为地图容器,options 为地图初始化参数。

② 地图图层类。

定义：提供对地图图层的操作。

类名：OpenLayers. Layer

构造函数：var layer = new OpenLayers. Layer(String：name，Object：options)，其中 Name 为图层名称，options 为图层初始化属性。

对于瓦片图层类，则有该类的派生类来实现。

③ 路况图图层类。

定义：提供对交通路况信息图层的添加于操作。

类名：WebtAPI. TrafTileCacheLayer

构造函数：var layer = new WebtAPI. TrafTileCacheLayer (name，url，options)，其中 name 为图层名称，url 为路况信息瓦块图地址，options 为图层初始化参数。

④ 搜索类。

定义：提供地图框选查询、ID 类查询、关键字查询等多种搜索查询操作。

类名：WebtAPI. WSearch

构造函数：var search = new WebtAPI. WSearch(Options)，其中 options 为不同的搜索查询类型。

⑤ 路径规划类。

定义：提供路径规划计算服务支持。

输入：路径规划的起始点信息。

输出：规划计算后所得到的路径详细信息，并在地图上显示。

⑥ 公交换乘路线规划类。

定义：提供公交换乘路线的规划计算功能。

输入：路线起始点信息。

输出：规划后的公交换乘线路详细信息，并显示在地图上。

（2）Webservice 规格接口。

该类接口类型使用 REST 风格类型，通过 HTTP/GET 的方法进行接口的访问，应答风格为 XML。应答消息中包含了应答结果、应答状态等信息。所有接口名称按首字母大写规则命名，接口参数统一为半角小写字母或者数字命名。接口请求格式：

http://host：port/TEGateway/{token}/{interface}?parameter={parameter}&...

其中 TEGateway 为应用名，token 是访问令牌，为访问用户身份识别标志。

平台接口提供了两种应用，即 TEGateway 与 fkgis-gateway。TEGateway 用于

实时交通信息服务应用,包括路况、用户鉴权、虚拟情报版等。Fkgis-gateway 用于地图操作与路径规划计算请求等应用,包括查询、路线规划、公交线路查询等应用。

接口应答头(Http Header)包括了 Content-Type、Content-Length。前者是应答体的类型,后者为应答体的长度。应答头返回码(Http Codes)见表 7-13。

表 7-13 接口应答头返回代码列表

代码	描述
200	正常响应
301	正常响应
302	正常响应
400	错误请求 缺少必选参数 token 过期、错误
404	服务不存在
500	未知的服务错误 参数验证失败

应答体(Http Body)中定义了接口处理请求的状态码、错误信息和处理结果。所有接口响应的结构一致,区别只是返回结果里的内容。以下为应答体的一个实例。

```
<?xml version="1.0" encoding="UTF-8" standalone="yes"?>
<response>
<status>120000</status>
<errormsg>错误描述</errormsg>
<errorstacktrace>错误堆栈信息</errorstacktrace>
<responseid></responseid>
<result>
<authcode></authcode>
...
</result>
</response>
```

目前,平台提供的 WebService 规格的二次开发接口主要内容见表 7-14。

表 7-14 接口服务列表

接 口 名 称	接 口 定 义
公交换乘查询	用户输入起终点,以及相应的策略规划两点间的公交换乘信息
基础信息查询	查询城市列表、时间类别、POI 信息、行政区划等信息数据
驾车规划路径计算	根据用户传入的起终点及驾车策略,规避区域等信息进行路径规划
地理编码接口	输入需要查询的地址,返回距离该地址最近的 POI 坐标
临时令牌接口	输入用户名,申请临时令牌
鉴权服务接口	输入临时令牌、用户名密码等信息通过指定算法加密处理检查用户及权限是否符合要求
实时交通信息服务城市接口	查询实时交通信息服务开通城市的范围和服务有效期
实时路况接口	输入城市,返回该城市符合条件的交通信息,并显示在地图上
虚拟情报版接口	输入城市或者当前位置,返回符合条件的虚拟情报版图片,并同各个空间位置相关联

7.4.5 硬件集群方案

典型的 Hadoop 网络结构[1]如图 7-58 所示。尽管 Hadoop 集群环境被设计运行在行业标准的硬件上,但是提出一个理想的集群配置方案并不像提供硬件规格列表那么简单。为给定的负载在性价比上提供最佳平衡的硬件方案是需要基准测试和验证的,是否有效无法量化。

在分布式环境下,硬件集群选择参考条件遵循"靠近原则":
① 专用 TOR(Top of Rack)交换机。
② 使用专用核心交换刀片或交换机。
③ 确保应用服务器"靠近"Hadoop。
④ 考虑使用以太网绑定。

根据以上原则,如果集群是新建立的或者并不能准确地预估集群的极限工作负载,建议首先选择均衡的硬件类型。Hadoop 集群有四种基本任务角色:名称节点 NN(包括备用名称节点 SecondaryNN)、任务跟踪节点、任务执行节点,和数据节点。在一个均衡的集群中,数据节点(DN)/任务执行节点(TT)的配置推荐规格:在一个磁盘阵列中要有 12 到 24 个 1~4 TB 硬盘,2 个频率为 2~

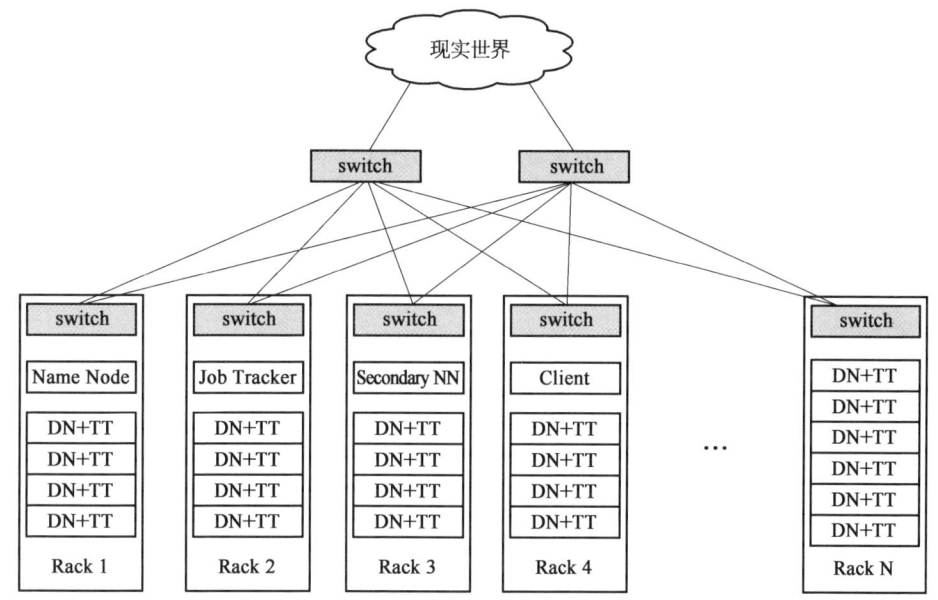

图 7-58 典型 Hadoop 网络结构

2.5 GHz 的 4 核、6 核或 8 核 CPU,64~512 GB 的内存,有保障的 1 Gb 或者 10 Gb 以太网(存储密度越大,需要的网络吞吐量越高)。

而名称节点/任务跟踪节点的配置推荐：4~6 个 1 TB 硬盘驱动器 采用一个 JBOD 配置(1 个用于操作系统,2 个用于文件系统 RAID1 镜像,1 个用于 Apache ZooKeeper,1 个用于 Journal 节点),24 核/16 核/8 核的 CPU,频率至少为 2~2.5 GHz,64~128 GB 的内存,多卡绑定 1 Gb 以太网卡或者 10 Gb 以太网卡。

7.4.6　分布式软件系统方案

设计一个分布式软件系统方案之前,首先要考虑的是当前的应用环境和业务应用,其次考虑成本、方案目标及要达成的效益。此外,还要考虑多方面因素使方案具有针对性和可操作性。

根据交通领域的特点,采集和处理的数据基本都是以传统数据库存储的,每条记录转换存储到 HDFS 之后,是很碎小的文件。根据这个特点要制订特定的处理方案,因为 Hadoop 在处理小文件时并不具有优势,因此需要一个数据转换工具,能够将数据库的小文件或者直接存储到 HDFS 时的小文件转换成大文件,并减少文件个数。

无论处理方法如何演变,都是围绕着数据展开的,在交通领域,数据底层处理仍然是以传统数据库为中心,对接现有的业务系统。在存储上使用 Oracle 和 HDFS,Oracle 存储常规数据和经常需要变化的数据,HDFS 存储每日增长迅速且极少变化的数据;Oracle 和 HDFS 都有自己的备份方案,互不干扰。海量的实时数据查询将建立在 HBase 基础之上,如果利用 cloudera 公司的 impala,使用将更加方便快捷;离线的批处理任务一般都以 Hive 为基础,适合大数据量、复杂、长时间的运算任务。这些都是隐藏在使用界面后面的,因此需要开发一套用户界面,提供查询、提交任务、监控任务等,管理和监测分布式软件环境的管理系统。

7.4.7 优化方法

大数据的处理机制是类似的,而每个业务系统的数据是多种多样的,因此大数据平台的使用者都会对自己的平台进行优化,以达到很高的效益比。

通用大数据的优化要考虑业务特性:I/O 密集型业务、计算型密集业务;针对这两种不同的业务,在硬件采购时要有不同考虑。I/O 密集型的要购置高性能的磁盘和交换机路由器;计算密集型的则要配置高性能大容量的内存和 CPU。

增加带宽能解决一些数据传输量大的问题,比如当碰到生成大量中间数据的应用时,也就是说输出数据量和读入数据量相等的情况,推荐在单个以太网接口卡上启用两个端口,或者捆绑两个以太网卡,让每台机器提供 2 倍于单机的传输速率。

服务的配置要考虑内存大小,当计算需要多少内存的时候,不能忽略 Java 本身要使用高达 10% 的内存来管理虚拟机。因此建议 Hadoop 配置只使用堆,这样就可以避免内存与磁盘之间的切换,切换大大降低了 MapReduce 任务的性能,并且可以通过给机器配置更多的内存及给大多数 Linux 发布版以适当的内核设置就可以避免这种切换。类似的优化内存的通道宽度也是非常重要的。例如,当使用双通道内存时,每台机器就应当配置成对内存模块;当使用三通道的内存时,每台机器都应当使用三的倍数个内存模块。类似地,四通道的内存模块就应当按四来分组使用内存。

除了以上通用的因素要考虑以外,交通类型的大数据有自己的特点,文件细小,数量多,所以存储时交通类的数据需要被压缩、合并,形成大块的数据文件。在数据转换时,根据业务特性,进行数据清洗,剔除一些不常用的字段。

7.5 1+N 层次化交通大数据应用服务平台

上海交通大数据资源中心与应用服务平台建成以来,实现了全市交通行业信息汇聚整合、交通管理行业平台和业务系统之间的信息交换和共享、道路交通状态等实时展示、面向综合交通管理的应用分析及支撑面向社会公众的交通信息服务等功能,为上海重大交通政策出台与评估、全市交通状态研判与预测、方便公众出行和缓解交通拥堵等,发挥了重要作用。

上海实行市区两级政府分工管理城市交通的体制,区内大部分交通组织管理、交通拥堵治理等职责都由区政府及相关职能部门承担。随着智能交通技术发展和应用不断深入,各行政区对利用现代智能交通技术进行交通管理的需求越来越大,但由于各行政区交通信息采集、处理能力不足,迫切需要交通信息数据和技术手段支撑来实现交通管理信息化、智能化目标。

根据上海市各行政区对智能交通建设的迫切需求,上海交通信息中心充分运用交通综合信息平台数据资源,与多个行政区建立了网络互通,将交通信息数据服务触角延伸向有关区,组织形成了1+N层次化交通大数据应用服务平台,其中"1"代表一个市级交通大数据应用服务平台,"N"代表若干个区级或区域平台。1+N层次化交通大数据应用服务平台进一步拓宽了市级交通综合信息平台的服务和应用范围,改变了市交通综合信息平台信息交换共享囿于交通行业的专业"条"范围,而行政区划"块"则是空白的局面,解决了区交通管理部门由于缺乏相应交通信息数据支撑,难以进一步开展更全面、更科学的精细化交通管理的难题。

7.5.1 层次化架构

上海交通信息中心在为部分区提供道路交通状态等服务基础上,2017年支撑完成首个示范性区级交通综合信息平台——徐汇区交通综合信息平台和徐汇区交通辅警管理及综合指挥平台的建设。上海交通信息中心将市级平台中有关徐汇区的道路交通、公共交通、客流等综合数据进行定向处理,形成徐汇区综合交通信息,接入到徐汇区级交通综合信息平台,辅助区域交通管理决策和出行服务。区级平台的架构如图7-59所示,主要包括数据资源接入、道路运行综合分析、公交运行综合分析、停车运行特征分析、研判预警分析、管理指挥应用等。区道路交通、公交客流集散规律的分析和停车运行特征分析等内容建设,均由市交通综合信息平台提供数据服务支撑。

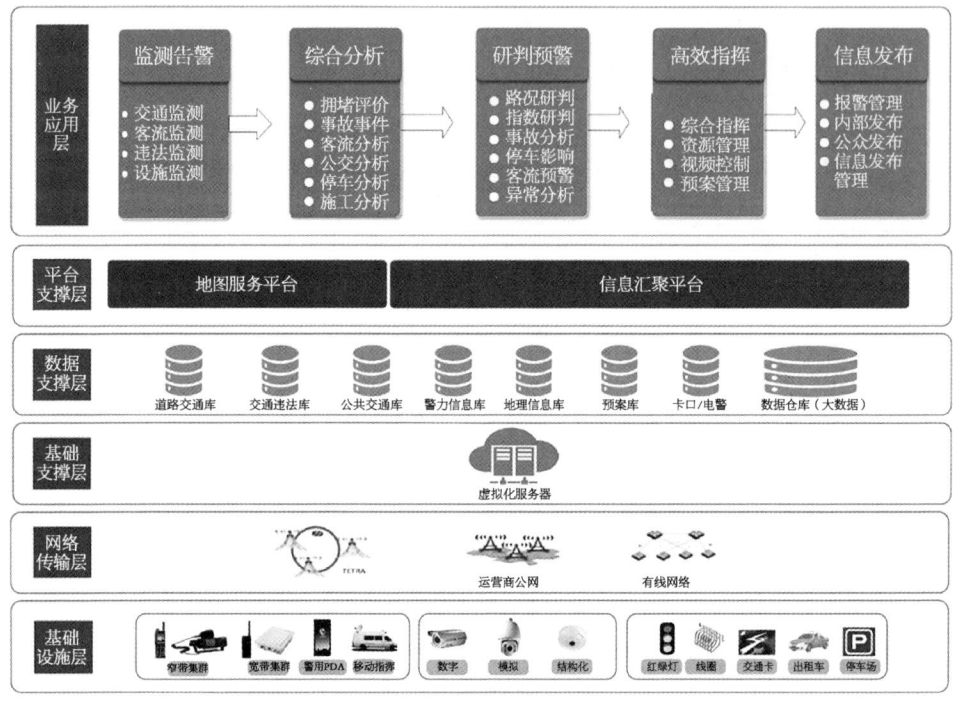

图 7-59　区级平台构架

区级平台的逻辑架构如图 7-60 所示。区级平台采用分布分层架构，以数据中心为平台核心，主要分为前端采集、数据存储和应用管理几个层次。前端采集主要实现通过不同的网络访问方式，以及不同的技术手段，采集、获取前端设备信息或相关交通信息数据。数据存储依托于云计算技术，采用分布式存储对海量数据进行存储，实现数据存储的高效、可靠、安全。同时依托数据库系统，实现对交通数据的存储、记录、分析及统计。应用管理则从数据库及分布式存储系统获取各类原始数据进行分析、处理，并将已经分析处理的结果数据进行展示，或者提供给其他外部业务系统。平台包括前端展示和后端业务处理系统，采用传统的 C/S 技术，并围绕数据中心，向下开发基于自主协议的数据交换系统，同时基于数据库系统开发横向管理系统，通过后台开发数据同步系统。

7.5.2　区级平台功能

区级示范平台即徐汇区交通综合信息平台实现了市区两级交通大数据平台信息交互和共享，以及徐汇区道路交通、公共交通、热点客流的动态监测，具备基本分析功能，为徐汇区交通管理科学化奠定良好基础。区级平台主要实现

第 7 章 城市交通大数据平台建设

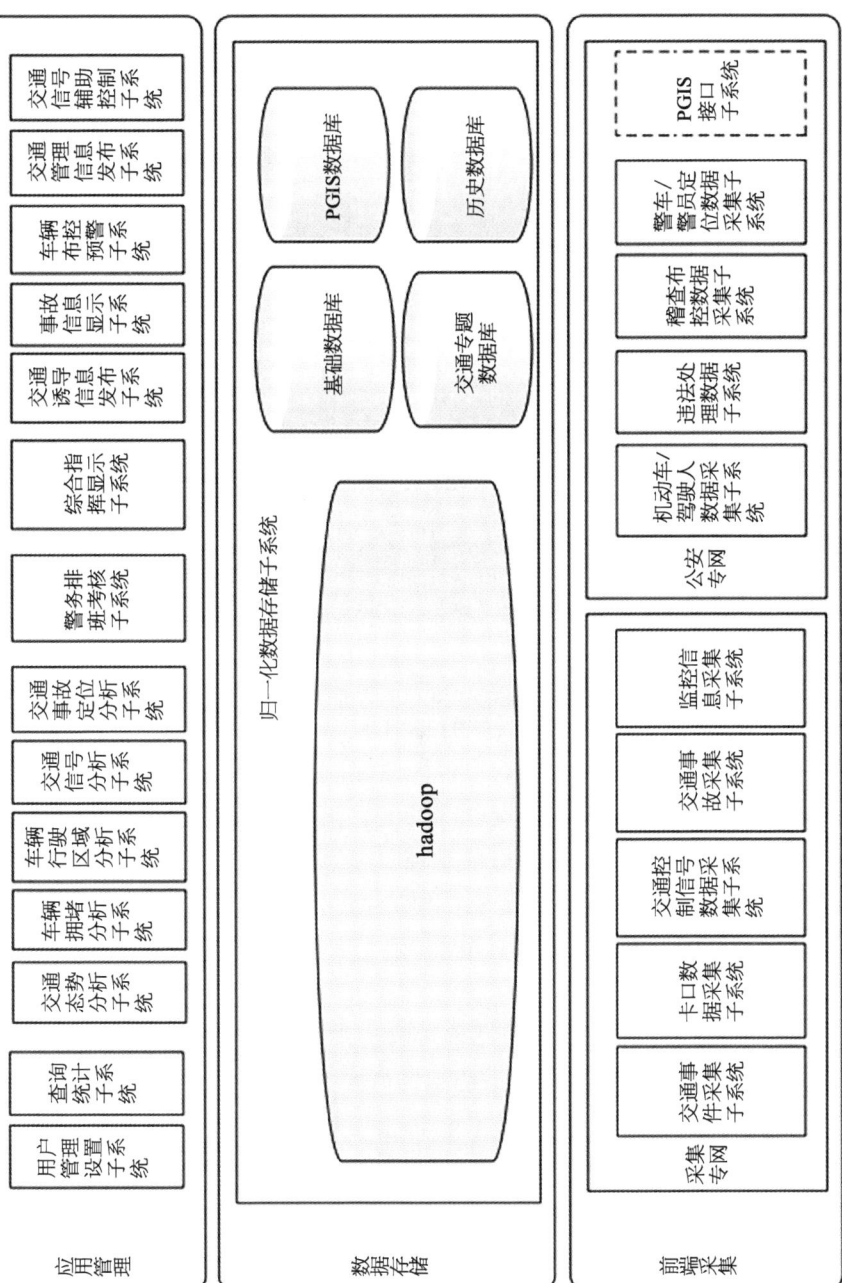

图 7-60 区级平台逻辑架构

5大功能。

（1）数据接入共享　主要接入市交通综合信息平台定向为徐汇区处理的道路交通状态、公共交通线路分布及客流情况等数据，以及区公安交管现有视频、卡口、SCATS数据，并与区相关部门对接，实现接入停车场、施工组织等数据。接入的数据种类和数量通过平台主页面进行展示，如图7-61所示。

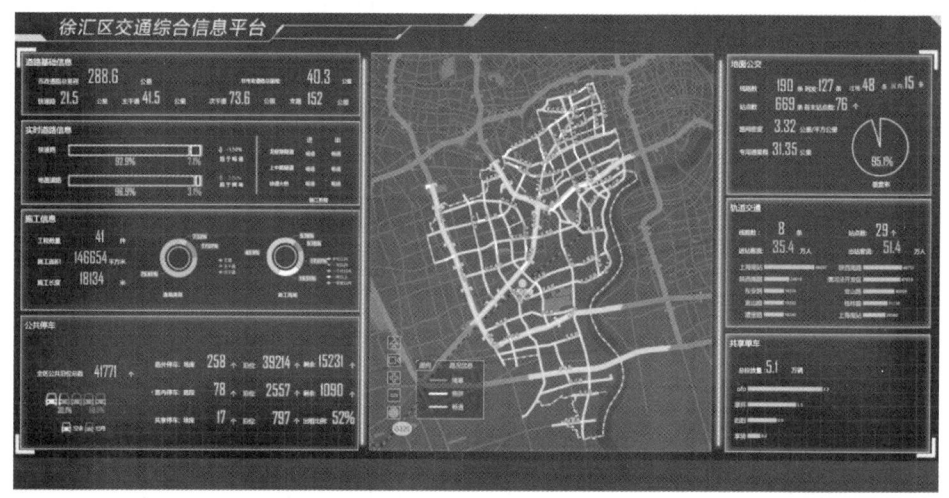

图7-61　区级平台主页面

（2）道路综合分析　基于市级平台提供的徐汇区道路交通拥堵指数，分析徐汇区拥堵区域、道路、交叉口时空分布特性和演变规律，例如图7-62展示了区域内（徐汇区）道路交通实时路况总体情况。同时，可辅助开展道路施工影响分析，基于施工、流量、卡口数据，分析道路施工影响范围、道路车速、流量转移规律特性。开展事故事件分析，基于报警数据，分析徐汇区事故多发区域、时间、类型及影响范围。开展车辆OD分析，基于卡口数据，分析进入区域车辆出行路线规律。

（3）公交运行综合分析　根据市级平台提供的区级平台辖区内相关公交线路运行情况，展示进出管辖区域的公交车辆位置、速度、到站信息等，如图7-63所示。同时，可开展公交运能分析，分析进出管辖区域的公交车辆公交客流匹配情况和运行特征。开展公交客流集散特征分析，对多种公共交通之间换乘特性和客流计算特征进行分析与展示。开展公交指数应用，定制区级公交服务指数和运行效率指数，对区域内公交服务质量和运行效率进行评估和对比分析。

（4）研判预警　基于市级平台提供的区域内道路交通拥堵指数，辅助开展拥堵预测预警、施工影响预测、重点区域和轨道交通站点、公交线路的客流预测预警等，分析道路、交叉口拥堵趋势和持续时间、判断因道路施工产生流量变化

第 7 章 城市交通大数据平台建设

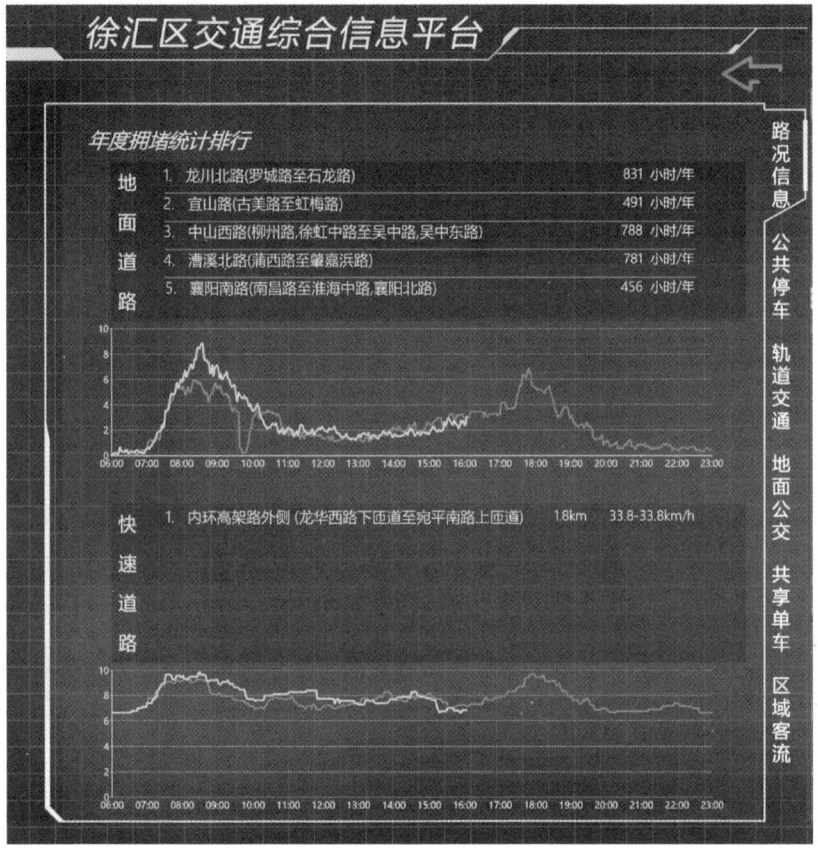

图 7-62　区级道路交通实时路况

图 7-63　区级地面公交实时信息

和拥堵区域范围。对于客流超出异常范围进行预警,提示管理人员采取措施干预。

(5) 综合管理应用 区级平台还具有综合展示、管理预案提供和年报月报编制等功能。

此外,上海交通信息中心还支撑建设徐汇区交通辅警管理及综合指挥平台,除了具备区级平台的主要功能外,还具备辖区警力指挥功能,包括警力分析、警力派遣、警务预案、智能警保预案等。警力分析可根据交通拥堵、交通违法、交通事故等数据,通过与警力分布关联分析,优化警力配置。警力派遣可根据预测预警结果,提供警力派遣方案。警务预案可根据不同交通场景和拥堵程度,提供针对性警务警力安排预案,并与警力派遣系统关联。智能警报预案可根据警保路线,形成关键交叉口绿波控制方案,与 SCATS 相关数据互联,提高交通保障可靠性,如图 7-64 所示。该平台对提高警情发现、处置、监督效率,形成区域高效交通管控和指挥体系,为警务勤务更科学、指挥更高效、反应更迅速、纠违更及时、服务更到位、监督更有力的交通管理工作提供强有力技术支撑。

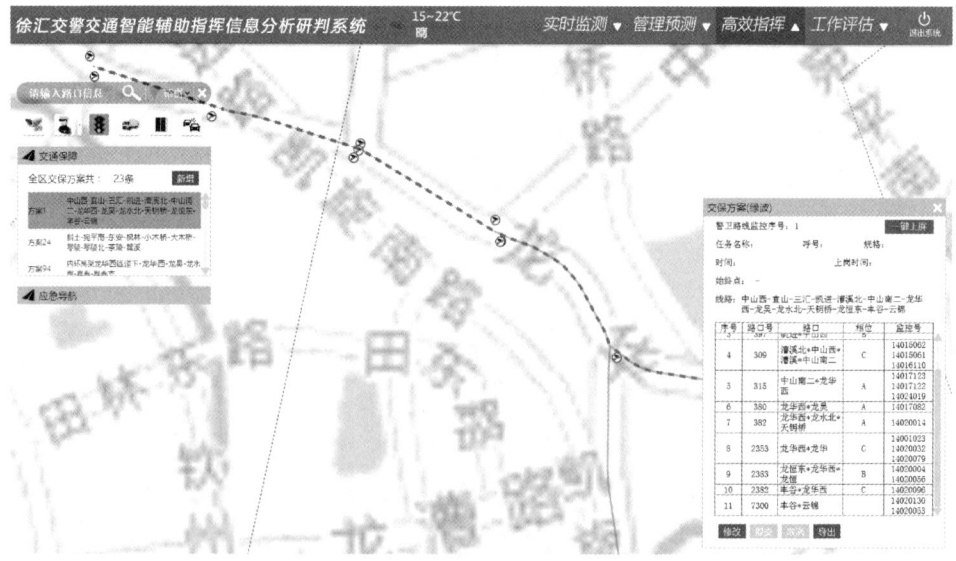

图 7-64 区级交通辅警管理及综合指挥平台

7.5.3 发展方向

1+N 模式在徐汇区的实践表明,层次化交通大数据应用服务平台能够为区级或区域交通管理部门掌握辖区交通运行状况、分析交通运行规律、科学研判区域交通发展态势,指导区交通管理部门业务工作,使区域交通管理更科学、指挥更高效等提供强有力技术支撑。

同时,1+N层次化交通大数据应用服务平台也使城市交通大数据及服务作用进一步放大,将交通信息数据服务延伸到以行政区划为主的"块",形成了"条""块"结合的交通信息数据共享、交换和应用格局,为服务区域交通决策管理、提升上海市交通精细化管理水平作了有益的尝试。2018年以来,上海交通信息中心以徐汇平台建设经验为基础,正在进行或筹备对静安区、黄浦区、长宁区和普陀区等区级平台建设的开发支撑工作,进一步扩大上海交通大数据服务范围,不断扩大市级平台的优势和应用范围,使其在上海智能交通建设和交通精细化治理中发挥更好的作用。

参考文献

[1] Kevin O'Dell. How-to: Select the Right Hardware for Your New Hadoop Cluster[EB/OL]. http://blog.cloudera.com/blog/2013/08/how-to-select-the-right-hardware-for-your-new-hadoop-cluster/.

第8章 城市交通规划和建设大数据服务

在城市交通规划和建设方面,大数据提供的服务主要包括以下3个方面:

① 在资料收集阶段,融合多种数据资源的大数据获取和分析技术将逐步取代传统的交通调查方式,为交通规划和建设提供更为实时可靠的资料。特别是移动通信技术的发展,智能手机的普及及其相关手机应用软件的使用,使得获取连续出行的"电子脚印"成为可能,在此基础上,可以得到覆盖全市范围的交通状况信息和交通需求信息,为交通规划和建设方案的形成提供了良好的基础。

② 在规划建设过程中,将大数据分析技术与城市交通模型相结合,形成宏观、中观、微观一体化的交通模型体系,使得交通模型的预测精度和解释能力不断提高,对交通的需求总量、结构及发展趋势进行准确地把握。关注的重点不再局限于单一交通方式,而是将多种交通方式综合考虑,构建衔接紧密的城市综合交通服务系统。

③ 在综合评价方面,依托大数据分布式计算和交通流、信息流的支撑将会使规划建设方案的评价更加方便。从综合交通系统出发,更加关注交通方式相互的竞争和合作,交通资源和服务的整合。结合人口社会、气象环境等相关领域的数据,还可以对规划建设方案的社会经济、能源环境等外部影响的进行估计,促进可持续发展交通系统的建立。

8.1 城市交通指数对比分析

基于交通指数模型对比分析的结果,采取以上海交通指数计算模型为主,辅以北京交通指数计算模型和某企业交通指数计算模型,构建了立足上海、面

向长三角、覆盖全国主要城市的城市交通指数对比分析示范系统

系统框架如图 8-1 所示。整个系统面向城市路网、区域等多空间尺度和时段、全天、周、月等多时间尺度相组合。整体架构中基于地图数据展示所计算指数对应的区域,并采用 Web 发布的方式进行结果的发布展示。

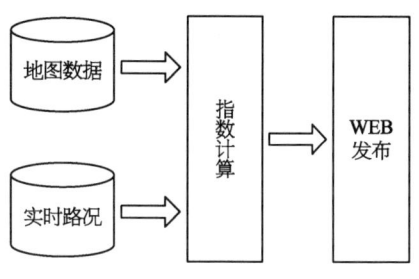

图 8-1 城市交通指数对比分析示范系统框架简图

图 8-2 为系统整体界面显示。整个系统包括 3 个主要的功能模块:① 城市实时指数;② 城市指数对比;③ 指数模型对比。其中城市实时指数提供城市实时交通指数值查询,包括城市整体、分区域、分道路等级 3 个方式进行展示;城市指数对比通过选定不同城市进行指定时间段的指数情况横向对比分析;而模型分析则是通过对同一个城市使用不同模型所计算下来的情况进行分析。指数计算模型包括:上海模型、北京模型、某企业模型。

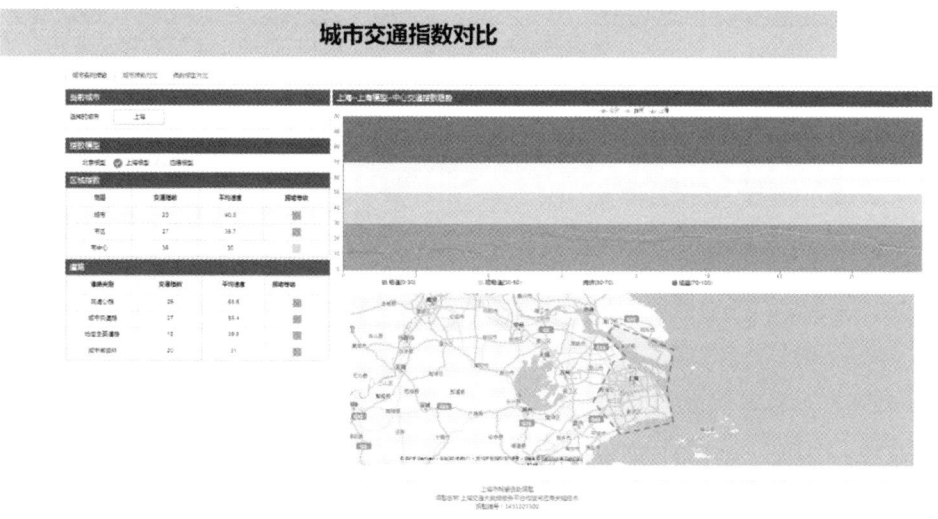

图 8-2 城市交通指数对比分析系统界面

系统中对于交通指数值的表现形式采用了列表与曲线图两种方式,如图 8-3 所示。列表的展现形式主要用于实时交通指数的展现,包括了区域指数与道路网指数两种方式,列表中包括了具体的指数值、平均速度,并使用不同颜色表现拥堵等级。曲线图形式的横轴为时间,纵轴为指数值,并且图上使用不同颜色标识拥堵状态,从而可以直观地表现出指数随时间变化的趋势及交通拥堵状况。

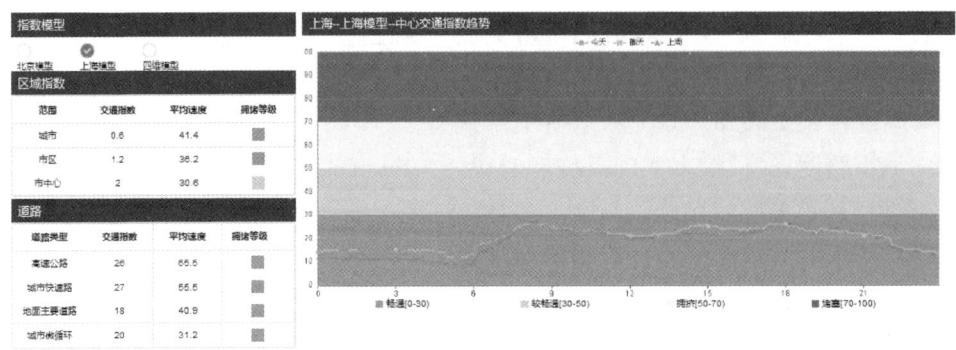

图 8-3　交通指数表现形式

图 8-4 为实时交通指数界面。通过左上角城市功能按钮进行城市的选择，指数值通过列表与曲线图进行表示。地图显示相应的指数计算区域的范围。

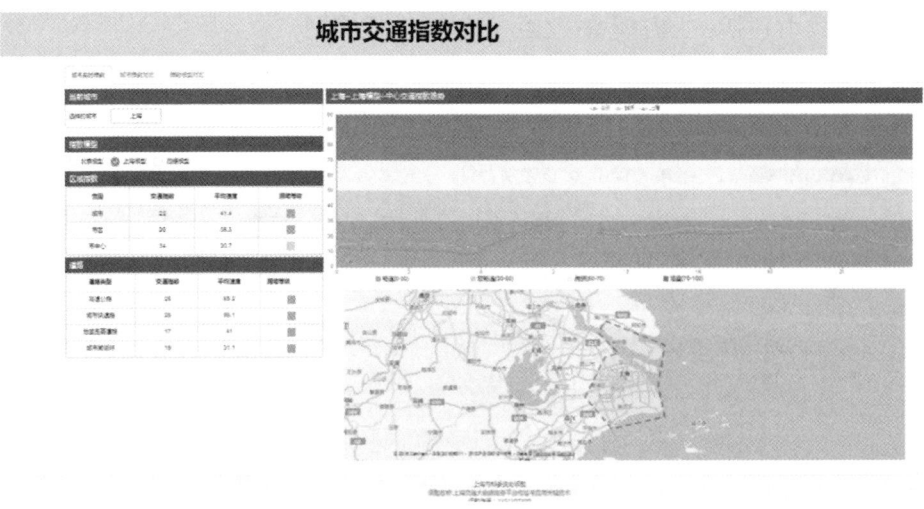

图 8-4　城市实时交通指数界面

系统中通过列表的形式列出当前城市各区域的实时指数情况及对应的交通状况分级情况。选定一个区域后，相应在地图上描画出对应的区域范围，同时通过曲线图对指数情况进行展示。图 8-5 为上海实时区域指数图，图 8-5(a) 为实时区域指数值列表，包括指数值、区域路网平均速度及区域道路拥堵等级划分情况；图 8-5(b) 为所选区域的指数值-时间曲线图，并辅以前一天与上一周的指数状况数据，可以直观地分析查看区域的指数随时间的变化情况；图 8-5(c) 为在地图上显示所查看区域的范围。从中可以看出，上海市中心在早晚高峰时间（尤其是 8:00—9:00 与 17:00—18:30）交通状况较为拥堵。

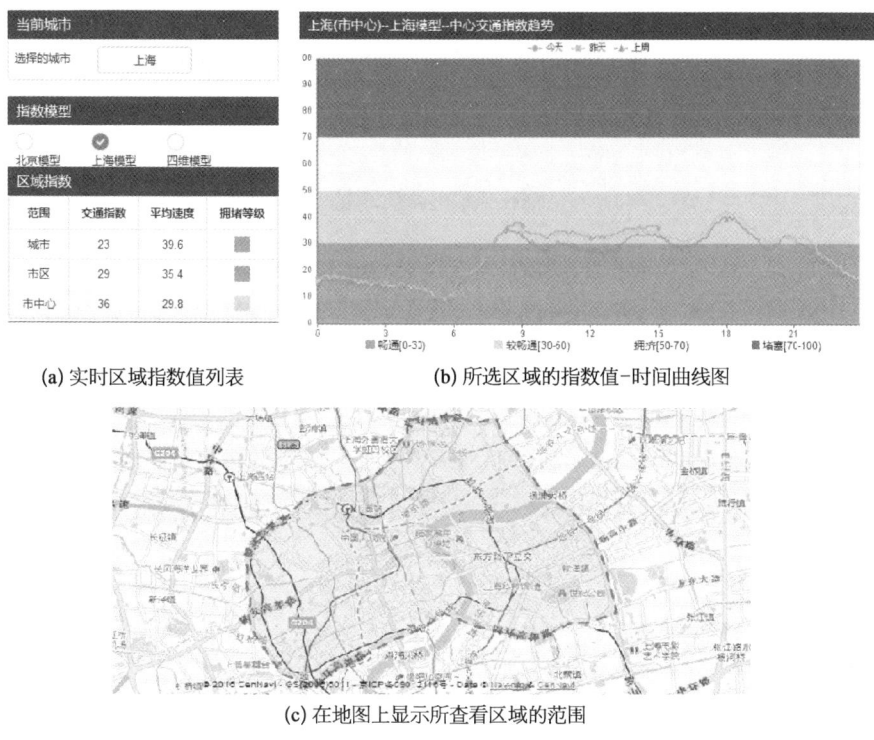

图 8-5　上海市中心实时交通指数状况(2016 年 6 月 13 日)

对于基于路网的指数分析,通过将路网按照道路等级进行划分,分成高速公路、城市快速路、地面主要道路与城市微循环 4 个类型。图 8-6 为上海路网实时交通指数情况,图 8-6(a)为选定道路类型的指数状况,包括了当天、前一天与上一周的情况;图 8-6(b)为实时路网分等级的指数、路网平均速度、拥堵等级的列表。从中可以看出,上海城市快速路网在早高峰与晚高峰两个时段内相比其他时段较为拥堵。

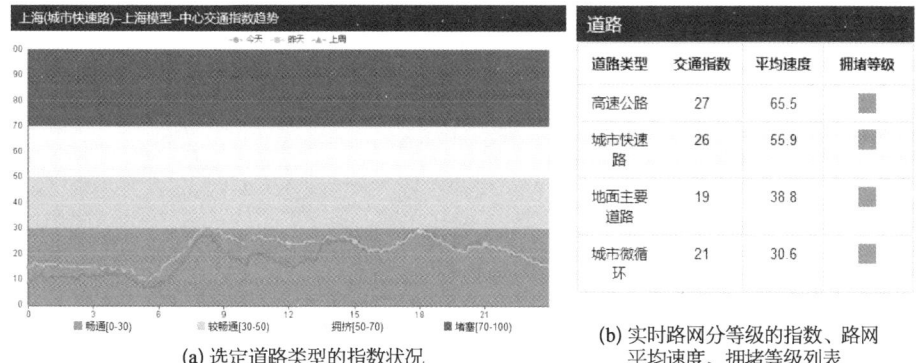

图 8-6　上海路网实时交通指数情况(2016 年 6 月 13 日)

系统提供不同城市之间在同一时间段内的指数横向对比分析。图8-7为城市指数对比分析界面。界面中包括了城市选择、对比时间段设定、计算模型选择、城市区域范围及需要对比的道路网类型。指数值以曲线图的方式进行展现。

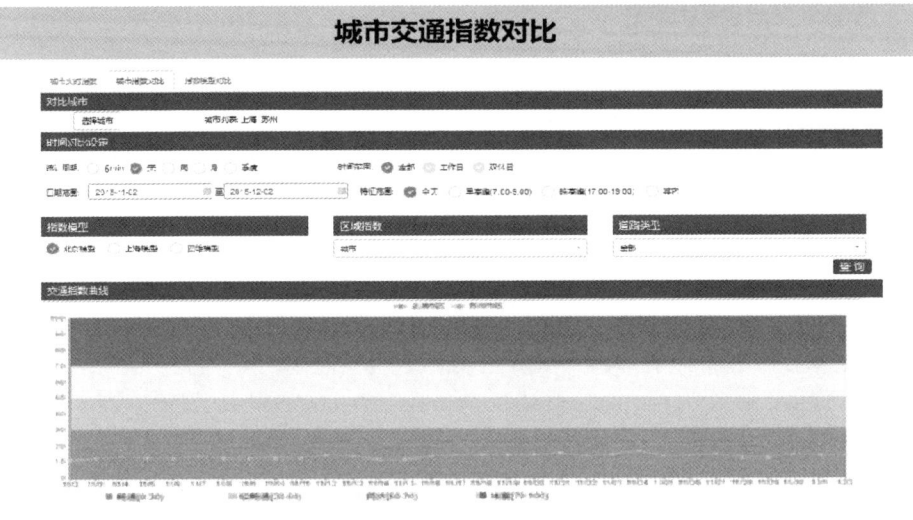

图8-7 城市指数对比界面

目前系统提供了28个城市进行对比分析,并根据不同的分类标准对其进行了城市群的划分。图8-8为城市选择界面,左边为根据不同标准所划分的城市群列表,右边为地图显示,选定城市后会相应地在地图上标注出其地理位置。

在对比分析的时间上面,系统提供不同的统计周期、时间范围、特征范围等

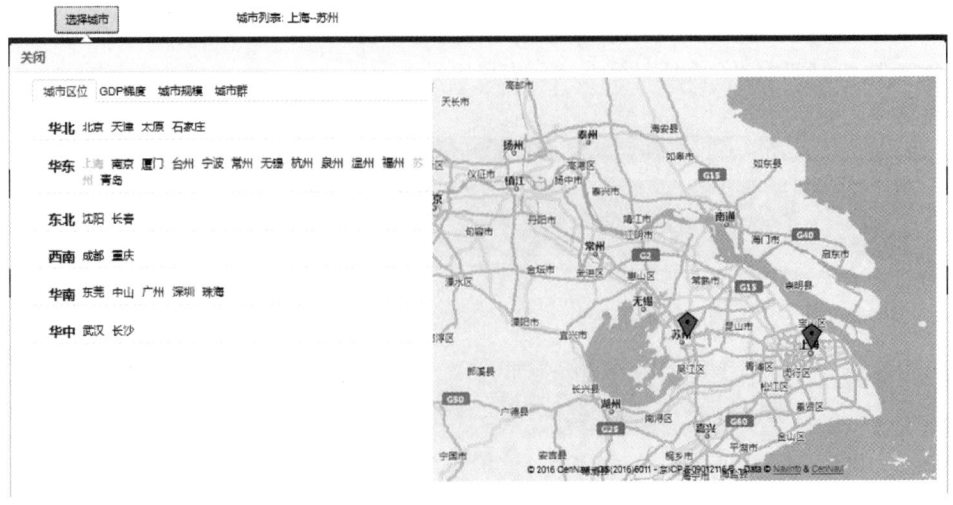

图8-8 城市选择界面

参数,从而可以根据实际的分析需要进行不同的设定。对于对比分析的区域、道路类型,也可以根据实际需求进行设定。

图 8-9 为指数模型对比界面。界面上部分包括了城市选择、对比时间设定、区域与道路网类型选择,下部分为 3 种模型所计算的指数值曲线图。

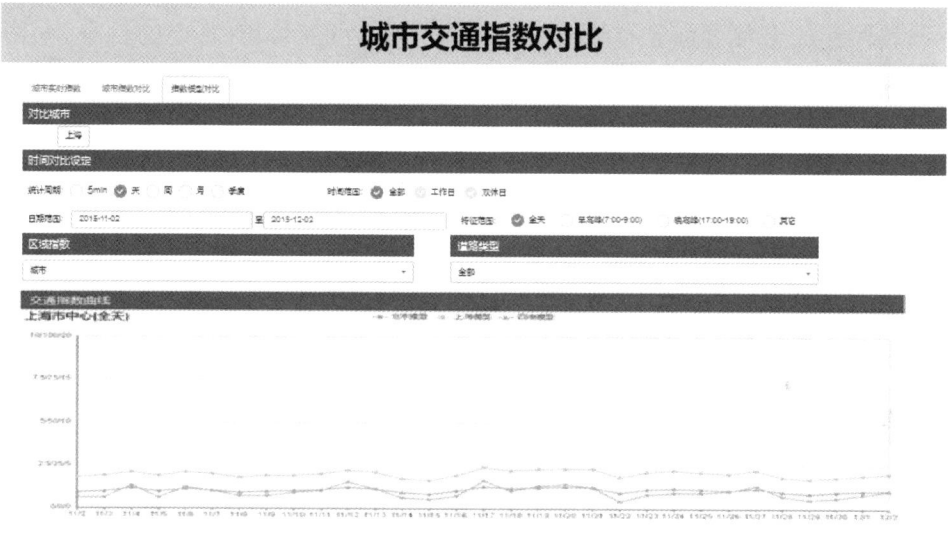

图 8-9 指数模型对比界面

在对比时间、区域范围及道路类型方面,同城市指数对比模块相同,提供不同的情况设置。参与比较分析的模型,目前包括了上海模型、北京模型和某企业模型。

图 8-10 为上海市中心一个月的不同模型指数情况对比实例。比较条件设置为按天统计的全天指数情况,包括了工作日与双休日。从比较结果来看,北京模型偏向突出交通拥堵状况,而上海模型与某企业模型能够反映整体交通的平均状况。

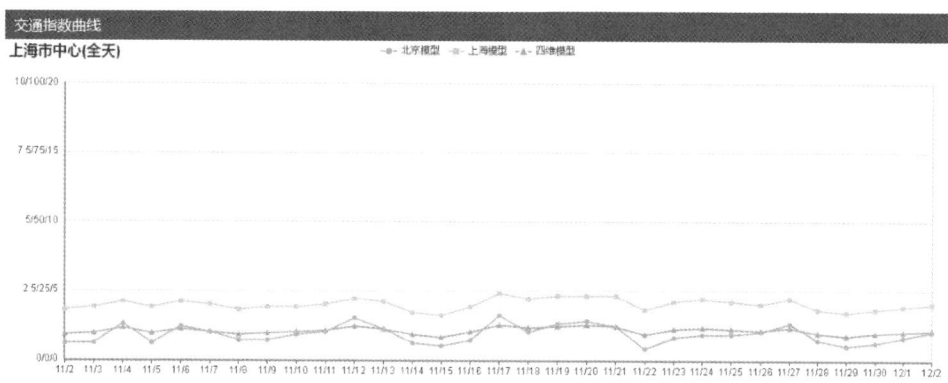

图 8-10 上海市中心不同模型比较分析实例

8.2 交通需求机理分析

1）交通需求演变机理分析

从路网整体来看，在路网结构不发生重大改变、不受大型活动影响的前提下，路网宏观交通出行分布结构在时间和空间上具有相对稳定的特征，如图8－11和图8－12所示。但在相对较短的时间周期中，由于路网中局部交通流状态变化的影响，会导致该时段关联区域的交通出行结构随之发生调整，即在局部区域内交通需求与交通状态之间存在一定的关联性。

统计周期 24小时 统计时间 2008-11-19 07:00 — 22:00

OD小区流量分布

D小区	西南区	内环南区		内环东南区		南北中1区		南北南区		延安东区		延安中区		延安西区		沪闵中内环		沪闵外中环		发生量合计
O小区	外圈	内圈	外圈	内圈	外圈	东侧	西侧	东侧	西侧	北侧	南侧	北侧	南侧	北侧	南侧	东侧	西侧	东侧	西侧	
内环东北区内圈	0	0	0	0	0	0	0	0	0	0	0	0	0	0	0	0	0	0	0	0
内环东北区外圈	1263	0	168	0	843	1	4481	2	1994	0	123	1423	0	2413	0	0	344	0	174	15190
内环西北区内圈	11	0	1	0	644	0	3022	0	1124	0	812	208	0	30	0	0	2	0	2	22676
内环西北区外圈	7524	0	1834	0	772	14	0	40	0	0	3	3	0	9297	0	0	1671	0	770	21935
内环西南区内圈	0	0	0	0	0	0	0	0	0	0	0	0	0	0	0	0	0	0	0	0
内环西南区外圈		0	4915	0	3374	49	0	269	0	0	13	20	0	5	0	0	3479	0	1720	13859
内环南区内圈	0		0	0	0	0	0	0	0	0	0	0	0	0	0	0	0	0	0	0
内环南区外圈	4	0		0	8249	1290	0	1876	1	0	161	133	0	25	0	0	2	0	1	12188
内环东南区内圈	5	0	2		1	581	0	736	0	0	6	563	0	150	0	0	3	0	0	2166
内环东南区外圈	0	0	0	0		0	0	0	0	0	0	0	0	0	0	0	0	0	0	0
南北高架中1区东侧	211	0	41	0	7		0	3	0	0	0	0	0	519	0	0	66	0	36	13622
南北高架中1区西侧	656	0	49	0	4279	1		0	4821	0	3043	4576	0	3257	0	0	171	0	85	20948
南北高架南区东侧	93	0	14	0	3	6732	4		0	0	557	3994	0	1688	0	0	27	0	12	15795
南北高架南区西侧	0	0	0	0	19959	0	0	0		0	0	0	0	0	0	0	0	0	0	19959
延安高架东区北侧	1707	0	132	0	4846	5917	4	3	6015		1	30717	0	11658	0	0	356	0	203	63091
延安高架东区南侧	0	0	0	0	0	0	0	0	0	0		0	0	0	0	0	0	0	0	0
延安高架中区北侧	2934	0	400	0	48	6	12	10	5	0	2		0	19998	0	0	1039	0	542	25348
延安高架中区南侧	12	0	3	0	3893	7042	0	0	4744	0	17405	0		17	0	0	2	0	1	35940
延安高架西区北侧	0	0	0	0	0	0	0	0	0	0	0	0	0		0	0	0	0	0	0
延安高架西区南侧	3246	0	1375	0	1853	2441	63	62	1217	0	4018	5	12703	12		0	163	0	50	29225
沪闵中内环区东侧	1	0	3181	0	4095	987	0	1332	15	0	294	42	880	748	0		1	0	0	18120
沪闵中内环区西侧	1	0	0	0	0	0	0	0	0	0	0	0	3	0	4	0		0	4226	4234
沪闵外中环区东侧	1	0	1162	0	1299	430	0	472	7	0	148	19	345	53	0	5481	1		1	11378
沪闵外中环区西侧	0	0	0	0	0	0	0	0	0	0	0	0	0	0	0	0	0	0		0
吸引量合计	17669	0	13277	0	54165	25491	7586	4805	19943	0	26586	41703	13931	49870	4	5481	7327	0	7823	345674

图8－11　中心区快速路网OD分布报表

当瓶颈拥堵蔓延到上游的立交等交通流集散枢纽时，会对拥堵区域上游原有的出行模式产生明显影响，主要表现为相对低速区域的部分出行需求被抑制和转移，造成区域交通需求分布结构的变化。

交通拥堵的蔓延会抑制或转移上游原有的一部分交通需求，同时上游的交通需求增加也会造成下游拥堵的加剧，拥堵状态下的上游交通需求与下游交通状态是一种处于相互影响和相互制约的稳态平衡过程，因此可以对路网上的历史海量交通流数据进行挖掘并提取两者间的关联特征。

2）交通需求演变的关联特征挖掘实例

以上海市快速路内环外圈宛平南路上匝道的合流瓶颈点及其上游快速路区域为例，将下游拥堵蔓延对上游需求的影响分析、拥堵状态下交通状态与需求

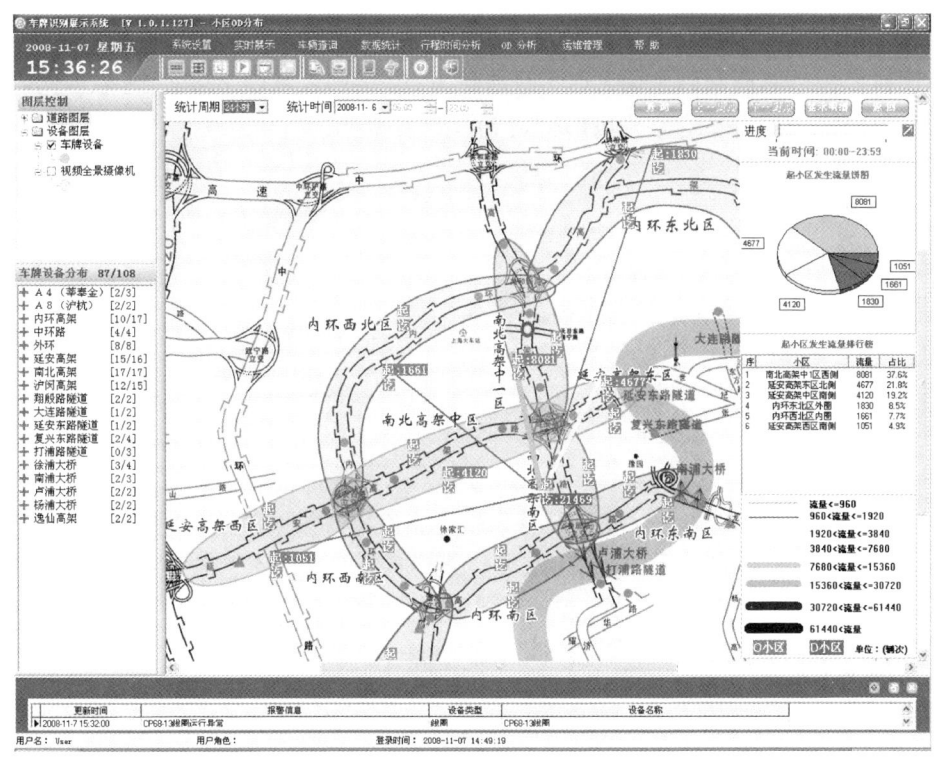

图 8-12 中心区快速路网 OD 分布结构图

的关联特征及基于关联特征的交通需求估计等方面进行了实例分析。该区域局部路网如图 8-13 所示。

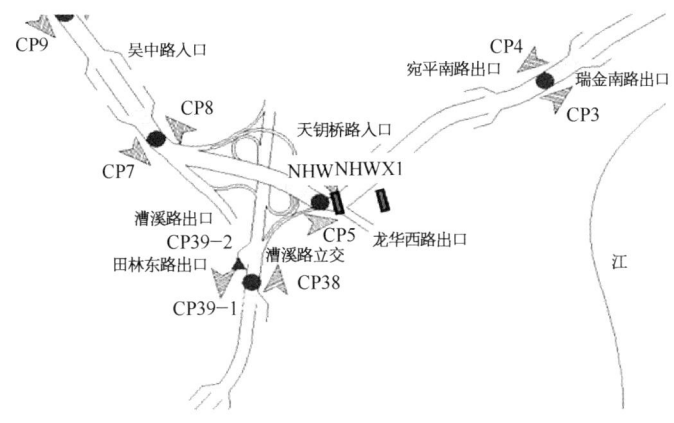

图 8-13 交通需求演变挖掘的实例分析区域局部路网

（1）拥堵蔓延对交通需求的影响　选取 2009 年 5 月 19 日至 5 月 22 日期间早高峰时段的数据，如图 8-14 所示，其中内环外圈汇聚方向和沪闵高架汇聚方向取值为汇入车辆数的百分比。内环外圈宛平南路路段发生拥堵并扩散时，车辆排队会一直蔓延到上游 CP05 断面位置，并进一步对上游沪闵高架东侧和内环外圈汇聚到宛平南路路段的交通需求产生影响。

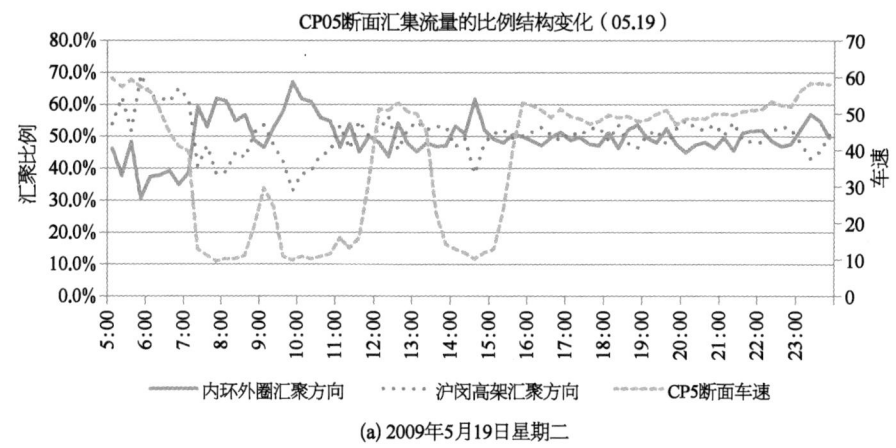

(a) 2009年5月19日星期二

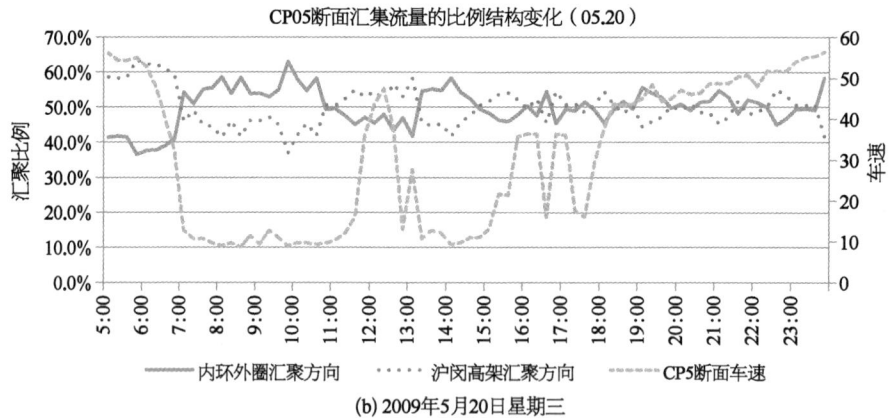

(b) 2009年5月20日星期三

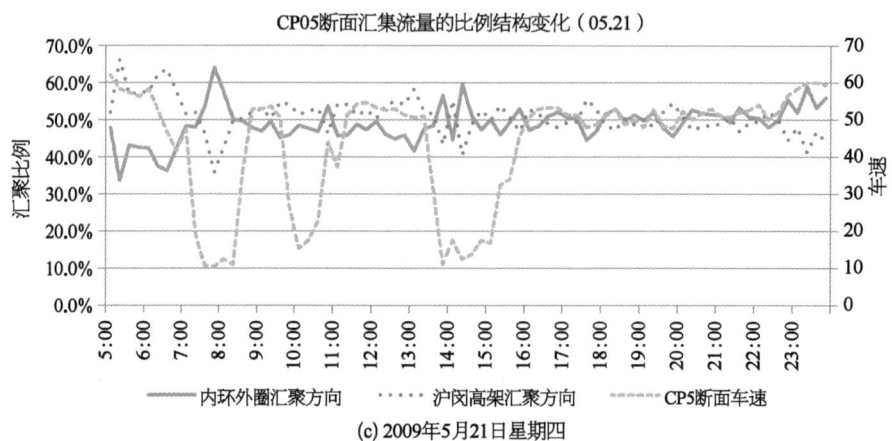

(c) 2009年5月21日星期四

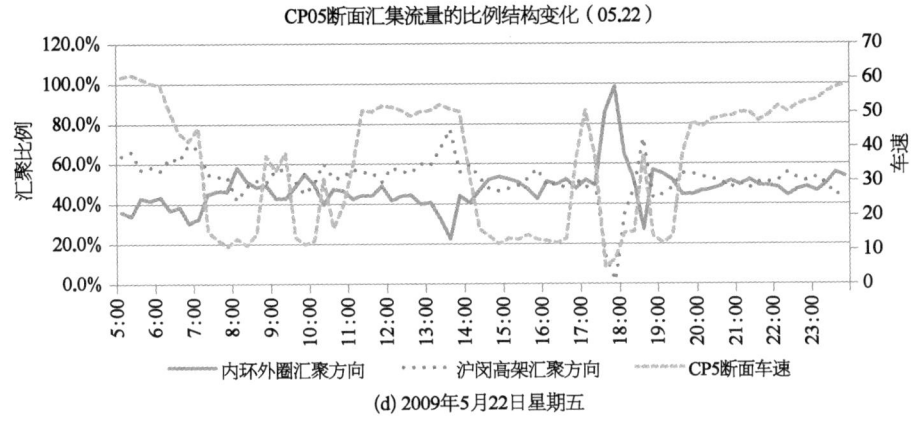

(d) 2009年5月22日星期五

图 8-14 拥堵蔓延对需求影响的数据表现特征

通过对各天的拥堵蔓延与需求汇聚的对比分析，内环外圈宛平南路路段的交通拥堵蔓延对沪闵高架交通需求汇聚的影响明显大于内环外圈，表现在数据特征上为当 CP05 断面车速下降时，沪闵高架东侧汇聚到宛平南路路段的需求所占比例明显下降，而由于道路结构原因受拥堵蔓延影响较小的内环外圈需求的流量并未发生明显下降，因而内环外圈在汇聚比例上随着 CP05 断面车速的下降反而有所提高。

（2）交通需求演变的数据关联特征提取　选取 2009 年 5 月 19 日至 5 月 21 日期间早高峰时段的数据，如图 8-15 所示。内环外圈宛平南路路段发生拥堵

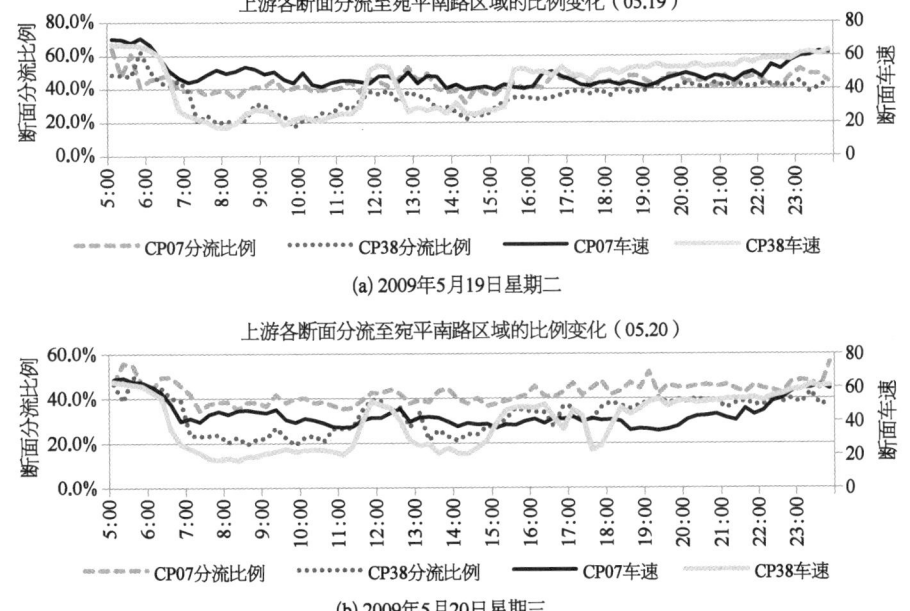

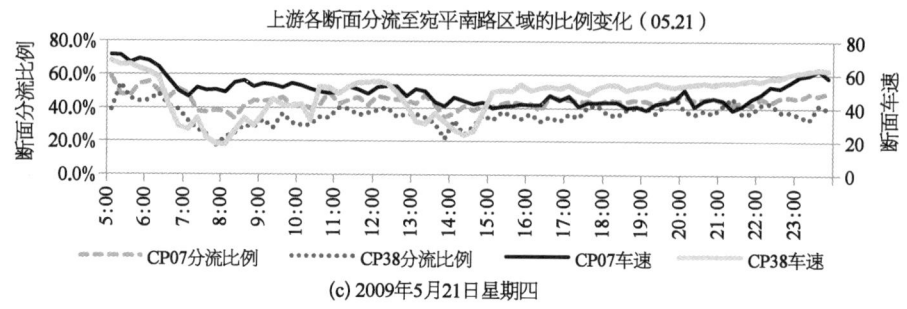

图 8-15 拥堵状态下的需求分布结构演变

并扩散时,车辆排队随着时间推移可能会一直蔓延到上游沪闵高架和内环外圈。

进一步对拥堵区域上游的内环外圈 CP07 和沪闵高架 CP38 两个车牌识别断面进行分析,对下游交通拥堵与上游需求分布结构的量化关系进行数据相关性的拟合,如图 8-16 和图 8-17 所示。

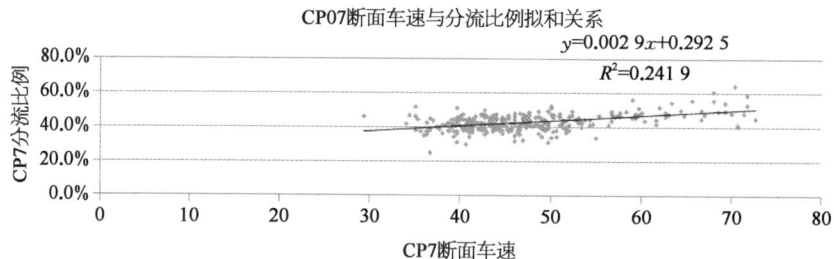

图 8-16 内环外圈 CP07 断面车速与需求分流比例的线性拟合

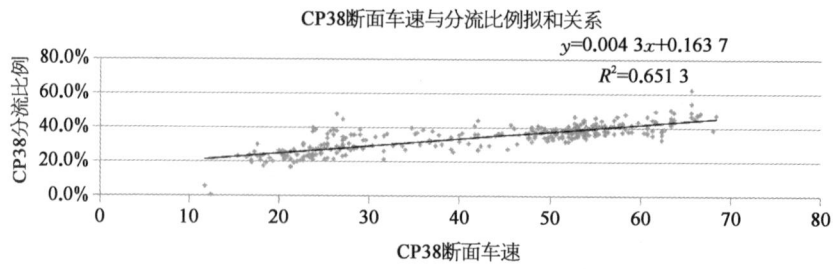

图 8-17 沪闵高架 CP38 断面车速与需求分流比例的线性拟合

通过对内环外圈 CP07 和沪闵高架 CP38 两个车牌识别断面的交通状态(断面车速)与需求分布演变(断面分流比例)进行关联特征分析和提取,并获取了各个位置的线性拟合关系式。由于道路结构的不同影响,沪闵高架东侧的需求分布对拥堵蔓延的反应相对于内环外圈较为灵敏,在数据特征上体现为两个地点的交通状态与需求分布的相关程度差异。

8.3 交通出行量时空分布分析

交通数据描述人、车、路之间的动态关系,具有典型的时空特征,通过确定时空数据模型,对交通时空信息仿真、预测及决策分析具有重要意义。利用上海交通大数据资源中心所提供的海量车辆轨迹数据,采用车辆 OD 分析与热点分析进行交通出行量时空分布分析技术的探讨。

OD 即起讫点,是指车辆一次出行轨迹的起点和终点。OD 分析最早应用于国外的城市交通规划中,其目的就是弄清楚交通流和交通源之间的关系,获取道路网上交通流的构成、流量、流向、车辆的起讫点等数据。

城市热点区域在一定程度上影响人们的出行。发现交通热点能够一定程度上反映用户个体或群体的运动规律或行为模式,是实现道路规划、流量预测、交通诱导、交通管理等信息服务的重要部分。

交通出行量时空分布分析的整体数据处理、分析的流程如下图 8-18 所示。首先通过路径推测判断出车辆 GPS 轨迹所处的路径,然后进行轨迹分割提取出车辆一次旅程轨迹的 OD 点位信息,进行地图网格划分,最终得到 OD 矩阵与热力图等结果。

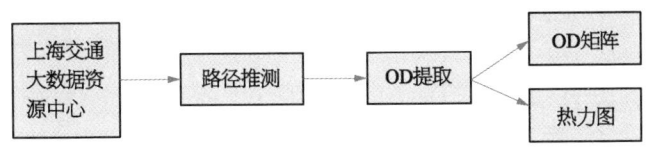

图 8-18 交通出行量时空分布分析流程

1) 路径推测

从本质上来说,路径推测就是路径搜索的过程,即将当前定位点的候选匹配点作为起点,搜索车辆可能经过的下一条或下几条路链,直到找到下一个定位点所在的路链,从而确定两个定位点之间的车辆行驶轨迹。当车辆驶入当前路链的后续路链时,存在两种行车状态,一种是保持直行,另一种是转弯,如图 8-19 所示。在转弯状态下,向量和车辆所行驶过的路链形成类三角形。按照一般道路建设的规划,相邻路链的夹角大于 60°,假设三角形的三边分别为 a、b 和 c,其中 a、b 两边的夹角 C 大于 60°,根据三角形余弦定理,如式(8-1)~式(8-3)所示:

$$c^2 = a^2 + b^2 - 2ab\cos C > a^2 + b^2 - 2ab*0.5 = a^2 + b^2 - ab \quad (8-1)$$

又

$$a^2 + b^2 \geq (a+b)^2/2, \quad ab \leq (a+b)^2/4 \quad (8-2)$$

得到

$$c^2 > (a+b)^2/4 \geq 2c > (a+b) \quad (8-3)$$

即当三角形中两边的夹角大于60°时,此两边之和小于第三边的2倍。即车辆实际行驶距离应该小于两倍的向量长度,此性质可以作为路径搜索的一个极重要的约束条件。同时,所搜索路链的方向与向量方向夹角应当小于90°。依据上述约束条件,路径推测算法可以在较短的时间内推测出车辆可能的行驶轨迹。

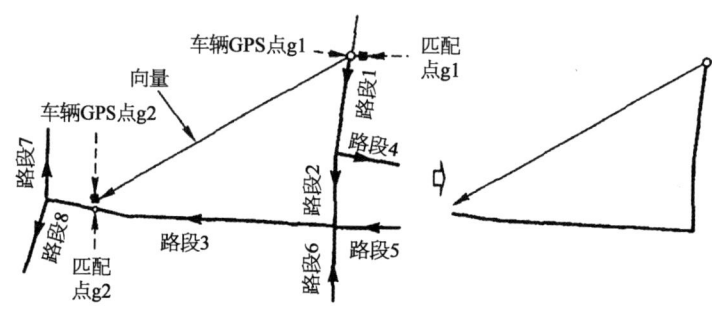

图8-19 车辆转弯路径推测计算

2) 网格化分

采用自适应方式进行网格合并与细分,例如在城区内,当网格内的轨迹端点数很密集时,再次进行网格分割,一直到网格可以很精确地表达端点;而郊区可以进行相邻网格的合并以扩大网格进行分析,以提高样本量,并且支持定制不规则形状的分析范围,便于扩展。

3) OD分析

OD分析包括了OD时空分布统计分析、OD流量分析及不同类型车辆OD数据分析。OD时空分布统计分析以各路段出入口的OD数统计分析及OD数量随时间的分布统计分析为主。下面以北京三环路的一个路段为实例进行研究说明。图8-20为研究路段示意图。

通过统计分析沿路线各出口与入口的OD数量,可以直观地分析路段上哪一个入口进入车辆最多,从而分析出从哪个方向/区域汇聚过来的车辆较多;同样也可以分析出车辆主要的分流方向。图8-21为研究路段各出口OD数据分析结果,从中可以看出,该路段车辆分流方向主要是三环与京承高速。

通过OD流量随时间分布的分析,可以对研究路段的交通状况随时间的变化进行分析,找出拥堵时间点等,如图8-22为研究路段两个车流方向的OD流量随时间的分布统计。其中三环入到三环出行驶方向上存在明显的早晚高峰车辆集中的现象,而且其早晚高峰现象出现的时间要早于三环入到京承高速出方向。

4) 热点分析

热点分析根据车辆轨迹时空分布的特性,通过数据研究获得相对的热点区域并用热力图的方式进行展示。通过这个分析,可以找出在周末、节假日、工作

第 8 章　城市交通规划和建设大数据服务

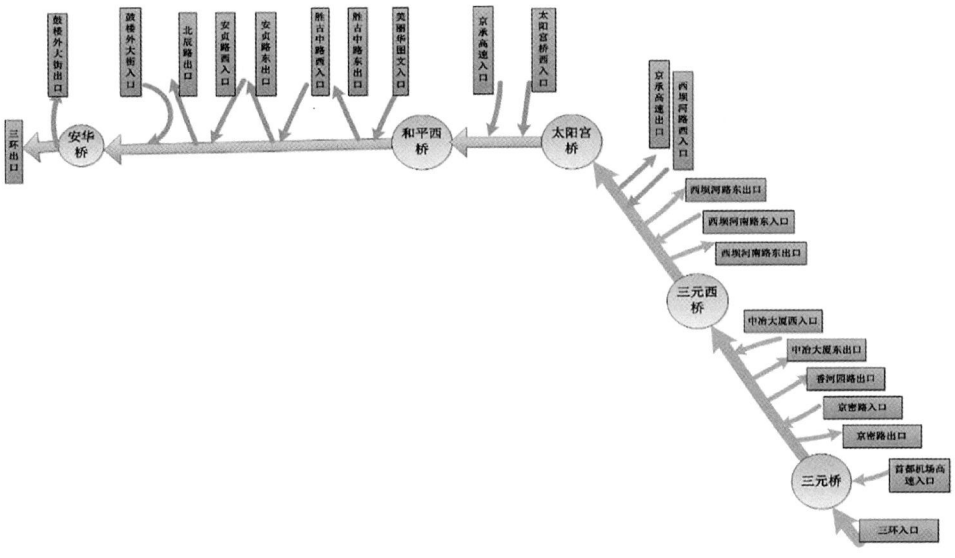

图 8-20　OD 时空分布统计分析路段实例示意图

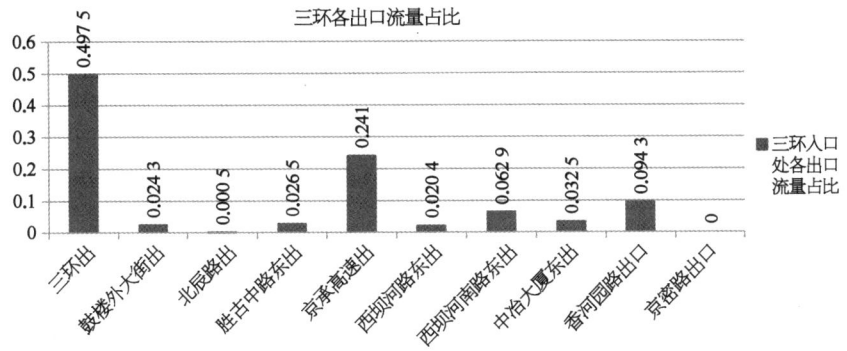

图 8-21　各出口 OD 流量统计

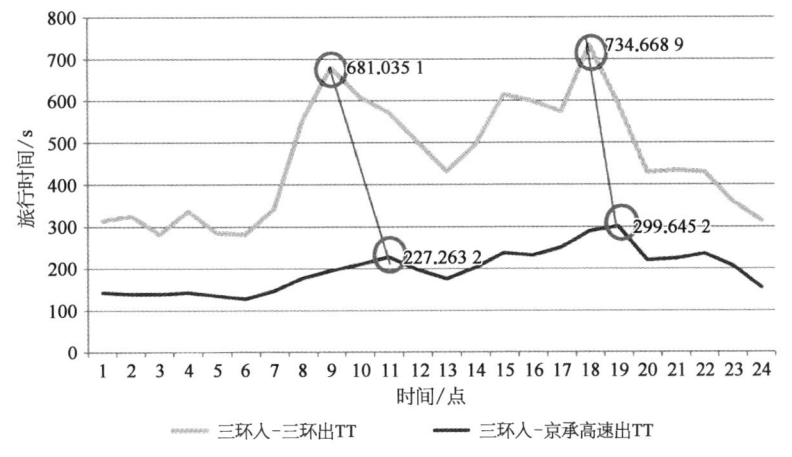

图 8-22　研究路段 OD 量随时间分布统计

日不同的热点区域,以及不同类型车辆所关联的热点区域。

图 8-23 为工作日、周末的热点区域分析实例。图中明显展示出在工作日与周末不同区域存在不同的热点变化。例如望湖公园/北湖高尔夫区域,是一个周末的热点,这与其作为休闲区域相关。

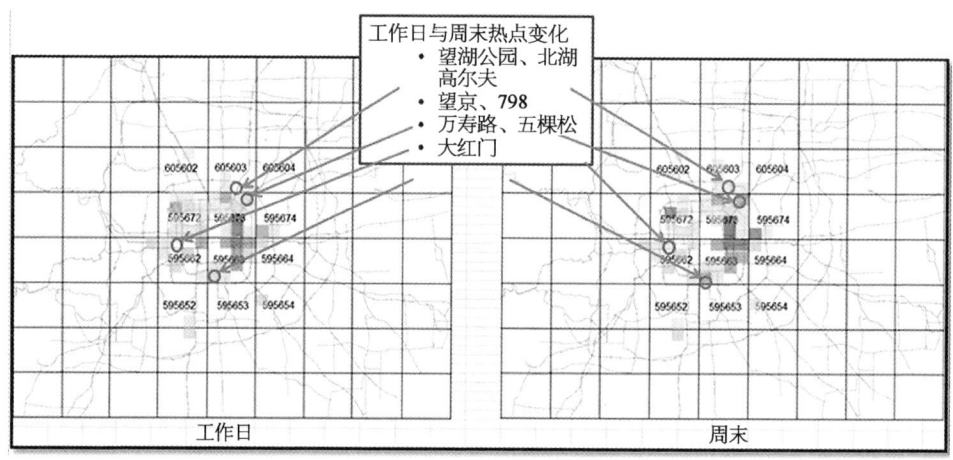

图 8-23 工作日与周末热点区域对比分析

基于交通出行量时空分布分析技术开发的交通出行 OD 分析系统主要包括了两大块功能:道路交通流量分析与 OD 出行。图 8-24 为道路交通流量分析界面。

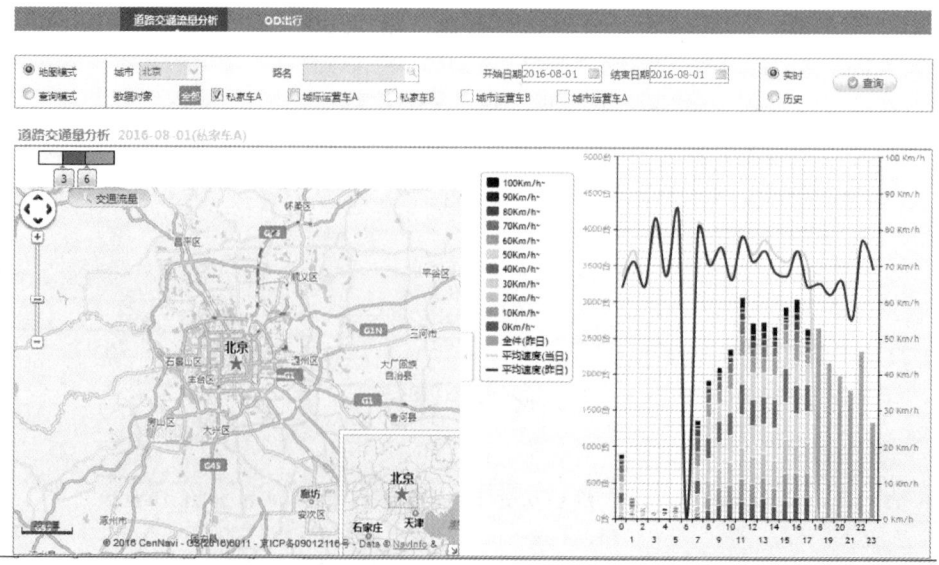

图 8-24 道路交通流量分析

OD 出行包括了 OD 迁徙图、城市活跃度、节假日出行量、用户出行分布、OD 分析、OD 出行量与交通指数对比、热点 OD 区域变化趋势、出行范围等功能。图 8-25 为某一类车型的 OD 迁徙图及各时段车辆出行量的统计，图 8-26 为某一时间段内的城市活跃度排名统计情况，图 8-27 为一段时间内的指定类型用户的空间分布统计情况。

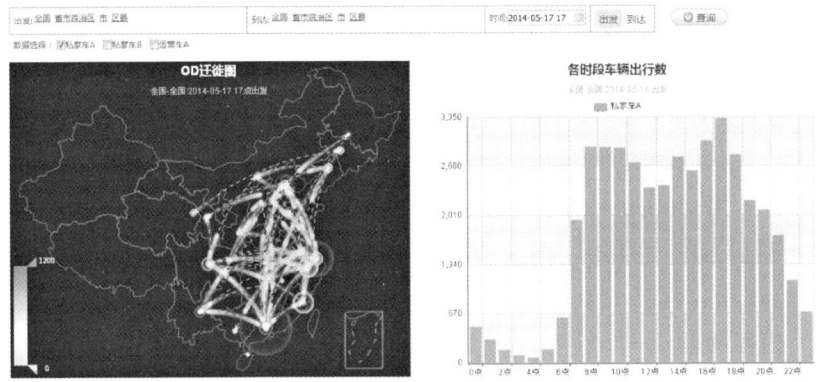

图 8-25　OD 迁徙统计

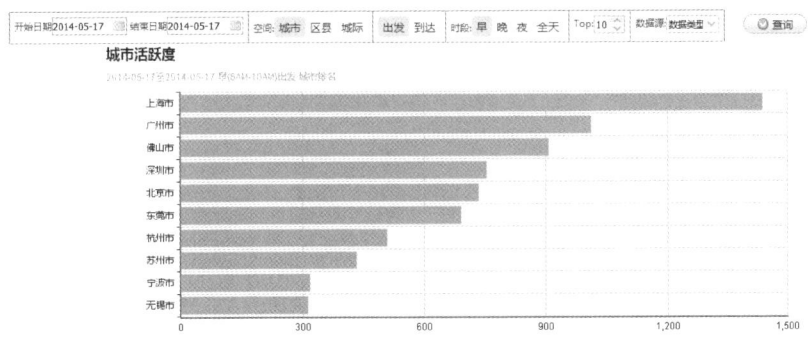

图 8-26　城市活跃度排名统计

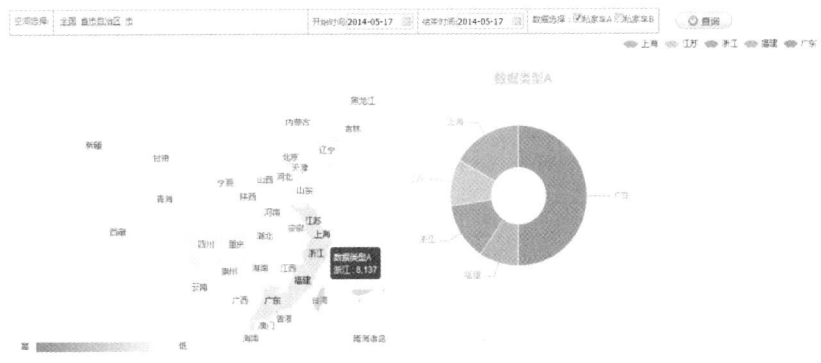

图 8-27　某一类用户出行分布情况统计

8.4 道路通行能力指标分析

道路通行能力是道路与交通工程中一个十分重要的指标,是道路与交通规划、设计及交通管理的基本依据之一,也是评价各种道路与交通设施及管理措施的交通效果的基本依据之一。通过城市交通大数据技术应用,基于上海快速路交通监控系统积累数据,不但能够有效分析道路通行能力的真实数值,而且能够更加精细地量化分析车道位置、交通事故、天气等因素对通行能力的影响。

根据 JTG B01—2003 对通行能力单位的使用规范,车道通行能力单位采用 pcu/h/ln 或 pcuphpln,即每车道每小时标准小车数量;断面通行能力(不少于2条车道)单位采用 pcu/h 或 pcuph,即每小时标准小车数量,在不影响理解的情况下,车道通行能力可统一简化表述为 pcu/h 或 pcuph。后文断面通行能力在正文中会说明包含多少条车道。

1) 模型简介

道路上的交通流通过流率 q、速度 v 和密度 k 三个基本变量进行描述,见式(8-4)和式(8-5):

$$q = v \cdot k \quad (8-4)$$

$$v = a \cdot k + b \quad (8-5)$$

其中,a、b 是密度与速度线性函数关系的斜率和截距。在大数据环境下变量之间的关系参数可以根据不同地点的实测数据进行自动拟合以适合不同地点的交通流关系,常用的二维的速度-流量模型、速度-密度模型及流量-密度模型见图 8-28。

由图 8-28 可确立反映交通流特性的一些特征值:

q_m——最大流量,速度-流量曲线图上的峰值;

u_m——临界速度,流量达到 q_m 时的速度;

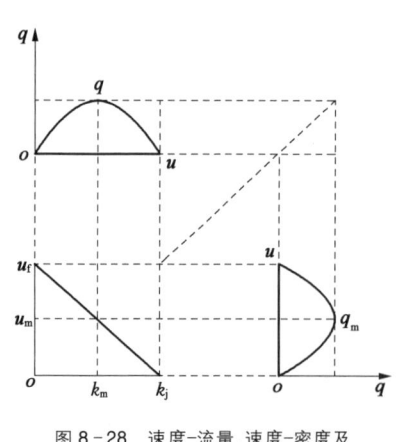

图 8-28 速度-流量、速度-密度及流量-密度正交投影

k_m——最佳密度,流量达到 q_m 时的密度;

k_j——阻塞密度,车流处于阻塞即车辆无法移动(v 趋向于0)时的密度;

u_f——自由流速度,车流密度趋于零、车辆可以畅行无阻时的速度。

2) 通行能力分析

从 1933 年 Greenshields 提出速度-密度关系的线性模型至今,国外专家对交通流模型进行了大量的研究,先后提出了许多关于速度、流量、密度三个重要参数之间关系的模型,习惯上称这类模型为"三参数交通流统计模型"或"三参数交通流模型"。这类统计模型具有非常重要的应用价值,它是定义交通设施服务水平的基础。另外,三参数交通流统计模型还可用于估算通行能力及达到通行能力时的数据点。

(1) 车道位置因素的通行能力分析　根据交通参数关联模型计算得到车道通行能力值,可以得到不同车道位置的通行能力。从车道来看,内侧 1 车道的通行能力均值为 1 970 pcu/h/ln,2 车道的通行能力均值为 1 960 pcu/h/ln,3 车道的通行能力均值为 1 850 pcu/h/ln,4 车道的通行能力均值为 1 840 pcu/h/ln。可以看出,其中 1、2(内侧)车道的通行能力值显著高于 3、4(外侧)车道的通行能力值。

(2) 交通事故因素的通行能力分析　事故条件下由于事故车辆导致部分车道通行能力损失,分析交通事故对通行能力影响程度,根据事故记录获取事件发生位置和时刻,通过流量和速度前后时刻变化阈值法判断事故发生时刻和地点上下游交通流参数是否发生变化,如图 8-29 所示。

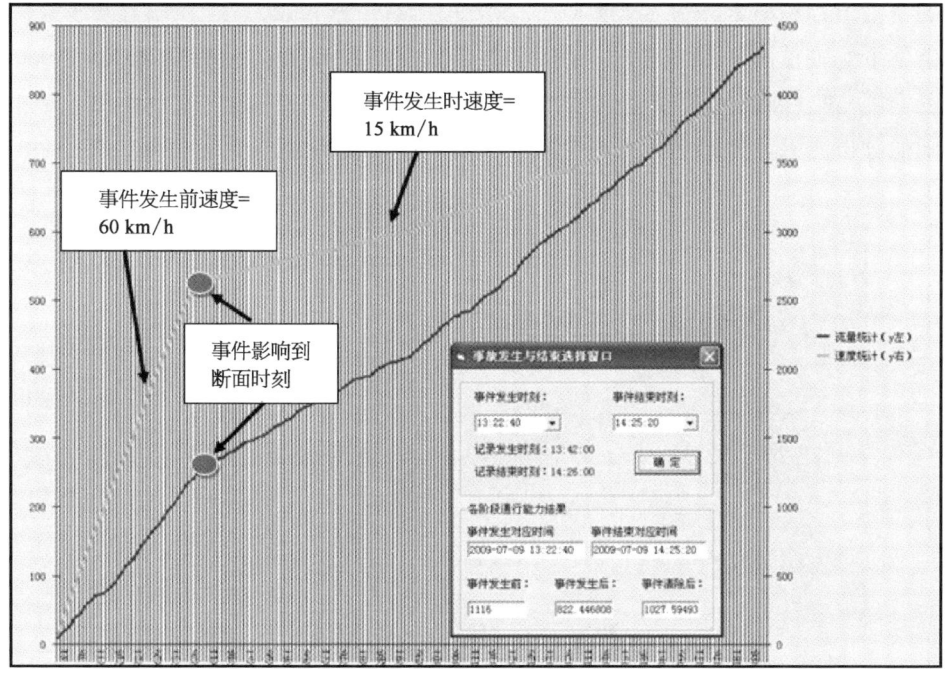

图 8-29　事故条件下通行能力判别

通过对事故记录样本集合的分析,筛选获得有效的事故通行能力样本,通过对样本汇总分析,可以得到不同事故影响条件下的通行能力损失值。两车道断面当其中一个车道发生堵塞时,断面损失的通行能力达到60%;而在三车道断面其中一个车道发生堵塞时,断面损失的通行能力达到52%,详见表8-1。

表8-1 单车道事故条件下的断面通行能力损失

断面车道数	事故实际通行能力/(pcu/h)	理论通行能力/(pcu/h)	通行能力损失/%
2	1 572	3 930	60
3	2 774	5 780	52

3) 天气因素的通行能力分析

通过分析各个车道上线圈采集到的信息,计算出各个车道理论通行能力,包括晴天、小雨、中雨、大雨、小雪、中雪及大雪等天气下的理论通行能力值。

根据异常天气时间分布,可以提取异常天气情况下的交通流参数。将正常天气和异常天气交通参数绘制在一张图中,可以看出异常天气的流密速关系和正常天气存在显著差异,如图8-30所示。异常天气和正常天气同一速度对应的密度值存在显著差异,异常天气的密度显著小于正常天气,表明在异常天气条件下驾驶员出于安全考虑,往往会保持较大车头间距。从整体看,异常天气的密度-速度曲线相对于正常曲线下方整体平移。对于速度-流量曲线也有相同的分析结果。即恶劣天气对驾驶行为产生整体影响而导致通行能力降低。

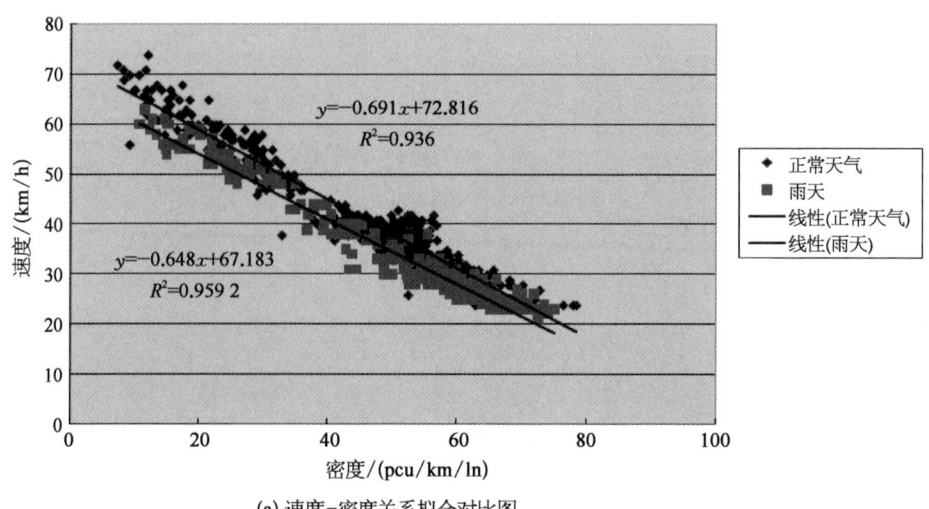

(a) 速度-密度关系拟合对比图

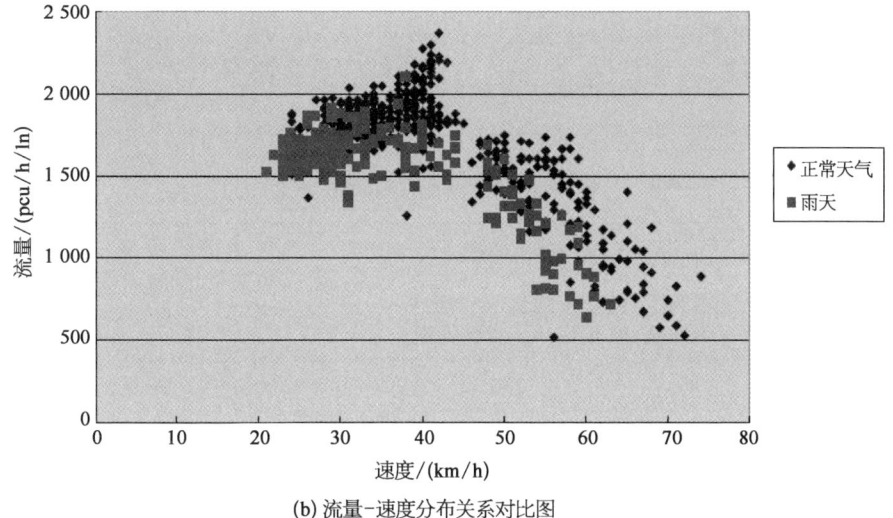

(b) 流量-速度分布关系对比图

图8-30 正常天气和恶劣天气交通参数关系对比图

(1) 下雪因素 通过参数拟合的通行能力算法计算恶劣天气情况下折减的通行能力并与正常天气情况下的通行能力值进行对比。为了保证数值的可比性,每次通行能力计算结果对比采用相同的车道集合,见图8-31所示。

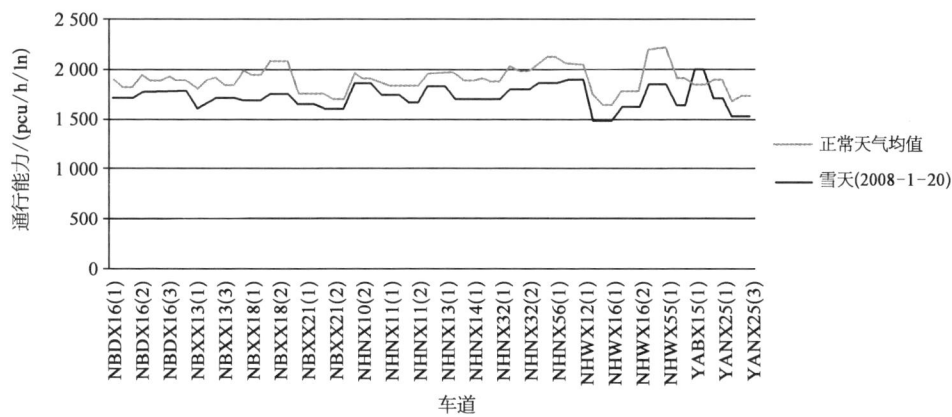

图8-31 下雪与正常天气理论通行能力值对比

通过对表8-2中下雪天气通行能力的计算和对比分析,可以得到以下结论:下雪对道路通行能力值存在显著影响,且降雪量越大,通行能力的折减越大,如图8-32所示。

① 小雪(降雪量小于1.25 mm/h),通行能力的折减在3%~7%之间,均值为-5%。

② 中雪(降雪量在1.25~12.5 mm/h),通行能力的折减在9%~13%之间,

均值为-10%。

③ 大雪(降雪量大于12.5 mm/h),通行能力的折减在15%~22%之间,均值为-19%。

表8-2 不同雪量等级与正常天气车道通行能力对比

日 期	通行能力/(pcu/h/ln)		下降比例/%	降雪量	均值/%
	雪天(车道均值)	正常值(与雪天相同车道集合均值)			
2008-1-21	1 850	1 911	-3	小	5
2008-1-22	1 825	1 903	-4		
2008-1-24	1 837	1 936	-5		
2008-1-25	1 799	1 909	-6		
2008-1-23	1 800	1 915	-6		
2008-1-31	1 779	1 907	-7		
2008-2-4	1 773	1 906	-7		
2008-2-2	1 739	1 907	-9	中	10
2008-1-20	1 731	1 904	-9		
2008-2-1	1 708	1 912	-11		
2008-1-26	1 654	1 904	-13		
2008-1-28	1 655	1 949	-15	大	19
2008-1-27	1 551	1 992	-22		

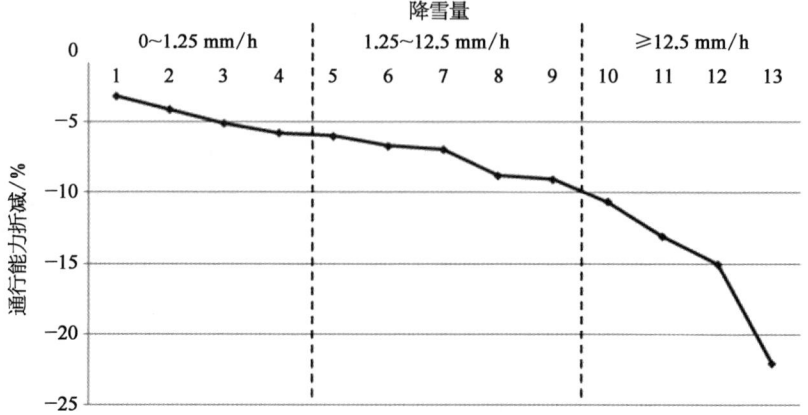

图8-32 不同下雪等级条件下的通行能力折减图

（2）下雨因素　通过对表 8-3 下雨天气条件下通行能力的计算和对比分析,可以得到以下结论:下雨对道路通行能力值存在显著影响,且降雨量越大,通行能力的折减越大,如图 8-33 所示。

① 小雨(降雨量小于 0.25 mm/h),通行能力的折减在 6%~8%之间,均值为-7%。

② 中雨(降雨量在 0.25~6.25 mm/h),通行能力的折减在 10%~11%之间,均值为-10%。

③ 大雨(降雨量大于 6.25 mm/h),通行能力的折减在 13%~15%之间,均值为-14%。

表 8-3　不同雨量等级与正常天气车道通行能力对比

日　期	降雨量	通行能力/(pcu/h/ln)		下降比例/%	均值/%
		雨天值 (车道均值)	正常值(与雨天 相同车道均值)		
2009-2-19	小雨	1 788	1 910	-6	-7
2009-6-26		1 763	1 891	-7	
2008-8-29		1 763	1 916	-8	
2009-6-9	中雨	1 729	1 915	-10	-10
2009-2-24		1 711	1 896	-10	
2009-4-24		1 729	1 922	-10	
2009-2-25		1 740	1 936	-10	
2009-2-18		1 724	1 932	-11	
2009-7-6		1 680	1 891	-11	
2009-2-26		1 638	1 849	-11	
2009-6-30	大雨	1 654	1 894	-13	-14
2009-6-5		1 699	1 947	-13	
2008-8-15		1 694	1 956	-13	
2008-8-14		1 683	1 950	-14	
2008-8-25		1 649	1 951	-15	

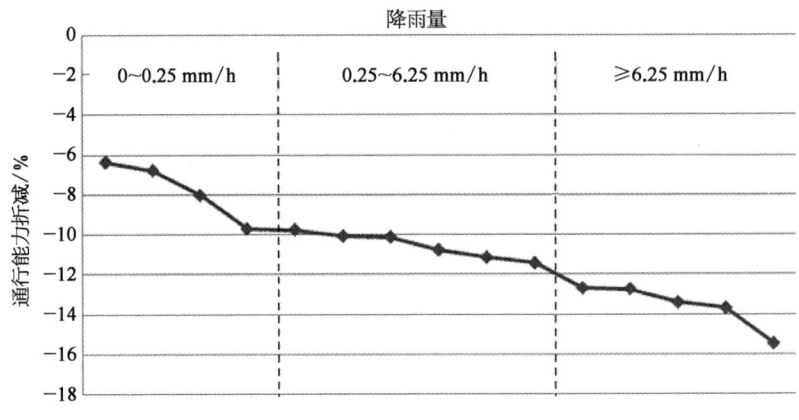

图8-33 不同下雨等级条件下的通行能力折减图

8.5 居民出行活动模式分析

在交通和城市规划领域,传统的方法主要通过居民出行调查或活动日志调查,获取居民出行信息,这种方法存在样本量少、时效性不强、费时费工等问题,手机信令数据为居民出行的大规模持续观测提供了基础。下面以上海为例,介绍利用手机信令数据分析居民的较长时期出行活动特征[1]。

1) 出行活动模式分析指标

出行活动模式分析指标主要由活动强度与多样性、活动空间及日出行链等组成。

(1) 活动强度与多样性 采用两个参数度量。一是日均出行次数,即在调查时间内,个体平均每天出行次数,日均出行次数越多,说明个体越活跃;二是不同活动点数量,在调查时期内,同一个个体访问的不同活动点的数量,不同活动点越多,说明个体的活动越多样。

(2) 活动空间 采用离家距离 L 和非家活动点半径 R_C 表示个体的活动空间,如图8-34所示。

其中,$(X_\mathrm{H}, Y_\mathrm{H})$ 表示居住地的坐标;(X_j, Y_j),$j = 1, 2, 3\cdots$ 表示非家活动点 j 的坐标;Trip k,$k = 1, 2, 3\cdots$ 表示第 j 次出行;$(X_\mathrm{C}, Y_\mathrm{C})$ 表示非家活动点的中心坐标,计算方法如下。

$$X_\mathrm{C} = \frac{1}{n-1} \sum_{j=1}^{n-1} X_j \qquad (8-6)$$

$$Y_\mathrm{C} = \frac{1}{n-1} \sum_{j=1}^{n-1} Y_j \qquad (8-7)$$

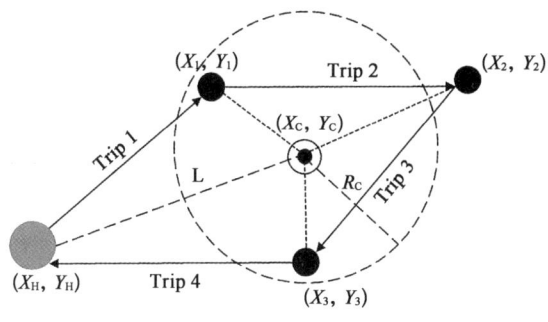

图 8-34　个体活动空间

其中，n 表示个体的日活动点数量，非家活动点半径 R_C 的计算：

$$R_C = \sqrt{\frac{1}{n-1}\sum_{j=1}^{n-1}((X_j - X_C)^2 + (Y_j - Y_C)^2)} \quad (8-8)$$

离家距离 L 的计算：

$$L = \sqrt{(X_H - X_C)^2 + (Y_H - Y_C)^2} \quad (8-9)$$

移动通信数据中，存在少量不能识别居住地的用户，采用回转半径 R_g 来描述个体的活动空间。回转半径 R_g 的计算：

$$R_g = \sqrt{\frac{1}{n}\sum_{i=1}^{n}((X_i - X_{cf})^2 + (Y_i - Y_{cf})^2)} \quad (8-10)$$

其中，

$$X_{cf} = \frac{1}{n}\sum_{i=1}^{n} X_i \quad (8-11)$$

$$Y_{cf} = \frac{1}{n}\sum_{i=1}^{n} Y_i \quad (8-12)$$

（3）日出行链　个体一天的活动点及之间的出行顺序，构成了个体的日出行链。

2）上海的实证分析

从上海的手机用户中，随机抽样提取了 2011 年 9 月一个月调查时长的用户作为研究样本。经过数据清洗和居住地识别后，得到 65 953 名识别居住地用户和 5 862 名未识别居住地用户，对这些样本的出行活动特征进行分析。

（1）活动强度与多样性　活动强度与多样性的分析结果如表 8-4 和图 8-35 所示。

表 8-4　日出行次数和不同活动点数量分析

统计量		日均出行次数			不同活动点数量		
		识别居住地	未识别居住地	总体	识别居住地	未识别居住地	总体
平均值		2.43	1.23	2.33	9.50	8.9	9.45
标准差		0.92	0.5	0.95	5.41	5.22	5.39
偏度		1.06	1.58	0.96	1.56	1.71	1.57
峰度		4.96	6.64	4.68	7.27	7.69	7.3
分位数	25	1.77	0.87	1.63	6	5	6
	50	2.27	1.1	2.2	8	8	8
	75	2.93	1.47	2.87	12	11	12

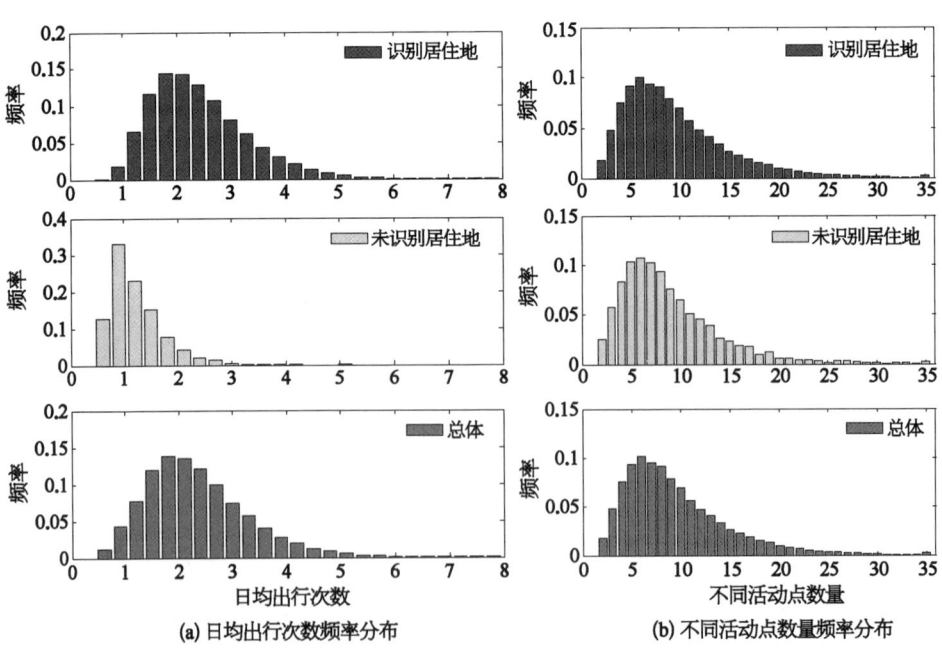

(a) 日均出行次数频率分布　　(b) 不同活动点数量频率分布

图 8-35　日出行次数和不同活动点数量的分布

从表 8-4 和图 8-35 可见,总体用户的日均出行次数平均为 2.33 次/人日,这与上海市第四次综合交通调查结果中上海市居民出行率 2.255 次/人日很接近。在 30 天内,用户总体的不同活动点数量平均值为 9.45,一个月时间内不同活动点数大于 10 的居民数量明显下降,识别居住地和未识别居住地用户的不同活动点数分布整体上差异不大,说明大部分用户日常生活中活动集中在少数几个地点,只有极少数用户一个月内访问的地点非常多样,比如:从事快递、出租车司机等工作的人员。总体而言,用户的活动强度和活动地点多样性呈现正偏态分布,大部分用户的活动强度趋于低水平并且活动地点选择趋于单一,但是有少数用户活动强度很高而且活动地点选择也更加多样。

(2)活动空间　分别计算识别居住地用户的离家距离和非家活动半径,见表8-5。

表8-5　离家距离和非家活动点半径(识别居住地用户)

统　计　量		离家距离/km	非家活动点半径/km
平均值		4.388	2.730
标准差		3.710	3.141
偏　度		2.715	3.606
峰　度		14.474	40.493
分位数	25	2.038	0.695
	50	3.242	1.856
	75	5.420	3.620

进一步分析其活动空间大小的周变化,如图8-36所示。由图可知,居民的活动空间不是稳定不变的,而是呈现以一个星期长度的周期性变化规律:周一至周五活动空间范围较大且变化平稳,周五达到最大,双休日活动空间范围显著缩小。

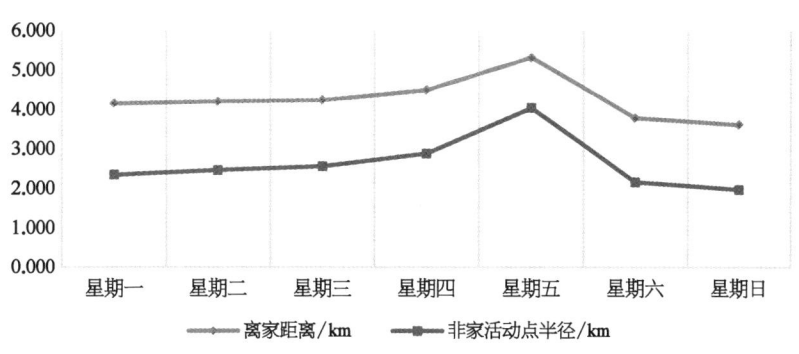

图8-36　活动空间的周变化(识别居住地用户)

对于未识别居住地用户,采用回转半径描述其活动空间,并与识别居住地用户的回转半径进行比较,见表8-6。

表 8-6　回转半径的计算结果

统计量		平均回转半径/km		
		识别居住地	未识别居住地	总体
平均值		5.56	1.23	5.20
标准差		4.89	0.50	4.83
偏度		2.4	1.58	2.43
峰度		12.61	6.64	12.84
分位数	25	2.33	0.87	1.93
	50	4.18	1.10	3.83
	75	7.19	1.47	6.83

进一步分析用户的回转半径的随不同日期的变化,如图8-37所示,发现识别居住地用户以一周为长度呈现周期性变化规律,即双休日回转半径低于工作日,周一至周四回转半径变化平稳,周五达到最大。而未识别居住地用户没有明显的周期性变化,且周一至周日都明显低于识别居住用户。

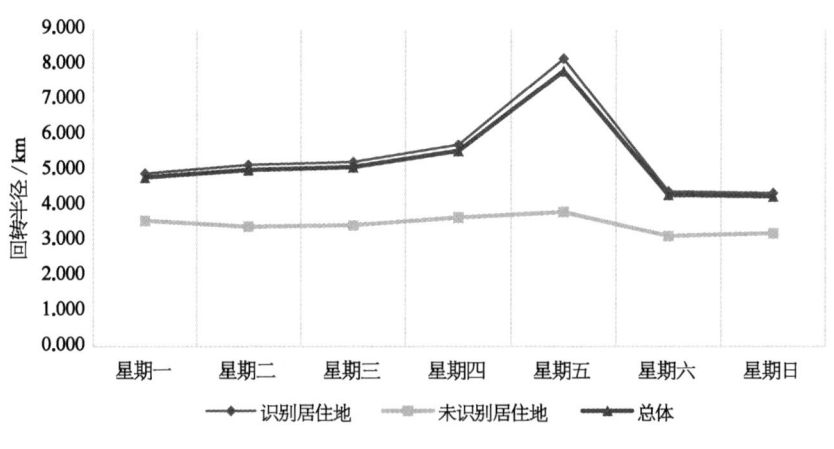

图 8-37　回转半径的周变化

（3）日出行链　对研究样本的日出行链进行分析,共发现了25种日出行链类型,如图8-38所示。对于个体一天的完整出行过程,若包含有k个往返过程,则称该出行过程中包含k阶往返行程。

对研究样本在30天内的日出行链,按类别进行统计,结果如图8-39所示。25种日出行链覆盖了总数90%以上的日出行链。无论是识别居住地还是未识别居住地,其中出行链1a、2a、3a和3b这四种占比明显高于其他类型出行链,在

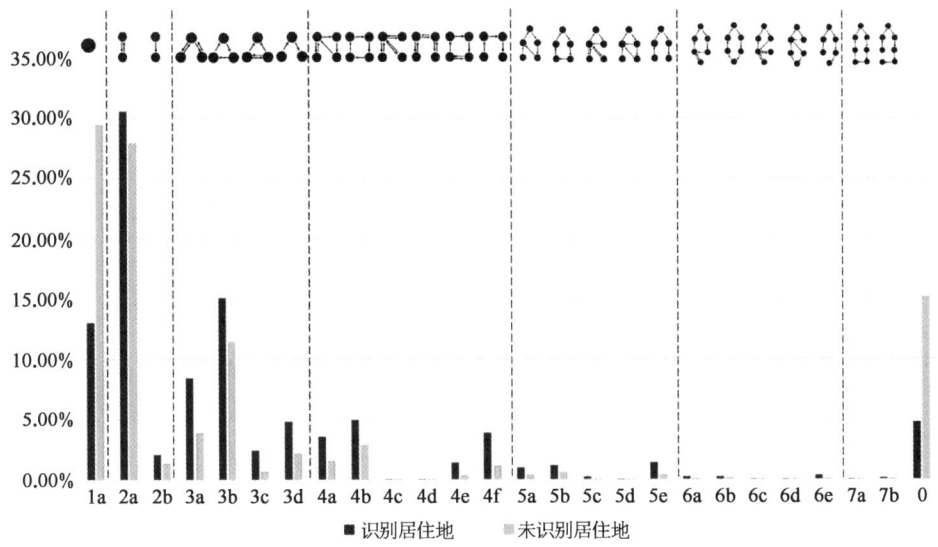

图 8-38 日出行链类型

图 8-39 日出行链类型分布

活动点数量相同的情况下,多活动一阶往返出行链(如 3b、4b)所占比例要高于其他类型出行链。对于识别居住地用户,单活动一阶往返出行链(2a)占比最多,说明这类用户中,"两点一线"上班族占了很大比例。而对于未识别居住地用户,出行链 1a 最多且明显高于识别居住地的用户,同时出行链缺失占的比例也非常高,说明这部分用户总体识别出的活动点数量偏少或者出现离开上海市的行为,从而导致出行链相对简单且更为集中。

8.6 城市建成环境评价

建成环境由各类人为建设改造的建筑物及场所组成,是能够影响居民活动行为的土地利用模式、交通系统及与城市设计相关的一系列要素的组合。建成环境的定量测度对于城市和交通规划决策,具有重要的参考价值。下面以上海为例,采用 POI 数据和路径规划数据对城市建成环境进行评价[2]。

1) 数据和变量的选取

POI 数据是一种从地理实体抽象出来的点状数据,包含地理实体的名称、经纬度坐标、所属类别等属性信息。利用百度地图开放平台所提供的地点检索服务获取上海市域范围内的 POI 数据,包含 19 个大类,139 个小类。根据与居民出行活动的联系密切程度筛选出 11 大类 POI 数据对城市建成环境进行描述。

路径规划是指给定两个地理位置数据,并按照一定的策略选择及交通方式最优的路径。其中路线规划方案的出行时耗能够反映地区与地区之间的通行时间,从而反映不同区域之间的可达性。通过百度地图的路线规划服务,采集了上海市 447 个交通中区之间通过公交、驾车出行的路线规划数据。

由此,得到描述城市建成环境的 13 个变量的数据,见表 8-7。

表 8-7 描述城市建成环境的变量

数据来源	指标变量名称	符号	说明
POI 数据	公司企业空间密度	X_1^k	交通中区 k 中,相应类型 POI 的空间密度,单位:个/km²
	商办设施空间密度	X_2^k	
	金融机构空间密度	X_3^k	
	医疗设施空间密度	X_4^k	
	教育机构空间密度	X_5^k	
	娱乐场所空间密度	X_6^k	
	生活服务设施空间密度	X_7^k	
	购物场所空间密度	X_8^k	
	餐饮场所空间密度	X_9^k	
	公交车站空间密度	X_{10}^k	
	地铁站空间密度	X_{11}^k	
路线规划数据	公共交通可达性	X_{12}^k	从研究区域出发前往交通中区 k 的最短行程时间,单位:s
	驾车可达性	X_{13}^k	

2) 基于因子分析的建成环境测度方法

因子分析是一种常用的数据降维方法,通过相关矩阵反映指标变量间的内部依赖关系,依据相关性将指标变量划分为不同的组别,使得不同组别之间的变量相关性较小,而相关性较高的变量则划入同一组别内。每一组变量分别代表了原始变量的部分信息,而每一组变量对应的组合即称为公共因子。因子分析法主要包括 4 个步骤:适当性检验、公共因子提取、因子旋转变换和因子得分计算。为了降低POI数据与路径规划数据应用于城市建成环境评价复杂性的同时保证其有效性,采用因子分析法对以上两类数据进行降维及关键信息提取。各公共因子的方差贡献率见表8-8。由表可见,前三个因子的累计方差贡献率达到了81.578%,说明将原有的13项指标变量精简为3个公共因子即可解释超过80%的原始变量总方差。

表8-8 各公共因子的方差贡献率

因子	初始特征值			提取平方和载入		
	合计	方差贡献率/%	累积方差贡献率/%	合计	方差贡献率/%	累积方差贡献率/%
1	8.883	68.327	68.327	8.883	68.327	68.327
2	1.019	7.836	76.163	1.019	7.836	76.163
3	0.704	5.415	81.578	0.704	5.415	81.578
4	0.605	4.655	86.233	—	—	—
5	0.431	3.316	89.549	—	—	—
6	0.342	2.632	92.181	—	—	—
7	0.250	1.926	94.107	—	—	—
8	0.189	1.454	95.561	—	—	—
9	0.158	1.219	96.780	—	—	—
10	0.142	1.089	97.868	—	—	—
11	0.115	0.881	98.750	—	—	—
12	0.087	0.666	99.416	—	—	—
13	0.076	0.584	100.000	—	—	—

为了解公共因子的实际意义,实现分析结果的可解释性,采用方差最大法,对初始因子载荷矩阵进行旋转变换得到计算结果见表8-9。

表8-9 经过旋转变换后的因子载荷矩阵

	公 共 因 子		
	1	2	3
公司企业空间密度	0.889	-0.203	-0.138
商办设施空间密度	0.803	-0.338	-0.069

续 表

	公 共 因 子		
	1	2	3
金融机构空间密度	0.897	−0.184	0.018
医疗设施空间密度	0.908	−0.066	0.002
教育机构空间密度	0.798	0.030	0.034
娱乐场所空间密度	0.893	−0.100	0.038
生活服务设施空间密度	0.939	−0.078	−0.057
购物场所空间密度	0.880	−0.143	−0.057
餐饮场所空间密度	0.908	−0.145	−0.027
公共交通可达性	0.718	0.592	−0.287
驾车可达性	0.577	0.568	−0.206
区内公交车站空间密度	0.707	0.087	0.257
区内地铁站空间密度	0.747	0.293	0.692

由表 8-9 可见 3 个具有明显特征的公共因子：第 1 个公共因子 F_1 在表征交通中区部分设施空间密度变量（$ZX_1^k, ZX_2^k, \cdots, ZX_9^k$）上有较大的载荷，体现了公司企业、商办设施等一般设施场所在交通中区内部的集聚水平。因此，将第 1 公共因子 F_1 命名为"一般建成环境因子"。第 2 个公共因子 F_2 在表征公共交通可达性、驾车可达性变量（ZX_{12}^k, ZX_{13}^k）有较大的载荷，体现了使用不同交通方式前往其他交通中区的交通可达性，因此，将第 2 公共因子 F_2 命名为"交通可达性因子"。第 3 个公共因子 F_3 在表征公交车站、地铁站空间密度变量（ZX_{10}^k, ZX_{11}^k）上有较大的载荷，体现了交通中区内部的公共交通设施配置情况，因此，将第 3 公共因子 F_2 命名为"公共交通设施分布因子"。因子得分系数矩阵见表 8-10。

表 8-10 因子得分系数矩阵

		公 共 因 子		
		1	2	3
公司企业空间密度	X_1^k	0.220	−0.028	−0.199
商办设施空间密度	X_2^k	0.270	−0.179	−0.152

续　表

		公　共　因　子		
		1	2	3
金融机构空间密度	X_3^k	0.178	−0.108	0.005
医疗设施空间密度	X_4^k	0.119	−0.006	0.019
教育机构空间密度	X_5^k	0.051	0.043	0.083
娱乐场所空间密度	X_6^k	0.129	−0.056	0.055
生活服务设施空间密度	X_7^k	0.141	0.021	−0.058
购物场所空间密度	X_8^k	0.170	−0.032	−0.078
餐饮场所空间密度	X_9^k	0.168	−0.050	−0.040
公共交通可达性	X_{12}^k	−0.033	−0.053	0.378
驾车可达性	X_{13}^k	−0.245	−0.166	0.983
区内公交车站空间密度	X_{10}^k	−0.193	0.667	−0.168
区内地铁站空间密度	X_{11}^k	−0.192	0.601	−0.071

根据表 8-10,可以计算交通中区 k 的一般建成环境因子得分:

$$F_1^k = 0.22ZX_1 + 0.27ZX_2 + \cdots + (-0.033)ZX_{12} + (-0.245)ZX_{13} \tag{8-13}$$

利用单因子得分,可以计算交通中区 k 的建成环境综合得分:

$$F^k = \frac{68.327F_1^k + 7.836F_2^k + 5.415F_3^k}{81.578} \tag{8-14}$$

3) 上海市域的建成环境分析

计算上海市域范围内 447 个交通中区的公共因子得分与综合因子得分,结果如图 8-40 所示。

由图 8-40 可见,上海内环以内区域的一般建成环境因子得分 F_1 最高,在中心城区由内而外逐渐减小,在外环以外西北方向的嘉定区得分偏低;交通可达性因子 F_2 则更为明显,内环以内得分最高,由内环内向外环直到外环外的区域逐渐减少,这是由于上海中心城区尤其是内环内的区域交通便利,相较于其他片区能够更快速地到达其他的交通中区。对于公共交通设施分布因子 F_3,在中心城区内有部分区域的得分较低。产生这种现象的原因是,在公共交通设施

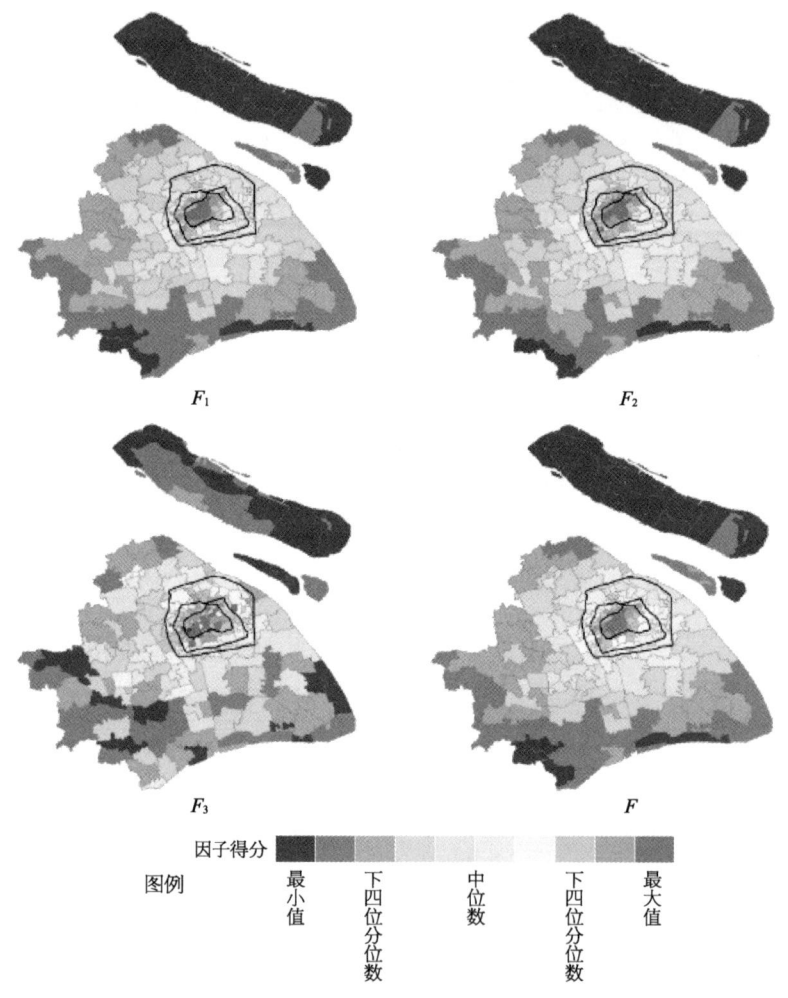

图8-40 城市建成环境的因子得分计算结果

分布因子载荷矩阵中的区内地铁站空间密度的系数较大,F_3在相当程度上受到地铁站空间密度指标的影响,由于上海中心城区的某些交通中区面积较小,且在区内尚未有地铁站或者地铁站点较少,因此该得分较低。对于综合因子得分F,上海中心城区尤其是内环内的区域得分较高,整体上由内环向外逐渐减少,反映了上海市中心城区与外环外区域建成环境的差异,中心城区明显优于外环外区域。

8.7 城市群空间联系结构分析

城市群的空间联系结构是城际经济联系的重要表现,也是城市群规划的基础。快递作为商务和生活性物流的主要形式,可以在很大程度上反映城际商务和生活联系的强弱。下面以长三角为例,基于快递运单数据,分析快递网络的流量特征[3]。

1) 快递运单数据

采用网络爬虫方法获取某快递的运单数据,总样本量为 138 775 份。样本中运单的发出时间分布在 2018 年 11 月 21—25 日之间。快递运单的数据结构见表 8-11。

表 8-11 快递运单数据结构

字 段	释 义	类 型	示 例
step	运输步骤	INT	0
context	路由信息	STRING	【上海市】快件离开【上海】已发往【杭州中转部】
time	时间	TIME	2018-11-21 14:34:23
com	快递企业	STRING	ZT
nu	快递单号	STRING	75111113483254

2) 城市群空间联系结构分析指标

借鉴 Narisra Limtanakool 等(2007)[4]的研究,从网络、节点和边三个维度,定义城市群空间联系结构评价指标。

(1) 网络层 信息熵指标(EI):$0 \leqslant EI \leqslant 1$,0 表示所有的流量都集中在一条边,1 表示网络无层级结构、流量均匀分布。

$$EI = -\sum_{l=1}^{L} \frac{Z_l \ln Z_l}{\ln L} \qquad (8-15)$$

其中,如果 $Z_l = 0$,那么 $Z_l \ln Z_l = 0$。

式(8-15)中,l 网络中的边(link)(无方向),$l = 1, 2, 3, \cdots, L$;

L 表示网络中边的数量;

Z_l 表示边 l 的流量(或出行量)t_l 与网络中所有的边流量 $\sum_{k=1}^{L} t_k$ 的比值,即 $Z_l = t_l / \sum_{k=1}^{L} t_k$。

(2) 节点层 重要性指标(DII_i、DIT_i):节点的度(流量),若考虑方向,分为出度(流量)、入度(流量)。DII_i、DIT_i 的方差反映了网络的结构,方差越大,网络流量的集中度越高;方差越小,说明网络流量越平均。

$$DIT_i = \frac{T_i}{\sum_{j=1}^{n} T_j/n} \quad (8-16)$$

$$DII_i = \frac{I_t}{\sum_{j=1}^{n} I_j/n} \quad (8-17)$$

式(8-16)中,T_i 表示与节点 i 相关的总流量(包括从 i 出发和到达的 i 流量);
I_i 表示到达节点 i 的流量;
n 表示网络中的节点数量。

节点对称性指标(NSI_i):说明节点的流入、流出的方向性差异

$$NSI_i = \frac{I_i - O_i}{I_i + O_i} \quad (8-18)$$

式(8-18)中,O_i 表示从节点 i 出发的流量。

(3) 边层 相对强度指标(RSI_{ij}):某两个节点连接强度(流量)除以所有连接强度(流量)之和。RSI_{ij} 的方差反映了网络的结构,方差越大,网络流量的集中度越高;方差越小,说明网络流量越平均。

$$RSL_{ij} = \frac{t_{ij}}{\sum_{p=1}^{n}\sum_{q=1}^{n} t_{pq}} \quad (8-19)$$

式(8-19)中,t_{ij} 表示从节点 i 到 j 的流量。

边对称性指标(LSI_{ij}):L_{ij}/L_{ji},为适应使用快递运单数据的实际情况,此处对该指标进行了重新定义:

$$LSI_{ij} = \frac{|f_{ij} - f_{ji}|}{f_{ij} + f_{ji}} \quad (8-20)$$

式(8-20)中,f_{ij} 表示从节点 i 到 j 的流量 t_{ij} 与网络中所有节点之间的流量 $\sum_{p=1}^{n}\sum_{q=1}^{n} t_{pq}$ 的比值,即 $f_{ij} = t_{ij}/\sum_{p=1}^{n}\sum_{q=1}^{n} t_{pq}$;
n 表示网络中的节点数量。

该指标接近于 0 时,表明两个方向流量比较一致,接近于 1 时,表明某个方向流量较大。

3) 长三角城市群空间联系结构实证分析

根据快递运单数据,从网络、节点和边三个维度,对城市群空间联系结构进行分析。

(1) 网络层　$EI = 0.77$，表明长三角地区的快递运输网络流量分布很不均匀。

(2) 节点层　为了比较各城市经济吸引力大小，采用 DII_i 指标和 NSI_i 指标计算节点重要度和节点对称度，结果列举前 10 位见表 8-12。

表 8-12　节点重要度、节点对称度计算结果

序号	城市	I	O	DII	NSI
1	上海	2 279	5 282	5.01	-0.40
2	杭州	1 648	2 173	3.62	-0.14
3	苏州	1 373	908	3.02	0.20
4	南京	988	426	2.17	0.40
5	宁波	958	746	2.11	0.12
6	温州	883	912	1.94	-0.02
7	合肥	712	560	1.56	0.12
8	金华	681	3 761	1.50	-0.69
9	无锡	678	275	1.49	0.42
10	嘉兴	670	546	1.47	0.10

由表 8-12 可见，上海市的节点重要度为 5.01，远大于长三角地区其他城市，优势十分明显，是长三角地区最重要的快递节点。其次，杭州市、苏州市的节点重要度也都达到了 3 以上，同样具有很强的经济吸引力。

从节点重要度的排序结果来看，长三角地区的快递网络呈现以上海市、杭州市、苏州市等城市为优势节点的多中心结构。其中，又以上海市为第一层次，杭州市、苏州市为第二层次，其余城市为第三层次。从节点对称度看，长三角地区大部分城市的节点对称度都为正值，即流入大于输出，这表明它们在快递网络中更多地扮演着接收者的角色。而节点对称度为负值的城市只有上海市、杭州市、温州市、金华市这四个城市。其中，温州市的节点对称度接近于零，表明其输入和输出较为均衡，而上海市和金华市的节点对称度（绝对值）则很大，分别为：-0.40、-0.69。这表明上海市和金华市是主要的快递输出城市。值得指出：金华市虽然在 DII 指标（快递接收量上）上排名靠后，但其快递输出量仅次于上海市（快递输出城市前三：上海市——5 282，金华市——3 761，杭州市——2 173），这表明金华市在长三角地区城市群空间联系结构中也处于重要地位。

(3) 边层 为便于分析,采用快递相对强度期望线图,对网络中联系较强的城市进行直观的展示和分析,结果如图 8-41 所示。其中快递相对强度大小在原定义的基础上同乘了 100,可以更加明显地看出各城市之间联系强度的差异。

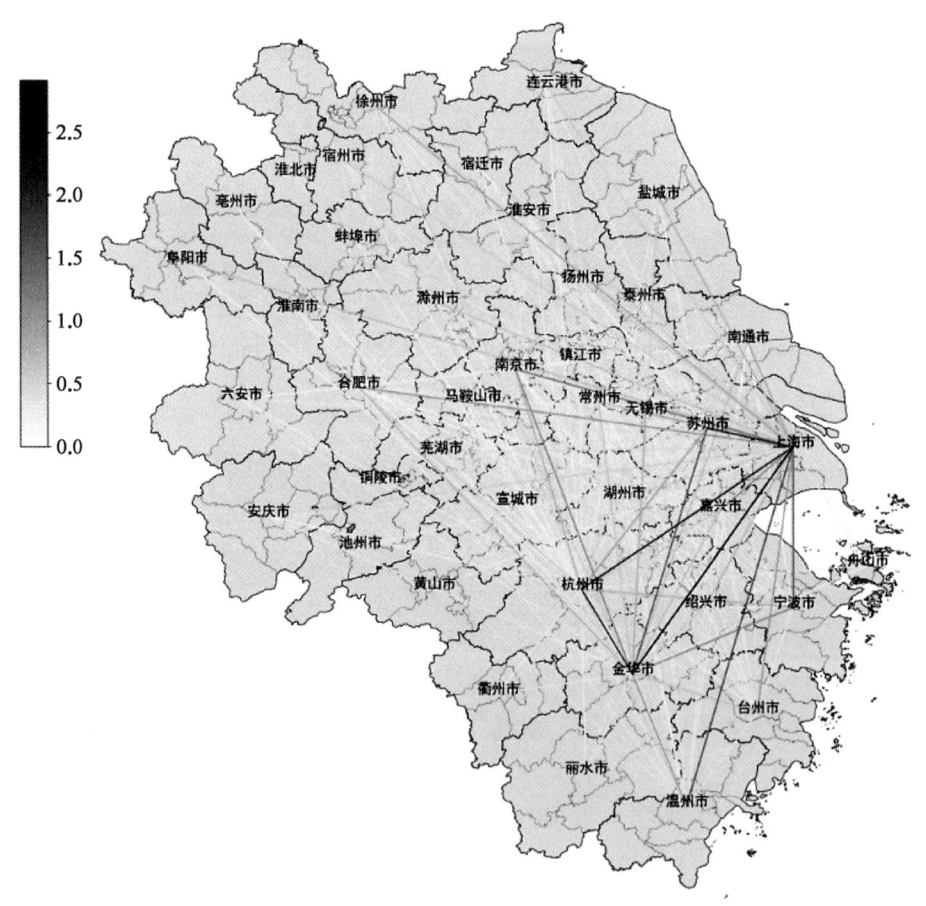

图 8-41 长三角地区快递 OD 期望线图(中通快递为例)

由图 8-41 可见,上海市在长三角地区的中心地位十分明显,无论从快递收发量还是辐射的范围都是区域内最强的。此外,杭州市、金华市、苏州市等也具有较为明显的中心枢纽效应。在整个长三角地区范围内,以上海市、杭州市、苏州市、金华市等城市为主要枢纽的城市群物流联系明显较其他地区强,呈现出很强的城市群效应。选取较为重要的上海市、杭州市、苏州市和金华市这四个城市,计算它们之间快递联系相对强度 RSL 和边对称性指标 LSI,结果见表 8-13。

表 8-13　优势节点快递联系相对强度、边对称度计算结果

起　点	终　点	RSL	LSI
上海	杭州	0.022	0.022
杭州	上海	0.023	
上海	苏州	0.022	0.333
苏州	上海	0.011	
上海	金华	0.012	0.415
金华	上海	0.029	
杭州	苏州	0.009	0.286
苏州	杭州	0.005	
杭州	金华	0.006	0.556
金华	杭州	0.021	
苏州	金华	0.002	0.778
金华	苏州	0.016	

由表 8-13 可见，上海市与杭州市之间的快递联系强度较为均衡，与苏州市之间则显示上海市的输出强度较强，与金华市之间则为金华市输出强度较大。对于杭州市和苏州市之间，则杭州市要略强一些。值得指出的是，金华市在该表中与其他三个城市之间的快递联系强度均处于强输出一方，表明该城市在快递物流方面具有很大的影响力。这是由于金华市下属的义乌市是全球最大的小商品生产基地，而快递运输的货物类型多为日用品、衣物、饰品等商品，快递包裹小而多，从而导致金华市在快递物流方面的影响力很大。

参考文献

[1]　汪淳. 居民出行的可预测性及影响因素分析[D]. 同济大学硕士学位论文, 2017.
[2]　谭明基. 基于移动通信数据的居民惯常性活动空间分析[D]. 同济大学硕士学位论文, 2020.
[3]　李秀劲, 段征宇, 胡萌, 等. 基于快递运单数据的城市群空间联系结构分析[J]. 综合运输. 2020, 42(10): 95-100.
[4]　Limtanakool N, Dijst M, Schwanen T. A Theoretical Framework and Methodology for Characterising National Urban Systems on the Basis of Flows of People: Empirical Evidence for France and Germany[J]. Urban Studies, 2007, 44(11): 2123-2145.

第9章　城市交通管理大数据服务

在交通管理方面,城市交通大数据服务主要体现在交通出行需求管理和交通系统运行管理上。

交通出行需求管理方面,大数据服务具体体现在交通需求的群体细分,以及出行者的交通行为分析,通过错峰、限行、收费、补贴等有针对性的政策和措施,引导和调控交通需求,保障交通系统的通畅,促进交通系统的可持续发展。例如,通过移动通信数据,分析外地游客的交通需求特征,通过运力调配为其提供灵活的旅游交通服务;通过车辆牌照数据,分析城市主干通道的交通构成,为限行、收费等政策的制定提供基础。

交通系统运行管理方面,大数据能为交通管理部门提供更为实时、全面的交通系统运行状况信息,从而帮助管理部门诊断交通瓶颈,优化交通供给资源配置,提高交通系统的运行效率,为出行者提供安全、畅通、准时的交通服务。例如,融合车辆牌照识别数据及浮动车数据,分析车辆行程时间和波动性;结合公交 GPS 数据,分析公交系统的运行可靠性和服务水平等。

9.1　区域客流时空分析

区域客流的时空变化规律采用自然邻点插值法(Natural Neighbor Interpolation)进行分析,自然邻点插值法是对泰森多边形算法(Thiessen Polygon)的改进。图 9-1 是泰森多边形的生成过程示意,首先给研究区域内各点都赋予一个权重系数,插值时使用邻点的权重平均值决定待估点的权重;每完成一次估值,就将新值纳入原样点数据集重新计算泰森多边形并重新赋权重,再对下一待估点进行估值运算,直至所有待估点都被赋值。

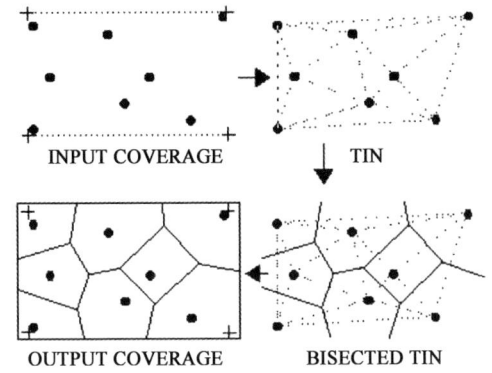

图 9-1 泰森多边形的生成过程

对于由样点数据生成栅格数据而言,通过设置栅格大小(cell size)来决定自然邻点插值中的泰森多边形的运行次数 n。整个研究区域的面积记为 area,则 $n=\text{area}/\text{cell size}$。可设置各向异性参数(半径和方向)来辅助权重系数的计算。如图 9-2 自然邻点插值法所示。

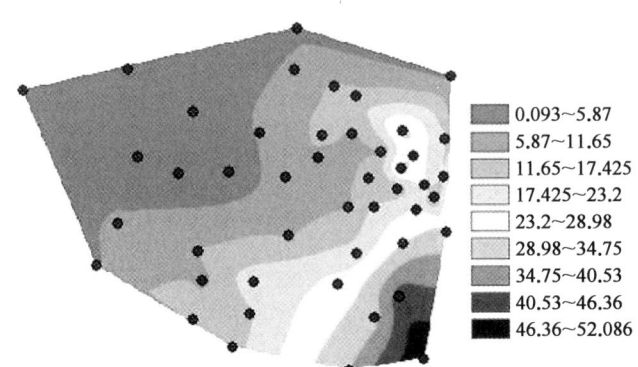

图 9-2 自然邻点插值法

以小陆家嘴作为示范区域,通过手机信令大数据挖掘得到区域的进、出与停留客流,以及区域内客流密度空间分布情况。将上述客流数据通过 GIS 空间分析的自然邻近插值法,处理生成小陆家嘴区域的客流时空动态趋势图,可视化地将区域内客流变化趋势、变化规律进行动态连续展示。图 9-3 是小陆家嘴区域 2012 年 11 月 26 日星期一 8:00—20:00 的客流时空动态趋势图。

图 9-3(a)、(b)大致反映了在该区域当日上班人员的客流,图 9-3 中,右侧东方医院最早达到客流高峰(医院门诊 8:00 开始看病);9:00 后随着游客不断到来,该地区景点周边(左侧为主)的客流明显开始上升并达到接近饱和状态,与上班人员的客流形成明显的叠加效应;最左侧客流较高的区域是正大广

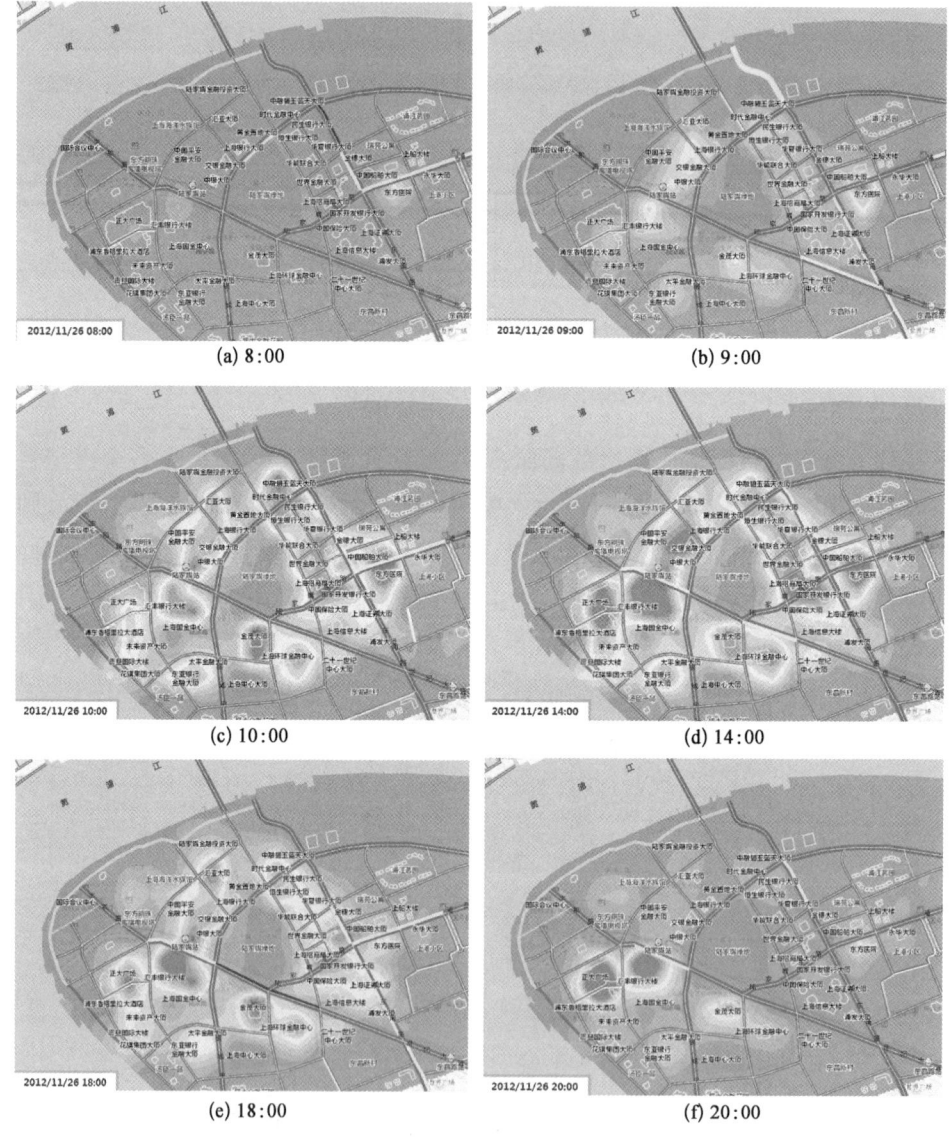

图 9-3 小陆家嘴区域工作日 8:00—20:00 客流时空动态趋势图

场(商厦),由于正大广场的营业时间是 10:00—22:00,因此客流从 10:00 开始才逐渐升高,并保持到 20:00(20:00 的时候商场里的人还是很多);到 18:00 的时候,在该区域上班的人逐渐下班离开,但游客还停留在该地区欣赏东方明珠和浦江夜景,离开时间比上班的人员晚,因此从 18:00—20:00,右侧商务区的客流消散速度明显快于左侧旅游景点和正大广场附近。值得注意的是,该地区中央地带是陆家嘴中心绿地,由于未对外开放,因此全天始终保持较低的客流量,形成该地区典型的环状客流分布。

9.2 交通指数基本分析

交通指数基本分析主要是研究地面或高架的交通流量指数状态,对前一天交通指数进行分析研究,分析前一天地面道路或高架的交通指数情况,以图表形式展现。一天拥堵强度排行如图 9-4 所示。图中,左侧表格展示了一天的地面或高架的交通指数拥堵排行,右侧折线图展示了一天地面或区域最高交通拥堵指数和最低交通拥堵指数排行。通过图形化展示数据,可以清楚地了解当天的各个区域交通拥堵状态。

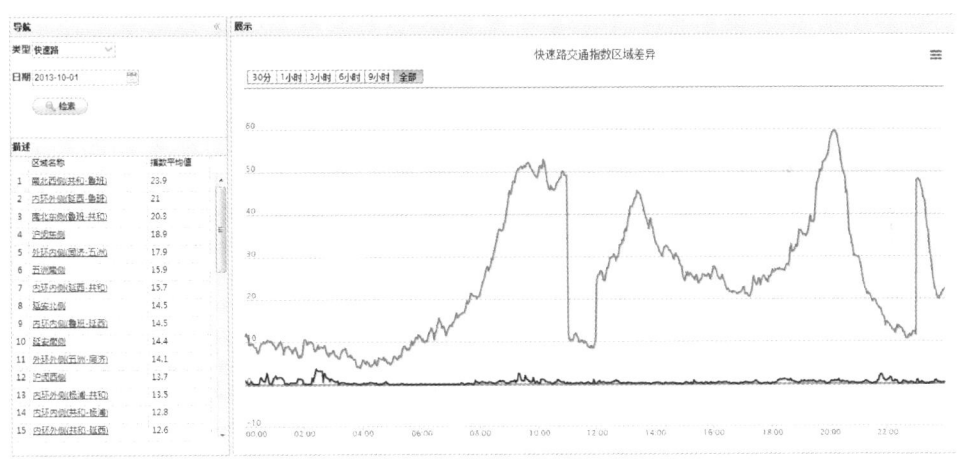

图 9-4 拥堵强度排行

1) 历史回放功能

历史回放功能主要是通过多屏 ArcGis 图层展示,从空间和时间上来查看分析交通指数的走势状态,同时可以选择不同时间的刷新间隔。历史回放功能包括不同类型同一时间图形比较、同一时间不同区域图形比较。历史回放功能如图 9-5 所示。

2) 交通指数图形化展示

图 9-6 所示的交通指数曲线,为一天全网以 2 min 为间隔交通指数曲线,曲线图上标识最大值和最小值出现的时刻位置;图形界面上有对图表的解释,如晴天(天气情况)、最大值(交通指数出现的最大值)、出现时刻(交通指数最大值出现的时刻)、最小值(交通指数出现的最小值)、出现时刻(交通指数最小值出现的时刻)和交通指数平均值(交通指数平均指数值);还可根据不同组合条件查询展示数据,选择查询类型是地面或快速路,选择颗粒度查询(时间颗粒

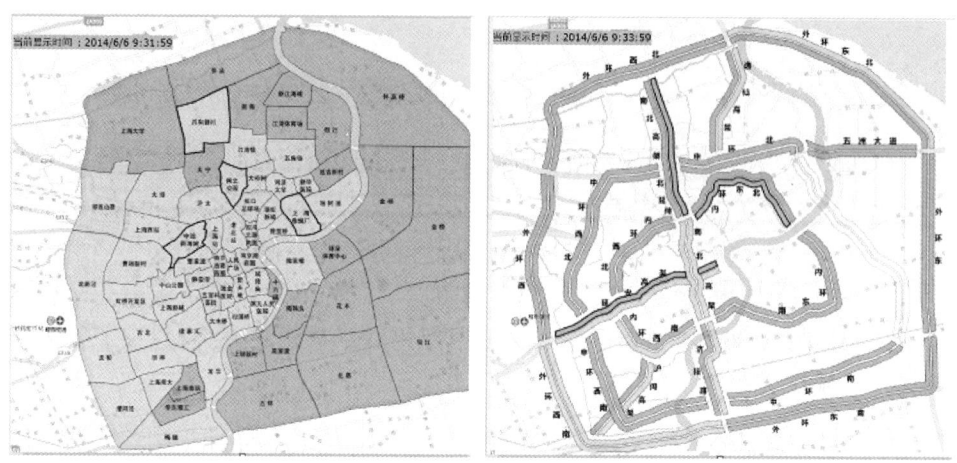

图 9-5 历史回放功能示意图

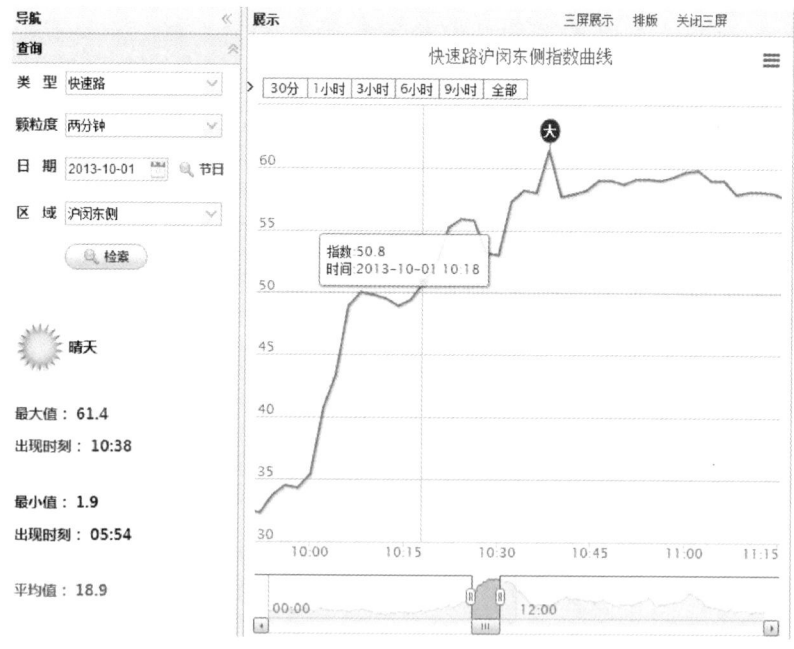

图 9-6 交通指数曲线

度),颗粒度为 2 min、10 min、30 min、60 min(默认为 2 min),选择日期查询和选择区域查询。

图 9-7 所示为一天区域交通拥堵累计时间排行,分别以表格和饼图展示。表格显示快速路指数区域的拥堵累计时间排行表,拥堵累计时间由高到低依次排列,表格最后一行为全路网总的拥堵累计时间;饼图展示一天快速路拥堵累计时间比例图,将前 10 名的区域以饼图展示;还可以根据不同条件查询展示数

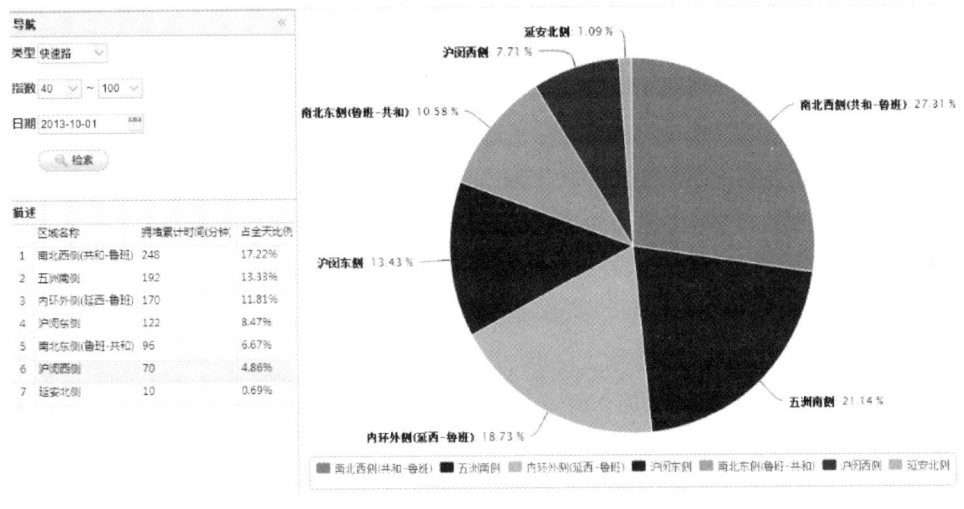

图 9-7 区域交通拥堵累计时间排行

据,导航中可选择查询类型是地面或快速路,选择日期查询,选择指数值查询。

3) 即席查询

即席查询是在元数据管理下,可自由地选择任意指标项做查询项、查询条件、查询排序条件等,查询条件可以是任意的组合,实现"与"和"或"复杂关系查询,查询结果可以进行 Top 查询,即查询符合条件的前多少条数据。查询项选择如图 9-8 所示,条件项选择如图 9-9 所示,排序项选择如图 9-10 所示,图 9-8 中矩形框线所示的结果条数限制选项等。

图 9-8 查询项选择

图 9-9 条件项选择

图 9-10 排序项选择

9.3 旅游交通追踪分析

移动通信数据为分析旅游交通需求提供了良好的数据基础,下面以2010年上海世博会为例,分析外地游客的交通需求特征。

1) 世博外地游客活动范围分析

对外地游客活动区域的分析主要是通过查找游客在上海市内的主要停留位置,并以空间聚类的方式进行。用户在每个基站区域的停留时间通过下一条信令与上一条信令发生的时间差来确定。在此基础上,采用 15 min 作为判别是否在该基站区域停留的标准,从而获得用户停留位置信息。

统计各基站的停留"人-时"情况,获得其相应的活动强度分布图(图9-11)。由图可见,游客的主要活动区域集中在世博园区附近,主要停留地区还包括南京东路、外滩、豫园等区域。游客的主要停留区域与直观感觉出入不大,主要集中于上海比较著名的旅游景点,在上海南站、上海站等交通枢纽,以及锦江乐园等地也存在游客聚集现象。

考虑到不同时段游客的活动区域不同,可能会对市内交通的不同区域造成影响,将研究范围内的 2010 年 7 月 12—14 日三天,每天截取四个时间点对上海市内的世博会外地游客主要活动范围进行统计分析,分别为 8:00、12:00、16:00、20:00。

以 2010 年 7 月 12 日为例,说明不同时段外地游客空间活动强度分布。8:00 分布状态显示外地游客在活动区域较为分散,尚未形成明显的区域聚集现象(图 9-12)。采用同样的方式,分析 12:00、16:00、20:00 的外地游客空间活

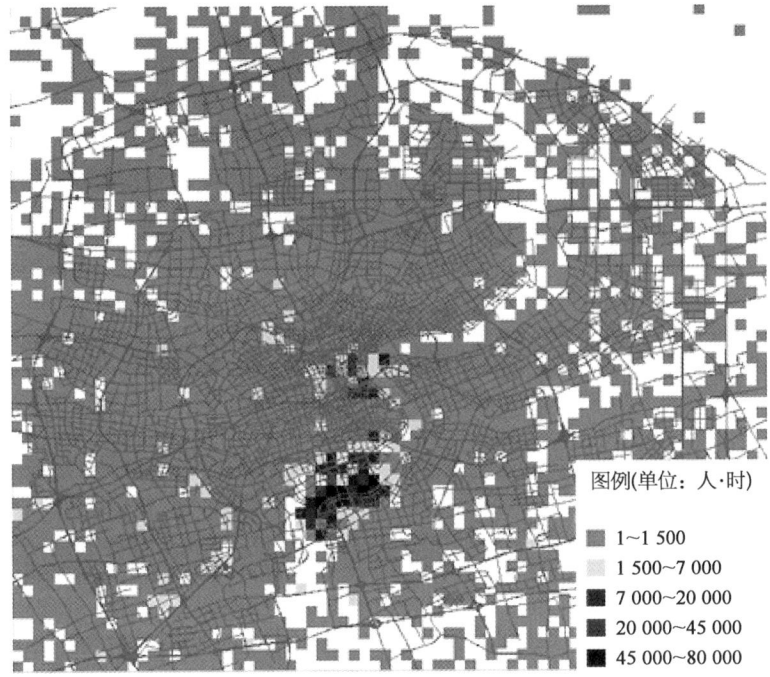

图9-11 外地游客空间活动强度分布

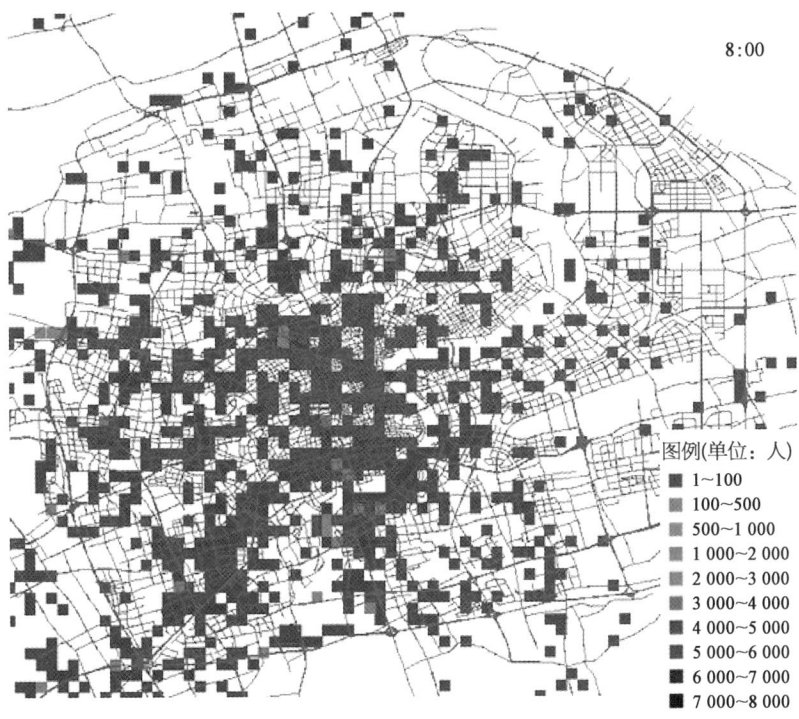

图9-12 外地游客空间活动强度分布(2010年7月12日8:00)

动区域,发现中午 12:00,世博园区处出现大量游客聚集地,为世博会参观的高峰时间,且部分游客开始出现在外滩区域;16:00,游客向外滩方向转移现象更为明显,但世博园区处仍然为游客最主要的聚集地区;20:00,大量游客出现在外滩、陆家嘴、豫园等区域,世博园区内的游客开始疏散,密度有所降低。从整体上来看,世博会外地游客存在着明显的区域集聚现象,且随着时间的推移,有逐渐向其他景区转移的趋势,主要的转移方向为外滩、南京东路、陆家嘴和豫园方向。

2) 游览景点关联性分析

采用关联规则挖掘技术,对主要景点间的关联性进行分析。通过景区间支持度、置信度等指标,描述世博会外地游客在上海市内各个景点选择的关联性。考虑到外滩和南京东路相邻,因此将外滩景点的客流归入南京东路景点一起计算。

首先设定最小支持度与最小信赖度两个门槛值。设定最小支持度 min_support=5%,其意义在于在所有的游客活动方位记录中,至少有 5% 的游客同时游览了 A、B 两个景点;最小信赖度 min_confidence=50%,其意义在于,在所有游览了 A 景点的游客中,至少有 50% 的人会去游览 B 景点。经过挖掘过程所找到的关联规则{A,B},满足最小支持度和最小信赖度两个条件,将可接受{A,B}的关联规则。

频繁 2-项支持度计算结果,见表 9-1。

表 9-1 频繁 2-项支持度计算结果表

景区间组合	支持度
陆家嘴、徐家汇	2.34%
陆家嘴、豫园	13.47%
陆家嘴、南京东路	14.31%
陆家嘴、淮海中路	9.89%
徐家汇、豫园	3.06%
徐家汇、南京东路	3.54%
徐家汇、淮海中路	2.82%
豫园、南京东路	18.66%
豫园、淮海中路	12.57%
南京东路、淮海中路	13.46%
陆家嘴、世博会	18.52%
徐家汇、世博会	8.22%

续 表

景区间组合	支 持 度
豫园、世博会	23.27%
南京东路、世博会	25.61%
淮海中路、世博会	20.48%

根据最小支持度检验,剔除｛陆家嘴,徐家汇｝、｛豫园、徐家汇｝、｛南京东路、徐家汇｝、｛淮海中路、徐家汇｝后,计算两景区间的置信度,见表9-2。

表9-2 频繁2-项置信度计算结果

景 点	世博会	陆家嘴	徐家汇	豫 园	南京东路	淮海中路
世博会	—	18.52%	8.22%	23.27%	25.61%	20.48%
陆家嘴	100.00%	—	—	72.75%	77.26%	53.42%
徐家汇	100.00%	—	—	—	—	—
豫园	100.00%	57.89%	—	—	80.18%	54.01%
南京东路	100.00%	55.87%	—	72.87%	—	52.58%
淮海中路	100.00%	48.30%	—	61.37%	65.74%	—

通过对表9-1、表9-2的共同分析,以下景点组合满足关联规则(表9-3),可以认为两个景点存在较强的关联性和依存性。

表9-3 强关联规则结果

景 点	世博会	陆家嘴	豫 园	南京东路	淮海中路
陆家嘴	√		√	√	√
徐家汇	√				
豫园	√	√		√	√
南京东路	√	√			√
淮海中路	√		√	√	

通过分析各景点间的强关联规则,发现游客对南京东路(含外滩)的旅游热情较高,而选择五角场的游客数量较少;在商业街方面,徐家汇与其他以购物为主的景点关联性较差,可能的原因一是徐家汇与其他商业街的方向不同,也就

是"不顺路",大大降低了游客选择的意愿;二是游客对同质旅游地区选择重复旅游的可能性不大;三在其他商业街购物后,拎着大包小包的"战利品"也不便于搭乘交通工具去往其他商业街继续逛街购物。

旅游交通以外地游客为主,具有季节性、随机性特点,传统需求调查通常采用问卷调查方式进行,但很难获得准确的交通需求时空分布和实时变化情况,给相应交通规划和交通服务设置带来困难,以移动通信技术为代表的新一代交通采集和分析技术为旅游交通和流动人口的交通需求分析提供了新的技术手段。

9.4 城市快速路车辆特征分析

下面以车牌数据为例,分析城市快速路的交通构成和车辆的使用特征。

1) 车辆使用程度聚类

车辆使用频度:一天中,车辆被车牌识别系统检测到(无论多少次)则表明车辆当天处于使用状态,使用频度计1;本研究分析了30天的车牌识别数据,故车辆使用频度为1~30。

选取车辆的工作日使用频度、非工作日使用频度及车辆处于使用状态的平均每天检测次数作为聚类指标,采用K-means方法对车辆进行聚类分析,得到最优簇数(类别数)为5,所获得的聚类中心见表9-4。

表9-4 车辆使用程度聚类中心情况

车辆使用频度	分类				
	1	2	3	4	5
工作日使用频度	2	2	8	15	16
非工作日使用频度	1	2	5	8	12
平均每天检测次数	1.9	9.7	4.4	8.3	34.8
该类别个体数	2 720 398	751 117	884 290	766 612	50 515

图9-13显示了五类车辆的比例结构,其中:

第一类车辆占53%,其工作日使用频度、非工作日使用频度及平均检测次数均较低,说明该类车辆在上海路网的总体活跃程度低。

第二类车辆占14%,和第一类一样,第二类的车辆工作日使用频度、非工作日使用频度均较低,但检测次数较第一类高,表明该部分车辆尽管不经常出现在路网中,但在使用期间的使用强度较大。

第三类车辆占 17%,该部分车辆即工作日与非工作日均处于中度使用频度状态,即一个月中约有一半的天数处于使用状态。

第四类车辆占 15%,该部分车辆工作日使用频度较高,非工作日使用频度适中,表明该部分车辆总体上具有一定的通勤特征,该类车辆在路网中比较活跃。

第五类车辆占 1%,可见该部分车辆工作日使用频度、非工作日使用频度

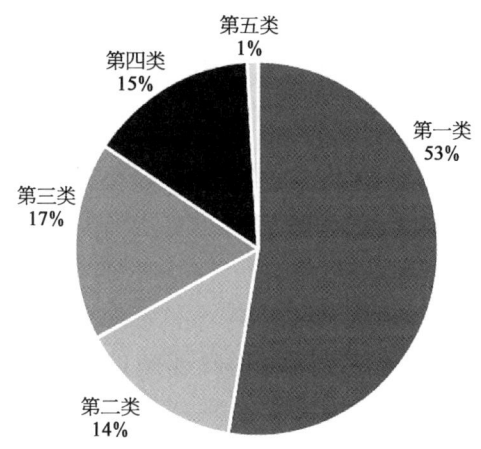

图 9-13 车辆使用程度分类结果

及每天检测次数都非常高,充分说明该类车辆在路网中异常活跃,该部分车辆应该主要以营运车辆为主,如出租车、公交车等,而且上海车辆占据了极大比重。

总体上看,由第一类至第五类,车辆的使用频度总体上呈递增的特征,即车辆在路网中的活跃程度呈递增的趋势。

2) 车辆属性间关联分析

下面讨论在上海市高架道路上行驶车辆各种属性之间的关联。

(1) 车辆使用程度与车辆属地的关联 对各类别的车辆属地构成进行分析,见表 9-5。可以发现,由第二类至第五类,上海车辆的比例呈递增的趋势,与之相反,外地车辆的比例不断减少,表明在上海道路网系统中,外地车辆不如上海车辆活跃。

表 9-5 各使用程度类别中不同属地的车辆数量

车辆类别	车辆属地					合计
	沪	苏	浙	皖	其他	
第一类	1 387 149	526 424	260 902	160 353	385 570	2 720 398
第二类	196 369	271 502	143 713	54 734	84 799	751 117
第三类	557 082	124 375	66 034	49 183	87 616	884 290
第四类	582 991	75 765	34 282	30 738	42 836	766 612
第五类	48 098	1 376	333	451	257	50 515

(2) 车辆使用程度与时间的关联 分析观测期间 30 天每天不同类别的车

辆构成(图9-14)可见:第二类车辆非工作日的数量大于工作日,由车辆属地分析可知,该部分车辆中外地车辆占据了较大比例,所以可以判断其是由非工作日外地车辆进沪造成的;第三类车辆有一定的通勤使用特征,但是特征不是十分明显;而可以发现第四类车辆具有非常明显的通勤使用特征,工作日车辆数量大于非工作日,与此同时,双休日车辆数量大于国庆节假日;第五类车辆波动较小,因为高活动强度的营运车辆占了该类车辆的主导地位。

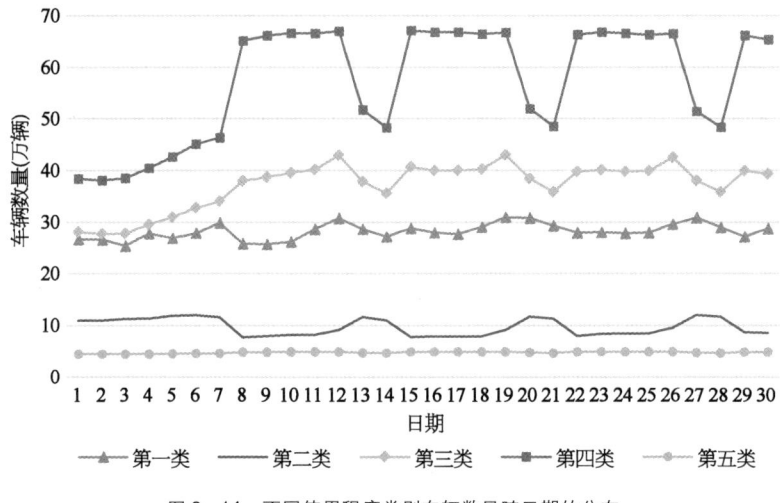

图9-14 不同使用程度类别车辆数量随日期的分布

考察每天不同类别车辆所产生的数据记录量,其构成特征和每天不同类别的车辆构成特征一样,工作日和非工作日的构成非常稳定(图9-15)。第

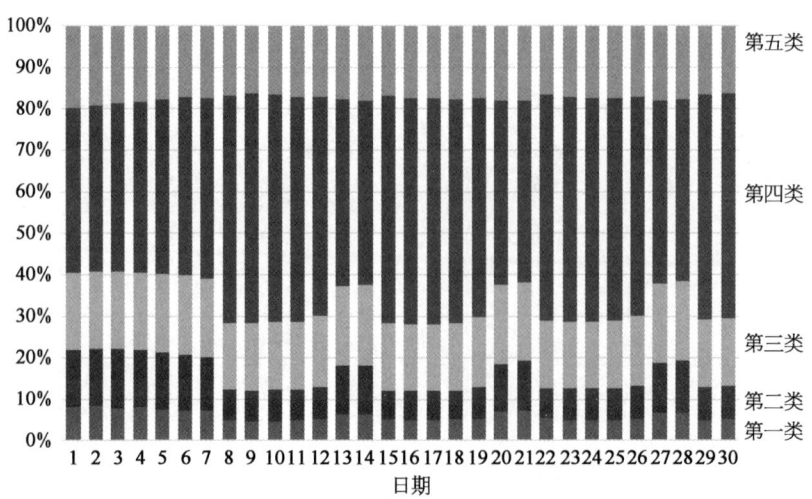

图9-15 每天不同使用程度类别车辆产生的记录量构成

四类和第五类车辆是路网中最活跃的车辆,车辆产生的数据记录量较大。对工作日而言,48%的第四、五类车辆产生了71%的记录量,而第一、二、三类车辆以52%的车辆仅产生了29%的数据记录量;对双休日而言,42%的四、五类车辆产生了62%的记录量,节假日40%的四、五类车辆产生了60%的记录量。从图9-16不难发现第五类车辆每天以3%~4%的车辆产生了17%~18%的记录量。

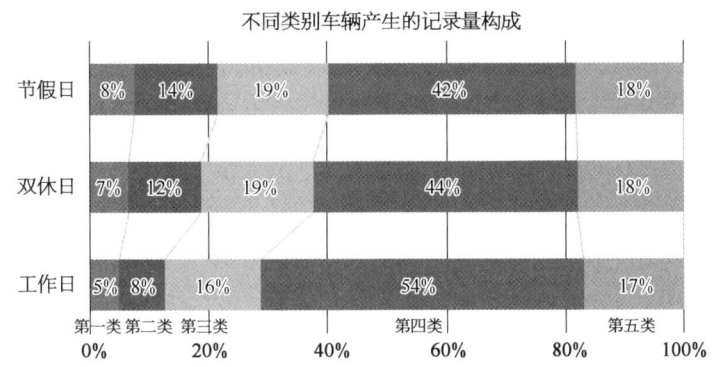

图9-16 每天不同使用程度类别车辆产生的记录量比例

3) 特定路段的交通构成和车辆使用特征分析

为了确定采用具体交通需求管理所涉及的车辆使用特征,以上海延安路高架为例,对车辆的交通构成和使用特征进行深入分析。延安高架路西向东车牌识别断面位置如图9-17所示。

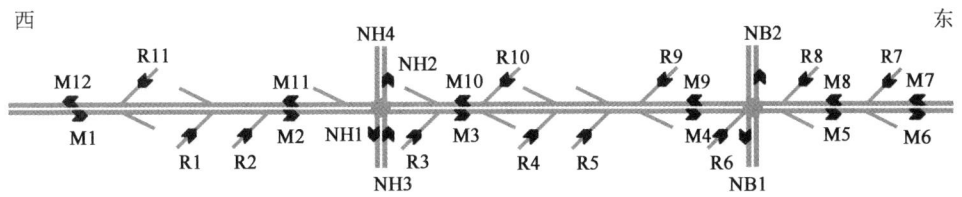

图9-17 延安高架西向东车牌识别断面位置示意图

图9-18显示了2012年10月份不同使用程度类别车辆使用延安高架道路情况,总体上看,延安高架道路北侧车辆数量略大于南侧,但是南北侧不同类别的车辆构成比例并没有显著差异,第四类车辆的比例最大,为33%,其次为第三类车辆,占25%,第一、二、五类分别占22%、17%和3%。

由图9-19可以发现,延安高架南侧和北侧在工作日、双休日和节假日的不同类别的车辆构成基本一致。图9-20显示了不同类型日期各种使用程度车辆构成比例结构,从中可知:工作日第四类车辆占55%,而双休日和节假日分别占45%和42%,延安高架第四类车辆的比重高于上海路网的总体比例

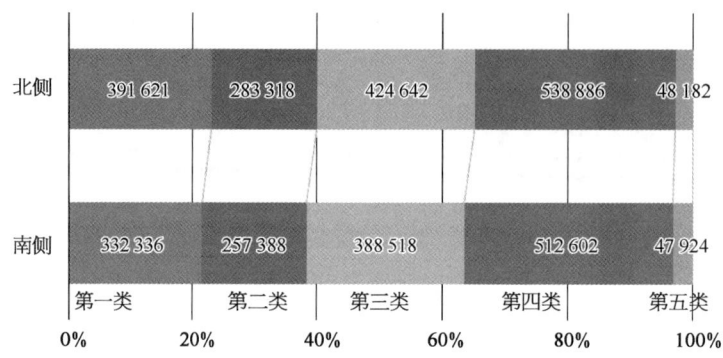

图 9-18　延安高架南北侧不同类别的车辆总体构成

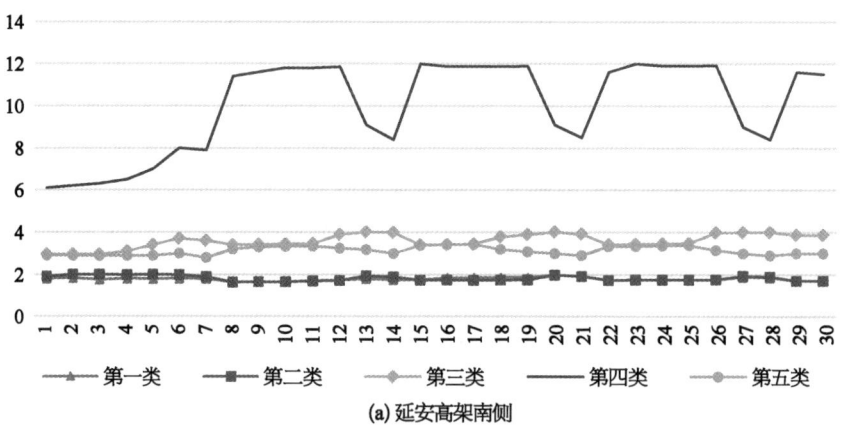

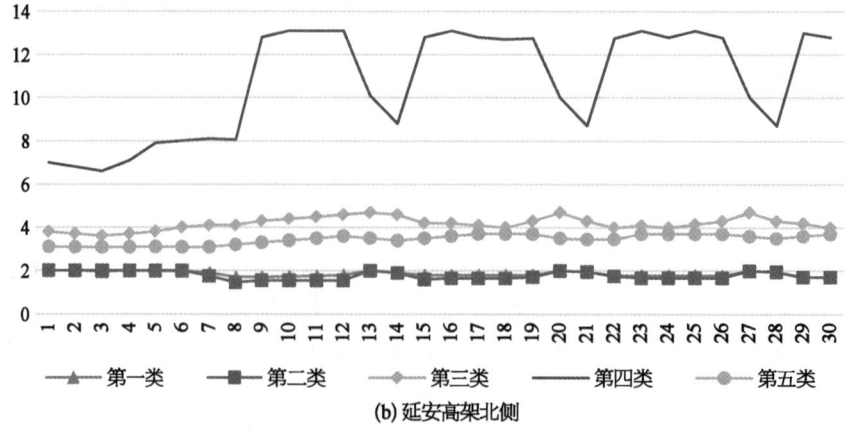

图 9-19　延安高架南北侧每天不同使用程度类别车辆数量

（工作日为45%）；其次为第三类车辆，工作日占17%，工作日的比例略低于非工作日，双休日和节假日该类车辆的比例分别为21%和20%，不过，其均低于上海路网的整体比例；值得注意的是，延安高架第五类车辆工作日、双休日和节假日的比例基本一致，为16%~17%，这一比重远高于上海路网的3%~4%，表明以营运车辆为主导的第五类车辆使用延安高架非常频繁，再次证明延安高架在上海路网中的骨干地位；第二类车辆延安高架的比例和整体路网中的比例基本一致，但第一类车辆的比例远低于整体路网的比例。

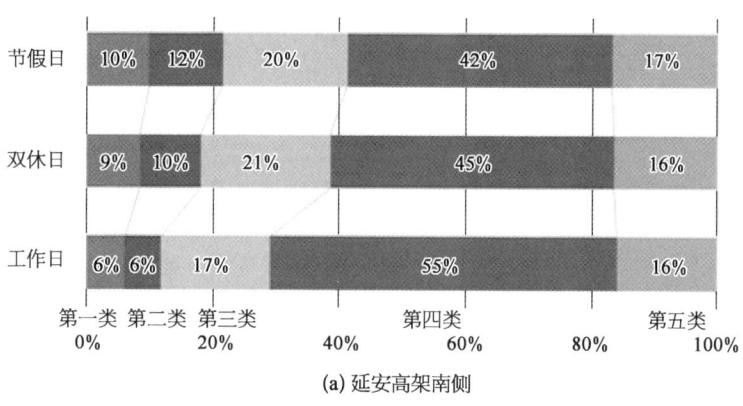

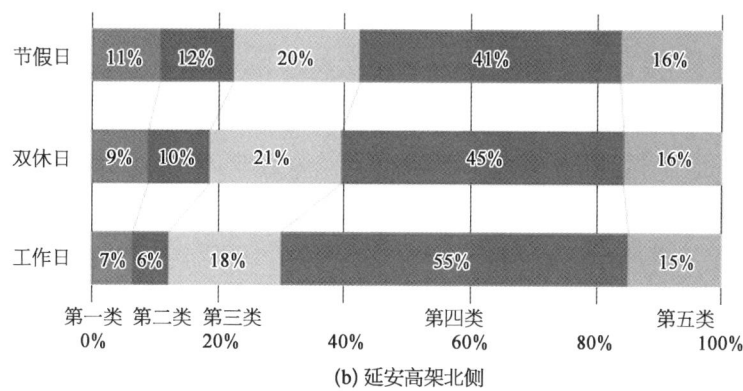

图 9-20 延安高架南北侧不同类别车辆构成比例

进一步细化考察每天不同时段延安路高架道路不同类别的车辆构成，将每天 7:00—22:00 划分为五个时段。分析发现，延安高架南侧工作日、双休日与节假日之间每天不同时段的不同类别车辆构成存在一定差异，但是工作日与工作日、双休日与双休日及节假日与节假日之间的构成非常一致，因此以10月8日（工作日）、10月13日（双休日）和10月1日（节假日）为例进行说明。

对比图 9-21、图 9-22 和图 9-23 可知,10 月 8 日(工作日)时段 Ⅰ 和时段 Ⅳ 的第四类车辆比重占到了 60% 以上,高于其他三个时段,而双休日和节假日每天不同时段的不同类别车辆构成没有大的差异,工作日五个时段的第四类车辆的比例普遍都高于双休日和节假日;双休日与节假日的构成特征比较一致,差异主要体现在数量上的不同,双休日不同时段的第四类车辆比例高于节假日,与此相反,节假日不同时段的第一类和第二类车辆高于双休日,也远高于工作日的比例,这显然是由游憩交通造成的;值得注意的是,第五类车辆所占的比例在不同时段均较高,工作日时段 Ⅰ 最低,为 16%,时段 Ⅴ 最高,高达 29%,也印证了前文的分析。分析表明,延安高架北侧不同时段的各类别车辆构成和延安高架南侧的特征一致,限于篇幅这里不再赘述。

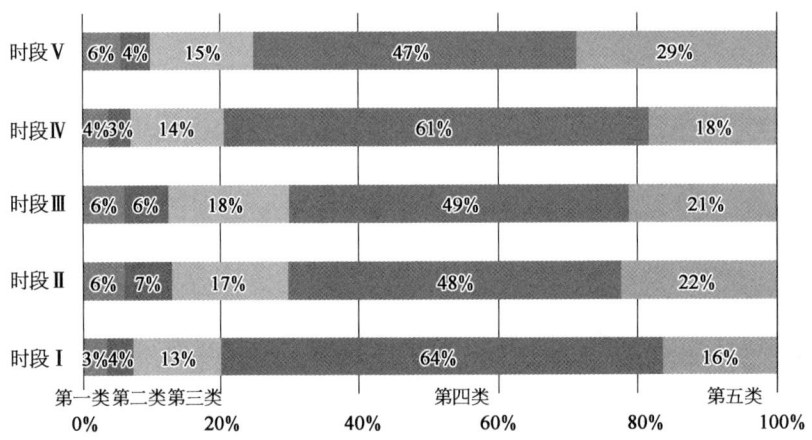

图 9-21　10 月 8 日延安南侧不同时段不同类别车辆构成

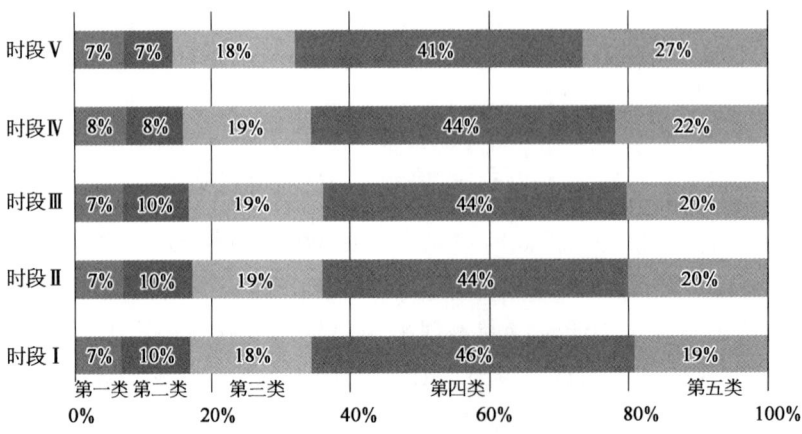

图 9-22　10 月 13 日延安南侧不同时段不同类别车辆构成

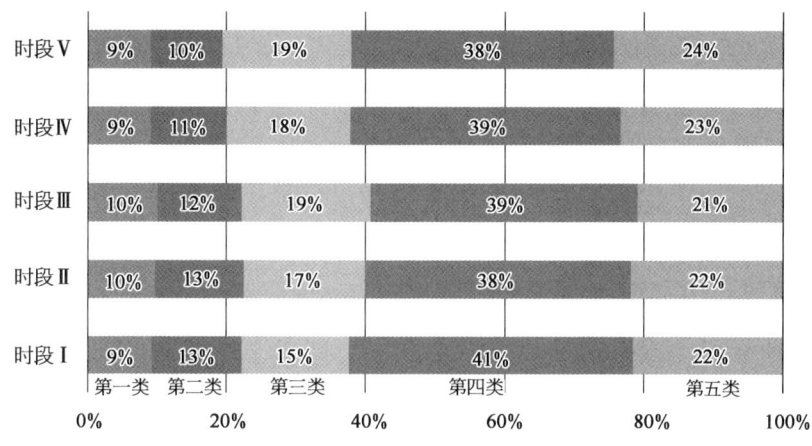

图 9-23　10 月 1 日延安南侧不同时段不同类别车辆构成

交通需求管理需要了解交通需求的组成和结构特征,对长时间观测的车牌数据进行分析,可以得到各类车辆的比例和使用行为特征,为车辆限行、拥堵收费等交通需求政策的制定提供了决策依据。

9.5　交通拥堵特征分析

通过历史抽样时段,开展城市快速路网(以下简称"快速路")交通拥堵态势规律挖掘与成因分析。

1) 快速路网交通拥堵态势分布规律挖掘

对快速路交通拥堵现象及其产生条件进行概念描述,可划分为两大类:常发性拥堵和偶发性拥堵。

常发性拥堵主要受道路条件影响,一般是由通行能力较低的固定瓶颈引起。固定瓶颈主要包括上匝道合流区下游,下匝道分流区上游,路段 S 型(包括坡度、转弯和立交匝道等)。固定瓶颈区域具有以下数据特征:瓶颈上游处于流量低、速度低、占有率高的排队拥堵状态;瓶颈点处于流量高、速度中等、占有率中等的饱和状态;而瓶颈下游处于流量高、速度高、占有率低的消散状态。

偶发性拥堵是指交通事件引起的道路通行能力的临时性降低而引发的拥堵。根据拥堵成因,快速路常见的交通事件包括交通事故和恶劣天气两种。交通事故造成路段局部车道阻断而出现通行能力临时下降而引发拥堵。恶劣天气情况下,道路的行驶条件和驾驶员的跟车行为发生变化,导致车速降低、车头间距增加、路网通行能力下降而引发拥堵。

(1) 早晚高峰常发性交通拥堵分布　分析的空间范围为上海市浦西地区中环以内快速道路,涉及道路包括中环线、内环高架、南北高架、延安高架、逸仙高架和沪闵高架。由于早晚高峰拥堵最严重,所以分析的时间范围为早晚高峰时段。

为方便理解,首先对需要使用的常发性拥堵等概念进行定义。排序规则:按照累计拥堵时间(以 min 计),按照由大到小排序。长时间拥堵:是指从拥挤(黄)或阻塞(红)状态产生时刻开始,至恢复畅通状态时刻为止,其间拥挤(系数 0.5)与阻塞(系数 1)折算成等效累计时间,若等效累计时间超过 20 min,则视为长时间拥堵。常发性拥堵路段:在高峰时段内,排序后发生长时间拥堵时间累计占总拥堵时间前 50% 的快速路路段。临界性拥堵路段:在高峰时段内,排序后发生长时间拥堵时间累计占总拥堵时间 50%~80% 的快速路路段。偶发性拥堵路段:在高峰时段内,排序后发生长时间拥堵时间累计占总拥堵时间 80%~95% 的快速路路段。畅通路段:在高峰时段内,排序后发生长时间拥堵时间累计占总拥堵时间 95% 及以上的快速路路段。

基于上海市交通信息平台汇聚的多源历史数据,对 2009 年 7 月 1 日至 10 月 8 日时间范围内工作日快速路的交通流量、行程车速、交通状态等数据进行关联处理,其中涉及感应线圈检测器、GPS 浮动车、车牌识别、视频监控等多源检测器,覆盖数据种类超过 5 种,检测器 4 种,单次处理数据量超过 30 GB。总体上,早高峰的常发性交通拥堵分布体现市民出行向中心城区汇聚的特性。对于早晚高峰拥堵状况,可以发现南北高架与内环高架部分路段有潮汐现象。常发性拥堵路段分布如图 9-24 所示。

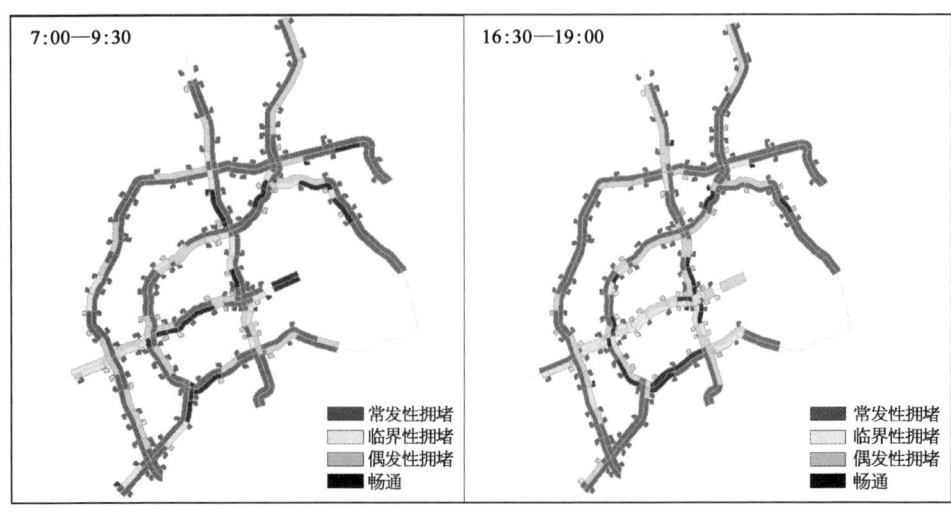

图 9-24　早晚高峰常发性拥堵路段分布

按快速路里程统计结果表明,早高峰有9%的路段处于常发性拥堵,60%的路段处于畅通状态,如图9-25所示。

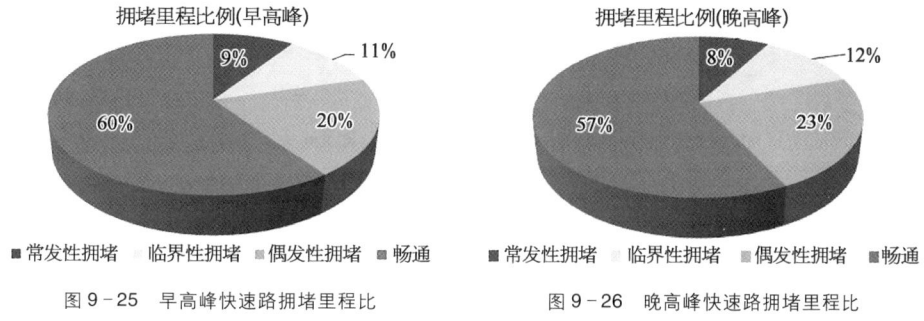

图9-25 早高峰快速路拥堵里程比　　　图9-26 晚高峰快速路拥堵里程比

按快速路里程统计结果表明,晚高峰有8%的路段处于常发性拥堵,57%的路段处于畅通状态,如图9-26所示。

以早高峰与晚高峰统计分布结果为基础,分别以不同高架道路为单元统计拥堵发布段的平均间距。早高峰期间拥堵发布段的平均间距不足5.5 km,晚高峰期间拥堵发布段的平均间距约为4.35 km。从该结果可见,虽然快速路常发性拥堵路段的总量不足10%,但高峰期间,出行距离超过5 km的出行者,平均会遇到一次常发性拥堵路段。

(2) 拥堵路段交通状况分析　　快速路交通拥堵的本质原因是交通需求大于交通供给,即供需矛盾是本质原因,不同形式触发的交通拥堵最终都将从供需矛盾中获得体现。供需矛盾可以从宏观与微观两个角度进行分析:全局性供需失衡与局部路段供需失衡。

所谓全局性供需失衡是指,路网总容量不足以满足交通总需求,交通拥堵呈现大面积出现的情况;而局部性供需失衡是指,快速路网中某个局部位置因规划设计和路网结构方面存在某种不合理性,导致该地区更容易或更频繁地出现交通拥堵情况。从全局的角度分析,通过对早高峰和晚高峰期间进入中环线以内(不包括中环)交通量的统计发现,目前快速路系统在高峰期间由上匝道进入高架道路的总交通量远小于高架道路的总通行能力,如图9-27所示。如果按照理论值进行平均分配,则早高峰期间快速路新增交通量与通行能力平均比例为21.39%,晚高峰期间平均比值为17.81%,说明上海市快速路系统尚未达到系统性供需失衡的程度。

从局部的角度分析,根据拥堵路段的分布结构,统计在不同拥堵程度下,单位里程路段所承担的交通强度,结果如图9-28、图9-29所示。早高峰时段,常发性拥堵的路段中,每公里平均每车道所承载的车辆数为167辆,平均车头

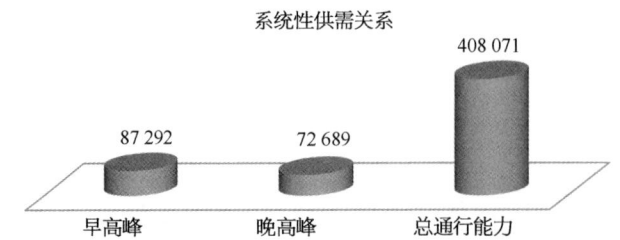

图 9-27　快速路总供给与高峰时间新增交通需求间关系/(辆/h)

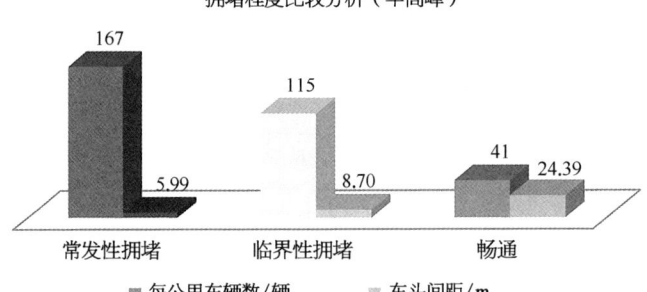

图 9-28　早高峰不同拥堵程度单车道车辆密度比较/(辆/km)

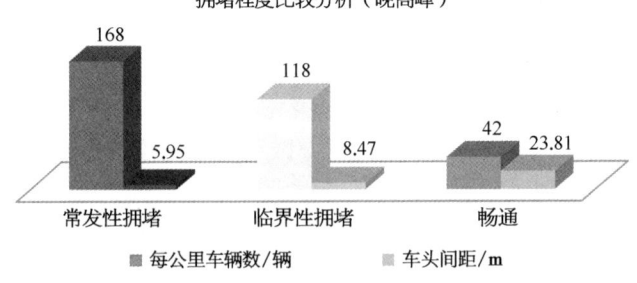

图 9-29　晚高峰不同拥堵程度单车道车辆密度比较/(辆/km)

间距为 5.99 m；临界性拥堵路段中，每公里平均每车道所承载的车辆数为 115 辆，平均车头间距为 8.70 m；畅通路段中，每公里平均每车道所承载的车辆数为 41 辆，平均车头间距为 24.39 m。晚高峰同类拥堵程度中与早高峰基本相当。说明快速路的常发性拥堵段即局部供需失衡的地区。

（3）交通拥堵对出行效率的影响　选取典型路径，对包含常发性拥堵的出行路径进行行程时间分析，比较不同交通状况条件对出行的影响。选取得典型路径为内环外圈延西立交至鲁班立交，图 9-30 中用实线标出，统计结果如图 9-31 所示。

从图 9-31 的统计结果上看，内环外线延西立交至鲁班立交高峰期间的出

图 9-30　典型路径出行效率分析

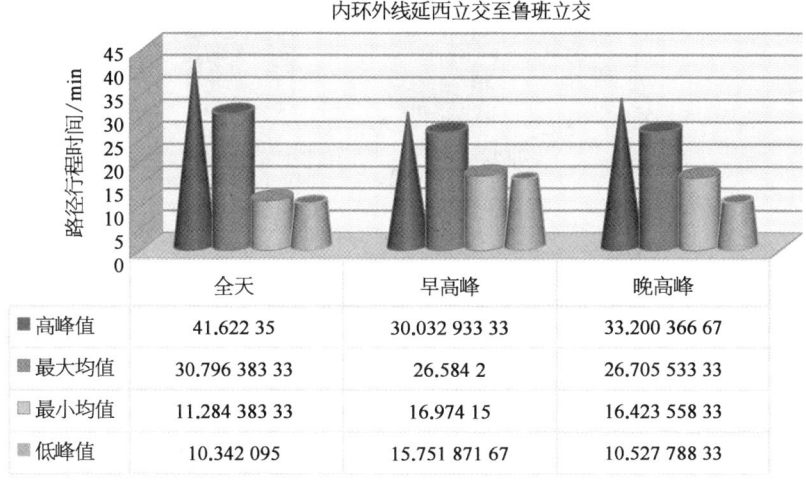

图 9-31　典型路径工作日行程时间统计

行时间会达到畅通期间的 1.5~2.5 倍,极端情况下会达到 3.0~3.3 倍。产生此现象的原因主要是受拥堵路段的影响。图 9-32、图 9-33、图 9-34 分别通过全天数据、早高峰和晚高峰数据列举了该路径上两个常发性严重拥堵位置内环外圈延西立交上匝道至新华路上匝道和内环外圈龙华西路下匝道至宛平南路上匝道所占路径里程比例与行程时间消耗情况,从统计结果看,在畅通期间与拥堵期间的路段行程时间存在比较明显的差距。表 9-6 为两个常发性拥堵路段行程时间消耗情况。

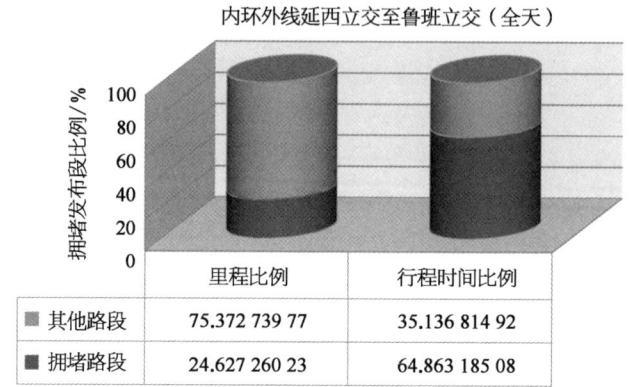

图 9-32　拥堵路段里程比例与行程时间比例(全天)

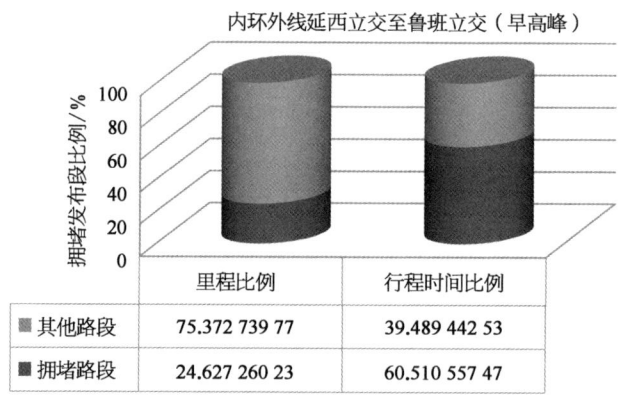

图 9-33　拥堵路段里程比例与行程时间比例(早高峰)

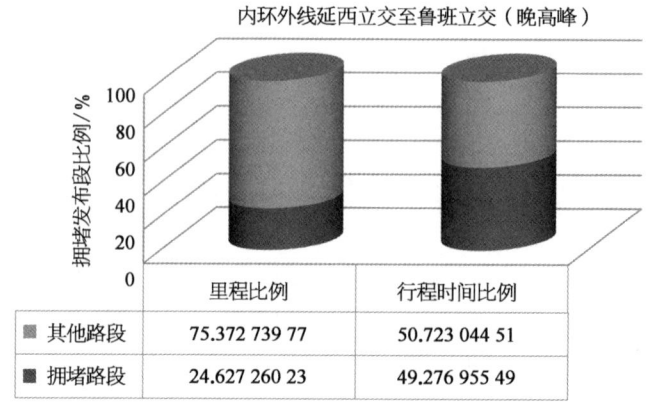

图 9-34　拥堵路段里程比例与行程时间比例(晚高峰)

表9-6 拥堵路段行程时间消耗对比表

路径上常发拥堵路段行程时间多日分析		内环外圈延西立交上匝道至新华路上匝道	内环外圈龙华西路下匝道至宛平南路上匝道
全天	最大均值/min	4.38	15.59
	最小均值/min	0.3	1.69
	倍数	14.6	9.23
早高峰	最大均值/min	3.26	12.82
	最小均值/min	0.45	6.02
	倍数	8.7	2.12
晚高峰	最大均值/min	4.06	9.10
	最小均值/min	0.31	3.42
	倍数	13.1	2.65

2）常发性交通拥堵成因及分类

形成常发性交通拥堵的原因主要有四个。

（1）路网结构形成的通行能力瓶颈 通过对早高峰与晚高峰拥堵分布的观察发现,常发性交通拥堵与结构性通行能力瓶颈存在密切关系。选取两段典型路段：内环外圈延西立交上匝道至新华路上匝道,内环外圈龙华西路下匝道至宛平南路上匝道,对内环外圈延西立交上匝道至新华路上匝道上下游检测界面数据分析和车流汇聚形态进行观察(路网结构如图9-35所示)。

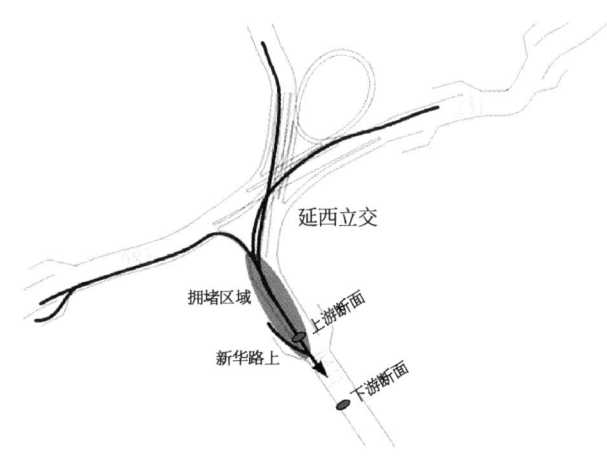

图9-35 拥堵路段车流汇聚结构

早高峰期间,上游断面交通流量情况如图 9-36 所示。图中表示上游断面从 2009 年 1 月 1 号至 2010 年 10 月 14 号各天早高峰两个时点的实测流量与通行能力的差值,横坐标为日期,浅色折线表示各天 8:00 时刻流量值,深色折线表示各天 9:00 时刻流量值,深色直线表示上游断面通行能力。

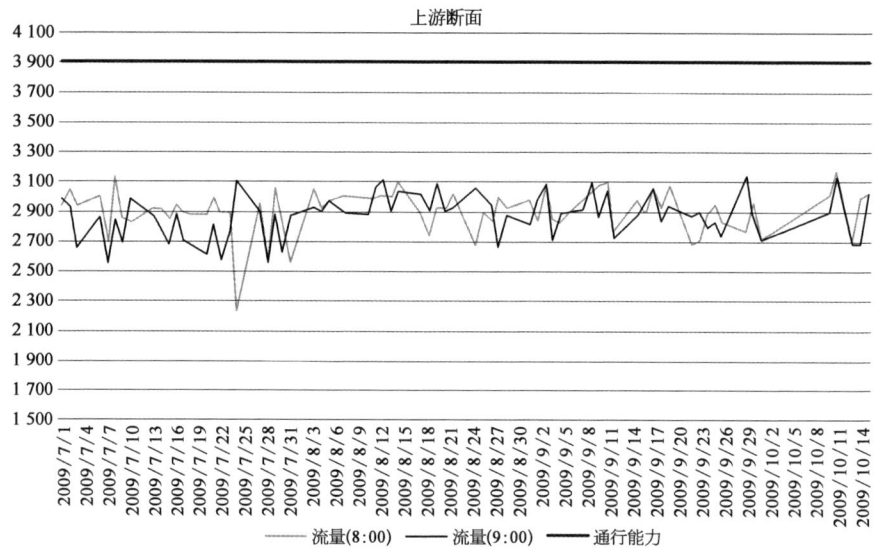

图 9-36 瓶颈上游断面早高峰交通量变化

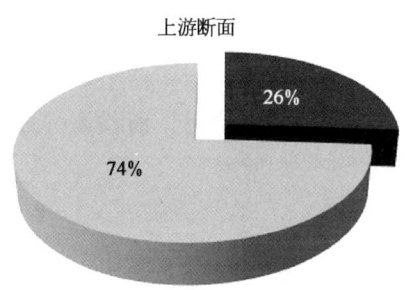

图 9-37 瓶颈上游断面早高峰通行能力损失

通过对 2009 年第 3 季度期间流量数据的统计分析,得到在该路段拥堵情况下,上游检测断面实测交通流量和损失通行能力的比例情况,如图 9-37 所示。

早高峰期间,内环外圈延西立交上匝道至新华路上匝道下游路段处于畅通状态。下游断面通过的交通流量如图 9-38 所示。图中表示上游断面从 2009 年 1 月 1 号至 2010 年 10 月 14 号各天早高峰两个时点的实测流量与通行能力的差值,横坐标为日期,深色折线表示各天 8:00 时刻流量值,浅色折线表示各天 9:00 时刻流量值,深色直线表示下游断面通行能力。

实际通过交通量接近通行能力,但仍有少量富裕,比例结构如图 9-39 所示。

按交通工程原理,参考《公路工程技术标准》(JTG B01—2003),二、三级服务水平对应饱和度为 0.6~0.9,下游路段饱和度为 0.9,基本上接近正常运行情况的通行量极限。对龙华西路下至宛平南路上匝道的交通数据进行分析。该路段路网结构见图 9-40。

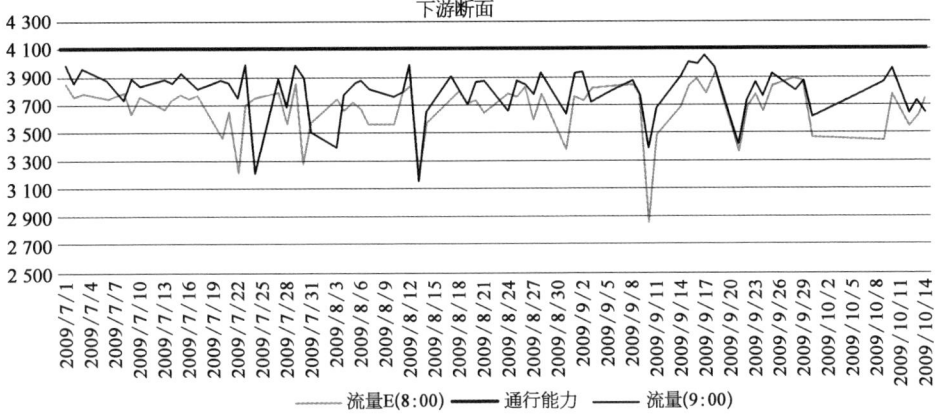

图9-38 瓶颈下游断面早高峰交通量变化

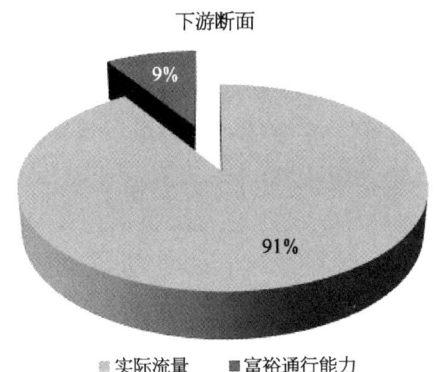

图9-39 瓶颈下游断面早高峰通行能力利用情况

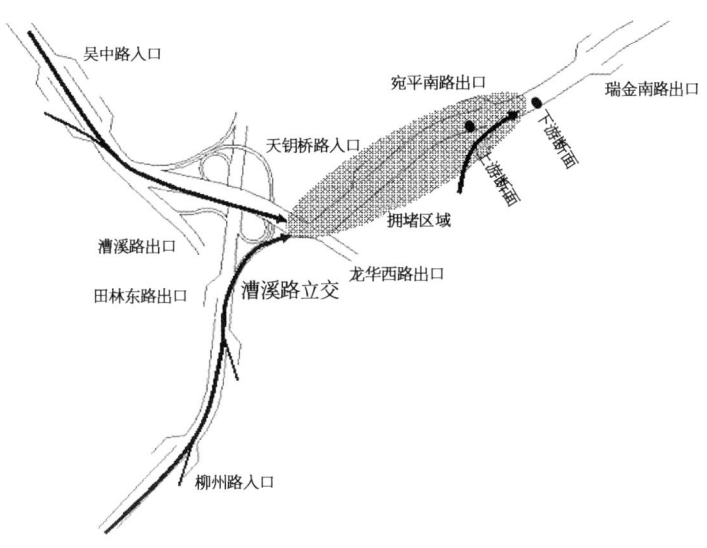

图9-40 拥堵路段车流汇聚结构

路段内各断面实际流量对通行能力的损失情况如图 9-41 所示。

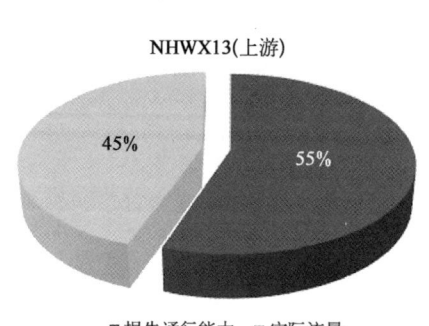
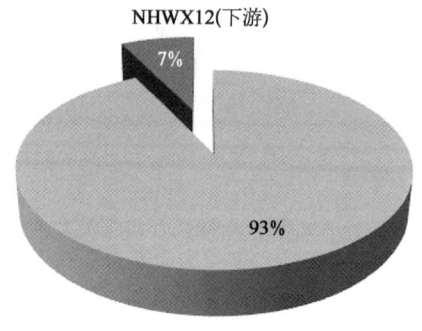

图 9-41 瓶颈上游断面早高峰通行能力损失　　图 9-42 瓶颈下游断面早高峰通行能力利用情况

下游路段处于畅通状态,实际通过交通量与富裕通行能力的比例情况如图 9-42 所示。

（2）上、下匝道引起主线车流拥堵　下匝道车流量大时会因为地面道路无法及时疏散车流而排队,进而对主线交通流的运行产生干扰引起主线拥堵,而从地面道路通过上匝道到达高架的车流量太大时也同样会因为与主线车流量交织而导致合流区车辆行驶困难,从而形成上、下匝道处的瓶颈,如图 9-43 所示。这种类型的瓶颈触发一般出现在工作日早晚高峰时期。在图 9-44 中,灵石路西侧是进入中环的第一个下匝道,很多车辆会选择在这里下高架,因此下匝道经常会出现排队现象。徐家汇路是南北高架进出市中心 CBD 的关键位置,且由于周围多为商务办公楼,所以该处高架与地面连接上下匝道均较拥堵且严重时会造成主线上车辆的大量排队。

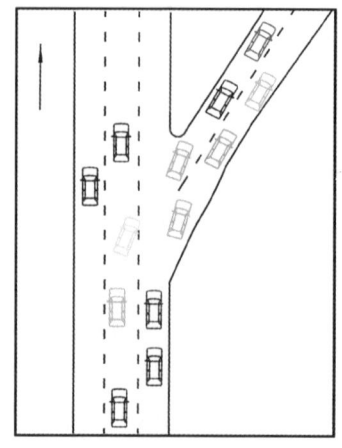
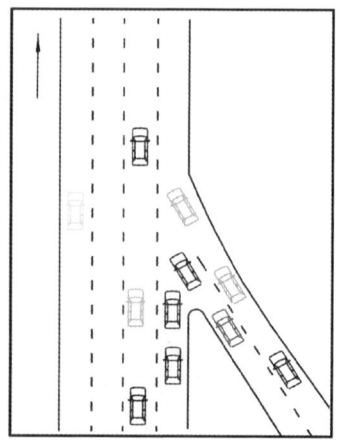

图 9-43 上、下匝道区域引发交通拥堵的道路结构图

图9-44 灵石路下匝道和徐家汇路上下匝道区域交通拥堵现状

（3）道路交织过短导致上下匝道车辆干扰严重引起的拥堵　图9-45显示了交织区太短因而给上下匝道车辆汇入和驶离的缓冲区域的长度不够,导致出入高架的车辆相互干扰的情况,表现为主线进入下匝道车辆与上匝道汇入主线车辆相互干扰,使主线和匝道车辆产生拥堵排队,例如图9-46中的新闸路附近跨苏州河段。

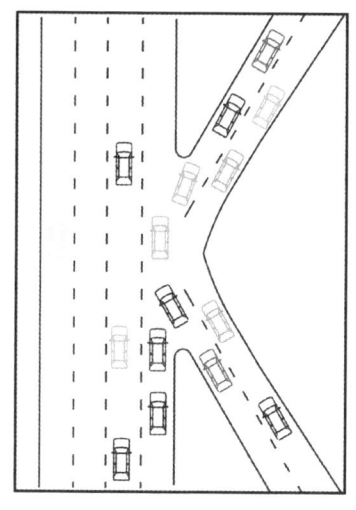

图9-45　交织区太短引发交通拥堵的道路结构图　　图9-46　新闸路附近高架路交织区交通拥堵现状

（4）路段S型排队引起主线车流的拥堵　路段S型包括立交、坡度和弯道等,以图9-47中常见的弯道为例进行说明。弯道处车辆一般会主动降低车速,形成路段上车辆行驶的瓶颈。与直线路段相比,弯道路段属于道路上低速区,车辆行驶到该处时会自然以较低速度行驶,因此会造成车流的运行缓慢。在流量大时,瓶颈效应会导致整个路段上游车流的拥堵排队,例如图9-48中合肥路位置的高架弯道。

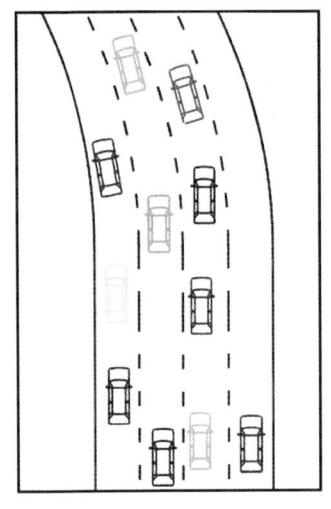

图 9-47 弯道引发交通拥堵的道路结构图

图 9-48 合肥路东向弯道上游交通拥堵现状

3)偶发性交通拥堵成因及分类

偶发性交通拥堵主要由交通事故、恶劣天气因素等导致。

(1)交通事故 车辆碰撞、抛锚等交通事故引起的车道堵塞现象会导致道路部分通行能力的临时性损失。当上游流量需求超过事故发生后的地点通行能力时,就会导致拥堵的传递和蔓延。和常发性拥堵不同,事故引起的交通拥堵的恢复需要人工清除事故发生位置的拥堵源头。根据2008年1月至2009年8月期间上海快速路网交通事件记录,分析拥堵与交通事件的对应关系,结果如图 9-49 所示。虽然交通事件本身具有随机性,但从统计结果看,拥堵频率与事件发生频率变化趋势相同。拥堵频率与交通事件发生的频率成正比关系。换句话说,常发性拥堵路段也是交通事件的高发路段。交通事故引发交通拥堵的

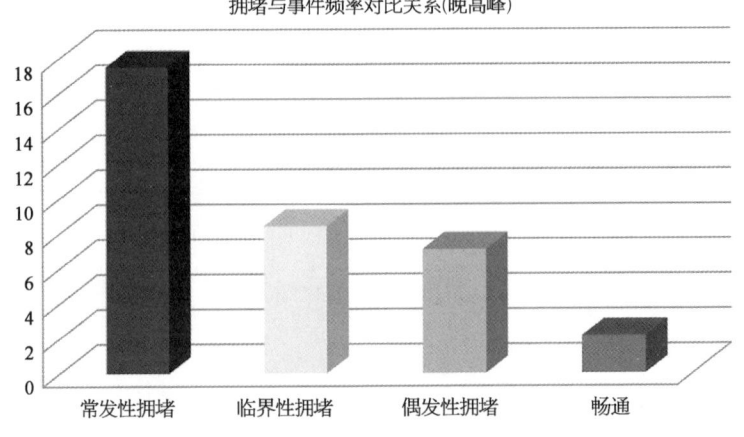

图 9-49 拥堵与交通事件的对应关系

数据特点主要表现为：上游线圈数据流量很小、速度很低、占有率很高；下游线圈流量很小、速度很高、占有率很低。

（2）恶劣天气　下雪、下雨等天气引起道路积水结冰导致车辆行驶特征变化和能见度下降。在恶劣天气条件下，驾驶员的驾驶行为发生变化，与前车保持更大间距，从而导致道路的通行能力的降低。在恶劣天气情况下，瓶颈的触发会提前，而已经触发的瓶颈由于通行能力的降低而导致拥堵程度与传播范围更大。恶劣天气引发交通拥堵的数据特点主要表现为：路网交通流出现整体偏移，和正常天气相比，同样的速度，恶劣天气对应的车流密度偏低。

9.6　交通流关联分析

城市交通流分析通过建模的方式用模型描述交通出行者的出行决策、道路行驶的车辆跟驰和交通流的网络分布对城市的交通状况研究具有重要的意义。交通流分析揭示与预测城市交通流的自组织演变规律与交通拥堵的演变情况，其分析必须基于大量的历史或实时的交通数据。与此同时，一些相关数据如社会经济数据、气象数据和移动信息数据等信息会对城市交通产生一定影响，通过分析这些关联数据也可获取有用的交通流信息。城市交通大数据技术为城市交通流分析提供了丰富的数据基础。城市交通大数据采集的数据资源不仅涵盖了传统的交通领域数据资源，也包括了其他非交通领域的数据资源，如城市气象与环境数据，人口与社会经济数据，城市规划与土地利用数据，以及移动通信与社交网络信息等。大数据技术利用对多样化大规模数据的高速处理能力分析处理这些关联数据，有效提高对城市交通流的分析评估，并将分析结果运用于城市交通流分析。

大数据技术为从微观到宏观的交通流分析提供丰富的数据技术基础，并通过快速的处理分析和数据挖掘处理分析这些数据，为交通流分析提供评估分析依据。城市交通大数据采集的常规的交通领域数据，如车辆轨迹数据、线圈流量数据等不仅仅能用于微观的车辆轨迹交通流分析（如 Next-Generation Simulation，NGSIM），也可应用于宏观路网的交通状态分析，如基于线圈数据和车载 GPS 数据的道路交通状态宏观基本图（Macroscopic Fundamental Diagram，MFD）分析。城市交通大数据同时采集了城市气象与环境数据，人口与社会经济数据，城市规划与土地利用数据及移动通信与社交网络信息等关联数据。大数据技术分析评价这些关联数据对城市交通流的影响，通过分析评价历史或实时的关联数据，对城市交通量进行评价、估计并将分析结果运用于城市交通诱导控制等应用。城市交通大数据技术的交通流关联分析为城市交通流分析提供由点到线到面的全方位的数据支持。

1) 基于气象环境数据的关联分析应用

（1）基于气象环境数据的交通指数预测　气象条件对交通状态的影响是多方面的，天气变化对车辆本身、路面状况、驾驶员行车过程中的判断和反应及司乘人员乘车环境等都有影响，不同的天气条件对交通状态的影响程度不同。在恶劣的天气条件下，道路交通运行条件会显著恶化。根据上海的相关统计资料表明，下雨天是造成严重拥堵的重要原因，晚高峰高架道路平均行程车速将下降20%，主要商圈周边的地面干道平均车速下降10%～30%。因此，不利的气象条件会对道路交通状态造成不利的影响。

天气状况不同，人们出行的方式不同，交通状态也不同。为了能够对不同天气下交通状态指数进行有效的预测，初步将天气分为晴天、雾、小雨、中大雨、小雪、中大雪6大类，其中晴天定义为正常天气，其他定义为异常天气。以正常天气交通指数为基准，取6类天气，对日期以7×6组模式进行研究，通过利用定量的描述趋势相似度方法研究手段，分析每组的交通指数模式相似度。天气因素对交通状态指数特征影响分析流程如图9-50所示。

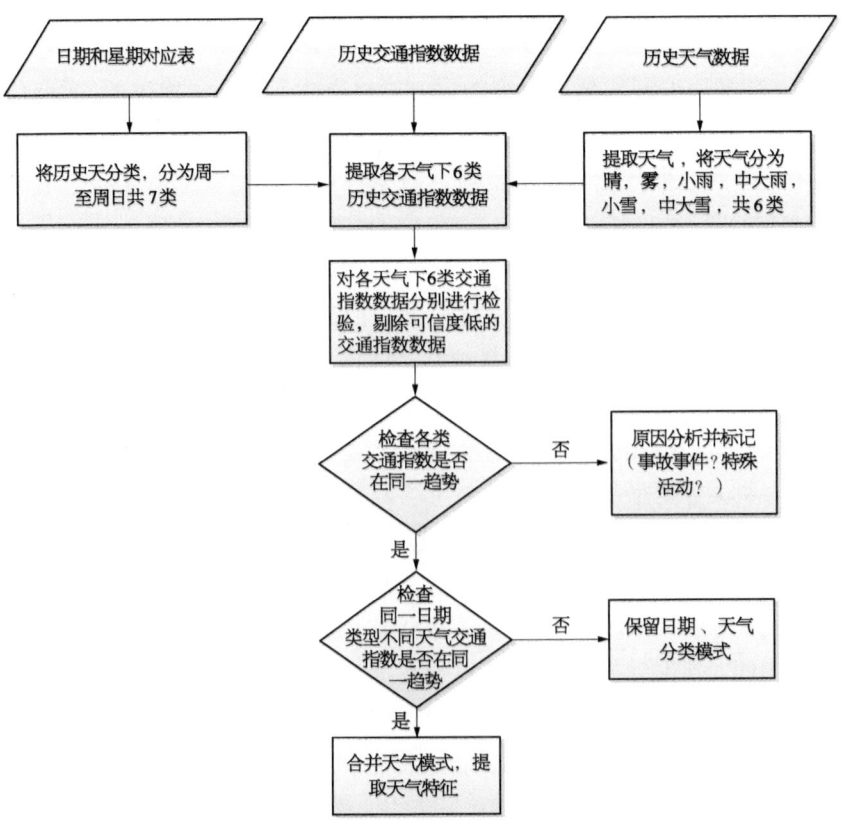

图9-50　天气因素对交通状态指数特征影响分析流程

表 9-7 分析了 2012—2013 年不同天气分类下的高架道路交通状态指数的相关性。由于 2012—2013 年上海下雪天很少,故表 9-7 中未列入小雪和中大雪的计算结果。

表 9-7 不同天气分类高架道路交通状态指数相关性

日 期	平均相关系数				
	晴 天	小 雨	中大雨	雾	综 合
周一	0.973 0	0.946 6	0.947 0	0.911 2	0.937 6
周二	0.973 6	0.980 7	0.900 6	0.884 0	0.879 2
周三	0.975 9	0.916 2	0.917 9	0.899 0	0.889 8
周四	0.977 1	0.892 3	0.946 8	0.958 2	0.909 2
周五	0.979 8	0.902 3	0.903 4	0.928 0	0.935 3
周六	0.967 3	0.884 1	0.955 2	0.957 6	0.873 7
周日	0.954 7	0.892 0	0.943 4	0.888 1	0.946 9

结果反映出,日期分类下的各种天气指数曲线具有相似性,但全部天气下曲线的相似性反映出这种天气的相似性并不随天气变化而变化,所以进行不同日期类型模式划分时暂时没有必要在日期分类的基础上再对天气进行细分。

图 9-51 也直观地反映了高架道路全区域下晴雨天交通指数曲线趋势的一致性,但交通指数绝对差值并不同,这种差异通过不同天气曲线数值的差异反映出来。

图 9-51 中数值较高的曲线的天气状况为小雨,数值较低的曲线的天气状况为晴天;从中可以看出,小雨天气下交通指数趋势和晴天天气下交通指数趋势相似,但交通指数绝对差值不同。

通过分析,异常天气下交通指数趋势和正常天气下交通指数趋势特征相似,但存在着交通指数绝对差值,这种不同在设计天气-交通指数预测模型时可以根据异常天气交通指数和常态交通指数相对差值,提取天气影响因子。

(2) 基于气象与环境数据的交通出行诱导　气象和环境对城市道路交通具有重大的影响作用,不良的气候条件严重影响道路车辆行驶。恶劣的天气条件,如雨雪、大雾,不仅仅影响车辆的行驶速度,增加出行者的行程时间,导致道路通行能力下降,同时也容易诱发交通事故。交通大数据技术通过分析关联的气象和环境信息数据,结合历史的交通流数据,分析预测道路的交通流情况和事故易发地点。

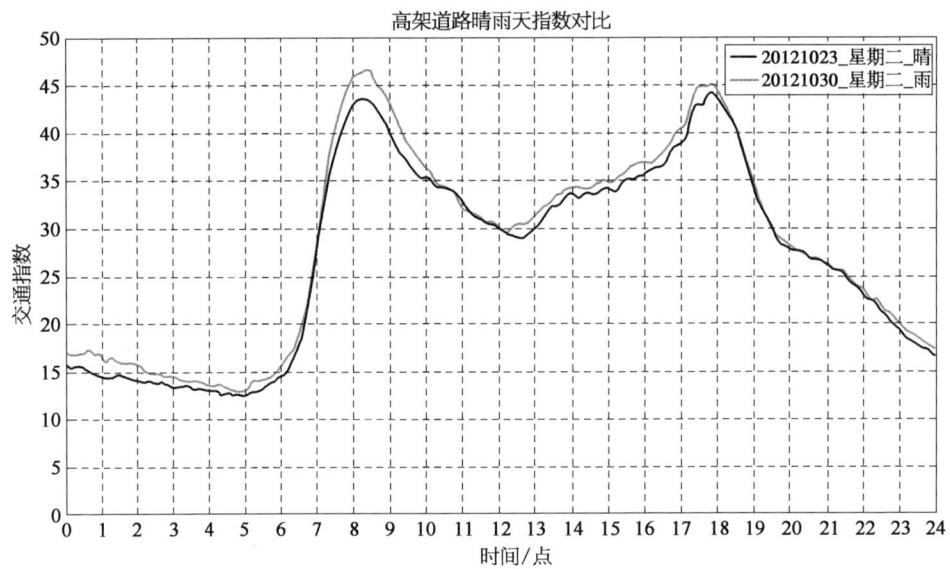

图 9-51　小雨天气下高架道路交通指数和晴天交通常态指数

美国交通部高速公路 511 信息平台系统（以下简称"511 平台"）的道路气象信息发布是一项基于气象与环境数据的交通大数据利用的典型应用案例。511 平台交通信息平台系统是基于 511 平台交通信息网站和 511 平台电话信息服务的实时交通信息发布系统,信息系统的建立旨在为交通出行者提供实时的交通信息（道路、气象、管养等综合出行信息）,实现广域信息资源共享,提高出行效率和舒适度。考虑到高速公路交通易受风、浓雾、能见度、暴雨、冰雪、雷暴、积水等气象条件的影响,511 平台收集了历史的高速公路流量和天气数据。结合历史数据和天气数据,511 平台建立了道路流量与天气的关联信息数据库。数据库通过分析历史的交通流量和天气的关系,获取适宜出行的气候条件。同时信息平台收集实时的气象信息,结合历史的气候信息和交通信息的关联数据库,预测特定路段当前气候情况是否适合出行。

511 平台采集的历史和实时的气象信息,这些信息及相应的道路信息储存在系统数据库中,数据库分析二者的关联性,并将这些信息通过网络和 511 平台的短信服务平台发布给出行者,为出行者提供合理的出行建议。

同时,511 平台通过对实时信息数据进行汇总,能获取实时道路路面信息,对由气候造成的高速公路封闭事件提前示警,为出行者合理选择出行路线提供信息服务。

通过总结,获取基于气象信息的城市交通流关联分析的流程为：

① 采集历史道路交通信息和相应的气候信息。

② 分析历史数据,获取历史信息中交通量和气候信息的关系。
③ 建立关联信息数据库,确定适宜出行的气候条件。
④ 采集实时气象信息。
⑤ 参照关联信息数据库,预测特定路段的当前气候情况是否适合出行。

2) 基于人口与社会经济数据的城市交通流关联分析

交通运输是国家经济活动和社会活动的重要组成部分,也是现代社会生存和发展的基础之一。城市交通不但影响着城市人口和社会经济的变化,同时也受到城市人口和社会经济发展的影响,因此城市交通和城市人口经济发展之间具有紧密的关系。城市交通大数据技术收集城市人口与社会经济数据,通过数据挖掘技术分析人口经济数据与城市交通数据的内在联系,通过人口和经济数据变化预测未来城市交通发展方向。

城市人口增长与社会经济的发展对城市的交通发展具有促进作用,最为明显的就是在交通量的产生上。随着社会人口的增多,经济的发展,城市交通量也会相应增加。因此城市交通大数据技术可以通过分析历史人口数据、社会经济数据与城市交通数据的关联性,建立回归增长模型,确定人口增长及社会经济数据对城市交通数据变化的影响系数,并用于以未来人口、经济发展数据为参数的模型中,从而预测未来城市的交通流变化。

由于人口具有流动性,区域人口处于时刻的变化之中,传统的交通调查获取人口分布的方式由于时间周期长,难以体现出这种变化的特性,易造成规划决策及管理上与现状的脱节,这种情况在经济高速发展的今天体现得尤为明显。基于移动通信网络的数据,提供了一种变化情况下的区域人口检测手段。例如基于移动通信数据,能够获取白天、夜间人口的分布情况。

针对 2012 年 7 月 10—21 日共计 12 天(包含 9 个工作日、3 个周末)的数据进行分析,单次逗留时间阈值设为 2 h,单天累计逗留时间阈值设为 2 h,居住地识别天数比例阈值与工作地识别天数比例阈值都设为 80%,并将居住地与工作地都能识别的 1 232 万手机用户作为最终有效手机用户。分别统计了这 1 232 万手机用户群体分别在夜间与白天的空间分布情况。上海市域手机用户夜间空间分布如图 9-52 所示。上海市域手机用户白天空间分布情况如图 9-53 所示。

将各个区域内识别出的白天手机用户数量,除以夜间手机用户数量,得到对应区域的职住比情况。上海市域手机用户职住比空间分布情况如图 9-54 所示,其中,浅色表示职住比<95%,这些区域夜间手机用户远多于白天手机用户,区域功能以居住为主;灰色表示职住比在 95%~105%之间,这些区域白天与夜间手机用户相当,区域职住相对平衡;深色表示职住比>105%,这些区域白天手

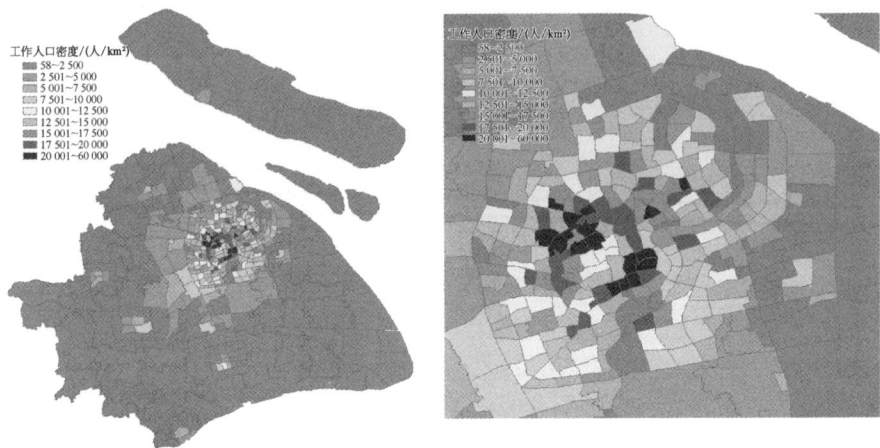

图9-52　上海市夜间手机用户密度空间分布

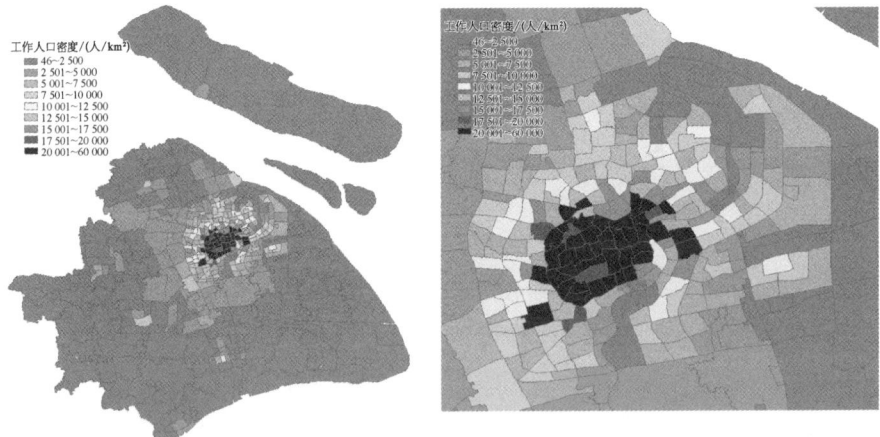

图9-53　上海市白天手机用户密度空间分布

图9-54　上海市手机用户职住比空间分布情况

机用户远多于夜间手机用户,区域功能以就业为主。

将分析得到的手机用户夜间空间分布情况与 2010 年第六次人口普查数据在行政区层面进行对比验证,见表 9-8。

表 9-8　手机用户夜间空间分布情况与 2010 年第六次人口普查数据的对比

区　　域	第六次人口普查 2010 年末常住人口比例	手机检测夜间居住人口比例	差　　值
浦东新区	21.9%	21.8%	-0.1%
黄浦区	2.9%	2.7%	-0.2%
徐汇区	4.7%	4.6%	-0.1%
长宁区	3.0%	2.8%	-0.2%
静安区	1.1%	1.1%	0.0%
普陀区	5.6%	5.7%	0.1%
闸北区	3.6%	3.0%	-0.6%
虹口区	3.7%	3.0%	-0.7%
杨浦区	5.7%	4.5%	-1.2%
闵行区	10.6%	12.0%	1.4%
宝山区	8.3%	8.3%	0.0%
嘉定区	6.4%	7.8%	1.4%
金山区	3.2%	3.1%	-0.1%
松江区	6.9%	7.8%	0.9%
青浦区	4.7%	4.7%	0.0%
奉贤区	4.7%	4.8%	0.1%
崇明县	3.1%	2.2%	-0.9%

可以看出,行政区层面手机检测的夜间居住人口比例总体与第六次人口普查较为接近。但由于两种数据的统计时间口径不一致,第六次人口普查为 2010 年 11 月 1 日,手机用户数据为 2012 年 7 月,部分区域存在±1%左右的偏差,如杨浦、崇明手机检测人口比例相对第六次人口普查数据偏少,闵行、嘉定、松江偏多。

基于此项检测技术,很容易将交通发展态势与人口规模(密度)发展趋势联系起来,进而找到拥堵产生的原因,如图 9-55 所示。有趣的是,当时交通数据分析人员在对逸仙路到邯郸路的车流量时,发现图 9-55 中(a)(b)(c)三个统计图表均显示该路出现了车流量激增的现象。根据手机检测与分析结果,绘制逸仙路高架附近的人口分布变化图,如图9-55(d)。经过数据的深入分析及实地调研,发现车流量激增的时间与原居住在复旦大学教师公寓的大量老师集体搬入该地区公租房的时间高度吻合。经了解,因当时公租房周边公共交通配套不完善,大多数搬迁过来的老师选择开车上下班,由于OD点高度一致(从公租房到复旦大学邯郸校区或是返程方向),以及逸仙路高架为最便捷的路线这两个因素的共同作用,从而导致了逸仙路高架车流激增,并直接体现为交通指数的变化。

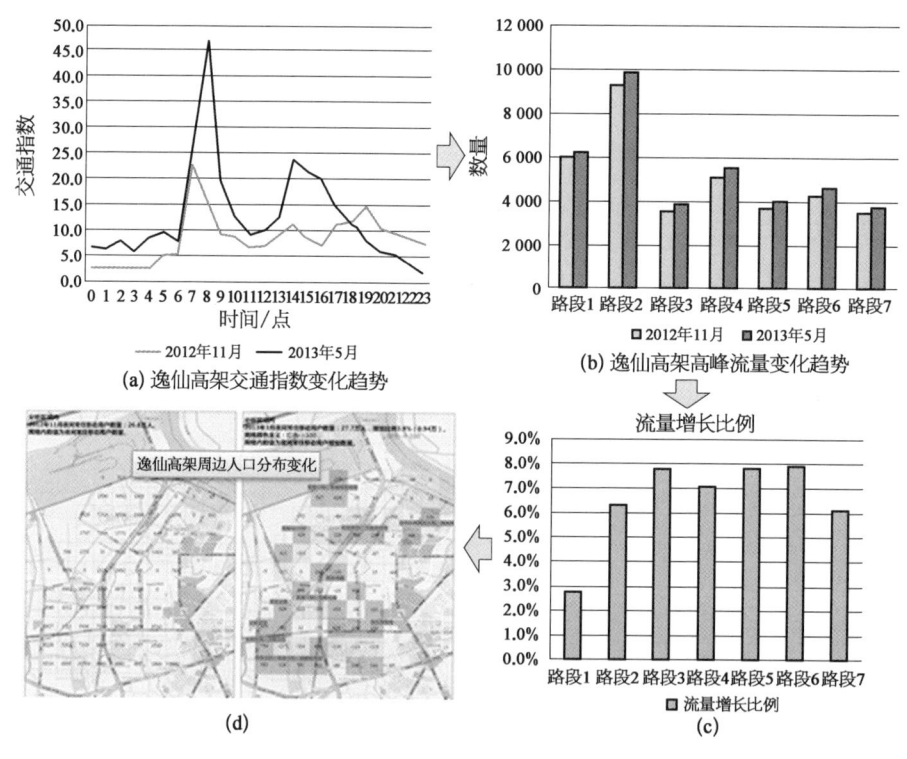

图9-55 拥堵成因分析示例

9.7 车辆行程时间分析

行程时间表征了从起点到目的地的出行成本,是反映道路交通拥堵、评价道路交通服务质量最直接的指标,也是出行者进行交通方式、出行时间和出行路径选择的依据,在交通规划和管理中具有重要意义。

1) 浮动车数据和车辆牌照识别数据融合的车辆行程时间估计

由于在检测过程中,浮动车数据存在GPS原始数据误差、路段上浮动车样本量较少和浮动车"假行驶"现象等,以及在数据处理过程中,使用的地图匹配算法和基于历史数据的修复算法存在一定误差,根据原始数据处理后得到的交通信息并不能如实地反映路段交通的实际运行情况。因此,为了减少这些因素引起的数据偏差,需要通过对多源交通信息数据进行处理、融合,利用数据融合技术,实现不同形式信息的互补。

根据车辆牌照识别数据,可以通过比较车辆经过两个断面的时间,得到路径行程时间。如果可以确定车辆经过两个断面间的行驶路径,那么得到的路径行程时间是准确的。因此,可以利用牌照识别数据获取的行程时间,对浮动车行程时间进行校验和修正,以提高后者的精度。

下面以上海高架路为例,研究浮动车行程时间的修正模型。

首先探讨浮动车数据行程时间和牌照识别数据行程时间的长期均衡关系。对两个变量进行协整分析,求出协整系数后,得到两个变量的长期均衡方程,并求出误差修正项;然后建立短期波动模型,将此前求出的误差修正项看作一个反映短期波动的解释变量,与其他解释变量一起,构成短期波动模型,即误差修正模型,最终得到浮动车数据修正模型。

分析对象:上海市延安路高架南侧虹井路/虹许路、延安路高架南侧凯旋路/江苏路两个截面之间的路径,全长6 128 m,共包括11个路段。时间:2010年5月7日6:00—24:00。

(1) 浮动车数据与牌照识别数据的序列平稳性　为了建立浮动车数据与牌照识别数据之间的关系模型,首先需要分析二者形成的时间序列是否为平稳时间序列。图9-56给出了浮动车数据与牌照识别数据计算的路径行程时间的时变曲线,可以看出二者的变化趋势基本一致,但浮动车数据对行程时间明显高

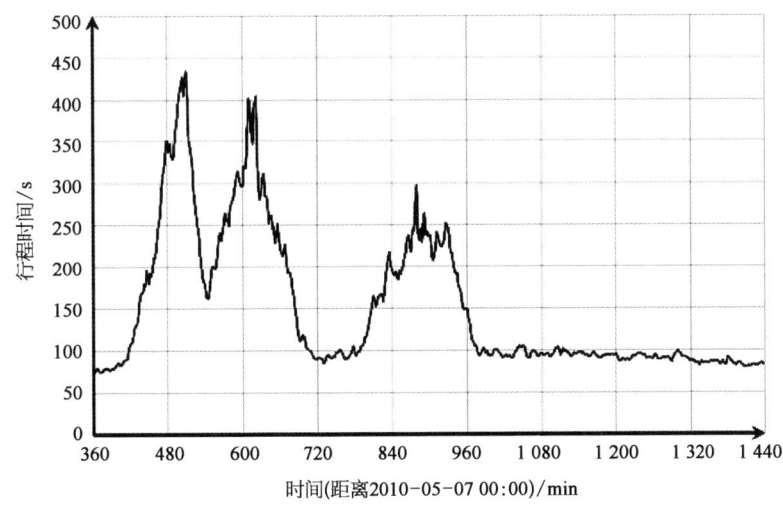

(a) 浮动车数据行程时间的时变曲线

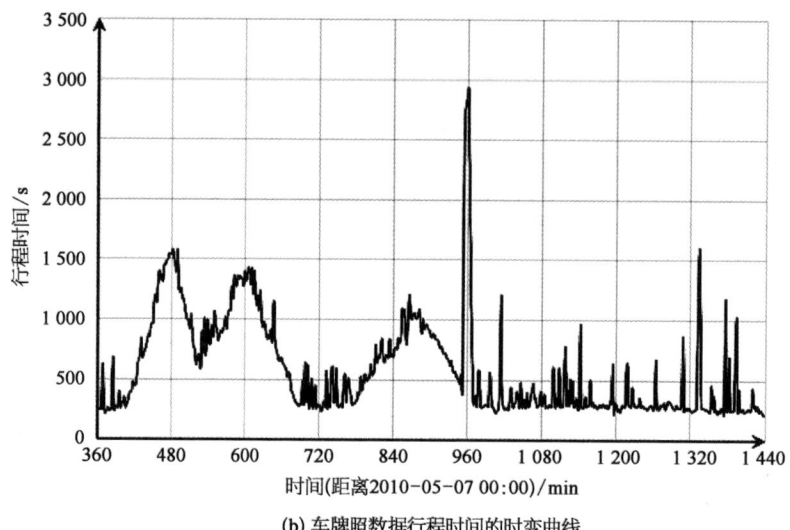

(b) 车牌照数据行程时间的时变曲线

图 9-56　行程时间的时变曲线

估。另外,二者的时间序列没有明显的平稳特征,因此,对二者进行对数化,然后求一阶差分后得到图 9-57 所示时间序列。

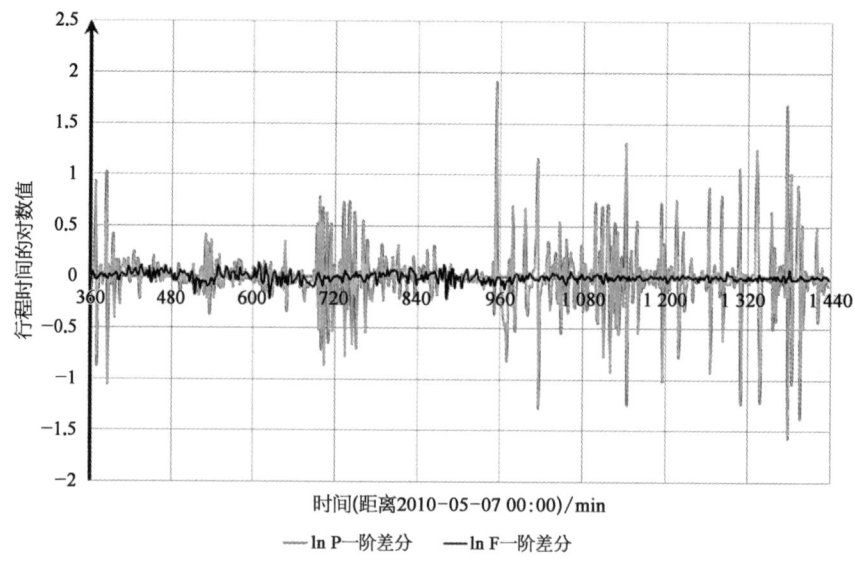

图 9-57　对数化一阶差分的时间序列

由图 9-57 可见,经对数化一阶差分处理后的时间序列呈现类似于白噪声的平稳时间序列特征。下面利用扩张的迪基-福勒(Augment Dickey-Fuller,ADF)检验方法进行检验,检验结果见表 9-9。其中,变量 F_t 为浮动车数据行程时间(min),变量 P_t 为牌照识别数据行程时间(min)。

表 9-9 ADF 检验结果

变量	ADF 检验值	滞后阶数	临界值（显著性水平 1%）	临界值（显著性水平 10%）	是否平稳序列
$\ln P_t$	-0.367 6	2	-2.569 3	-1.616 3	否
$\Delta \ln P_t$	-23.507 9	1	-3.442 3	-2.569 6	是
$\ln F_t$	-0.171 2	2	-2.569 3	-1.616 3	否
$\Delta \ln F_t$	-5.749 7	1	-3.442 3	-2.569 6	是

由表 9-9 可知，$\ln F_t$ 和 $\ln P_t$ 的一阶差分序列 $\Delta \ln F_t$ 和 $\Delta \ln P_t$ 的 ADF 检验值均小于显著性水平为 1% 的临界值，即两个序列拒绝存在单位根的零假设，说明这两个序列都是平稳的，也就是说，$\ln F_t$ 和 $\ln P_t$ 是一阶单整序列。

(2) 浮动车数据与牌照识别数据的协整关系　对于同为一阶单整序列的 $\ln F_t$ 和 $\ln P_t$，利用 Engle-Granger 检验方法对两者的协整关系进行检验。根据检验结果，得到二者的回归关系如下：

$$\ln P_t = 0.489\ 2 + 0.419\ 4 \ln P_{t-1} + 0.156\ 5 \ln P_{t-2} + 0.065\ 4 \ln P_{t-3} + 0.516\ 2 \ln F_t - 0.106\ 6 \ln F_{t-1} + 0.652\ 9 \ln F_{t-2} - 0.707\ 9 \ln F_{t-3} \quad (9-1)$$

在式(9-1)中，各变量系数都显著不为 0，拟合优度为 0.879 6，残差近似白噪声。因此，两个变量具有协整关系，进一步求出协整关系式为：

$$\ln P = 1.041\ 9 \ln F + 1.101\ 3 \quad (9-2)$$

式(9-2)即为 $\ln F_t$ 和 $\ln P_t$ 的长期均衡方程。

2) 道路行程时间的波动性分析

道路行程时间的可靠性是出行者路径选择的重要因素，也是交通管理者评价路网交通状态和制订改善措施的依据。行程时间可靠性受到交通需求周期性变化和随机因素的影响，表现出持续稳定性和突变特性。前者表现出一种稳定的时变特征；后者则是在外部因素的影响下，由一种稳定状态跳跃式地转变到另一种稳定状态，是由特殊交通需求、交通事件、天气变化等随机扰动引起。

通过长时间的行程时间观测数据，识别突变点的位置和影响，对于发布交通预警信息、评估路网性能和交通需求变化等具有重要意义。

下面对行程时间的波动结构进行细致分析。

(1) 行程时间的波动率特征　由于行程时间序列进行对数化处理后，所得到的时间序列是一个一阶单整序列，参考经济学中对收益率等的定义，将行程时间对数值的一阶差分定义为行程时间的波动率，即

$$V_t = (\ln T_t - \ln T_{t-1}) \times 100 \quad (9-3)$$

式(8-11)中,T_t 为 t 时刻的路径行程时间。

求平方得到均方波动率序列 V_t^2,V_t 和 V_t^2 分别表示行程时间波动率围绕其均值水平的双向波动和均方波动。

选取上海市延安路高架南侧虹井路/虹许路、延安路高架南侧凯旋路/江苏路两个截面之间的路段为研究对象,以 2010 年 5 月 5 日至 5 月 11 日一周的浮动车识别数据为例,对行程时间序列的波动结构进行分析。

研究对象的行程时间波动率序列 V_t 和均方波动率序列 V_t^2 的时变特征如图 9-58 所示。

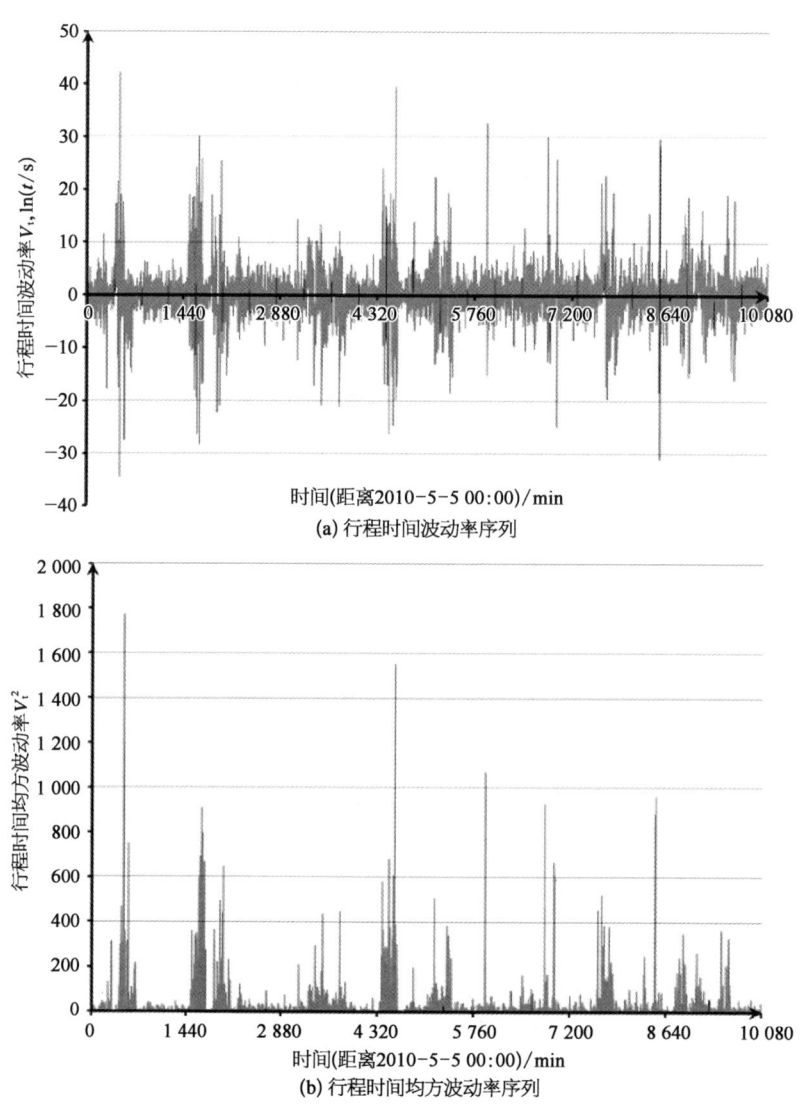

图 9-58 行程时间序列的波动特征

对 V_t 和 V_t^2 这两个序列进一步分析,可以得到行程时间波动的一系列特征。

① 集群性:在序列方差变化过程中,幅度较大的变化相对地集中在某些时段内,而幅度较小的变化也会集中在另外一些时段内。这说明行程时间波动率具有集群性的特点,也表明其具有方差时变性。

② 尖峰厚尾:分别计算研究对象的均波动率(均值)、标准差、偏度、峰度、Jarque-Bera 统计量,见表 9-10。由下表可见,与正态分布相比,行程时间均方波动率序列呈现出更高的峰度和更厚的尾部,具有尖峰厚尾的特性。

表 9-10 行程时间波动率序列的统计量

统计量	均值	标准差	偏度	峰度	Jarque-Bera 统计量
取 值	0.003 2	4.561 4	0.416 3	10.463	11 804

(2) 行程时间波动的结构变点分析　Inclan 和 Tiao 在 1994 年提出了迭代累积平方和(Iterative Cumulative Sums of Squares, ICSS)算法,该算法主要用于检测时间序列的结构性变点,检验序列波动结构的突变性。ICSS 算法假设时间序列期初方差保持一稳定状态,直至某一时刻方差突然发生改变,并且方差改变后在新的数值水平上保持近似稳定的状态。方差发生突变的时刻就是时间序列的结构性方差变点,这一过程随着时间的推进不断重复,则时间序列就可能存在多个结构性变点。ICSS 方法非常适合于分析有多个结构性方差变点的长时间序列。

对研究对象的行程时间波动率序列进行分析,在一周的研究时间段内,包括时间序列的起点和终点,共识别到 42 个结构性变点,结果见表 9-11。

表 9-11 行程时间的结构性变点分析

序号	时间区间	标准差	序号	时间区间	标准差
1	5/5 0:00—5/5 3:00	2.049	7	5/5 11:30—5/6 1:10	2.098
2	5/5 3:00—5/5 5:06	4.110	8	5/6 1:10—5/6 5:10	9.840
3	5/5 5:06—5/5 6:54	1.789	9	5/6 5:10—5/6 7:00	1.903
4	5/5 6:54—5/5 7:40	6.862	10	5/6 7:00—5/6 8:30	6.078
5	5/5 7:40—5/5 9:20	11.674	11	5/6 8:30—5/6 9:26	10.671
6	5/5 9:20—5/5 11:30	4.410	12	5/6 9:26—5/6 15:12	3.830

续 表

序号	时 间 区 间	标准差	序号	时 间 区 间	标准差
13	5/6 15:12—5/7 6:54	2.577	28	5/9 18:38—5/9 20:08	4.514
14	5/7 6:54—5/7 11:30	5.825	29	5/9 20:08—5/9 20:14	11.034
15	5/7 11:30—5/7 18:36	4.186	30	5/9 20:14—4/9 21:34	3.531
16	5/7 18:36—5/8 1:12	2.196	31	5/9 21:34—5/10 6:56	2.549
17	5/8 1:12—5/8 5:08	9.849	32	5/10 6:56—5/10 11:14	7.261
18	5/8 5:08—5/8 7:20	1.501	33	5/10 11:14—5/10 18:34	2.773
19	5/8 7:20—5/8 8:48	2.618	34	5/10 18:34—5/10 19:16	7.650
20	5/8 8:48—5/8 9:16	5.158	35	5/10 19:16—5/10 21:20	4.647
21	5/8 9:16—5/8 12:24	2.402	36	5/10 21:20—5/10 21:38	15.084
22	5/8 12:24—5/8 17:06	5.088	37	5/10 21:38—5/10 23:12	3.402
23	5/8 17:06—5/8 18:40	7.583	38	5/10 23:12—5/11 2:36	2.064
24	5/8 18:40—5/9 3:00	3.117	39	5/11 2:36—5/11 5:04	5.802
25	5/9 3:00—5/9 3:08	6.334	40	5/11 5:04—5/11 13:56	4.010
26	5/9 3:08—5/9 17:48	3.093	41	5/11 13:56—5/11 16:16	6.206
27	5/9 17:48—5/9 18:38	10.358	42	5/11 16:16—5/11 23:58	2.459

  图 9-59 所示为行程时间波动率序列结构性变点的识别结果,图中颜色较浅的实线为行程时间波动率序列的时间轨迹,对称的折线表示各结构性变点之间样本的±3 个标准差带宽,用以刻画序列的波动范围。

  图 9-60 所示为行程时间波动率序列的结构性变点在研究时段内的分布,图中粗实线为研究路段在研究时段内的行程时间变化轨迹,平行于纵坐标轴的细实线为结构性变点在研究时段内的分布情况。

  在图 9-60 中,将结构性变点与路径行程时间曲线进行对比,发现利用结构性变点将路径行程时间曲线划分成不同的区间,其相邻区间的行程时间波动性具有较为显著的差异。这说明行程时间在持续稳定一定时间以后,在结构性变点位置,由一种稳定状态转变到另一种稳定状态。

  根据表 9-11、图 9-59 和图 9-60 可知,结构性变点在时间上的分布并不均匀,某些时间段内,结构性变点的数目较多,如 5 月 5 日 18:00—24:00 六个小

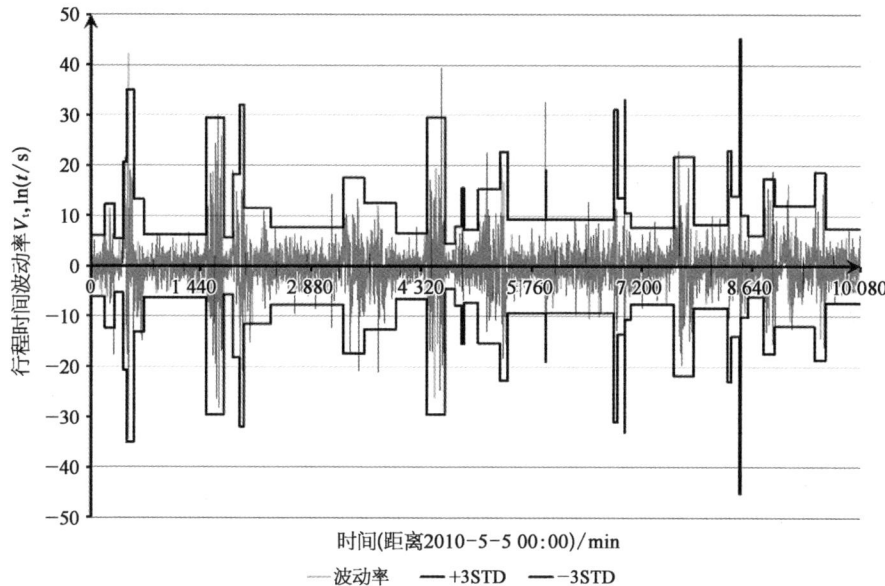

图 9-59　行程时间波动率序列结构性变点

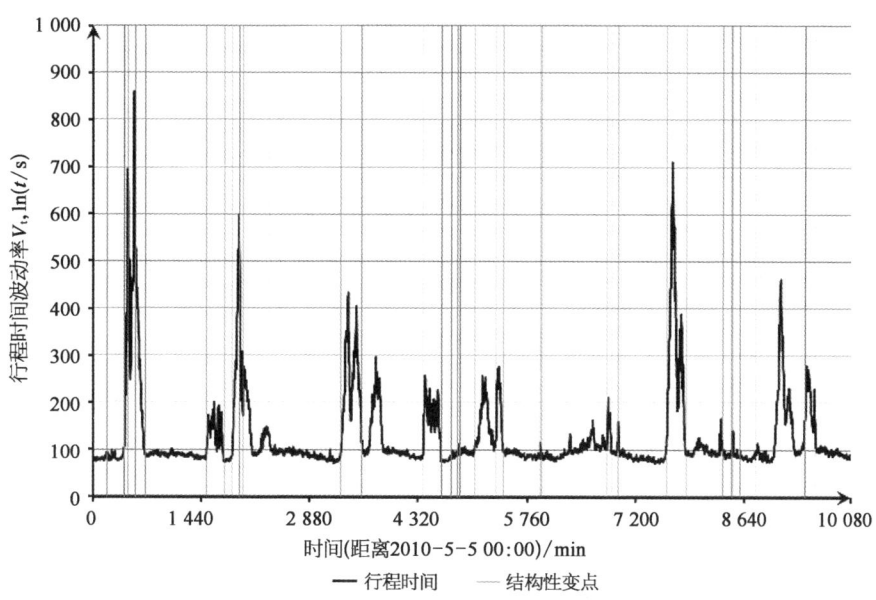

图 9-60　行程时间波动率序列结构性变点的时间分布

时内有 5 个结构性变点,而 5 月 11 日 6:00—16:00 十个小时内没有一个结构性变点。这也反映了行程时间波动的不确定性。

随着交通采集技术的不断进步,可以通过 GPS、车辆牌照识别、电子标签、手机等多种手段获取车辆行程时间。一方面,可以通过多源数据的比对、融合,获得更加准确的行程时间;另一方面,可以对行程时间的不确定性或可靠性进行更加细致的分析。

9.8 公交运行可靠性分析

公交的行程时间可靠性是影响公交竞争力和服务水平的关键,下面以上海为例,采用 GPS 数据分析公交运行可靠性。

1) 公交路段行程时间服务水平划分

为了描述出行者角度所感受的与运营状态相关的服务质量,借用服务水平概念建立出行者的期望服务水平与期望行程时间之间的对应关系,而为路网行程时间可靠性评价提供一个合理阈值。

利用公交车 GPS 数据,对不同等级道路的路段单位距离行程时间数据进行统计分析(表 9-12),采取分位数法来确定服务水平和期望行程时间划分标准。

表 9-12 内环内不同等级道路公交车单位距离行程车速统计分析

道路等级	20%分位数	40%分位数	60%分位数	80%分位数	95%分位数
	单位距离行程时间/(s/m)				
主干道	0.16	0.21	0.27	0.35	0.43
主干道公交专用道	0.14	0.19	0.25	0.34	0.51
次干道	0.18	0.25	0.29	0.45	0.71
次干道公交专用道	0.16	0.23	0.28	0.44	0.72
道路等级	对应的行驶速度/(km/h)				
主干道	23	17	13	10	8
主干道公交专用道	26	19	14	11	7
次干道	20	14	12	8	5
次干道公交专用道	23	16	13	8	5

与道路交通服务水平划分标准类似,根据各等级道路实际公交运行数据统计百分位数,将上海市内环内中心城区的公交服务水平分为六个等级,见表 9-13。

表9-13 上海市内环内不同等级道路公交服务水平划分标准

道路等级	服务分级					
	A	B	C	D	E	F
	单位距离行程时间/(s/m)					
主干道	<0.16	0.16~0.21	0.21~0.27	0.27~0.35	0.35~0.43	>0.43
主干道公交专用道	<0.14	0.14~0.19	0.19~0.25	0.25~0.34	0.34~0.51	>0.51
次干道	<0.18	0.18~0.25	0.25~0.29	0.29~0.45	0.45~0.71	>0.71
次干道公交专用道	<0.16	0.16~0.23	0.23~0.28	0.28~0.44	0.44~0.72	>0.72
道路等级	对应的行驶速度/(km/h)					
主干道	>23	17~23	13~17	10~13	8~10	<8
主干道公交专用道	>26	19~26	14~19	11~14	7~11	<7
次干道	>20	14~20	12~14	8~12	5~8	<5
次干道公交专用道	>23	16~23	13~16	8~13	5~8	<5

在所划分的六个等级服务水平中,A、B等级是乘客、运营者和管理者最愿意遇到的道路畅通情况;C、D级服务水平虽然有所延误,但仍处于可以忍受的水平,认为是道路拥堵情况;到了E、F等级,车辆运行情况完全难以忍受,车辆经常处于停滞状态(表9-14)。

表9-14 上海市内环内不同等级道路公交运行状态划分标准

道路等级	服务分级		
	畅通	拥挤	阻塞
	单位距离行程时间/(s/m)		
主干道	<0.21	0.21~0.35	>0.35
主干道公交专用道	<0.19	0.19~0.34	>0.34
次干道	<0.25	0.25~0.45	>0.45
次干道公交专用道	<0.23	0.23~0.44	>0.44
道路等级	对应的行驶速度/(km/h)		
主干道	>17	10~17	<10
主干道公交专用道	>19	11~19	<11
次干道	>14	8~14	<8
次干道公交专用道	>16	8~16	<8

2) 公交路段行程时间可靠性评价

采用基于概率的指标定义路网行程时间可靠性。借鉴相关研究成果[1-2]，路段行程时间可靠性定义为得到畅通运行服务的概率，通过计算公交路段行程时间小于等于畅通运行状态期望行程时间的概率得到，即路段 j 的行程时间可靠性 R_j 模型为

$$R_j = \Pr(t_j \leq T_{\text{畅通}}) \quad (9-4)$$

其中，$T_{\text{畅通}}$ 表示路段畅通情况下的期望行程时间上限。

为说明公交运行可靠性的变化规律，以上海的西藏路公交专用道作为实验路段，802 路和 969 路作为实验线路。选取 2011 年 3 月 1 日至 4 月 30 日两个月实测数据进行实证分析，考虑到不同线路在相同路段上公交站分布不同，为了更加客观地反映公交车辆在路段上的实际运行情况，扣除车辆在站点延误时间，计算车辆扣除站点延误后的路段运行时间的可靠性，以及扣除站点延误和交叉口延误后的实际车辆运行时间可靠性。计算得到高峰期间(7:00—10:00 及 16:00—19:00)西藏路公交专用道处于畅通状态的可靠性，如图 9-61、图 9-62 所示。

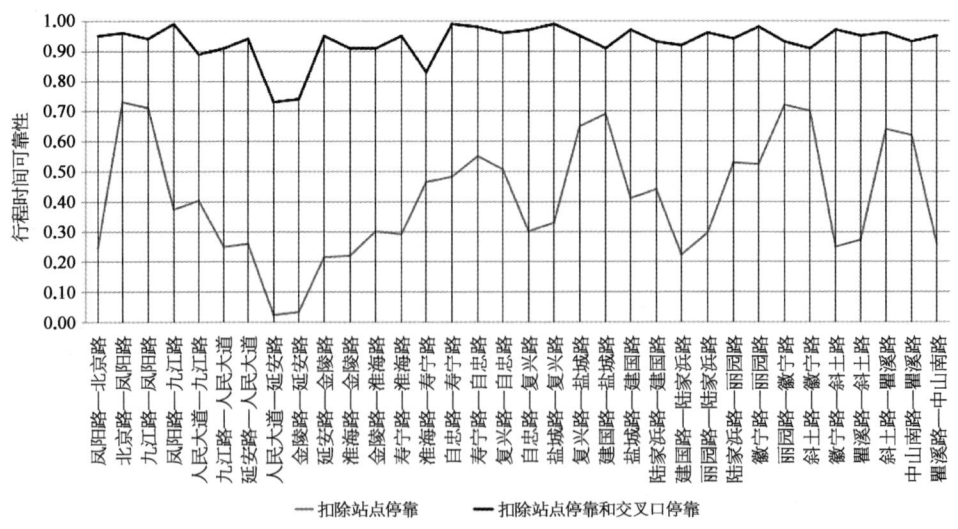

图 9-61 西藏路公交专用道高峰时段处于畅通状态的可靠性

从图 9-61、图 9-62 的结果看，可以得出以下结论。

（1）交叉口对公交可靠性影响明显，扣除交叉口影响后，除延安路交叉口外，其他路段运行可靠性基本上都可以达到 90%；但若考虑交叉口延误，公交运行时间可靠性明显下降，在北京路—淮海路区段(除凤阳路路口相邻路段外)的

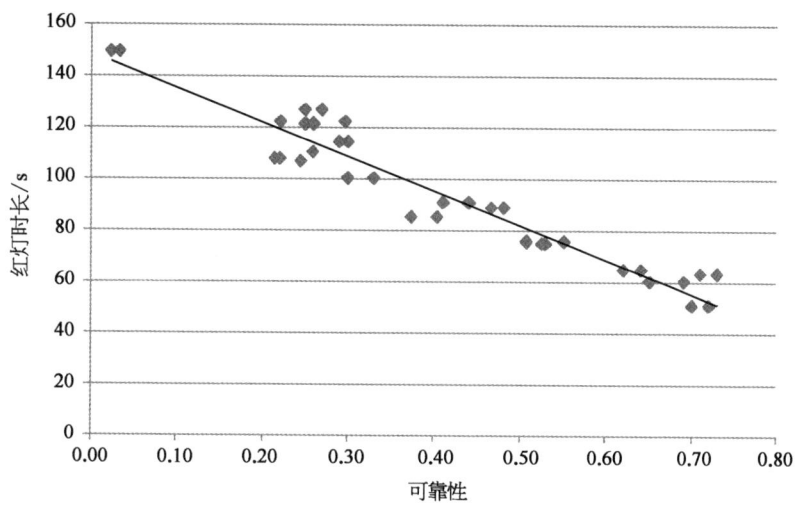

图 9-62 西藏路公交专用道高峰时段处于畅通状态的可靠性与红灯时长关系图

行程时间可靠性都低于 40%，特别在延安路相邻路段上，行程时间可靠性不足 10%。

（2）路段行程时间可靠性与路段下游交叉口红灯时长有很强的相关性，红灯时间越长的路口，衔接路段的行程时间可靠性越低。若采用公交信号优先控制，将会显著提高公交车的运行可靠性。

利用长时间、大规模、高频率采集的公交 GPS 数据，可以对公交运行特征进行细致分析，一方面，有助于技术人员诊断公交网络的瓶颈、甄别影响可靠性的因素，制定有针对性的改善措施；另一方面，公交运行可靠性的改善，将有助于提高公交竞争力，抑制小汽车出行需求，缓解城市交通拥堵。

9.9 外牌车辆出行特征分析

车辆在路网中的使用行为特征对于交通需求管理政策的制定很有帮助。下面以上海为例，采用高架快速路网络的车牌照识别数据，分析了外牌车辆的出行特征[3]。

1) 基于使用行为特征的外牌车辆分类

利用上海 2012 年 10 月的车牌识别数据（17 个工作日、3 个周末和 7 个节假日），采用两步聚类法，对外牌车辆进行分类。

（1）第一步聚类。

车辆的通勤出行具有典型的潮汐交通出行特征，且出行的空间分布稳定。

潮汐交通出行特征通过车辆 i 早晚高峰时段的出行频率 I_{i1}、平峰时段的出行频率 I_{i2} 两个指标进行描述。

$$I_{i1} = \frac{N_{i1}}{N_w} \quad (9-5)$$

$$I_{i2} = \frac{N_{i2}}{N_w} \quad (9-6)$$

式(9-5)、式(9-6)中,N_{i1} 指车辆 i 在工作日中早、晚高峰时段同时出现的天数;N_{i2} 指车辆 i 在工作日中平峰时段出现的天数;N_w 是研究时段的工作日天数。出行的空间稳定性通过车辆 i 每日首次被检测的位置在断面 j 的最大频率 I_{i3} 进行描述。

$$I_{i3} = \max\left(\frac{N_{ij2}}{N_w}\right) \quad (9-7)$$

式(9-7)中,N_{ij3} 指车辆 i 每日首次被检测的位置在断面 j 的工作日天数。

采用 k-均值聚类算法,根据 I_{i1}、I_{i2} 和 I_{i3} 三个指标,对 $I_{i1} > 0$ 的外牌车辆进行聚类,结果见表 9-15,其中"样本占比"是指该类的外牌车辆数量占所有车辆样本数量(包括外牌车辆和本地车辆)的比例。由表 9-15 可见,第 1 类外牌车辆有 10 个工作日在高峰时段出行、4 个工作日在非高峰时段出行,65% 的工作日首次被检测的位置相同。说明第 1 类外牌车辆具有典型的潮汐出行特征和出行空间分布稳定性,因此,将第 1 类外牌车辆视为通勤特征车辆。

表 9-15 第一步聚类结果

聚 类	样本占比 (样本数量)	聚 类 中 心		
		I_{i1}	I_{i2}	I_{i3}
1	0.7%(33 932)	0.59	0.24	0.65
2	1.6%(84 749)	0.17	0.58	0.36
3	1.4%(72 019)	0.06	0.12	0.8
4	3.0%(154 201)	0.06	0.18	0.35

(2)第二步聚类。

对于第一步聚类得到的 2~4 类外牌车辆,以及剩下的 $I_{i1}=0$ 的外牌车辆,都属于非通勤特征车辆,采用工作日使用强度 I_{i4} 和工作日使用强度 I_{i5} 两个指标进行第二步聚类。

$$I_{i4} = \frac{N_{i4}}{N_w} \quad (9-8)$$

$$I_{i5} = \frac{N_{i5}}{N_w} \quad (9-9)$$

式(9-8)中，N_{i4} 指车辆 i 在工作日中出现的天数；式(9-9)中，N_{i5} 指车辆 i 在非工作日中出现的天数。

对于非通勤特征的外牌车辆的聚类结果，见表9-16。由表9-16可见，第C1类外牌车辆，在工作日和非工作日的使用强度都很低，占所有车辆样本的34.4%；第C2类外牌车辆，在工作日和非工作日的使用强度都很高；第C3类外牌车辆，在工作日的使用强度较高，而非工作日的使用强度较低；第C4类外牌车辆，在工作日的使用强度较低，而非工作日的使用强度较高。

表9-16 第二步聚类结果

聚类(简称)	样本占比 (样本数量)	聚类中心	
		I_{i4}	I_{i5}
C1(LLI)	34.4%(1 781 328)	0.06	0.08
C2(HHI)	2.9%(149 625)	0.76	0.69
C3(HLI)	4.2%(219 900)	0.53	0.23
C4(LHI)	6.0%(309 214)	0.18	0.38

2) 外牌车辆的每日首次被检测位置的空间分布特征

外牌车辆在工作日的每日首次被检测位置可以认为是外牌车辆每日进入高架快速路网络的位置，可以据此估计外牌车辆的来源地。

定义各类外牌车辆的每日首次被检测位置的出现概率 S_{ij} 如下：

$$S_{ij} = \frac{M_{ij}}{\sum_{j=1} M_{ij}} \quad (9-10)$$

式(9-10)中，M_{ij} 是第 i 类外牌车辆在检测位置 j 的出现次数。

计算各类外牌车辆每日首次被检测位置的空间分布，结果如图9-63所示。由图9-63可见，所有外牌车辆每日进入高架快速路系统的位置主要是：中环路外的放射线(图中标记为1)、莘庄立交至浦东段(图中标记为2)、长宁区(图中标记为3)和外环隧道至浦东段(图中标记为4)。对于HHI类外牌车辆，其出发地的来源更为分散。对于其他 3 类外牌车辆,还有两个主要的来源地:沪蓉高速和沪嘉高速(图中的框线标记)。

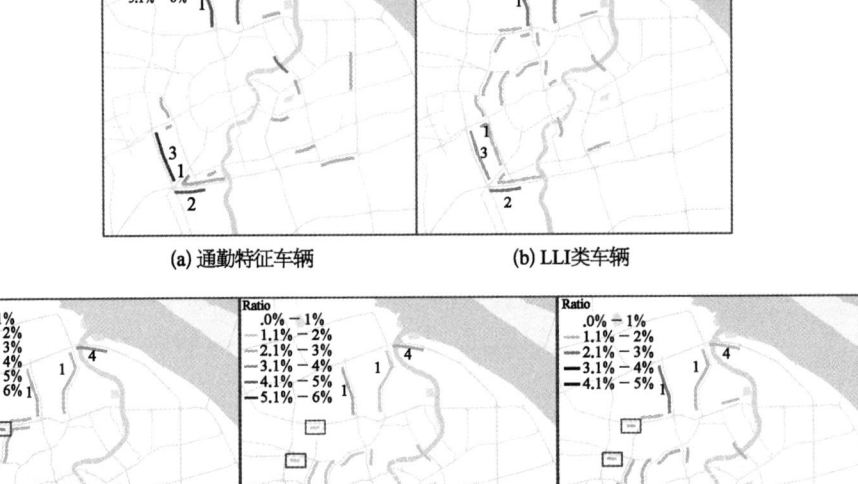

图 9-63　各类外牌车辆每日首次被检测位置的空间分布

3) 外牌车辆的出行时间特征

各类外牌车辆在工作日的每日首次和最后一次检测时间的分布,反映了外牌车辆的第一次和最后一次出行的时间分布特征,分析结果如图 9-64 所示。

2012 年,外牌限行时段是 7:30—9:30 和 16:30—18:30。由图 9-64 可见,由于外牌限行政策,通勤特征外牌车辆大多数在 7:30 之前开始出行并在 16:00—20:00 之间完成出行。有一部分外牌车辆在限行时段出行,但其行驶区域不属于限行路段。HHI 类外牌车辆的出行开始时间和结束时间的分布比较广泛,其他 3 种外牌车辆的出行时间分布很相似,主要在 9:30—16:00 之间出行。其原因可能是长三角地区其他城市的车辆,来上海进行商务或休闲活动。

4) 外牌车辆的交通需求结构特征

为了了解外牌车辆带来的交通负荷,将高架快速路网络的交通需求定义为 17 个工作日中每隔 15 min 检测到的平均车辆数,计算结果如图 9-65 所示。此

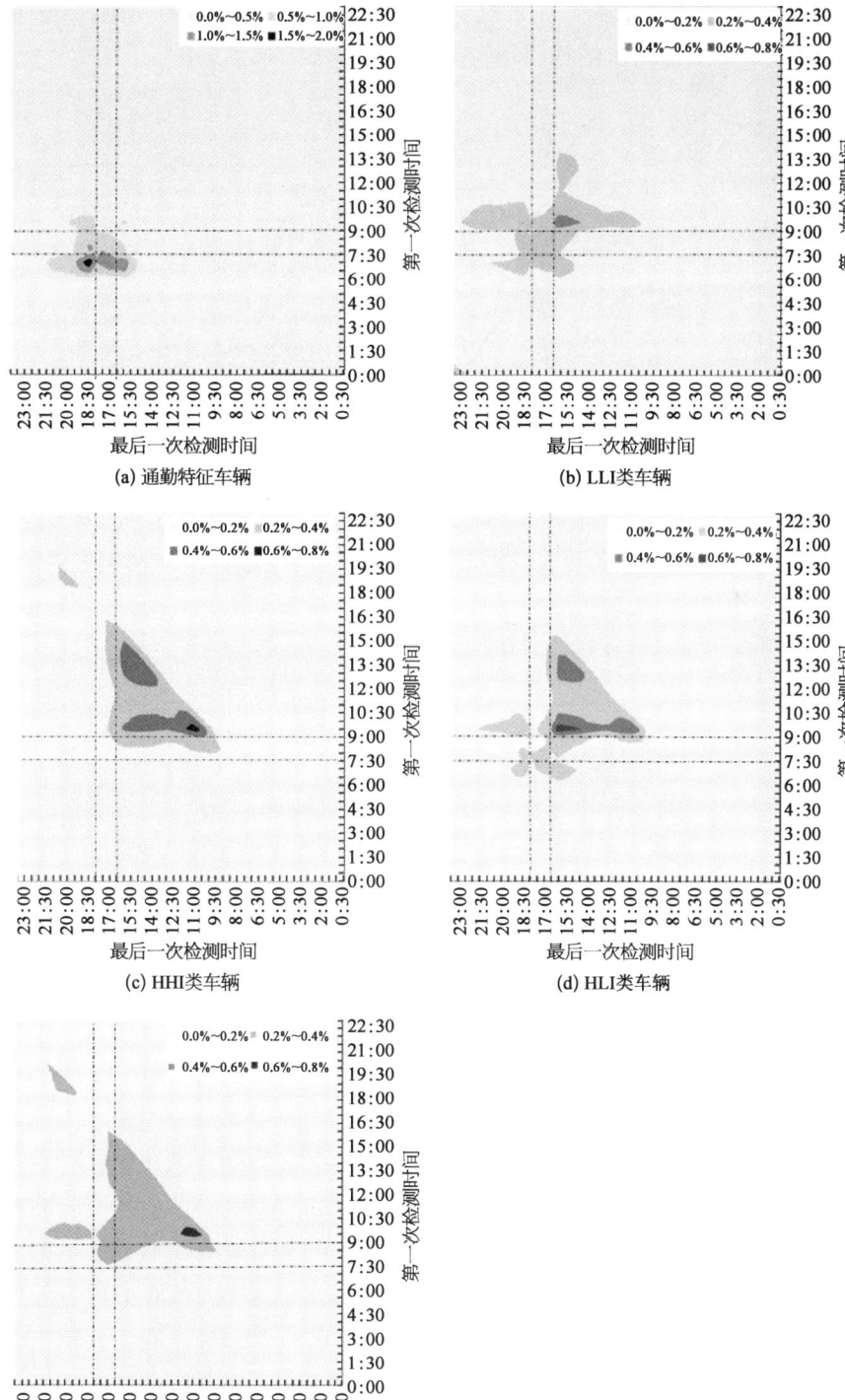

图 9-64 各类外牌车辆每日首次和最后一次检测时间的分布

外,还计算了每类外牌车辆产生的交通需求与总的交通需求的比值,以表征高架快速路网络的交通需求结构,计算结果如图9-66所示。

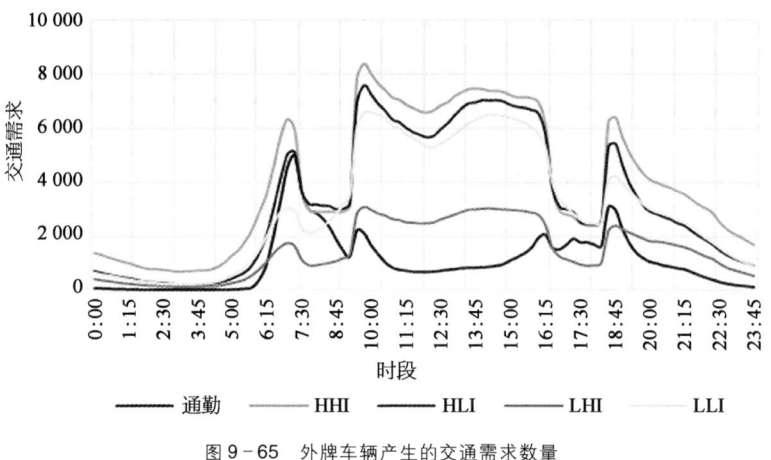

图9-65 外牌车辆产生的交通需求数量

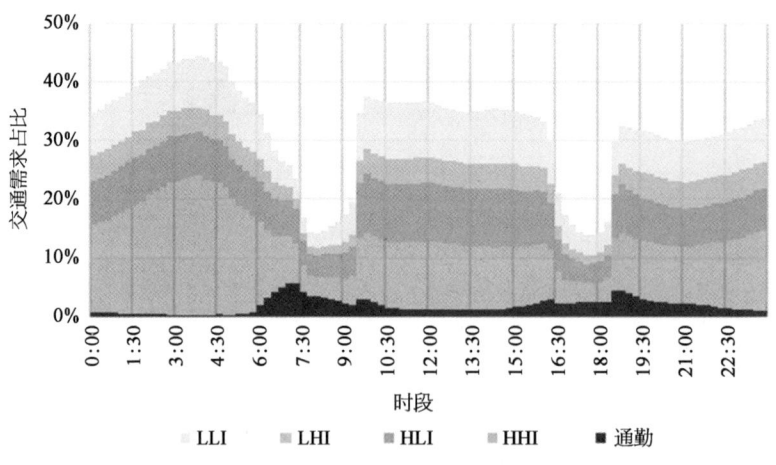

图9-66 高架快速路网络的交通需求结构

由图9-65和图9-66可见,由于外牌限行政策,外牌车辆在限行时段内的产生的高架快速路网络交通需求远低于其他时段。通勤特征外牌车辆的交通需求主要分布在7:30之前和18:30之后。HHI类外牌车辆产生了最多的交通需求,通勤特征外牌车辆和HHI类外牌车辆仅占车辆总数(本地车辆与外地车辆之和)的3.6%,但产生的交通需求占白天总需求的14.2%。对于其他三类外牌车辆,其产生的交通需求最多只占总需求的23.2%。

上海的外牌限行政策在2015年(限行时段为7:00—10:00和16:00—19:00)和2016年(限行时段为7:00—10:00和15:00—20:00)分别进行了

两次调整。从交通需求结构上看,限制政策对 HHI 类外牌需求减少的影响最为显著;在限行延长时间(7:00—7:30)内,第二大需求减少来自用于通勤和 HLI 类外牌车辆;在其他的限行延长时间内,第二大需求减少来自 HLI 类外牌车辆。

9.10 公交专用道效用评价

公交专用道是实施公交优先政策的重要举措,分析已有公交专用道的在公交网络作用,对于公交专用道布局的调整和优化具有重要意义。下面以上海为例,从多维属性视角对公交专用道的作用进行分析[4]。

1) 公交专用道的空间连接水平和网络贡献度

(1) 专用道的空间连接水平。

通过公交专用道在公交网络中的边介数和在道路网络中的边介数表征专用道的空间连接水平。公交专用道网络的拓扑模型由集合 $G = (V, E)$ 表示。其中,V 代表节点的集合,这里节点定义为各个交通中区的形心,因此 $V = \{v_i\}$,$i = 1, 2, \cdots, N$,N 表示交通中区的数量;E 代表有向边的集合,$E = \{e_{ij}\}$,$i, j = 1, 2, \cdots, N$,$i \neq j$,N 表示交通中区的数量;边 e_{ij} 是由相邻节点 v_i 和 v_j 构成的有序对 (v_i, v_j) 的集合。对专用道而言,边介数指标反映的是其在网络中的实现空间联系的功能,表示为其在网络中所有的最短路径中经过路段的比例。此处的网络既包括使用常规公交出行、不包含地铁的公交网络,也包括使用小汽车出行的道路网络。

① 专用道在公交网络中的边介数。边介数 b_{ij} 表示在公交网络中所有的最短路径中经过路段 e_{ij} 的比例,计算公式如下:

$$b_{ij} = \sum_{s \neq t \in V} \frac{m_{st}(e_{ij})}{m_{st}} \bigg/ \sum_{s \neq t \in V} p_{st} \qquad (9-11)$$

式(9-11)中,b_{ij} 为专用道路段 e_{ij} 在公交网络中的边介数;$m_{st}(e_{ij})$ 为交通中区的形心 s 到 t 在公交网络中最短路径经过专用道路段 e_{ij} 的数量,经过用 1 表示,不经过用 0 表示;m_{st} 为交通中区形心 s 到 t 在公交网络中的最短路径数量;p_{st} 为交通中区形心 s 到 t 是否在公交网络中存在可达路径,1 表示存在,0 表示不存在。

② 专用道在道路网络中的边介数。边介数 c_{ij} 表示了在道路网络中所有的最短路径中经过路段 e_{ij} 的比例,计算公式如下:

$$c_{ij} = \sum_{s \neq t \in V} \frac{n_{st}(e_{ij})}{n_{st}} \bigg/ \sum_{s \neq t \in V} q_{st} \qquad (9-12)$$

式(9-12)中, c_{ij} 为专用道路段 e_{ij} 在道路网络中的边介数; $n_{st}(e_{ij})$ 为交通中区的形心 s 到 t 在道路网络中最短路径经过专用道路段 e_{ij} 的数量, 经过用1表示, 不经过用0表示; n_{st} 为交通中区形心 s 到 t 在道路网络中的最短路径数量; q_{st} 为交通中区形心 s 到 t 是否在道路网络中存在可达路径, 1表示存在, 0表示不存在。

(2) 专用道对网络的贡献度。

通过公交专用道对公交网络的贡献度和对道路网络的贡献度表征专用道对网络的贡献度。贡献度指标(Level of Contribution, LOC)是在专用道在公交和道路网络中的空间连接性的基础上, 利用客运量进行加权计算, 其计算公式为

$$\text{LOC} = a_{ij} * w_{ij} \qquad (9-13)$$

式(9-13)中, a_{ij} 为专用道在公交和道路网络中的边介数, 即包括 b_{ij} 和 c_{ij}; w_{ij} 为专用道的客流加权系数。

对上海的公交专用道的网络贡献度进行计算, 结果如图9-67和图9-68所示。

图9-67 专用道对公交网络的贡献度

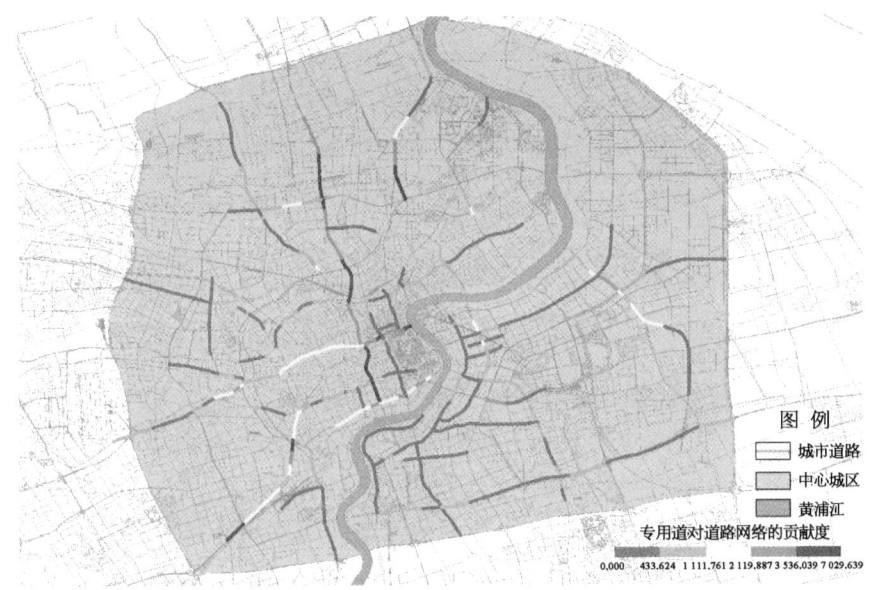

图 9-68　专用道对道路网络的贡献度

2) 公交专用道的多维属性度量指标

从公交设施水平、轨道交通设施水平、城市建成环境水平、空间连接性水平和对网络的贡献度 5 个方面,对公交专用道进行度量,各部分的指标见表 9-17。

表 9-17　公交专用道的多维属性度量指标

分　　类	多维属性指标
公交设施水平	公交站点数量
	公交线路数量
轨道交通设施水平	轨道交通站点数量
城市建成环境水平	美食 POI 数量
	购物 POI 数量
	金融 POI 数量
	公司企业 POI 数量
	休闲娱乐 POI 数量
	房地产 POI 数量
	长度里程

续表

分　类	多维属性指标
空间连接性水平	在公交网络中的边介数
	在道路网络中的边介数
对网络的贡献度	对公交网络的贡献度
	对道路网络的贡献度

3) 基于特征分类的公交专用道作用分析

利用决策树模型分析专用道各属性特征之间的影响路径,并根据决策树的分类规则,分析不同类别专用道的不同作用。将公交设施水平、轨道交通设施水平、城市建成环境水平、空间连接性水平等属性特征作为输入,将对网络的贡献度水平作为决策变量,得到的决策树模型如图9-69所示。

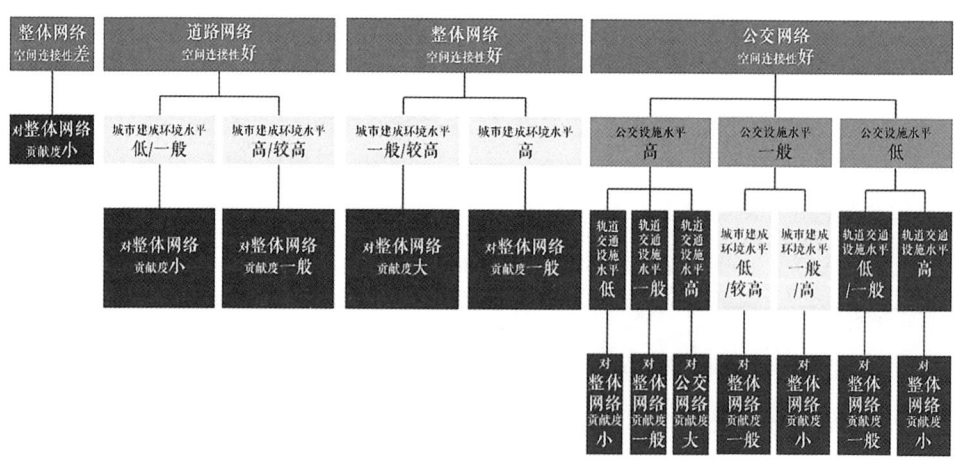

图9-69　专用道对网络的贡献度水平的决策树模型

基于决策树模型提取出置信度大于0.5、适用于判断不同类型的专用道规则,见表9-18~表9-21。

表9-18　适用于识别对整体网络贡献度小的专用道的规则

规则编号	连接词	规则表述	置信度
规则1	如果	整体网络空间连接性差	95.5%
	那么	对整体网络贡献度小	

续　表

规则编号	连接词	规则表述	置信度
规则 2	如果	道路网络空间连接性好	81%
	并且	城市建成环境水平一般	
	那么	对整体网络贡献度小	
规则 3	如果	城市建成环境水平低	72%
	那么	对整体网络贡献度小	
规则 4	如果	轨道交通设施水平低	60.2%
	那么	对整体网络贡献度小	

表 9-19　适用于识别对整体网络贡献度一般的专用道的规则

规则编号	连接词	规则表述	置信度
规则 5	如果	公交设施水平低	61.5%
	并且	轨道交通设施水平低	
	并且	公交网络空间连接性好	
	那么	对整体网络贡献度一般	
规则 6	如果	轨道交通设施水平一般	61.5%
	并且	公交网络空间连接性好	
	那么	对整体网络贡献度一般	
规则 7	如果	城市建成环境水平高	60%
	并且	道路网络空间连接性好	
	那么	对整体网络贡献度一般	
规则 8	如果	城市建成环境水平较高	51.5%
	并且	道路网络空间连接性好	
	那么	对整体网络贡献度一般	

表 9-20　适用于识别对公交网络贡献度大的专用道的规则

规则编号	连接词	规则表述	置信度
规则 9	如果	公交设施水平高	63.6%
	并且	轨道交通设施水平高	

续　表

规则编号	连接词	规则表述	置信度
规则 9	并且	公交网络空间连接性好	63.6%
	那么	对公交网络贡献度大	

表 9-21　适用于识别对整体网络贡献度大的专用道的规则

规则编号	连接词	规则表述	置信度
规则 10	如果	城市建成环境水平较高	62.1%
	并且	整体网络空间连接性好	
	那么	对整体网络贡献度大	
规则 11	如果	城市建成环境水平一般	55.6%
	并且	整体网络空间连接性好	
	那么	对整体网络贡献度大	
规则 12	如果	整体网络空间连接性好	50.9%
	那么	对整体网络贡献度大	

对整体网络贡献度小的专用道是在建成之后需要关注的主要对象。这类专用道与整体网络空间连接性和城市建成环境水平具有较强的关联性，并且与轨道交通设施水平也具有一定的关联性，说明其目前在公交网络中主要起到公交网络的补充作用，建设这一类专用道有助于扩大公交的受益范围，但是城市建成环境对其的制约使得公交乘客的受益程度具有一定的局限性。

对整体网络贡献度一般的专用道是在建成之后需要关注的重点对象。这类专用道中规则 5 和规则 6 与公交设施水平、轨道交通设施水平和公交网络空间连接性具有关联性，这一部分主要起到轨道交通网络的延伸作用，因为其公交设施和轨道交通设施数量均较少，但公交网络空间连接性好，说明提升这部分专用道的运营效果可以使得公交乘客的受益程度提高。规则 7 和规则 8 则与城市建成环境和道路网络空间连接性具有关联性，这一部分在公交网络中主要起到中短距离空间联系的作用，虽然城市建成环境水平和道路网络空间连接性都较好，但是对网络的贡献度却一般，说明适当调整公交线路有可能更加充分地利用这部分专用道所提供的运行条件。

对公交网络贡献度大的专用道与公交设施水平、轨道交通设施水平和公交网络空间连接性具有较强的关联性,不难理解其与公交相关的特征都具有较高水平的属性,因此其在公交网络中是主要的公交走廊,也起到轨道交通网络的联络作用。对整体网络贡献度大的专用道与整体网络空间连接性和城市建成环境水平具有关联性,其在公交网络中除了起到主要的公交走廊作用外,还是实现空间联系的主要路径。对上述公交专用道的作用分析进行总结,得到表9-22的分析结果。

表9-22 公交专用道的作用分析

专用道作用	专用道关联特征	代表案例
公交网络的补充,有助于扩大公交受益范围	整体网络空间连接性差 城市建成环境水平低 轨道交通设施水平低 对整体网络贡献度小	逸仙路、世博大道
轨道网络的补充和过渡,是通过公交实现空间联系的重要载体	公交网络空间连接性好 轨道交通设施水平低或一般 公交设施水平低 对整体网络贡献度一般	浦东南路
跨区域客运通道,公交网络中易被忽略的潜在发展对象	城市建成环境水平高或较高 道路网络空间连接性好 对整体网络贡献度一般	中山南路
主要的公交走廊,承担中长距离出行,轨道网络的联络	公交设施水平高 轨道交通设施水平高 公交网络空间连接性好 对公交网络贡献度大	东方路、漕溪北路、曹杨路

参考文献

[1] 魏华. 城市公交服务质量与可靠性评价研究[D]. 西安:长安大学,2005.
[2] 宋晓梅. 常规公交网络运行可靠性多层次评价模型与算法[D]. 北京:北京交通大学,2010.
[3] Yujiao Chang, Zhengyu Duan, Dongyuan Yang. Using ALPR Data to Understand the vehicle use behaviour under TDM Measures[J]. IET Intelligent Transport Systems, 2018, 12(10):1264-1270.
[4] 何凌晖. 基于多源数据的专用道在公交网络中的作用分析[D]. 同济大学硕士学位论文,2018.

第 10 章　公众智慧出行大数据服务

智慧出行是在智能交通系统的基础上,融入了物联网、互联网、大数据环境下丰富的信息资源和信息处理手段来汇集分析交通信息,提供智能交通信息服务的综合系统。智慧出行是构建智慧城市的重要组成部分。智慧出行可以提高交通系统的运行效率、减少交通事故、降低环境污染,促进交通管理及出行服务系统建设的信息化、智能化、社会化、人性化水平。有助于最大限度地发挥交通基础设施的效能,提高交通运输系统的运行效率和服务水平,为公众提供高效、安全、便捷、舒适的出行服务。

10.1　智慧出行在城市出行与城际出行中的应用

智慧出行是在智能交通系统的基础上,融入更多大数据时代下的先进技术,力求进一步提高人们的出行质量。智慧出行系统与智慧出行密不可分。从功能上说,智慧出行系统可以通过多种信息发布方式,向出行前、出行中或出行后的人们提供相关的交通信息,例如道路的交通状况、施工情况、气象情况等,甚至包括一些路面交通状况的预测等,力求使出行者及时了解交通信息,提高出行的质量。

按照系统的适用对象来分类,智慧出行系统可以分为对交通系统管理者的应用和对出行者个人的应用两大类。

第一类是对交通管理者的应用。交通管理者需要拥有先进的智能指挥控制中心,能够对交通信息进行实时检测,同时还应该具有兼容整合分析不同来源交通信息的能力,能够为交通管理人员提供处理常见交通问题的决策预案和建议。智能指挥控制中心通过先进的交通信息采集技术、数据通信传输技术、电子控制技术和计算机处理技术等,把采集到的各种道路交通信息和各种道路交通相关的服务信息传输到城市交通指挥中心,交通指挥中心对来自交通信息采集系统的实时交通信息进行分析处理,并利用交通控制与交通组织优化模型进行交通控制方案的优化,经过分析处理和优化后的综合交通管理方案和交通服务信息等内容,通过数据通信传输设备分别传输到各种交通控制设备和交通系统的各类用户或通过发布设备为道路使用者服务,以实现对城市交通的全方位优化管理与控制,为各类用户提供全面的交通信息服务。从交通管理者角度出发,智慧出行系统应该具有以下功能:

① 公交线路规划。根据客流需求,通过智能算法合理安排公交时刻表。
② 交通诱导。通过交通广播,可变交通信息指示牌引导车流缓解拥堵。
③ 电子警察。通过摄像头和视频识别技术识别违章车辆检测交通状态。
④ 信号灯控制。通过传感器检测路口的实际车流,根据交通需求合理分配绿灯时间。
⑤ 收费控制。使用不停车收费系统(ETC)提高效率,利用拥挤收费策略缓解拥堵状况等。

第二类是对出行者的应用。从出行角度讲,出行者需要可靠的出行信息来减少出行时间与出行压力、提高安全性与可靠性,需要高质量的运输服务与便捷的支付手段;从行驶角度讲,驾驶员需要最新的交通信息、及时的危险警告、推荐最佳的行车线路、适宜的速度限制、在不利的道路与天气条件下对驾驶员的有效支持、对紧急情况的快速反应。

互联网的普及和智能手机的兴起为智慧出行系统向出行者提供个性化方案提供了基础。智慧出行对出行者的应用主要体现在行前路线规划和行驶中导航两方面:① 行前路线规划:出行者可以利用互联网查询目的地的信息,了解各种交通方式所需要的费用和时间。② 出行中导航应用:自驾出行者可以利用车载GPS或者智能手机给自己定位,查询周边的设施;公共交通出行者可以实时获取公交,地铁,飞机等的运行状态和等待时间等。

智慧出行系统主要应用在城市出行与城际出行中。

1) 城市出行

智慧城市出行的方式主要包括公共交通、出租车和私家车等方式。

(1) 城市公共交通　公共交通不仅为大众的出行提供了方便,而且其经济、环保的优点具有极大的社会效益。但是随着社会经济的发展,城市交通运行状况的日益恶化,导致了公交系统的整体运行效率不高。服务质量直接影响着公共交通在市民出行中的分担率,也间接影响了道路拥挤的程度。市民选乘公交与否取决于公交的便利性和舒适性,公交线路安排是否合理,站点分布是否步行可到达,换乘和与交通枢纽的衔接是否方便,高峰期是否过于拥挤,能否准时等,这些因素决定人们对公共交通的选择。路面公交系统的运营和调度受到多方面因素的影响,城市地域的扩张和功能区划的变化改变着通勤需求的时空分布规律,拥堵和事故造成车辆延误,恶劣天气和大型公众活动引发客流拥挤。智慧城市公交系统应提供以下功能:

① 线路规划。公交管理部门需要定期对线路设置进行评估和调整,公交公司需要实时掌握车流和客流变化,动态优化线路运力,才能提高公共交通的服务质量和运营效率,为市民提供便捷舒适的公交出行,准确全面的公交信息服务。

② 车辆监控。监测每辆车的实时位置,并把信息传送到调度中心,可用的技术包括:移动通信技术、路标技术、里程表技术和全球定位系统(GPS)等。公共交通因其封闭性、人员密集性、防范难度大,一旦恐怖袭击、爆炸、火灾等事故极易造成群死群伤重大恶性事故。目前,公交系统的监控工作主要涉及场站和运营车辆两个方面。公交场站视频监控系统是一个采用多级管理架构,能够实现分布监控、集中管理的系统,可以实现远程实时监控、远程遥控、远程设置参数等功能;公交车视频监控系统的视频采集端设备将公交车运行途中的视频图像通过传输系统传至视频信息管理控制平台、视频信息通过无线通信方式,借助电视墙、多媒体大屏幕、PC终端等信息显示设备,实现视频监控信息的远程调用或回放。

③ 车站/路边公交信息系统。通过车站/路边的电子显示、电视等媒介为公交方式出行的乘客提供信息,包括实时车辆到离站信息,也包括传统的静态服务信息。随着技术的发展,站边也可以提供利用互联网查询各种信息的手段。

(2) 出租车 城市出租车系统是城市公共交通中的重要组成部分,城市出租车系统效率的高低很大程度上影响着城市公共交通的效率。随着城市人口数量的增加和收入的提高,人们选择出租车出行的概率大大提高,但是由于信息的不对称,存在出行的人打不到出租车、而行驶的出租车空载的情况,造成能源浪费和公共交通效率低下。将智慧交通技术应用于城市出租车系统,能有效地将出行者需求信息与出租车信息进行整合,提高城市出租车系统的综合运输能力,降低交通能耗和污染,提高交通安全性,减少车辆治安事件的发生,解决交通堵塞问题。将智能交通技术应用于城市出租车系统,可以促进整个城市公共交通领域提供优质高效的运输服务,对构建绿色和谐的公共交通体系有着重要的意义。

智慧出租车管理系统可以通过车载电台将GPS定位信息发送给调度指挥中心,调度指挥中心便可及时掌握各车辆的具体位置,指挥中心能够监测区域内车辆运行状况,对被监控车辆进行合理调度。指挥中心还能随时与被跟踪目标通话,进行实时管理。在紧急情况下,调度中心可以通过GPS定位及监控管理系统对发生事故或遇有险情的车辆进行紧急援助。监控台的电子地图显示报警目标和求助信息,规划最优援助方案,并以报警声光提醒值班人员进行应急处理。

出行者主要关心的问题是如何能尽快地打到出租车和如何节约时间及费用。2013年,上海出租行业兴起一款手机打车软件,用户在网上下载软件后,输入起点和目的地,自愿选择"是否支付小费",出租车驾驶员则可根据线路、是否有小费等选择接受订单。打车软件是一种智能手机应用,乘客可以便捷地通过手机发布打车信息,并立即与抢单的驾驶员直接沟通,大大提高了打车效率。如今各种手机应用软件正实现着对传统服务业和原有消费行为的颠覆。截止到2013年5月,安卓平台上11家主流应用商店的打车类软件如滴滴打车、快的打车等客户端总体下载量已超过百万,用户主要集中在北京、上海、广州等一线城市。在传统的打车方式中,由于出租车驾驶员与打车者之间信息不对称,导致非高峰时段出租车空载、高峰期和恶劣天气下驾驶员拒载等现象频发,而手机打车软件通过加价等手段,提高了打车成功率,实现了驾驶员和打车者双赢,因而在大城市日益走俏。

(3) 私家车 车载GPS可以为用户提供主要物标,如旅游景点、宾馆、医院等,用户可以在电子地图上根据需要进行查询。查询的资料能以文字、语音和图像的形式显示,并在电子地图上显示其位置。GPS还可以提供出行路线规划和导航,包括人工线路设计和自动线路规划。人工线路设计是由驾驶者根据自己的目的地设计起点、终点和途经点等,自动建立线路库;自动线路规划是由驾驶者确定起点和目的地,由计算机软件按要求自动设计最佳行驶路线,包括最快的路线、最简单的路线、通过高速公路路段次数最少的路线等的计算。线路规划完毕后,显示器可在电子地图上显示设计线路,并同时显示汽车运行路径与运行方法。

2) 城际出行

城际交通出行的方式主要包括公路出行(长途汽车和自驾)、铁路客运和民用航空等方式。

(1) 公路出行 伴随着中国高速公路投资规模的不断扩大,建设里程的不断增加,高速公路管理所需交通工程设施,特别是高速公路的通信、监控和收费系统需求量将不断扩大。高速公路智能交通系统是以信息技术、数据通信传输技术、电子传感技术、控制技术及计算机技术和交通工程等技术为基础的综合性、集成化大系统,主要由监控系统、通信系统和收费系统三大部分组成。近二十年来,随着中国高速公路投资规模的不断扩大,建设里程的不断增加,如何提高高速公路使用效率、安全、舒适程度和管理水平,降低能源消耗,减少环境污染成为迫切需要解决的问题。建设和利用高速公路智能交通系统成为解决这一难题的主要手段。

智慧公路交通系统使用包括停车诱导、交通预测、路经诱导及交通事故检测等技术，依靠先进的技术实时的将道路交通信息在监控中心进行加工处理，并将信息发送至道路管理者及其使用者，从而实现动态交通分配，以及对交通的有效监管，尽量避免交通阻塞。智慧出行系统在公路上的应用主要包括：① 不停车电子收费系统，可减少传统收费模式带来的时间延误和人工消耗，提高车道的通行能力；② 路面交通感应器，能够对道路承受压力及应力状况进行实时监控，同时将监测数据传输至管理中心，实时了解道路情况为养护部门提供完备的资料；③ 可变限速标志及可变信息标志牌，实时显示沿途的路面状况及事故情况，及时发布限速信息，对交通流实时动态管理；④ 高速公路入口匝道的交通流控制，利用和监控中心的通信及入口匝道处的信号灯，对入口匝道交通流实时智能化监管；⑤ 闭路电视监控，利用闭路电视摄像机，对违章车辆进行实时监控，发现问题可以及时启动应急机制进行处理。

（2）民航和铁路　航空和铁路是重要的远距离城际交通方式。智慧出行在民航和铁路城际出行交通方式的应用主要包括：① 票务管理。目前，我国的铁路和航空售票均已实现网络售票，出行者可以通过网络自助办理购票退票业务，查询车次/航班，剩余车票等。一些机票网站整合了多家航空公司信息，方便了出行者对比价格。② 安全管理。安保系统对铁路航空安全至关重要，安保系统应该能提供联网核对旅客信息的功能，以确保运输安全和方便公安部门的管理。③ 列车/航班状态查询。出行者可以通过互联网或手机应用实时跟踪列车或航班的状态，方便后续安排出行计划。

10.2　智慧出行系统的功能介绍

智慧出行源于"智慧地球"发展战略，引领数字城市走向智慧城市。该战略定义大致为：将感应器嵌入和装备到电网、铁路、建筑、大坝、油气管道等各种物体中，形成物物相联，然后通过超级计算机和云计算将其整合，实现社会与物理世界的融合。

在将交通源数据转化为决策智能和有效的交通服务信息方面，通过多年积累大量的行业实践经验，能够开发出一系列的解决方案。这些解决方案涉及智能交通多个领域，如道路交通监控指挥、交通流预测、自由流收费、公共交通规划和运营、交通组织优化与仿真、出行信息服务等。智能交通解决方案的目标是通过对实时交通态势的把握和短期需求预测，优化交通资产和基础设施的利用,达到改善城市交通的目的。鼓励不同部门和交通模式之间的协同,通过提高运营效率降低交通对环境的影响,提高市民出行的人身和财产安全,改善市民端到端出行体验。智慧出行的解决方案,能够为不同城市提供从规划咨询到系统集成、分析应用,再到运营管理等各类服务。智慧出行解决方案能够拆开变成多个单独运行的模块,也可以整合在一起形成整体解决方案,通常包含以下内容。

1) 交通数据网关

交通数据网关(Transport Data Gateway,TDG)是交通信息管理系统中一个重要的模块。城市可以通过多种技术手段获得不同的交通源数据,如交通流采集设备的采集的数据,交通信号灯或视频摄像机数据,可变信息交通标志 VMS 数据,浮动车数据等。

城市的道路交通指挥部门,地铁、公交、出租等客运公司,停车场,道路收费部门,及信息服务商等对交通的关注点不尽相同,需要对基础交通数据进行不同的分类组合,绩效分析。交通管理部门需要实时监测交通运行状态,及时采取措施来化解可能出现的问题。应急处理部门关注可能出现的灾害或事故对客运和货运的影响,制定实时应急预案,优化资源配置。道路收费部门的业务绩效管理系统需要及时了解收费和对基础设施使用的关系,推行智能收费策略。停车场需要及时掌握停车位的利用,提高资产利用率。规划管理部门需要清楚地了解一项新的交通措施可能带来的社会效益。

通过不同采集系统获得的交通流数据反映着交通流的不同方面,在格式和采集频率上各不相同;采集设备故障或天气、突发事故都可能造成错误数据,甚至丢失。交通数据网关可以对不同手段采集的数据进行清洗,替代,整合,去掉明显不合理的错误数据,而且需要融合不同格式和频率的数据,从而全面准确地反映某一点或路段上的交通状况,为管理部门提供比单一数据源所能提供的更全面准确的交通流数据,为实时监控并快速应对拥堵或突发事故打下坚实的数据基础。

交通数据网关通过特定的算法对不同采集频率的源数据进行整合,为交通数据分析系统提供标准的整合交通基础数据。同时,它能够自动识别异常数据和缺失数据,根据历史数据和其他数据源的实时数据对非正常缺失数据进行替代填充,以保证在总体上对路网实时交通流准确把握。

2) 交通运输绩效评估工具包

交通运输绩效评估工具包不仅包含预定义的常用交通分析关键指标和报表,方便交通监控人员对历史或实时各类交通数据进行快速分析,而且可以通过统一的基于互联网的交通信息门户将各类图表有机地组织并展现给使用者。

同时,分析人员也可以根据业务需求方便地定义并产生所需要的报表。

交通运输绩效评估工具包的主要用户为地方政府,道路交通管理部门,交通运输管理部门或运营公司和交通信息服务商等。

交通运输绩效评估工具包接受来自不同采集设备的源数据,对数据进行分析并以多种图表方式将分析结果呈现出来。它不仅是一个可以接受存储交通数据的数据仓库,而且包含预定义的常用交通分析报表和关键指标,方便交通监控人员对历史或实时数据进行快速分析,并通过交通分析门户将各类图表有机地组织并展现给使用者。交通运输绩效评估工具包集中整合分散在不同部门或系统中的交通流、交通事件、交通设备、停车、公共交通、道路收费、注册车辆等交通运输相关数据,便于用户全面掌握城市交通运输态势和趋势,将数据按照交通业务维度进行组织,方便用户进行分析。

3) 个性化出行信息服务

个性化交通信息服务解决方案是一个具有前瞻性的解决方案。它不仅包含地图引擎,旅行时间预测工具,移动信息服务平台,使出行者从多种渠道了解当前和近期内周边路面交通状况,而且可以在严格保护隐私的前提下,"学习"客户的通勤习惯,主动适时向客户推送其常用路径的路况信息及预报,为用户提供可执行的交通信息服务。允许用户动态查询可选路径,并联系服务提供商。真正做到以人为本——以出行者为服务中心。

个性化出行信息服务模块通过带有卫星定位功能的智能手机向出行者提供交通信息服务,系统采取新的途径,在严格保护客户个人隐私的前提下,向客户主动推送与其位置或常用路线相关的路径上的实时或一小时内交通信息。系统支持多种定位设备和信息发布渠道。

4) 智能公交管理

智能公交管理系统和公交线网优化解决方案通过对多种信息的综合分析为公交管理部门和运营公司提供科学决策和动态优化的手段,可以协助公交公司提高运营绩效,改善服务质量。智能公共交通系统是一套实时公交线路监控和调度管理系统,该系统建立在城市业务分析平台(CitBAT)上,具有高效,可配置,易扩展的特性;系统为不同的数据源提供统一的接入方式,保障不同资源之间的双向交互和实时更新;支持多种 GIS 引擎;支持预定义应急事件流程配置和管理。该系统的公交调度模块可以实现如下功能:① 动态调度,基于公交线路实时的运行情况生成动态的调度指令。② 调整车辆时间表。车辆优化调度知识库,支持多种车辆调度模型,优化日常的公交运营。③ 公交运营数据分析。提供了为车辆运营数据定义关键业绩指标,特别是车辆运营和调度数据,实现对公交服务水平的评估。

5）公交线网评估与优化系统

公交线网评估与优化系统打破了依靠经验人工对单条线路进行调整的传统模式，利用票务和其他客流信息，掌握公交客流的时空变化规律，结合实地勘查，建立城市或园区中短期公交线网评估优化决策支持系统。该方案支持对线网合理性主动预警，多粒度（点、线、面、网）分析调整，和调整后的评估，通过对公交数据多层次的挖掘，在全面掌握公交出行的时空需求基础上对线网做出调整，使调整后方案更加切实可行，公交线网在整体上得到优化。该模块支持量化的线网评估指标体系，将传统线网调整方法中定性分析转化为定量分析，使线网调整更加科学合理。线网优化工具可以根据数据变化，"主动发现"不合理的线路，支持滚动式调整优化。

10.3 基于高精地图的新能源汽车能耗预警

随着新能源汽车动力技术的发展，近年来国内电动或者油电混合汽车的保有量快速增加。目前新能源电动车存在两个短板：一是电动车续驶里程短；二是充电桩安装覆盖范围较小。针对这一情况，基于高精地图进行电动车能耗模型分析，实时计算电动车剩余电量最远可达范围，并通过在地图上的范围描画，为电动车用户提供行驶范围指示服务。

1）能耗模型分析

基本能耗模型如下：

$$cost_{seg} = (1 - W_{cons}) V_{max} \times T_{seg} + W_{cons} \times C_{seg} / CSC_{min}$$

其中，$cost_{seg}$——路段代价权重；W_{cons}——能耗权重，取值范围 0~1；V_{max}——最大预期速度；T_{seg}——路段行程时间；C_{seg}——路段能耗；CSC_{min}——速度能耗曲线的最小值。

具体计算能耗值 C_{seg} 由 5 个部分组成：① 速度能耗 C_{const}——在一个路段上常速行驶的能耗；② 切换能耗 C_{trans}——转弯造成的速度变化，或者由于交规要求，在两个路段间改变速度所造成的能耗；③ 曲线能耗 C_{curve}——在一个路段内，由于曲率较大的曲线造成的能耗；④ 坡度能耗 C_{slope}——在一个路段内，由于高度变化造成的能耗；⑤ 附属能耗 C_{aux}——由于使用附属设备，或者启动准备造成的能耗。

针对一条路段的能耗如下进行计算：

$$C_{seg,i} = F_1 \times C_{const,i} + F_2 \times C_{slope,i} + F_3 \times C_{curve,i} + F_4 \times C_{aux,i} + F_5 \times C_{trans,i,i-1}$$

其中,i——当前路段;i-1——前一路段;F_{1-5}——调整系数,缺省值=1.0。

完整路径的能耗计算如下:

$$C_{seg} = \sum_{i=2}^{n}(F_1 C_{const,i} + F_2 C_{slope,i} + F_3 C_{curve,i} + F_4 C_{aux,i} + F_5 C_{trans,i,i-1})$$

其中,n=路段数量。

确定了上述能耗计算模型后,在进行路径计算时,把上述能耗模型与代价模型加入计算中,即可得到电动车行驶的安全距离范围信息及省电环保路径。

2) 基于能耗模型的新能源汽车安全行驶范围智能预警技术

采用上述能耗模型并结合高精度地图的坡度、曲率等信息计算电动车最大与安全行驶范围,为电动车用户提供实时动态的车辆可达范围信息及安全行驶范围预警提示,并结合周边充电桩检索服务,解决了电动车用户和潜在用户担心因电力不足而导致车辆突然"搁浅"的问题,使用户驾驶电动车进行较长距离出行成为可能。

图10-1为服务系统Web展示效果,其中(a)为电动车安全行驶范围,(b)为结合了充电桩位置显示的安全行驶范围。

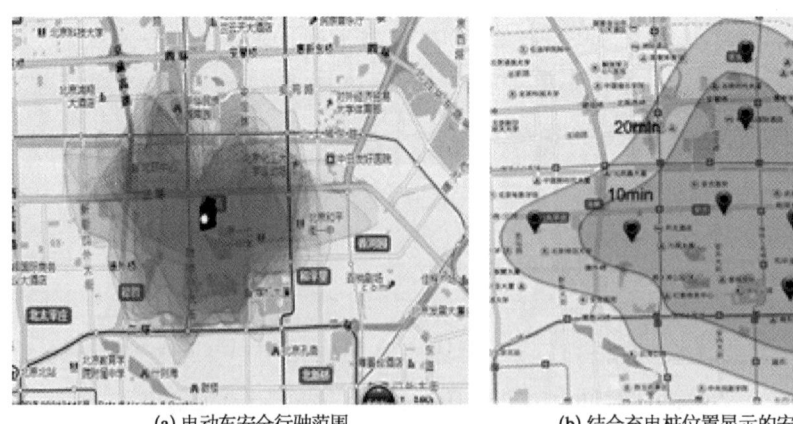

(a) 电动车安全行驶范围　　　　(b) 结合充电桩位置显示的安全行驶范围

图10-1　电动车最大可达范围与充电桩信息

系统架构采用B2B2C结构,即当用户发起请求时,此请求将发给车厂服务平台,然后车厂服务平台再将此请求透传给交通大数据服务平台进行处理计算,结果返回给车厂服务端,再返回给车载终端进行显示及信息提醒。整体架构如图10-2所示。

最大/安全行驶范围计算的核心算法采用迪杰斯特拉(Dijkstra)算法。具体计算中当用户发起请求计算可达范围后,首先根据客户的坐标,找到最相邻的一个路段,以此为起始路段。然后对于与其相邻的路段,每一条都根据能耗模型计算

系统架构

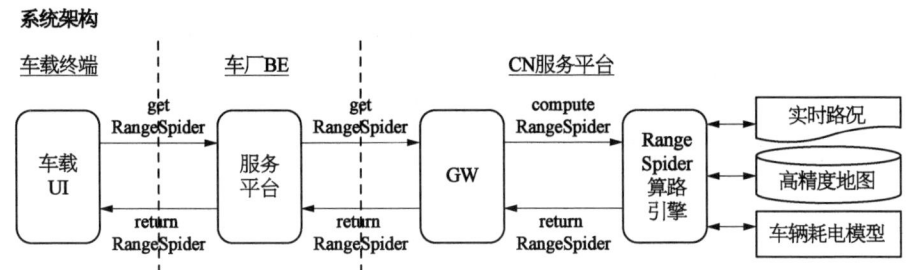

图 10-2　电动车安全行驶范围预警系统架构图

需要消耗多少能量,找到消耗最少者,加入集合中。依次类推,根据迪杰斯特拉算法的原则,一直计算下去,直到现有能量变为 0 或者负数,此时集合中的路段就是当前位置、当前车辆可以到达的所有地点。图 10-3 为具体计算流程示意图。

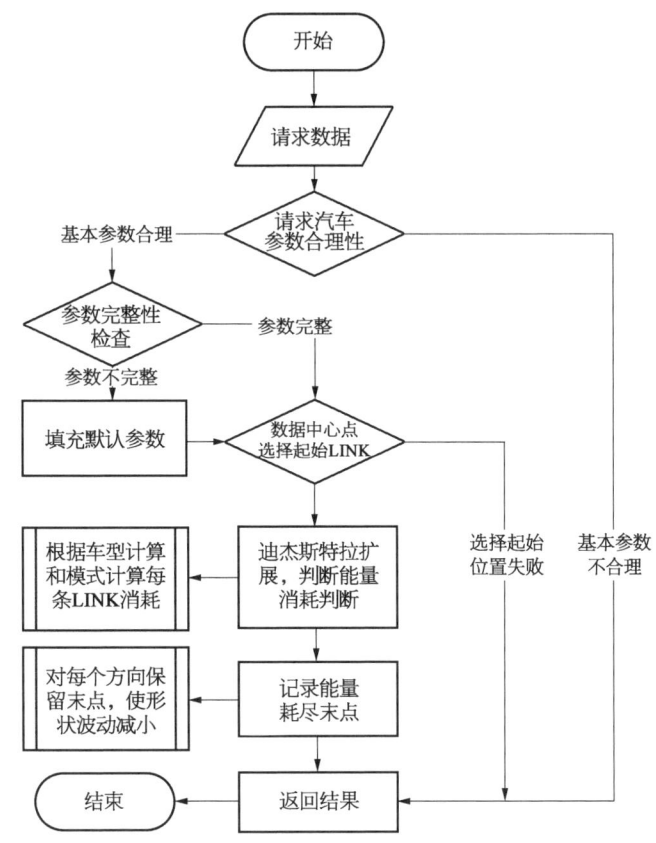

图 10-3　电动车最大/安全行驶范围计算流程图

系统计算最终的结果将实时发送到车载终端进行显示,并实时提醒用户,图 10-4 为系统应用车载终端实例。

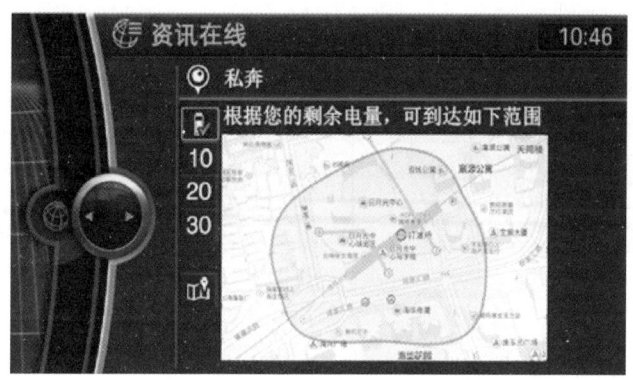

图 10-4　车载终端实例

10.4　基于经验路径库的新一代路径规划

在实际的交通出行中,传统路径规划引擎所得出的行驶路线可能并不是最优化的出行路线,因为其可能会由于路网结构、交通拥堵等现实原因导致某些交叉点、路段的行驶极为缓慢,使得整个行程的时间变长。对于本地驾驶员,尤其是出租车司机,由于他们熟悉路网状况与交通通行状况,他们的选择通常是比较优化的。在这种情况下,可以利用海量车辆出行轨迹信息数据,通过建立经验路径轨迹库,设计新的出行路径规划引擎。

经验路径并不一定是最短路线,其是对过往人们实际选择的路线的统计,基于出行时间最优化来选择的路线,这个路线对于那些到了一个陌生地方的用户尤其有用。经验路径库的建立是经验路径规划的核心。目前上海交通大数据资源中心所积累的车辆出行轨迹已经达到了几十亿条的规模,虽然轨迹总条数很多,但在多条件组合、空间任意的条件下的完全满足的轨迹数量仍然较少,因此需要更好地实现轨迹的组合方式,增加可用信息量。通过在原始轨迹库上建立一个转换网络作为中间结果,来捕捉各个地点之间的移动特性,最终找到经验路径。具体的实现包括以下三个流程。

(1) 建立传输网络　采用相干性扩展算法(Coherence Expanding Algorithm)来进行。主要思路是通过一个矢量图,将轨迹转化为一个路由定向网络,然后通过查找获取交叉点集作为传输节点,通过传输节点集构建传输网络。具体的步骤包括三步:① 检测所有点,当点集的大小等于或超过阈值时,被存储为一个有效的集群,最终得到所有有效的点集;② 从点集中扩展计算结果集合,直到没有直接相干连接点,最后得到完整集群;③ 得到所有的交叉点集后,当通过检查点之间的轨迹来构造边时,将通过平均坐标得到的相近位置的点看作 1 个传输节点。

（2）计算传输概率　传输网络构建后,找出能够引导用户到达目的地的传输节点,通过下面的方法计算传输概率:① 计算出给定终点时,传输节点的传输概率(传输概率越高意味着历史轨迹越多);② 根据所经过的各传输节点概率,计算出从起点到终点概率;③ 运用吸引马尔可夫链模型(Absorbing Markov Chain Model)计算传输网络中的所有传输节点。

（3）经验路径检索　通过前面的处理可以得到一个具有传输概率的定向传输网络,在该网络中运用最大概率产出算法(Maximum Probability Product Algorithm)对起点和终点之间的点进行迭代,最终得到比较优化的经验路径,然后将此路径保存到经验路径库中。

考虑到经验轨迹库数据规模大,采用小网格(1 km×1 km)代替 link 作为空间索引,所构建的小网格如图 10-5 所示。对于每一个小网格,计算道路与网格的交点作为图索引点,计算网格间的转移概率。并将空间位置加上时间作为 rowkey,其中的列信息为单条件统计结果,这样极大地减少了计算量,保证了较高的查询效率。

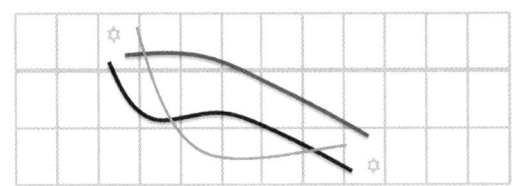

图 10-5　经验路径库检索小网格构建示意图

图 10-6 为经验路径库的一个实例。其中线路 1 与线路 2 为传统路径规划引擎所计算出来的路线。从实际测试的结果来看,经验路径在距离上不是最短的,但是其避开了拥堵的路段,旅程时间最少。

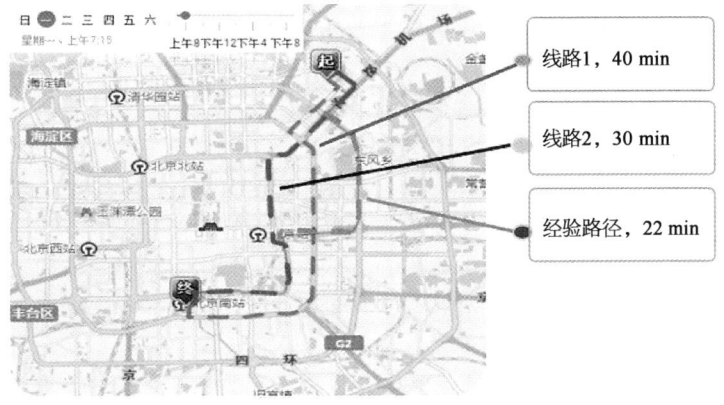

图 10-6　基于经验路径库的引擎路线规划实例

10.5 基于位置触发的虚拟动态情报板服务

路况情报版作为一种简洁直观的路况信息服务提供形式,可以为交通出行用户提供其行进前方各个方向上的路况信息,从而可以让用户提前进行规划路线,绕开拥堵路段,提高出行的效率,有利于缓解城市交通矛盾。目前各个城市都设置了固定的情报版提供服务,但是受限于投资规模和布设条件,目前所建设的情报版多数位于城市高架或者快速路上,无法在路网上尤其是在地面道路大规模开展,仍难以满足公众对交通信息的需求。因此,有必要根据车辆实时位置、前进方向,提供动态显示其即将到达区域路网或者前进方向上路网的路况信息服务。

在上海交通大数据服务平台建设的过程中,对基于位置触发的动态虚拟情报板服务系统的构建进行分析,结合道路网结构特征分析与实时路况信息数据,生成虚拟情况版图形,为用户提供基于位置触发的动态情报板信息服务。以上海为例,目前平台已经可以提供 400 多个位置的实时动态情报板信息服务。图 10-7 为虚拟

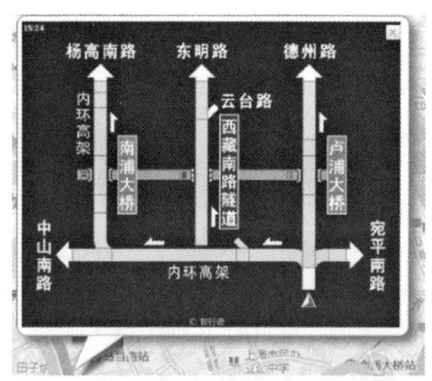
(a) 南北高架鲁班立交至卢浦大桥段

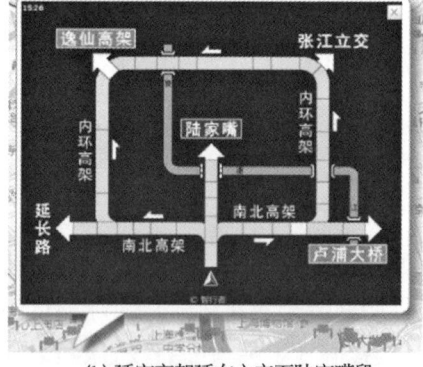
(b) 延安高架延东立交至陆家嘴段

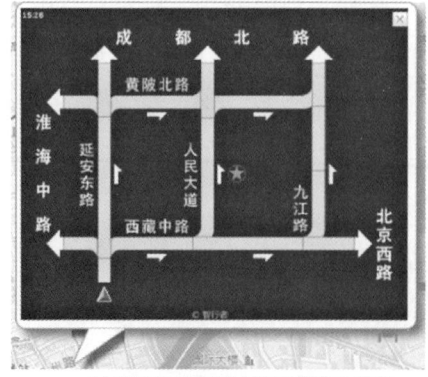
(c) 延安东路西藏中路至黄陂北路段

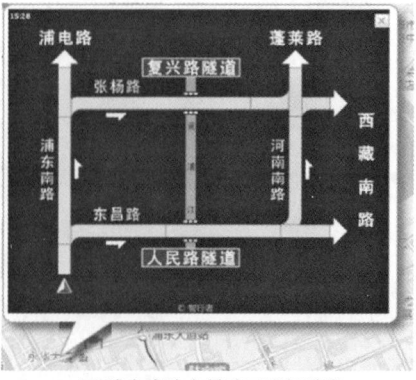
(d) 浦东南路东昌路至张杨路段

图 10-7 虚拟情报板图形实例

情报板图形实例。

系统构建以指引驾车出行为主要目标,按照出行路线选择进行动态诱导。根据不同的道路设定不同的主要目标,见表10-1。

表10-1 不同路网区域应用不表设定

道路类型	驾驶行为	应用目标
地面道路	道路选择	目的:引导驾车者避开道路前方拥堵路段
	热点区域(汇入)	目的:引导驾车者选择合适的路径进入合适的停车场
	热点区域(过境)	目的:引导驾车者避开热点区域拥堵路段
	热点区域(离开)	目的:引导驾车者选择畅通的路段离开热点区域
快速路	道路选择	目的:告知前方道路情况,引导驾车者避开道路前方拥堵路段
	匝道选择	目的:告知前方路况,引导驾车者选择合适匝道离开快速路
高速公路	道路选择	目的:告知前方高速公路路况,引导驾车者避开道路前方拥堵路段
对外枢纽	道路选择和停车服务	目的:告知枢纽周边及枢纽内的路况,指引驾车者选择合理线路至枢纽或停车场
越江设施	道路选择	目的:引导驾车者选择合适的越江设施快捷越江

以上海为例,选择了境内各高速公路进出沪方向的主要节点;内环、中环、外环、南北高架、延安高架、五洲大道、逸仙路高架、沪闵高架等快速路的不同点位;中山西路、西藏南路等地面主要道路。

系统整体方案如图10-8所示。系统根据应用需求组织实时动态数据,按照图形化信息发布规范进行处理后传送至图形化信息发送端[1]。发送端则根据接收终端的特点,直接将数据或者合成的图片发送给接收端。图形化接收终端接收实时图片或交通数据,再根据当前位置自动弹出相应的图片或后台合成图形来提示前方道路的路况、交通事件、交通管制信息等信息。

系统整体功能框架如图10-9所示,包括了4个主要的功能模块:图形模板、图形数据组织子系统、数据组织子系统、发布子系统。

其中图形模板采取使用SVG格式来描述虚拟情报版的内容。图形内容以XML文件作为载体。应用数据XML生成模块读取应用数据库中的实时交通状态数据、事件数据和交通控制状态数据,定时生成交通信息XML文件。完成后的XML文件数据根据用户请求通过发布子系统进行发布。图形渲染模块读取XML中的实时交通状态数据、事件数据和交通控制状态数据,结合图形模板定时生成图形化数据。生产完成后的图形化数据根据用户请求通过发布子系统

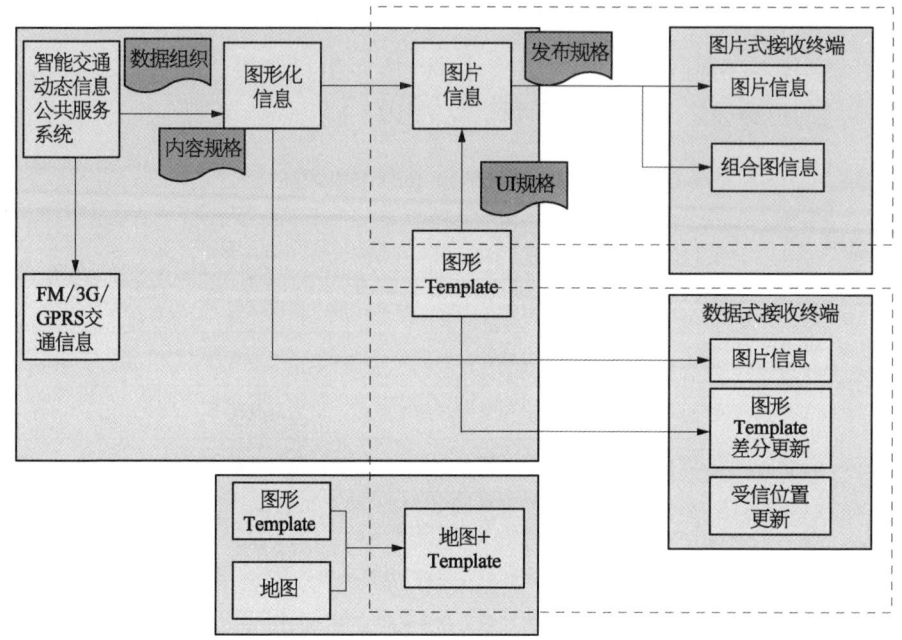

图 10-8 系统整体方案

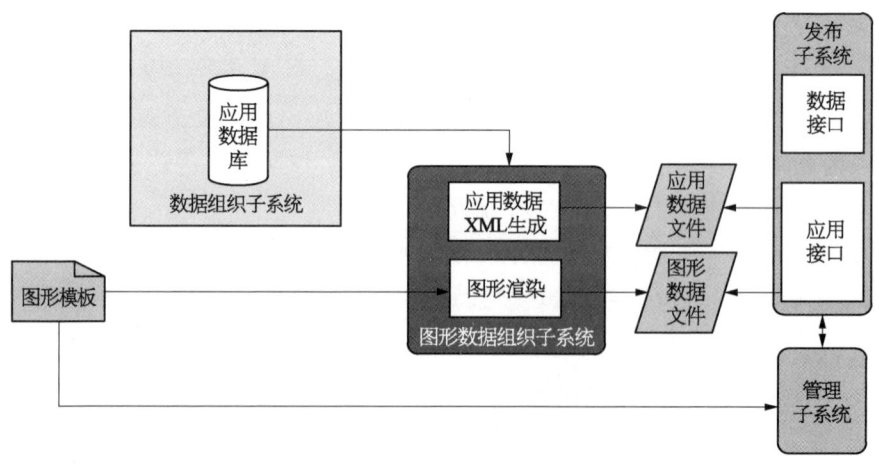

图 10-9 动态情报板系统功能框架

进行发布。系统最终将生成两类数据文件：一类是根据应用数据库的数据结合图片模板渲染形成的图形数据文件，该文件通过应用接口向图形服务终端提供服务；另一类是根据应用数据库中的数据直接生产的应用数据 XML 文件，该文件通过应用接口向合成式终端提供服务。

图 10-10 为整体系统数据业务流程。图形化信息服务端周期性从数据库中获取数据，并响应用户端请求传送实时动态交通数据。出行者使用的用户终端，

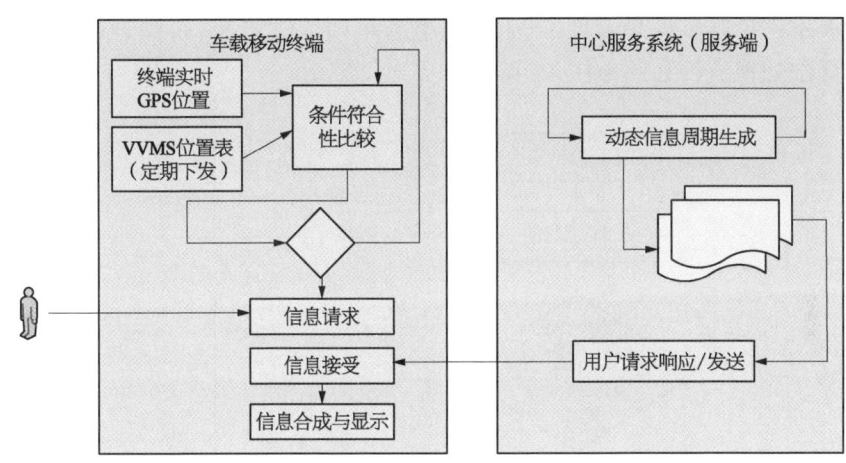

图 10-10　系统整体数据业务流程图

对车辆所在位置和图形化信息显示位置比对,符合实时动态信息需求时将向服务端发送数据请求,并将接收到的数据或图片按照规范对驾驶人员进行提示。

系统虚拟情报版的信息服务基于用户车辆实际位置进行实时的触发,用户终端受信情况通过车辆实时位置并结合道路网地图数据来判断其前方路口中心圆点、展示半径、下载半径和弧度范围 4 个数据来描述对应简易图的弹出判断,如图 10-11 所示。

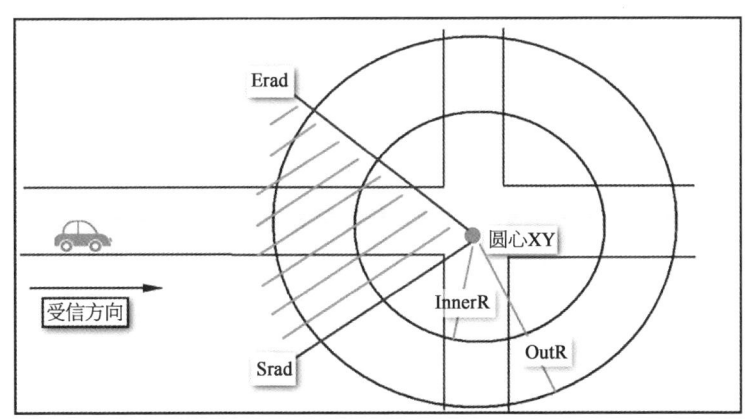

图 10-11　终端受信示意图

用户终端实时监控当前位置信息,判断终端位置与前方路口圆心距离是否小于下载半径并且满足弧度范围,如果不满足则继续监控,否则向服务器端请求并下载对应图形的交通信息数据,如果已经下载了对应图形的交通信息数据,则判断其是否有效(有效的定义为存在且是一个周期内的数据),若有效则不再次下载数据,否则继续请求下载。通过判断用户终端位置与圆心距离是否小于展示半径并且满足弧度范围,如果不满足则继续监控,否则进行图形渲染。总段详细处理流程如图 10-12 所示。

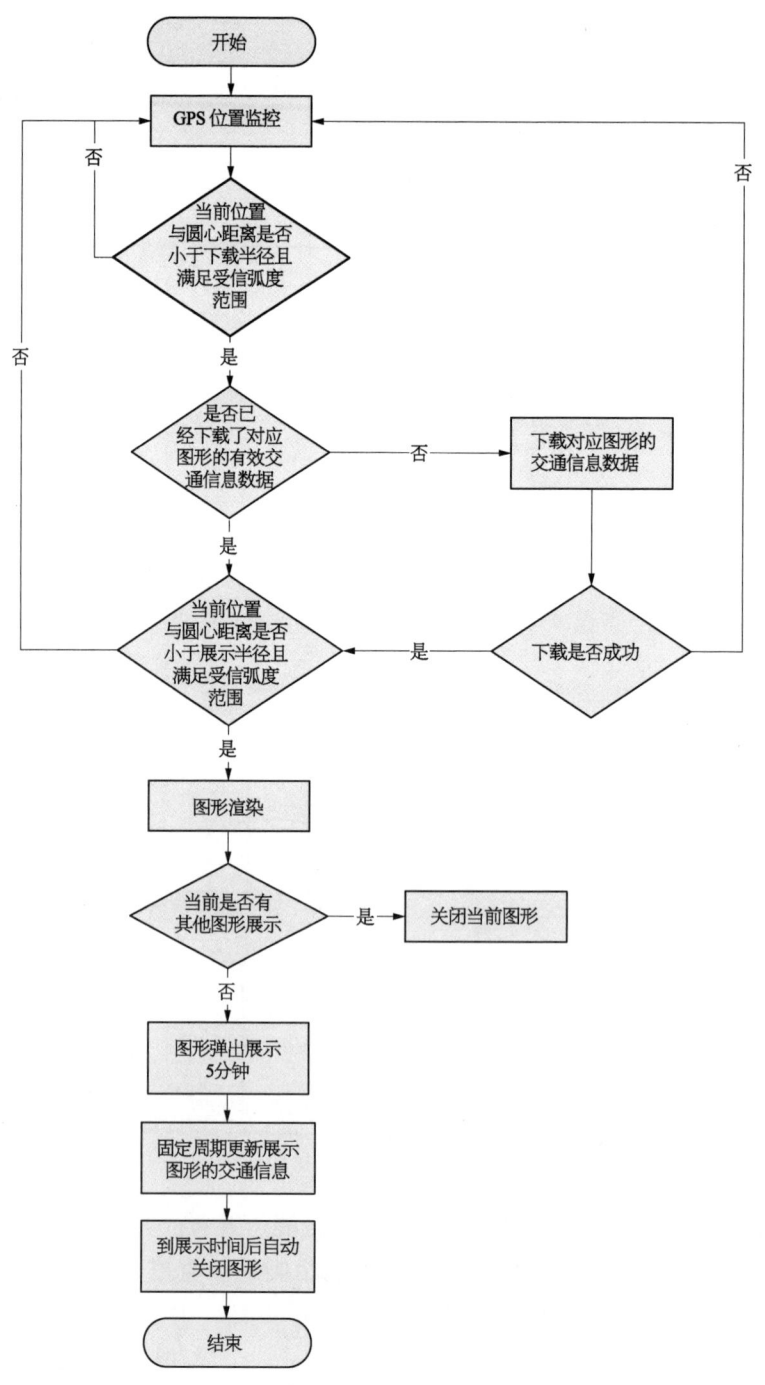

图 10-12　用户终端触发虚拟情报版图形流程图

10.6 多模换乘

多模换乘技术就是根据交通出行者所使用交通方式的不同和所处位置的不同来选用自身适合的不同导航方式,导航终端根据用户的位置可以自动在多种导航模式中切换,或者根据用户选择的交通模式(步行、驾车、搭乘公共交通、骑行等)无缝地使用多种交通方式到达目的地。

一条完整的多模换乘路径包含驾车和公共交通两个部分,这两部分以换乘点相连接,通过对换乘点的确认,对出发地到目的地之间的路线进行分段的规划计算。具体的线路计算规划主要包括以下的步骤。

(1)换乘点搜索 换乘点的搜索有两种算法:完全算法与中间算法。考虑到完全算法需要消耗大量的计算资源,对响应时间存在严重的影响,因此选择中间算法来确认换乘点。中间算法的搜索部分是一个椭圆,起点和终点作为焦点,形状可以通过焦距及短轴进行定义,通过配置对椭圆进行等分,删掉样例中的 1、2、6、7 块,在剩下的区域中搜索换乘点,如图 10-13 所示。

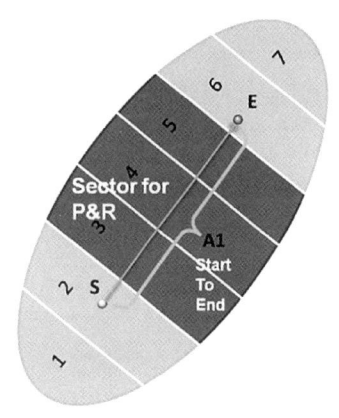

图 10-13 中间算法换乘点搜索

(2)路线过滤与排序 完成上述换乘点搜索及对应的路线计算后,采用以下 3 个步骤进行过滤与排序,生成最终的换乘路线方案。

① 换乘点与路线过滤。过滤的原则是换乘点必须要在出发地能够达到目的地的经过路线的附近,如果换乘点不符合要求则进行删除,同时对应的路线也需要过滤掉。具体的原则见表 10-2。

表 10-2 换乘点过滤原则

车 型	原 则
所有车型	○ 开车行驶距离少于 10 km 的路线要被删掉 ○ 删除需要收取费用的数据 ○ 删除少于三站并且公共行驶时间少于 5 min 的数据
对于电动车的附加条件	○ 删除行驶不到的换乘点 ○ 删除超过 250 km 的路径

② 时间惩罚。经过上述过滤后,引入下述时间惩罚原则:根据各种情景,增加或者减少一定的时间,这样路线最终可以根据相应旅行时间排序,见表 10-3。

表 10-3　时间惩罚原则

车　型	原　则
所有车型	○ 每次换乘增加 5% 的时间，最多 10 min ○ 每一元的停车或行驶费用，增加 5% 的时间，最多 15 min ○ 没有夜班车的公共交通且请求时间在 18:00 以后，删除 10% 的时间 ○ 到达换乘点之后，末班车在 5 min 之内到达的，加 10% 的时间
对于电动车的附加条件	○ 对于电动车，当充电桩可用的时候，减掉 25% 的时间

③ 最终排序。通过以上两个步骤的评分标准累计之后，按照行驶时间进行排名：时间最短的即是最好的路径，所有的路径结果封装到 XML 中通过 HTTP 的方式进行返回。图 10-14 为多模换乘系统的整体架构图。

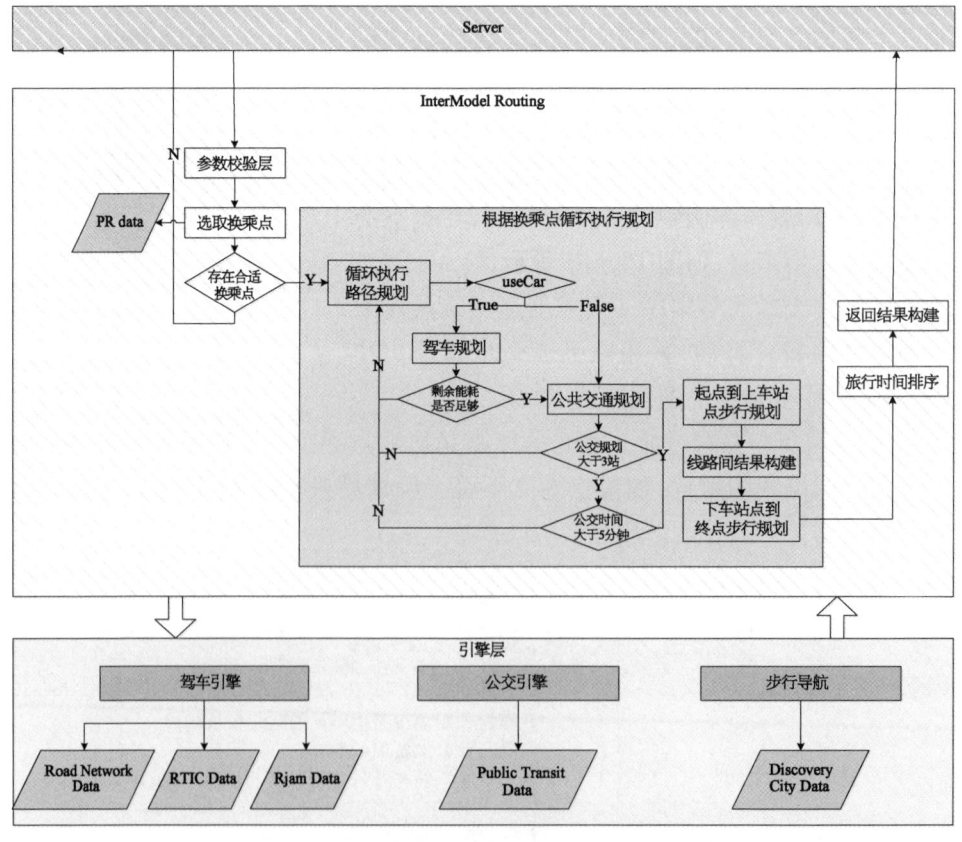

图 10-14　多模换乘系统架构图

系统主要功能模块包括：换乘点选取、驾车规划、公交路线规划、路线过滤与最终结果构建、驾车引擎、公交引擎与步行引擎。详细描述见表 10-4。

表 10-4　多模换乘功能模块描述

模 块 名	功 能 描 述
选取换乘点	将起点及终点作为椭圆焦点,将椭圆按照长轴进行等分,根据配置获取其中某几个范围内的 PR 数据作为有效的换乘点
驾车规划	规划起点到选定的换乘点之间的驾车路径
公共交通部分规划	由 PR 位置到终点之间进行公共交通规划;PR 点到上车站点部分及下车站点到终点部分需要进行步行导航的规划
数据过滤及结果构建	根据过滤规则对不符合条件的结果进行过滤,并构建要求的结果格式进行返回
驾车引擎	提供两点之间的驾车路径规划功能,可以提供 3 种策略(时间最短、距离最短、最经济),并且可以考虑实时路况的因素
公交引擎	提供两点之间的公交换乘方案,包括公交车及地铁,可以提供最多 10 种换乘方案
步行引擎	提供两点之间的步行路径方案,目前限制为最大 8 km 的步行距离,只提供一种策略(最短路线)的规划

图 10-15 为系统实例图。其中(a)为公交换乘点信息及其与当前位置的距离,(b)为多模换乘路线信息与引导信息。

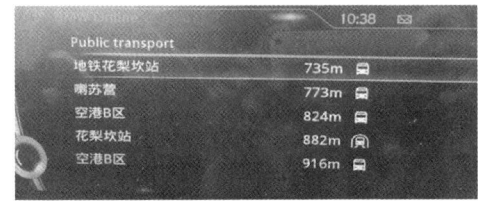
(a) 公交换乘点信息及其与当前位置的距离

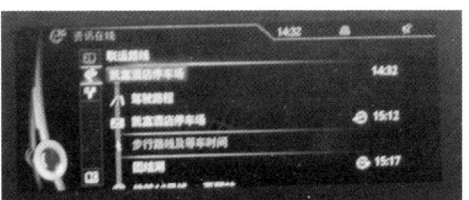
(b) 多模换乘路线信息与引导信息

图 10-15　多模换乘信息服务系统实例

10.7　长三角城际交通信息服务与分析

长三角城际交通信息服务与分析包括:提供长三角地区城际高速实时路况;根据城际交通信息的模式,分析周末、节假日、突发事件及极端天气等因素对城际高速交通状况的影响程度。该服务及分析结果均以图形化的形式,动态呈现城际高速路况的变化。图 10-16 所示为长三角城际交通信息服务与分析展示系统整体界面。

长三角城际交通信息服务与分析展示系统包括以下功能:

长三角城际交通信息服务与分析

图 10-16 长三角城际交通信息服务与分析展示系统

（1）实时交通信息查询，并以地图形式进行可视化展示，可以查询显示高速各枢纽/收费站之间的实时交通状况，如图 10-17 所示。

图 10-17 高速沿线各枢纽/收费站之间实时路况展示

（2）对地图进行放大、缩小、漫游显示及按照省/市/街道的等级进行缩放显示，如图 10-17 左上角功能按钮。同时系统也支持鼠标的缩放的简便操作。

（3）通过图层控制提供卫星影像图的叠加显示，通过图 10-17 右上角的"卫星"按钮为卫星影像图叠加显示的开关功能按钮。

（4）通过"分屏查看"功能按钮提供分屏显示，同时在前端界面显示城际高速历史路况分析情况与对应高速段的地图显示。

（5）历史路况分析。通过选择不同的高速路名，并确定需要查看的路段（根据高速收费站或者枢纽进行确定）、日期进行查询对应的历史路况。分析查询结果以可视化的图形进行显示，将高速路上下双向分开进行显示，同时显示枢纽与收费站的位置，横轴显示时间（一天 24 h 按照 2 h 的间隔显示）。

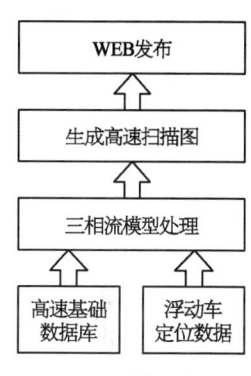

图 10-18 数据分析处理流程图

系统利用三相交通流理论模型进行高速基础数据与浮动车定位数据处理，生成高速扫描结果图，然后通过后台服务器进行发布，在客户端显示相应的结果图形。图 10-18 为系统数据分析处理流程图。

图 10-19 与图 10-20 为京沪高速 2015 年 10 月 1 日路况扫描图，从图 10-19 中可以看出，从安亭收费站往正谊枢纽方向的陆家收费站与昆山收费站路况

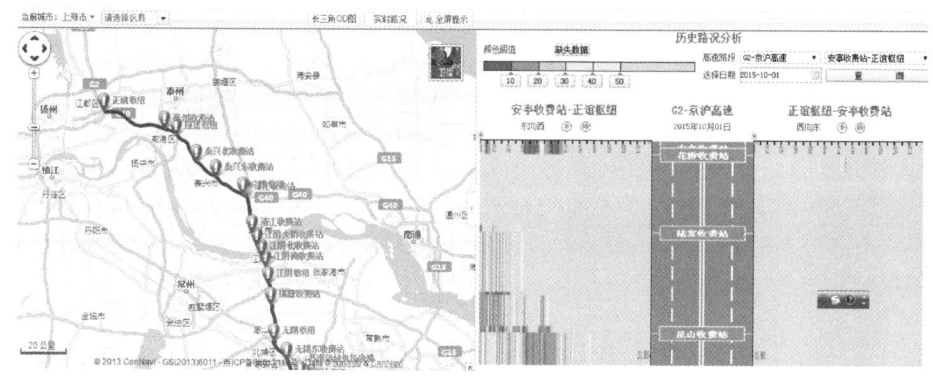

图 10-19 京沪高速 2015 年 10 月 1 日拥堵扫描图

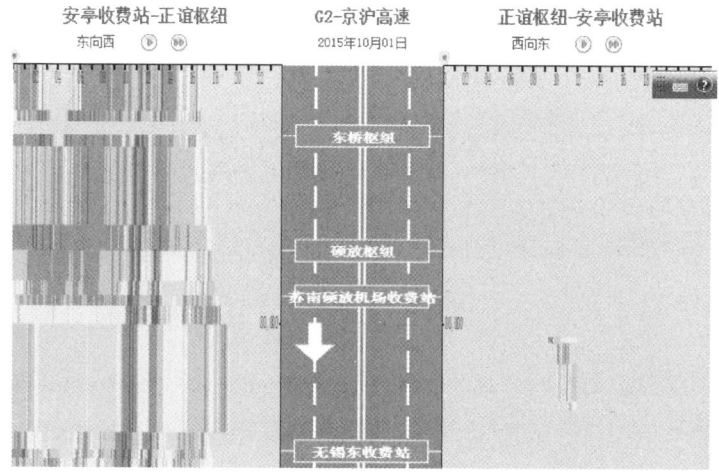

图 10-20 京沪高速 2015 年 10 月 1 日拥堵扫描局部放大图

从 0:00 开始出现拥堵。分析原因为当天是假日开始的第一天,而且从 0:00 开始高速免费,从而出现了大量自驾游车主从 0:00 开始离开上海前往外地。图 10-20 所示为局部放大图,其高速拥堵行驶方向与图 10-19 相同,皆为离开上海的方向,从中可以看出拥堵状况从 0:00 维持到了 18:00。

  系统拥堵扫描图中横轴为时间,包括了一天的 24 h,以 1 h 为刻度进行划分,同时显示高速路上下行两个方向情况,同时提供在图上任一点位的信息查询。如图 10-21 所示,通过图上的点击查询获取该位置的详细信息。

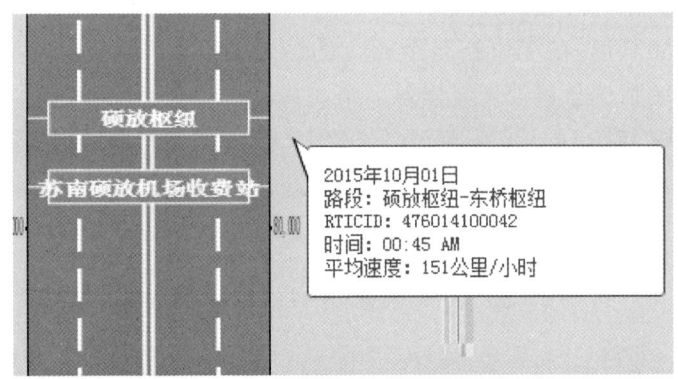

图 10-21 拥堵扫描图详细信息查询显示图

参考文献

[1] GA/T 484-2018,LED 道路交通诱导可变信息标志[S].

第 11 章　重大活动交通保障大数据服务

重大活动将吸引大量的客流,而交通作为公众出行的第一步体验,具有重要的形象展示和服务能力展示作用。重大活动交通服务保障应以客流特征和交通保障需求为依据,设计交通组织和运行保障方案,利用信息化手段提升交通组织效率、保障交通运行、快速应对突发交通情况,及时发布交通信息,彰显城市交通面貌。

11.1　上海世博会交通保障服务

2010 年上海世界博览会(以下简称"上海世博会")是人类文明史上的一次盛会。为了保障世博交通畅通,交通综合信息平台开辟了"世博交通"专题,建设世博交通信息服务保障系统,重点支撑世博交通保障工作,保障了 7 300 万世博游客安全集散、出行,圆满完成了世博交通保障任务。

面向世博交通指挥管理部门的世博交通信息服务保障系统构架,由三个层次(基础信息采集层、信息汇集交换处理层、服务信息发布层)和三个平台(上海市交通综合信息平台、世博园区交通信息平台、世博交通信息服务应用平台)组成。上海市交通综合信息平台实现了全市交通信息的接入、汇聚与处理,世博园区交通信息平台整合了世博园区内公交、轮渡和轨道交通的线路、站点、实时客流、运行状况、运能配置及相关统计等信息。两个平台实时互联,实现了园内外交通信息的交换和共享。世博交通信息应用服务平台支撑世博交通网、世博交通服务咨询热线、电台电视台、手机和车载移动终端、触摸屏查询终端等多种交通信息发布载体,面向世博游客提供包括世博公交线路、班次、站点及换乘信息查询,航空、铁路和长途客运的班次、线路等交通信息服务,以及动态实时的世博客流信息和道路交通状态信息。

世博交通信息服务保障系统与世博安保指挥部指挥中心、世博园区运营指挥中心、世博交通协调保障组调度指挥中心等8个世博交通指挥管理部门形成网络互联,通过远程终端等方式向这些世博指挥管理部门实时提供世博交通信息数据和视频图像,形成了一个完整、高效、多层次、分布式、高集成的世博交通信息服务与保障体系构架,如图11-1所示。

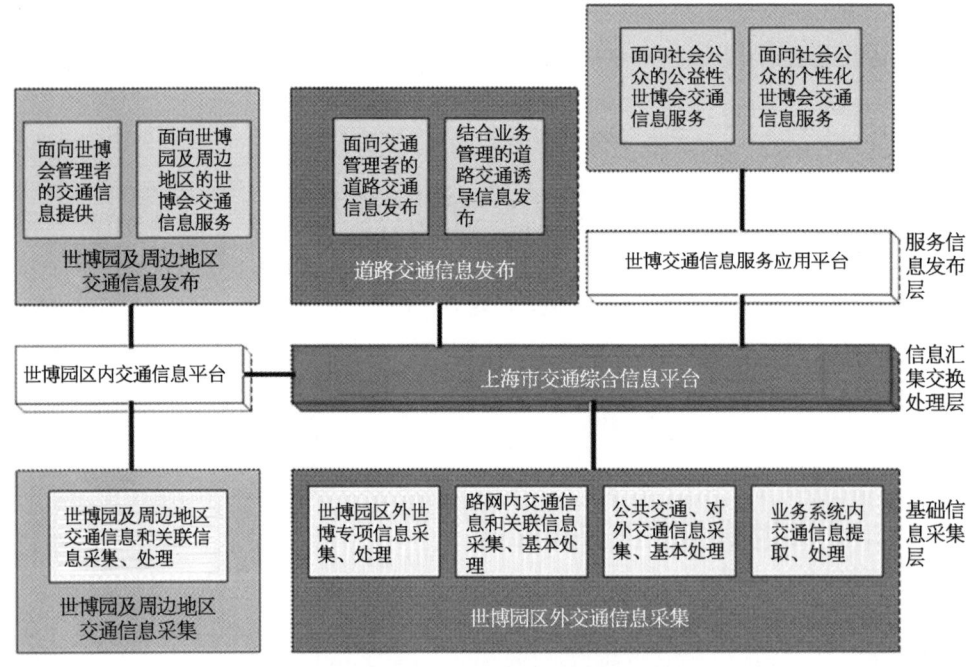

图11-1 世博交通信息服务保障系统框架

世博交通信息服务保障系统服务内容,主要包括对世博热点区域交通实时监控和世博客流预测预警两部分。

世博热点区域交通实时监控,主要针对世博交通关键通道、热点区域的交通运行状况、世博停车场库泊位动态情况进行状态监控和视频监控,如图11-2所示,包括11个主要入沪道口的车流量、世博引导区关键通道、黄浦江越江交通设施、世博园区管控区主要道路交通的运行状态监控,以红、黄、绿三色道路交通状态信息展示这些道路交通运行状态,提示世博交通管理部门采取措施及时解决交通拥堵问题。在184天世博会举办期间内,按早、晚高峰处理生成世博园区周边道路车辆行驶的平均车速,与世博会召开前历史数据环比,监控世博会期间世博园区周边道路平均车速变化情况,环比差超过±15%即视为异常,使世博交通指挥管理部门能实时、精准判断园区周边道路交通运行状态,量化对比世博会召开前、后道路拥堵变化情况,及时预警和实施交通管理措施。同时实时监控世博 P+R 停车场、世博园区停车场和世博临时停车场动态泊位信息。为世博交通指挥管理部门实时掌控入沪道口、越江设施、世博园区周边道路运行状态、实施进入市域车辆控制、调节平衡浦东浦西交通流量、实施园区周边道路交通控制管理措施等提供信息支撑和决策依据。

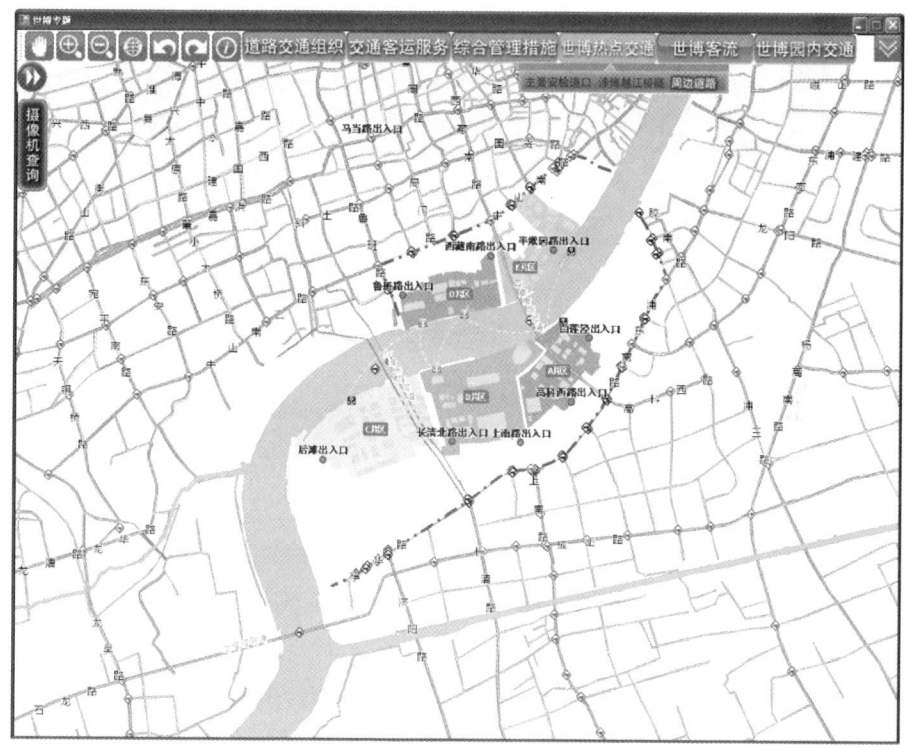

图 11-2　世博周边道路交通状态

实时动态掌握和发布世博客流信息,为世博交通指挥管理部门开展合理的运能调度,为世博游客选择最佳出行时间与路线等提供信息支撑,是世博交通信息服务保障系统的关键环节之一。

世博客流预测预警,主要通过对世博客流采集、提取、分析,完成对世博在途客流和入园客流的预测。通过比对世博会开幕前后客流增量变化、开发手机报送平台等方法,分别采集涉博轨道交通在途客流,世博直达专线、世博公交线、常规公交线的在途客流,世博专属出租车在途客流和世博预约大巴在途客流等各项分量,开发和运行世博在途客流测算软件,预测预报在 7:00—12:00 时间段内,间隔 15 min 世博在途客流的总量,并以图形方式显示,如图 11-3 所示。

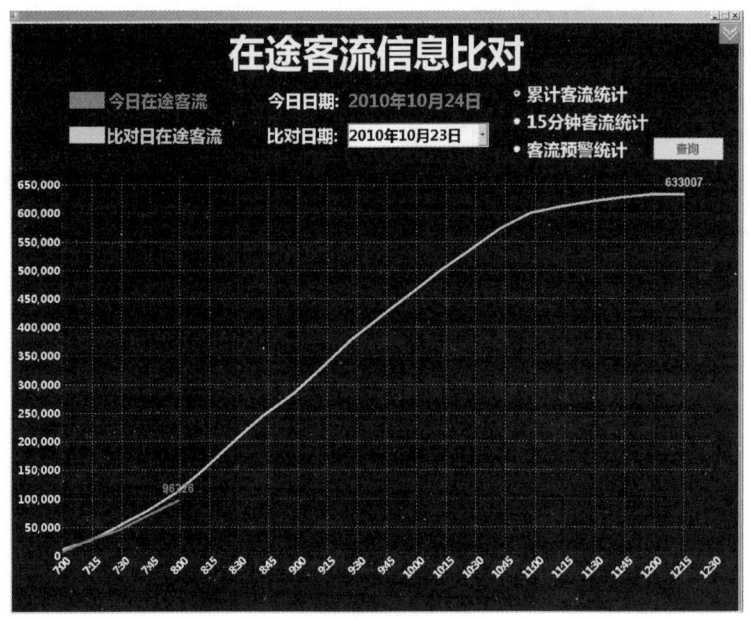

图 11-3 世博在途客流预测

通过全面分析世博园票务数据及相关票务政策、天气等对于世博客流的影响，结合进入市域客流与在途客流的采集分析结果，建立了多影响因素条件下的多尺度世博客流预测技术方案，开发和运行相应软件，成功地预测了每天入园客流。经世博会184天的实际运行验证，世博在途客流预测日均精度90%以上，全天入园客流预测精度达到96%以上。

在上述基础上，开展世博客流预警。充分利用在途客流、园区外排队等候人数和园区出入口客流叠加数据，绘制大客流预警曲线。如图11-4所示，通过曲线可以清晰地了解可能产生的入园大客流趋势，为世博交通指挥管理部门掌握当天世博客流变化趋势、预警大客流产生、及时采取措施防范大客流可能产生的冲击、调整客流运力结构等提供了可靠的依据。

面向世博游客的世博交通信息服务系统，主要是依托世博交通信息服务应用平台，开发了7种世博交通信息服务方式，即上海世博交通网、世博交通指南、电台电视台、世博交通服务咨询热线、可变信息标志、手机与车载导航等移动终端、触摸屏查询终端等，向世博游客提供世博公共交通换乘、世博园区入园客流动态等世博交通信息和日常交通信息服务，引导世博会游客选择合适的出行方式、出行路径、换乘方案，保障了世博会游客安全、便捷抵离世博会园区，引导市民避开车流、客流集中区域，缓解世博会对日常交通的冲突和影响。据统计，世博会期间，世博交通网点击访问数量为348.3万次，设置在400余家酒店

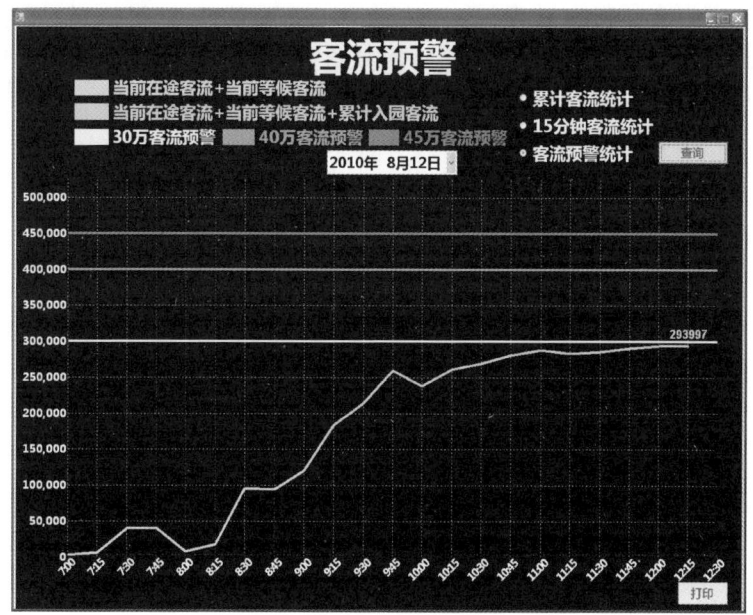

图 11-4 世博客流预警

的触摸屏查询终端总计访问 19.2 万次,访客遍及国内外。12319 世博交通服务咨询热线接受问询共 7.8 万次。设置在 4 000 辆世博专属出租车上的导航终端、上海交通广播电台和上海综合新闻台、全市 300 多块可变信息标志等也为世博游客获取世博交通信息发挥了重要的作用。

通过世博会实践证明,上海世博交通信息服务保障系统对世博交通保障成功起到关键性作用,改善了世博会期间的交通管理水平,提高了出行者的出行质量,降低了出行时间与成本,保障了上海世博会客流的高效集散,支撑全市交通系统 184 天正常运行,经受了 24 次日超 50 万人次大客流和最高单日 103 万人次超大客流的考验,取得了良好的社会经济效益,受到世博交通指挥管理部门和世博游客的高度评价,荣获中共中央、国务院"上海世博会先进集体"、交通运输部"世博交通运输保障先进集体"和中共上海市委、上海市人民政府"上海世博工作优秀集体"光荣称号。

11.2 进博会交通保障服务

中国国际进口博览会(以下简称"进博会")举办地国家会展中心(以下简称"国展中心")位于上海西部门户虹桥地区,毗邻虹桥枢纽和虹桥商务区核心区,几乎共用一套交通集散系统。过境交通、通勤交通、枢纽交通、展会交通需求相互叠加,交通状况复杂,但地区交通设施仍整体处于发展阶段,集中而大量的展会客流会对本身已较为脆弱复杂的地区交通系统产生较大冲击,不仅影响展会本身的顺利进行,也会对地区乃至面上交通产生不良影响。目前,国展中心周边交通运行情况如下[1]。

(1) 虹桥枢纽到发交通　2018 年是虹桥交通枢纽投用 10 周年,交通运量进入饱和期。2017 年虹桥枢纽日均客流 107 万人次,其中对外交通约 45 万人次/d,城市集散交通超 62 万人次/d,每年增长约 5 万人次/d,已接近和达到设计能力,如图 11-5 所示。枢纽内外交通疏解矛盾逐渐显现。

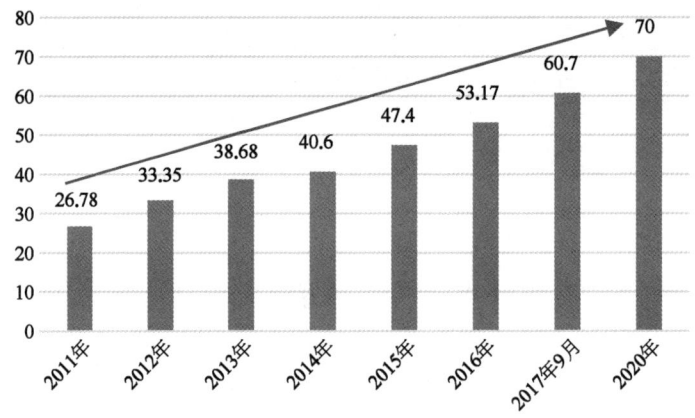

图 11-5　虹桥枢纽城市集散客流情况(万人次/d)

虹桥商务区核心区正处于商务功能快速集聚期。目前 3.7 km² 内建筑项目结构封顶超过 97%,目前使用约 30%,至 2018 年底预计使用约 50%,交通出行量将达 14 万人次/d。随着商办楼宇的投入使用,核心区通勤和商务到发交通需求将不断提升,核心区内部交通设施将得到充分使用,对外快速到离设施的压力进一步加大。

(2) 轨道交通　中小型展会期间轨道交通按照常态运行,运行状况良好;大型展会期间(车展),轨道交通 2 号线采用取消大小交路的方案提升运能,调整行车交路后,徐泾东区段运能充裕,基本满足客流需求。但大客流情况下徐泾东站站点压力较大,尤其是离场高峰时段,存在站外长时间排队现象,乘客体验度降低(图 11-6)。2017 年 12 月 30 日,轨道交通 17 号线一期工程开通,为了缓解高峰客流通行压力,一条从地铁诸光路站 2 号口直通国展中心的长廊正式启用,与 2 号口地面路线形成了前往国家会展中心的"两翼",为满足展会客流的出行需求,17 号线配置充足运力,高峰时段达到 4 min 一班列车。

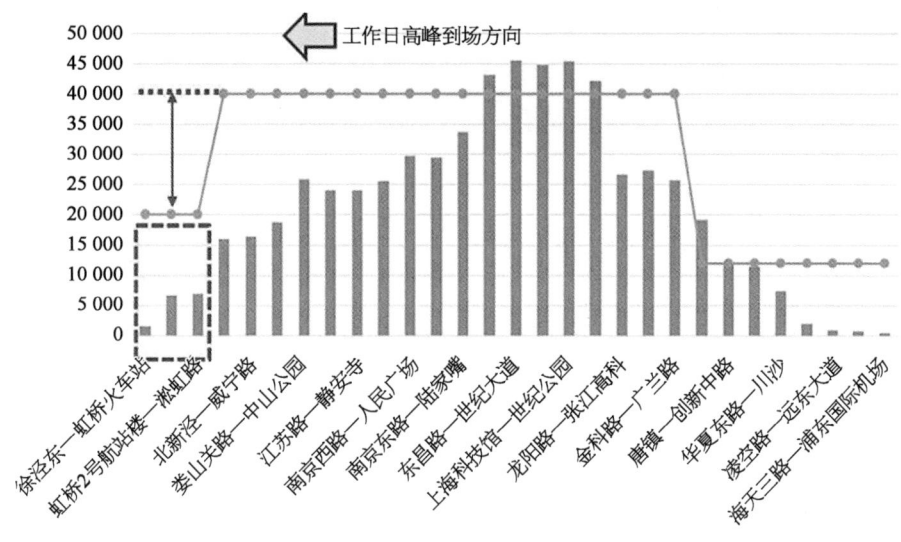

图 11-6　二号线日常断面客流

（3）道路交通　展会期间存在道路流量不均衡现象，展会流量大多集中于延安路高架—G50—嘉闵高架通道，同常态交通叠加加剧通道压力；由于国家会展中心围合的四条边界地面道路（诸光路、崧泽大道、盈港东路、涞港路）承担了进出停车场的交通流量，部分路段高峰出现阶段性拥挤（图 11-7）。

图 11-7　地面道路手会展车流影响较大的路段

（4）停车场库　国展中心周边的虹桥高铁站、T2 航站楼分别配套 2 962 个和 3 835 个停车位，受部分车辆长时间停车影响，枢纽主要停车库 13:00—14:00 经常停满。此外，由于规划的专用停车场建设滞后，停车矛盾突出，需采取临时停车场与常态化停车场共享相结合的方式弥补空缺。如 2017 年车展,总计停车近 11 万车次,最大日逾 1.5 万车次,准备的 1.4 万个停车泊位基本能满足需求,但存在利用率不均现象,距离会展较近的停车场利用率较高,距离较远的利用率较低。

(5) 公交和出租车　大型展会期间场馆提供离场临时接驳公交服务,将客流疏散至附近轨道交通站点,但受制于道路条件和站点的位置,运行效率低,步行距离长,吸引力不佳;场馆内外各种临时交通设施的指引不够,如接驳公交站点、出租车上客点、二层步廊、停车场等;集约化团队巴士组织力度不够,小汽车方式占比较高,团队巴士在过往展会中占比不高。

在总结既往展会客流特点、运行情况、保障经验的基础上,结合进博会周边交通运行现状的特点,应当采用以下交通保障策略:① 多点联动保障,国展中心毗邻虹桥枢纽、虹桥商务区核心区等重要交通节点,同时又处于重要交通通道,对于单点拥堵的控制管理极易造成拥堵外溢,引起更大范围的拥堵。因此,针对某一吸引点的交通管理在整体上无法取得显著效果。需在交通管理方面统筹管理、协同保障。② 倡导公共交通,国展中心周边道路资源紧张,停车资源有限,出行仍应以公交、地铁等集约化交通方式为主。国展中心、虹桥枢纽、虹桥商务区核心区需统筹协调,进一步提升公共交通分担率。③ 分散均衡客流,国展中心周边 G50—延安高架通道、轨道交通 2 号线徐泾东站是最主要的地区交通瓶颈点,一旦发生大面积长时间拥堵必然会蔓延至片区范围甚至全市范围,需重点进行多通道、多路径的分散引导。此外,小汽车和轨道交通作为地区最主要的交通方式,叠加后进博会将承受更大客流压力,需考虑结合进博会客流特点,尽量组织、引导采取其他交通方式到离场馆,缓解道路和轨道交通压力,同时也能进一步缓解瓶颈点压力。如何进行多通道、多路径、多方式保障,实现客流的均衡以充分保障设施的高效运用,是进博会交通保障工作的又一大挑战。④ 实行精细化管理,加强统筹管理实现场馆内、外有效衔接。建立指挥体系,通过场馆内外停车设施联动控制、客流信息联动管理及轨道交通车站内外客流联动引导等实现各交通设施的有效衔接。

根据进博会交通保障策略,结合各交通子系统特点,构建了涵盖客运、道路、信息、综合管理四方面保障方案。其中,多层次、集约化客运保障系统包括轨道交通、地面公交、团队巴士、出租车等客运服务方案;分散引导、需求可控的道路保障系统包括控制小汽车出行、分散引导车辆到离路径等;全面感知、个性服务的信息保障系统包括信息平台、指挥体系、信息发布等;协调运作、多措并举的综合管理保障系统包括同安保交警、旅游接待、票务活动等方案及时的沟通联动工作[2]。

（1）构建多层次、集约化客运集散系统　为营造更好周边交通环境,保障更多参展客流,需要进一步提高集约方式比重。构建以轨道交通为主体,地面公交为辅,出租车为补充,团队巴士发挥重要作用的客运系统。通过加强轨道交通分流引导组织、开设公交枢纽临时接驳公交提升吸引力、提高团队巴士的组织力度等方式,进一步提高集约交通分担率。

（2）构建分散引导、需求可控的道路保障系统　控制小汽车需求总量,均衡道路流量分布。鼓励专业客流通过社会大巴有组织地入场;加强宣传,引导公众通过公共交通方式参展,努力提升集约交通出行意愿。同时实施停车场预约管理,以静制动,控制小汽车需求。引导车辆多路径入场和离场,发挥嘉闵高架、G15 的扩散作用,减轻 G2、G50—延安路高架瓶颈段压力。加强对沪青平公路、北青公路—北翟路等常规拥挤区段的精细管理,展会期间要有效疏导诸光路、崧泽大道、盈港东路及沪青平公路部分拥挤路段。

（3）构建全面感知、个性服务的信息保障系统　搭建和完善交通信息监测和服务平台,全面采集各种交通方式运行和客流信息,支撑交通管理和公众信息服务。以平台为基础,对于管理者,构建指挥体系,提供实时、全面信息支持和辅助决策;对于公众,提供全过程、多样化、人性化信息服务,通过 App、电子地图导航等信息化方式,结合道路静态引导标志、动态情报板等多种信息发布形式,让公众准确有效便捷地获得出行信息,也便于管理方进行控制和引导。

（4）构建协调运作、多措并举的综合管理保障系统　交通保障工作还同票务、安保、接待等方面紧密联系。通过衔接安保管控方案、协调展会物流组织方案、统筹制定虹桥商务区需求引导和管控措施、协调接待酒店组织方案、跟踪票务方案和客流需求等,多方面举措、多部门协作共同完成交通保障工作。

参考文献

[1] 薛美根,谢恩怡,朱洪. 首届中国国际进口博览会交通保障方案研究[J]. 交通与运输,2018,34(6): 3.
[2] 谢恩怡,朱洪. 中国国际进口博览会交通承载力分析及保障方案设想[C]. 创新驱动与智慧发展——2018 年中国城市交通规划年会论文集,2018.

第 12 章 交通大数据服务模式创新与实践

交通大数据资源中心和交通大数据服务平台的建设,标志着交通数据在规模、数据范围的扩大和政企数据融合方面迈出了新的步伐,数据资源更加丰富。这些数据为政府进一步加强交通决策管理、向公众提供出行信息服务、研究机构探索研究解决交通拥堵技术方案及企业拓展交通信息服务市场等都将起到重要支撑作用。

但是,数据要经过加工才能成为有价值的信息资源,加工后的数据信息资源只有通过交换、共享、开放甚至交易等一定的流通方式,才能发挥其应有的价值和作用。因此,在交通数据资源日益丰富的情况下,研究如何充分利用好这些数据的服务模式,从而实现交通数据资源价值,促进交通信息服务产业链全面形成,更好地为政府交通决策管理、公众出行服务和企业交通信息服务市场扩展等,是摆在我们面前的一项重要课题,开展这方面的研究,显得尤为必要和紧迫。

12.1 大数据服务模式现状及存在问题

在当前大数据时代背景下,海量数据所产生的价值不仅能为企业带来商业价值,也能为社会产生巨大的社会价值。随着智能交通技术的不断发展,凭借各种交通数据采集系统,交通领域积累的数据规模膨大,飞机、列车、水陆路运输逐年累计的数据从过去 TB 级别达到目前 PB 级别,同时伴随近几年大数据分析、挖掘等技术迅速发展,对海量的交通数据进行挖掘分析是交通领域发展的重要方向,得到了多地政府和企业的高度重视。

在大数据时代,大数据在其他领域当中已经被广泛使用,自然少不了在大数据时代下对于服务模式的创新。例如,大数据推动数字档案馆、数字图书馆信息服务理念变革、资源丰富、技术提升、策略调整,进而促成包括基于资源整合的一站式服务、基于需求感知的分众服务、基于数据挖掘的智慧服务、基于数据共享的众包服务等类型的数字档案馆信息服务模式的建立。

电子商务作为近几年十分火爆的行业,与大数据的结合是必然的。传统的服务模式肯定不能满足这一新兴的行业。电子商务企业服务模式的三维分析模型,包括个性化导购服务、垂直细分领域服务及数据产品服务三种新型的电子商务服务模式。

在交通领域,从 20 世纪 80 年代开始,上海市级层面开展了一系列交通信息化基础工程建设,通过政府职能汇聚了来自上海市交通委路政、交警、机场、铁路、码头等交通管理行业的道路交通、公共交通、对外交通等各类交通信息数据共 230 多项。这些数据来自 5.8 万组感应线圈、2.5 万辆 GPS 浮动车、300 余组车牌识别断面、中国移动手机用户等动态交通数据采集装置,以及对 1 000 多条公交线路、14 条轨道交通线路、700 多个社会停车场库、2 个国际机场、3 座铁路客运站的线路分布、实时泊位、航班等动静态数据的采集,数据范围覆盖全市域 3 张路网、公共交通、对外交通等重要交通枢纽和公交线路等。交通综合信息平台所汇聚整合的数据不仅种类多样,来源多样,数据量也巨大。交通综合信息平台移动前端交通信息处理系统每天存储的手机信令、GPS 数据量为 150 GB,交通综合信息平台每天存储的结果数据量为 30 GB,交通综合信息平台系统的二级行业平台,如市交通委路政局、交警二级平台每天存储的视频信息数据量为 450 TB,整个交通综合信息平台系统所汇聚整合的数据,形成大而复杂的数据集,是目前全国规模最大的交通综合信息平台之一。

政府部门通过现有的一些网站或平台形成数据服务模式的初级形式,包括各领域数据供应与流通、提供专业领域的数据及简单应用服务、单纯提供计算服务模式、企业自己提供数据和服务的平台 4 类数据服务模式。

(1)各领域数据供应与流通　只提供(简单加工过的)数据,如 data.gov、数据堂、聚合数据。这些平台一般不提供复杂的数据挖掘和计算功能。上海市政府于 2012 年 6 月在国内率先创立了上海市公共数据开放平台[1],向社会提供政府数据资源的浏览、查询、下载等基本服务,同时汇聚发布基于政府数据资源开发的应用程序等增值服务。截至 2021 年底,已开放 51 个数据部门,100 个数据开放机构,5 893 个数据集(其中包含 2 671 个数据接口),58 个数据应用,49 165 个数据项,超过 10 亿条数据[1]。

(2)提供专业领域的数据及简单应用服务　提供专业领域的数据及简单应用服务。如 GenBank,既可以下载数据,也可以用网站提供的检索功能。

（3）单纯提供计算服务模式　以提供云计算环境为主，附带提供仅转换格式的原始数据集。如 AWS。这些平台提供数据的目的仅仅是为了方便用户使用他们的云平台。

（4）企业自己提供数据和服务的平台　为企业自己提供数据和服务的平台。如百度、阿里巴巴等。虽然用户可以注册和有条件地使用企业提供的数据，但本质上还是在拓展企业为用户提供的服务内容，而不是利用企业数据为自己的其他业务需求服务。

同时，随着交通信息化产业和智能交通行业的发展，大量的交通设施设备及交通咨询决策公司企业，以及交通信息服务运营商等社会力量，也累积了大量交通系统资源，探索了一些新的服务模式。

（1）授权许可模式　由数据使用者来付费，一个使用者必须拥有一个许可证（License）才能使用数据。授权许可模式主要针对终端用户，通常是与车厂合作，提供在线服务，按终端数量及按服务内容收费。

（2）年费模式　年费模式主要针对交通应用开发商或导航软件厂商等，双方签订合同，根据合同约定的年限和收费标准收费。年费模式下，不再约束使用基于交通数据开发的应用的用户也需要有数据的授权许可证。

（3）项目开发模式　以合作完成项目的方式，提供交通数据给合作方，通常还会与合作方共同完成开发工作。

（4）资源互换模式　根据自愿原则，通过协议，与其他数据拥有者进行资源互换，按年或按规定收费。

综上，上海交通数据资源的服务模式尚处于较初级的阶段，制约其发展的问题主要包括以下 3 个方面。

（1）交通信息资源权属难以界定　目前，上海交通综合信息平台作为政府投入建设的交通信息数据汇聚、处理和提供发布中心，汇聚的交通数据，既有来自政府财政投入的重大交通信息化工程建成后所采集、汇聚的交通数据，如线圈采集的流量、速度等数据，或通过政府部门采购的交通数据，如向出租车公司购买的 GPS 数据，也有企业向政府部门提供的数据，如申通地铁、巴士公司等向政府管理部门提供的客流量等数据，这些数据，经政府事业单位及由部分企业协助处理、加工后，形成融合的信息资源，但这些信息资源的权属就难以界定，为后期开展交通信息服务带来一定的困难。

（2）政府交通数据开放处理投入难以为继　政府交通数据管理与企业商用对系统和数据的运行保障、数据质量的要求差异极大，直接开放政府管理系统的数据给企业，企业无能力直接开展服务应用，数据商用前的数据清洗、规范化处理及日常保障，需要政府持续投入。当前的体制、机制，尚不能全部满足。

（3）企业交通信息服务盈利难　交通数据良性商用和获得利润需要企业有能力提供高质量、有价值服务，这样的企业必须具备专业的技术、雄厚的资金和科学的管理。在当前的中国，交通信息服务商用盈利模式仍在摸索，这样的企业更是凤毛麟角。

信息服务所需的地图产品、通信管道的垄断性、交通信息服务全国性要求与交通信息化水平的地域性差异因素，皆制约着企业投资交通信息服务的热情和动力，同时也直接制约着信息开放和使用的效果。

12.2　上海交通大数据应用服务模式研究

上海市交通大数据来源于道路交通、公共交通等交通领域和移动通信、土地利用等相关领域(一些典型的如移动通信数据、高速公路收费流水、运营车辆GPS数据、轨道交通自动售票系统及交通卡刷卡记录等)。

2015年8月，上海将首次开放十大领域、总容量达上千GB的交通大数据，包括城市道路交通指数、地铁运行数据、一卡通乘客刷卡数据、浦东公交车实时数据、强生出租车行车数据、空气质量状况、气象数据、道路事故数据等，面向全球征集改善城市交通、便利市民出行、创新商业模式的应用程序和解决方案。

2015年，上海市城乡建设和交通发展研究院、复旦大学等单位联合成立攻关团队，研究了城市交通大数据应用关键技术和服务模式，形成了上海交通大数据应用服务体系——"3+1+1"，即分类提供、按需处理和多边交换3种服务模式，1个数据交易中心，最后形成1个数据魔方。

12.2.1　交通大数据应用服务模式研究目标

交通大数据应用服务模式的研究目标，是四个方面的革新。

（1）解决行政区域限制问题　行政区域的划分是中国为了有效统治和管理各个区域的一种措施，这种措施导致各个地方政府为达到各自管辖区域利益的最大化，使交通数据处于碎片化、割裂化状态。而交通大数据的虚拟性，有利于其信息跨越区域管理。

（2）交通信息集成，提高组合效率　中国大部分城市的各类交通运输管理主体分散在不同部门，呈现出交通数据孤立、分裂现象。涉及交通的有关部门都有自己的信息管理系统，但这些数据信息通常只存在于垂直业务和单一应用中，与邻近业务系统缺乏数据互通共享，这种现象造成交通数据分散、内容单一等多种问题。大数据有助于建立综合性立体的交通信息体系,通过将不同范围、不同区域、不同领域的交通数据加以综合,构建综合交通信息集成模式,发挥整体性交通功能,从而创造新价值。

(3) 可以配置交通资源　传统的交通管理主要依靠人工方式进行规划和管理,难以实现交通动态化管理。通过对交通大数据分析,可以辅助交通管理制定出合理的解决方案。一方面可以减少交通部门运营的人力物力成本,另一方面可以提升交通数据信息的合理利用。

(4) 提升交通预测能力　传统的改善交通问题是加大基础设施投入,增加道路里程来提高交通运行能力,但这种做法不仅会受到土地资源的限制,而且规划的方案是否能满足交通远景需求有待商榷。通过大数据技术对各个交通部门数据进行准确提炼和构建预测模型后,可以对交通未来运行状态有效模拟;在交通实时预测领域,大数据快速处理信息能力,对于车辆碰撞、车辆换道、驾驶员行为状态检测等有较高的预测性。

12.2.2　交通大数据使用对象

交通大数据的使用对象主要分为管理部门、企业、公众和研究单位等四个大类。

1) 管理部门

政府使用交通大数据职能主要是:提供数据按需加工(统计报表、挖掘分析报告等);为城市规划、交通规划等定制复杂统计分析模型;计算租用及模型委托计算。

政府部门在数据占有方面,无疑具有天然的优势。大数据有多个来源,包括互联网、产业部门、视频、电子邮件和社交媒体。许多白皮书、期刊论文和商业报告已经提出了政府利用大数据,帮助其服务公众和应对传统挑战(如医疗成本上升、创造就业、自然灾害和恐怖主义等)的路径。

有专门的统计部门进行相关工作,日常工作中也积累了大量与社会经济生活、交通息息相关的数据。从大数据的角度看来,这些数据有着无比巨大的价值,能产生惊人的效用。比如,某导航公司将上海公开的两万多条地理位置信息用于地图编制与更新,服务了上亿用户。北京也结合政务数据和社会力量,开发出"游北京"和"爱健康"两个应用程序,提供餐饮旅游和卫生保健指南。大数据应用领先的国家已实施大数据应用项目,以提高国家运行效率、透明度、民众福利和公共事务参与度,确保经济增长和国家安全。

大数据时代到来,政府正该把握住这一时代潮流,将大数据运用到交通方面,在领跑中彰显以人为本的执政理念、与时俱进的执政风格和改革创新的执政品质。分析各国政府部门采用的大数据应用项目,提供未来大数据行动的引导。

智能交通综合信息管理平台通过准确预测交通流速和流量,显著提升了高峰时段车辆的通行效率。政府领跑大数据时代,公开数据是第一步。大数据不仅是技术变革,更是一场社会变革,必然伴随公共管理与公共服务领域的变革。要想大数据真能改进政府运作效率,政府必须发展新的能力,并采用新技术(比如分布式和非结构化查询语言),通过数据组织和分析,将大数据转变为有用的信息。很大程度上,大数据就是政府治理现代化的一条技术路径,具有催生管理革命的效果,也必将给政府职能转变和机构改革带来新的气象。

政府在应用大数据时,不仅要处理多个来源、不同格式数据集成等一般问题,而且还面临一些特殊挑战。第一个挑战是数据搜集。政府搜集的数据不仅来自多种渠道(如社交网络、互联网、众包),也来自不同的来源(如国家、机构和部门),搜集难度可想而知。第二个挑战是在国家之间分享数据和信息。跨国分享信息,由于涉及语言转换和不同的文化背景(内容的表现形式),分享和传递的信息有可能失真。第三个挑战是在一个国家不同的政府部门和机构之间分享数据。政府(包括中央政府和地方政府)在实施法律和规章、提供公共服务和监管交通的过程中积累了大量数据。这些数据的属性、价值和带来的挑战,都不同于公司运营中产生的数据。政府的大数据特征属性可以表述为存储、安全和多样性。通常,每个政府机构或部门都有自己的存储机构,用于存储公共或机密信息,而且并不愿意分享各自的专有信息。

每个系统都保存有与其他系统隔绝的信息,这使得政府机构和部门之间的数据集成更加复杂,彼此沟通的失败有时是影响数据集成的重要原因。另一个分享政府信息的挑战是建立统一的数据格式,能够允许不同机构进行分析。尽管大部分政府数据是结构化的,但是从多种渠道和来源去搜集数据仍然是一个更大的困难。缺乏标准化的数据格式和软件,以及从多个政府机构的离散数据库中提取有用信息的跨机构解决方法,也是政府推进交通大数据应用面临的挑战。但由于政府的紧缩措施,导致其缺乏相应资金去发展和推进解决上述问题。

在使用大数据时,政府必须解决相关的法律、安全和许可要求等问题。在搜集和使用大数据用于预测分析与保障公民隐私权之间,应该有一条清晰的界限。

在美国,美国爱国者法案允许合法监控,有时还可以监控公民;电子通信隐私法案允许相关部门不经授权便可进入电子邮件系统;要对网络情报共享和保护法案加以注意,它将允许安全机构和私人网络公司之间的信息共享,这增加了人们对误解信息不适当应用的关注。

数据安全是政府大数据最基本的属性,因此,搜集、存储和使用大数据都需要特别注意。然而,目前大部分大数据技术,包括 Casandra 数据库和分布式技术,都缺乏足够的安全保护工具。对政府而言,确保安全是又一个挑战。

交通管理部门在数据方面的功能是:提供数据(实时)交互访问;信息推送、定期上报;计算租用及模型委托计算。

大数据的应用对于交通管理部门是一种非常好的工具,也会提升管理部门的效率和能力。目前,大数据在交通管理中的应用主要有四种方式。

(1) 公共交通部门发行的一卡通大量使用,积累了乘客出行的海量数据,由此可计算出分时段、分路段、分人群的交通出行参数,甚至可以创建公共交通模型,有针对性地采取措施提前制定各种情况下的应对预案,科学地分配运力。

(2) 交通管理部门在道路上预埋或预设物联网传感器,实时收集车流量、客流量信息,结合各种道路监控设施及交警指挥控制系统数据,由此形成智慧交通管理系统,有利于交通管理部门提高道路管理能力,制定疏散和管制措施预案,提前预警和疏导交通。

(3) 通过卫星地图数据对城市道路的交通情况进行分析,得到道路交通的实时数据,这些数据可以供交通管理部门使用,也可以发布在各种数字终端供出行人员参考,来决定自己的行车路线和道路规划。

(4) 通过出租车车载终端或数据采集系统提供的实时数据,随时了解城市主要道路的交通路况,而长期积累下的这类数据就形成了城市区域内交通的热力图,进而能够分析得出什么时段的哪些地段拥堵严重,为出行提供参考。

2) 企业

虽然企业和政府的主要任务并不冲突,但各自的举措具有不同的目标和价值。企业的主要目标是通过提供产品和服务获取利润,发展或维持自身的竞争优势,创造令消费者和其他利益相关者满意的价值。政府的主要目标则是维持国内稳定,实现可持续发展,确保公民的基本权利,改善国民福利和促进经济增长。

在竞争的市场环境下,大部分企业着眼于制定短期决策,并且执行人员数量也很有限。而政府的决策制定过程通常需要更长的时间,经过不同群体(包括官员、利益集团和普通民众)反复讨论和磋商,在彼此间达成一致后才能有最终结果。因此,政府制定决策要完成很多程序性步骤,以降低决策风险,提高决策效率和确保其效果。由此看来,大数据在政府部门的应用与企业的应用具有很大不同。

智能交通系统作为未来交通系统的发展方向,是将先进的信息技术、数据通信传输技术、电子传感技术、控制技术及计算机技术等有效地集成运用于交通管理之中,从而建立一种在大范围内、全方位发挥作用的,实时、准确、高效的综合交通运输管理系统。智能交通系统综合了交通工程、信息工程,通信技术、控制工程、计算机技术等众多科学领域的成果,可以有效地利用现有交通设施、减少交通负荷和环境污染、保证交通安全、提高运输效率。而它的关键支撑就在于新一代的信息技术:移动通信、宽带网、RFID、传感器、云计算,这些技术必然是智能交通的核心元素。

目前大数据处理已在金融、物流、医疗、电力、零售业及公共服务等领域形成了众多应用成果。紧密的产学研合作,将是大数据产业联盟的重要运作模式。交通业是大数据产生和分析应用的大户。特别是复旦大学在数据分析、数据挖掘和数据集成与应用方面,拥有学科、人才和技术优势。大数据产业的发展,要集合高校、企业和科研院所的力量,建立以企业为主体、市场为导向的创新体制。争取创新成果,并迅速实现产业化。关键是从行业入手,在大数据处理及应用的共性技术方面取得突破,可考虑做两件事:一是建立面向交通大数据领域的公共研发技术平台,二是引进高层次研发团队,实现资源整合、研发创新。应抓住机遇,持续推进交通大数据技术创新、业务模式创新和服务模式的创新,更好地实现大数据技术、应用和市场的整合,促进产业链上下游企业间的协同与合作,推动上海市互联网产业和软件与信息服务业的大发展。

3) 公众

智能手机已经很普及,多数智能手机用户都会使用地图应用,于是始终打开GPS或北斗定位系统,地图提供商将收集到的这些数据进行大数据分析,由此就可以分析出实时的道路交通拥堵状况、出行流动趋势或特定区域的人员聚集程度,这些数据公布之后会给出行提供参考。

以车联网为例,一个城市,如果把车和车,车和道路充分链接到位,理论上可以大幅提升这个城市道路通行能力,有助于提升道路交通信息的透明度,也对缓解交通拥堵有所帮助,但如果就此认为,大数据可以解决交通拥堵问题,那就是文不对题了。

交通拥堵的核心是通行能力与通行需求不匹配,可能是常态化的道路资源不够,也可能是瞬时车流高峰导致的不协调,但就一般情况而言,多数的城市或郊区道路拥堵都无法通过大数据的交通信息公开来缓解。

其他交通领域也一样,大数据的交通信息公开会带来交通流量的透明化,而大家同样的选择会导致下一个交通拥堵的出现,景点的热力图也只代表现在,如果大家都得到同样的信息,结果冷点就会很快变成热点。当然,饭店可能是个例外,如果发布的某个饭店排队人数多,很可能导致的是这个饭店的排队人数更多。

通常来说，单一个体的出行是随机和不可控的，而一旦每个交通参与者通过某种方式连接起来形成一个大的可实时分享交通信息的群体，那么这个群体就具备了某种智能，通过互相影响来达到自我调校和自我优化，而结果一定会朝着减轻拥堵的方向发展。在现代移动互联网状态下，每位终端用户既是交通信息的生成者，又是交通信息的提供者，从而以互联网彼此连接、相互影响，但这种交通智能对交通拥堵的缓解起不到多大的作用。

大数据在交通上的应用并非将交通大数据变成公共知识，公共知识状态的交通信息会导致出行博弈的混乱，对缓解交通状况不会有任何的帮助。大数据对交通管理有用，但这样的大数据是在小规模的管理中枢来应用，一旦变成全民共享，就会变成出行游戏。

公众作为交通大数据的使用者：① 提供移动终端的信息推送，② 对车载系统、其他应用软件的功能支撑，支持第三方利用数据魔方所提供的数据处理挖掘能力服务公众。

4) 研究单位

科研院所的功能有：供原始数据和加工后的数据；提供数据咨询/系统验证；支撑第三方应用二次开发；数据多边交换；数据托管；应用托管运行。

实施交通大数据应用示范工程，建设大数据公共服务平台，在摸索大数据管理经验的同时，促进大数据技术成果惠及民生；在进一步加大对大数据技术研发的支持力度，聚集产学研力量，加强系统性大数据技术研发的同时，加快大数据专业人才的培养，采用对外引进、重点培养、技术培训等多种方式集聚大数据专业人才。

12.2.3　三种服务模式

交通大数据有三种服务模式：分类提供、按需处理和多边交换。

(1) 分类提供　按统一标准、流程和算法，分类、分级提供数据和信息。包括：原始数据，供数据实验室、研究机构、大学等；加工后的数据，供交通信息服务企业等细分加工；应用信息，向政府部门提供交通指数信息等。

(2) 按需处理　按需求委托或自行处理。包括：委托加工，需方自编程序，数据方提供数据和运行环境，需方获取结果数据信息；有限DIY，数据方在有限时段内，开放有限数据和运算空间，需求方通过网络在数据方环境中自行处理、运算，获取结果数据信息。

(3) 多边交换　或称为小众共享。在有限范围内，以及符合各方需求、满足各方共同利益前提下，交换共享各自数据。如交通、规划、气象、环境、汽车等行业范围内的数据多边交换。

1）交通大数据分类提供服务模式

信息安全国际标准认为，不同数据的重要性各不相同；数据分类分级是安全风险评估流程中的一个重要组成；手工分类分级方法对政府和企业中的大量数据束手无策；应用自然语言处理和机器学习的产品解决了基于内容识别的智能自动的数据分类分级的难题。

美国联邦金融机构研究委员会的合规指南要求，数据分类必须是风险评估流程中的一个组成部分。某些数据与其他数据相比更为敏感。高价值的数据显然需要更严格的保护机制。

根据价值和风险保护，数据关键数据是政府和企业的核心信息资产。如今，网络攻击者的主要目的是获取敏感数据。大多数机关和企业的数据安全管理比较混乱，经常把重要的和非重要的数据存储在一起并同时使用，只采取相同或相似的保护措施，保护粒度较粗，给数据安全带来了极大的隐患。一旦敏感数据落入居心叵测的人手中，将会严重影响机关企事业单位的利益，甚至国家安全。行业监管、政府管理法规和上级单位都要求并强制实施数据安全保护。

交通大数据分类提供是指按统一标准、流程和算法，分类、分级提供数据和信息。包括提供原始数据、提供加工数据及提供应用信息等三大类。

（1）提供原始数据　通常认为数据与信息的区别在于：信息是经过加工处理之后的数据，而数据则是未经加工的。按照这种标准，数据，或称之为原始数据（raw data），需要经过筛选、转换、组织，然后按照一定的格式进行整理才能成为信息。如果不经过处理，这些数据并不能产生什么信息。

对于数据实验室、研究机构、高校等，以开放研究、前沿技术研究为主的单位，宜直接将原始采集的交通大数据或经过简单清洗的交通大数据提供给他们，以便在原始数据上研发更先进的处理技术和方法。

（2）提供加工数据　数据加工/分析处理服务是大数据应用环境目前正在不断加强的一类服务。数据加工/分析处理服务指的是利用数据应用环境中的数据处理软硬件资源，针对用户的需求，对有关数据进行加工或分析处理，并将得到的数据加工产品或分析处理结果以合适的方式提供给用户的服务。通过这类服务，可以减轻用户在本地数据处理软硬件资源上的时间、资金投入，从而可以更加关注科学研究问题本身。

针对其他行业研究机构和科研人员、交通信息服务企业等，可提供多种类型、细分的数据加工/分析处理服务。一般而言，可向用户提供两种形式的数据加工/分析处理服务。一是以硬件环境为主的服务，指的是数据应用环境为用户提供满足其需求的数据处理节点、相应的存储空间及通用基础软件,用户无需购买在本地部署的硬件设施和资源,而是在数据应用环境为其提供的这些资源的基础上部署其专用的数据管理和分析处理软件,执行数据分析处理任务,完成其相应的研究工作。二是以数据分析处理整体环境为主的服务:用户无需关注背后的软硬件设施,可以方便地在相应系统的面向科研人员的用户界面上提交数据加工或分析处理任务或操作命令,系统为用户返回数据加工产品或分析处理结果。

(3) 提供应用信息　针对政府部门、交通管理部门、公众等缺乏研发能力或是不关注于交通大数据应用服务研发的用户,直接提供经过平台分析处理后的各类交通信息,如城市交通指数、短时拥堵预测结果等。提供的数据内容主要以动态交通信息的二次加工数据和交通指数等数据产品为主,真正实现了跨领域跨部门跨地域的交通信息服务。

2) 交通大数据按需处理服务模式

科学分析交通管理体系成为改善城市交通的关键,为缓解巨大的城市交通压力,传统的思维模式是通过加大基础设施投入来改善交通拥堵,但这种解决模式因受到土地资源的限制,在一定程度局限性较大,且不利于交通发展、城市空间发展及土地利用发展这三者之间的整合。现阶段公共交通系统已产生海量的数据,将这些海量、分散、异构的信息资源集成起来,达到共享、融合并形成一定的应用模式,从中分析和挖掘出潜在的价值,去解决公共交通的瓶颈问题,是将大数据应用于公共交通领域的重要举措。传统的异构数据集成方法无法适应海量数据条件下对数据的集成,因此,在大数据时代针对公共交通架构平台问题的研究具有一定的理论价值和实践意义。

大数据可能带来的巨大价值已被企业和政府高度重视。城市公共交通作为关系人民群众"行有所乘"的重大民生工程,直接影响着广大人民群众的生活质量。针对公共交通数据海量、分散、多源、异构等问题采用了数据仓库、SOA 和 Portal 的集成方式,在跨公司、跨平台现状下,以数据为线索逐级分层,构建了公共交通大数据平台架构。通过大数据来解决制约城市公共交通的瓶颈问题是新时期我们改善公共交通问题的新方式,同时也为构建智能交通、智慧城市提供技术基础支撑。按需处理主要包括以下两类。

(1) 委托加工　需方自编程序,数据方提供数据和运行环境,需方获取结果数据信息。加工数据,主要面向交通信息服务企业等细分加工,在原始数据的基础上二次加工或挖掘统计形成各种评价分析数据。

(2) 有限 DIY　数据方在有限时段内,开放有限数据和运算空间,需方通过网络在数据方环境中自行处理、运算,获取结果数据信息。

按需服务模式提供者基于大数据技术，对外提供服务，当面向的是企业或者公共政府部门时，通常提供数据分析结果的服务；而面向企业用户时，主要提供基于数据分析的服务。

除了政府部门，社会咨询服务提供者也是交通大数据按需服务者的主体，他们通过提供技术服务支持、技术（方法、商业等）咨询，或者为企业提供类似数据科学家的咨询服务。咨询服务提供者一般会利用一些商业模式，通过大量数据支持，对数据进行挖掘分析后预测相关主体的行为以开展业务，以及利用数据挖掘技术帮助客户开拓精准营销或者新业务，有时企业收入来自客户增值部分的分成。

运营商是咨询服务提供者中一类特殊的角色，既是服务的提供者，又是源数据采集者，数据的汇聚者，可以提供对外数据服务，通过采集的数据，快速整合以后提供数据服务，利用开发一些工具、分析数据来做方案咨询。

运营商作为大数据收集者可以做数据即服务（DaaS 服务），想要增值这些数据，可以通过把数据加工、汇集、分析以后提供逐条或者批量访问接口，定价模式，按照数据规模、价值频次收费。缺点是出售原材料，未能充分发挥数据价值，有较大隐私泄露风险。

还可以依托移动云平台，提供平台即服务（PaaS 服务），托管用户数据，提供计算能力，提供数据处理工具，定价按照云计算模式收费，不足在于没有利用大数据来增加云计算的价值。

任何服务模式，不可能一劳永逸。在云计算的环境下，基于交通大数据的服务模式，视软件为工具，可按需服务，形成广大的用户群，通过建立信息服务平台，用新的理念，进行新的整合，是在大数据时代可采取的一种创新路径。

3）交通大数据多边交换服务模式

多边交换又称为小众共享，是指在有限范围内，以及符合各方需求、满足各方共同利益前提下，交换共享各自数据。如交通、规划、气象、环境、汽车等行业范围内的数据多边交换。

数据多边交换解决了交换的实时性、数据的准确性、传输的可靠性、大数据量传输、功能的完备性、接口的可配性、交换的可控性等问题，可满足当前交通多机构之间的协同作业的需求、城市级信息资源共享与利用的需求等。

通过打破领域和专业的界限，整合数据资源和各方力量，形成跨领域、跨行业的数据关联挖掘体系，有助于对数据的深度利用和增值服务。例如基于历史数据，对各类气象条件对交通的影响程度进行量化分析，分析各类交通黑点，对管理者和公众进行信息发布；根据天气预报信息，实现道路交通指数的精细化预测；实现科学治理道路拥堵、科学信息诱导出行，降低交通运行对环境产生的影响等,是交通大数据多边交换服务模式的重要应用方向。

数据多边交换需要建立一个数据多边交换共享平台。平台应包括五大组成部分:

(1) 数据交换总控设备　广域资源共享与数据交换网络中的总控系统,提供统一配置、统一监控、统一跟踪、统一管理等功能,它部署在资源共享与数据交换总控中心。

(2) 数据交换网关设备　广域资源共享与数据交换网络中的节点设备,亦称为数据交换前置设备,它部署在业务互联部门。

(3) 数据桥接器　一种数据抽取、转换、同步工具软件,主要实现业务互联部门的业务系统与网关之间的桥接,代替数据交换网关与业务互联部门的业务系统的接口开发。

(4) 云共享服务总线设备　一款工业级、高性能的、嵌入式设备,主要提供:服务代理、消息中介、事件代理、任务调度、服务监控、服务管理等核心功能,能够同时挂接 SOAP、REST 两种类型的 Web 服务,是实现广域服务共享、跨部门业务关联互动、综合应用整合的基础,它部署在资源共享与数据交换总控中心。

(5) 云服务生成器　一款符合 SOA 架构思想,用于发布生成并运行基础源服务的中间件产品,它既是开发工具,也是容器。

多边共享交换平台深入解决了数据交换和资源共享的一体化设计问题,既支持跨部门、多层级的数据交换,提供数据抽取、转换、传输、控制、监控和管理功能,又支持跨部门信息资源共享,提供共享服务生成、发布和治理等功能,使数据交换和资源共享两方面的功能有机地结合在一起,全面支持区域级交通大数据应用的构建。尤其针对传统 B2B 模式的企业与企业之间的数据交换服务,使得企业内部网和企业的产品及服务与客户紧密结合起来,通过专用网络或 Internet 的快速反应,进行数据信息的交换、传递,开展更加直接和灵活的交易活动,为客户提供更好的服务,从而促进企业的业务发展。

12.2.4　一个交易中心

交通大数据还可以通过交易产生价值,可借助已成立的上海数据交易中心有限公司提供数据交易服务。

上海数据交易中心有限公司(以下简称"上海数据交易中心")于 2016 年 4 月成立,是经上海市人民政府批准,上海市经济和信息化委员会、上海市商务委员会联合批复成立的国有控股科技创新企业(沪经信推〔2016〕19 号)。作为上海市大数据发展"交易机构+创新基地+产业基金+发展联盟+研究中心"五位一体规划布局内的重要商业机构，承担着促进商业数据流通、跨区域的机构合作和数据互联、政府数据与商业数据融合应用等工作。

在交易系统的数据互联流程中，注册成功的会员可以通过交易系统对接需求、生成订单并进行数据配送，还提供账务清算服务。在需求对接部分，对于数据供应方而言，需要在数据标签库中选取可以提供的可供应标签数据产品，添加主体标识、维度主键、标签赋值、供应限度、时间约束、价格约束统六要素中对应的数据属性描述，形成挂牌后的可供应数据产品。数据需求方可在交易大厅中查询所有数据供应方已挂牌的可供应产品，并根据自身需求将所需产品加入购物车，系统将自动生成针对各数据供应方的购买订单请求。经过供需双方拟价确认之后，生成数据商品订单。

生成订单后，就进入了数据配送环节。这一环节中，交易系统根据数据交易双方确认的订单内容，生成配置文件并将其部署至交易双方的专用服务器——数据配送前置机。此时，由前置机组成的数据配送子系统即可根据需求为交易双方，提供数据的实时配送。

在账务清算方面，数据交易系统会自动记录所有数据配送系统日志，结合对应订单的内容，在结算周期内生成结算与清算日志，并在后续的结算清算环节中，向各成员定期发送结算清算结果。

交通大数据一方面可以作为交易中心的一个交易品种，为其他需求方提供交通直接产生的数据，另一方面也可以作为数据需求方，将其他相关领域的数据与交通数据融合，加工后形成更便于使用的数据资源，作为新的交易品种。同时，交通大数据还可以借助上海数据交易中心，探索数据托管、应用托管运行、数据验证等衍生或增值服务模式。借助专业优势，还可以涉及交通大数据衍生数据的设计及相关服务、交通大数据清洗及建模等技术开发等。

交通大数据在上海大数据交易中心的落地交易，需要完成的进一步工作包括：罗列可供交易的交通数据清单；增加可交易的数据样例，供需求方在正式交易前试用，评估；数据交割方式和持续提供服务机制；确定交通大数据定价机制，制定交易品种和价格等。其中，定价机制将决定交通大数据是否能够体现合理价值，是确保数据需求方和供应方能否长期开展交易的关键。

交通大数据可以从数据更新频度、数据采集范围、数据粒度、数据交换技术难度等方面进行定价。例如，不同类型的需求方对交通大数据的更新频度是不一样的，导航软件厂商自然希望数据是能够以实时或准实时的方式提供，而交通管理部门只需要过去一年内的交通总体情况即可。对于越是接近实时提供的数据，交换技术难度越大。在实际交易中，可以将数据更新频度、数据采集范围、数据粒度等，转化为数据量和数据增量，作为订单定价，例如每提供 1 TB 数据收费多少；或在确定数据采集范围和粒度情况下，以固定更新频度在一段时间内提供数据作为订单定价，例如持续一年提供15 min上海快速路交通状态变化数据，以此简化定价过程。

使用交通大数据专业性要求较高，是否能够产生价值也无法凭经验事先确定。可以借助支持交易的大数据试验场，允许交易方（主要是数据需求方）在实际交易之前对拟交易的交通大数据是否可用、适用，在大数据试验场中进行试用。

大数据试验场是面向当前技术无法解决的大数据传输、管理、计算和分析等问题而设计的大数据技术和产品的创新和试验平台，是上海原创国际无先例的大数据重大科学基础设施，是大数据领域学术、技术、应用、产业具有全球引领地位的创新平台，是连接政府、企业、资本、技术、数据的桥梁和纽带。支持数据交易的大数据试验场，可以解决大数据试验场建设中的关键技术问题，建设面向创新性大数据试验的核心能力，实现对探索性大数据价值分析、数据质量及价值评价、数据管理与访问控制、电子交易风险分析与控制等。大数据试验场能够满足上海大数据交易中心对于数据交易前的数据检索、数据质量分析、数据试用，帮助用户发现并初步体验目标数据集，也可以为数据交易中提供安全的数据分析加工环境，支持实现公平的数据交易，为数据交易后的结果验证、合同履行验证提供技术支撑。

12.2.5　一个数据魔方

交通大数据的三种服务模式和一个交通数据交易中心形成一个数据魔方。

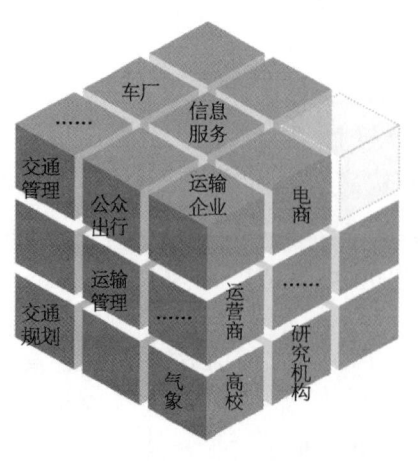

图 12-1　数据魔方汇聚各类政企单位交通相关数据

如图 12-1所示，数据魔方把各类政企单位交通相关数据汇聚后，形成大数据集。利用大数据分析和挖掘技术对不同层面、来源数据组合，为数据提供单位和社会产生更大价值。

数据魔方是集数据汇聚、交换、共享、处理、挖掘、服务等为一体的综合体，旨在吸引更多交通及与交通关联的数据汇聚、交换、共享，产生滚雪球效应；支撑数据二次开发，形成新的细分数据服务产品，促进交通大数据资源价值和社会价值的实现。

数据魔方可以给用户提供实时的交通

运行数据支持、实时路况等，面向用户开放的数据方式主要分为两种。一是通过其"数据魔方"平台，可以直接获取行业宏观情况、交通状况等数据。二是通过第三方研究机构合作的方式，可以直接向研究机构获取服务。

面向全球开放数据、企业及将在未来分享其海量原始数据，数据开放将有原则、分层次地进行。还将与第三方专业研究机构带来基于数据之上的分析、解读、业务建设等服务。例如，利用数据魔方可以开展交通数据与跨行业数据关联挖掘、城市交通流预测、城市旅游线路推荐及交通诱导等研究和应用。

12.3　数据交易保障

随着技术与市场的快速进步，政府和企业，乃至个人数据的共享开放力度不断加大，交通大数据的生产要素价值不断凸显，不单局限于交通行业本身，更加多元的数据使用方正在寻求专业交通领域数据的价值贡献，如本书前述提到的智慧城市治理、共享经济、社会服务等领域，当下热点的疫情防控、公共安全和"双碳"减排等也离不开交通大数据的支撑和应用。国务院 2021 年 12 月印发《"十四五"数字经济发展规划》，明确了"十四五"时期推动数字经济健康发展的指导思想、基本原则、发展目标、重点任务和保障措施，并强调数据要素是数字经济深化发展的核心引擎。数据交易所是数据要素交易流通的主要场所，2015 年 4 全国首家大数据交易所——贵阳大数据交易所正式挂牌运营后，多城市也陆续成立了各自的数据交易所，以数据交易所为载体正在成为数字经济的一个趋势。2022 年 1 月 1 日上海市正式实施《上海市数据条例》，该条例也是为了推动数字化转型、推动数据资源更好赋能经济社会高质量发展，实现城市治理体系和治理能力现代化，制定的一部关于数据作为资产开放共享和使用的促进性法律。《上海市数据条例》提出数据交易所的基础设施保障性作用，鼓励通过数据交易所进行数据流通交易，并从配套政策和法律层面保障数据要素交易的良性发展。目前，上海数据交易所已于 2021 年 11 月 25 日揭牌成立，国际数据港建设也有新进展，数据要素市场的两大重要载体正在逐渐完善中。国务院在《"十四五"数字经济发展规划》中预测，2025 年数字经济核心产业增加值将占 GDP 比重达 10%，因此，保障各类数据交易的有序、合规、高效地运行具有重要意义。

作为数据交易的基础，数据的开放与共享涉及数据的开放程度、使用方式、信息安全、价值体现等几个方面。政府数据通常具有高权威性、规模大、具有公益性等特点，因此具有较强的使用价值，可以说推动数据要素交易的兴起正是伴随着政府数据资源的开放共享逐步发展而来的。从国际经验来看[2]，政府数据开放共享起步较早的发达国家更多关注数据共享的效率、使用方式、作用、创新程度等方面，每个国家又有一些差异，如美国更注重数据的资产性，自 2011 年先后四次发布开放共享政府数据相关行动计划与数据法案，采取首席数据官责任制度，以保障数据的使用价值为最高目标；加拿大更强调数据使用对象的广泛性，不差别对待边缘群体和各类公众，争取更多社会反馈，以保障数据使用的公平和效益最大化；英国在政府数据开放共享上更秉持重点领域重点投入的理念，将价值最高的地图、选举、预算、统计等 14 个领域数据先期开放，并制定了商业信息、资源信息、合同采购信息、捐赠信息等多项高等级领域数据的开放保障措施和开放国家行动计划，增强领域间的协作与互惠。

  2015 年 9 月，国务院正式颁布《促进大数据发展行动纲要》，明确提出推动政府数据开放共享是一项国家战略和总体要求，为我国数字化转型奠定了正式的开端。此后，我国陆续出台了《中华人民共和国网络安全法》《中华人民共和国数据安全法》《中华人民共和国个人信息保护法》等一系列数据开放共享法律法规，从法规制度和政策体系层面保障公共数据资源合理适度开放共享作为中长期国家战略目标的实现。截至 2021 年 12 月底，我国已有 50 多个省市对公众开放了政府数据，全国共建立 80 个数据开放共享平台。在交通专业领域，国家交通运输部开放了综合交通出行大数据集。其中，无条件开放的数据集 47 个，数据容量近六千万[3]，数据内容主要涉及国内部分省市的交通线路站点、客运站班次、线路、货运车辆、运输与维修经营业务等；有条件开放的数据集 124 个，内容主要涉及国内部分省市的运输车、出租车、公交车的定位数据，轨道、公交、出租车的线路、站点站台与票价数据，公路高速路路线与收费数据，百度地图路况数据及高校实验室提供的交通类科研数据。在地方层面，截至 2021 年 4 月，共有 11 个省级（含省和自治区，不含直辖市）和 83 个城市平台（含直辖市、副省级和地级行政区）开放了交通运输领域数据。与其他条线部门相比，交通领域开放的数据集总数为 8 985 个，数据容量达到 2.78 亿，仅次于民政、统计、农业农村和教育等部门。

  虽然我国政府数据开放共享的步伐在进一步加快，但现阶段我国政府数据开放仍处于萌芽状态。为了保障数据流动的安全性、数据主体的权益、明确各方责任与义务、防止数据的滥用和恶意使用，2021 年底上海市出台《上海市数据条例》提出一整套数据开放、共享、流通、交易保障制度和配套政策，制定出台数据安全领域"1+5+X"政策性保障文件，即出台 1 个《关于加强本市数据安全工作的指导意见》，发布 5 个基础性规范，包括数据信息备案、数据分类分级、数据安全评估指南、重要数据目录、数据交易安全规范，配套若干制度文件，从而形成管理统一、职责清晰、分工明确、协调顺畅的数据安全工作机制。该条例标志着我国开始进入数据要素靠技术和法律保障并举的时代。

有了法律政策的保障，数据交易的核心环节还需要从技术层面解决隐私保护、算法风险、数据标准、数字信任及价格机制等问题。2021年12月国务院发布了《要素市场化配置综合改革试点总体方案》，提出为了促进除政府数据以外的其他领域数据流通应用，在保护个人隐私和确保数据安全的前提下，探索"原始数据不出域、数据可用不可见"的交易范式，即采用隐私计算、联盟链等技术，解决有限条件下数据交易的隐私保护问题。隐私计算，是指在保护数据本身不对外泄露的前提下实现数据分析计算的技术集合，达到对数据"可用、不可见"的目的，在充分保护数据和隐私安全的前提下，实现数据价值的转化和释放。隐私计算是面向隐私信息全生命周期保护的计算理论和方法，是隐私信息的所有权、管理权和使用权分离时隐私度量、隐私泄漏代价、隐私保护与隐私分析复杂性的可计算模型，与公理化系统与传统数据使用方式相比，隐私计算的加密机制能够增强对于数据的保护、降低数据泄露风险。因此，包括欧盟在内的部分国家和地区将其视为"数据最小化"的一种实现方式。同时，传统数据安全手段，比如数据脱敏或匿名化处理，都要以牺牲部分数据维度为代价，导致数据信息无法有效被利用，而隐私计算则提供了另一种解决思路，保证在安全的前提下尽可能使数据价值最大化。目前主流的隐私计算技术主要分为三大方向：第一类是以多方安全计算为代表的基于密码学的隐私计算技术；第二类是以联邦学习为代表的人工智能与隐私保护技术融合衍生的技术；第三类是以可信执行环境为代表的基于可信硬件的隐私计算技术。不同技术往往组合使用，在保证原始数据安全和隐私性的同时，完成对数据的计算和分析任务。

联盟链技术是指在有限规模、有限范围内，只针对某特定群体的成员和有限的第三方，指定多个预选节点为记账人，并共同决定生成区块的区块链技术。联盟链产生于他的使用群体，主要是银行、保险、证券、商业协会、集团企业及上下游企业，他们最初发现传统比特币、以太坊等区块链的处理性能、隐私保护、合规性等都不能满足他们的业务需求，如果采取传统公链的设计理念，会颠覆他们现有的商业模式和固有利益，这与数据要素在交易中产生的权益问题非常类似。同时，联盟链的分布式账本和分布式共识也可以解决数据交易联盟中多个参与方交互的信任问题，只要读取权限受到限制，就可以更好地保护数据的隐私信息，使得交易速度、效率、灵活性和成本上都具有一定优势。因此，采用联盟链来解决数据交易隐私保护问题也是一个重要的技术途径。

交易结果是数据交易价值的重要体现，由于数据的可复制性、非竞争性、权属复杂性等特点使得数据很难合理定价，符合数据特点的交易必须具备可确权、可追溯、可监管才具备交易价值。相较于普通财产和知识产权,数据不具有专有性、地域性及时间性。数据一经采集,个人或企业即对其数据的使用、共享、加工缺乏知情权及选择权,也不存在事实意义上的停止使用或真正的删除数据。因而,数据确权才能更有效保护被收集者利益,包括财产利益。参照知识产权著作权法相关的"额头流汗"规则,如网络运营者仅简单地收集、存储或汇集,则智力性创作水平较低,不应赋予网络运营者相关权利,应规定上述数据的所有权及财产权利等权属归于个人所有。但如经过个人或企业同意为前提而收集、存储或汇集的数据,经过清洗或通过算法进行加工后得出的结论数据的权属,应根据情况进行判断,如果无法区分出个体特征的不应归属于个人;如果能区分出个体特征的仍应归属于个人,但个人不应拥有完全的权利。经过清洗或算法加工的数据已与基础数据不同,应根据与来源的关联紧密性及是否用于营利性目的加以区别对待,如该数据用于非营利目的,则个人可享有相应的知情权、选择权、使用权、异议权。如该数据用于营利性目的,则个人还应视情况,除享有知情权、选择权、使用权、异议权,还应享有财产权利等。

12.4 交通大数据联合创新实验室

建设交通大数据联合创新实验室是针对交通及相关行业对交通数据开放应用、融合创新、深度挖掘和产业发展等的迫切需求,是探索数据开放模式、打造数据融合创新应用,推进交通领域技术创新、数据服务、行业支撑等业务发展,加强高校、研究院所、企业等多方的合作与交流的重要途径。实验室以建设交通行业及其相关领域数据资源汇聚、融合、应用创新平台为基本目标和纽带,联合交通大数据联合创新实验室成员单位,面向科学研究、产业发展,推进产学研深度结合,探索交通数据开放与创新合作新模式。其次,根据政府、企业、高校等多主体对数据交换、共享、融合及创新应用要求,建设跨部门、跨层级的交通大数据共享网络,实现深化公共数据和社会数据融合与应用。最后,依托交通大数据联合创新实验室,加强与能源、旅游、城市治理等其他大数据的对接,形成交通大数据生态网络系统。

交通大数据联合创新实验室建设内容主要包括3个方面:技术创新、数据服务、行业支撑。

(1) 技术创新　通过联合高等院校、科研院所、科技企业等,开展数据采集、加工、挖掘分析等技术创新攻关,推进新装备、新技术、新工艺、新产品、新工具等中试,加强服务交通算法模型和专业软件产品研发。

（2）数据服务　通过数据开放平台,为高等院校、政府机构、科研院所、产品公司、数据公司和创业公司,提供数据加工、数据融合、数据增值试验场服务,促进产学研用深度结合。

（3）行业支撑　支撑本行业数据应用、跨行业数据融合应用,为城市治理精细化提供数据资源、数据分析和业务应用支撑,为政府管理模式创新和项目运作创新提供实验环境。

2019年为满足上海市交通大数据产业发展的重大需求,加快构建"产、学、研、用"一体化的交通大数据创新生态,推动大数据与交通领域的深度融合,由上海市城乡建设和交通发展研究院牵头,并联合高校、企业、研究院所等5家单位共同建设上海市大数据联合创新实验室（交通领域）,并得到了上海市政府的批准。经过多年的建设,交通大数据联合创新实验室在数据开放应用、数据交换融合、数据共享服务等多方面均取得了突出的成果,进一步释放数据红利,促进数字经济新发展。

1）交通大数据开放新模式

如何向社会公开交通数据,动员社会力量参与交通治理,形成交通难题社会共治合力,始终是城市大数据应用的难题之一。依托交通大数据联合创新实验室作为数据开放平台,通过组织大数据建模大赛的方式,既能激发高校学生的创新智慧,又能有效向社会公开交通数据。

2019年,实验室组织了首届大学生交通数据建模大赛,主题为"数据解密交通",建模内容包括:出行规律分析、交通特征分析、交通运行管理、共享交通系统、公共交通系统等。通过网站,实验室向注册参赛者开放九大类交通数据,包括快速路区域和地面区域交通指数、公交中运量71路GPS数据、延安高架发布段交通事故、延安高架发布段流量速度、延安路地面发布段速度、地面施工养护、共享单车、延安西路SCATS线圈数据等。大赛得到广大大学生积极响应,共有1 024名大学生注册,组成187支参赛团队参赛,共收到118件作品,经专家认真审核、评定,最终选取20件优秀作品入围决赛。2021年,实验室联合上海市新能源汽车公共数据采集与监测研究中心,共同承办了第二届上海新能源汽车大数据竞赛,大赛主题为"数联万物、车载未来"。实验室提供了上海市一周的出租车GPS数据,结合新能源车辆的运行数据,设置"基于交通路况的新能源汽车节能路径规划"赛道,致力于研究不同道路路况对新能源汽车的能源影响,并进行节能动态路径规划。

2）跨行业数据对接与交换

交通大数据联合创新实验室汇聚了公共交通、道路交通、对外交通等海量交通数据,同时也加强了跨行业的数据对接与交换,探索了交通大数据与气象、环境等跨领域数据的融合应用。2020年,实验室联合环境监测部门,开展了跨行业在线环境监测数据和交通数据共享交换,支撑完成上海市机动车污染实时排放预警系统建设。该系统由实时交通流和环境监测数据接入与数据处理、交通模型集成与全覆盖路网流量数据构建、机动车排放动态测算和综合分析展示与预警业务4个子系统组成。交通大数据实验室提供线圈、出租车GPS、公交车GPS等原始数据及车速、流量和车型等融合数据,用于支撑机动车污染排放模型的构建,实现了交通大数据跨行业的融合与创新应用。

3)跨层级数据共享与应用

交通大数据实验室充分运用平台与数据资源,将市级与区级网络互通,实现交通信息数据服务触角延伸向区级层面,加强跨层级的交通大数据共享与应用,进一步拓宽了交通数据的服务和应用范围。依托市级交通综合信息平台,交通大数据实验室提供区级层面的道路交通、公共交通、客流等综合信息,支撑区级交通综合信息平台的建设,进行道路交通、公交客流集散规律、停车运行特征分析等内容的大数据分析,辅助区域交通管理决策和出行服务。

12.5　交通大数据试验场

上海正大力实施创新驱动发展战略,加快建设具有全球影响力的科技创新中心,功能型平台将发挥"四梁八柱"的重要作用。大数据试验场是上海首批推出的十八个功能型平台之一,是面向当前技术无法解决的大数据传输、管理、计算和分析等问题而设计的大数据技术和产品的创新和试验平台,是上海原创国际无先例的大数据重大科学基础设施,是大数据领域学术、技术、应用、产业具有全球引领地位的创新平台。

大数据试验场围绕"研发"与"转化"两大核心功能,支撑解决大数据产业瓶颈问题,为政府治理模式创新、民生服务创新和产业发展创新提供试验和推演场所。支持科学家大规模在线工作,支持业务领域专家开展大数据创新工作,形成连接政府、企业、资本、技术、数据资源的桥梁和纽带,服务国家大数据战略,服务上海数字经济发展,服务上海大数据产业集聚、大数据创新创业和传统经济转型升级。

交通大数据试验场是大数据试验场在交通领域的专门用途试验场。利用大数据试验场架构和已有软硬件资源,将交通大数据及相关技术、算法和工具整合在一起,构建各类交通大数据应用场景,为有需求的单位和研究者提供系统试验、模型试验、测试评价、人才培养、开源社区技术共享、按需开发和成果转化与企业孵化等七类基础服务,降低交通大数据研发门槛,加速交通大数据应用的研发过程,提高交通大数据产品成熟度。

交通大数据试验场建成后,将从四个方面展现成效:一是支撑交通产业链创新,形成对产业链的各环节研发与转化过程提供技术服务;二是支撑交通相关的重大产品研发与转化,开展交通大数据共性关键技术和产品攻关及应用;三是支撑交通领域创新创业,以资源汇集和专业科技服务为抓手,为交通大数据产业各类创新创业活动提供引导和支撑;四是支持交通大数据人才培养,为交通大数据产业发展提供产业大军。

参考文献

[1] 上海市公共数据开放平台. 上海市公共数据开放平台首页[EB/OL]. https://data.sh.gov.cn/index.html.
[2] 梅宏. 数据治理之论. 中国人民大学出版社. 2020.6.1.
[3] 复旦大学数字与移动治理实验室. 2021 交通运输公共数据开放报告. https://baijiahao.baidu.com/s?id=1721984601250207111&wfr=spider&for=pc.

第13章 展　望

通过前文的介绍,相信读者已经对城市交通大数据有了一个大致的了解。城市交通大数据并不是一个全新的领域,它是交通信息化和城市交通管理发展到一定程度的必然产物,是城市交通信息化发展过程中的必经之路。大数据带给人们一个很美好的愿景,提供了认识世界的新途径,提高了人们的决策能力。城市交通大数据作为大数据在城市交通规划、管理和应用领域的具体实践,有许多吸引人的地方,其中不乏让人耳目一新的内容。但同时也应看到,大数据技术也不是万能技术,城市交通大数据也不是城市交通信息化的终点,更不可能解决所有城市交通问题。

自2012年美国提出大数据战略以来,大数据技术和应用服务还处在发展成熟的过程中,因此城市交通大数据也会随着大数据技术和应用服务的发展而发展,甚至未来会随着新兴信息技术的出现,产生跳跃式的发展。当把关注点从信息技术移回城市交通信息化需求本身,可以洞察到一些城市交通信息化未来的发展方向。

1) 交通政策和管理的精细化决策支持

利用大数据等信息技术,针对重大交通政策、措施的出台,重大交通规划的编制,重大交通工程的立项等不同的应用对象,通过对大量历史的交通信息数据及与交通相关联的土地、人口、经济等相关领域数据,甚至还可以包括公众舆论等数据,加以综合分析,建立相应的精细化决策支持,使每一项重大交通决策的出台,都经过科学评价、论证,保障重大交通决策的科学性。其中,精细化体现在决策不再仅仅依靠抽样的数据或以往的经验,而是真正做到以实际情况(数据)为依据,以全面的分析为手段,兼顾考虑显式的直接作用和隐式的间接影响,可以从不同角度多方位地进行考量,最后形成科学准确的决策。通俗地讲,利用城市交通大数据,决策的效果将不再像以前那样完全依赖决策者的能力和经验。

城市交通大数据对城市交通精细化决策支持的另一方面表现在针对重大交通决策实施后的效益,可以有一套有效的推演和预测方法,基于全面、准确的城市交通大数据,以及建立在这些数据基础上成熟的分析模型和模拟系统,可以利用计算机预先对重大交通决策实施后的社会效益、经济效益作出合理科学的评价,为重大交通政策的实施或修订等提供技术支撑。

精细化决策支持还体现在重大交通决策过程的新机制。在每一项重大交通决策过程中,除了在决策前建立相应的决策支持模型外,还能在机制上保证决策的整个流程中让交通信息化真正发挥作用,包括在重大交通决策过程中,在各相关部门的审核流程各环节中,都能利用城市交通大数据提供的服务,发挥数据分析的作用,真正做到依据实际情况(数据)决策,依据实际情况(数据)审核和监督,避免因不同部门掌握的数据程度不一而导致审核流于形式,或是周期过长。

2) 交通设施规划和建设的优化辅助设计

通过信息化、大数据等技术手段的辅助作用,未来道路等交通设施将实现全市域路网整体协同控制与运行。通过实时、精确、符合个性化出行路径的道路交通拥堵指数、里程指数、跨路网指数、停车指数、安全指数、油耗指数、旅行费用指数、生态指数、舒适指数、景观指数、旅行时间等一系列交通综合信息的发布,跨不同路网的信号等综合控制,有效诱导、控制车流高效运行,做到诱导与控制相结合、显示与预测相结合、效能与安全相结合,使快速路与地面道路、主干道路与支路、快速路与区域、省际交通走廊等不同复杂路网的交通流量均衡分布,使复杂的、整体的路网运行效率达到最优,充分发挥有限交通资源的效能。

通过信息化技术手段的辅助作用,未来道路等交通设施将更智能。地面下的有效感应线圈,检测每个车道交通流量、车速、车型等信息,传输至管理中心集中处理和应用。路侧具有信息接收和交换装置,接收来自周边车辆提供的各类车速、安全、事件、视频等检测信息、位置信息,通过光纤或无线通信方式,传输至管理中心,进行大数据挖掘分析,处理成交通管理部门所需要的管理信息和社会公众需要的出行信息,并通过路侧信息接收和交换装置,反馈至相关区域道路两侧的车辆,诱导车辆避开拥堵和事件发生区域,提示车辆安全驾驶。也可通过路边计算处理装置,就地处理成管理者和出行者需要的各类交通信息,向周边区域相关车辆发送有关拥堵、事件信息,真正实现车车联网、车路协同,辅助道路交通组织管理、决策科学化,使道路通行能力达到高效和最优。

通过信息化技术手段的辅助作用,未来道路等交通设施的运行将与市场机制相结合,通过收费等经济杠杆措施的应用,来调节道路交通流量的分布,减缓区域道路的拥堵。这种收费机制将随道路拥堵状态而实时调整,包括收费区域、收费时段、收费标准等,这些信息都将在相关车辆即将驶入时,通过无线通信和车载终端以语音和终端显示提示,提示车辆将进入收费区域、收费标准,以及不进入收费区域的替代路径等,来调节拥堵区域的交通流量,实现交通流量均衡调节目标。

与此同时,也要清醒地认识到大数据并非万能,尤其是在具体的交通设施建设工程中,并不一定能比传统设计方法提供更好的效果,相反地,代价可能更大。这主要源于大数据技术侧重在总体数据上进行分析挖掘,发现潜在的规律和关联。类似于统计分析方法,在某种意义上说,大数据技术是无法直接预测或获得个体的精确结果。在具体的建设工程中,大数据反而容易因数据量过少、数据过于片面或不完整,而导致计算偏差。因此,比较可行的方法是先利用城市交通大数据在区域范围内进行大致的分析挖掘计算,制定出交通设施规划建设的设计原则和策略,然后再用传统方法逐个进行精细化设计,确定具体参数,以兼顾整体效果和局部细节。

3) 基于智能车辆和道路技术的智能化交通协同

智能车辆和智能道路技术代表了未来车、路智能化的发展方向,可以在提高车辆安全性能、实现半自动或自动驾驶、推广动态公众信息服务等各方面发挥重要的引领作用。智能车辆基于高度传感、智能辨识、通信等技术,通过驾驶行为分析、环境感知、车辆交互通信、主动安全等系统,实现车辆的高度自动化与生态化,为驾乘人员提供预警信号、避障防撞、智能导航、辅助驾驶、自动驾驶等各项服务。智能道路在车路联网的技术基础上,以先进的通信设施汇集车辆发送的各种交通信息,实现道路与车辆的高度协调,提供不停车缴费、个性化诱导、分类信息查询、最佳路径选择等服务,保障行车的安全和畅达。

通过智能车辆和智能道路技术,结合移动智能设备使车辆之间、交通设施、驾驶员和乘客使用的移动设备之间建立安全、可互操作的无线连接。通过建立有效的驾驶员预警技术,提高行驶信息,降低驾驶员注意力分散,共同为驾驶安全、高效、环保的目标提供支持;车辆和道路之间的相互反馈,实现车辆和道路之间可以相互交换信息,以降低发生车祸或者交通阻塞的概率。此外,还能在节约客货运成本、治理车辆尾气排放与交通环境问题、主动式交通管理、边境跨境运输等方面提供支持。

未来汽车将成为物联网、车联网中名副其实的一个节点,集成了车辆定位、计算机、无线通信、移动互联网、无线传感、视频检测分析等技术。汽车是交通信息传感者,通过车辆能采集交通状态、前后两侧车辆间距、交通事件、驾车习惯、车辆状态等信息,并将这些信息实时传输给周边相关车辆和管理中心,感知实时的道路交通状态、车辆行驶安全距离、车辆行驶偏离车道影响安全的状态、车道障碍物、驾车者的危险行为、车辆车况信息等,并保持这些信息与周边相关车辆的交互、共享;管理中心通过扩大信息服务对象,决定传播范围和内容,确保每辆车都在车联网中发挥作用,成为移动的交通传感器,并使交通碳排放最低化,汽车生态化;同时,汽车又是海量交通综合信息的享用者,接收来自周边车辆和管理中心有关交通事件、安全、路况等信息,能及时修正自己的驾驶行为、驾驶路径,使交通拥堵得到缓解,道路通行效率不断提高,交通安全水平不断提升。

4) 客货运交通快速集散和多式联运的高效化服务

在城市交通大数据的基础上,进行货运信息采集、整合和共享,建设货运信息公共平台,建立对外交通枢纽客流采集和信息服务,提高货运集疏运效能和物流配送能力,保障航运水路畅通,提升对外客运枢纽客流便捷、安全的集散和综合信息服务能力,为区域联动经济发展,提高物流效率,降低物流成本提供支撑服务。

采集以对外交通枢纽为主的货运量、集疏运结构、方向,以及水上航运状态等信息,掌握货运枢纽、场站、通道分布,分析货物运输对道路交通、水上交通运行影响的规律,掌握航运、航空、铁路等对外交通枢纽的集装箱吞吐量、散货吞吐量、集疏运体系货物转运、联运等信息,分析货运对道路交通带来的影响,为优化调整集疏运结构、提高航运资源配置能力、降低货运对道路交通运行的压力等提供辅助信息支撑。在电子口岸平台、口岸物流企业信息系统和集疏运信息系统基础上,建立跨部门、跨行业的综合信息平台,整合和共享港航运、铁路、机场的货运信息数据,提高航运信息服务能力,促进集疏运多式联运整体效率不断提升。实现口岸监管、口岸物流、集疏运、航运服务等的信息化应用,能够有效推进物流运行与电子商务结合进程。

适应不断发展的电子商务等城市物流配送需求,强化信息技术在优化物流配送组织方式、提高城市物流配送效率的作用。加强以信息化带动物流现代化,促进物流以更加智能的方式运行,推动基于信息系统的物流配送网络建设,构建低成本、广覆盖的系统配送网络,提高电子商务配送的满意度。推进大宗商品物流运行与电子商务紧密结合,整合各地区大宗商品物流资源,促进大宗商品物流有序流动,促进全社会物流资源供需的有效对接。

满足对外交通客运枢纽多方式换乘信息、客流疏导等需求,保障对外客运交通枢纽客流集散安全和高效。加强对外客运交通方式的客流信息、运行信息采集和数据共享,实现区域多方式客流联运。发展枢纽协同管理和运输服务体系，实在各种运输方式的管理主体协同管理、联合调度，各种运输服务的有效衔接。提升枢纽交通综合信息服务水平。采用视频检测、红外感应等多种技术，统计分析客运枢纽的客流密度与客流集散分布，实时掌握客流分布及其周期性集散规律与分布规律，提供精细化的动态客流引导和信息服务。在综合客运枢纽提供室内行人定位和导行服务。

5）公众出行全过程交通信息的便捷、个性化服务

人（出行者）是交通需求产生者、交通状态影响者、交通结果承受者，是一切交通行为产生的本源。出行者在整个交通过程中，主导交通需求的产生，决定交通设施设备的结构和容量，享用交通运行所产生的最终成果，是交通的核心和本源。虽然出行者决定着交通行为的一切，但会随信息技术的发展而使出行者在交通过程中的地位和结果发生微妙的变化，使出行者的交通需求改变而选择更为合理的交通设备工具和路径，降低出行频度，提高交通设施设备的效能，最终使出行者的交通结果达到最优。

个性便捷的公众综合交通信息服务目标是让出行者能随时随地掌握动态交通信息，在出行全过程中能运用手机、广播、移动导航终端等多种方式获取综合性、个性化交通信息，满足公众出行便捷、有效、安全、舒适的要求。公众出行信息服务贯穿公众出行过程中，分为出行前，出行中和到达后三个阶段。

（1）出行前　出行者可以在家中或者单位，通过互联网、手机应用程序或拨打交通查询电话等方式，查询交通状况、出行路径等实时信息，以及未来几天交通状况预测（例如小长假出城高峰时段、返程高峰时段预测等），得到推荐的出行路径、出行时段等建议信息。不同类型的出行者可以获得不同类型的到达目的地的信息（如路径选择、换乘方案、票价、预计的出行时间等），所有交通方式的交通信息均可通过网站"一站式"服务获得。

使用城市公共交通、铁路、公路长途客运、航空、水运的乘客，可以查询到从上海、长三角或国内任何出发地到达目的地的交通路径，有多种方案可供选择，出行者可以根据费用、时间、远近、舒适程度等因素综合考虑，选择合理的出行方案。自驾车出行者，可以通过网站和热线电话获得建议行驶路径、停车换乘的路线、沿途收费信息、停车场位置等信息，可以查询当前道路交通状况实时信息和目的地停车场的空满状况。长途旅行的出行者可以通过综合查询，获得最佳的交通工具组合和换乘指南，例如要从上海出发到廊坊市，几点出门选择乘坐哪路公交车然后换乘地铁到达机场，再搭乘航班到达北京，然后换乘几点的火车到达廊坊市，再搭乘当地的地铁、公交车或乘坐出租车到达目的地等。这种综合性的规划能够实现"门到门"的个性化路径规划，并能自动规划最合理的换乘方式，尤其使长途出行者在转换交通工具时不必忙于奔波或是漫长等待。

（2）在途中　乘坐公共交通的出行者，在出行过程中，可以通过手机上网、发短信或手机电视、车内广播等方式，也可以通过电话问讯，获得最新的交通信息。乘客在地铁换乘站可以在车站大型显示屏上看到从当前位置到达目的地的交通引导信息。乘坐公交的乘客可以在公交专线车站电子站牌、车内电子显示屏、车内广播告知车辆所在位置。自驾车乘客，有市域道路交通联动诱导系统告知前方道路拥堵信息，有停车诱导系统指路停车，还有车载导航仪和手机导航为其服务，还可以获得实时最佳行车路径服务。

外地出行者乘坐火车、长途汽车、飞机和船舶抵达后，有大型信息显示屏、触摸屏等方式为其提供周边交通信息，通过手机还能实时获得从当前位置到达目的地的交通状况。外地自驾车出行者，在高速公路上可以通过区域联动诱导的可变情报板得到目的地城市的交通状况。进入目的地城市后，在市域道路交通联动诱导和停车诱导系统引导下，将车辆停进目的地停车场，同时还可以通过手机应用程序和导航系统获得实时交通路况及动态规划的最佳路径。

（3）到达后　出行者到达目的地后，出行者可以通过互联网、手机应用程序、导航终端等方式获得回程的交通信息，查询回程的交通状况，包括回程路线、拟搭乘的交通工具的等候人数和等候时间等，方便规划回程（或下一目的地）的行程安排。还可以和其他的应用服务互动，提供当前位置实景环境图，订票服务，周边餐饮、娱乐、商场打折等动态信息及交通路线，在为出行者提供交通服务的同时也提供便捷的生活服务，使交通信息服务更全面、更实用。同时还能引导更多企业参与和提供交通信息及相关服务，形成产业化、规模化，降低服务成本，扩大交通信息服务受众面，使交通信息服务成为社会公众生活资讯的重要组成部分。

6）基于非结构化数据分析的短时交通状况预警化服务

在现有技术的基础上，融合视频图像识别、红外感应、雷达感应等技术，对监控视频和来自公众互动提供的图片、语音、微博、微信等非结构化数据进行识别和分析，更直接准确地判断道路交通状况是拥堵还是畅通，提高预警的准确性，降低预报与实际出行感受之间的差异。通过对监控视频中的车辆进行识别，对比计算出相应路段的车辆平均行驶速度，以及该路段的车流饱和程度，参照道路设计的参数，就能够推算出该路段在未来时刻是否会发生拥堵，如果会发生拥堵，则可以提前进行疏导。结合硬件、传感器网络、移动互联网等技术，可以制造出车载交通状况预警监测设备，能够方便地在没有实现布设交通控制系统设施的地方进行临时监控，采集数据，实时分析。一方面可以成为已有固定设施的补充，另一方面也可以用来验证已有固定设施及相应的交通控制策略的合理性和有效性。利用视频图像识别和分析，还能为追查车辆行驶轨迹、自动识别危险驾驶行为、发现事故逃逸行为等提供技术支持,自动将相关视频片段摘出,剔除大量无关的视频片段,大幅降低目前通过人工查看比对的工作量,极大提高效率。

展望未来,包括车间互联(Vehicle-to-Vehicle,V2V)、汽车与基础设施互联(Vehicle-to-Infrastructure,V2I)、汽车与中央服务器互联(Vehicle-to-Central server,V2C)在内的车联网技术、高精度位置导航服务、北斗卫星定位、移动互联网、视频识别与分析、信息技术及大数据技术等得到大规模推广应用,自动驾驶和辅助驾驶技术逐步成熟,智能交通系统的不断完善和发展,交通信息化将形成庞大的产业链,成为国家战略性新兴产业。交通信息化的发展借助于信息技术、城市交通大数据的广泛应用,将实现以信息化为纽带的人(出行者)、车(出行设备)、路(出行设施)协同目标,出行者高度享受交通信息服务带来的便利,通过信息辅助使出行变得舒适和安全,交通工具变得更智能,并与交通设施高度和谐,使有限的交通资源发挥最大效益。

交通信息服务的目的主要是城市建设,助力政府建设交通基础设施智能系统,提升城市交通水平;关注民生,为公众提供更高效的交通出行服务,提高市民生活质量;持续经营,发挥交通信息的"资源捆绑"效应,增值经营创造利润。经济快速发展、城市化进程加快、高新技术快速更迭、交通拥堵问题日益突出,迫切需要多方合作建设一个可持续运营的交通大数据公共服务平台,不断探索政府和企业在交通大数据应用上的创新服务模式,为提高城市交通管理水平,为公众获得创新交通信息服务提供有力支撑。

缩略语对照

缩略词	英文全称	中文名称
AGM	Abnormal Group Mining	特异群组挖掘
Amazon S3	Amazon Simple Storage Service	亚马逊简单存储服务
BP 神经网络	Back Propagation Neural Network	反向传播神经网络
CAN	Controller Area Network	控制器局域网络
CBD	Central Business District	中央商务区
CTI	Computer Telecommunication Integration	计算机电信集成
DAS	Direct-Attached Storage	直连式存储
DCMI	Dublin Core Metadata Initiative	都柏林核心元数据倡议组织
DLs	Description Logics	描述逻辑
ETC	Electronic Toll Collection System	不停车收费系统
FCD	Floating Car Data	浮动车数据
GDP	Gross Domestic Product	国内生产总值
GFS	Google File System	谷歌文件系统
GIS	Geographic Information System	地理信息系统
GM	Gray Model	灰色系统模型
GP	Gradient Projection	梯度投影
GPRS	General Packet Radio Service	通用分组无线服务
GPS	Global Positioning System	全球定位系统

续表

缩略词	英文全称	中文名称
GRA	Grey Relational Analysis	灰色关联分析
HDFS	Hadoop Distributed File System	基于 Hadoop 的分布式文件系统
HTML	HyperText Markup Language	超文本标记语言
ITS	Intelligent Transportation System	智能交通系统
k-NN 算法	k-Nearest Neighbor algorithm	k 最近邻算法
LBS	Location Based Service	基于位置服务
LCD	Liquid Crystal Display	液晶显示屏
LED	Light Emitting Diode	发光二极管
MDP	Markov Decision Process	马尔科夫决策过程
MPE	Mean Percentage Error	平均百分比误差
NAS	Network Attached Storage	网络附加存储
NNTM-SP	Neural Network Traffic Modeling-Speed Prediction	基于神经网络的车速预测模型
OD Pair, OD 对	Origin Destination Pair	起讫点对
OLAP	On-Line Analytical Processing	在线分析处理
OWL	Web Ontology Language	网络本体语言
P+R	Park and Ride	停车换乘
PAYD 车险	Pay-As-You-Drive Insurance	"按里程付费"汽车保险车险
POI	Point of Interest	兴趣点
RAID	Redundant Array of Independent Disks	独立硬盘冗余阵列
RDF	Resource Description Framework	资源描述框架
RF	Random Forest	随机森林
RFID	Radio Frequency Identification	射频标识
ROC 曲线	Receiver Operating Characteristic Curve	接收者操作特征曲线
SAN	Storage Area Network	存储区域网络
SARIMA	Seasonal Autoregressive Integrated Moving Average	季节性差分自回归滑动平均模型
SCATS	Sydney Coordinated Adaptive Traffic System	悉尼自适应交通控制系统

续 表

缩略词	英 文 全 称	中 文 名 称
SCOOT	Split, Cycle & Offset Optimization Technique	绿信比、周期、相位差优化技术
SGB	Stochastic Gradient Boosting	随机梯度推进
SIFT	Scale Invariant Feature Transforms	尺度不变特征转换算法
SMO	Sequential Minimal Optimization	序贯最小优化方法
SSA	Singular Spectrum Analysis	奇异谱分析技术
SSD	Solid State Disk	固态硬盘
SVM	Support Vector Machine	支持向量机
TDG	Transport Data Gateway	交通数据网关
TDM	Transportation/Travel /Traffic Demand Management	交通需求管理
V2C	Vehicle-to-Central server	汽车与中央服务器互联
V2I	Vehicle-to-Infrastructure	汽车与基础设施互联
V2V	Vehicle to Vehicle	车间互联
VMS	Variable Message Signs	可变信息交通标志
W3C	World Wide Web Consortium	万维网联盟,又称 W3C 理事会
XML	eXtensible Markup Language	可扩展标记语言

索 引

本地计算,170-172
车辆出行特征分析,385
城市交通大数据,3-8
城市交通大数据本体,125,137,139,144
城市交通大数据核心元数据,146,147,149,150,162
城市网约车,83-85
出行活动模式,322
地理编码,189,190,290
地址自动匹配,192
分布式存储,10,167,170,237,294
分布式计算,167,170-174,300
共享单车,80-82,199,200,449
灰色关联分析法,185,186,211
即席查询,189,343
剪枝,181-183,189,261
建成环境,327-332,393-397
交通大数据试验场,450,451
交通流关联分析,367,370,371
交通需求管理,1,22,27,41,42,53,93,212,351,355,385
交通拥堵特征分析,355
交通指数,20,57,59,189,233,251,285,286,300-304,315,341,368,369,374,
    433,438,440,441,449
局部异常因子,263

索引

决策树,8,181-183,394

k-均值,183,386

k-means,11,184,253,257-259,277

可计算路网,195,196

可视化分析,178,195,199,210,285

空间聚类分析,191

路径拓扑分析,194

模式关联分析,261

频繁模式分析挖掘,261

时空动态分析,192

手机信令,5,10,17,60,61,95,322,339,431

数据魔方,433,438,444,445

四阶段法,27,28,212

特异群组挖掘,188,211,275

新能源汽车,85-89,99,405,406,449

序列关联分析,260

语音识别采集,202

云计算,7,10,14,25,26,83,97,99,168-170,172,174,218,227,228,275,294,402,432,437,441

在线分析处理,189

支持向量机,8,11,181,253,254,259

智能地址定位,207-210

最大熵,253,260

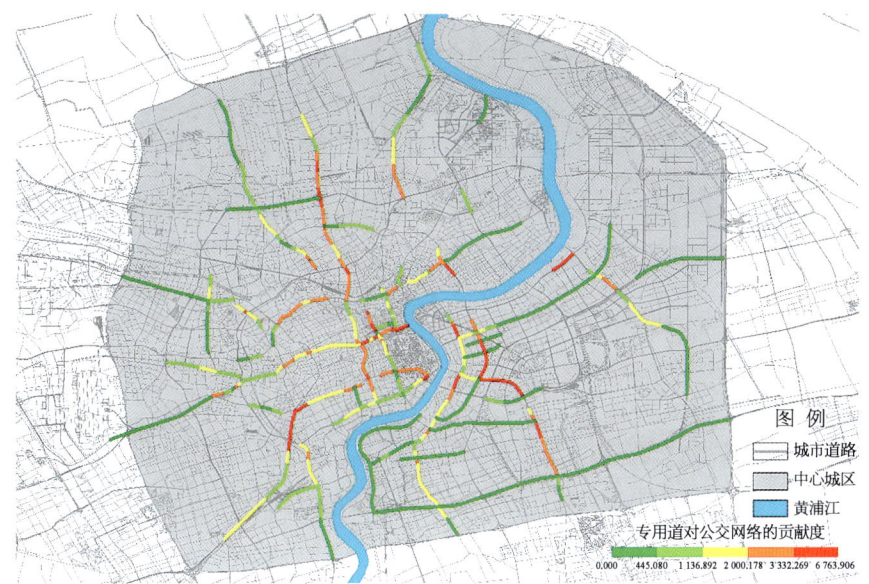

图 9-67 专用道对公交网络的贡献度

图 9-68 专用道对道路网络的贡献度

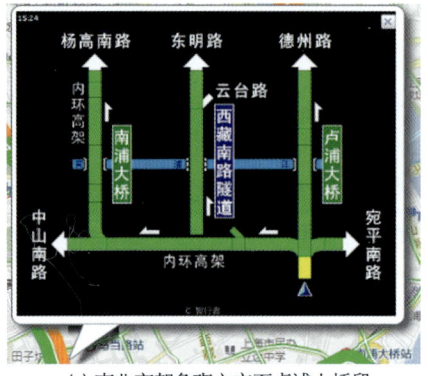 

(a) 南北高架鲁班立交至卢浦大桥段　　(b) 延安高架延东立交至陆家嘴段

(c) 延安东路西藏中路至黄陂北路段　　(d) 浦东南路东昌路至张杨路段

图 10-7　虚拟情报板图形实例

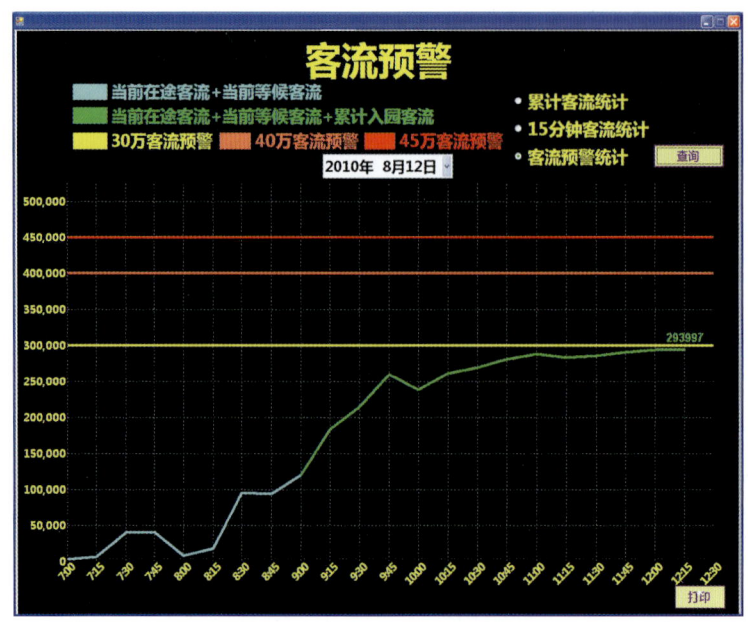

图 11-4　世博客流预警